R & B

Christian Braad Thomsen

Rainer Werner Fassbinder

Leben und Werk eines maßlosen Genies

Aus dem Dänischen
von Ursula Schmalbruch

Rogner & Bernhard bei Zweitausendeins

1. Auflage, Juni 1993

Titel der Originalausgabe: FASSBINDER

Erstmals erschienen bei Gyldendal, Kopenhagen 1991.

ISBN 3-8077-0275-X

Lektorat: Matthias Fienbork, Berlin.
Umschlaggestaltung: Michaela Booth, Berlin.
Herstellung: Eberhard Delius, Berlin.
Satz und Druck: Wagner GmbH, Nördlingen.
Gedruckt auf chlor- und säurefreies Werkdruckpapier,
geliefert von E. A. Geese, Hamburg.
Einband: G. Lachenmaier, Reutlingen.
Printed in Germany.

Dieses Buch gibt es nur bei Zweitausendeins
im Versand (D-60381 Frankfurt am Main, Postfach) oder
in den Zweitausendeins-Läden in Berlin, Essen, Frankfurt, Freiburg
Hamburg, Köln, München, Nürnberg, Saarbrücken, Stuttgart.

In der Schweiz über buch 2000,
Postfach 89, CH-8910 Affoltern a. A.

Inhalt

Vorwort

Ich lernte Rainer Werner Fassbinder 1969 auf der Berlinale kennen, wo er seinen Debütfilm *Liebe ist kälter als der Tod* zeigte – und sah ihn zum letztenmal drei Wochen vor seinem Tod im Juni 1982. In den dreizehn Jahren dazwischen trafen wir uns regelmäßig, entweder während der Filmfestivals in den Kneipen oder bei der Arbeit an seinen Filmen und Theaterinszenierungen. Wir pflegten eine Art Freundschaft auf Abstand, die im großen und ganzen ohne die hysterischen Krisen verlief, die immer an Fassbinders engen persönlichen Beziehungen zehrten, aber auch ohne die Intimität, um derentwillen die meisten jene Krisen in Kauf nahmen.

Wenn das alte Sprichwort stimmt, daß Liebe blind macht, bin ich nicht der Richtige, um über Fassbinder zu schreiben, denn ich habe ihn geliebt.

Aber ich glaube nicht, daß Liebe blind macht. Gegen diese These wandte sich schon 1834 der dänische Dichter N. F. S. Grundtvig. In seinem Gedicht »Goldjahr« heißt es, wer *klug* geworden sei aus dem, was er nicht geliebt hat, habe nie gelebt. Daß Liebe blind macht, ist ein Vorurteil, dem der Gedanke zugrunde liegt, daß Liebe sowohl Mangelerscheinung als auch Heilmittel sei und daß man daher aus lauter Dankbarkeit die geliebte Person idealisiere wie der Patient seinen Arzt. Liebe sei überhaupt ein unsachliches Gefühl, das nur ins Privatleben gehöre. Dieser Liebesbegriff gedeiht bestens in einer Gesellschaft, die darauf gründet, daß möglichst viel den »freien Marktmechanismen« gehorchen soll. So wird man leicht zu der Annahme verleitet, auch die menschlichen Gefühle seien eine Handelsware und müßten darum so gut wie möglich versteckt werden, damit sie nicht als Ware oder Arbeitskraft gehandelt werden.

Wer aber an ein Leben jenseits der Marktmechanismen glaubt, hat auch das Recht zu glauben, daß Liebe nicht den Blick verstellt, sondern den Schlaf aus den Augen wäscht und Klarsicht schafft.

Diese utopische Möglichkeit – Liebe, die ohne gesellschaftlichen

Zwang auskommt und den Keim zu weniger zwanghaften Gesellschaftsformen enthält – war Fassbinder nicht fremd, auch wenn seine Filme oft vom Gegenteil handeln und Geschichten darüber erzählen, was in dieser Gesellschaft aus der Liebe gemacht wird: eine Ware, mit der gehandelt, ein Machtinstrument, mit dem unterdrückt, eine Waffe, mit der getötet wird.

Was Fassbinder für mich persönlich bedeutet hat, läßt sich nicht so einfach aufzählen. Zehn Jahre sind seit seinem Tod vergangen, aber kaum ein Tag, an dem er nicht durch sein persönliches Beispiel oder seine Kunst lebendig gewesen wäre.

Auch wenn Produktion und Distribution zunehmend korrumpiert und kommerzialisiert werden und die Filmbranche perfekt die Gesellschaft spiegelt, in der und gegen die wir arbeiten müssen, hat Fassbinder demonstriert, daß ein Filmemacher ganz persönlich und kompromißlos arbeiten kann.

Zu einem frühen Zeitpunkt meiner Freundschaft mit Fassbinder formulierte die Schauspielerin Margit Carstensen klar und einfach eine Erfahrung, die wir alle mit ihm gemacht haben:

»Wir lieben ihn gerade, weil er immer den Mut gehabt hat, Fehler zu haben, so gut oder so schrecklich oder so dumm oder so froh zu sein, wie er gerade in diesem Augenblick ist. Und das versteht fast keiner, das verkraftet keiner.«[1]

Von Anfang an waren Fassbinders Filme ein Beispiel dafür, daß es möglich ist, sich mit Hilfe der Kunst gegen die destruktiven Kräfte der Gegenwart zu wehren. Und daß im künstlerischen Prozeß ein Stück Widerstandsarbeit und eine Überlebensmöglichkeit liegt, wurde allmählich auch zu einem Grundthema seiner Filme.

Lange bevor ich dieses komplizierte Thema in seinen Werken begriff, erschien es mir in einem ganz einfachen Traum:

Ich gehe mit meiner Freundin an einem Strand spazieren. Es wird Abend. Plötzlich sind wir von allen Seiten von Soldaten umringt. Sie fangen an, aufeinander zu schießen, und an dem weiten Strand ist nirgends ein Zufluchtsort. Aber gerade als es am allerschlimmsten aussieht, tritt Fassbinder auf mit seinem Filmteam. Er begreift sofort die Situation und beginnt, die Kriegsszene zu einem Musical umzuinszenieren. Bald löst sich alles in Gesang und Tanz auf. Alle tanzen erleichtert miteinander, während Fassbinder von den Dünen aus filmt.

In meinem Traum fand mit anderen Worten eine »last minute rescue« statt, abgeschaut von der Hollywood-Tradition, zu der Fassbinder eine sehr kritische Beziehung hatte, wobei der Hollywoodfilm eigentlich der einzige Film war, den er ernst nehmen konnte. Von seinen Lieblingsregisseuren in Hollywood – Alfred Hitchcock, Howard Hawks, Douglas Sirk, Michael Curtiz und Raoul Walsh – hat er einmal gesagt, sie hätten die Fähigkeit gehabt, ein Happy End zu inszenieren, weil es die Konvention verlangt, sie seien aber imstande gewesen, diesen Schluß so ambivalent zu gestalten, daß man ihn bei näherem Nachdenken unbefriedigend und ziemlich beunruhigend finden müsse.

Zu seinen Lebzeiten machte Fassbinder weder ein Musical noch einen Kriegsfilm. Aber er brachte ein Œuvre hervor, das, indem es entschieden darauf bestand, daß Liebe kälter ist als der Tod, gleichzeitig ein Gegenbild in uns entstehen ließ, daß Liebe und Kunst die Möglichkeit haben, sich über die herrschenden Verhältnisse hinwegzusetzen. Das Merkwürdige an Fassbinders Filmen ist, daß sie, die Unterdrückung und Ausbeutung von Gefühlen deprimierend präzise beschreibend, auf unserem inneren Bildschirm die Utopie mit einer ganz anderen Suggestivität beschwören als die stets optimistischen, scheinbar publikumsfreundlicheren Filme, die uns die Utopie nehmen und sie zu Filmbildern reduzieren.

Tatsächliche oder ambivalente Happy Ends sind selten bei Fassbinder. Er hatte ein bewundernswertes und himmelschreiend naives Vertrauen, daß die Leute das schon selbst schafften:

»Oft kritisiert man meine Filme, daß sie pessimistisch seien. Meiner Meinung nach gibt es genug Gründe, um Pessimist zu sein, aber eigentlich sehe ich meine Filme nicht so. Die sind aus der Haltung heraus entstanden, daß die Revolution nicht auf der Leinwand stattfinden soll, sondern im Leben, und wenn ich zeige, daß es auf der Leinwand schiefgeht, tue ich das, um die Leute darauf aufmerksam zu machen, daß es schiefgehen muß, wenn man sein Leben nicht verändert. Wenn man in einem Film, der pessimistisch endet, den Leuten einige Mechanismen klarmacht, warum es so geschieht, dann ist ja die Wirkung des Films nicht pessimistisch. Ich versuche nie, die Wirklichkeit zu reproduzieren, sondern mein Ziel ist es, Mechanismen transparent zu machen, damit den Leuten klarwird, daß sie ihre Wirklichkeit verändern müssen.«[2]

Christian Braad Thomsen
Kopenhagen 1991

1. Der doppelte Mensch

»Das Thema ist die Identität eines Einzelnen und wie er sich diese verschafft. Das hängt damit zusammen, wie Genet sagt, daß man, um vollständig zu sein, sich selber noch einmal braucht.«

Diese Worte sagte Fassbinder am 10. Juni 1982, an Dieter Schidors Filmkamera gerichtet, wenige Stunden vor seinem Tod.[1] Er war gerade dabei, die Arbeit an *Querelle* abzuschließen.

Was Fassbinder hier über seinen Film nach dem Roman von Jean Genet sagt, gilt im Grunde für den größten Teil seines Schaffens: um ein ganzer Mensch zu werden, braucht man sich selbst noch einmal. Diese Chance ist denjenigen gegeben, die an die Auferstehung und das ewige Leben glauben, was Fassbinder jedenfalls nicht tat. Er meinte vielmehr: wir brauchen uns in *diesem* Leben zweimal. Wenige Stunden später war er tot.

Fassbinder hat es vielleicht wirklich geschafft, sich selbst noch einmal zu haben. Er zerrieb sich an seinen immensen Gegensätzen und war doch eher eins als all diejenigen, die da glauben, das Glück liege in einer harmonischen, widerspruchsfreien Existenz. Die Spaltungen, denen er unterlag, mögen neurotisch gewesen sein, aber in seinem Wesen lag auch eine Doppeltheit, die zur Ganzheit führt.

Fassbinder kam am 31. Mai 1945 in Bad Wörishofen zur Welt, drei Wochen nach der Invasion der Amerikaner. Die Weichen für die Teilung Deutschlands waren gestellt, und Fassbinder wurde im Doppelzeichen der Zwillinge geboren.

Wer Fassbinder gekannt hat, kann ihn nur in Gegensätzen beschreiben, die bei den meisten Menschen einander ausschließen würden: Er war sanft und brutal, zärtlich und zynisch, aufopfernd und egozentrisch, er war rücksichtslos diktatorisch und träumte doch stets von der Arbeit in Gruppen und Kollektiven. Er war fettleibig, ungepflegt, schlampig, trug oft eine Lederjacke und glich einem Zechbruder aus der Eckkneipe. Aber wenn er mit Kamera und Schauspielern arbeitete, hatte er die Anmut und Lebendigkeit eines Ballettänzers. Der häßliche Frosch verwandelte sich in einen schönen Prinzen – wenn er geküßt wurde –, nicht vom einer Märchenprinzessin, sondern von der Filmkamera, die Fassbinder in einem frühen Filmtitel als »heilige Nutte« beschrieben hat.

Überdies waren es weniger die Prinzessinnen als die Prinzen, von denen Fassbinder sich küssen ließ. Auch in seiner Bisexualität hatte er sich selbst noch einmal – und auch hier ist schwer zu entscheiden, ob es sich um eine neurotische Spaltung handelte oder um eine zur Ganzheit führende Doppeltheit.

Der größte Kontrast, den man bei Fassbinder spürte, war wohl der Widerspruch zwischen den ständigen Versuchen, seinen Traum von einer fruchtbaren Gemeinschaft zu verwirklichen, und der aggressiven Atmosphäre, in der er sich bewegte und die er meist selbst schuf. Wo immer er auftrat, kam es zu Streitigkeiten, Krisen, Explosionen. Er hatte ein sehr großes Liebesbedürfnis und eine ebenso große Streitlust, und gerade die Spannung zwischen diesen beiden Polen ließ diese ganz spezifische, ungemein aktivierende, zermürbende, hysterische und erotisch geladene Atmosphäre entstehen, in der er aufblühte. Bewußt provozierte er immer neue Auseinandersetzungen, sowohl innerhalb des Teams als auch zwischen Team und Außenwelt.

Wer als Gast in seine Gruppe kam, fragte sich unweigerlich, ob es überhaupt möglich war, in einer solchen von Intrigen und Eifersucht erfüllten Atmosphäre zu arbeiten, in der die Leute immer wieder an den Rand des Zusammenbruchs getrieben wurden. Aber offenbar konnte Fassbinder nur in dieser Atmosphäre arbeiten: Nichts durfte vor sich hin schwelen und an den Kräften zehren, nichts wurde glattgebügelt oder unter den Teppich gekehrt. Die Konflikte wurden mit größtmöglicher Wucht zur Explosion gebracht, was das merkwürdige Resultat hatte, daß die Luft nicht nur ständig geladen, sondern eigentlich auch ständig gereinigt war.

Fassbinders Reife war von besonderer Art. Er hatte genügend Einsicht in die Erwachsenenwelt gewonnen, um die verrückte, vielleicht nur halb bewußte Entscheidung zu treffen, nicht erwachsen zu werden. Daß das Zusammensein mit ihm so begeisternd, euphorisierend und zermürbend war, lag vor allem an seiner kindlich utopischen und rückhaltlosen Offenheit. Er, der einen so scharfen Blick für Rollenverhalten hatte, ließ in seiner Nähe nur Ehrlichkeit zu. Mit brutaler Unschuld konnte er jede Andeutung von Rollenverhalten entlarven.

Wer Fassbinder einmal kennengelernt hatte, blieb nicht mehr derselbe. Einen solchen Einfluß haben meist nur Ehepartner oder Kinder. Wir brachten ihm all die Zärtlichkeit und Liebe entgegen, aber auch all den Haß und die Aggressionen und schließlich auch die grenzenlose Nachsicht, die wir, wenn überhaupt, nur den nächsten Angehörigen entgegenbringen können. Für jeden, der ihn kannte, war er zugleich Liebhaber und Kind. Seine Bisexualität hatte ihre Wurzeln in der polymorph-perversen Kondition des Kindes. Sein Leben und seine Kunst waren ein einziger Schrei, ein Protest dagegen, daß diese Anlagen in der Kultur der Erwachsenen diszipliniert und eingeschränkt werden.

Das Elternhaus

Fassbinders Kindheit war höchst ungewöhnlich. Er wurde kurz nach dem Zweiten Weltkrieg geboren, mitten in dem Zusammenbruch, der das Familienleben tief prägte:

Mit drei Monaten kam Rainer zu Onkel und Tante väterlicherseits aufs Land, da die Eltern befürchteten, er würde bei ihnen den Winter nicht überleben. In ihrer Wohnung in München waren keine Scheiben mehr in den Fenstern, und zu heizen gab es auch nichts. Rainer war über ein Jahr alt, als er seine Mutter wiedersah.

Rainers Vater war Arzt. Seine Praxis lag im Münchner Hurenviertel, und zu seinen Patientinnen gehörten viele Prostituierte, zu denen der junge Rainer, sei es in der väterlichen Praxis oder auf der Straße, ein vertrauliches Verhältnis gewann. Sie gehörten in gewisser Weise »zur Familie«.

Der Vater verließ die Familie, als Rainer sechs Jahre alt war, und die vielen Familienmitglieder zogen allmählich in eigene Wohnungen. Rainer sei tief enttäuscht gewesen, erinnert sich seine Mutter, als er das erste Mal mit ihr allein Weihnachten feiern mußte, weil niemand sonst im Haus war – und sie glaubt, diese Enttäuschung habe hinter seinen ständigen Versuchen gelegen, als Erwachsener andere Formen des Zusammenlebens zu verwirklichen als die der Kernfamilie.

Eine »normale« Familie erlebte Rainer auch nach der Auflösung der »Großfamilie« nicht, denn seine Mutter lag für längere Zeit mit Tuberkulose, einer Spätfolge des Krieges, im Sanatorium, während Rainer auf sich selbst aufpassen mußte.

Über seine Kindheit hat Fassbinder in einem Interview gesagt:

»Ich bin, was wirklich das Wesentlichste ist, in einem halb chaotischen Haushalt aufgewachsen, also in einem Haushalt, der nicht den bürgerlichen Normen entspricht . . . Ich hab' auch schon sehr früh ganz alleine gelebt, ich habe zum Beispiel von sieben bis neun weitgehend ganz alleine gelebt, also in einer Wohnung, wo zwar Leute gewesen sind – weil meine Mutter, die krank war, da Zimmer untervermietet hatte –, aber es ist niemand dagewesen, der auf mich aufgepaßt hätte oder so etwas, und dann gab es in diesem Haus, in dieser Wohnung, wo wir da gelebt haben, da gab's halt nichts anderes als Literatur und Kunst. Wenn sie mir was geschenkt haben, dann haben sie mir einen Dürer-Band geschenkt, als ich fünf war... wenn mein Vater mal einen Kontakt mit mir hatte, was, ich weiß nicht, alle fünf Jahre mal passierte, dann ist er angereist gekommen und hat mit mir den »Faust« auf dem Tonband gelesen und solche Sachen... Sie haben sich scheiden lassen, als ich fünf Jahre alt war. Aber auch vorher, als sie noch nicht geschieden waren, da war da niemand, der mir gesagt hätte: man macht das so, oder man macht das so, das darf man nicht so machen und nicht so... ich bin da wirklich aufgewachsen wie so ein Blümchen.«[2]

Die Behauptung, seine Eltern hätten sich scheiden lassen, als er fünf Jahre alt war, diente dem viele Jahre lancierten Mythos, er sei 1946 und nicht 1945 geboren worden. Auf diesen Fehler stößt man häufig in frühen Büchern über Fassbinder. Erst zwei Jahre vor Rainers Tod bekam ein Journalist seinen Paß zu sehen und »entlarvte« das korrekte Geburtsdatum.[3] Fassbinders Kommentar war:

»Aber wenn man doch so gern ein Wunderkind wäre...!«

Fassbinder hat seine Familie als »eine Art Großfamilie« beschrieben, »die aber keine familiären Hierarchien hatte«, und als Kuriosum bezeichnete er, es hätten so viele Leute in ihrer Wohnung gelebt, daß es ihm schwergefallen sei, zu unterscheiden, wer seine richtigen Eltern gewesen seien und zu wem er also eine engere Bindung haben sollte. Das bedeutet, daß er eigentlich keinen Bezugspunkt hatte – oder zu viele –, und er fügte hinzu:

»Vielleicht habe ich damals nach einem gesucht. Heute würde ich aber sagen, daß es gut war, daß es den nicht gegeben hat. Es hat mich reicher gemacht, daß ich eben keine normale Familie hatte.«[4]

Fassbinders Mutter, Liselotte Eder, die unter dem Namen Lilo Pempeit in vielen seiner Filme mitwirkte, sagt über Rainers Erziehung in der Nachkriegszeit:[5]

»Ich war 10 Jahre alt, als Hitler 1933 an die Macht kam, und das heißt, daß ich nie etwas anderes gekannt habe als die Hitler-Zeit und völlig davon geprägt war, und als ich 1945 sah, wie wir alle mißbraucht worden waren und wie das alles falsch gewesen war, erkannte ich, wie problematisch Erziehungsprozesse sein können, und das in einem Maße, daß ich gar nicht imstande war, zu erziehen, sondern es ablehnte. Nach solch einem Zusammenbruch ist man total konfus. Ich wollte Lehrerin werden und hatte Germanistik studiert, aber ich konnte nicht als Lehrerin arbeiten, und ich wunderte mich darüber, daß alle, die unter Hitler Lehrer oder Rechtsanwalt oder Richter gewesen waren, ohne Skrupel in ihrem Beruf weiterarbeiten konnten. Ich fand, man mußte seine Erfahrungen verarbeiten, sich selbst prüfen, ehe man mit irgend etwas weitermachen konnte.«

Liselotte Eder sieht die »Freiheit«, die Rainer in der Kindheit hatte, nicht als etwas unbedingt Positives, sondern auch als Ergebnis mangelnder Zuwendung:

»Nach dem Krieg und nach der Scheidung konnte ich Rainer vielleicht gar keine Liebe geben, ihn zwar versorgen und mich mit ihm beschäftigen, aber zur Liebe gehört ja auch Offenheit, die ich in meiner eigenen Kindheit nie gelernt habe. Das ist sicher ein ganz allgemeines Problem, dessen ich mir allmählich bewußt geworden bin – und weil Rainer ein ungeheuer sensibles Kind war, hat er dieses Problem sicher sehr stark empfunden. Ich kann wirklich die Menschen an einer Hand zählen, die mit dieser Offenheit umgehen können. Rainer konnte das, aber das hatte seinen Preis. Als mein Mann 1971 starb, war ich sehr erschüttert, völlig ungeschützt und offen, und da ging mir auf, so erschüttert und ungeschützt wie damals, so war der Rainer ja immer, sein ganzes Leben, allem gegenüber. Und so kann man natürlich nicht leben, dieser totalen Offenheit preisgegeben. Darum versuchte er auch, sich zu schützen, sich zu verschließen.

Ich vergesse nie Rainers Reaktion, als mein zweiter Mann starb – seine Art, wie er mich ansah, seine große Fürsorglichkeit ohne Worte, sein Mitleid. Und als er sah, wie mitgenommen ich war, sagte er sogar: ›Jetzt ziehst du bei mir ein‹, und dann fügte er hinzu, mehr zu sich selbst: ›– dann weiß ich wenigstens, wozu ich arbeite.‹«

Die anarchischen Verhältnisse in Rainers Elternhaus dürften die Herausbildung eines besonders starken Über-Ichs kaum begünstigt haben, und als der Vater dann noch die Familie verließ, muß sich der sechsjährige Rainer in gewissem Sinne als Sieger des ödipalen Dramas erlebt haben, der sich dem väterlichen Gesetz nicht unterworfen hat. Seine infantilen Allmachtsvorstellungen konnten sich auf diese Weise sehr viel besser entwickeln als bei vielen anderen. Trotzdem erlangte der ödipale Sieger keinen ungehinderten Zugang zur Liebe der Mutter. Die Mutter hatte die Rolle des Vaters als Autoritätsfigur übernommen, aber ihre Autorität war durch die Kriegsfolgen geschwächt. Die Befriedigung seiner Lust und Phantasie fand Rainer statt dessen im Dunkel des Kinos. Schon früh entstand hier seine lebenslange Liebe zu Hollywood.

Über sein Kinoleben erzählt Liselotte Eder:

»Ich pflege zu sagen, daß er auf den Windeln ins Kino rutschte, aber auf jeden Fall seit er sieben war, und sehr gegen meinen Willen. Filme waren für mich ein Vergnügen, das war etwas für den Samstagnachmittag, aber nicht mehrmals am Tag, und ich habe oft gedacht, was soll aus diesem Kind noch werden, das nur Vergnügungen will. Aber ich hatte ja keine Ahnung, was er sich auf diese Art beigebracht hat. Ich habe mir nur vorgeworfen, daß ich keine Grenzen setzen konnte und konsequent in meinen Verboten sein konnte.«

Die Verhältnisse in Rainers Kindheit haben wohl in hohem Maße eine Identität befördert, die man als gespalten oder doppelt bezeichnen kann: Rainer war nicht nur ein Junge, er mußte in gewissem Sinne auch sein eigener Vater und der Mann seiner Mutter sein.

In seiner Eigenschaft als »Mann« seiner Mutter reagierte Rainer mit einer ungeheuren Abwehr, als sie wieder heiratete. Er wollte nicht mit ihrem neuen Mann unter einem Dach wohnen und wurde darum ins Internat geschickt. Sein Verhältnis zur Schule war ohnehin problematisch. Als er in der Volksschule von der Lehrerin einmal eine Ohrfeige bekam, warf er sich hysterisch auf den Fußboden und schrie: »Hilfe, Polizei, Hilfe!« Dann wurde er in eine Rudolf-Steiner-Schule geschickt, wo man die Vorstellung hatte, daß Kinder »wie Blümchen« aufwachsen sollen, und schließlich ins Internat, aus dem er immer wieder weglief.

Da die Mutter in Rainers Kindheit die traditionelle Rolle des Vaters als der Autoritätsfigur, die der Lust Grenzen setzt, übernommen hatte, liegt die Vermutung nahe, daß Rainer sich eher mit der Mutter identifizierte als mit dem abwesenden Vater. Damit vollzog er auch eine Identifikation mit der erotischen Triebrichtung der Mutter, also gegen sein eigenes Geschlecht. Aber gleichzeitig war die Autorität der Mutter so unsicher, daß diese Triebrichtung wohl ebenfalls auf wackligen Füßen stand. Die Mutter berichtete, Rainer habe, als er mit 15 Jahren endgültig aus dem Internat verschwand und zum Vater nach Köln zog, heiße Liebesgedichte an die neue Frau des Vaters geschrieben – und sein späteres Angebot an die Mutter, sie könne nach dem Tod ihres Mannes zu ihm ziehen, zeugt ebenfalls von ödipalen Trieben, die nie gezähmt wurden, sondern auf der »polymorph perversen«, d. h. bisexuellen Stufe des Kindes blieben.

In seinen Kölner Pubertätsjahren verkehrte Fassbinder häufig in Schwulenkneipen – übrigens zusammen mit Udo Kier, der einer seiner bevorzugten Schauspieler werden sollte – und lernte dort frühzeitig die Gründe und Abgründe des Lebens kennen. Als die Mutter von seiner erwachenden Homosexualität erfuhr, wollte sie ihn zum Psychiater schicken, doch da konnte sie über sein Leben schon längst nicht mehr verfügen.

Daß Sex und Gefühle eine Handelsware sind und man davon leben kann, erfuhr Fassbinder früh am eigenen Leibe. Von seinen ersten Gangsterfilmen bis zu seinem Hauptwerk *Berlin Alexanderplatz* beschrieb er das Leben unter Nutten und Zuhältern, nicht nur – wie viele andere Regisseure – als filmische Metapher, sondern ganz konkret und als persönliches Erlebnis. Nicht zufällig hießen seine Hauptpersonen oft Franz, denn Alfred Döblins Roman über Franz Biberkopf gehörte seit seinem 15. Geburtstag zu seinen Lieblingsbüchern, ja mehr noch:

»›Berlin Alexanderplatz‹ hat mir nicht nur in so was wie einem ethischen Reifeprozeß geholfen, nein, es war mir, einem echt Gefährdeten in der Pubertät, auch echte, nackte, konkrete Lebenshilfe ... dieses Lesen hat mir geholfen, meine quälenden Ängste, von denen ich fast gelähmt war, die Angst, mir meine homosexuellen Sehnsüchte zuzugeben, meinen unterdrückten Bedürfnissen nachzugeben, dieses Lesen hat mir geholfen, nicht ganz und gar krank, verlogen, verzweifelt zu werden, es hat mir geholfen, nicht kaputtzugehen.«[6]

Außer den geliebten Hollywoodfilmen seiner Kindheit gab es einen europäischen Film, den Fassbinder sich immer wieder ansah, Jean-Luc Godards *Vivre sa vie (Geschichte der Nana S.)* mit Anna Karina in der Hauptrolle als Prostituierte, die »ihren Körper hingibt, ohne ihre Unschuld zu verlieren«, ein Film, der den jungen Fassbinder natürlich besonders berühren mußte.

Nur selten hat Fassbinder sich über die Beziehung zu seinem Vater geäußert. Eher eine Ausnahme sind seine informell berichteten Erinnerungen in Joachim von Mengershausens interessanter Filmreportage »Ende einer Kommune« (1969):

»Damals, als ich in Köln war, gab es furchtbare Prügeleien zwischen uns. Und dann hat er immer seine jetzige Frau angerufen und gesagt: ›Notier es, mein Sohn wollte mich umbringen!‹ Und das hat sie dann notiert, und da gibt es heute noch ein Buch, wo das alles drinsteht, wie oft ich ihn umbringen wollte und was ich ihm alles angetan habe. Ich war da schon siebzehn. Sehr lustig.

Zu diesem Zeitpunkt hatte mein Vater seine Arztpraxis aufgegeben. Früher war er der einzige Arzt, der ganz umsonst arbeitete, wenn Patienten zu ihm kamen, die kein Geld hatten. Dabei hat er nichts im Kopf gehabt, als Geld zu stapeln, und konnte es nicht. Aber dann ist sein Vater gestorben und hat Geld hinterlassen, und dann konnte mein Vater sich auf das konzentrieren, was wichtig für ihn ist, nämlich die Sterne. Er ist ein furchtbarer Ästhet. Aber wahrscheinlich hat er in seinem Leben eingesehen, tief gespürt, daß er wahrscheinlich doch nicht schreiben konnte. Und dann sitzt er und überlegt, wie er durch Geld Sicherheit bekommt. Und hat jetzt diese Sicherheitsklammerung. So als Nottreppe. Wenn er stirbt, ohne seine Gedichte geschrieben zu haben, dann wird er mal sagen können: ›Denn die Verhältnisse, die waren nicht so.‹

Dann hat er den Fernsehkasten entdeckt, den fand er sehr schön, da war immer was drin. Sendungen über Physik und Weltraumprobleme. Und erklärt einem dann noch tagelang, was er gesehen hat. Und von Tag zu Tag wird's schöner, kann er es in schönere Worte fassen, und zum Schluß sind es schon richtige Gedichte, die er einem über die Weltraumfahrt erzählt.

Mein Vater weiß auch alles, und du kannst ihn alles fragen. Ein Gedächtnisgenie, was er einmal gehört hat, behält er für immer.

Das finde ich ganz dufte, daß, in meinem Zuhause, da gibt's keine Ordnung, weil ihm das ziemlich wurscht ist. Da kann es sein, wie es will, da achtet er gar nicht drauf. Ich habe wahnsinnig viel von ihm, das beschäftigt mich natürlich.«

Fassbinders Verhältnis zum Vater schwankte offenbar zwischen ödipalen Mordphantasien, die er als Siebzehnjähriger auszuleben versuchte, und einer tiefen Sehnsucht, akzeptiert und geliebt zu werden, der seine spätere Theater- und Filmarbeit entsprang. Als er die ersten Kritiken seiner Theaterarbeit in München bekam, fuhr er mit einigen Kollegen nach Köln und zeigte dem Vater die Zeitungsausschnitte. Auch diese Szene beschreibt er in *Ende einer Kommune*:

»Die Situation ist ungeheuer gewesen. Wir haben fertig gegessen, und dann haben wir eben versucht, ihm unsere Kritiken zu zeigen. Das guckt er auch so an und so, und ich dachte, es müßte ihn wahnsinnig interessieren, so wie ich ihn kenne, aber das mochte er gar nicht sehen, und es ist auch ein gewisser Neid gewesen ...«

Seit dieser Zeit hatte Fassbinder keinen Kontakt mehr mit dem Vater. Aber die Schauspielerin Margit Carstensen berichtete,[7] Fassbinder habe sich in den ersten Jahren seiner Karriere, wenn ein Film fertig war, weniger dafür interessiert, was seine Schauspieler und Techniker davon hielten, auch nicht, ob die Kritiker oder das Publikum ihn mochten. Viel wichtiger war ihm der Wunsch, sein Vater möge den Film sehen.

Als Fassbinder begann, Theater und Filme zu machen, versuchte er, die Großfamilie wiederherzustellen, die er als Kind verloren hatte: Von Anfang an wohnte er mit den wichtigsten Schauspielern und anderen Mitarbeitern zusammen – und wenn man phasenweise nicht zusammenwohnte, ließ Fassbinders extreme Arbeitswut ohnehin niemandem viel Zeit für ein Privatleben mit anderen.

Für Fassbinder gab es keine Grenze zwischen Arbeit und Freizeit, zwischen Arbeitskollegen und privaten Freunden, zwischen Kunst und Leben. Während viele seiner Filmfiguren an einem in unserer Gesellschaft kaum lösbaren Konflikt zwischen Arbeit und Freizeit zugrunde gehen, konnte er selbst mit seinem künstlerischen Schaffen diesen Gegensatz überwinden. Er erkämpfte sich ein Privileg, das seiner Meinung nach alle genießen sollten: Arbeit war für ihn Privatleben und umgekehrt.

Fassbinders Produktionstempo und Arbeitswut dürften einzigartig in der Filmgeschichte sein. Die meisten Regisseure schaffen höchstens alle zwei Jahre einen Spielfilm, während Fassbinder selten weniger als vier Filme jährlich machte, die immer auf eigenen Ideen beruhten, und nur ausnahmsweise nahm er die Hilfe anderer für das Drehbuch in Anspruch. Er schuf 33 Spielfilme für Kino und Fernsehen, außerdem vier Fernsehserien (bestehend aus insgesamt 23 Teilen) und vier Videofilme in Spielfilmlänge, innerhalb von 13 Jahren also eine Film- und Fernsehproduktion von insgesamt 60 Einzeltiteln.

Dazu kommen 30 Theaterstücke und vier Hörspiele, die Fassbinder schrieb bzw. inszenierte. Als Schauspieler wirkte er in zahlreichen eigenen Filmen mit, sechsmal in einer Hauptrolle, außerdem in 12 Filmen anderer Regisseure, davon viermal in einer Hauptrolle. Von Anfang an war er sein eigener Produzent, und erst als seine Filme auf ein breites Echo stießen, gelang es ihm, andere Produzenten zu finden. Für andere Regisseure hat er drei Filme produziert. Mehrere seiner Filme hat er auch geschnitten, und in zwei Fällen stand er hinter der Kamera.

Es leuchtet ein, daß ein solches Arbeitstempo einfach tödlich ist. Fassbinder selbst hielt seine Arbeitswut für pathologisch, was natürlich nicht bedeutet, daß die Resultate es auch sind. Wie er dieses ganze Pensum schaffte, war allen, die ihm nahestanden, und sicher auch ihm selbst, ein Rätsel. In einem Interview hat er gesagt:

»Das hat natürlich psychologische Gründe, die irgendwo früher liegen, was für welche das sind, weiß ich auch nicht. Aber es gilt zum Beispiel, daß ich alles, was ich erlebe, auch irgendwie verarbeiten muß, um das Gefühl zu haben, es erlebt zu haben.«[8]

Nur einer von Fassbinders Filmen hat diese Arbeitswut zum Thema, nämlich *Ich will doch nur, daß ihr mich liebt* (1976). Er handelt von einem jungen Maurer, der sich abrackert, weil er hofft, dadurch die Liebe seiner Eltern und seiner Frau zu gewinnen. Dieser Mensch wurde in seiner Liebesfähigkeit durch eine sehr gefühlskalte Kindheit geschädigt, und jetzt bettelt er um die Liebe seiner Umgebung, indem er Häuser baut – und Blumen schenkt. Fassbinder scheint eine Parallele zwischen sich und dem Maurer zu ziehen, wenn er erklärt:

»Ich möchte ein Haus mit meinen Filmen bauen. Einige sind der Keller, andere die Wände und wieder andere die Fenster. Aber ich hoffe, daß es am Ende ein Haus wird.«

Er hätte sicher nichts dagegen gehabt, wenn wir seine Filme als Entsprechungen zu den Blumensträußen des Maurers auffassen. Allerdings steckte er sorgfältig Disteln und Brennesseln zwischen die Blumen, so daß es vielen schwerfällt, seine Sträuße uneingeschränkt zu lieben. Er wußte nämlich, daß gekaufte Liebe ihren Preis nicht wert ist, und so bemühte er sich, es dem Zuschauer extrem schwer zu machen, seine Filme vorbehaltlos zu lieben. In der Motivation seiner künstlerischen Arbeit lag also eine auffällige Doppeltheit. Diese Erfahrung machte er, als er mit 22 Jahren zum erstenmal in *Leonce und Lena*, einer Aufführung des Action-Theaters, auf der Bühne stand:

»Ich spielte mit einer direkten, wohl bis an die Grenzen des Möglichen gehenden Aggressivität gegen das Publikum, was wohl aus der Befürchtung entstanden ist, das Publikum könne mich nicht mögen, also zeigte ich ihm, daß ich es gleich zehnmal nicht mag, so wäre es nur verständlich und von mir herausgefordert, wenn sie mich nicht mögen würden. Ich wollte auf diese Weise verhindern, daß man mich hätte verletzen können.«

In einem Kommentar zu *Ich will doch nur, daß ihr mich liebt* räumte Fassbinder ein, daß seine Arbeitswut neurotisch war:[9]

»Es gibt nichts, was nicht krank wäre. In dem Gesellschaftssystem, in dem wir leben, muß Kreativität neurotisch sein. Ich könnte mir eine andere Gesellschaftsform vorstellen – ohne sie nun gleich beschreiben zu können –, wo Kreativität unneurotisch möglich wäre. Aber in unserem System geht es nicht anders, und ich habe noch keinen Menschen getroffen, der gesund gewesen wäre.«

Fassbinder glaubte, daß gerade die künstlerische Selbstprüfung, ähnlich wie die Psychoanalyse, eine heilende Wirkung haben könnte. Er plante damals einen Roman, *Reise ins Innere der Trauer*, eine Art persönlicher Psychoanalyse. Erzählt werden sollte von einem Mann, der an psychosomatischer Lähmung leidet. In dem Maße, wie er seine Erinnerungsfähigkeit und seine Phantasie aktivierte, würde er allmählich wieder die Fähigkeit erlangen, eine Hand zu bewegen. Der Roman kam nie über diesen Entwurf hinaus, doch dafür verwirklichte Fassbinder seine Romanfigur in seiner ganzen Film- und Theaterproduktion.

Fassbinders kolossale Produktivität beruhte nicht zuletzt darauf, daß er immer in Gruppen arbeitete und sich mit Menschen umgab, die mit seiner Arbeitsmethode vertraut waren. Von Anfang an hatte er außerdem die utopische Vorstellung, in der Gruppe sei es möglich, »demokratischer« zu arbeiten. Alle sollten ihr künstlerisches Potential einbringen und nicht immer nur dem Regisseur gehorchen, die Gruppe sollte ein lebendiger, nicht-hierarchischer Organismus sein. In der frühen Theaterzeit führte Fassbinder die Regie gemeinsam mit Peer Raben, und bei zwei Filmen *(Die Niklashauser Fart* und *Warum läuft Herr R. Amok?*) mit Michael Fengler.

Auf dem Höhepunkt seiner Filmkarriere produzierte er in einzelnen Fällen Spielfilme mit einigen seiner Mitarbeiter als Drehbuchautoren und Regisseuren. Die Schauspieler Ulli Lommel und Kurt Raab machten *Zärtlichkeit der Wölfe*, und der Produktionsleiter Christian Hohoff drehte *Spiel der Verlierer* überwiegend mit Leuten des Fassbinder-Teams vor und hinter der Kamera. Doch die Resultate waren enttäuschend: Es waren epigonale Arbeiten ohne einen Funken eigener künstlerischer Ideen. Diese Filme beweisen nachdrücklich, daß ohne einen originellen künstlerischen Organisator an der Spitze sogar ein begabtes Kollektiv wie das Fassbindersche nicht viel taugt. Es versuchte zwar, Fassbinders äußerst originellen Schauspielstil und seine Kameraarbeit zu reproduzieren, bei der alle unter seiner Leitung perfekt zu funktionieren gewohnt waren, aber ohne seine magische Präsenz fiel alles auseinander, und sein Wunsch, die schöpferische Verantwortung an andere zu delegieren, erwies sich als Illusion.

Ein anderer Gruppentraum hingegen wurde Wirklichkeit: Seine Schauspieler verwandelten sich in Hollywoodstars, indem er sie einfach so filmte, als seien sie es schon. Fassbinders Sinn für Gesichter und Stimmen war so ausgeprägt, daß er vor der Kamera die Eigenart und Originalität eines jeden Menschen festhalten konnte. Für die meisten seiner engsten Mitarbeiter schrieb er mindestens eine Hauptrolle, die ihnen die Unsterblichkeit der Leinwand einbringen sollte. Das Büromädchen und der Ausstatter, der Gastarbeiter und der Strichjunge, der Regieassistent und seine Mutter, sie alle durften Filmstars werden. Mit Hilfe der Filmkamera gelang es ihm, seine Liebe zu ihnen auszudrücken und zu beweisen, daß jeder einzelne Mensch so kostbar und unersetzlich ist wie der größte Hollywoodstar.

Freuds Moses

Es gäbe keinen Grund, Fassbinders »Zwillings«-Natur hervorzuheben, spielte sie nicht eine fundamentale Rolle in seinem künstlerischen Universum. Geradezu programmatisch kommt sie in seinem lebenslangen Traum zum Ausdruck, Sigmund Freuds letzte große und umstrittene Arbeit, das religionskritische Werk *Der Mann Moses und die monotheistische Religion* (1939) zu verfilmen.

Das Aufsehenerregende und für Juden Skandalöse an Freuds Mosesbuch war die Vorstellung, Moses sei kein einzelner Mensch, sondern zwei verschiedene Menschen gewesen, weil sein schöpferisches Werk für einen Einzelnen zu umfassend gewesen sei. Daher teilte er Moses in zwei Personen auf:

Der Moses, der die Juden aus Ägypten führte, soll nicht Jude, sondern ein ägyptischer Priester aus dem inneren Kreis um den berühmten Pharao Echnaton gewesen sein, der die umstrittene These aufgestellt hatte, es gäbe nur einen Gott. Nach Echnatons Tod wurde die alte Vielgötterei wieder eingeführt, aber Moses wollte Echnatons These weiterführen und suchte sich deshalb ein Volk, mit dem er den Monotheismus verwirklichen konnte. Er erwählte die Juden, die unter der Bedingung einwilligten, daß er sie in das Gelobte Land führte. In der Wüste wurde ihnen Moses' strenger Fanatismus und seine monotheistische Lehre allerdings zuviel. Sie lehnten sich gegen den Tyrannen auf, töteten ihn und ersetzten ihn durch einen sanften und guten jüdischen Schafhirten. Später bereuten sie den Mord und beschlossen, als Buße für ihre Tat sich freiwillig den Geboten zu unterwerfen, gegen die sie früher aufbegehrt hatten. Sie wollten den Mord ungeschehen machen. Deswegen übertrugen sie dem Schafhirten Rolle und Identität des Moses.

Freud identifizierte sich stark mit dieser doppelten Mosesfigur, die sowohl den grausamen Tyrannen als auch den sanftmütigen Hirten enthielt. So wie Moses davon träumte, die Juden aus der ägyptischen Sklaverei zu befreien und sie an Gott heranzuführen, so träumte Freud davon, sein Volk aus der Sklaverei alter Traditionen, Gewohnheiten und Neurosen zu befreien. Seine wichtigste Waffe in diesem Befreiungskampf war die Sexualtheorie, die für Freud dasselbe bedeutete wie der Monotheismus für Moses.

Auch Freud meinte in gewissem Sinne, daß wir ›uns selbst noch einmal brauchen‹. Er sah das Ich in einem ewigen Konflikt zwischen dem Über-Ich, der Instanz für Gesetz und Ordnung, und dem Es, dem Ort der Lüste und Träume.

Diese Doppeltheit, die Freud mythologisch auf Moses projizierte, fand er konkret im Kinderzimmer. Der Konflikt zwischen dem, wozu wir Lust haben, und dem, was erlaubt ist, kulminiert im Ödipuskomplex, in dem die ersten inzestuösen Lustgefühle des Kindes auf die unbegreiflichen Gesetze der Erwachsenenwelt stoßen. Der Knabe entwickelt zunächst Mordphantasien gegen den Vater, weil dieser der Repräsentant des Gesetzes ist, wird aber allmählich – unter Kastrationsdrohung – dazu gebracht, seine Lust zu verdrängen. Er identifiziert sich statt dessen mit dem Unterdrücker der Lust.

Freuds gespaltenes Moses-Bild ist Ausdruck des Konflikts, in dem schon immer alle Revolutionäre standen: Einerseits ist ein strenges Über-Ich erforderlich, um durch zielbewußten Kampf ein neues Gesellschaftssystem herbeizuführen, innerhalb dessen die geheimen Wünsche und Träume des Es leichter Erfüllung finden können. Andererseits ist gerade ein strenges Über-Ich der ärgste Feind des Befreiungskampfes, weil es in der Identifikation mit den Unterdrückern entstanden ist und weil seine Funktion primär darin liegt, das Es zu züchtigen.

Genau dieses Problem meint das einfache Brecht-Wort:

»Ach, wir, die wir den Boden bereiten wollten für Freundlichkeit, konnten selber nicht freundlich sein.«[10]

Gerade diese Ambivalenz war es, die Fassbinders Interesse an Freuds doppeltem Moses-Bild entstehen ließ. Auch Fassbinder suchte sich einen Stamm, eine Arbeitsgemeinschaft, die es ihm ermöglichte, seine künstlerischen Visionen zu verwirklichen. Und auch er war innerhalb dieses Stamms zwei sehr verschiedene Personen, bald Diktator, bald Schafhirte:

»Ich habe immer gesagt, die anderen haben aus mir den Führer gemacht, wo die anderen sagen, ich hätte mir ein Volk gesucht.«[11]

Fassbinders Œuvre ist von einer so radikalen Doppeltheit durchtränkt, daß er verständlicherweise einen mythischen Ursprung für diese Doppeltheit suchen mußte. Er kam zwar nie dazu, *Den Mann Moses* zu verfilmen, ansonsten aber gab es keine Grenzen für das, was er erreichte. Und sein gesamtes Schaffen könnte man gewissermaßen als Verfilmung von Freuds vorletztem Buch *Das Unbehagen in der Kultur* (1929) auffassen.

Berlin 1969

Fassbinder zeigte auf der Berlinale 1969 seinen Debütfilm *Liebe ist kälter als der Tod.* Das Merkwürdige an dem Film war, daß er ganz unzeitgemäß wirkte. Neben den swingenden, farbenprächtigen und psychedelischen Filmen der späten sechziger Jahre, die, Orgien in Ton und Bildern, mit beweglicher, oft handgehaltener Kamera aufgenommen waren, wirkte Fassbinders Film wie das genaue Gegenteil: ein kleiner, schwarz-weißer, statischer Film, fast ohne Worte und Musik, lakonisch und illusionslos. Er wurde vom Festivalpublikum denn auch schonungslos ausgepfiffen. So machte man doch keine Filme!

Ich hatte ein merkwürdiges Gefühl, als ich den Film sah: mir schien, als wäre dies der erste Film der Welt, als würde hier die Filmkunst neu geboren. Hier fand die Wiederauferstehung von etwas statt, das in kommerzieller, modischer Bilderinflation ertrunken war. Als ich im Jahr darauf selbst begann, Filme zu machen, spürte ich, daß ein Regisseur seinen ersten Film immer so erlebt. Wer selbst anfängt, ist überzeugt, daß tabula rasa gemacht wird, daß jetzt die Filmkunst erst richtig anfängt! Nur ganz selten empfindet außer dem Regisseur jemand die Situation ebenso.

Fassbinder gelang es aber, zumindest einigen von uns im Saal das Erlebnis zu vermitteln, daß wir hier die Geburt der Filmkunst höchstpersönlich miterlebten. Er ließ seine Kamera so lange vor den Personen verharren, bis man wirklich zu spüren begann, was ein Bild war. Seine Einstellungen dauerten so lange, daß man den Schnitt fast physisch erlebte, wenn er endlich stattfand, seine Personen waren so schweigsam, daß man wirklich die Ohren spitzte, wenn sie den Mund aufmachten.

Einige Tage später traf ich Fassbinder in einer Kneipe. Er saß mürrisch und allein da – und ich dachte, daß ein 24jähriger Debütant, dessen Film auf dem renommiertesten Festival seines Landes so gnadenlos verrissen worden war, sicher tröstender Worte bedurfte. Ich ging also zu ihm hin und sagte, sein Film hätte mir gefallen.

Er starrte mich an, als ginge ihn das überhaupt nichts an, war aber höflich genug, ein »Danke« zu murmeln. Daß mir der Film zufälligerweise gefiel, interessierte ihn genauso wenig wie das Pfeifkonzert des Publikums. Ich fragte ihn, was er von Godards Film *Le Gai Savoir (Die Fröhliche Wissenschaft)* hielte, der auf dem Festival gezeigt worden war. Der Film endet mit einer schwarzen Leinwand, die mehrere Minuten stehenbleibt. Das soll ausdrücken, wie schwer es ist, das »wahre« Bild zu finden, und außerdem ein Zeichen der Solidarität mit dem internationalen revolutionären Kampf sein. Fassbinder antwortet nachdenklich – und ohne jede Ironie –, es wäre konsequenter gewesen, wenn Godard den ganzen Film schwarz gelassen hätte! Länger dauerte die Begegnung nicht. Er hatte kein Bedürfnis zu sprechen, aber sein Schweigen war zumindest freundlicher als auf der Pressekonferenz unmittelbar nach seinem Film. Dort hatte er alle Fragen sehr einsilbig beantwortet. Seine Reaktion auf die Aggressivität der Journalisten bestand einfach darin, sich hinter grantiger Unnahbarkeit und einem ans Stupide grenzenden Schweigen zu verstecken.

Fassbinder trug nach der Ablehnung, die sein Film erfahren hatte, eine bemerkenswerte Selbstsicherheit zur Schau. Prahlerei und Hochmut gingen ihm jedoch völlig ab, er hatte ein tiefes Vertrauen in die Qualität seiner Arbeit. Er wußte genau, wo er hinwollte, und hatte den nächsten Film schon klar im Kopf.

Diese Selbstsicherheit, so imponierend sie bei einem 24jährigen Anfänger wirken mochte, war eine der Qualitäten, die mir im Laufe der Zeit an Fassbinders ungeheuer kompliziertem Temperament am wichtigsten erschien. Er benötigte seine Selbstsicherheit in höchstem Maße zum Schutz vor der Wut, der Hetze, der totalen Ablehnung, die er immer wieder erlebte und die einen weniger selbstsicheren Regisseur bald veranlaßt hätte, den Beruf zu wechseln.

Wir begegneten uns regelmäßig auf Festivals, wenn neue Filme von ihm Premiere hatten. Ihn dazu zu bekommen, meine eigenen Filme zu sehen, war schwieriger – er hatte nicht viel Zeit, ins Kino zu gehen. Der erste, den er sah, war *Smertens børn (Kinder des Schmerzes)*, der ihm zum Glück so gut gefiel, daß er seine Pressekonferenz in Cannes nach *Despair* zum Anlaß nahm, die Leute aufzufordern, sich *Smertens børn* anzusehen.

Später erfuhr ich von einigen seiner Mitarbeiter, daß er die Idee, die *Smertens børn* zugrunde lag (einige Freunde – Techniker und Schauspieler – vor der Kamera Kindheitserinnerungen erzählen zu lassen und anschließend die Höhepunkte rückblendenartig zu dramatisieren), ebenfalls gehabt hatte. Fassbinder hatte außerdem eine Idee gehabt, auf die ich leider nicht gekommen war – und die in ihrer Einfachheit den Unterschied zwischen dem begabten Einfall und dem Genialen ausmacht: Fassbinder wollte die Erinnernden ihre eigenen Eltern spielen lassen. Durch diesen einfachen Kunstgriff sollte angedeutet werden, was in einem Dokumentarfilm ja schwer zu zeigen ist, der Umstand nämlich, daß man dazu neigt, seinen Kindern gegenüber die Rolle der eigenen Eltern zu übernehmen und damit weiterzuführen, was man selbst erlitten hat.

Fassbinder ist hier ein würdiger Nachfolger Freuds, der diesen Identifikationsprozeß in seinen Analysen des Ödipuskomplexes beschrieben hat. Doch während Freud in seiner klinischen Arbeit die Formung des einzelnen Menschen analysierte, wollte Fassbinder vorführen, wie die Menschen die Gesellschaft formen und die Gesellschaft die Menschen.

Schon auf der Pressekonferenz in Berlin nach *Liebe ist kälter als der Tod* hatte Fassbinder erklärt, er mache Filme gegen die Gefühle. Als ich einige Jahre später von ihm wissen wollte, was er mit dieser ziemlich schockierenden und überdies unkommentierten Äußerung gemeint habe, antwortete er zunächst, ich hätte mich sicher verhört, er habe gesagt »gegen die Ausbeutung von Gefühlen«. Das hielt er – zu Recht – für das durchgängige Thema seiner Arbeiten. Aber ich bin immer noch überzeugt, daß er auf seiner ersten Pressekonferenz gesagt hat, er mache Filme gegen die Gefühle. Erst in einem Interview, das er acht Jahre später gab, präzisierte er, was er damit gemeint haben könnte. Er mache Filme, sagte er, die zeigen sollten, daß die Gefühle, die man zu haben glaube, in Wirklichkeit gar nicht existierten und nur eine Art Sentimentalität seien, die man glaube haben zu müssen, um ein gut funktionierendes Mitglied der Gesellschaft zu sein.[12]

»Die Ausbeutung der Gefühle« ist natürlich eine sehr einfache Formel für das komplexe Projekt Fassbinders: Freud und Marx unter einem Blickwinkel zu vereinen. Freuds Anteil ist allerdings der dominierende, denn Freud richtete seinen Blick auf die seelischen Prozesse, die hinter den gesellschaftlichen Mechanismen liegen. Seine Einsicht in die Tiefenpsychologie hielt Fassbinder davon ab, zu glauben, eine bewaffnete Revolution könne eine Lösung sein:

»All das, was über einen Kampf entsteht, hat eben auch das Bekämpfte wieder in sich.«[13]

Hier wird die volle politische Konsequenz aus Freuds Theorie vom Ödipuskomplex gezogen: Der ursprüngliche ödipale Wunsch des Knaben, den Vater zu töten, um ungehinderten Zugang zur Liebe der Mutter zu erlangen, mündet aufgrund von Kastrationsangst in eine Identifizierung mit dem Vater und einen Verzicht auf die eigenen sexuellen Wünsche, also in eine Identifizierung mit dem väterlichen Gesetz: der Bekämpfte überlebt schließlich als Teil der eigenen Person!

Als ich 1972 einen Interviewfilm mit Fassbinder machte, fragte ich, wie ein Film über die Baader-Meinhof-Gruppe aussehen würde, wenn er ihn machen würde. Mürrisch und abweisend antwortete er:

»So einen Film würde ich gar nicht machen, denn einige von ihnen sind meine Freunde.«

Es leuchtete ein, daß er keine Lust zu weiteren Kommentaren hatte, und diese halbe Antwort kam nicht mit in meinen fertigen Film. Im ersten Moment wirkte seine Antwort ziemlich leicht dahingesagt – obwohl ich ihn damals gut genug hätte kennen müssen, um zu wissen, daß ihm leicht Dahingesagtes auf diesem Niveau fern lag.

Später stellte ich fest, daß Fassbinder nicht ohne Grund so geantwortet hatte.

Gewalt und Terror

Schon seit den ersten Tagen des Action-Theaters in München, lange bevor Fassbinder anfing, professionelle Filme zu machen, war Gewalt ein dominierender Teil seines Erfahrungsbereichs. Ihr erstes Opfer war Marite Greiselis, die die Hauptrolle in seinem ersten Kurzfilm *Das kleine Chaos* (1967) spielte. Fassbinder hatte Marite auf einer Schauspielschule kennengelernt, und sie hatte ihn der Action-Theater-Gruppe vorgestellt. Geleitet wurde die Gruppe von Ursula Strätz und deren Mann Horst Söhnlein, aber als Fassbinder 1967 dazukam, wurde er sehr bald der tatsächliche Leiter.

Im Umfeld des Action-Theaters verkehrten auch Hippies, die hin und wieder als Schauspieler auftraten. Einer von ihnen, Heine Schoof, war der Freund von Marite Greiselis. Eines Abends stach er sie in blinder Eifersucht mit einem Messer nieder, weil sie Fassbinder mehr als rein berufliches Interesse entgegenbrachte.

Fassbinder und einige Kollegen waren zur Stelle, als der Mordversuch stattfand, aber es gelang Heine Schoof, siebenmal auf Marite einzustechen, ehe einer der Anwesenden ihm einen Stuhl über den Kopf schlug. Marite sitzt seitdem gelähmt in einem Rollstuhl, der eifersüchtige Liebhaber bekam 10 Jahre Zuchthaus.

Zu diesem Zeitpunkt war ein gewisser Andreas Baader ein häufiger Gast im Action-Theater, wenn er auch meist im Hinterzimmer saß und mit Horst Söhnlein bei einem Bier revolutionäre Parolen formulierte. Söhnlein, dem während eines längeren Krankenhausaufenthaltes zu Ohren gekommen war, seine Frau Ursula solle sich nicht nur beruflich für Fassbinder interessieren, lief nach seiner Entlassung Amok. Blindwütig demolierte er das Action-Theater. Kein Stuhl, kein Bierglas, kein Bühnenbrett war nach seiner Aktion noch ganz.

Horst Söhnlein versuchte, seine Zerstörung des Action-Theaters politisch zu begründen. Immerhin war es damals nicht gerade schmeichelhaft für einen politischen Aktivisten, eines so kleinbürgerlichen Gefühls wie Eifersucht bezichtigt zu werden. Über Eifersucht, ein Produkt des Privateigentums, mußte man sich hinwegsetzen. Söhnlein sah in seiner Theaterzerstörung eine Revolte gegen das »falsche Bewußtsein«, unter dem die Kunst litt. Generelle Kunstfeindlichkeit war verbreitet unter den militanten Linken. Für sie war Kunst, im Gegensatz zu den eigenen Aktionen, mechanischer Ausdruck bürgerlichen Denkens – was die Aktionen der Militanten im Grunde genommen auch waren.

Horst Söhnlein setzte seinen Amoklauf in der nächsten Nacht zusammen mit Andreas Baader, Gudrun Ensslin und Thorwald Proll in Frankfurt fort, wo sie in zwei großen Kaufhäusern Brände legten. Die Studentenrevolte war damit in ihre gewalttätige Phase getreten. Die Zeit der friedlichen Demonstrationen war vorbei, es begannen die Anschläge auf Kaufhäuser, amerikanische Militärbasen und schließlich auf Personen. Das Aktionstheater fand jetzt auf der politischen Bühne statt, während Fassbinder eine neue Gruppe gründete, die er vorsichtshalber »antiteater« nannte.

Man kann also mit einem gewissen Recht sagen, daß eine der Brutstätten des westdeutschen Terrorismus das Hinterzimmer von Fassbinders erstem Theater war. Später machte Fassbinder einige seiner wesentlichsten Filme von dem Standpunkt aus, daß der Terrorismus weniger einer klaren politischen Haltung entspringt als diffusen privaten Frustrationen und nicht nur ein Produkt der ursprünglich bekämpften Gesellschaft war, sondern sie sogar stärkte. Diese Vorstellungen entwickelte Fassbinder wie immer aus persönlichen Erfahrungen, ihnen liegen *Mutter Küsters' Fahrt zum Himmel* (1975) und *Die dritte Generation* (1979) zugrunde.

Ich war bei den deutschen Uraufführungen dieser beiden Terroristenfilme anwesend, beide gehörten zu Fassbinders dramatischsten Premieren.

Mutter Küsters' Fahrt zum Himmel wurde 1975 während der Berlinale auf einer Sonderveranstaltung des Internationalen Forums des jungen Films gezeigt, nachdem das offizielle Auswahlkomitee ihn abgelehnt hatte. Es ist Fassbinders bösester Film über die Ausbeutergesellschaft und deren Aufrührer, die beide aus demselben Holz geschnitzt sind, und das Premierenpublikum bestand genau aus den Gruppen, gegen die der Film gerichtet war, nämlich bürgerlichen Journalisten und militanten Studenten. Im Saal herrschte eine solche Erregung, daß die Filmdialoge nicht immer zu verstehen waren, und eine geplante Diskussion zwischen Fassbinder und den Zuschauern ging völlig in Beschimpfungen und Beleidigungen unter.

Auf die erregte Frage, warum sich der Film nur mit den Idioten des linken Flügels befasse und nicht mit seinen konstruktiveren Gruppierungen, antwortete Fassbinder grantig:

»Alle Linken sind Idioten!«

Daraufhin entstand ohrenbetäubender Lärm im Saal, und die Diskussion mußte abgebrochen werden.

Seine scheinbar brutale Formulierung bedeutete natürlich nicht, daß alle Linken mit den Phrasendreschern im Film zu vergleichen und Anhänger oder Mitglieder der kommunistischen Partei seien oder in Terrorgruppen mitwirkten. Hinter ihr lag die viel verzweifeltere und pessimistischere Haltung, daß man ein Idiot sein müsse, wenn man immer noch an die Möglichkeit glaube, die Gesellschaft positiv verändern zu können. Aus seinem Tonfall sprach aber auch eine unverkennbare Sympathie für diese Idioten, die in der unerhört aggressiven Atmosphäre jedoch unterging.

Hinterher gingen wir in die Stadt: Fassbinder, einige seiner Schauspieler und ich. Er war erschüttert über die Reaktion des Publikums. Eine so eindeutige Distanzierung hatte er nicht erwartet.

Ich versuchte ihm zu erklären, er sei selber ein Idiot, wenn er irgend etwas anderes erwartet habe. Wenn er in dem Film zeigt, daß die Linken der alten Arbeiterin helfen wollen und sie deshalb zu einer Terroraktion überreden, bei der sie umkommt, wenn er also zeigt, daß sogar die vernünftigen Linken, die die kommunistischen Phrasen durchschauen und Taten statt Gerede verlangen, nur so handeln können, daß die Ausgebeuteten weiterhin die Opfer sind, dann kann er wohl nichts anderes erwarten, als daß sich die Anhänger dieser Linken von dem Film distanzieren.

Doch so einfach war das für Fassbinder nicht: Die Leute, die die Arbeiterin in eine Terroraktion hineinziehen, handelten ja durchaus der Situation angemessen, und trotzdem sei ihre Aktion zum Scheitern verurteilt. An diesem deprimierenden Widerspruch, daß das einzig Richtige zu Unrecht führt, hielt Fassbinder entschieden fest. In der Berliner linken Szene stieß solch eine Doppeltheit auf Ablehnung. Fassbinders Publikum verlangte eine Eindeutigkeit, die er nicht liefern konnte.

Nach unserer nächtlichen Diskussion hörte ich lange nichts mehr von ihm, bis einige Monate später eine Filmrolle in meiner Post lag: *Mutter Küsters' Fahrt zum Himmel* mit einem neuen Schluß. Statt einen Brief zu schreiben, hatte Fassbinder unsere Diskussion per Film weitergeführt. Der neue Schluß war ein Happy End! Mutter Küsters, die sich für die Terroristen eingesetzt hat, wird nicht von der Polizei erschossen, sondern von allen im Stich gelassen, auch von den Anarchisten, die jetzt vor einer gewalttätigen Aktion zurückschrecken. Schließlich muß sie ihren einsamen politischen Kampf aufgeben, und sie zieht sich mit einem alten Nachtwächter in ihren privaten Alltag zurück.

Als ich später Fassbinder fragte, welchen der beiden Schlüsse er vorzöge, antwortete er »den letzten«, weil dieser, trotz des scheinbaren Happy Ends, den Anarchisten gegenüber grausamer und illusionsloser sei.

Das Problem bei Fassbinders »Happy End«, das eigentlich schlimmer ist als der erste Schluß, illustriert, was er zu einem frühen Zeitpunkt über seine Lieblingsregisseure in Hollywood gesagt hatte: sie seien imstande gewesen, ein konventionelles Happy End zu machen, weil sie nur so überhaupt Filme machen durften, gleichzeitig aber hätten sie die Fähigkeit gehabt, die Konvention ambivalent zu gestalten, daß man mit dem Happy End nicht zufrieden war, weil etwas nicht stimmte.

Auch in Hollywood brauchte man sich offenbar noch einmal selbst.

Vier Jahre nach *Mutter Küsters' Fahrt zum Himmel* machte Fassbinder noch einen Film über den Terrorismus: *Die dritte Generation*. Bei der Premiere 1979 in Hamburg drangen maskierte Männer in den Vorführraum ein, schlugen den Filmvorführer zu Boden und rissen den Film aus dem Projektor. Ob sie Neonazis waren oder zur terroristischen Linken gehörten, wurde nie festgestellt.

In der Diskussion, die auf die abgebrochene Filmvorführung folgte, stellte Max Willutzki, ein »linker« Filmregisseur, die Frage, ob es überhaupt »erlaubt« sei, in dem aktuellen politischen Klima einen solchen Film zu drehen. Mit anderen Worten: ein Repräsentant der sogenannten Linken machte sich zum Verteidiger einer Aktion, die, gewissermaßen gegen ein »entartetes« Kunstwerk gerichtet, nur als faschistisch zu bezeichnen ist.

In einem solchen Klima kann man tatsächlich *nur* Filme wie *Die dritte Generation* machen, die zeigen, wie fließend die Grenzen zwischen linkem und rechtem Extremismus sind. Der Film handelt von einer Gruppe linker Terroristen, deren Aktionen, ohne daß die Terroristen es wissen, von einem rechtsgerichteten Computerhändler finanziert werden, der auf ein Aufblühen des Terrorismus hofft, damit die Polizei mehr Computer kauft!

»Das nächste Mal begnügen sie sich nicht mit deinen Filmen, sondern schlitzen dich mit dem Messer auf«, sagte ich schockiert zu Fassbinder.

Ganz falsch war das nicht, denn als ein Jahr später *Berlin Alexanderplatz* im Fernsehen gesendet wurde, bekamen Fassbinder und die Bavaria Film so viele Morddrohungen, daß die Polizei kein Risiko eingehen mochte: seine Wohnung wurde Tag und Nacht bewacht. Aber diese Situation war *zu* ironisch für Fassbinder. Ehe er sich von der Polizei beschützen ließ, die er in seinen früheren Filmen als korrupte Gangster dargestellt hatte, ging er lieber ins Ausland, bis die Gefahr vorüber war.

Gewalt und Erotik

Am gefährlichsten für Fassbinder waren allerdings nicht die politischen Aggressionen, die seine Filme in der Öffentlichkeit auslösten. Am gefährlichsten waren die privaten Aggressionen, die er durch sein Verhalten, sein Charisma in seiner näheren Umgebung hervorrief. In seiner Nähe zu leben bedeutete auch, in einem unglaublich aufgeladenen Spannungsfeld zu leben, das immer wieder künstlerische Triumphe hervorbrachte – und zu privaten Niederlagen führte. Ständig provozierte er Aggressionen – aus der immer bewußteren und völlig zynischen Erkenntnis: »Nur wenn die Leute aggressiv sind, kommt eine Art von Ehrlichkeit in ihnen hoch.« Er hatte die erschütternde, aber wohl unabweisbare Einsicht, daß sich das Rollenmuster, in das jedes Kind von Geburt an hineingezwungen wird, bei einem eventuellen Emanzipationsprozeß fast zwangsläufig einer gewaltigen Explosion nähert: Die ödipale Unterdrückung führt zu verdrängten Mordphantasien gegenüber dem Vater. Und früher oder später wird das Verdrängte immer zurückkehren.

Fassbinder lebte ein gefährliches Leben, nicht zuletzt wegen seiner erotischen Beziehungen, die von den ersten Tagen des Action-Theaters an immer wieder in Gewalttätigkeit umzuschlagen drohten.

Mehrere Jahre hatte Fassbinder beispielsweise ein Verhältnis mit dem marokkanischen Gastarbeiter El Hedi Ben Salem, der zunächst Fassbinders Produktionsassistent war und später die männliche Hauptrolle in *Angst essen Seele auf* (1973) spielte. Tief in der arabischen Kultur verwurzelt, fiel es ihm schwer zu akzeptieren, daß Fassbinder auch andere Liebhaber hatte. Er drohte, ihn mit einem Messer zu erstechen, wenn er sich weitere Seitensprünge erlaube. Vor lauter Verzweiflung darüber, daß Fassbinder ihn zum Gott weiß wievielten Mal betrogen hatte, drehte Salem eines Abends in einer Berliner Kneipe durch. Er zog das Messer und stieß auf drei Westdeutsche ein, die zum Glück überlebten. In dem Glauben, er habe sie umgebracht, rief Salem verzweifelt gemeinsame Freunde aus der Fassbinder-Gruppe an, die dafür sorgten, daß er noch am selben Abend aus Deutschland geflogen wurde. Wenig später erhielt *Angst essen Seele auf* den Kritikerpreis des Festivals in Cannes. Viele wunderten sich darüber, daß der männliche Hauptdarsteller nicht anwesend war, aber niemand erfuhr den Grund: er wurde wegen dreifachen Mordversuchs von der Polizei gesucht.

Um seinen alten Freund wiederzusehen, verlegte Fassbinder eine Szene in *Faustrecht der Freiheit* (1974) nach Marokko, wo Salem wieder mitspielen konnte. Das Wiedersehen wurde auch zur Versöhnung:

»Jetzt brauchst du keine Angst mehr zu haben«, sagte Salem, »jetzt bin ich meine Aggression ja losgeworden.«

Fassbinder, der diese Episode berichtet hat,[14] spricht mit großer Zuneigung von Salem als einem »Kulturwunder«, dessen »kulturelle Leistungen wirklich größer sind als das, was wir so machen«. Salem war als Analphabet aufgewachsen und hatte sich Lesen, Schreiben und Französisch selbst beigebracht. Seinen Überfall deutete er mit intuitiver Einsicht in die eigenen Motive als Ersatzhandlung, deren eigentliches Ziel Fassbinder gewesen war.

Wenn Fassbinder Filme über Menschen machte, die ihre Aggressionen gegen die falschen Opfer richten, so hatte das nichts damit zu tun, daß er Freud gelesen hatte. Er bearbeitete vielmehr eigene schmerzliche Erfahrungen. Ersatzmord als Ausdruck für Liebessehnsucht ist auch das Thema des Films mit dem programmatischen Titel *Ich will doch nur, daß ihr mich liebt.*

Aber Einsicht ist nicht dasselbe wie Heilung: Salem erhängte sich einige Jahre später in einem französischen Gefängnis. Fassbinder hat seinen letzten Film *Querelle* (1982) Salem gewidmet.

Faustrecht der Freiheit war Armin Meier gewidmet, seinem neuen Freund, der wie Salem proletarischer Herkunft war. Der Film problematisiert, was sich so oft als problematisch in Fassbinders Leben erwiesen hat: eine Liebesbeziehung zwischen zwei Menschen, von denen der eine kraft Ausbildung, Intellekt oder sozialer Position dem anderen überlegen ist. In seinen Filmen demonstrierte Fassbinder immer wieder die fatalen Folgen einer Verflechtung von Macht und Liebe, die er in seinem Privatleben nicht vermeiden konnte.

In *Faustrecht der Freiheit* spielt Fassbinder den unterdrückten Partner, während jemand anderes die Rolle des Erziehers und Unterdrückers darstellt, die im wirklichen Leben die Rolle Fassbinders war. Die Solidarität, die darin liegt, daß er selbst den Unterdrückten spielte, ist gleichzeitig Ausdruck des komplizierten Zusammenspiels zwischen Unterdrücker und Unterdrücktem in einer Liebesbeziehung. In diesem Zusammenhang ist auch Fassbinders provozierende Aussage zu sehen, Frauen verstünden es, »ihre Unterdrückung als effektives Terrormittel auszunutzen«[15].

Auch die Beziehung zu Armin entwickelte sich zu einer Tragödie. Mehrere Jahre wohnten die beiden zusammen, Armin war Produktionsassistent und wirkte später als Schauspieler in *Mutter Küsters' Fahrt zum Himmel* und in *Deutschland im Herbst* mit. Fassbinder fühlte sich auch in dieser Beziehung bedroht, aber Armin richtete die Morddrohungen schließlich gegen die eigene Person und beging Selbstmord. Als *Deutschland im Herbst* 1978 während der Berliner Filmfestspiele Premiere hatte, war Armin nicht eingeladen, auch nicht zu Fassbinders Geburtstag am 31. Mai 1978. Am selben Tag nahm er sich das Leben. Der Tote lag eine Woche in der gemeinsamen Wohnung, ehe er von Fassbinders Mutter gefunden wurde, die wegen des Gestanks, der aus der Wohnung drang, von Nachbarn gerufen worden war.

Armins Tod nahm Fassbinder schwer mit. Jedes Jahr an dem kombinierten Geburts- und Todestag versank er in tiefe Depressionen, und allem Anschein nach war es eine solche Depression, die ihn vier Jahre später das Leben kostete.

Fassbinders Verhältnis zu dem Ausstatter, Produktionsleiter und Schauspieler Kurt Raab war ebenfalls ein Beispiel dafür, daß aufgelöste Freundschafts- und Liebesbeziehungen zu den furchtbarsten Aggressionen führen konnten.

Als Fassbinder nach acht Jahren engster Zusammenarbeit mit Raab brach, war Raab so fertig, daß er einem Raufbold 1000 DM anbot, wenn er Fassbinder k.o. hauen und ihm die Visage polieren würde. Aus irgendeinem Grund beschloß der Betreffende, der früher derlei Aufträge erledigt hatte, Fassbinder davon zu berichten, statt den Job durchzuführen.

Mehrere Jahre später trafen sie sich wieder, etwas zögernd. Kurt Raab saß in Fassbinders Wohnung, verzweifelt darüber, daß sein Liebhaber und ein anderer Freund zum weiß Gott wievielten Mal ins Gefängnis gekommen waren. Großtuerisch rief Fassbinder seiner Lebensgefährtin, der Cutterin Juliane Lorenz, die in der Küche stand, zu:

– Hast du gehört, Juliane. Jedesmal wenn Kurt seine Freunde sehen will, muß er in den Knast gehen.

– Ja, und du mußt auf den Friedhof gehen, sagte Kurt still. Fassbinder wurde blaß und hatte ausnahmsweise einmal nichts zu entgegnen.[16]

Vermutlich lag Fassbinders Beziehungen eine spezifische Mischung aus privater Neigung und politischem Idealismus zugrunde. In ihrem grotesken Mangel an Ebenbürtigkeit schienen sie von Anfang an zum Scheitern verurteilt – und zwar bis in die letzte, tödliche Konsequenz. Fassbinders Verachtung für die bürgerliche Kultur, der er selbst entstammte, machte ihn empfänglich für die Anziehung erotischer Partner, die außerhalb oder am Rande dieser Kultur standen. Seine erste große Liebe war Günther Kaufmann, ein bayrischer Neger, ein »Besatzungskind«. Das Verhältnis zu Günther lag den *Bitteren Tränen der Petra von Kant* zugrunde.

Fassbinder wußte natürlich, daß diese Außenseiter, der bayrische Neger Günther, der Gastarbeiter Salem, das Waisenhauskind Armin, durchaus keine »unverdorbenen Naturkinder« waren, sondern in extremem Maße Opfer der Kultur und der Gesellschaft, der Fassbinder angehörte. Fassbinder hatte zweifellos die Vorstellung, er könne in seinen Liebesbeziehungen die gesellschaftliche Mißhandlung dieser Außenseiter sühnen und in seinen Filmen diese Leute vom Rand der Gesellschaft ins Rampenlicht ziehen und zu Filmstars machen. Um so größer waren Schmerz und Verzweiflung, wenn er immer wieder die Erfahrung machen mußte, daß er in seinen privaten Beziehungen nicht imstande war, diese Ansprüche einzulösen, sondern die gesellschaftlichen Widersprüche sogar vertiefte, so daß die Opfer zu potentiellen Mördern oder Selbstmördern wurden.

So sehr Fassbinder von politischem Idealismus getrieben wurde, so wußte er doch, daß sein Unterfangen aussichtslos war. Dieses Wissen stammte nicht zuletzt aus Luis Buñuels *Viridiana* (1961), der zu seinen wenigen Lieblingsfilmen zählte, die nicht aus Hollywood kamen – im übrigen ein bemerkenswertes Gegenstück zu seinem europäischen Lieblingsfilm *Vivre sa vie (Geschichte der Nana S.)* von Godard. Die Nonne Viridiana erbt ein Gut und lädt aus religiösem Idealismus den Abschaum der Gesellschaft – Bettler, Prostituierte und Landstreicher – in ihr Haus ein. Während einer Bettlerorgie, einer Pervertierung von Leonardos »Abendmahl«, wird die gütige Viridiana von ihren Gästen ausgenutzt und vergewaltigt.

Wie Viridiana hatte Fassbinder die naive Vorstellung, er könne im Namen seiner Kultur die Übergriffe der Kultur auf die Ausgestoßenen sühnen, aber im Gegensatz zu Viridiana wurde er auch von dem teuflischen Drang getrieben, das Erziehungszentrum dieser Kultur, die bürgerliche Ehe, in seinem eigenen Leben bis zum grotesk Überdimensionalen zu karikieren – und vielleicht nicht *nur*, um sie zu entlarven, sondern auch, weil er nicht entbehren konnte, was er entlarvte.

Leben und Kunst waren für Fassbinder so sehr miteinander verknüpft, daß er nicht mit festen Grenzen operieren konnte. Diese Erfahrung hatte er schon früh gemacht, als er immer wieder Döblins *Berlin Alexanderplatz* las:[17]

»Beim zweiten Lesen also wurde mir von Seite zu Seite mehr und mehr klar, staunend erst, dann mehr und mehr beängstigt, so betroffen zuletzt, daß ich beinahe gezwungen schien, Augen und Ohren zu schließen, zu verdrängen also, wurde mir klarer und klarer, daß ein riesiger Teil meiner selbst, meiner Verhaltensweisen, meiner Reaktionen, vieles eben, das ich für mich, für mich selbst gehalten hatte, nichts anderes war als von Döblin in ›Berlin Alexanderplatz‹ Beschriebenes. Ich hatte also, ganz einfach, unbewußt Döblins Phantasie zu meinem Leben gemacht.«

Fassbinder sollte dann den anderen Weg gehen: Alle seine Erlebnisse und Erfahrungen mußte er in Kunst umsetzen. Wie besessen eilte er in frenetischem und aufreibendem Tempo von einem Film zum anderen, seine Freunde sah er nur, wenn er ihnen bei den Dreharbeiten eine Funktion zuteilen konnte, sei es vor oder hinter der Kamera. Seine Arbeit war sein Privatleben, und sein Privatleben seine Arbeit. Vielleicht war ihm gar nicht klar, wie sehr er in seinen privaten Beziehungen den Stoff für seine eigenen Filme gestaltete – oft mit sich selbst in diversen Schurkenrollen. Wenn eine teuflische Szene in seinem Privatleben klappte, entweder weil Fassbinder sie sadistisch kontrollierte oder ihr masochistisch unterlag, konnte er sie filmisch umsetzen.

Die Mechanismen der bürgerlichen Ehe spiegeln sich auf groteske Weise in Fassbinders erotischen Beziehungen. Nach außen waren seine Partner die unterlegenen Diener, die ihm auf den kleinsten Wink gehorchten. Wie er sie herumkommandierte und demütigte, scheint sich direkt in etlichen Szenen zwischen Helmut und Martha in *Martha* (1973) widerzuspiegeln. Als er beispielsweise 1970 die Schauspielerin Ingrid Caven heiratete, reagierte er genau wie Helmut: »*Meine* Frau muß nicht arbeiten gehen!« Danach bekam Ingrid nur noch selten Rollen in seinen Filmen – und meist ganz kleine. Und seine Hochzeitsnacht verlief so satanisch, daß sie sich nicht einmal in *Martha* einarbeiten ließ:

Als Ingrid sich nach der Hochzeitsfeier zurückziehen wollte, fand sie die Tür zum Schlafzimmer abgeschlossen. Während Fassbinder zusammen mit Günther Kaufmann im Doppelbett lag, war Ingrid in ihrer Hochzeitsnacht in ein Nebenzimmer verbannt, damit sie sich ja nichts einbildete.

Diese Situation sollte Fassbinder viele Jahre später auf verschiedene Weise filmisch gestalten, lustig provozierend in *Lola* (1981), wo Lola an ihrem Hochzeitstag mit ihrem Zuhälter ins Bett geht, und tragisch in *In einem Jahr mit 13 Monden* (1978), wo Erwin/Elvira Selbstmord begeht, während ihre/seine große Liebe daneben liegt und mit einer Nutte bumst – die übrigens von Ingrid Caven gespielt wird!

Aber auch hier war Fassbinder doppelt: Während der *Ehemann* fand, *seine* Frau sollte nicht arbeiten, war der *Künstler* ihr gegenüber großzügig und solidarisch. Das erlebte ich, als ich ihn einmal in München besuchte. Ingrid Caven hatte gerade als Sängerin in einem kleinen Kabarett debütiert – der Saal war gähnend leer. Damit sie nicht vor unbesetzten Stühlen singen mußte, forderte Fassbinder jeden Abend sein Filmteam und seine Freunde auf, mitzukommen, ihr zuzuhören und zu klatschen – und jeden Abend klatschte er selbst so begeistert, daß zufällig Vorbeikommende glauben mußten, daß hier wirklich etwas Tolles los war. Am ersten Abend kam Ingrid nach ihrem Auftritt leicht deprimiert an unseren Tisch, aber Fassbinder tröstete sie:

»Als mein erster Film Premiere in München hatte, sind auch nicht mehr gekommen. Das wird sich ändern.«

Wenige Jahre später hatte Ingrid Caven einen spektakulären Durchbruch in Paris.

Fassbinders Großzügigkeit war aber eng mit den diametral entgegengesetzten Seiten seiner Psyche verknüpft, und er machte sich selten besser als die übelsten Figuren, die er in seinen Filmen schilderte. Das meiste brauchte er nicht seiner Phantasie zu entnehmen, sondern nur den eigenen Erfahrungen. Er war immer ein Teil dessen, was er kritisierte, was nicht nur zu großer Authentizität führte, sondern auch jede Besserwisserei verhinderte. Er hatte keine Illusionen, daß er sich in seinem Leben über die Mechanismen erheben könnte, die er in seinen Filmen kritisierte. Aber er konnte sie verdeutlichen, und das war schon etwas.

Fassbinders eigene Liebesbeziehungen waren sehr genaue Bilder eines der Grundthemen seiner Filme: daß man emotional an das gebunden sein kann, wovon man sich intellektuell distanziert. Seine Partnerbeziehungen beruhten auf dem aufrichtigen, naiven Glauben, seine

Liebe und seine Filme könnten einen Emanzipationsprozeß auslösen, der seine Außenseiter-Geliebten in berühmte Stars verwandeln würde, aber auch auf einer ungewöhnlichen Einsicht in die Unterdrückungsmechanismen, die in anderen Partnerbeziehungen hinter einer konventionellen Fassade versteckt werden.

Die sogenannte Normalität, in der Probleme ständig unter den Teppich gekehrt werden müssen, war für Fassbinder wesentlich pathologischer als jenes pathologische Verhalten, in das er sich und seine Freunde ständig hineinsteigerte. Zwar konnte das Zusammensein mit Fassbinder ein infernalischer und zynischer Alptraum sein, doch war man imstande, drei Schritte zurückzutreten und reflektierend den Blick auf den Alptraum festzuhalten, als wäre es eine Filmszene und nichts, was sich vor den eigenen Augen abspielte, dann war das Zusammensein mit Fassbinder nicht nur zermürbend, sondern es verhalf auch zu erlösenden Einsichten. Mit einer Schärfe, die seinen härtesten Filmen in nichts nachstand, konnte er in seinem Privatleben die Mechanismen verdeutlichen, die nicht nur ihn selbst und seine Freunde, sondern überhaupt den Umgang miteinander in unserer Kultur prägen. Und Fassbinders Leben ist kaum verständlich, wenn man nicht auch versteht, daß jede einzelne Situation, jede einzelne Szene zugleich ihren eigenen Widerspruch als Korrektiv oder Provokation enthält.

In meinem ersten längeren Gespräch mit Fassbinder, das 1971 stattfand, unterstrich er, daß seine Filme, wovon sie, oberflächlich betrachtet, auch handeln mochten, ihren persönlichen Ausgangspunkt immer darin fanden, die gegenseitige Abhängigkeit der Menschen zu kritisieren, »denn Abhängigkeit macht Menschen unglücklich«[18].

Es fiel mir schwer, ihm zu folgen, und ich war eigentlich so empört über seine Aussage, daß ich in den dazwischenliegenden Jahren immer wieder zu dieser Formulierung zurückkehrte. Während er Abhängigkeit als etwas eindeutig Negatives betrachtete, konnte Abhängigkeit aus meiner Sicht auch etwas außerordentlich Positives sein. Von einer Gemeinschaft abhängig zu sein, von den Menschen, die man liebt – was ist daran falsch? Ist diese Art der Abhängigkeit nicht positiv, fruchtbar, lebensspendend? Kommt man überhaupt ohne sie aus?

Die Brüche, die Fassbinder immer wieder in seiner persönlichen Entwicklung mit den Menschen vollzog, die von ihm abhängig geworden waren – und von deren Abhängigkeit er selber abhängig geworden war! –, mußten oft ungerecht und brutal erscheinen. Und er wußte nur allzu gut, daß Unabhängigkeit allein noch nicht glücklich machte. Nicht umsonst war eines seiner Lieblingslieder, das er sowohl in *Berlin Alexan-*

derplatz als auch in *Theater in Trance* verwendete, Janis Joplins Version von Kris Kristoffersens »Me and Bobby McGhee« mit dem bittersüßen Refrain: »Freedom's just another word for nothing left to lose.«

Nicht ohne Grund wurde dieses Lied an Fassbinders Sarg gespielt, denn wenn sein höchst kompliziertes und widersprüchliches Leben sich überhaupt in einem Satz zusammenfassen läßt, dann wäre dieser jedenfalls ziemlich treffend.

Freiheit und Glück lagen für Fassbinder jenseits blutsaugerischer Unterdrückung, aber auch jenseits der Unabhängigkeit, die zu einer Auflösung aller menschlichen Bindungen führt. Es gelang ihm allerdings nie, diese Utopie zu realisieren. In seinem Verhältnis zu anderen hatte er sich gewissermaßen in einem Zerrbild der Utopie, den sadomasochistischen Beziehungen, verstrickt.

Die Konsequenz war der praktizierte Sadomasochismus. Als ich 1977 versuchte, mit ihm darüber zu diskutieren, bestand er darauf, daß alle Beziehungen zwischen Menschen grundsätzlich sadomasochistisch seien:[19]

»Es verhält sich eben so, daß jeder Mensch, der zur Welt kommt, erst einmal nicht ernst genommen wird, weil es für einen Erwachsenen eben schwer ist, so was Kleines ernst zu nehmen, und weil es anscheinend noch gar kein richtiger Mensch ist. Im Laufe der Zeit werden die Eltern dann zu einer Art Überfiguren, die das Kind auf der einen Seite als solche anerkennt, das heißt, daß es sein Leben lang Überfiguren anerkennen wird, und auf der anderen Seite versucht zu zerstören, um überhaupt selbst leben zu können. Das heißt, daß man einerseits ein Bedürfnis nach Überfiguren entwickelt hat und andererseits ein Bedürfnis danach hat, sie zu zerstören, und damit wird man zum Sadist und Masochist.«

Das künstlerische Exil

Fassbinders »doppelte« Persönlichkeit und seine Lebensumstände schlugen sich in seiner Filmsprache nieder. In den frühen Avantgardewerken bildeten sich zwei parallele Linien heraus, die einander ständig beeinflußten und allmählich verschmolzen. Es waren, wie Fassbinder es selbst ausdrückte, seine »Kinofilme« und seine »bürgerlichen Filme«. Ihre Inspirationsquellen sind ungewöhnlich: der glamouröse, oft konservative Hollywoodfilm und der sozialrealistische, progressive Teil der bayrischen Heimatkunst. Hollywood und Bayern hatten sich Fassbinder schon in frühester Kindheit eingeprägt, und die herkömmliche Trennung zwischen diesen beiden Tendenzen wäre ihm absurd vorgekommen. Fassbinder hatte sich vorgenommen, Hollywood und Heimat miteinander zu vereinen.

In einem Interview, das Fassbinder 1974 gab, kam er auf diesen Traum näher zu sprechen:

»Das Beste, was ich mir vorstellen könnte, wäre so eine Verbindung zu schaffen zwischen einer Art, Filme zu machen, die so schön und so kraftvoll und so wunderbar sind wie Hollywoodfilme und die trotzdem nicht unbedingt Bestätigungen sind. Das wäre schon mein Traum, so einen deutschen Film zu machen, der so schön und so toll und so wunderbar ist und der trotzdem systemkritisch sein könnte, zumal es eine ganze Masse Filme aus Hollywood gibt, die keineswegs so simpel bestätigend sind, wie es immer oberflächlich behauptet wird. Zum Beispiel ist *Suspicion* von Hitchcock der krasseste Film gegen die bürgerliche Einrichtung Ehe, den ich kenne.«[20]

Zu Fassbinders »Kinofilmen« gehören die Gangsterfilme *Liebe ist kälter als der Tod, Götter der Pest* und *Der amerikanische Soldat*, das Südstaatenmelodram *Whity* – und der Revolutionsfilm *Die Niklashauser Fart*. Hier ist nicht mehr der Hollywoodfilm Ausgangspunkt, sondern der politische Kinofilm der Gegenwart, Glauber Rochas *Antonio das Mortes* und Jean-Luc Godards *Weekend* und *One plus One*. Zu den bürgerlichen Filmen zählen der Gastarbeiterfilm *Katzelmacher*, der Bürofilm *Warum läuft Herr R. Amok?*, der Handwerkerfilm *Rio das Mortes* und der Soldatenfilm *Pioniere in Ingolstadt*.

Fassbinders Weg aus dem Avantgardismus wurde durch ein Verschmelzen von Kinofilm und bürgerlichem Film ermöglicht. Die drei großen Filme, mit denen er seinen internationalen Durchbruch erlebte (*Händler der vier Jahreszeiten, Die bitteren Tränen der Petra von Kant* und *Angst essen Seele auf*), beruhen allesamt auf authentischen deutschen Provinzgeschichten aus Elternhaus, eigenem Leben bzw. Zeitungslektüre, sind aber so gefilmt, wie Fassbinder sich vorstellte, daß Douglas Sirk und Joseph Mankiewitz sie in Hollywood gemacht hätten.

Als Kind der Nachkriegszeit fand Fassbinder die Tatsache, daß er Deutscher war, natürlich äußerst problematisch. Es war auch gewiß sein eigenes Gefühl, Fremdling zu sein, am falschen Ort geboren zu sein, das er auf seine große Liebe, den bayrischen Neger Günther Kaufmann, projizierte, wenn er sich über dessen Probleme als »Besatzungskind« lustig machte:

»Der Günther denkt bayrisch, fühlt bayrisch und spricht bayrisch. Und deswegen erschrickt er jeden Morgen, wenn er in den Spiegel schaut.«[21]

Für Fassbinder war der Schock, sich selbst im Spiegel zu sehen, nicht geringer: Er fühlte sich wie ein Hollywoodstar und glich einem bayrischen Bauernlümmel.

Seine problematische Identität als Deutscher versuchte Fassbinder in den Griff zu bekommen, indem er auf eine Reihe deutscher oder deutschsprachiger Autoren zurückgriff, die der Nationalsozialismus in die äußere oder innere Emigration getrieben hatte: Bertolt Brecht, Oskar Maria Graf, Alfred Döblin, Marieluise Fleißer, Ödön von Horvath – und Sigmund Freud. Für Fassbinder hing die Wiedererstehung des deutschen Films eng damit zusammen, daß er an eine Periode anknüpfte, in der das Beste der deutschen Kultur öffentlich als »entartet« verbrannt wurde und die fortschrittlichsten Künstler fliehen mußten, um nicht dasselbe Schicksal zu erleiden wie ihre Bücher.

In künstlerischen Krisen spielte Fassbinder mit dem Gedanken, selber ins Exil zu gehen, und abgesehen von den oben genannten Autoren fühlte er sich vor allem dem mitteleuropäischen Filmregisseuren verbunden, die nach Hollywood aufgebrochen waren und sich dort einen Namen gemacht hatten, besonders Josef von Sternberg, Michael Curtiz, Fritz Lang und Douglas Sirk. Aber trotz der großen Faszination New Yorks und trotz diverser Angebote, in den USA zu filmen, widerstand er der Versuchung. Er wußte: wenn seine Filme internationale Anerkennung erlangen würden, dann dank der Tatsache, daß sie deutsche Filme waren. In seinem letzten Interview, das acht Stunden vor seinem Tod aufgenommen wurde,[22] unterstrich Fassbinder mit einem Selbstbewußtsein, das allen anderen außer ihm selbst absurd erscheinen mußte, daß er, anstatt nach Hollywood zu gehen, eine Art deutsches Hollywood machen wollte, ein Kino, »das so wunderbar und allgemein verständlich ist wie Hollywood, aber gleichzeitig nicht so verlogen«.

Mit seinem antiteater spielte Fassbinder Texte von Brecht und Marieluise Fleißer, und später sollte er Fleißer *(Pioniere in Ingolstadt)*, Oskar Maria Graf *(Bollwieser)* und Alfred Döblin *(Berlin Alexanderplatz)* verfilmen – sowie Werke einiger deutscher Exilregisseure neu verfilmen: *Angst essen Seele auf* ist inspiriert von Douglas Sirks *All That Heaven Allows* (*Was der Himmel erlaubt*, 1956) und *Lola* von Josef von Sternbergs *Der blaue Engel* (1930).

Zu der Verwandtschaft mit Brecht und Fleißer bekannte sich Fassbinder in seinen ersten Arbeiten als Dramatiker, Schauspieler und Filmregisseur. Sein frühestes Theaterstück hieß *Tropfen auf heiße Steine,* ein direktes Zitat aus Brechts Jugendgedicht *Ballade vom Tropfen auf dem heißen Stein* (1930). Der Titel seines ersten Films *Liebe ist kälter als der Tod* ist vermutlich ein indirektes Zitat aus Marieluise Fleißers Stück *Pioniere in Ingolstadt,* wo es im 1. Akt heißt:

»In der Liebe muß der Mann kalt sein ...«

Als Filmschauspieler hatte Fassbinder seine erste große Rolle als Titelfigur in Brechts Jugendstück *Baal* (mit Volker Schloendorff als Regisseur und Fassbinders antiteater-Leuten in den Nebenrollen). Im selben Jahr spielte er im antiteater den Mackie Messer in seiner eigenen Version der *Bettleroper* (nach Brecht/Gay). Fassbinder stand zwar sofort im Ruf eines respektlosen Rebellen, zollte der Tradition, die er weiterführen wollte, aber den größten Respekt.

Sein Traum, die besten Elemente von Hollywood und der deutschen Kultur in einer Synthese zu vereinen, spiegelt sich auch in dem doppelten Pseudonym, das er als Filmcutter Franz Walsch wählte: Franz nach Franz Biberkopf, der Hauptperson in *Berlin Alexanderplatz,* und Walsch nach Raoul Walsh, dem Hollywoodregisseur.

Daß Raoul Walshs *Band of Angels* (*Weint um die Verdammten,* 1957), einer der ersten Filme, die der junge Fassbinder im Kino sah, in seiner Erinnerung lebendig blieb, ist nur allzu verständlich. Er handelt von einem Menschen, der, »um vollständig zu sein, sich selber noch einmal braucht«. Die Hauptfigur Yvonne de Carlo, ist die Tochter eines Gutsbesitzers und einer schwarzen Sklavin, selbst aber ganz weiß. Als der Gutsbesitzer stirbt, wird die Tochter als Negersklavin an einen Sklavenhändler (Clark Gable) verkauft, der sich als Idealist erweist, obwohl er früher auf die brutalste Weise Sklaven aus Afrika importiert hat. Sidney Poitier ist der treue Diener des Sklavenhändlers und soll seine Güter erben, als wäre er dessen eigener Sohn. Dennoch wendet sich Poitier während des Bürgerkriegs gegen seinen Herrn, um sich den Nordstaaten anzuschließen und für die Abschaffung der Sklaverei zu kämpfen. Er macht aber die Erfahrung, daß der Nordstaatengeneral im Grunde seines Herzens weitaus rassistischer ist als viele der Südstaatler, die Sklaven halten. Schließlich hilft Poitier seinem »Herren«, mit der »weißen« Negersklavin zu flüchten. Sie hat nämlich inzwischen entdeckt, daß sie den Mann liebt, der sie gekauft hat, und nicht ihren ursprünglichen Geliebten, der in den Krieg gezogen ist, um den Menschenkauf zu bekämpfen.

Mit anderen Worten: Raoul Walsh legt in der Schilderung der Figuren und der politischen Verhältnisse eine für einen Hollywoodfilm äußerst ungewöhnliche Ambivalenz an den Tag. *Band of Angels* ist hinter seiner melodramatischen Fassade ein erstaunlich radikaler Film, der jede Figur konsequent spaltet – und zeigt, daß es darum geht, diese Gegensätze in sich zu vereinen und durch die Überwindung der Spaltung das eigene Potential zu verdoppeln. Nur wer das kann, wird zu einem ganzen Menschen. Dieser außerordentlich komplizierten Utopie begegnete der junge Fassbinder in einem Hollywood-Trivialfilm. Er beruht auf dem Motiv, das Fassbinder später in seinen eigenen Filmen entwickelte: der tragischen Bindung des Rebellen an das, wogegen er revoltiert.

Auch in den Figuren von Howard Hawks' Filmen fand Fassbinder eine »Doppeltheit«, die er später in seinen eigenen Werken weiterführen sollte. In Hawks' Fall deutete er diese Doppeltheit als verdrängte Homosexualität. Als Fassbinder 1974 in einem Interview[23] wie selbstverständlich von Howard Hawks' »Schwulengeschichten« spricht, fragt der Interviewer etwas unsicher, wo er denn Schwulengeschichten bei Hawks sähe.

»Bei Hawks immer«, antwortete Fassbinder kategorisch.

In seinem Erstlingsfilm weist Fassbinder außerdem auf Hollywoods monströseste Schreckensvision der Doppeltheit oder Spaltung hin, auf Alfred Hitchcocks *Psycho*. Das geschieht in einer Szene, wo er und Hanna Schygulla der Verkäuferin Irm Hermann eine Sonnenbrille stehlen: es geht ihnen ausdrücklich um eine Brille, »wie der Polizist sie in ›Psycho‹ trug, als er zu Janet Leighs Auto geht«.

Was Fassbinder an *Psycho* fasziniert haben muß, ist die schizophrene Spaltung der Hauptfigur Norman Bates, aus dessen Mutterbindung eine groteske Identitätsstörung entstanden ist: Er »vergißt« immer mehr die eigene Person und glaubt schließlich, er sei seine Mutter.

Wichtig für Fassbinder war zweifellos auch, daß die »normaleren« Personen in *Psycho*, wenn sie sich an der Rezeption bei Norman Bates melden, ebenfalls »gespalten« werden: am Empfangstisch hängt ein Spiegel, der es Hitchcock ermöglicht, sie »doppelt« zu filmen.

Spiegel und Puppen

Gerade der Spiegel sollte Fassbinders bevorzugtes visuelles Symbol werden. Sein erster Ausstatter Kurt Raab wußte, daß er immer ein ganzes Lager von Spiegeln in allen Größen und Stilarten im Dekorationswagen mitführen mußte, denn immer wieder würde Fassbinder Wert darauf legen, eine Szene mit Hilfe eines Spiegels zu verdoppeln.

Man sollte meinen, daß der Spiegel, in erster Linie ein Symbol des Narzißmus, organischer Bestandteil des Universums eines homosexuellen Filmkünstlers ist: Während Echo schmachtend daliegt, betrachtet Narziß verliebt sein Spiegelbild im Fluß – und ertrinkt aus Selbstverliebtheit. Aber für Fassbinder war die Homosexualität wohl dasselbe wie die Neurose für Freud und das Verbrechen für Hitchcock, nämlich eine Lupe, durch die er deutlicher sehen konnte, wie die »Normalen« funktionieren. Als Homosexueller stand er außerhalb der Normalität. Gleichzeitig war ihm klar, daß homosexuelle Beziehungen auf Strukturen beruhen, die jene Normalität, von der die Homosexualität ihn entfernte, nur vergrößert reproduzieren – eine Alternative waren sie nicht.

Fassbinder ließ seinen Personen nicht die Möglichkeit, von ihrem Spiegelbild verschlungen zu werden wie Narziß von dem seinen. Wenn sich Irm Hermann im *Händler der vier Jahreszeiten* oder Margit Carstensen in *Bremer Freiheit* im Spiegel sehen, blickt kein Wunschtraum zurück, sondern eine Karikatur des Bildes, das sie von sich selbst haben. Es ist nichts Verlockendes, keine Verheißung in ihrem Spiegelbild. Der Spiegel ist eine Warnung.

In anderen Situationen kann das Spiegelbild andeuten, daß hinter dem Raum, in den die Personen eingesperrt sind, noch ein Raum mit anderen Möglichkeiten liegt. Der Spiegel deutet an, daß die Figuren auch anders gedacht und gehandelt haben *könnten,* zeigt jedoch, daß sie es leider nicht tun.

Der Spiegeleffekt ist aber oft ein einfaches Symbol dafür, daß die Personen ein doppeltes Spiel spielen oder sich oder andere belügen. Hier wird entlarvt, daß die Personen anders sind als das, wofür sie sich ausgeben oder selbst halten.

Mit anderen Worten: der Spiegel hebt die Illusion auf. Den Figuren fällt es schwer, sich mit ihrem Spiegelbild zu identifizieren, und den Zuschauern, sich mit den Personen zu identifizieren, die sich da spiegeln. Denn mit wem soll man sich identifizieren: mit der Person im Spiegel oder mit derjenigen auf der Leinwand? Auch die Figur auf der Leinwand ist letzten Endes eine Spiegelung, nämlich der Phantasie des Regisseurs! In dieser Hinsicht arbeitet Fassbinder völlig anders als der Hollywoodfilm, dessen Macht primär darauf beruhte, daß er dem Publikum die Möglichkeit gab, sich mit den Filmfiguren zu identifizieren, sich in ihnen aufzulösen, in ihnen zu ertrinken wie Narziß in seinem Spiegelbild. Ganz anders dagegen Fassbinder. Er verwendet die Leinwand als

Zerrspiegel, der uns in den Kinosessel zurückwirft, weniger selbstverliebt, als vielleicht etwas klüger geworden über uns selbst.

Ich werde auf das Spiegelmotiv noch genauer eingehen bei der Analyse der einzelnen Produktionen, besonders der Frauenfilme *Die bitteren Tränen der Petra von Kant, Fontane Effi Briest* und *Nora Helmer,* wo der Spiegeleffekt am konsequentesten benutzt wird.

Verwandt mit dem Spiegelmotiv ist die Verwendung von Puppen. Fassbinder kommentiert die Situation einer Filmfigur oft dadurch, daß er sie mit einer Gipsfigur oder Statue verdoppelt. Manchmal fungieren die Puppen auch als Projektionsträger von Teilen der Psyche, von Träumen und Sehnsüchten, oder sie zeigen, wie wir einander behandeln: nicht als Menschen mit Seele und Verstand, sondern als Waren, die nach dem Ex-und-hopp-Prinzip benutzt werden. Beispielsweise sind die Modepuppen in *Die bitteren Tränen der Petra von Kant* oft zu Kompositionen arrangiert, die etwas über Petras Verhältnis zu ihrer Umgebung sagen; Petra bekommt von ihrer Freundin eine Puppe geschenkt, die ihr die verlorene Geliebte ersetzen soll, während ihr Dienstmädchen wie eine lebendige Puppe geschminkt ist und behandelt wird. In der Fernsehserie *Welt am Draht* (1973) läßt Fassbinder diesen Aspekt des Puppensymbols in der Science-fiction-haften Frage kulminieren: Sind wir in Wirklichkeit bloß von einer kranken Zivilisation hervorgebrachte Bildschirmprojektionen, manipulierbare Computerfiguren, die, unfähig darüber nachzudenken, die künstliche Existenz mit dem echten Leben verwechseln?

Man muß betonen, daß Fassbinder – vielleicht mit Ausnahme des Revolversymbols in *Die bitteren Tränen der Petra von Kant* – praktisch nie Symbole verwendet, die sich zwischen den Film und die Zuschauer stellen. Seine Symbole fordern nicht unbedingt eine Interpretation.

In diesem Punkt unterscheidet sich Fassbinders Symbolsprache fundamental von der des Experimentalfilms beispielsweise, der oft nicht zu verstehen ist, wenn man die chiffrehaften Symbole nicht versteht. Buñuels surrealistischer Film *L'Âge d'or* (*Das goldene Zeitalter,* 1930) enthält eine Szene, in der ein junges Mädchen in seinem Bett eine Kuh entdeckt. Wir sind nicht auf dem Land, sondern mitten in einer Großstadt, es gibt keine realistische Erklärung für die Anwesenheit der Kuh, sie ist ein Symbol, aber wofür?

Der Film selbst liefert keinen Schlüssel, aber Buñuels Regieassistent[24] hat zum Glück die Bedeutung verraten: »Kuh« heißt auf französisch »vache«, was aber auch »Bulle« (Polizist) bedeuten kann. Die Kuh symbolisiert also einen Polizisten, der das Bett des jungen Mädchens bewacht. Sie repräsentiert ein sexuelles Tabu. Die Szene ist unverständlich, wenn man nicht weiß, daß »vache« zwei ganz verschiedene Bedeutungen hat. Und daran denkt wohl auch ein französisches Publikum nicht im ersten Augenblick.

Fassbinders Symbolsprache war anders. Seine Filme sind immer unmittelbar zugänglich, auch wenn wir uns nicht fragen, welchen Symbolwert er seinen Spiegeln und Puppen beimißt. Seine Symbole werden der jeweiligen Szene nicht aufgezwungen, sondern ergeben sich organisch aus ihr. Versteht man sie nicht, schadet das nicht dem Filmerlebnis, aber wenn man sie versteht, ist es ein zusätzlicher Gewinn.

Die Schauspieler

Doch auch dann, wenn keine Spiegel und Puppen verwendet werden, sind Fassbinders Filme stilistisch so durchgearbeitet, daß dieselbe Wirkung durch andere Mittel erzeugt wird, beispielsweise durch den Stil der Schauspieler. Fassbinders Schauspieler versuchen nicht, wie Menschen aufzutreten, sondern eben wie Reproduktionen von Menschen: als Puppen, Spiegelbilder oder Phantasieprojektionen.

Charakteristisch für Fassbinder ist die Schauspielanweisung, die er Kurt Raab gab, als er 1967 in Georg Büchners *Leonce und Lena* zum erstenmal im Action-Theater Regie führte. Raab, als König Peter, spielte seine Rolle gewissermaßen satirisch – distanziert. Fassbinder war unzufrieden:

»Du sollst nicht den König so spielen, wie wir einen König auffassen, sondern wie sich ein Kleinbürger einen König vorstellen würde.«[25]

Dieser lakonische Bescheid drückt das Wesentliche in Fassbinders Theaterauffassung aus. Seine Schauspieler sollen sich weder durch pädagogisch verfremdendes Spiel von ihrer Rolle »entfernen«, noch sich auf Hollywoodmanier mit ihr identifizieren. Sie sollen das Doppelte festhalten: man glaubt, hofft oder träumt, man sei jemand anders als der, der man ist. Daraus entsteht die besondere Form der Unbeholfenheit, Überdeutlichkeit oder des Neben-sich-selbst-Stehens, das so charakteristisch ist für Fassbinders Schauspieler.

Dieser Spielstil ermöglichte es Fassbinder, Amateure wie Irm Hermann, Kurt Raab und Harry Baer mit Halbprofessionellen wie Hanna Schygulla und Superprofessionellen wie Margit Carstensen zusammenzubringen, ohne daß die Aufführung an Homogenität verlor. Und von Anfang an drückte dieser Stil seine Grundhaltung aus: daß die Figuren nicht in sich selbst ruhen, sondern außerhalb ihres wahren Ichs leben. Sie spielen Rollen, während sie ihre Identität suchen. Auch wenn sie sich nicht im Spiegel sehen, merkt der Zuschauer, daß sie in einem Spiegel geschaffen sind, durch den der Regisseur sie filmt.

In erster Linie sind es Frauenfiguren, die einen aus Fassbinders Filmen in Erinnerung bleiben – Hanna Schygulla als Vorortflittchen, das sich für eine Marilyn Monroe hält, Irm Hermann als ewig frustrierte Tippse mit der spitzen Zunge, Margit Carstensen als selbstverliebte exzentrische Diva, ständig am Rande eines Nervenzusammenbruchs. Und schließlich Brigitte Mira, Elisabeth Trissenaar, Barbara Sukowa und Rosel Zech, die das Register mit ihren Persönlichkeiten ergänzten. Fassbinder spiegelte sich am deutlichsten in Seele und Körper der Frauen. Ihre Gesichter werden nie aufhören, aus seinen Filmen als traumklare Verkörperungen angsterfüllter Sehnsüchte der Seele zu leuchten. Mit Frauen hat er am liebsten gearbeitet:

»Was ich über die Gesellschaft sagen will, kann ich besser anhand von Frauenfiguren sagen. Frauen sind interessanter, weil sie einerseits unterdrückt sind, und andererseits sind sie das überhaupt nicht, sondern wenden ihre Unterdrückung als effektives Terror-Mittel an. Männer sind so simple gesellschaftliche Wesen. Die sind viel langweiliger als Frauen. Es ist auch viel lustiger, mit Frauen als mit Männern zu arbeiten, denn mit Frauen kann man viel verrücktere Sachen machen. Männer sind immer so sachlich und ein bißchen primitiv in ihren Ausdrucksformen. Mit Frauen kann man weinen und schreien, und die kriegt man zu einer ganzen Sache rum, während es mit Männern so leicht langweilig wird.«[26]

Irm Hermann äußert sich für die Mehrzahl der Schauspieler, wenn sie über die Zusammenarbeit mit Fassbinder sagt:[27]

»Wenn er zu den Aufnahmen kommt, weiß er immer genau, wie die Einstellungen aussehen sollen, und das kann man diktatorisch nennen, aber es ist in erster Linie angenehm verglichen mit den Regisseuren, die nicht wissen, was sie wollen, wenn die Kamera dasteht und das Licht eingestellt ist. Rainer weiß alles, bevor er es macht, und das gibt allen Menschen eine Arbeitssicherheit. Darum kann alles so schnell bei ihm gehen, weil er immer diese feste Überzeugung mit sich bringt, wie es sein soll. Er übt auf jeden Schauspieler eine unglaubliche Faszination aus. Es gelingt ihm, ohne viele Worte, allein durch seine persönliche Ausstrahlung die Schauspieler dazu zu bringen, genau zu tun, was er möchte. Er spricht nie viel während der Arbeit, aber es gibt eine Art Einverständnis zwischen ihm und den Schauspielern, das rein intuitiv ist.«

Daß Fassbinder seinen Schauspielern ungern eine Filmrolle erklärte, lag daran, daß ihm jede Form von Intellektualisierung ein Greuel war. Ich selbst wurde einmal Opfer dieser Haltung. Ich hatte mein Erstaunen darüber geäußert, daß er Alexander Kluges Filme, in meinen Augen sehr intellektuelle und filmisch trockene Arbeiten, außerordentlich schätzte. Anstatt zu argumentieren, begann Fassbinder, mein Deutsch zu korrigieren. Mit einer Pedanterie, die ihm sonst fernlag, unterbrach er mich bei jedem Satz und wies darauf hin, daß man auf deutsch so und so sagte. Solange wir über Kluge diskutierten, konnte ich keinen einzigen Satz beenden. Es war der reinste Terror, bis ich begriff, daß er damit sagen wollte, daß ich als Däne nicht verstehen könnte, was er bei Kluge so wichtig fand.

So konnte er auch mit Schauspielern arbeiten. Ihre Rolle zu verstehen blieb ihnen selbst überlassen, und wenn sie sie nicht verstanden, war es nicht unbedingt eine Katastrophe: dieses Problem hatten sie dann oft gemeinsam mit der Person, deren »Rolle« sie darstellen sollten.

Wer Fassbinders Filme sieht, spürt sofort, daß sie von einer außerordentlich starken Regisseurpersönlichkeit gemacht sind. Er erklärte den Schauspielern aber nicht intellektuell, was er sich gedacht hatte, sondern vermittelte das eher indirekt durch die besondere Atmosphäre, die er während der Dreharbeiten schuf. Irm Hermann erzählte einmal, Fassbinder habe bei den Aufnahmen zu *Berlin Alexanderplatz* plötzlich angefangen, sie vor aller Augen zu verhöhnen, bis sie schließlich weinend zusammenbrach. Im selben Augenblick gab Fassbinder dem Kameramann ein Signal und bat Irm, die Rolle zu spielen – was sie zu seiner vollen Zufriedenheit tat.

Von dieser Arbeitsmethode erhielt ich einen lebhaften Eindruck, als ich Fassbinder 1976 auf Schloß Stöckach besuchte, wohin er sich mit seinem Filmteam zurückgezogen hatte, um *Chinesisches Roulette* zu drehen.

»Es ist die schönste Zeit meines Lebens!« sagte er. Hier hatte er eine Arbeitssituation geschaffen, in der er sich seinem Kindheitstraum von der Großfamilie näherte. Während der Aufnahmen in diesem abgelegenen Schloß waren alle gezwungen, zusammen zu wohnen, und jede Nacht bestand er darauf, daß das ganze Filmteam »chinesisches Roulette« spielte, ein psychologisches Wahrheitsspiel, das dem Film den Namen gegeben hatte und nächtelang zu soviel Hysterie, Zusammenbrüchen und Türengeknalle führte, daß man sich wunderte, wie dieselben Menschen tags darauf mit der unerhörten Disziplin, wie sie bei Fassbinder üblich war, zusammen filmen konnten. Aber das gehörte offenbar dazu. Die eigentlichen Spielanweisungen gab er nachts.

Möglich, daß Fassbinder diese Art der Regiearbeit auf die Spitze trieb, als er mit Günter Lamprecht an der anspruchsvollen Hauptrolle in *Berlin Alexanderplatz* arbeitete. In der fertigen Fernsehserie erlebt man in seltenem Maße die Übereinstimmung zwischen Regisseur und Schauspieler – aber die Aufnahmen waren anders. Lamprecht zufolge war es der reine Terror. Er berichtet,[28] Fassbinder habe ihn unentwegt gedemütigt, schinkaniert und auf ihm herumgetrampelt. Wenn er ein Rollenproblem mit Fassbinder diskutieren wollte, meinte dieser abweisend, sie hätten sich nichts zu sagen, und wenn er zwischen zwei Aufnahmen Ruhe haben wollte, ließ Fassbinder ständig einen Kassettenrecorder mit Musik von »Kraftwerk« laufen. Über die Rolle sprach Fassbinder nicht, statt dessen redete er über Fußball. Schließlich war Lamprecht so verzweifelt, daß er aus dem Projekt aussteigen wollte. Nur flehentliches Bitten der Leitung der Bavaria-Studios konnte ihn davon abhalten. Wenn er zu Hause Sandsäcke gehabt hätte, so Lamprecht, hätte er jeden Abend darauf eingehämmert und sich vorgestellt, er hätte Fassbinder verprügelt!

Wenn man bedenkt, daß die Dreharbeiten zu *Berlin Alexanderplatz* neun Monate dauerten und daß Fassbinder diesen Film als sein Lebenswerk betrachtete, erscheint es kaum glaublich, daß sein Verhältnis zum männlichen Hauptdarsteller spontan, impulsiv und launisch war. Es steckte eher ein furchtbarer Plan dahinter, nämlich der, daß Lamprecht den Franz Biberkopf am überzeugendsten spielen würde, wenn er während der Dreharbeiten genau unter dem Hohn und Spott, den Demütigungen und Niederlagen litte, denen Biberkopf fortwährend ausgesetzt war.

Fassbinders Regieassistent Harry Baer hat vielleicht recht, wenn er in diesem Terror auch einen Ausdruck von Eifersucht sieht: Franz Biberkopf war ja Fassbinders Lieblingsrolle, immer wieder hatte Fassbinder in seinen frühen Filmen Personen gespielt, die Franz Biberkopf verwandt waren, aber jetzt, als der richtige Biberkopf filmisch gestaltet werden sollte, war das Projekt so anspruchsvoll geworden, daß Fassbinder sich nicht vor die Kamera stellen mochte, aus Angst, er könne nicht gleichzeitig mit der erforderlichen Präzision den Gang der Schlacht *hinter* der Kamera dirigieren.

Auch wenn es kindliche Eifersucht war, die hinter Fassbinders Terror gegen Günter Lamprecht steckte, muß man anerkennen, daß er es meisterhaft verstand, seine private Neigung zum Sadomasochismus in Schauspielerführung umzusetzen!

Dieses Erlebnis hatten auch die erfahrenen internationalen Stars, mit denen er in seinen späteren Filmen zusammenarbeitete. Dirk Bogarde vergleicht in seiner Autobiographie[29] Fassbinders Fähigkeiten mit denjenigen Viscontis und bemerkt gleichzeitig treffend zu seinem Arbeitsklima:

»Wenn Rainer einen Fehler hatte, dann war es der, daß er es unmöglich fand, sich zu konzentrieren, zu denken, schöpferisch zu sein in etwas, das nur die geringste Ähnlichkeit mit Schweigen hatte. Er arbeitete in einem Malstrom von Geräuschen, Wirbeln von Geräuschen. Damit mußte man sich irgendwie abfinden. Oder man ging daran zugrunde. Er arbeitete in einer grauenhaften Explosion von Musik: Maria Callas auf voller Lautstärke in *Tosca* und *Norma;* manchmal, als leichte Entspannung, die ganze Partitur von *Evita,* bei anderen Gelegenheiten *Der Rosenkavalier* wieder und immer wieder.«

Bogarde betont, daß die Kommunikation mit Fassbinder oft wortlos vor sich ging, aber deswegen nicht weniger tief war. Eines der seltenen Male, daß Fassbinder überhaupt ein paar Worte zu ihm sagte, war, als *Despair* fertiggedreht war. Beim Abschied dankte Fassbinder, sehr schüchtern, für die Zusammenarbeit und sagte dann in gebrochenem Englisch:

»Ich danke dir für das, was ich von dir gelernt habe, Dinge, die ich noch nie gelernt habe. Ich danke dir, weil du mir ohne Angst Autorität gezeigt hast. Aber du hast mir wirklich gezeigt, wie man Autorität mit Freiheit kombinieren kann. Das habe ich bisher nur theoretisch gewußt. Es ist eines der wichtigsten Dinge für Arbeit und Leben.«

Armin Mueller-Stahl[30] bezeichnet Fassbinder als »mit Abstand den besten Regisseur, mit dem ich je gearbeitet habe«, betont aber auch, daß die Arbeit mit Fassbinder nicht auf verbaler Ebene stattfand. Er erzählt, daß zwei Tage, bevor die Aufnahmen zu *Lola* anfangen sollten, er und Mario Adorf ihre Rollen mit Fassbinder hatten diskutieren wollen, um zu erfahren, welchen Spielstil er sich vorstellte:

»Ganz scheu, ganz kindlich, beinahe verlegen war er. Dann sagte er nach langem Nachdenken: ›Wie im Theater, wäre mir am liebsten.‹ Das war's.«

Und Fassbinders »Arbeitsprinzip« beschreibt Armin Mueller-Stahl folgendermaßen:

»Man darf gar nicht merken, daß man arbeitet. Schauspielen heißt es, nicht Schauarbeiten. Wenn der Film fertig ist, soll man denken, jetzt müßte die Arbeit beginnen.«

Fassbinder, das muß betont werden, bediente sich bei Irm Hermann und Günter Lamprecht dieser Arbeitsmethode, die man kaum anders als Terror bezeichnen kann, nicht, weil er sie zwingen wollte, sich in ihre

Rollen einzuleben, sondern im Gegenteil, damit sie psychisch einen Widerstand hatten, gegen den sie anspielen konnten, eine Verletzlichkeit, die sich kontrollieren ließ. Er wollte prinzipiell nicht, daß sich Schauspieler in die Rolle einlebten, und erlaubte ihnen beispielsweise nicht, die Sätze zu ihren eigenen zu machen, sie zu ändern, mundgerechter zu machen. Brigitte Mira erzählt,[31] sie habe, als sie ihre sehr fruchtbare Zusammenarbeit begannen, große Probleme gehabt, sich einen Schauspielstil anzueignen, der ihr nicht lag, auch deswegen, weil sie sich als Berlinerin »bayrisch« ausdrücken sollte. Aber Fassbinder erlaubte ihr nicht, ein einziges Wort zu ändern, damit es ihr besser im Mund lag. Er bestand auf einem Sprechrhythmus, der unnatürlich war, der aber gerade Sprache als Sprache hörbar machte, ähnlich wie sein Schnittrhythmus, der das Bild als Bild sichtbar machte.

Die lobenden Worte der Schauspieler, die mit Fassbinder zusammenarbeiteten, sind aber durchaus frei von masochistischen Untertönen. Es gab nicht viele andere Regisseure, die ihnen soviel bieten konnten. Mit Fassbinder wurde die Filmarbeit nie zur Routine. Was auch geschehen mochte, letzten Endes wurde die Arbeit zu einem kathartischen Erlebnis. Und wie Fassbinder sich auch gebärdete, mit seiner Autorität und seinem Überblick konnte er den Schauspielern auch Geborgenheit, Sicherheit und einen künstlerischen Freiraum geben wie kaum ein anderer. Er konnte Züge an ihnen hervorzaubern oder -zwingen, mit denen sie sonst keinen Kontakt hatten. Die Arbeit war ein enormer Eingriff in die Persönlichkeit, die auf eine Art herausgefordert wurde, die gewiß nicht unproblematisch war und doch ebenso ertragreich wie anspruchsvoll.

Das Filmen von Sprache

Wer 1940 in Dänemark geboren wurde, d. h. während der deutschen Besatzung, ist mit einem außerordentlich negativen Verhältnis zur deutschen Sprache aufgewachsen. Von Anfang an erschien mir das Deutsche als ein pedantisches, geradezu mathematisches Sprachsystem, das sich aufgrund seines Klangs hervorragend als militärische Kommandosprache eignet, als Sprache der »Richter und Henker« eben und weniger der »Dichter und Denker«. Erst Fassbinders Filme machten mir deutlich, daß auch die deutsche Sprache voll Schönheit und reich an musikalischen und poetischen Qualitäten sein kann. Daß gerade Filme die Auffassung von einer Sprache ändern können, ist keine geringe Leistung, da Film und Sprache ja traditionell als Gegensätze gesehen werden. Die meisten Filmregisseure gehen von einem klaren Gegensatz zwischen Sprache und Film aus. Das Filmische wird oft als Erzählung in Bildern definiert, und je mehr diese Erzählung auf Worte zurückgreifen muß, desto weniger filmisch erscheint sie.

Aber auch in dieser Hinsicht operierte Fassbinder mit einer gewagten, aber doch zur Ganzheit führenden Doppeltheit: Aufgabe des Filmes war es auch, Sprache zu filmen – und das tat er mit einer Originalität, die der deutschen Sprache einen neuen Wert gab. In seiner Avantgardeproduktion filmte er die Vorstadtsprache, als sei sie ein Kinderreim oder eine eingängige Schlagermelodie, und in *Die bitteren Tränen der Petra von Kant* begann er, mit der hochdeutschen Sprache zu arbeiten. Daß ich diesen Film mindestens zwanzigmal gesehen habe, liegt nicht zuletzt daran, daß Fassbinder hier die Sprache wie ein Kirchenkonzert filmt.

Besonders kühn und konsequent als Sprachfilm ist *Fontane Effi Briest*, nach dem Roman von Theodor Fontane, was schon in den ersten fünf Minuten des Films deutlich wird.

Fontane Effi Briest beginnt damit, daß Fassbinder aus dem ersten Kapitel des Romans vorliest, während die Kamera in einer langen und statischen Totale Effis Elternhaus festhält. Dann wird zu Effi geschnitten, die auf einer Schaukel sitzt und erst mit ihrer Mutter spricht und dann mit zwei Freundinnen. Auch das Gespräch ist in einer Art Monologform gehalten, als ob Effi weiterhin aus dem Buch vorliest. Dann erfahren wir das Ereignis, das die Handlung in Gang bringt, nämlich, daß der doppelt so alte Baron von Innstetten um Effis Hand angehalten hat. Aber selbst diese zentrale Szene dramatisiert Fassbinder nicht auf die übliche Art. Obwohl die Szene als Dialog geschrieben ist, läßt er ihn von den Schauspielern nicht sprechen, sondern liest ihn im off vor, während er im Bild Innstetten und Effis Eltern in steifen, leicht drohenden Posituren zeigt. Dann folgt ein Bild von Effi wie auf einem alten Familienfoto, während weiterhin aus dem Roman vorgelesen wird. Schließlich werden zwischen die einzelnen Szenen Zwischentexte mit Romanzitaten geschoben – falls jemand noch immer nicht begriffen haben sollte, daß hier Worte gefilmt werden.

Fassbinders Vorgehen ist nicht nur kühn, sondern auch völlig logisch in bezug auf den Roman, der sein Ausgangspunkt ist. Er zeigt tatsächlich mit filmischen Mitteln die Sicht des Romans auf seine Personen, zeigt, daß sie gewissermaßen kein eigenes Leben führen, sondern von den gesellschaftlichen Konventionen, die jede Lebensäußerung im Keim ersticken, zu Fotografien in einem Familienalbum reduziert werden. Das alles veranschaulicht Fassbinder mit einer souveränen Selbstverständlichkeit, die den Film über das bloß Provozierende, das dieser Art von Sprachverfilmung leicht anhaften könnte, hinaushebt: *Fontane Effi Briest* ist ein Avantgardefilm, der sofort ein Klassiker ist.

Dreimal hat Fassbinder Filme auf englisch gemacht, in einer Sprache, die er nicht beherrschte: *Despair* (1977), *Lili Marleen* (1980) und *Querelle* (1982). Alle drei Filme, mit internationalen Stars besetzt, sind sehr ambitioniert und sind doch, jeder auf seine Art, problematisch. Das hängt nicht zuletzt damit zusammen, daß ein so sprachbewußter Künstler wie Fassbinder hier mit einer Sprache arbeitet, die er kaum versteht und deren Musikalität ihm fremd ist, vielleicht aber auch damit, daß Fassbinder von seinen Produzenten gezwungen wurde, diese drei Filme zwischen 20 und 45 Minuten zu kürzen.

Das letzte, was Fassbinder vor seinem Tod schrieb, bezog sich auf Sprache. Als er in der Nacht zwischen dem 10. und 11. Juni 1982 vor dem laufenden Fernseher tot aufgefunden wurde, lagen auf seinem Schreibtisch Notizen mit dem Datum 9. Juni. Sie handelten von dem großen Projekt, an dem er arbeitete, dem Film über Rosa Luxemburg:

»Rosa wächst in einem Land auf, wo allein der Gebrauch der Landessprache strafbar ist. Die Besetzung Polens ist total – gerade das Verbot der polnischen Sprache würde in letzter Konsequenz die völlige Auflösung Polens bedeuten. Aus der Erkenntnis dieser Art von Kolonialismus ließen sich Rosas revolutionäre Interessen vielleicht erklären.«

Innere Bilder

Das Provozierendste an Fassbinders Filmen war von Anfang an ihre extreme Langsamkeit – zumal er in einer so schnellen und pulsierenden Zeit wie den späten sechziger Jahren debütierte. Vor allem in den ersten zehn Filmen hielt er an diesem zeitlupenhaften, schlafwandlerischen Tempo fest, aber auch als er mit *Händler der vier Jahreszeiten* begann, in einem scheinbar normaleren Filmrhythmus zu erzählen, hielt er oft eine Szene ein paar Sekunden länger als normal. Er verzögerte weiterhin die Schnitte, gerade so lange, daß es auffiel, aber nicht so lange, als daß es irritierend gewirkt hätte.

Durch diesen Bildrhythmus und die stilisierte Sprache weisen Fassbinders Filme weit über das rein Naturalistische und Wirklichkeitsabbildende hinaus. Obwohl er immer äußere Begebenheiten filmt, ist seine Haltung antidokumentarisch. Er filmt, als sähen wir die Ereignisse durch den Filter der Erinnerung oder wie in Trance, gleichsam hypnotisiert, wie in einem Traum oder Alptraum. Und selbst sein einziger Dokumentarfilm, *Theater in Trance* (über ein Theaterfestival), ist so geschnitten, daß er sich über das Dokumentarische hinaushebt und zu einer visionären Phantasie wird.

Auch die größten Regisseure haben sich schwergetan, wenn es darum ging, Träume zu verfilmen. Buñuel und Hitchcock, zwei Vorbilder für Fassbinder, haben den Hauptteil ihres Lebens darauf verwandt, brauchbare Ausdrucksformen für unsere Träume und Alpträume zu finden – und erst sehr spät begonnen, Filme zu machen, die in ihrer allgemeinen Erzählform Traum- oder Alptraumcharakter hatten, bei Buñuel *Viridiana, Der diskrete Charme der Bourgeoisie* und *Cet obscur objet du désir (Abgründe der Leidenschaft)*, bei Hitchcock *Vertigo (Aus dem Reich der Toten), Psycho, North by Northwest (Der unsichtbare Dritte).*

Fassbinder hat nie einen Traum gefilmt – mit Ausnahme des alptraumhaften und mißlungenen 14. Teils von *Berlin Alexanderplatz* mit dem prätentiösen Titel: »Mein Traum von Franz Biberkopfs Traum«. Dafür haben seine Filme von Anfang an den Charakter innerer Bilder gehabt, ob wir diese Bilder nun als Träume, Alpträume, Phantasien, Erinnerungen – oder einfach als Filmbilder bezeichnen.

Das Charakteristische seiner Methode verdeutlicht vielleicht am besten ein Beispiel aus dem Film, der am ehesten einem herkömmlichen sozialkritischen Alltagsdrama ähnelt, nämlich *Angst essen Seele auf,* die Geschichte von der alten Putzfrau und dem arabischen Gastarbeiter. Das Drehbuch könnte man ohne weiteres realistisch verfilmen, ja es fordert fast dazu auf, und gerade deshalb ist es geeignet, den Unterschied zwischen der sozialrealistischen und Fassbinders Methode zu illustrieren, der schon in der ersten Szene deutlich wird:

Die alte Putzfrau hat sich während eines heftigen Gewitters in eine Gastarbeiterkneipe verirrt und setzt sich etwas verlegen an den Ausgang. An der Bar steht eine Gruppe Araber mit ihren deutschen Mädchen. Die ganze Gruppe starrt steif und schweigend auf die Putzfrau, zum Schluß geht die deutsche Kellnerin zu ihr hin und fragt, was sie möchte. Die Gruppe an der Bar ist geschlossen und starrt noch immer reglos und feindlich die Putzfrau an. Ein Wortwechsel illustriert das freimütige Verhältnis zwischen den Arabern und den deutschen Mädchen (»Kommst mit heut oder nicht?« – »Nein, Schwanz kaputt!«). Der Araber mit dem kaputten Schwanz wird damit aufgezogen, daß er ja die alte

Dame zum Tanz auffordern kann – er tut es tatsächlich, und sie sagt ja. Sie tanzen zu einem Lied aus ihrer Jugend, das Licht ist gedämpft, und die anderen starren sie erstaunt an. Aber die beiden haben nur Augen füreinander und sprechen miteinander, als seien sie keine Statisten in einer schmuddligen deutschen Bar mehr, sondern spielten die Hauptrolle in einem Hollywoodtraum. Und als sie nach dem Tanz zusammen nach Hause gehen, sieht die Kellnerin lange hinter ihnen her, neidisch, aber auch mit einer fast vergessenen Hoffnung, der Traum der beiden möge sich erfüllen.

Der langsame Rhythmus und die steife, unbewegliche Personengruppierung verleiht dieser Einleitungsszene einen antinaturalistischen Charakter: Sie entwickelt sich trotz der »sozialrealistischen« Situation, auf einem inneren Schauplatz. Fassbinder filmt die Situation nicht, wie ein außenstehender Beobachter sie gesehen hätte, sondern wie die alte Putzfrau sie erlebt, sich erinnernd oder träumend, sie sei Jane Wyman und er Rock Hudson gewesen.

Aber das Entscheidende ist, daß Fassbinder eine Innenwelt filmt, indem er sich an die äußere Welt hält. Er gibt nicht vor, Träume filmen zu können, und er hat es nie versucht, abgesehen vielleicht von den erwähnten alptraumähnlichen Visionen im letzten Teil von *Berlin Alexanderplatz,* der ja bezeichnenderweise auch weit prosaischer ausgefallen ist, als wenn Fassbinder getan hätte, was er meisterhaft beherrschte: die Wirklichkeit so zu filmen, als wäre sie ein Traum.

Die kindliche Utopie

Fassbinders Werke erscheinen so pessimistisch, so ohne jede Hoffnung auf persönliche und soziale Entwicklungsmöglichkeiten, daß die Ablehnung, auf die seine Filme stießen, erst einmal verständlich ist, besonders in Zeiten, in denen viele Menschen ein ausgeprägtes Bedürfnis haben, in ihren Hoffnungen bestärkt zu werden, weil sie im Grunde kein Vertrauen mehr in die Zukunft haben. Und doch ist es ein folgenschwerer Irrtum, Fassbinder Pessimismus zu unterstellen und anzunehmen, er habe nicht an Veränderung geglaubt. Wenn Franz Biberkopf in *Faustrecht der Freiheit* jedesmal, wenn er in Schwierigkeiten gerät, defätistisch »Schicksal« ruft, analysiert Fassbinder die Mechanismen, die Franz als schicksalhaft erscheinen, und macht deutlich, daß die Hauptfigur unrecht hat: was sich als Schicksal ausnimmt, ist trotz allem von Menschen geschaffen. Und was Menschen geschaffen haben, können sie auch ändern, auch wenn Fassbinder seine Rebellen ganz entschieden so beschreibt, als seien sie gefangen in dem, was sie ändern wollen, daß sie ihr Unglück eigentlich nur wiederholen können.

Dieser Wiederholungszwang hat, wie alles andere, irgendwo seinen Anfang, nämlich in den entscheidenden Jahren, in denen das Kleinkind zum erstenmal in der Entfaltung seiner Lebenslust, Sexualität und Phantasie von den Erwachsenen und deren Lebensangst, Puritanismus und Phantasielosigkeit gehemmt wird. In diesem Prozeß lernt das Kind, seine Sexualität zu verleugnen und sich statt dessen mit seinem Unterdrücker zu identifizieren. Die Liebe wird zum erstenmal kälter als der Tod und gerät in den Rahmen von Vorstellungen, die Kastrationsangst, Vatermord und schließlich Unterwerfung umfassen.

Fassbinder hat nie Filme über Kinder oder die Kindheit gemacht, aber am Rande seiner Werke stößt man doch immer wieder auf diese erstaunten Kinderaugen, dieses bittere Weinen und schließlich die stumme Resignation, mit der Kinder lernen, sich abzufinden – und natürlich auch auf diese kurzen Szenen, in denen die Erwachsenen mit grotesk unreifer Geste in eine Kindheit zurückgehen, in der es noch andere Möglichkeiten gab, die später verlorengegangen sind.

Dieses Kindheitsecho kann den Charakter eines diskreten und stummen Symbols haben wie beispielsweise die Schaukel, die in *Fontane Effi Briest* in der ersten und letzten Szene als Zeichen der ungenutzten und unterdrückten Möglichkeiten der Kindheit erscheint. Effi wird von ihrer Mutter »Tochter der Luft« genannt, und die Mutter meint, sie hätte ja eigentlich Kunstreiterin werden sollen – mit einer Sexualsymbolik, die jedem sichtbar ist, nur ihr selbst nicht. Und als die potentielle Tochter der Luft schließlich zwei Meter unter der Erde begraben liegt, Opfer einer in steifen Ritualen erstarrten sexualfeindlichen Gesellschaft, und ihre Mutter bedauernd seufzt, es wäre wohl nicht so schlimm gekommen, wenn sie ihre Tochter etwas mehr gezüchtigt hätten, da hängt die leere Schaukel schlaff in der linken Seite des Bildes – Ausdruck jener Lebensmöglichkeiten, die in den Jahren, in denen Kinder am liebsten schaukeln, immer mehr eingeschränkt werden. Diese leere Schaukel ist Fassbinders visueller Schlußkommentar zu den gesellschaftskonformen Gedanken der Mutter und ein Hinweis darauf, daß es immer auch andere Möglichkeiten gibt als die, die in seinen Filmen – und im Leben – verwirklicht werden.

Und während die sterbende Effi die hartherzige Ablehnung durch ihren Mann völlig akzeptiert und ihr Leben als gescheitert verurteilt, beschließt Erwin, die Hauptfigur von *In einem Jahr mit 13 Monden,* in einem verzweifelten Anpassungsversuch, sich zu kastrieren und so die Kastrationsdrohung, die die ödipale Phase beendet, konkret wahrzumachen. Der Doppelmensch Erwin/Elvira ist von allen Figuren Fassbinders das erschreckendste Beispiel dafür, daß es gerade der Wille des Menschen ist, sich um jeden Preis anzupassen, der seine Möglichkeiten zunichte macht, mit anderen in einer wirklichen Gemeinschaft zu leben. Die Sehnsucht, sich selbst noch einmal zu haben, kann auch dazu führen, daß man sich überhaupt nicht hat.

So extrem Erwins Kindheit auch dargestellt wird, das zentrale Thema, das abgewiesene Bedürfnis nach Liebe, trifft den Kern unserer Kultur. Überall bei Fassbinder lassen sich die Figuren am besten von der Ablehnung her verstehen, die ihr Liebesbedürfnis in der Kindheit erfahren hat und die dazu führte, daß ihre Libido auf der infantilen Entwicklungsstufe stehengeblieben ist. Und wenn seine Figuren kurze Glücksmomente erleben, dann fast immer durch die Erfüllung infantiler Wünsche, so etwa, wenn die Hauptfigur in *Martha* mit einem Kollegen herumstapft und ein unschuldiges Kinderlied singt oder wenn zwei junge Männer in *Rio das Mortes* nach Südamerika abhauen, um einen Schatz zu finden.

In *Wildwechsel* ist der ekstatische Jubel des jungen Paares über den ödipalen Vatermord so erschreckend, daß man versteht, warum Fassbinders Utopie notwendigerweise auf den Ödipuskomplex zurückgreifen und eine Entdramatisierung dieses Komplexes enthalten muß, um zu verhindern, daß der Seele tiefe Wunden zugefügt werden. Und während Freud unsere repressive Kultur aus der Sicht eines alten griechischen Mythos zu verstehen suchte, schwebte Fassbinder vor, man könne sich den Möglichkeiten der Freiheit über einen anderen Mythos nähern, den Phädra-Mythos. Er hatte Pläne, für Margit Carstensen, mit der er einige seiner originellsten Frauenfilme gemacht hat, eine aktuelle Version der Geschichte Phädras zu schreiben.

Bei Euripides verliebt sich die Gemahlin von König Theseus in ihren schönen Stiefsohn Hippolytos, der sie aber zurückweist. Daraufhin behauptet sie dem König gegenüber, Hippolytos habe ihr nachgestellt. Der Sohn fällt dem Zorn und dem Fluch seines Vaters zum Opfer. In einem Interview[32] sagte Fassbinder über seine Phädra-Pläne:

»Bei mir ist das so, daß es da einen Vater und einen Sohn gibt, die große Schwierigkeiten miteinander haben, zu kommunizieren, sich gern zu haben, sich zu lieben oder wie man das auch immer nennen will. Über die Frau, die der Vater kennenlernt und heiraten wird und die der

Sohn unabhängig vom Vater auch kennenlernt und liebt, versuchen die eben so eine Ehe zu dritt zu führen. Und diese Ehe zu dritt scheitert daran, daß die Frau, die Phädra in dem Fall, es nicht ertragen kann, daß nicht einer von den beiden Männern sie mehr liebt als der andere, daß sie also nicht um sie kämpfen wollen. Das eine Ende der Phädra ist, daß die Frau geht; das andere Ende aber ist, daß der Vater und der Sohn sich lieben.«

Für *Berlin Alexanderplatz* hatte Fassbinder dementsprechend einen Traum geschrieben, in dem Franz Biberkopf wie Ödipus den Vater totschlagen und mit der Mutter schlafen würde, ohne aber dafür bestraft zu werden wie der Ödipus im Mythos. Diese Szene wurde unter dramatischen Umständen vom WDR verhindert (siehe auch das Kapitel über *Berlin Alexanderplatz*). Fassbinders persönliche Version des Phädra-Mythos kam durch seinen frühen Tod nicht mehr zustande.

Es muß hervorgehoben werden, daß Fassbinders geplante Mythenumdichtung nicht theoretisch inspiriert war, sondern seinen konkreten praktischen Erfahrungen entsprang: Als Elfjähriger lief er zum erstenmal von zu Hause weg, weil seine Mutter einen anderen Mann hatte, und als er für eine Weile bei seinem Vater wohnte, schrieb er als Siebzehnjähriger glühende Liebesbriefe an die neue Frau des Vaters.

Fassbinder wußte also aus eigener Erfahrung, welch wichtige Rolle das ödipale Drama in einem Menschenleben spielt und wie sehr die geheimen, unerfüllten Sehnsüchte den weiteren Verlauf des Lebens beeinflussen. So ist es vielleicht ein Paradox, daß er nie einen Film über die Kindheit gemacht hat, sondern diesen Bereich auf kurze Erinnerungen, Rückblenden oder Kinderspiele beschränkt hat. Mit seinen Quellen soll man vorsichtig umgehen, damit sie nicht versiegen, aber es ist wichtig, in ständigem Kontakt mit ihnen zu stehen, damit sie einen nicht unversehens überfluten.

Für alle, die Fassbinder kannten, war er ein *Kind*. Seine größten Qualitäten und seine provozierendsten Schwächen kann man durchaus als kindlich bezeichnen. Aber im Gegensatz zu seinen Filmfiguren, die von ihrer Kindheit immer überrascht werden und sich unbewußt von ihr beherrschen lassen oder zu ihr zurückkehren wie zu einer Oase in der Wüste, verbanden sich die auffällig kindlichen Qualitäten bei Fassbinder mit schmerzhaft erlebtem Unbehagen an der Erwachsenenkultur und der Fähigkeit, ihre Zusammenhänge intellektuell zu erfassen.

In gewissem Sinne kann man sogar sagen, daß Fassbinder aus kindlicher Perspektive gefilmt hat. Es schien, als sähe er die Welt durch große, staunende Kinderaugen und als wende er sich mit seiner Arbeit an andere Kinder. Daher seine Fähigkeit, zur Sache zu kommen und ganz einfach und naiv über die komplizierteste Problematik zu erzählen, und daher auch diese Überdeutlichkeit von Dialogen und Diktion in Bildkompositionen und Schnittempo, in Kostümen und Dekorationen. Als Filmschöpfer gleicht Fassbinder seiner Hauptfigur in *Acht Stunden sind kein Tag,* wenn diese einem Sechsjährigen einige komplizierte Probleme am Arbeitsplatz erklären soll und das auf ganz natürliche Weise tut, von Mann zu Mann, ohne pädagogisch-besserwisserischen Gestus. In seinem vielleicht bedeutendsten Film, *Die dritte Generation,* vergleicht Fassbinder im Vorspann seinen Film mit »Märchen, die man Kindern erzählt, ihr Leben zum Tod ertragen zu helfen«.

Aber wenn Fassbinder Märchen für Kinder erzählt, bleibt er selbst das altkluge und verspielte Kind, mit dem man ihn unweigerlich vergleichen muß, wenn man ihn bei der Filmarbeit erlebt hat.

Filmemachen war für ihn ein Spiel, und während der Arbeit fand er unmittelbarsten und konkretesten Kontakt zu seiner eigenen Kindlichkeit.[33]

Fassbinder hat mich nur einmal in unserer langen Freundschaft radikal angegriffen. Das war, als ich ihm erzählte, ich würde ein Kind haben. Aufgebracht stellte er fest, daß ich offenbar nichts von seinen Filmen verstanden hätte. Es fiel ihm schwer zu akzeptieren, daß Menschen, die ihm einigermaßen intelligent erschienen, so töricht sein konnten, Kinder in die Welt zu setzen. Dabei dachte er in erster Linie gar nicht daran, daß unsere Gesellschaft Umweltkatastrophen riskiert, durch die das Leben auf der Erde eine ziemlich problematische Angelegenheit werden könnte, sondern eher daran, daß unser Verhältnis zu unseren Kindern von Anfang an darauf abzielt, sie anzupassen, zu disziplinieren, so weit zurechtzubiegen, daß sie als Erwachsene imstande sind, die ständigen Übergriffe und den Katastrophenkurs dieser Gesellschaft zu ertragen.

Nach Fassbinders Tod erfuhr ich, daß sein ursprünglicher Zorn darüber, daß ich ein Kind bekam, wohl eher getarnte Eifersucht war. Er hat sich jedenfalls von den Frauen, mit denen er längere Beziehungen hatte, brennend ein Kind gewünscht. Die erste, die ihm diesen Wunsch abschlug, war Irm Hermann, die zweite Ingrid Caven – und auch von seiner letzten Lebensgefährtin, der Cutterin Juliane Lorenz, wünschte er sich ein Kind. Aber sie alle sagten nein, weil sie wohl ahnten, daß ein Kind bei einem so arbeitswütigen Menschen wie Fassbinder vermutlich in einer Tragödie enden würde. Selbst ein Kind hätte ihn kaum gebändigt.

Trotzdem wäre er fast der Vater von Irm Hermanns erstem Sohn geworden, und das kam folgendermaßen:

Rainer und Irm hatten sich aus komplizierten persönlichen Gründen in großer Bitterkeit getrennt. Irm erwartete ein Kind von einem anderen Mann, der schon verheiratet war und Schwierigkeiten hatte, sich zwischen ihr und seiner Frau zu entscheiden. Rainer bot an, Vater des Kindes zu werden und ihm seinen Namen zu geben, aber Irm lehnte ab: sie wollte lieber ledige Mutter sein, als Rainer zum Vater ihres Kindes haben! Daraufhin reiste er in die USA und schwor, daß sie sich nie mehr wiedersehen, geschweige denn zusammenarbeiten würden. Später, wieder nach Deutschland zurückgekehrt, hatte er eines Tages den dringenden Wunsch, Irm zu sehen. Er hatte keine Ahnung, wo sie war, setzte aber Himmel und Hölle in Bewegung, um sie zu finden, was seine Umgebung erstaunte, da er geschworen hatte, daß sie ihn garantiert nie mehr zu sehen bekommen würde. Schließlich erfuhr er, daß Irm auf der Entbindungsstation in einem Krankenhaus einer deutschen Kleinstadt lag – und rief genau in dem Moment dort an, als das Kind zur Welt kam.

Vater des Kindes wurde er nicht, aber er gab ihm trotzdem den Namen: es wurde Franz genannt, nach Fassbinders zweitem Ich, Franz Biberkopf in *Berlin Alexanderplatz*.

Mögen seine Filme auch oft völlig verzweifelt, deprimierend und hoffnungslos wirken, so steckt in ihnen doch immer eine oft nur andeutungsweise formulierte Sehnsucht, die von den Kindern handelt: daß sie wie Blümchen aufwachsen und einmal anders leben mögen als ihre Eltern. Er gab sich keinen großen Illusionen hin, aber je mehr er die Unmöglichkeit der Utopie vorführte, desto stärker hoffte er, die Zuschauer des Films würden sich trotzig wehren und alles daransetzen, das Unmögliche möglich zu machen. Diese unmögliche Utopie war sein stärkstes Motiv, immer weiter Filme zu machen.

Der Tod

Fassbinders Angst vor Abhängigkeit war genauso groß wie seine Angst vor Einsamkeit. Ständig versuchte er, sich gegen die Einsamkeit mit Arbeitskollektiven zu umgeben, und ständig brach er diese Gruppen wieder auf, wenn er die Abhängigkeit der anderen von ihm als Belastung empfand. Abhängigkeit und Einsamkeit waren seine Scylla und

Charybdis: Bemüht, sein Schiff durch diese Gefahrenzone zu lotsen, stieß er immer wieder auf verborgene Klippen.

Und wie Fassbinder zuvor seine privaten Beziehungen zu Salem und Armin und allen anderen gelöst hatte, die ihm zu nahe gekommen waren, so entfernte er sich in den letzten Monaten seines Lebens von Juliane Lorenz, seiner Cutterin, Assistentin und letzten Lebensgefährtin. Während der Aufnahmen zu *Querelle* bereitete er sie darauf vor, daß er auf dem Weg in eine neue und unbekannte Lebensphase war, wo es für sie keinen Platz gab. Juliane war verzweifelt, aber nachdem sie die Trennung akzeptiert hatte, konnten sie wieder zusammensein. Hatte er Juliane auf seinen Tod vorbereiten wollen? Hatte *Querelle,* dieser merkwürdige, obsessive und abstoßende Film über den Tod, Fassbinder zu verstehen gegeben, daß sein eigener Tod bevorstand?

»Er lebte so intensiv, daß er alles so schnell wie möglich erleben mußte – auch den Tod«, sagte Juliane hinterher.[34] Und der Tod war ein Erlebnis für ihn. Juliane gab dafür ein merkwürdiges Beispiel:

Fassbinder hatte ihr vier Jahre vor seinem Tod eine Postkarte aus Cannes geschickt, nach der Premiere des ersten Films, den sie für ihn geschnitten hatte. Auf der Karte stand:

»To Juliane, the most wonderful girl in the world, who desires nothing but death.«

In diesem sonderbaren Gruß verbarg sich wohl der Gedanke, daß der Tod diejenige Instanz sei, die letztlich hinter unseren Begierden liege und im günstigsten Fall das letzte große Erlebnis sein könne. In diesem Todesbegriff scheint sich eine Verschiebung des Bildes anzudeuten, das Fassbinder – vom *Händler der vier Jahreszeiten* über *Faustrecht der Freiheit* und *In einem Jahr mit 13 Monden* bis zu *Die Sehnsucht der Veronika Voss* – vom Tod gezeichnet hatte: von einer Erlösung von einem verzweifelten Leben bis zu einem letzten Höhepunkt, einer endgültigen Lösung orgastischer Spannung, durchaus ähnelnd den kaum akzeptierten Vorstellungen, die Freud in seiner merkwürdigen Schrift *Jenseits des Lustprinzips* (1920) andeutete.

Der Tod scheint für Fassbinder buchstäblich ein Trip gewesen zu sein – und nicht nur gegen Ende seines Lebens. Kurt Raab hat erzählt,[35] er habe 1970 während einer Spanienreise in einem von Fassbinder gesteuerten Auto gesessen. In rasender Fahrt sei er einen Strand entlanggefahren. Als sie vor sich eine unübersichtliche Kreuzung erblickten, steigerte Fassbinder das Tempo noch und rief begeistert:

»Wenn jetzt ein Auto kommt, sterbe ich genau so wie James Dean.«

Fassbinders Todesbesessenheit spiegelt sich auch darin, daß zu seinen modernen Lieblingsfilmen Robert Bressons *Le diable probablement* (*Der Teufel möglicherweise,* 1977) zählte, aus dem er in einem seiner Hauptwerke, *Die dritte Generation,* die Schlußszene zitiert:

Bressons Hauptperson hat beschlossen, Selbstmord zu begehen, arrangiert es aber so, daß er einen Freund dazu bekommt, ihn zu erschießen. Während der Freund mit dem Revolver in der Hand hinter ihn tritt, strahlt der Selbstmörder plötzlich und beginnt einen Satz, möglicherweise in einer Art göttlicher Inspiration im Todesmoment. Aber der Inhalt des Satzes wird durch den Revolverschuß überdeckt, der sein Leben beendet.

Freunde Fassbinders haben erlebt, wie er einen vergleichbar grotesken und gefährlichen Flirt mit dem Tod veranstaltete, wenn er beispielsweise gerade so viele Pillen schluckte, daß es fast tödlich war, und anschließend seine Freunde verhöhnte, daß sie bestimmt nicht so viele Pillen verdrücken könnten, ohne tot umzufallen. Keiner wagte es, sich auf diesen Wettstreit einzulassen.

In den späteren Jahren hatte Fassbinder ein so kontrolliertes Verhältnis zu Kokain, daß er es als Arbeitsmittel verwendete: Er konnte sich mit vier Tagesrationen Kokain in sein Zimmer einschließen, schrieb dann ohne zu schlafen und zu essen, wie ein Besessener, und schlief anschließend 24 Stunden, um danach weiterzumachen! Eines der Drehbücher, das auf diese Weise zustande kam, hatte Pitigrillis Roman *Kokain* als Vorlage; über dieses Projekt sagte er:[36]

»Es ist ein Film, der etwas von der Droge erzählen soll, von ihrer Wirkung, und von einer Person, die sich frei für oder gegen die Droge entscheiden kann, mit dem klaren Bewußtsein, daß eine Entscheidung für die Droge das Leben verkürzt, aber intensiviert. Da mag nun jeder selber sagen, ob er lieber kürzer aber intensiver, oder aber länger und genormter leben möchte.«

Während der Arbeit an *Querelle* scheint Fassbinder den Kontakt zu anderen Menschen in ganz ungewöhnlichem Maße gemieden zu haben. Für die weibliche Hauptrolle hatte er Jeanne Moreau engagiert, da sie für ihn »die Frau an sich«[37] war, und zwar seit er sie in seinen Pubertätsjahren in François Truffauts *Jules und Jim* (1961) gesehen hatte. Aber als seine Traumfrau in Fleisch und Blut erschien und am ersten Tag im Studio genauer wissen wollte, wie sie die Rolle spielen sollte, antwortete er lakonisch:

»Just be great!«

Das war eigentlich alles, was er ihr an Erklärung mitgab. Und wenn er während der Dreharbeiten den Schauspielern etwas mitzuteilen hatte, geschah das fast immer durch Dritte, d. h. durch seine Assistenten – als befände er sich selbst ganz woanders, auf dem Weg in die erstarrte Totenwelt von *Querelle*.

Damit soll nicht angedeutet werden, Fassbinder sei von eigener Hand gestorben, denn ich bin überzeugt, daß dies nicht der Fall war. Als Fassbinder mit 37 Jahren starb, hatte er ein Werk geschaffen, für das andere mindestens drei Menschenleben brauchen. Da ist es nur naheliegend, daß das Herz versagt.

Hinzu kam, daß Fassbinder in den letzten Jahren seines Lebens auf einen bizarren Trip gekommen war. Er hatte herausgefunden, welch hervorragende Wirkung man erzielte, wenn man Kokain mit Schlaftabletten kombinierte. Auch mit Drogen mußte er sich selbst noch einmal haben, auch da war die Doppeltheit, der Gegensatz, der Konflikt, etwas ganz Fundamentales für ihn. Andererseits kann man seinem Herzen nicht verdenken, daß es verwirrt reagierte, wenn so viele konträre Impulse eintrafen, wie etwa der Befehl des Kokains, schneller zu arbeiten, und die Anweisung der Schlaftabletten, die Dinge ruhig anzugehen. Zum Schluß mußte das Herz aufgeben, weil ihm mehr geboten wurde, als ein Menschenherz verkraften kann.

In der Nacht vom 10. auf den 11. Juni 1982 fand Juliane Lorenz Fassbinder tot vor dem eingeschalteten Fernseher. Aus einem Nasenloch lief ein dünner Streifen Blut. Nur acht Stunden vor seinem Tod war Fassbinder von Dieter Schidor zu dessen Film *Bauer in Babylon* interviewt worden, einem nicht besonders bemerkenswerten Film über die Dreharbeiten zu *Querelle*. Aber dieses letzte Interview mit Fassbinder gehört zu den denkwürdigsten Momenten der Filmgeschichte. Fassbinder sitzt schwer und brütend in seinem schwarzen Ledersessel, die Augen hinter einer dunklen Sonnenbrille versteckt, und er spricht mit großer Mühe und vielen Pausen, als müsse er die Worte erst irgendwoher holen, von einem Ort, wo er selbst nicht mehr ist. Es fällt ihm schwer, sich auszudrücken, aber alles ist leuchtend klar. Mit einem absurd wirkendem Selbstbewußtsein erzählt er, daß er, anstatt nach Hollywood zu gehen, eine Art deutsches Hollywood schaffen und ein Kino machen wollte, »das so wunderbar und allgemein verständlich ist wie Hollywood, aber gleichzeitig nicht so verlogen«. Als Fassbinder starb, war er erfüllt von Filmprojekten wie nie zuvor. Noch zwei Stunden vor seinem Tod telefonierte er mit seinem Regieassistent Harry Baer und plante die Recherchen für einen neuen Spielfilm, mit dem 14 Tage später begonnen werden sollte, eine kleine, improvisierte Geschichte ohne festes Drehbuch, und Fassbinder selbst wollte als Kameramann fungieren. Der

Arbeitstitel beruhte auf seinem letzten Lieblingsrocksong, Joachim Witts »Ich bin das Glück dieser Erde«.[38] Er plante auch einen Rosa-Luxemburg-Film, an dessen Hauptrolle sich Jane Fonda interessiert gezeigt hatte, und an fertigen Drehbüchern nach Gerhard Zwerenz' Roman *Die Erde ist unbewohnbar wie der Mond* und außerdem, wie erwähnt, Pitigrillis *Kokain*. Er hatte auch konkrete Filmpläne für Georges Batailles *Le bleu du ciel (Das Blau des Himmels)*, James Baldwins *Giovannis Zimmer* – und nach wie vor Sigmund Freuds *Der Mann Moses*. Außerdem hatte er Pläne, den Joan-Crawford-Film *Possessed* mit seinem neuen Star Rosel Zech neu zu verfilmen sowie einen Film nach Per Wahlöös Roman *Stahlsprung* zu machen, den er Pol Pot widmen wollte, da dieser versucht hatte, eine Utopie zu verwirklichen, in die Leute wie er nicht hineinpaßten! Außerdem hatte er Alexander Kluge und Volker Schlöndorff einen Beitrag zu deren Gemeinschaftsprojekt *Krieg und Frieden* versprochen in Form eines Kurzfilms, der offenbar auf einige der ersten Gangsterfilme Fassbinders zurückgreifen und Gewalt als Frucht von Impotenz darstellen sollte. Und als ein Journalist ihn einmal fragte, warum er davon träume, in Hollywood zu arbeiten, antwortete er, daß er gern einen Film mit James Dean und Marilyn Monroe machen würde. In welchem sphärischen Zustand sich Fassbinder auch befinden mag, es ist nicht auszuschließen, daß er diesen Film mittlerweile längst fertig hat – und daß er die beiden hat überreden können, den Bakunin und die Rosa Luxemburg zur Musik von »Kraftwerk« zu geben.

Aus gutem Grund träumte Juliane Lorenz in der Nacht vor Fassbinders Begräbnis, sie habe versucht, ihm etwas Ordentliches anzuziehen und ihn zu überreden, zu seinem eigenen Begräbnis mitzukommen. Es entwickelte sich ein heftiger Streit. Juliane meinte, anstandshalber solle er zu diesem Begräbnis erscheinen, doch er hatte keine Lust – er hatte anderes zu tun, als sich begraben zu lassen.

Statt sein Licht unter den Scheffel zu stellen, ließ er es lieber an beiden Enden brennen. Zu einem Journalisten sagte er einmal[39], er wolle gern für den Film sein, was Shakespeare für das Theater, Marx für die Politik und Freud für die Psychologie gewesen ist: einer, nach dem nichts mehr so ist wie vorher.

Manch einer wird in einer solchen Aussage einen Zug von kindlichem Größenwahn entdecken oder eine jener Allmachtsphantasien, die oft im Gefolge eines Kokainrauschs auftreten. Aber keins von beiden schließt aus, daß Fassbinder vielleicht das Ziel erreicht hat, das er sich setzte. Er wurde zwar nicht so alt wie Shakespeare, Marx und Freud, aber doch ein halbes Jahr älter als Mozart. Und wenn Filmnegative sich als genauso haltbar erweisen sollten wie Notenpapier, werden Fassbinders Filme so lange leben und weiterhin diejenigen bereichern und provozieren, die den Film nicht nur für eine heilige Nutte halten, sondern auch für eine Kunstart – und in Fassbinders Händen die vollkommenste von allen.

2. Die traurige Zeit ist vorbei!

Das Filmemachen lernte Fassbinder im Theater. Er war 1966 bei der Aufnahmeprüfung zur Berliner Filmakademie durchgefallen, obwohl er bei einem Dramatikerwettbewerb in München für das Stück *Nur eine Scheibe Brot* einen Preis bekommen hatte. Es trug den Untertitel »Dialog über einen Auschwitz-Film« und handelte von den Dreharbeiten für einen Film:

Ein Filmregisseur soll eine Szene in einem Konzentrationslager drehen, in der sich ein katholischer Geistlicher bei einer Jüdin für eine Scheibe Brot Liebe kauft. Der Regisseur hat Schwierigkeiten, den Film zu machen. Er gerät mit dem Produzenten in Konflikt, als er auf aktuelle Parallelen hinweisen möchte, und überwirft sich mit den Eltern seiner Freundin, als er sie fragt, was sie während des Krieges gemacht haben. Am Ende ordnet er sich unter und macht den Film, den der Produzent wünscht – und heimst Preise dafür ein.

Für die Aufnahmeprüfung an der Filmakademie in Berlin arbeitete Fassbinder dieses Stück zu einem Filmmanuskript um, aber er wurde nicht angenommen. Das hinderte ihn jedoch nicht daran, mit dem Geld seines Geliebten Christoph Roser zwei Kurzfilme zu drehen und mit ihrer Hilfe die Aufnahmeprüfung 1967 noch einmal zu versuchen. Aber er wurde ein zweites Mal abgewiesen: man glaubte nicht, daß er eine Zukunft beim Film habe.

Die beiden Kurzfilme

Der Stadtstreicher (1966) handelt von einem Vagabunden, der sich in München herumtreibt und eine Pistole findet, die er wieder loszuwerden versucht, die aber Selbstmordphantasien bei ihm auslöst. Der Film wurde als Fassbinders Antwort auf Eric Rohmers thematisch verwandten Film *Le signe du Lion (Im Zeichen des Löwen)* aufgefaßt, der damals sein Lieblingsfilm war.

In *Das kleine Chaos* (1967) spielt Fassbinder selbst die Hauptrolle, einen jungen Mann, der zusammen mit zwei Freunden an den Wohnungstüren klingelt, um Abonnenten für eine Wochenzeitung zu werben. Sie nutzen die Gelegenheit, um bei den Leuten einzudringen, terrorisieren eine Dame und machen sich mit deren Geld davon. Während der erste Kurzfilm ein cineastischer Gruß an Rohmer war, ist dieser eine Reverenz an Godards *Vivre sa vie (Die Geschichte der Nana S.)*, mit einem zentralen visuellen Zitat aus Godards Film: Fassbinder liest aus einem Buch in einer langen Einstellung, in der das Buch seinen Mund bedeckt. Es handelt sich übrigens um Henry de Montherlants Roman *Die jungen Mädchen*, der Fassbinder später als Inspirationsquelle für *Satansbraten* diente. Der letzte Satz, den Fassbinder liest, lautet »Alles, was mir weh tut, tut mir wohl«, eine sehr relevante Einführung in ein Lebenswerk, das in beispielloser Weise eine Ergründung des Masochismus ist. Anschließend streichelt Fassbinder seinen Revolver mit einer Onanierbewegung: ein Auftakt zu der starken Verknüpfung von Liebe, sexueller Frustrationen und Gewalt, die auch ein Hauptthema seiner zukünftigen Produktionen sein wird.

Das kleine Chaos enthält außerdem kurze Reverenzen an Raoul Walsh und François Truffaut und endet damit, daß Fassbinder, als die drei Freunde überlegen, wofür sie das gestohlene Geld verwenden sollen, entzückt ruft:

»Ich geh ins Kino!«

Mit seinen beiden Kurzfilmen hatte Fassbinder ebensowenig Glück wie mit seinen Versuchen, in die Filmhochschule zu kommen. *Der Stadtstreicher* erhielt kein Prädikat mit der Begründung, er »verherrliche den Selbstmord«, und *Das kleine Chaos* wurde vom Auswahlkomitee des Oberhausener Filmfestivals abgelehnt. Alle außer Fassbinder schienen davon überzeugt zu sein, daß er beim Film keine Zukunft habe.

Dann absolvierte Fassbinder eine zweijährige Schauspielerausbildung an einer Privatschule in München und begann, Theaterstücke zu schreiben – aber immer mit dem Ziel, einmal Filme zu machen: Das Theater sollte das Sprungbrett zum Film sein.

Tropfen auf heiße Steine

Sein erstes Theaterstück hatte Fassbinder eigentlich als Neunjähriger geschrieben. Es hatte den programmatischen Titel *Ende einer traurigen Zeit*: wenn man Theater machen kann, gibt es keinen Grund mehr zu trauern. Weder dieses Stück noch *Nur eine Scheibe Brot,* noch sein erstes abendfüllendes Stück *Tropfen auf heiße Steine* wurde zu seinen Lebzeiten aufgeführt, letzteres wurde jedoch im Nachlaß gefunden und nach seinem Tod uraufgeführt.

Tropfen auf heiße Steine hat Fassbinder vermutlich als Neunzehnjähriger geschrieben. Das Stück, das er Christoph Roser gewidmet hat, ist eine Tragikomödie und schlägt Themen an, die Fassbinder später in seinen Spielfilmen aufgreifen sollte, vor allem in *Faustrecht der Freiheit* und *In einem Jahr mit 13 Monden.* Das Stück handelt von einem erfahrenen Schwulen, der den jungen Franz zu sich nach Hause zu einem Abenteuer mit schwerwiegenden Folgen einlädt. Franz zieht bei seinem Freund ein, hat aber gleichzeitig eine Freundin, und als sie auftaucht und von Franz' Freund verführt wird, nimmt Franz Gift. Ehe er stirbt, ruft er seine Mutter an:

»Mutti! Ich habe mich vergiftet. Nein, Mutti, da kann man gar nichts mehr machen. Nein, Mutti, es hat auch keinen Sinn zu kommen. Tschau, Mutti, vielleicht komm ich in den Himmel, weil ich so jung bin. Ja. Danke.«

Das Stück endet makaber-zynisch: Während Franz tot im Wohnzimmer liegt, verlustiert sich sein schwuler Freund mit der Freundin und seiner früheren Frau im Schlafzimmer: Liebe ist von Anfang an kälter als der Tod.

Außer dem Titel von Fassbinders erstem Spielfilm greift das Stück auch seiner Auffassung der Schauspielerrolle vor. Franz beschreibt sein Erlebnis der Umwelt mit einem Satz, der ziemlich genau den besonderen Schauspielerstil charakterisiert, den Fassbinder anschließend schuf:

»Ihr seid alle so komisch, wie Marionetten, die sich nicht von selbst bewegen können, die von irgendwoher ganz komisch gelenkt werden.«

Action-Theater

Als Fassbinder im August 1967 das Münchner Action-Theater aufsuchte, geschah endlich etwas.[1] Das Theater existierte seit einem halben Jahr in einem ehemaligen Kino und hatte 60 Plätze. Auf dem Repertoire stand eine Bearbeitung von Sophokles' *Antigone,* inszeniert von Peer Raben, der später Fassbinders Hauskomponist wurde. Als ein Schauspieler sich den Finger brach, übernahm Fassbinder seine Rolle, und als die Hauptdarstellerin Marite Greiselis von einem Messerstecher schwer verletzt wurde, schlug Fassbinder vor, daß Hanna Schygulla, die er von der Schauspielschule her kannte, ihre Rolle übernehmen sollte.

Antigone bekam keine guten Kritiken in der Münchner Presse, man machte sich mit Sentenzen wie der folgenden lustig, die aus der »Abendzeitung« stammt:

»Man ist anti-alles, letzten Endes auch Anti-Gone.«

Im Herbst 1967 debütierte Fassbinder (zusammen mit Peer Raben) als Regisseur im Action-Theater mit Georg Büchners *Leonce und Lena,* worüber der Rezensent der »Süddeutschen Zeitung« schrieb:

»Alle Kinder der Welt müßten ›Leonce und Lena‹ von Georg Büchner gelesen haben. Sie sollten es nur nicht immer öffentlich tun. Dieses Stück ist zu schön.«

Fassbinder war jedoch nicht mehr zurückzuhalten, und trotz Kritik ging es jetzt schnell. Er mußte niemanden um Erlaubnis bitten und brauchte auch kein Geld, weil er eine spielwütige Truppe im Rücken hatte, die zur Not umsonst spielte. 1968 inszenierte er acht Theaterstücke mit der Gruppe und 1969 fünf Theaterstücke und vier Spielfilme.

Es ist unmöglich, sich einen Eindruck von Fassbinders Theaterarbeit zu verschaffen, wenn man die Stücke im Druck liest, da sie mit dem Gedanken an bestimmte Schauspieler und einen bestimmten Theaterstil geschrieben sind. Sie sind nicht dafür konzipiert, daß andere sie lesen oder spielen. Die Regieanweisungen sind darum sehr sparsam, und die meisten Stücke sind erst nach Fassbinders Tod in Buchform erschienen. Ein Manuskript war in einem so miserablen Zustand, daß z. B. der Schluß fehlt!

Die führenden Schauspieler im Action-Theater waren die Leiterin Ursula Strätz und Peer Raben, der einen Job in einem konventionellen Theater aufgegeben hatte, um sich dem Untergrund anzuschließen, sowie Kurt Raab, der tagsüber Ausstatter beim Fernsehen war. Die Gruppe bestand außerdem aus Doris Mattes, Lilith Ungerer, Ingrid Caven,

Rudolf Waldemar Brehm und anderen. Fassbinder brachte Hanna Schygulla von der Schauspielschule mit und konnte auch Irm Hermann überreden, aufzutreten. Sie arbeitete in einem Büro, hatte ihr Herz aber bei dem Schauspielwettbewerb an Fassbinder verloren und reiste jetzt als seine Agentin in Deutschland herum, um zu versuchen, ihn bei verschiedenen Fernsehanstalten unterzubringen. Sobald die Fernsehleute aber Fotos von ihm sahen, erklärten sie resolut, daß er mit diesem Aussehen als Schauspieler keine Chance habe. Dieses Problem teilte er mit vielen anderen Action-Theaterleuten, weshalb es logisch war, daß er seine eigenen Sachen machte.

Zum Verhältnis zwischen seiner Theater- und Filmarbeit meinte Fassbinder:[2]

»Ich habe im Theater so inszeniert, als wäre es Film, und habe dann die Filme so gedreht, als wär's Theater, das hab ich ziemlich stur gemacht.«

Nach *Leonce und Lena* inszenierte Fassbinder *Die Verbrecher* von Ferdinand Bruckner, einem der vielen Künstler, die 1933 ins Exil gegangen waren. Fassbinders dritte Vorstellung war *Zum Beispiel Ingolstadt,* eine Bearbeitung von Marieluise Fleißers fast vergessenem *Pioniere in Ingolstadt,* einem Stück, das seit 40 Jahren nicht mehr gespielt worden war.

Fassbinders Inszenierung trug wesentlich zu der Renaissance bei, die die Fleißer seit Ende der 60er Jahre erlebte – und inspiriert von Fleißers eigenem aphoristischen Dialogstil schrieb er das Gastarbeiterstück *Katzelmacher.*

Beide Vorstellungen wurden in Filme umgesetzt, von denen später noch die Rede ist. *Katzelmacher* dauerte auf der Bühne nur 40 Minuten und unterschied sich von dem späteren Film dadurch, daß der Leidensgeschichte des griechischen Gastarbeiters klare christusartige Züge hinzugefügt wurden. Eines der deutschen Mädchen provoziert seine Freunde dadurch, daß es den Gastarbeiter mit in die Kirche nimmt, und während die Freunde katholische Meßgesänge anstimmen, in denen die Leiden Christi in fast kannibalischer Weise ausgemalt werden, schmieden sie ihre Ränke gegen den Gastarbeiter. Der blutige Überfall auf ihn wird geplant, während sie im Chor vom Opferlamm sprechen. Dieser pervers-liturgische Aspekt ist aus Fassbinders späterem Film verschwunden, wird aber in seiner Theaterproduktion vertieft.

Die letzte reguläre Vorstellung des Action-Theaters war »Axel C. Haarman«, eine Kollektivarbeit, die von den mitwirkenden Schauspielern gemeinsam geschrieben worden war. Das Stück war die Reaktion des Ensembles auf das Attentat auf Rudi Dutschke und ein Angriff auf die

Springer-Presse, die mit ihrer Hetzkampagne den Boden für das Attentat bereitet hatte.

Anschließend trat die Gruppe mit einem Stück politischem Straßentheater *(Chung)* auf und wurde selbst von den Behörden auf die Straße gesetzt, offiziell weil es Probleme mit den elektrischen Installationen gab, in Wirklichkeit aber wegen ihres politisch aggressiven Auftretens. Das Action-Theater hatte 15 Monate bestanden.

antiteater

Als Reaktion auf die Schließung des Theaters gründete Fassbinder zusammen mit Peer Raben das antiteater, das als erstes *Mockinpott* von Peter Weiss brachte. Da die Gruppe kein festes Haus hatte, wollte man, erfüllt von jugendlichem Optimismus, in Fabrikskantinen für die Arbeiter spielen, was die Werksleitung aber nicht erlaubte, und das antiteater wurde auch von den Gewerkschaften nicht unterstützt. Die Vorstellung fand deshalb in der Akademie der Künste statt.

Das antiteater kam dann im Büchner-Theater unter, wo die Gruppe eine Version von Alfred Jarrys *Ubu* einstudierte. Über das Projekt erzählte Fassbinder:[3]

»Wir haben uns zusammengesetzt, das Stück gelesen und fanden das irgendwo recht fad. Wir haben uns die Szenen vorgenommen und haben gefragt, was passiert da und wie würde das heute passieren in einem normalen mittleren, kleinbürgerlichen westdeutschen Haushalt. Aus dem Stück von Jarry wurde ›Orgie Ubuh‹, so was wie eine komische Familienfeier, die in einer Art verklemmten Gruppensex ausartet, allerdings wirklich sehr verklemmt und sehr eigenartig.«

Der Leiter des Büchner-Theaters fand die Aufführung jedoch *zu* ekelhaft für sein Theater, löschte 50 Minuten nach Beginn der Premiere das Licht und erklärte das Theater für geschlossen. Wieder standen die Schauspieler auf der Straße, und Fassbinder kommentierte später:[4]

»Das war schon stark, das war eine sehr schöne Erfahrung. Das hat uns dann die Kraft gegeben, endlich den eigenen Raum zu suchen, und den haben wir binnen einer Woche gefunden: den Hinterraum von einer Kneipe, der ›Witwe Bolte‹.«

Neben der Dialogkunst Marieluise Fleißers, von der Fassbinders stilisierte soziale »Volkskunst« inspiriert war, spielten Antonin Artauds Ideen vom »Theater der Grausamkeit« eine wichtige Rolle. Artaud, der seine erste Theatergruppe nach Alfred Jarry benannt hatte, stand Pate für die eher exaltierten, apokalyptischen und sadomasochistischen Züge, die von Anfang an in Fassbinders Theaterarbeit lagen.

Die Theaterstücke lassen sich in zwei Gruppen aufteilen. Zum einen nahm sich Fassbinder die Klassiker vor, aus denen er weniger Bearbeitungen als Destruktionen machte: Er fand archaische Handlungsmuster in der Weltliteratur und füllte sie mit eigenen aktuellen Erfahrungen und Zeitkommentaren aus. Und zum anderen schrieb er eine Reihe von Collagestücken ohne eigentlichen Handlungsgang, die oft aus Monologen mit kurzen, sketchähnlichen Dialogen bestanden.

Iphigenie auf Tauris von Johann Wolfgang Goethe

Die »Witwe Bolte«-Periode wurde sogar mit einer Klassikerbearbeitung eingeleitet, nämlich mit Fassbinders Version von Goethes Version von Sophokles: *Iphigenie auf Tauris von Johann Wolfgang Goethe.* Allerdings ist in Fassbinders Manuskript praktisch nichts von Sophokles und Goethe übriggeblieben, abgesehen von der Ausgangssituation, daß König Thoas Iphigenie liebt und sie auf der Insel Tauris gefangenhält.

Die Liebe des Königs wird in einem gewaltigen kannibalistischen Monolog ausgedrückt, den Artaud sicher geschätzt hätte:

»Dein Fleisch zu fressen. Deine Knochen abzufieseln. Deine Augen zu braten. Deine Brüste sind Punchingbälle. Ich setze dich auf einen spitzen Pfahl. Ich fasse deine Schultern, drücke dich nach unten. Du verreckst an deiner Geilheit.«

Der Aufruhr gegen König Thoas' autoritäres Regime wird personifiziert durch die beiden jungen Schwulen Orestes und Pylades, die auf Iphigenies Klagerufe hin herbeieilen. Orestes spricht bayrisch, zitiert in seinen Monologen aber auch vollendete Mao-Sätze:

»Probleme ideologischen Charakters, die im Volke entstehen, können nur mit der Methode der Demokratie, mit der Methode der Diskussion, Kritik, Überzeugung und Erziehung, nicht aber durch Zwangs- und Unterdrückungsmaßnahmen gelöst werden. Reden, Vorträge, Artikel und Resolutionen sollen einfach und klar sein und den Kern der Sache treffen. Man soll auch nicht zu lange Sitzungen abhalten.«

Und sein Freund Pylades stimmt euphorisch ein:

»Das Leben ist: Zigaretten, Vögeln, Flipper, Kino, Bier, Musik, Autos, Rolling Stones, Tanzen, Kino, Flipper, Vögeln, Zigaretten, Musik, Autos, Tanzen, Rolling Stones, Jean-Marie Straub, Coca Cola, Karl Marx, Jean-Luc Godard, Vögeln, Brüste, Flipper, Johann Sebastian Bach, Zigaretten, Autos, Musik, Flipper, Tanzen, Coca Cola, Kino, Musik, Tanzen, Vögeln.«

Iphigenie weiß nicht, was sie mit dem Wort »Freiheit« anfangen soll. Nur im Tod kann sie eine Art Freiheit erleben. Gleichzeitig scheint sie eine perverse masochistische Befriedigung in ihrer Situation zu finden, die von dem Kommentator des Stücks folgendermaßen beschrieben wird:

»Während er Iphigenie peitschen läßt, onaniert Thoas. Jeder Schlag bringt ihn dem Orgasmus näher. Über Iphigenie weiß man nicht genau, ob sie Vergnügen an den Schmerzen hat, die sie ertragen muß. Aber wir vermuten es.«

Mit anderen Worten: Iphigenie ist eine archaische Schwester vieler Frauen in Fassbinders späteren Filmen, nicht zuletzt Marthas. Auch Iphigenie ist eine Doppelfigur, nicht nur im Verhältnis zu ihren eigenen Begierden und Bedürfnissen, sondern auch abhängig davon, wer sie beschreibt. Thoas erlebt sie so:

»In ihrem Herzen brennt das Feuer der großen Sinneslust. Ihr Atem geht stoßweise im Schlaf, als Ausdruck der unzüchtigen Träume. Ihr Körper windet sich unter dem Gedanken an ein starkes Männerglied.«

Aber Pylades hat folgende Vorstellung von ihr:

»Ihr Gewand ist weiß. Ihre Seele ist rein. Sie ist schön. Sie ist gut. Sie ist die Reinkarnation des Reinen. Sie ist das Sein an sich. Sie ist die Größte. Das Licht. Das Feuer der reinen Seele. Was ist ihr fremd? Lüge, Betrug, Haß, Laster, Dreck, Gedanken der Sünde, Lust, Bosheit, Grimm, Zorn, Mord, Aggression, Aufstand, Widerstand, Demonstrationen, Prostitution, Geld, Männer, all das ist ihr fremd.«

Fassbinders Sophokles/Goethe-Aufführung verwendete außerdem Dialogzitate aus dem Berliner Kommunardenprozeß gegen Fritz Teufel und Rainer Langhans.

Die nächste Sophokles-Bearbeitung *Ajax* hat den Untertitel »eine archaische Operette« und wurde als Kneipentheater um den Stammtisch in der »Witwe Bolte« gespielt mit Bier trinkenden trojanischen Soldaten, die pathetisch in griechischen Versfüßen sprechen und Bundeswehruniformen tragen. Soldaten in Uniform und Mitglieder der CDU kamen zum halben Preis in die Vorstellung. Aus dem Manuskript geht übrigens nicht deutlich hervor, was Fassbinder eigentlich wollte.

Der amerikanische Soldat

Der amerikanische Soldat ging nicht auf ein griechisches Drama zurück, sondern auf den Hollywoodfilm *Murder by Contract* von Irving Lerner[5]. Das Stück ist nur eine sketchartige Situation und hat wenig mit Fassbinders späterem Film *Der amerikanische Soldat* zu tun, außer daß beide von einem Berufskiller handeln. Im Grunde hat das Stück eine interessantere Ähnlichkeit mit den *Bitteren Tränen der Petra von Kant*, insofern auch hier eine Person die ganze Vorstellung hindurch stumm ist.

Das Stück handelt vom Warten: ein Berufskiller wartet darauf, einen Job zu bekommen, und er nutzt die Wartezeit, um sich fit zu halten. Zum Schluß wird er von zwei Ganoven aufgesucht, die ihn engagieren, um mit ihnen die frühere Freundin des Chefs, die »singen« will, umzubringen. Als er erfährt, daß das Opfer eine Frau ist, weigert er sich erst mitzumachen; in jedem Fall verlangt er mehr Geld. Das schlägt der eine Ganove ab, und es kommt zu einem Schußwechsel, bei dem der Berufskiller auf den Ganoven schießt, dann aber von dem anderen Ganoven erschossen wird. Dieser plaziert anschließend den Revolver so, daß es aussieht, als hätten sich die beiden Männer gegenseitig erschossen.

Dieser Einakter scheint in erster Linie eine Stilübung gewesen zu sein und damit eine Vorstudie zu Fassbinders späteren filmischen Phantasien über Gangsterfilmklischees.

Die Bettleroper

Die nächste Klassikerbearbeitung war die *Bettleroper*, nach Bertolt Brechts Bearbeitung von John Gays *The Beggar's Opera*. Fassbinder selbst spielte den Mecki. Von den beiden Vorlagen hat Fassbinder nur einen Monolog von John Gay beibehalten, über den er in einer Regiebemerkung schrieb, er müsse »möglichst sachlich vorgetragen werden, eventuell mit Fehlern«. Ansonsten waren alle Dialoge neu geschrieben, und das Resultat war Fassbinders eigener Aussage zufolge die schönste Produktion des antiteaters:[6]

»Da wurde gesungen, da war Musik, da waren Texte, die den Leuten so von den Lippen gingen, und da war Atmosphäre. Das Stück stimmte hundertprozentig für uns. Jeder hat sich damit, nicht mit der Figur, sondern mit der Arbeit an der Figur identifizieren können.«

In den Regieanweisungen beschreibt Fassbinder den Spielstil oft mit

Hinweisen auf Dick und Doof, Jerry Lewis oder den Großvater in dem Beatles-Film *A Hard Day's Night*. Langweilig war es bestimmt nicht.

Zu der Einleitungsmusik sammelt Peach Geld, Zigaretten etc. für wohltätige Organisationen wie Caritas oder Hunger in der Welt, und als er auf die Bühne kommt und das Stück anfängt, steckt er alles in die eigene Tasche. Das ist die Ausgangssituation. Die Handlung spielt in Münchens zeitgenössischem Untergrund, die Hauptperson Mecki ist ein friedlicher kleiner Gauner, der seinen Tag in Kneipen an den Flipperautomaten verbringt, und Peach ist höchst unzufrieden, als seine Tochter Polle Mecki heiraten will. Von einer Mitgift kann nicht die Rede sein, erklärt Polle.

Mecki: Warum nicht?
Polle: Weil du bist kein Erfolgsmensch nicht.
Mecki: So.
Polle: Ja. Du bist ein Lustmensch.
Mecki: Richtig.
Polle: Aber ein Lustmensch hat keinen Erfolg nicht.
Mecki: (zum Publikum) In der Lust liegt ein Erfolg schon auch.

Während Mecki Flipper spielt, hat er zum Glück auch Zeit, »politisch« zu denken, und das führt dazu, daß er sich im Gegensatz zu anderen kleinen Ganoven weigert, bei Peach mit dem Geld, das er hier und da ergaunert, ein Konto zu eröffnen. Mecki will frei sein und nur für sich selbst arbeiten. Darin ähnelt er dem Franz aus *Liebe ist kälter als der Tod,* einem Film, der einen Monat nach der Premiere von *Die Bettleroper* gedreht wurde. Über seine politischen Ideale sagt Mecki:

»Also, wenn ich organisiert stehle, muß ich einen Großteil der gestohlenen Ware abliefern. Folglich muß ich, um selbst noch etwas von meiner Arbeit zu haben, mehr stehlen als für mich allein. Und wenn ich mehr stehle, vergrößere ich das Risiko, daß' mich erwischen. Ich setze also mein Leben und meine Freiheit aufs Spiel, daß sich ein anderer bereichert. Das ist ganz unverhältnismäßig.«

Dieser Gedankengang wird in Fassbinders zwei großen Fernsehserien *Acht Stunden sind kein Tag* und *Berlin Alexanderplatz* wiederholt. Eine von Meckis Freundinnen meint allerdings, wie später Effi Briests Mutter: »Du darfst doch nicht nach deinen eigenen Gedanken und Erfahrungen urteilen. Du mußt dich doch nach den vorhandenen und eingeführten Gesetzen richten.« Das führt zu nichts Gutem, meint Mecki, und auch im Umgang mit den Mädchen tut er nicht, was sich gehört. Polle und

Lucy sind beide scharf auf ihn, und dann ist es ja am besten, eine Art Kommune zu gründen.

Peach: Was ist das?
Polle: Weißt jetzt du nicht, was eine Kommune ist?
Peach: Ich tät ja dann gar keine Fragen nicht stellen.
Polle: Ja, liest jetzt du gar keine Zeitungen?
Peach: Hast jetzt du schon einmal was von einer Kommune gehört?
Peachie: Nein, aber es ist bestimmt etwas Schlechtes.
Peach: Ich will jetzt wissen, was das ist.
Polle: Ja, wie soll ich das jetzt sagen?
Peach: Wie du's im Kopf hast.
Polle: Ja also, dann sag ichs jetzt. Also eine Kommune ist dann eine Kommune, wenn mehr Leut zusammenleben und auch miteinander schlafen. Ja, das gehört auch dazu. Das muß sein. Und außerdem müssens das, was haben, untereinander teilen. Das ist einmal so.
Peach: Ja, dann hat jetzt das was mit'm Kommunismus zum Tun.
Polle: Ja, soweit hab ich das jetzt allerdings nicht durchdacht.
Peachie: Ganz wie ich sagte, schlecht.
Peach: Bist jetzt du ganz von allen guten Geistern verlassen? Hams jetzt dir das ganze Hirn aus'm Kopf raus?

Außer Polle und Lucy hat Mecki seine Nutten, die er jeden Donnerstag besucht. Das weiß jeder, und das wird ihm zum Schicksal. Er endet im Knast, und mit der Kommune klappt es auch nicht so, besonders nicht ohne Mecki, der das Ganze zusammenhielt. Alles bricht zusammen, und im Schlußakt wälzen sich alle heulend und schreiend auf der Bühne herum.

Zweifellos hat Fassbinder viel von seiner persönlichen Problematik in *Die Bettleroper* hineingelegt – allerdings ohne die Depressivität vieler seiner späteren Spielfilme. *Die Bettleroper* ist von Anfang bis Ende naivklamaukige Komik mit einem ganz eigenen, poetischen Charme.

Die Bettleroper zog auch die Aufmerksamkeit etablierter Theaterleute auf sich und führte dazu, daß Fassbinder aufgefordert wurde, mit seiner antiteater-Gruppe eine Vorstellung am Bremer Stadttheater zu geben. Zu diesem Zweck schrieb er noch eine Klassikerbearbeitung, Carlo Goldonis *Das Kaffeehaus*, und führte es 1969 in Bremen auf. Das Stück ist auf Video erhalten und wird darum in dem Kapitel über Fassbinders Videoproduktionen ausführlicher behandelt.

Das brennende Dorf

In Bremen schloß sich die Schauspielerin Margit Carstensen Fassbinders Theater an. Sie tauschte eine gesicherte Anstellung gegen ein unsicheres Vagabundenleben in Fassbinders Truppe, das ihr aber neue Herausforderungen bot. Im Jahr darauf inszenierte er in Bremen eine letzte Klassikerbearbeitung, *Das brennende Dorf* nach Lope de Vegas *Die Grille*,[7] das wiederum auf authentischen Ereignissen im Spanien des Jahres 1476 beruht.

Das brennende Dorf spielt in der kleinen Dorfgemeinschaft Fuente Ovejuna, wo der Commandor ein wahres Schreckensregime eingeführt hat: Frauen werden vergewaltigt, Grund und Eigentum beschlagnahmt und Bauern zu Sklaven gemacht. Zum Schluß erhebt sich das ganze Dorf, um sich zu rächen. Sie überfallen den Commandor, die Frauen kastrieren ihn, und anschließend wird sein Kopf auf eine Stange gesteckt und sein Körper von den Bauern in einer erotisch aufgeladenen Orgie gegessen. Ein Außenstehender kommentiert traurig: »Sie werden niemals mehr wie Menschen sein.«

Als König Ferdinand von dem Aufruhr der Bauern hört, befiehlt er, das Dorf niederzubrennen. Die Einwohner werden gefangengenommen und vor die Königin Isabella geführt, damit sie deren Hinrichtung genießen kann. Aber im entscheidenden Augenblick gelingt es den Bauern, sich loszureißen, und in einer kannibalischen Schlußorgie gehen sie zum Angriff auf die ganze Hofgesellschaft über. Das Fleisch der Edelleute schmeckt zwar etwas faul, aber lieber das fressen, als vor Hunger verrekken, denken die Bauern, und langen zu.

Der kannibalische Schluß ist von Fassbinder selbst dazugedichtet. Bei Lope de Vega ist der Schluß erbaulicher: Der König fragt die Bauern, wer den Commandor ermordet hat, und sie antworten alle wie aus einem Munde: »Fuente Ovejuna«, also der Name ihres Dorfes. Und besänftigt von dieser unzerbrechlichen Solidarität, schenkt der König den Bauern die Freiheit.

Fassbinder hat nicht nur die Geschichte durch einen makabren Schluß erweitert, sondern präsentiert auch eine Personengalerie, die nicht weniger makaber ist. So tritt in seinem Stück ein erzschwuler Großmeister auf, dessen größte Sorge im Krieg der Gedanke an all die Begierde ist, die von den gefallenen Jünglingen nicht mehr gestillt werden kann. Dann sind da noch die beiden Freundinnen Pasquala und Laurentia. Pasquala ist heimlich in den brutalen Commandor verliebt. Als der Commandor seine Männer ausschickt, ihm die schamhafte Laurentia für die

Nacht zu bringen, bietet Pasquala sich statt ihrer an, und die Schergen gehen darauf ein, denn »sind nachts nicht alle Katzen grau«?

Laurentia ist dafür in Frondoso verliebt und er in sie, aber er muß trotzdem zur Dorfhure gehen, weil seine Geliebte meint, die Fleischeslust dürfe ihre reine Liebe nicht beschmutzen – erst recht nicht in Zeiten wie diesen.

Laurentia: Du bist wie alle. Greifst und faßt mit deinen Händen. Du schwitzt. Und Schwitzen gibt Gestank.

Frondoso: Laurentia! So riechen Menschen eben. Ist nicht Gestank, Laurentia, ist Leben, Liebe.

Laurentia: In diesen Zeiten ziemt sich Liebe nicht. In schweren Zeiten muß man standhaft sein. Er... hat der Stadt verboten auszugehn nach zehn Uhr nachts, der Commandor.

Frondoso: Gerade in diesen Zeiten kann nur Liebe helfen, daß man übersteht, was einem auferlegt.

Zum Schluß wird die schamhafte Laurentia vom Commandor vergewaltigt. Sie schildert ihrer Freundin in allen Einzelheiten die Schmach, die ihr widerfahren ist:

»Dieses Tier! Das ist kein Mensch. Pasquala, nimmermehr. Er hat... aus meiner Gruft... ein... weites Tal gemacht.«

Und an dieser Stelle notiert Fassbinder:

»Es muß in dieser Szene klarwerden, daß Laurentia auch Spaß an dieser Vergewaltigung hatte. Aber das versteht sich ja von selbst.«

Mit dieser provozierenden Regieanweisung zieht Fassbinder eine Verbindungslinie von Laurentia zu Iphigenie – und zu zeitgenössischen Frauen wie Martha: Menschen können so unterdrückt sein, daß ihnen nichts anderes einfällt, als ihre Unterdrückung zu genießen.

Theoretisch geht diese Problemstellung auf den Identifikationsprozeß des Kindes mit den Elternfiguren zurück, die gleichzeitig seine Sexualität systematisch unterdrücken. Es besteht außerdem eine auffällige Ähnlichkeit zwischen *Das brennende Dorf* und dem Urmythos von Vatermord, Kannibalismus und Sexualität, den Freud in *Totem und Tabu* (1912) konstruierte:

In einer Urhorde bei der Geburt unserer Zivilisation regierte der Urvater uneingeschränkt über Frauen und Kinder, und wenn die Knaben geschlechtsreif wurden, vertrieb er sie, damit sie sich nicht an den Frauen des Stammes vergriffen. Die vertriebenen Söhne taten sich zusammen, töteten den Vater und verzehrten ihn mit Haut und Haar.

Trotzdem vergriffen sie sich anschließend nicht an den Frauen, sondern stifteten statt dessen ein Totem, das in ihrem Unbewußten das Gesetz des Urvaters repräsentierte und an dem sie trotz ihrer Rebellion festhielten.

Das brennende Dorf läßt sich als künstlerische Auseinandersetzung mit diesem Mythos auffassen: Die Bauern haben allen Grund, sich gegen den tyrannischen Commandor zu erheben, aber in der Wildheit ihrer Erhebung steckt etwas von seinen Unterdrückungsmethoden. Sie enthält keine Alternative, keine Andeutung einer neuen Lebensform, sondern eine Wiederholung der Grausamkeit, deren Opfer sie selbst waren – und das bis in die kannibalistische Schlußorgie hinein, in der die Bauern wie die Freudschen Söhne ihre Unterdrücker verzehren, wodurch sie sie auf der konkreten Ebene vernichten, auf der symbolischen Ebene aber verinnerlichen.

Fassbinders Stück ist natürlich auch ein aktueller Kommentar zu dem seinerzeit aufkommenden Terrorismus. Fassbinder zeigt eine Revolte, die in Zerstörungswahn ausufert, und kritisiert zwar seine Rebellen, aber er versteht sie auch und zeigt, wie schwer es für sie ist, anders zu handeln. Er stimmt der Dorfhure in dem Stück zu, wenn sie in einem anderen Zusammenhang die Rebellen damit entschuldigt, sie seien nicht schuld an den Gedanken, die sie denken.

Einer der fruchtbarsten Widersprüche in Fassbinders Schaffen ist der zwischen dem, was seine Personen denken und tun, und dem, was sie, tiefer gesehen, hinter ihren oft bedenklichen Gedanken und Handlungen *sind.* Aber zugleich zeigt er die Abhängigkeit seiner Personen von äußeren Verhältnissen, die ihr Bewußtsein geprägt haben, und diesen Verhältnissen gilt die eigentliche Kritik. Die Kritik an den Gedanken und Handlungen der Personen wird dann oft zu einer Verteidigung der Personen!

Preparadise Sorry Now

Während seiner Klassikerbearbeitungen schrieb Fassbinder vier miteinander verwandte Collagestücke: *Preparadise Sorry Now, Anarchie in Bayern* und *Werwolf,* die alle 1969 aufgeführt wurden, sowie *Blut am Hals der Katze,* das erst 1971 Premiere hatte.

Der Titel *Preparadise Sorry Now* ist eine polemische, aber nicht unfreundliche Anspielung auf das berühmte amerikanische Avantgardetheater der 60er Jahre, Julian Becks »Living Theatre«, das, wie Fassbinder auch, sehr stark von Artaud und Brecht beeinflußt war und dessen Stück *Paradise Now* 1968 Aufsehen erregte, weniger durch seine Bilder von Terror und Tod als durch seine utopischen Nacktszenen, in denen die Schauspieler die große Vereinigung in »free love« feierten. Das Stück wurde beim Theaterfestival in Avignon verboten und die Aufführung von der Polizei abgebrochen. Aber während *Paradise Now* den Behörden wegen seiner sexuellen Freizügigkeit ein Dorn im Auge war, fand Fassbinder das Stück reichlich »religiös«[8]. Fassbinder hielt wenig von der Revolutionsromantik der späten 60er Jahre und glaubte nicht daran, daß sich die Gesellschaft so einfach durch Liebe verändern ließ, weil auch »die Liebe« ein Teil dessen war, was verändert werden sollte.

Preparadise Sorry Now gliedert sich in vier Materialgruppen, die in einem Vorwort folgendermaßen beschrieben werden:

»15 contres: Szenen um das faschistoide Grundverhalten im Alltag, in denen jeweils zwei Personen gemeinsam gegen eine dritte agieren; 6 Erzählungen über das Mörderpaar Ian Brady und Myra Hinley; 9 pas de deux: fiktive Dialoge zwischen dem Mörderpaar; 9 liturgiques: Texterinnerungen an liturgische und kultische Kannibalismen.«

Die Texte, die von faschistoiden Verhältnissen im Alltag handeln, zeigen hauptsächlich, wie zwei Personen eine dritte sexuell diskriminieren oder unterdrücken: ein Ehepaar kündigt einem Mieter, weil er nachts Besuch empfängt, ein Homosexueller und eine Nutte werden wegen ihrer abweichenden Sexualität verteufelt, zwei Personen vergewaltigen eine dritte, etc.

Diese »normalen« Zeugnisse faschistoiden Verhaltens werden mit einem äußerst extremen Element zusammenmontiert: Monologe eines englischen Kindesmörderpaars, das einige Jahre zuvor wegen einer Reihe sadistischer Kindesmorde zu lebenslänglichem Zuchthaus verurteilt worden war.[9] Die Monologe beginnen mit einer Episode in Ians Kindheit, in der er eine Katze lebendig begräbt. Später wird sein wachsendes Interesse für Nazisymbole und Pornographie beschrieben. Aus Myras Kindheitsepisode geht hervor, daß ihr bester Freund beim Baden tödlich verunglückte. Als sie Ian trifft, bekommt ihr Leben einen neuen Inhalt. Er bringt ihr sadistische Spiele bei, die in den Kindesmorden gipfeln.

Die fiktiven Dialogszenen zwischen dem Mörderpaar beschreiben zuerst Myras blinde Unterwerfung und ihre masochistische Freude an Ians Züchtigungen, Ausdruck einer Haltung, die Fassbinder in seinen späteren Filmen zum Thema machen sollte. Ian drückt diese Einstellung folgendermaßen aus:

»Sich zu unterwerfen ist das Beste für die meisten Menschen. Es bewußt zu tun bedeutet das Glück für den Menschen. Nichts anderes im Leben kann Glück bedeuten.«

Später beschreiben die Monologe die Lustempfindungen des Paares bei den sadistischen Kindesmorden und bringen eine Philosophie über die Ausrottung minderwertigen Lebens und die Notwendigkeit einer Elite zum Ausdruck.

Die Liturgien sind ganz kurze Texte, die um das sadomasochistische Element des Christentums kreisen, z. B. das Zusichnehmen von Jesu Fleisch und Blut in Form von Brot und Wein und überhaupt die morbide Mischung aus Kannibalismus, Leiden, Menschenopfer und Liebe, so wie es in dem folgenden Text ausgedrückt ist:

O du Lamm Gottes, mich dürstet nach deinem Blut
Da hängt er nackt und bloß
Schau die Wunden
Das Haupt ist geneigt
Das Herz geöffnet
Die Arme ausgespannt
Welche Liebe

Anarchie in Bayern

Während *Preparadise Sorry Now* die bestehenden Verhältnisse anprangert, geht Fassbinder in seinem nächsten Stück, *Anarchie in Bayern,* mit den Revolutionsromantikern der späten 60er Jahre ins Gericht, indem er sie gnadenlos beim Wort nimmt: was geschähe, wenn sie an die Macht kämen und ihre Parolen verwirklichten!

Die Revolutionäre haben Bayern zur »Sozialistischen Anarchie Bayern« erklärt. Aufgrund eines nicht näher beschriebenen »schweinischen Tricks« sind verschiedene Abteilungen der Bundeswehr veranlaßt worden, aufeinander zu schießen, und im Radio heißt es: »Es wird vermutet, daß unsere hervorragend ausgebildeten Truppen sich gegenseitig nahezu ausgerottet haben.«

Auf einem Theaterzettel wird die Intention des Stückes folgendermaßen beschrieben:

»*Anarchie in Bayern* richtet sich gegen eine Revolution »auf die schnelle«, plädiert für einen »langen Marsch«, eine Revolution im Bewußtsein der Revolutionäre zuerst und der Bürger. Anhand verschiedener revueartig montierter Szenen soll gezeigt werden, daß äußerliche Veränderungen nicht ausreichen, um im abendländischen, auf Unterdrückung und Autorität fixierten Bewußtsein etwas Wesentliches zu bewirken.«

Und das demonstriert Fassbinder, indem er zwei Gruppen auf der Bühne einander gegenüberstellt: die Familie Normalzeit besteht aus Personen mit Namen wie Alte Romantische Liebe Männlich & Weiblich, Kindermörder und Phönix Normalzeit, während Die Revolutionäre Neue Romantische Liebe Männlich & Weiblich, Neue Bürokratie und Großer Vorsitzender heißen. Außerdem wirken ein paar Nutten, Gangster und Soldaten mit.

Die Revolutionäre wenden sich gegen westliche wie östliche Unterdrückung. Während eines Revolutionsrats wird beschlossen, daß öffentliche Verkehrsmittel kostenlos sein sollen, ebenso wie Zeitungen, Radio und Fernsehen, alle Autos sind ab sofort Gemeineigentum und dürfen künftig nicht mehr abgeschlossen werden. Blitzartig wird das Geld abgeschafft. Dasselbe Schicksal ereilt Ehe und Gefängniswesen: sogenannte Verbrecher werden ab sofort in die Bundesrepublik ausgewiesen!

Die Familie Normalzeit ist empört. Alte Romantische Liebe Männlich & Weiblich haben gerade eine Liebesszene aufgeführt, in der dem kannibalischen Charakter der Liebe gehuldigt wird:

»Ich möchte dich essen. Ich will dich ganz in mir haben. Ich liebe dich.«

Wenn die Ehe plötzlich abgeschafft wird, verliert das Leben seinen Sinn für die Familie Normalzeit – abgesehen von Alte Romantische Liebe Weiblich, die einen gewissen Sinn darin sieht, daß sie jetzt arbeiten darf, ohne ihren Mann zu fragen. Dafür sind die Nutten empört über die Abschaffung des Geldes. Mutter aller Huren ist nämlich daran gewöhnt, daß ihr Zuhälter, wenn sie mehr Geld nach Hause brachte als seine beiden anderen Nutten, drei Tage mit ihr allein verbringt: »Geschwommen sind wir im Glück.«

Woran soll man sein Glück und seine Identität messen, wenn das Geld abgeschafft ist?

Kurz gesagt: Die Revolutionäre stoßen auf das Problem, daß das Volk, das sie befreien wollen, sich so sehr an ein Leben in Unterdrückung gewöhnt hat, daß es die »Freiheit« als Alptraum erleben muß. Das wird in einer Reihe kleiner Sketche demonstriert. Am Ende befreien amerikanische Truppen die armen Bayern von der Freiheit und führen wieder normale Zustände ein: »Ordnung muß sein.«

Werwolf

Die nächste Produktion des antiteaters basierte auf einem makabren Bericht aus dem 16. Jahrhundert über einen jungen Mann, der etwa 80 Knaben erschlagen haben soll. In einigen Fällen soll er auch das Blut der Ermordeten getrunken und ihr Gehirn gegessen haben. Darum nannte man ihn den »Werwolf«: ein Werwolf ist ein Mensch in Wolfsgestalt, der, ähnlich wie ein Vampir, durch das Blut eines Unschuldigen erlöst werden kann. »Werwolf« hieß aber bekanntlich auch eine 1945 geschaffene nationalsozialistische Terrorgruppe.

Fassbinder und Harry Baer schrieben das Stück gemeinsam, aber jeder arbeitete für sich ein Manuskript aus und schrieb einige kurze Dialoge zwischen dem jungen Mann und seinen Richtern, Opfern und Nachbarn. Erst während der Proben wurde beschlossen, wie die Texte der beiden kombiniert werden sollten.

Die Texte scheinen in einer Urform um eines der schwersten, dunkelsten und am wenigsten zugänglichen Themen Fassbinders gekreist zu haben: Leiden und Tod als Ziel der Identitätssuche nach einer traumatischen Sozialisation. Zwischen dem Werwolf und seinen Opfern kann sich etwa folgender Wortwechsel entspinnen:

A: Ich hab dich. Ich spür dich. Hörst was vom Himmel?
C: Ich schrei! Das ist Wahnsinn. Wahnsinn! Was über mich kommt. Es donnert und blitzt. Ich schrei!
A: Hörst den Himmel! Hörst ihn! Hörst ihn? Er kommt über dich. Ich bin sein Kind.
C: Ich hab dich gesehen. Wie du gegangen bist. Und dein Kopf, wiest den gehalten hast. Du bist über mich kommen.
A: Einen Hals hast, der ist so schön. Ich halt ihn, den Hals, der dir ist. Ich halt ihn dir fest.
C: Tu mir weh. Tu mir weh! Daß ich es spür, wer du bist.

In einem Monolog gibt Fassbinder dem Werwolf das Pseudonym, das er selbst als Cutter verwendete, Franz Walsch, und seine Verzweiflung kommt im Werwolf zum Ausdruck, so wie sie später in den beiden Romanfiguren Franz Biberkopf und Querelle Ausdruck findet. Über den Werwolf heißt es in einem Monolog:

»Die ersten Morde beging er wohl aus Verzweiflung, weil die Köpfe, in die er hineinredete, ihn nicht hörten, und eine Wand war zwischen ihm und den anderen, die hat er zerschlagen. Es waren die Köpfe, in die er ein Loch hineinschlug, um ein Verhältnis zu haben mit einem anderen Menschen.«

Der Werwolf ist ein frühes und erschreckendes Beispiel für eine Figur, die immer wieder in Fassbinders Produktion auftreten sollte, nämlich der »Rebell«, der zwar ahnt, daß etwas nicht stimmt mit den Verhältnissen, unter denen er lebt, der aber nur imstande ist, diese Verhältnisse zu einem grotesken Zerrbild zu vergrößern, anstatt eine Alternative zu formulieren oder sich auszudenken. Ein Dialog zwischen dem Werwolf und einem anderen Opfer lautet:

D: Ich bin ein Bub, das hab ich gelernt, und gelernt hab ich auch, daß ein Bub nimmer von einem Bub sich berühren läßt oder mehr.

A: Was sie dir sagen, ist alles nicht wahr. Wenn sie dir sagen, du bist zu jung, das stimmt nimmer mehr, keiner, dens gibt, ist zum Denken zu jung. Wenn sie dir sagen, du sollst arbeiten, sie tun das, weil den Gewinn von der Arbeit, die du machst, den haben sie. Wenn sie dir sagen, das Glück für die Seele, das käm nach dem Tod, das stimmt nicht, nach dem Tod nämlich ist alles aus. Ein Glück mußt du finden, solange du da bist, auf der Erd, die dich trägt.

D: Was du redest, hat alles in meinem Kopf keinen Platz. Das verträgt sich nicht mit die Reden von andere Leut.

A: Schau, ich faß dir zwischen die Beine, und kein Donner kommt, kein Blitz bestraft unser Tun. Alles sind Lügen, mit denen du lebst.

D: Ich will nit. Weil, wenn du recht hast, ist alles so schlimm. Dann ist ein Mensch doch allein vor den andern und findet nimmermehr ein Ziel, das wichtig.

A: Ein Mensch ist allein, vor den andern. Hörst?

D: Ich kan nit ertragen solche Gedanken, die sind so schlimm.

A: Ich hab das Blut getrunken von einem Wolf. Ich erlös dich von dem Tod.

Zwischen diesen kultisch geprägten Dialogen, in denen die Verzweiflung am Bestehenden durch Leiden und Tod erlöst wird, bringt Fassbinder eine kurze Szene, in der Kirchenlieder entsprechend sadomasochistischen Inhalts gesungen werden wie »O Lamm Gottes unschuldig«, »Maria durch ein Dornwald ging« und »O Haupt voll Blut und Wunden«. Zwischen den Morden können der Werwolf und sein Opfer einen Country-Klassiker wie »Save the last dance to me« tanzen.

Blut am Hals der Katze

Werwolf war die letzte antiteater-Vorstellung, und schon zu diesem Zeitpunkt, im Dezember 1969, war das Theater heimatlos, so daß die Premiere nach Berlin verlegt werden mußte. Gut ein Jahr später ließ Fassbinder das antiteater noch einmal für eine weitere Produktion in Nürnberg wiederaufleben, wieder hatte das Stück einen vampirischen Titel: *Blut am Hals der Katze.*

Für Fassbinder war das Theater zweifellos eine »Filmschule«. Wie er selbst berichtete,[10] hat er auf der Bühne gelernt, mit Schauspielern umzugehen und Geschichten zu erzählen, und hier, so könnte man hinzufügen, erhielt er nicht zuletzt die Möglichkeit, die Grundthemen seines späteren Filmschaffens auszuprobieren: die Ausbeutung der Gefühle und der Arbeitskraft, die Unterdrückung, in der man sich häuslich einrichtet, bis man von ihr abhängig ist, die Befreiung als etwas Unbekanntes, Ängstigendes, der Sadomasochismus als Abbild der Pervertierung privater und gesellschaftlicher Beziehungen – und der Tod als der erlösende Schlag durch diesen gordischen Knoten.

Blut am Hals der Katze ist ein regelrechter Katalog der späteren Spielfilme: das Stück enthält Monologe und Situationen, die in konkreten Filmszenen weiterentwickelt wurden. Die durchgängige Figur ist die Science-fiction-Figur Phoebe Zeitgeist, die zu Beginn über Lautsprecher angekündigt wird:

»Phoebe Zeitgeist ist von einem fremden Stern auf die Erde geschickt worden, um eine Reportage über die Demokratie der Menschen zu schreiben. Phoebe Zeitgeist hat aber Schwierigkeiten, sie versteht die Sprache der Menschen nicht, obwohl sie die Worte gelernt hat.«

Im ersten Teil des Stücks hört Phoebe Zeitgeist eine Reihe sentenzhaft ausgestalteter Monologe über das Alltagsleben in der Bundesrepublik, im zweiten Teil treffen sich die Personen zu kurzen Dialogsequenzen über eine trostlose und verklemmte Art des Zusammenlebens. Nach jeder Sequenz wiederholt Phoebe, wie in einer Art absurdem Refrain, einige zufällig ausgewählte Sätze und versucht so, sich die Sprache der Menschen anzueignen.

Im dritten Teil läßt Phoebe sich auf ein Gespräch mit den Personen ein, aber da sie den Sinn der Sätze, die sie gelernt hat, noch immer nicht versteht, erreicht sie nur, daß sie die Leute wieder von sich stößt. Danach beißt sie sie in den Hals, und nach diesem vampirhaften Ritual – wie so oft bei Fassbinder eine Geste der Gewalt als Kontaktersatz – sind auch die Personen selbst nicht imstande, ihre Sprache als sinnvoll aufzufassen. Sie vergessen alles: Sprache, Namen, Alltag. Ihre Welt löst sich auf.

Von einer fortschreitenden Entwicklung der Handlung ist natürlich nicht die Rede. Das Stück besteht aus Monolog- und Dialogblöcken, von denen einige besonders charakteristische als Beispiel für Fassbinders sehr einfache und doch subtile Behandlung der Sprache zitiert seien. Der Monolog des Metzgers lautet:

> »Ich hab ein Mädchen gern gehabt, die war ganz jung und hatte schwarze Haare. Am Freitag abend, da hab ich sie abgeholt von zu Hause und wir sind spazierengegangen oder ins Kino. Da war ich nicht mehr allein. Ich hab arbeiten mögen die ganze Woche, weil ich gedacht hab, am Freitag, da bin ich dann nicht mehr allein. Ich hab einen Meister gehabt, der hat mich geschlagen, da war ich schon achtzehn. Da haben mir die Gedanken geholfen oder die Träume. An einem Freitag dann kam sie nicht runter, ich ging wieder heim, sie ist eben krank, hab ich gedacht oder verhindert. Aber sie kam keinen Freitag mehr runter, da hab ich geweint. Ich hab kein Mädchen mehr mögen können von da an. Jetzt geh ich jeden Freitag hinaus und kauf mir ein Mädchen. Ich hab ein paarmal versucht für mein Geld was zu reden. Aber die Huren reden nicht gern, weil, die haben nur so Gedanken im Kopf, von Eile und Geld. Ich bin jetzt Meister und hab einen Lehrling, der verdient manchmal Schläge, die kann er dann haben. Ich sehne mich so sehr nach ein bißchen Liebe.«

Dieser Monolog ist charakteristisch für Fassbinders Haltung zu seinen bürgerlichen Antihelden. Der Metzger verrät eine gewisse Einsicht in die eigene Situation, ist aber blind dafür, daß er an seinen unerfüllten Bedürfnissen fast erstickt. Darum gibt er die Prügel, die er seinerzeit von seinem eigenen Meister bezog, jetzt an seinen Lehrling weiter. Dank Fassbinders straffer Strukturierung des Monologs leuchten dem Zuschauer diese Zusammenhänge ein; er wird dadurch klüger als der Metzger, ohne sich deswegen belehrt zu fühlen. Eine ähnliche Haltung kommt im Monolog des Soldaten zum Ausdruck:

> »Meine Mutter hat immer Bescheid gewußt, immer. Ich hab sie fragen können, egal was, sie hat mir eine Antwort gegeben. Ich bin nach Hause gekommen und hab gesagt, Mama, mach mir ein Schmalzbrot, ich hab nicht lang warten müssen. Oder ein Butter-

brot mit Zucker. Oder Eier im Glas, wenn ich krank war. Meine Mutter hat eine Ahnung gehabt von ihrem Kind. Sie hat mir gesagt, wie ich mich verhalten muß auf der Welt, daß ich keinen Ärger habe und so. Ich bin damit über die Runden gekommen. Ich hab fast in jeder Lage gewußt, was ist die Grenze, und ich hab erkennen können, was einer von mir verlangt. Wenns schlimm geworden ist im Krieg, wenn alle im Graben lagen mit Tränen im Auge und haben gezittert, da hab ich das Bild von meiner Mutter gehabt im Kopf, das hat mir gesagt, ich soll nicht verzweifeln. Ich suche ein Mädchen, das soll mir sein, was meine Mutter mir war. Ich kann das Mädchen nicht finden.«

Nach dieser herzlichen Liebeserklärung an die Mutter endet der Monolog abrupt mit der Feststellung, daß kein Mädchen dem Idealbild, das er von seiner Mutter hat, entsprechen könne. An dieser Stelle wird erst sichtbar, wovon der Monolog wirklich handelt, nämlich von verzerrten Gefühlen und künstlich hochgeschraubten Erwartungen. Hier wird, *in nuce,* das verkorkste Liebesleben einer Reihe von Fassbinders männlichen Figuren angedeutet, die wegen ihrer starken Mutterbindung in die Homosexualität gedrängt werden.

Es ist überhaupt interessant, die Entwicklung von *Blut am Hals der Katze* bis hin zu einigen späteren Fassbinder-Filmen zu verfolgen. Der Monolog des Modells enthält sowohl Sätze als auch Situationen, die später in den *Bitteren Tränen der Petra von Kant* umgesetzt werden – und er endet in einer Todessehnsucht, die konkret in der *Sehnsucht der Veronika Voss* gefilmt wird:

»Ich habe solche Angst vorm Altwerden. Was ist dann noch dran an mir? Ein jeder braucht seinen Spaß. Das ist doch jedermanns eigene Sache, womit er Spaß hat. Sie haben eine gute Figur. Wirklich. Sie müßten Chancen haben. Und – die Chancen, das ist das Wichtigste. An was seh ich denn, daß ich leb? Wenn sich keiner mehr bemüht um mich, wer bin ich denn dann? Niemand! Ich habe eine Freundin, die war Mannequin, Top-Modell, wirklich, jetzt ist sie zweiundvierzig und aus. Die sitzt in ihrer Wohnung und starrt den ganzen Tag aufs Telefon. Und keine Sau ruft an. Ich weiß genau, mir wirds auch so gehen, aber ich mach das nicht mit, ich bring mich um vorher. Mit Verzweiflung leben? Keinen Tag. Sie müssen eben schaun, daß sie den Absprung rechtzeitig schaffen. Ich weiß aber auch nicht wie. Vielleicht ein Mann und Kinder. Oder ein paar

> Gedanken im Kopf, wo man was anfangen kann damit. Oder der Tod. Vielleicht ist der Tod doch das beste.«

Diesen Monolog hätte auch die Karin in den *Bitteren Tränen der Petra von Kant* sprechen können, und wie der Film handelt er in komprimierter Form davon, daß Menschen in dieser Gesellschaft zu Waren gemacht werden, und zwar in einem solchen Maße, daß nur der Tod übrigzubleiben scheint, wenn der Warencharakter aufhört. *Blut am Hals der Katze* enthält auch einen Monolog, der eine Vorstudie zum *Händler der vier Jahreszeiten* ist. Er wird von dem Polizisten gesprochen:

> »Ich hab einen Onkel, der war Polizist. Das war kurz nach dem Krieg, da war die Schwarzmarktzeit und eines Tages, da ham sie ihn erwischt, wie er Zigaretten getauscht hat, weil er seiner Familie ein Geld bringen wollte. Da hat er den Dienst quittieren müssen. Nach einer Weile hat er sich einen Karren gekauft und hat Obst verkauft auf der Straße, der ging immer in Hinterhöfe und hat geschrien, frische Erdbeern, frische Erdbeern. Und dann hat er geheiratet. Seine Frau, die hat ihm geholfen, und er hat angefangen zu saufen. Und immer, wenn er besoffen war, dann fing er an zu weinen und schluchzen, weil er kein Polizist mehr war, und weil ein Polizist zu sein eine richtige Sache ist. Dann ist er krank geworden. Da hat er seine Frau sehr geliebt. Sie haben sich entschlossen, daß sie einen Laden aufmachen, wenn er wieder gesund ist, eine richtige Firma. Da ist er jetzt glücklich, weil sie einen Angestellten haben, der ihm hilft. Und ich bin Polizist geworden.«

Die Empörung darüber, in der bürgerlichen Gesellschaft ungerecht behandelt zu werden, verleiht einem noch lange nicht die Kraft, sich zu wehren. Diese bittere Wahrheit gilt sowohl für den Obsthändler als auch für den Metzger. Beide lassen sich von der Gesellschaft verschlingen, akzeptieren ihre Normen und bemühen sich, ein Leben zu führen, das Konflikte vermeidet, auch wenn die Anpassung mit der schrittweisen Reduzierung der Persönlichkeit und der Einschränkung von Bedürfnissen erkauft wird. Und der Kreis schließt sich, wenn der Neffe schafft, was dem Onkel nicht gelang, nämlich Polizist zu werden. Obwohl der Monolog eine Art Synopsis vom *Händler der vier Jahreszeiten* ist, gibt es zwei auffällige Unterschiede zwischen dem Monolog und dem späteren Film: im Monolog ist es ein wirtschaftliches, im Film aber ein sexuelles Delikt, das den Polizisten in Konflikt mit seiner Arbeit bringt. Die wirtschaftliche und sexuelle Unterdrückung gehen bei Fassbinder Hand in Hand und sind Teil desselben Gesellschaftssystems. Aber entscheidend ist deshalb der andere Unterschied: im Monolog endet der Onkel glücklich, als er seine eigene Firma mit mehreren Angestellten erhält. Im Film dagegen führt sein Arbeitgeberstatus zu seiner endgültigen Vernichtung, weil er seine Rolle als absurd erlebt und, im Gegensatz zu seiner kleinbürgerlichen Familie, nicht als ein solides Statussymbol.

Für den Arbeitgeber ist seine Rolle aber normalerweise kein Problem. Das geht aus einem Metzger-Monolog hervor, der eigentlich ein kleines Lehrstück in marxistischer Theorie über den Mehrwert ist und direkt zu der entsprechenden Sequenz in der Fernsehserie *Acht Stunden sind kein Tag* führt.

Aber während die Fernsehserie das Problem vom Standpunkt der Arbeiter aus betrachtet, wird im Monolog der Standpunkt des Arbeitgebers eingenommen. Und der sieht natürlich kein Problem darin, die Arbeitskraft anderer auszunutzen:

> »Wenn du einen Betrieb hast, dann kaufst du zum Beispiel morgens Fleisch ein, für sagen wir mal tausend Mark und das bereitest du dann zu und verkaufst es bis zum Abend. Aber du kannst das Fleisch nicht allein bearbeiten und verkaufen, so nimmst du dir vier Arbeitskräfte, die geben dir die Möglichkeit, das Fleisch, das du für tausend Mark kaufst, für fünftausend weiterzuverkaufen. Du kannst also einen Umsatz machen von fünftausend Mark. Dafür, daß du das machen kannst, zahlst du deinen Gehilfen jeweils 200 Mark, das macht achthundert Mark. Also, du kaufst Fleisch für tausend Mark, achthundert Mark die Gehilfen und zweihundert Mark Miete, macht zweitausend Mark Unkosten, macht also dreitausend Mark Gewinn. Wenn du allein wärst, hättest du höchstens sechshundert Mark Gewinn, was bedeutet, daß jeder Angestellte dir jeweils achthundert Mark Gewinn bringt. Für zweihundert Mark also, die er an sich verdient, verdienst du achthundert an dir. So einfach ist das.«

Im zweiten Teil des Stücks, in dem die Monologe durch Dialoge ersetzt werden, werden diese »Vorgriffe« auf Fassbinders spätere Spielfilme fortgesetzt. Als charakteristisches Beispiel mag das Gespräch zwischen dem Modell und der Geliebten dienen, das thematisch auf das entsprechende Gespräch in *Angst essen Seele auf* verweist.

Modell: Sie kennen doch die Frau Hansen, die früher hier gewohnt hat im dritten Stock.

Geliebte: Die Rote, die mit dem gichtigen Mann?

Modell: Genau die. Stellen Sie sich vor, die hat sich scheiden lassen von ihrem Mann.

Geliebte: Nein!

Modell: Doch. Und das ist nicht alles. Vier Wochen später hat sie so einen Gastarbeiter geheiratet, ein Türke!

Geliebte: Ein Türke?! Um Gotteswillen!

Modell: Ja. Nicht allein, daß sie ihren Mann im Stich läßt, der krank ist, heiratet auch noch so einen Fremden.

Geliebte: Da sind ja viele scharf drauf, auf sowas, in letzter Zeit.

Modell: Ja. Es gibt eben solche und solche. Aber ich tät mich ja schämen. Schämen, sich mit sowas auf der Straße zu zeigen.

Geliebte: Genau. Aber mancher kennt gar keine Scham.

Phoebe: Es gibt eben solche und solche. Mancher kennt gar keine Scham.

Sowohl Monologe als auch Dialoge beschreiben eine miefige, kleinbürgerliche Welt, die einen undurchdringlichen Kreis um die Personen bildet, der um so teuflischer ist, je mehr Personen ihre Situation als frei erleben. Und wie Fassbinder die vampirischen Kindesmorde in *Werwolf* als verzweifelten Kontaktversuch auffaßte, so enden hier die tastenden verbalen Kontaktversuche der Phoebe Zeitgeist mit einem herzhaften Biß in den Hals der Personen.

Mit der Unschuld einer Comicfigur von einer fernen Galaxie begeht Phoebe Zeitgeist Handlungen, die an die aktuellen westdeutschen Terroristen erinnern. Sie versucht, ein klaustrophobisches System mit Gewalt aufzubrechen, und das gibt ihr sicher eine gewisse persönliche Befriedigung, aber ein sonderlich gangbarer Weg ist es nicht: *Blut am Hals der Katze* endet in einem Sprachzusammenbruch von apokalyptischen Dimensionen.

Baal

Außer den fünf Theatervorstellungen und vier Spielfilmen, die Fassbinder 1969 aus dem Handgelenk schüttelte, fand er auch noch Zeit, die Hauptrolle in zwei eigenen Filmen zu übernehmen, sowie als Schauspieler in weiteren drei Filmen anderer Regisseure aufzutreten, darunter in der anspruchsvollen Titelrolle von Volker Schlöndorffs *Baal,* der Verfilmung von Brechts »wildem« Jugendstück (1918). Fassbinder gab den Baal so perfekt, daß die Erben Brechts, als der Film im Fernsehen gebracht wurde, sich verbaten, daß er jemals wieder gezeigt würde. Und seitdem liegt der Film unangetastet auf einem Regal in München.

Brechts Porträt des asozialen, anarchistischen Künstlertyps Baal ist nicht nur in seiner Ganzheitsauffassung, sondern auch in vielen Details ein verblüffend präzises Porträt Fassbinders. Baal ist ein gefeierter Dichter, der sich in der guten Gesellschaft nicht wohl fühlt. Er ist ein Einzelgänger, ein herumwandernder Troubadour, der sich in Kneipen und unter offenem Himmel wohler fühlt als in literarischen Salons. Er hat eine seltsam anziehende Wirkung auf Männer wie auf Frauen, die seinetwegen Selbstmord begehen. Seine Ehrlichkeit kann von brutal abweisender Art sein, und doch suchen die Leute gern seine Gesellschaft. Sein bester Freund Ekart nimmt ihn immer in Schutz, wenn andere ihn als widerliches Ekel abweisen.

»Ich nehme ihm nie irgendwas übel. Weil ich ihn liebe. Er ist ein Kind.«

Dennoch wird Ekart von Baal in einem Eifersuchtskampf ermordet, der durchaus etwas mit dem zu tun hat, was Jeanne Moreau in Fassbinders letztem Film singt: »Each man kills the thing he loves.« In seiner ersten großen Filmrolle – nach dem Manuskript eines anderen und für einen anderen Regisseur – bringt Fassbinder vieles von dem zum Ausdruck, was das Thema seines eigenen Lebens werden sollte.

1969 trat er außerdem in weiteren drei Filmen anderer Regisseure auf, darunter in einer größeren Rolle in Franz Peter Wirths Fernsehfilm *Al Capone im Deutschen Wald.* Mit seiner Gage konnte er seinen ersten Spielfilm drehen: *Liebe ist stärker als der Tod.*

3. Kinofilme

Liebe ist kälter als der Tod

Die Welturaufführung von *Liebe ist kälter als der Tod* fand 1969 auf der Berlinale statt. Es sollte aus zwei Gründen ein epochemachendes Jahr für die Filmkunst werden, zum einen, weil Jean-Luc Godard *Le Gai Savoir (Die Fröhliche Wissenschaft)* präsentierte, der seinen Destruktionsprozeß der herkömmlichen Filmsprache vollendete, zum anderen, weil Fassbinder anfing, wo Godard aufgehört hatte, und erste Filme seines imponierenden Versuchs zeigte, eine neue Filmsprache auf den rauchenden Ruinen aufzubauen, die Godard hinterließ.

Le Gai Savoir wurde Godards definitiver Nullpunktfilm. Nachdem er in mehreren Filmen die Sprache des kommerziellen Kinofilms systematisch untergraben hatte, war Godard mit diesem Film bei der bitteren Konsequenz seiner Zerstörungswut angelangt: der schwarzen Leinwand und der leeren Tonspur. Der Film endet mit einem Bekenntnis: Godard gibt zu, daß dieser Film nicht der Film ist, den er eigentlich hätte machen wollen, fügt aber hinzu, daß jemand, der einen Film zu machen hat, dort anfangen muß, wo er aufhört. Gleichzeitig wies er auf drei Regisseure hin, die seiner Einschätzung nach die Filmkunst weiterführen konnten: der Italiener Bernardo Bertolucci würde sicher den Film machen können, der die Welt von Marx und Freud her erklärt, in Deutschland würde Jean-Marie Straub den Film machen, der die Rolle der Familie in der Gesellschaft analysiert, und der Brasilianer Glauber Rocha würde den Film machen, der den Befreiungskampf der Dritten Welt schilderte.

Bertolucci und Rocha haben schon längst Godards Prophezeiung erfüllt. Bei Jean-Marie Straub sind die Dinge komplizierter. Er ist Franzose, flüchtete aber in die BRD, um nicht als Soldat in Algerien kämpfen zu müssen. In München machte er einige Kurzfilme, arbeitete am Theater und drehte den Spielfilm *Nicht versöhnt.* Hier begegnete er außerdem Fassbinder, der als Schauspieler in Straubs Kurzfilm *Der Bräutigam, die Komödiantin und der Zuhälter* (1968) mitwirkte. Straubs erste Arbeiten waren zwar sehr vielversprechend, aber heute scheint er einem hermetischen Avantgardismus verfallen zu sein. In *Fontane Effi Briest* ist Fassbinder deutlich von Straubs Ideen beeinflußt, wie man Literaturfilme machen soll, aber während Straub von seinen Ideen gelähmt und zum Avantgardismus verführt wurde, verstand es Fassbinder, sie für ein sehr großes Kinopublikum zu popularisieren. Indirekt lag Godard also richtig, wenn er Straub als Filmschöpfer der Zukunft bezeichnete. Was er nicht wissen konnte, war, daß Fassbinder Straubs Ideen realisieren würde.

Fassbinder hat also seinen Debütfilm nicht ohne Grund Straub sowie Claude Chabrol, Eric Rohmer und Lino & Cuncho gewidmet. Fassbinders Publikum kannte natürlich Chabrol und Rohmer, die Fassbinders zwei Lieblingsfilme, *Les bonnes femmes* (*Die Unbefriedigten*, 1960) und *Le signe du lion* (*Im Zeichen des Löwen*, 1959) gemacht hatten. Lino & Cuncho dürften dagegen kaum bekannt gewesen sein. Sie spielten die Hauptrollen in Damiano Damianis bizarrem Italowestern *Quien Sabe?* (*Töte Amigo*, 1966). Sie sind zwei Glücksritter in der mexikanischen Revolution und ähneln als Typen in erstaunlichem Maße Franz Biberkopf und Reinhold in Döblins Roman *Berlin Alexanderplatz*, der auch die Personenkonstellation für *Liebe ist kälter als der Tod* hergab.

Die Widmung im Vorspann vereint also Gegensätze, die so extrem sind, daß man sich fragt, wie beide für Fassbinder eine Inspirationsquelle sein konnten. Auf der einen Seite Straubs unzugänglicher Avantgardismus, auf der anderen Seite die schreiende Vulgarität des Italowesterns. Fassbinder war von beidem fasziniert und lehnte beide ab, wollte seinen eigenen Weg finden zwischen dem publikumsverachtenden Intellektualismus und dem Industriefilm, der vor dem Publikumsgeschmack auf die Knie fällt. Zwischen Verachtung und Kniefall sollte es Fassbinder schließlich gelingen, einen dritten, begehbaren Weg zu finden, der auf Respekt beruhte. Allerdings fiel das nur wenigen bei dem Debütfilm auf.

Liebe ist kälter als der Tod beginnt genau an dem Nullpunkt, auf den Godard hingearbeitet hatte. Die Bilder des Films sind nicht schwarz wie in *Le Gai Savoir*, sondern leer, dermaßen von äußerlichen Effekten geläutert, daß oft nur einige Personen vor einer weißen Wand in fast wort- und handlungslosen Sequenzen erscheinen. Ein Referat der äußeren Handlung des Films wird trotzdem leicht den falschen Eindruck erwecken, es handle sich um einen Action-Film. Es geschehen fünf, sechs Morde, es wird auch ein Bankraub geplant, der allerdings platzt, weil die beiden Freunde Franz und Bruno (R. W. Fassbinder und Ulli Lommel) von ihrer gemeinsamen Freundin Joanna (Hanna Schygulla) verraten werden. Gleichzeitig bestellt Bruno einen Freund, der Joanna erschießen soll. Alle Pläne mißlingen, Bruno wird von der Polizei erschossen, und Franz und Joanna entkommen gemeinsam.

Das hört sich wie ein gewöhnlicher Gangsterfilm an, doch das täuscht. Die »Handlung« des Films wird in Fragmenten angedeutet, deren möglichen Zusammenhang man oft selbst erraten muß. Der Film ist so weitgehend in tableauähnliche Einzeleinstellungen aufgelöst, daß er fast völlig statisch wirkt. Fassbinder selbst hat seinen Film treffend charakterisiert:[1]

»Was übrigbleibt, wenn man diesen Film gesehen hat, das ist nicht, daß hier sechs Leute ermordet wurden, daß es hier ein paar Tote gegeben hat, sondern daß hier arme Leute waren, die nichts mit sich anfangen konnten, die einfach so hingesetzt wurden, wie sie sind, und denen keine Möglichkeit gegeben wurde.«

Diese Menschen ohne Möglichkeiten werden in einer äußerst kargen Filmsprache von einer fast unbeweglichen Kamera vorgeführt. Einmal macht die Kamera eine Fahrt durch eine nachtschwarze Stadt, eine Einstellung, die auf Material beruht, das Straub für den *Bräutigam, die Komödiantin und der Zuhälter* aufnahm. In einer Polizeiverhörszene unternimmt die Kamera auch eine Fahrt, aber quer zu den Bewegungen der Personen, so daß der frustrierende Eindruck bleibt, es habe eine Kamerabewegung stattgefunden, die eigentlich keine ist. Verbal hält sich der Film auf einem entsprechenden Minimalniveau: die drei Hauptpersonen sind fast ohne Sprache und damit ohne nuanciertes Verständigungsmittel.

Aber auf eine merkwürdige Art wird die Sprachlosigkeit zu einer neuen Sprache – nicht zwischen den Personen untereinander, sondern zwischen dem Film und den Zuschauern. Die reduzierte Filmsprache wirkt dadurch stärker, ehrlicher als viele virtuos erzählte Kinofilme. Diese leeren, weißen, schattenlosen Bilder mit ihren fast stummen Personen laden sich mehr und mehr mit einer überwältigenden poetischen Stärke auf. Man bekommt das Gefühl, einem Schöpfungsprozeß im eigentlichen Sinne beizuwohnen.

Gerade weil die Personen fast nichts im Film sagen, wirkt das, was sie sagen, mit um so größerer Autorität. Hier werden keine Worte vergeudet, und wenn schon etwas gesagt wird, kann man sicher sein, daß es so ist und nicht anders. Auch die Sprache, wird aufs neue geboren. Ganz charakteristisch ist die erste, beinahe wortlose Begegnung zwischen Franz und Bruno im Gefängnis des Gangstersyndikates.

Franz: Bist du vorbestraft, hn? (Bruno schweigt) Redst nicht gern. Is auch besser so. (Langes Schweigen) Wie heißtn du?
Bruno: Bruno.
Franz: Ich heiß Franz. Von wo bistn du?
Bruno: Aus ner Kleinstadt.
Franz: Ich bin aus München. Habn Mädchen da, die hab ich lieb.

Deutlicher als auf diese leicht wegwerfende, mürrische Art läßt sich fast nicht sagen, daß Franz Joanna liebt. Gut, daß die Zuschauer es so erfahren, denn wenn wir später Franz und Joanna zusammen sehen, wird zwischen ihnen keinerlei Gefühl ausgedrückt, oder besser: die Gefühle, die sich nicht mehr durch Sprache ausdrücken lassen, kommen hinterrücks und oft durch Gewalt zum Vorschein, wie in der Szene, in der Bruno Joanna anmacht, während Franz zusieht. Bruno knöpft ihr die Bluse auf, greift ihr an die Brust, und Joanna tut, als wäre nichts. Dann küßt er sie auf den Hals, aber offenbar auf eine so ungeschickte Art, daß Joanna über ihn lachen muß. Augenblicklich hört er auf, und es entsteht peinliches Schweigen. Dann haut Franz Joanna plötzlich eine runter. Zuerst glauben wir, Franz habe sie aus Eifersucht geschlagen, weil sie sich von Bruno anfassen ließ, aber es ist genau umgekehrt. Als sie fragt, warum er sich so benimmt, antwortet Franz lakonisch: »Weil du Bruno ausgelacht hast, und Bruno ist mein Freund.« Die unterdrückte Zärtlichkeit zwischen den beiden Männern bekommt einen gewalttätigen Ausdruck. Der Satz ist im übrigen ein direktes Zitat aus dem Italowestern *Quien Sabe?*, in dem Cuncho einen seiner Leute mit der Begründung erschießt: »Er wollte Lino töten, und Lino ist mein Freund.«

Auch visuell wird die Zärtlichkeit zwischen ihnen durch ein Symbol der Gewalt ausgedrückt. Als Bruno zum erstenmal Franz und Joanna besucht, versteckt sich Franz hinter der Tür, hält ihm einen Revolver an die Rippen, als er hereinkommt, und untersucht ihn von hinten. Der »erigierte« Revolver und Franz' Art, Bruno von hinten zu »nehmen«, hat einen klar sexuellen Beiklang. Und wie sein Namensvetter in *Berlin Alexanderplatz* ist Franz blind dafür, daß der Mann, auf den er seine Liebe geworfen hat, vom Gangstersyndikat geschickt wurde, um ihn zu verraten.

Auch Joanna ist verräterisch. Das zeigt sich bei dem Bankraub am Ende. Aber ihr Verrat ist eine Art umgekehrter Liebeserklärung an Franz: Es ist Joannas Versuch, die Beziehung zwischen ihm und Bruno zu zerstören, um ihn für sich zu haben. Und nach dem gescheiterten Bankraub – Bruno ist von der Polizei erschossen worden, und Franz und

Joanna sind entkommen – würde der traditionelle amerikanische Film mit einer Liebesgeste zwischen den beiden enden. Das tut auch dieser Film, aber die Liebe wird immer noch gewalttätig ausgedrückt. Franz' letzte Worte an Joanna sind: »Nutte!« – nicht ohne Zärtlichkeit. Und dann findet als allerletzter Freiheitsausdruck in diesem ansonsten klaustrophobischen und unbeweglichen Film ein harter Schnitt und ein schneller Schwenk statt von dem Auto, das die Landstraße hinunterfährt, zu der Landschaft neben der Straße. In einem Film mit lauter statischen Bildern wirkt dieser plötzliche Schwenk auf ein offenes Feld wie ein visueller Schock, Ausdruck einer schmerzhaft unterdrückten Sehnsucht nach der Freiheit, die sich nicht verwirklichen ließ.

Was die Personen einsperrt, ist nicht nur ihre sehr lakonische Kommunikation. Sie ist letzten Endes ein Resultat ihrer totalen Isoliertheit von der Gesellschaft, der mangelnden Möglichkeit, in einem sinnvollen Zusammenhang mit anderen Menschen zu leben. Die Ausbrecher in Godards späteren Filmen *Die Chinesin* und *Weekend* gehörten zu einer intellektuellen Jugend, und darum entwickelten sie sich zu Maoisten und Partisanen, während sie gleichzeitig in ihrer scheinbaren Revolte nur die Fehler der bürgerlichen Gesellschaft wiederholten. Fassbinders Ausbrecher sind ganz und gar unreflektiert, und wenn sie der bürgerlichen Gesellschaft den Rücken kehren, müssen die Männer Diebe werden und Joanna Nutte. Joanna hegt aber gleichzeitig solide kleinbürgerliche Träume, als Hausfrau mit Mann, Kind und einem schönen Heim zu enden. Franz dagegen fehlt jegliche formulierte Zukunftsvision. Er hat der bürgerlichen Gesellschaft den Rücken zugekehrt, aber wo soll er hingehen?

In der ersten Szene des Films wird Franz der Leitung des großen Gangstersyndikates vorgestellt. Der Chef benutzt ihm gegenüber die gleichen Wendungen wie der Chef eines großen bürgerlichen Industrieunternehmens. Er bietet ihm eine feste Stellung mit Gehalt und geordneten Verhältnissen an, wenn er seine Arbeit gut genug ausführt. Aber Franz weist ihn ab. »Ich arbeite nur auf eigene Rechnung.« Daraufhin wird er zu Boden geschlagen. Das Außenseitermilieu ist ein Spiegelbild der Gesellschaft, aus der man ausgestiegen ist.

Auch wenn man der Gesellschaft den Rücken zukehrt, ist man immer noch ihr Opfer, solange man es unterläßt, konstruktive Alternativen zu entwickeln. Und von dem Existenzminimum der Personen Fassbinders jenseits von bürgerlichem Recht und Gesetz bis zu einer Form alternativen Denkens und Handelns ist ein weiter Weg. Durch Fassbinders gesamtes Schaffen zieht sich dieses Thema, daß seine Hauptpersonen

Opfer der bürgerlichen Gesellschaft sind und keine eigentlichen Rebellen. Sie sind von den Normen, mit denen sie nicht leben können, so weit gezeichnet, daß sie sich auch nicht dagegen wehren können.

Götter der Pest

Götter der Pest ist der Versuch, einen formal »richtigen« Film zu machen: Er ist in vielen Einstellungen erzählt, die nach anerkannt »professionellen« Kriterien geschnitten werden, obwohl der Film immer noch von einer weltschmerzhaften Langsamkeit ist. Thematisch ist es eine klare Fortsetzung des Debütfilms.

Fassbinder hat den Handlungsverlauf in einem Programmzettel erklärt, der sprachlich die gleiche lakonische und scheinbar abgebrühte Anmut ausstrahlt wie sein Film:

> »Franz kommt aus dem Gefängnis, Joanna singt in einer Bar: sie sind wieder zusammen. Aber Franz ist durch die lange Haft hypersensibilisiert, und er verläßt Joanna, weil er ihre Besitzansprüche spürt. Er sucht seinen alten Freund Günther und will mit ihm ein ›Ding‹ drehen. In dieser Zeit lernt er Margarethe kennen, ein ganz normales Mädchen, weil es keine Ansprüche stellt...
> Franz und Günther machen einen Überfall, Joanna hat ihnen nachspioniert – sie weiß ihn lieber tot als weg von ihr – und bittet einen Polizisten, mit dem sie ein Verhältnis hat, Franz zu erschießen. Auch Margarethe hat die Polizei informiert. Franz und Günther überleben ihren Plan nicht. Joanna und Margarethe stehen am Grab. Joanna weint und sagt: ›Ich habe ihn so geliebt.«

Die erste Begegnung zwischen Franz und Joanna in ihrer Garderobe ist in einem Spiegel gefilmt. Zum erstenmal verwendet Fassbinder hier sein später so häufig eingesetztes visuelles Symbol, um eine Spaltung oder Doppeltheit auszudrücken. Das Spiegelbild gibt ihrer Begegnung eine bedrohliche Dimension. Man ahnt, daß die beiden kaum zusammenhalten werden, daß ihre Beziehung schon gespalten ist.

Franz zieht denn auch schnell bei Magdalena Fuller ein, ohne daß seine Leidenschaften sich deswegen wecken ließen. Er ist der lebensmüdeste aller müden Verlierer Fassbinders, und zwischen ihm und Magdalena spielt sich ab, was wohl die leidenschaftsloseste und resignierteste Liebesszene der Filmgeschichte ist: Mühsam und ohne daß Franz die geringste Anstrengung unternimmt, muß sie ihm alle Kleider ausziehen. Erst als er später seinen alten Freund Günther trifft, tauschen die beiden Männer eine Umarmung aus, die eine gewisse Leidenschaft und Lebensfreude enthält. Das Verhältnis zwischen Franz und Günther erinnert ein wenig an das Verhältnis zwischen den beiden Männern des Debütfilms und das zwischen Franz und Reinhold in *Berlin Alexanderplatz*: Günthers Vergangenheit ist reichlich undurchsichtig, u. a. hat er Franz' Bruder getötet. Trotzdem liebt Franz ihn, und gemeinsam planen sie einen Überfall auf einen Supermarkt. Mittlerweile ist noch ein drittes Mädchen, Margaretha, scharf auf Franz, und vor Eifersucht und enttäuschter Liebe verraten Joanna und Margaretha der Polizei die Pläne der Männer.

Joannas Verrat geschieht charakteristischerweise im Bett des Polizisten und ist nicht Bosheit, sondern frustrierter Liebe zuzuschreiben. Kaltblütig erschießt der Beamte später Franz im Supermarkt, und auch diese brutale Gewalttat erscheint als Resultat einer frustrierten Liebesfähigkeit. Er ist Stammkunde bei der Pornohändlerin, die Informationen für Geld liefert. Günther kann schwer verletzt aus dem Supermarkt entkommen, und während seiner Flucht wird er auf eine Art gefilmt, die Fassbinder Anlaß gibt, noch eines seiner bevorzugten visuellen Symbole zu präsentieren: die Puppen. Günther wankt über den Bürgersteig davon und wird vor dem Hintergrund leuchtender Schaufenster gezeigt, in denen u. a. ein Mädchen in weißem Brautkleid zu sehen ist. Die Puppe drückt aus, worauf Fassbinders Filmpersonen von ihrer Umwelt reduziert worden sind. In diesem Film tritt das Symbol fast zufällig auf, später wurde es vertieft, um schließlich Hauptthema seiner Science-fiction-Fernsehserie *Welt am Draht* zu werden.

Als sich Günther tödlich verletzt zu der Pornohändlerin schleppt, um ihren Verrat zu rächen, wird auch sie in einer Spiegelszene gefilmt, die ihr Doppelspiel entlarvt. Wir sehen sie erst allein vor dem Spiegel, wie sie eine schöne, etwas wehmütige Liebesballade singt, ein Ausdruck ihres Traums von der Liebe, die bis in den Tod hält: »Hush, hush, sweet Charlotte, he loves you till he dies.« In Fassbinders späteren Filmen stimmen seine Hauptpersonen in den trostlosesten Augenblicken immer wieder ein Lied an, um dem erdrückenden Alltag eine letzte, beschwörende Geste entgegenzuhalten. So auch hier, aber als der Gesang vorbei ist, entlarvt das Spiegelbild die Hilflosigkeit der Geste: Die Pornohändlerin sieht hinter ihrem eigenen Spiegelbild Günther in der Tür stehen, und bevor er sie erschießt, erklärt sie ihren Verrat damit, daß sie das Geld gebraucht habe, »weil ich schön sein muß für die anderen«. Nachdem Günther sie erschossen hat, sinkt er selbst um. Seine letzten Worte lauten pathetisch: »Life is very precious, even right now.«

Auch *Götter der Pest* zeigt in seinen zentralen Szenen, daß Liebe unter gewissen Bedingungen kälter als der Tod sein kann. Die Schaufensterpuppe im Brautkleid im selben Bild wie der tödlich verletzte Günther deutet auf ganz surrealistische Weise an, daß eine Vermählung mit dem Tod bald bevorsteht, und die Hochzeit wird im Schlußbild vollzogen, als Joanna und Margaretha stumm schluchzend an den Gräbern der beiden Männer stehen.

Der amerikanische Soldat

Der amerikanische Soldat ist Fassbinders letzter und perfektester Gangsterfilm. Er enthält die endgültige künstlerische Formulierung der Themen, die in den beiden vorhergehenden Filmen angeschlagen wurden, und meistert den schweren Balanceakt zwischen Pasticcio und Parodie, wodurch er etwas ganz anderes wird: ein merkwürdig poetischer Film von einer eigentümlich spröden und brutalen Anmut.

Fassbinder präsentiert eine Reihe von Einzelsituationen, die mit ikonenhafter Klarheit makabre Deutungen unseres Alltags darstellen. Er ist nicht daran interessiert, eine Geschichte zu erzählen, es wird nur ein Handlungsverlauf angedeutet:

Drei Polizisten, die Gangstern ähneln, warten auf den Vietnamveteranen Ricky, der nach München zurückkehren soll. Sie haben ihn bestellt, damit er einige Morde für sie erledigt – offenbar an Personen, derer die Polizei auf gesetzlichem Weg nicht habhaft werden kann. Er führt seine Aufträge genauso leidenschaftslos aus wie immer – auch als er entdeckt, daß das letzte Opfer die Frau ist, in die er sich verliebt hat und mit der er nach Japan verschwinden will. Als alle Aufträge ausgeführt sind, wird Ricky selbst von seinen Auftraggebern erschossen.

Das Hauptthema in *Der amerikanische Soldat* ist deutlicher als je zuvor, daß Liebe kälter ist als der Tod und daß Gewalt Ausdruck von Liebe ist, die keine andere Ausdrucksmöglichkeit findet. Von der ersten Szene an ist klar, daß der Revolver für den amerikanischen Soldaten die Funktion eines Phallus hat: er hat eine Hure ins Auto genommen, sie möchte mit ihm schlafen, aber er will oder kann nicht und wirft sie heraus. Als sie mit gespreizten Beinen und hochgezogenem Rock auf der Erde liegt, feuert er eine Salve Platzpatronen zwischen ihre Beine.

Als Ricky später auf Bestellung mordet, begnügt er sich nicht mit Platzpatronen, doch die Morde sind immer noch Sex-Ersatz. Sein erstes Mordopfer ist der Zigeuner Toni el Gitano, der ihn nach Hause einlädt in dem Glauben, daß sie sich lieben werden. Als sich der Zigeuner vor dem Spiegel auszieht, entdeckt er den Revolver: Die Doppeltheit dieser Szene, die einen Mord schildert, der ein Beischlaf hätte sein sollen und es in pervertierter Form auch ist, wird in dem Spiegelbild eingefangen. Der Mord an der Pornohändlerin Magdalena Fuller ist ebenfalls ein in eine Revolverorgie verwandelter Beischlaf: er findet statt, als sie völlig betrunken mit einem Mann nach Hause kommt, den sie irgendwo aufgegabelt hat, um ihn zu lieben. Seinen letzten Mord auf Bestellung verübt Ricky an dem Mädchen, mit dem er tags zuvor verabredet hatte, nach Japan zu fliehen. Nicht ahnend, welches Schicksal sie erwartet, umarmt und küßt sie ihn, aber statt seinen Schwanz zieht er noch einmal seinen Revolver und stößt ihn ihr in den Bauch. Wieder ist aus dem Beischlaf ein Mord geworden.

Ricky kommt scheinbar zurecht, weil seine menschlichen Gefühle auf ein absolutes Minimum reduziert sind. In dem Augenblick – und das ist die Schlußpointe des Films –, als er einem Gefühl nachgibt, ist er fertig. Das geschieht in einer Szene, in der Ricky und sein guter Freund Franz (gespielt von Fassbinder selbst) von der Polizei überrascht werden. Ricky und Franz halten die Polizei mit ihren Revolvern in Schach, aber plötzlich kommen Rickys Mutter und sein jüngerer Bruder dazu, und als die Mutter »Ricky« ruft, dreht er sich um – und wird im selben Augenblick von der Polizei erschossen. Wenn man seinen Gefühlen nachgibt, wird man verletzlich. In der Schlußszene kulminiert die Grundeinstellung dieses Films zu Liebe und Tod: Rickys Bruder wirft sich über seine Leiche und drückt sie in einer verzweifelten, inzestuösen Umarmung an sich. Das Ganze ist eine drei Minuten lange Zeitlupeneinstellung, dazu ist der Titelsong mit dem Refrain: »So much tenderness is in my head/so much loneliness is in my bed« zu hören.

Rickys Beziehung zu seiner Mutter ist – wie die so vieler späterer Fassbinder-Personen – merkwürdig schwelend und unklar. In der ersten Szene, in der er die Mutter wiedersieht, versucht er, sie zu küssen, aber sie weist ihn ab. Diese unerlöste Mutterbeziehung, die bei Fassbinder immer nur angedeutet und nie vertieft wird, scheint eine Erklärung der latenten Homosexualität vieler seiner Hauptpersonen zu sein.

Noch ein durchgängiges Fassbinder-Thema wird in *Der amerikanische Soldat* deutlicher als in früheren Filmen, nämlich die Auffassung, daß Polizisten und Gangster prinzipiell demselben Menschenschlag mit demselben Gewerbe angehören. In der ersten langen Szene, in der einige wartende Männer Karten spielen, glaubt man erst, es seien Gangster: Sie sitzen in einem kleinen schmuddeligen Hinterzimmer, ihre Spielkarten zeigen Pornomotive, sie sehen außerordentlich zwielichtig aus, als wären sie John Hustons *Asphaltdschungel* entsprungen. Es sind, so stellt sich heraus, Polizisten, und der Kreis schließt sich, als die Polizei offenkundig Gangstermethoden anwendet und hinter den mysteriösen Mordaufträgen steht, die Ricky telefonisch entgegennimmt. Der einzige Unterschied zwischen dem Job der Beamten und dem der Gangster ist, daß die Polizisten eine Rentenversicherung haben, während Ricky erkennt: »In meinem Job gibts keine Gewerkschaft – wenn mich einer anschmiert, bin ich am Arsch.«

Nun ist *Der amerikanische Soldat* keineswegs ein Film, der demonstrieren will, daß unsere Gesellschaft sich Gangstermethoden bedient oder daß Gewalt Ausdruck frustrierter Sexualität ist und Homosexualität ein Resultat unerlöster Mutterbindungen, denn derlei Theorien haben Marx, Freud und Reich besser formuliert. Der Film ist in erster Linie ein Stück sehr nüchterner und verzweifelter Poesie von einer eigentümlich klobigen Schüchternheit. Und seine Eigenart entspringt Fassbinders besonderem Verhältnis zum Hollywoodfilm.

Das merkwürdige soziale Niemandsland, in dem sich die Personen bewegen, signalisiert nicht nur, daß sie sich am Rand der Gesellschaft befinden, sondern auch am Rand der Filmkunst, die wir in dieser Gesellschaft kennen, also des Hollywoodfilms. Ihre sozialen Rahmen funktionieren nicht mehr, ihre ästhetischen Rahmen sind auch nicht mehr, was sie einmal waren. Alle Gangsterfilme Fassbinders wurden fälschlicherweise als Parodie auf den amerikanischen Gangsterfilm aufgefaßt. Aber Fassbinders Verwendung bestimmter Klischees aus dem Genre Gangsterfilm dient einem ganz anderen Zweck als der Parodie. Indem er die Klischees vergrößert, in die Länge zieht und überdeutlich macht, will er nicht parodieren, sondern die Klischees gerade ihrem Inhalt gemäß benutzen. Dieser ursprüngliche Inhalt ist im Laufe der Kommerzialisierung verlorengegangen, während das Kinopublikum und die Regisseure der jüngeren Zeit längst nicht mehr die Einfachheit und Naivität der alten Hollywoodregisseure besitzen. Fassbinder benutzt diese Genreklischees ein wenig wie Godard in seinen ersten Filmen, wenn auch stilistisch völlig anders. Godard und Fassbinder haben eine schmerzliche Verbindung und Liebe zum Hollywoodfilm, der die Tradition repräsentiert, in der sie aufgewachsen sind. Sie haben außerdem ein gemeinsames Wissen, eine Erfahrung und politische Erkenntnis, aus der heraus sie intellektuell verwerfen müssen, woran sie emotional gebunden sind. Ihre Situation als Filmemacher ist identisch mit der vieler ihrer Hauptpersonen: sie sind gebunden an etwas Altes, das vergangen ist, und auf der Jagd nach etwas Neuem, das noch nicht gefunden ist. Und in der Übergangsphase setzen sie das Klischee wieder ein: solange die neue Filmsprache noch nicht gefunden ist, muß die alte verwendet werden, aber auf eine Art, die deutlich macht, daß sie nicht mehr genügt, während weiterhin Gefühle und Beziehungen existieren, die Ausdruck fordern – und erhalten.

Dieses komplizierte Verhältnis zur Sprache ist zweifellos einer der Gründe, warum Fassbinder so viele Szenen weiter in die Länge zieht, als sie normalerweise vertragen. Aber um so sichtbarer werden die Mechanismen, auf denen jede Szene beruht. Statt schnell zu schneiden wie die Hollywood-Regisseure, zögert er die Schnitte hinaus, so daß die Klischees erstaunlicherweise nicht bloß wieder sichtbar werden, sondern sich auch für eine gewisse Zeit selbst aufheben. Wenn nämlich die Klischees ohne die geringste Verschleierung oder Verlegenheit stehenbleiben dürfen, dann leuchtet schließlich ein Gefühlsinhalt durch sie hindurch, der immer noch als sinnvoll erlebt wird.

Einige Beispiele aus *Der amerikanische Soldat*: Als Ricky bei dem Zimmermädchen Whisky bestellt hat, nimmt er sie hart und brutal in seinen Arm, küßt sie und läßt sie dann einfach stehen. Das Mädchen bleibt eine Weile stehen, halb schwebend, das Gesicht in Kußstellung in einer ganz unnatürlichen Haltung, die erst durch Rickys ungeduldiges: Hey! unterbrochen wird. Derart in die Länge gezogen, gerät die Szene zu einem markanten visuellen Symbol und nicht nur zu einem zufälligen Registrieren einer Situation, die aus dem Hollywoodfilm zur Genüge bekannt ist: daß ein Mann eine Frau nimmt, wenn er sie braucht, und sie stehen läßt, wenn er mit ihr fertig ist.

In einer anderen Szene beschäftigt sich Fassbinder mit einem Klischee, das ebenfalls zu diesem Genre gehört: Rickys Begegnung mit seiner Jugendliebe Inger. Sie ist Barsängerin geworden und hat einen anderen geheiratet. Ihre Begegnung findet in der Bar statt. Das Klischee wird vergrößert durch das aufreizend lange Tempo, in dem das Ganze vor sich geht, und durch die spartanisch knappen Dialoge, die keine Silbe mehr enthalten als unbedingt notwendig. Inger erzählt Ricky, »wir sind sehr glücklich«, was aber nachdrücklich dementiert wird durch den langen, fast bedrohlichen Bildaufbau, in dem sie und ihr Mann an der Bar stehen und Ricky, das aus der Vergangenheit aufgetauchte Gespenst, beobachten. Als Ricky wieder gegangen ist, fragt ihr Mann: »Wer war das«, und Inger sagt, was alle amerikanischen Heldinnen in entsprechenden Situationen gesagt oder zumindest gedacht haben: »Das verstehst du nicht.« Hier wird nicht viel Zeit mit Gerede vertan.

Die dritte Szene zelebriert den alten Hollywood-Archetypus von der Rückkehr des Helden in sein altes schäbiges Kindheitsmilieu: Ricky und sein Jugendfreund besuchen den Wohnblock, in dem sie geboren und aufgewachsen sind. Hier begegnen sie einer friedlichen alten Nachbarsfrau auf dem Weg zur Mülltonne. Die Situation gründet fast ausschließlich auf dem starken visuellen Kontrast zwischen den schicken neuen Sachen der jungen Leute, zu denen sie kaum ganz ehrlich gekommen sind, und dem schmuddeligen Hinterhof, aus dem die alte Frau trotz eines langen, harten Lebens nicht herausgekommen ist. Sie geben ihr die Hand zu einem höflichen Gruß, sie fragt genauso höflich nach Rickys Mutter, und dann geben sie sich wieder die Hand zum Abschied. Mehr ist aus der Situation nicht herauszuholen, und mehr ist auch nicht nötig, denn der lange festgehaltene ängstliche Blick, den die alte Frau ihnen hinterherschickt, als sie zu ihrem neuen Auto zurückgehen, sagt mehr als alle Worte.

Der amerikanische Soldat ist allerdings nicht bloß ein Film, der auf den amerikanischen Genre-Film zurückweist. Er zeigt auch klar auf die späteren, vollendeten und harmonischen Werke, die Fassbinders Schaffenswut entsprangen und hartnäckig an dem Weg festhielten, der ihm vorgezeichnet war. Das Zimmermädchen in dem Hotel scheint eine klare Vorstudie zu Marlene in den *Bitteren Tränen der Petra von Kant* zu sein. Die masochistische Lust an der Unterwerfung deutet sich schon in ihrer Figur an. In einer sehr langen Nahaufnahme, in der Ricky mit einer anderen Frau auf dem Bett liegt und das Zimmermädchen verlassen am Fußende sitzt, beginnt sie plötzlich die Geschichte zu erzählen, aus der später der Film *Angst essen Seele auf* wird. In dieser ersten Version der Geschichte lautet sie folgendermaßen:

> »Das Glück ist nicht immer lustig. In Hamburg gabs ne Putzfrau, die hieß Emmi und war schon so 60 oder 65, und eines Tages fings auf ihrem Heimweg unheimlich zu regnen an, und da geht sie in ne Kneipe, und das ist so ne Gastarbeiterkneipe, und sie setzt sich hin und trinkt ne Cola. Und plötzlich fordert sie einer auf, mit ihr zu tanzen. Und der ist unheimlich groß und hat wahnsinnig breite Schultern. Und sie findet ihn schön und tanzt halt mit ihm. Und dann setzt er sich zu ihr und redet mit ihr. Und er sagt, daß er keine Wohnung hat, und da bietet Emmi ihm an, daß er mit zu ihr kommt.

Ja, und zu Hause dann, da hat er mit ihr geschlafen undn paar Tage später hat er gesagt, sie solln heiraten. Und da ham sie halt geheiratet. Und plötzlich wurde Emmi ganz jung, von hinten sah sie aus wie dreißig oder so, und ein halbes Jahr ham die gelebt wie wahnsinnig und warn unheimlich glücklich. Ham immer feste gefeiert und so. Und eines Tages war die Emmi tot, ermordet. Und an ihrem Hals, da warn so Abdrücke von einem Siegelring. Die Polizei hat ihren Mann verhaftet. Der hieß Ali, und auf dem Ring war ein A. Aber er hat gesagt, er hat noch viele Freunde, die heißen Ali, und alle haben einen Siegelring. Da ham sie alle Türken verhört in Hamburg, die Ali heißen. Aber viele warn wieder zurück in der Türkei, und die andern ham nichts verstanden.«

Auch das Zimmermädchen nimmt ein unglückliches Ende. Wir sehen sie mit ihrem Freund telefonieren, der sie verlassen will. Sie schluchzt herzzerreißend: »Ich tu ja alles, was du willst, ich küß dir auch deine Füße, alles, alles ... Pierre, ich bring mich um. Nein, du darfst mich nicht verlassen, ich hab dir doch alles gegeben. Pierre, ich bin doch keine Sklavin, Pierre.« Aber als diese masochistische Unterwerfung nichts hilft und der Liebhaber sie verläßt, nimmt sie ein Brotmesser und stößt es sich in den Bauch. Auch in ihrem Fall ist die Symbolik klar: das Brotmesser ersetzt den vermißten Geliebten.

Whity

So wie die drei Gangsterfilme beruhte auch das Südstaatenmelodram *Whity* auf Fassbinders Auseinandersetzung mit der Hollywood-Tradition. Der Film wurde in Italowestern-Kulissen in Spanien gedreht. Ein Melodram nach allen Regeln der Kunst!

Whity handelt von einer reichen Gutsbesitzerfamilie. Das Oberhaupt, der alte Ben Nicholson, hat eine junge Frau, Catherine, deren Liebhaber sich als Arzt ausgibt. Ben hat ihn bestochen, der ganzen Familie zu erzählen, er, der alte Ben, sei todkrank. Er möchte sehen, wie die Familie reagiert. Als der »Arzt« die falsche Diagnose gestellt hat, schießt Ben ihn über den Haufen – ohne daß ihn jemand dafür belangt. Ben beruft sich nämlich darauf, daß der »Arzt« geprahlt hat, er habe Catherine vergewaltigt. Die Nutte Hanna bestätigt diese Aussage vor dem Richter, weil Ben sie bestochen hat.

Ben hat zwei Söhne aus erster Ehe, der eine, Frank, ist homosexuell, liebäugelt mit Bens neuer Frau und geht im übrigen gern in Frauenkleidung und Ku-Klux-Klan-Aufmachung herum. Der andere Sohn ist schwachsinnig und scheint ein äußerst liebevolles Verhältnis zu den Pferden in den Ställen des Gutes zu haben. Außerdem hat Ben mit seiner schwarzen Köchin einen unehelichen Sohn, Whity. Whity ist Diener im Haus und wird in der ersten Szene zusammen mit seiner Mutter, die ein altes Spiritual summt, in der Küche gezeigt. Whity sagt vorwurfsvoll, er möge solche Niggergesänge nicht, woraufhin die Mutter ihm ins Gesicht spuckt und verächtlich zischt: »Whity!« Er ist die ideale Sklavennatur, und zwar in solch einem Maße, daß er sich selbst kaum als unterdrückt sieht. Er findet seinen Status natürlich und gerecht und macht es sich zur Ehre, seine Herren zufriedenzustellen. Jede Demütigung nimmt er dankbar in sich auf. Er verweist auf das Zimmermädchen im *Amerikanischen Soldaten* und auf das Dienstmädchen Marlene in den *Bitteren Tränen der Petra von Kant.*

Ein Beispiel für Whitys absurd übertriebene Dienstbereitschaft: Als der alte Nicholson einen seiner Söhne mit der Peitsche bestraft, bietet sich der gutherzige Whity gerührt an, seinen Rücken für den Sohn hinzuhalten, was Nicholson sofort akzeptiert. Diese Peitschenszene enthält *in nuce* das sadomasochistische Thema des ganzen Films. Für Whity ist es gut, ausgepeitscht zu werden, und für den alten Ben Nicholson ist es gut, peitschen zu dürfen. Beide fühlen sich wohl dabei. Als die Hure Hanna versucht, Whity zu überreden, mit ihr zu fliehen, weist er sie stolz zurück: »Ich bin zufrieden, wo ich bin.«

Zweifellos ist das Handlungsgerüst teilweise von Fassbinders ausführlicher Beschäftigung mit Fontanes Roman *Effi Briest* beeinflußt, der von Anfang an Fassbinders Traumprojekt war. Der Mord, den der alte Nicholson an dem Liebhaber seiner jungen Frau verübt, ist ein Element, das sich in *Fontane Effi Briest* wiederfindet, und überhaupt ähneln die Versuche des alten Nicholson, das Verfügungsrecht über seine Frau bis über seinen Tod hinaus auszudehnen, den bei Fontane beschriebenen barbarisch-patriarchalischen Herrschaftsformen.

Im übrigen ist Whity nicht der einzige Masochist in diesem Film. Der Masochismus läßt sich in ein soziales und ein sexuelles Element einteilen, wobei Whity hier den sozialen Masochismus repräsentiert und Catherine den sexuellen. Als sie einmal mit ihrem Liebhaber, dem falschen Arzt, zusammen ist, ruft sie exaltiert: »Ich liebe dich – schlag mich!« Der Neger und die Frau haben kraft ihrer gesellschaftlichen Stellung ihre jeweils eigene Form des Masochismus entwickelt.

Obwohl eine Inhaltsangabe von *Whity* den Eindruck eines blutigen und ereignisreichen Films vermittelt, sind die Handlungsabschnitte – genau wie in der Gangstertrilogie – auf ein Mindestmaß reduziert. *Whity* ist weniger ein Handlungsfilm als ein Film über ein absurdes Warten. Die ganze Familie Nicholson wartet auf den Tod des alten Ben, um ihn dann beerben und ihr eigenes Leben führen zu können. Und da er nicht schnell genug zu sterben scheint, drängen sie Whity immer ungeduldiger, ihn zu töten. Das ist der einzige Befehl, zu dem Whity sich zögernd verhält. Und als er sich endlich dazu durchringt, Nicholson zu erschießen, geschieht das nicht aus politischen, sondern aus moralischen Gründen, nachdem die Hure Hanne ihm von den Machenschaften erzählt hat, mit denen Nicholson den Mord an dem Liebhaber seiner Frau vertuschen wollte. Bisher hat Whity die herrschende Ordnung akzeptieren können, weil er das System moralisch gerecht fand, aber als dessen höchster Repräsentant seine eigenen Gesetze übertritt, kann Whity ihn nicht mehr respektieren und richtet den Revolver gegen ihn. Dann knallt er die gesamte Familie Nicholson der Reihe nach ab und flieht mit Hanna in die Wüste. Hier sind sie zum Verdursten verurteilt, und der Film endet damit, daß sie einen pathetischen Abschiedswalzer zu den Klängen von »Goodbye, my love, goodbye« tanzen. Wie im Schlußbild vom *Amerikanischen Soldaten* findet die Liebe erst im Tod ihre Verwirklichung – und ist noch immer so kalt wie der Tod.

Fassbinder hat erklärt,[2] sein Film sei von Anfang bis Ende eine Kritik an Whity, der, statt in der Wüste zu verenden, sich mit anderen Unterdrückten hätte solidarisieren sollen, um einen konstruktiven Kampf zu führen. Der Film wäre deutlicher geworden, wenn er einige Szenen enthalten hätte, die ursprünglich in Fassbinders Drehbuch standen. Es sind Szenen, die Whity zusammen mit anderen Negern zeigen, die auf dem Feld arbeiten. Er verachtet ihre revolutionären Lieder, wenn er mit seinen weißen Herren über die Felder reitet und auf Angehörige seiner eigenen Rasse einpeitscht, wenn sie nicht schnell genug arbeiten. Ihnen gegenüber kann der unterdrückte Whity die Süße der Macht auskosten und seinen eigenen Wert fühlen. Der fertige Film wäre zweifellos klarer gewesen, wenn diese Drehbuchszenen nicht gestrichen worden wären, aber trotzdem besteht kein Zweifel an seiner generellen Haltung: Solange die Unterdrückten unbewußt die Normen des Systems übernehmen, das sie unterdrückt, werden sie in ihrer Rebellion nur das reproduzieren, wogegen sie rebellieren. Whity muß zusammen mit seinen weißen Herren zugrunde gehen, weil er auch in seiner scheinbaren Rebellion ihren pervertierten Individualismus weiterführt. In moderner

Terminologie ausgedrückt, endet Whitys Handlung im Terrorismus, und Fassbinders Kritik an Whity weist auf die konkretere Terrorismus-Kritik hin, die er in seinen späteren Werken entwickelt.

Whity, Fassbinders Cinemascope-Film, mag hier und da an einen Western von Sergio Leone erinnern, was nicht nur daran liegt, daß er von einem Europäer in Italowestern-Kulissen gedreht wurde, sondern auch daran, daß sich die demonstrativ pathetische Musik und das übertrieben langsame Tempo bei Leone wiederfinden. Aber während die frustrierende Langsamkeit bei Leone trotz allem irgendwann eine dramatische Entladung findet, kommt es bei Fassbinder nicht zu dieser Entladung. Nicht einmal Whitys Vernichtung der Familie Nicholson am Schluß hat den Charakter einer Entladung. Als Whity sich endlich zum Handeln entschließt, verdurstet er bloß in der Wüste. Es ist ein völlig geschlossener und statischer Film, und Fassbinder hat sein langsames Tempo damit begründet, daß er Personen schildert, die mit ihrem Leben eigentlich nichts vorhaben und nicht wissen, wohin sie gehen sollen. Darum haben sie keinen Grund, sich schneller zu bewegen.

Man könnte meinen, daß dieses Südstaatenmelodram in Cinemascope ein größeres Publikum angesprochen hätte. Aber *Whity* war Fassbinders größtes Fiasko. Obwohl der Film auf der Berlinale 1971 gezeigt wurde, kam er nie in die Kinos. Erst mehrere Jahre nach Fassbinders Tod wurde er von einer regionalen Fernsehanstalt ausgestrahlt.

4. Die bürgerlichen Filme

Katzelmacher

Katzelmacher war Fassbinders zweiter Spielfilm und der erste seiner »bürgerlichen Filme«, wie er sie im Gegensatz zu den »Kinofilmen« nannte. Nicht die Filme sind bürgerlich, sondern die Welt, die sie beschreiben und kritisieren: *Katzelmacher* ist das »bürgerliche« Gegenstück zu *Liebe ist kälter als der Tod*.

Stil und Handlung sind womöglich noch statischer als in seinem Debütfilm. *Katzelmacher* schildert eine Gruppe junger Leute nach der Arbeit und demonstriert, daß in einer unfreien Gesellschaft auch die sogenannte Freizeit keine freie Zeit sein kann. Die Personen gehen keinerlei sinnvoller Beschäftigung nach und vertreiben sich die Zeit damit, auf einem Geländer herumzusitzen, in einer Kneipe Karten zu spielen und gelegentlich miteinander zu schlafen. In einer Programmnotiz charakterisierte Fassbinder den Film folgendermaßen:

»Marie gehört zu Erich. Paul schläft mit Helga. Peter läßt sich von Elisabeth aushalten. Rosy treibt es für Geld mit Franz. Im Hinterhof, in der Wirtschaft, in ihren Wohnungen treffen sie sich, einzeln, paarweise, die ganze Gruppe, und tauschen ihre Meinungen aus, werden aggressiv, öden sich an, trinken, langweilen sich. Daß Helga, die zu Paul gehört, sich mit dessen Freund Erich einläßt, daß Peter es satt hat, sich von Elisabeth kommandieren zu lassen, und seine Wut an der käuflichen Rosy abreagiert, daß Paul auch mal zum schönen Klaus geht, daß Gunda gehänselt wird, weil sie keinen kriegt, ändert nichts an der Abgeschlossenheit ihres kleinbürgerlichen Vorstadtreviers. Es gehört dazu, das ist normal, das hat alles seine ›Richtigkeit‹. Erst als Jorgos, ›ein Griech aus Griechenland‹, in ihre Welt einbricht und mit seinem ›nix verstehn‹ Xenophobie, Potenzneid, Aggression dem Fremden gegenüber, kurz: das faschistoide Syndrom auslöst, werden die Männer munter, raffen sich auf und schlagen ihn zusammen. ›Eine Ordnung muß wieder her.‹«

Bilder und Handlung des Films nähern sich dem Nullpunkt: die

Kamera bewegt sich in dem ganzen Film praktisch nicht, sondern steht vor Einzelpersonen oder Gruppen. Die tableauhaften, statischen Einstellungen werden nur unterbrochen, wenn die Personen zu einem sich wiederholenden Klavierthema von Schubert paarweise die Straße hinunterschlendern. Dann fährt die Kamera im selben Tempo vor ihnen her, was immer noch kein Gefühl von Bewegung ergibt, sondern eher als eine Art Refrain zu den sich wiederholenden Tableaus fungiert.

Auch sprachlich ist der Film von großer Kargheit. Wenn die Personen des Films sich überhaupt dazu bequemen, etwas zu sagen, dann sind es einsilbige Worte oder einfache Sätze, primitive, kleinbürgerliche Redensarten. Aber gerade weil Fassbinder radikal auf visuelle und verbale Ausdrucksmittel verzichtet und seinen künstlerischen Ausdruck auf ein Minimum reduziert, das genau dem auf ein Minimum reduzierten Leben der Personen entspricht, gelingt es ihm, eine ganz eigene schmerzlich verhaltene Poesie zu vermitteln. Der sehr knappe Dialog innerhalb der einzelnen statischen Einstellungen erinnert oft an kleine Prosagedichte. Kleinbürgerliche Sprechweisen werden hier auf ähnliche Art eingesetzt wie die konventionelle Filmsprache in den »Kinofilmen«: Fassbinder entlarvt die Ausdruckslosigkeit dieser Schablonen und gibt ihnen gleichzeitig neue Bedeutungen, indem er sie auf *seine* Art verwendet.

Fassbinders Personen haben keine authentische Sprache, in der sie ihre Erfahrungen ausdrücken könnten, und diese Sprachlosigkeit macht sie noch leichter zu Opfern ihrer kleinbürgerlichen Lebensweise, deren nüchterne Aphorismen sie in Fassbinders poetisch verkürzter Form unentwegt im Mund führen.

Wie das Filmmanuskript zeigt, hatte der Film ursprünglich mit einer Onanie-Szene anfangen sollen: eine Hand, die einen erigierten Penis umschließt. Fassbinder schnitt diese Szene später aus dem fertigen Film heraus und ersetzte diese brutal direkte Introduktion durch Andeutungen von unterdrückter Masturbation, die in mehreren Szenen auftauchen: wenn die Gruppe auf dem Geländer sitzt und ein Mann sich gründlich und liebevoll frisiert, oder wenn ein Mädchen sich mit einer auffälligen Hingabe die Lippen rot malt, oder wenn unentwegt und gierig Zigaretten geraucht werden. In diesen Handlungen äußert sich in verkrüppelter Form eine frustrierte Sexualität. Dasselbe gilt für die Einstellung, in der ein Mädchen bei sich zu Hause allein zu seinem eigenen Gesang tanzt.

Die Sexualität, die zwischen zwei Menschen in einem Bett stattfindet, drückt sich auch nur in verkorksten Formen aus. Von Anfang an wird eines der Hauptthemen Fassbinders deutlich: die ungeschminkte Beziehung zwischen Sex und Geld als Resultat einer verklemmten Sexualität und im weiteren Sinne einer verkrüppelten Liebesfähigkeit der Personen.

Eine der ersten Szenen des Films ist ein kurzes Tableau mit Paul und Helga. Sie haben miteinander geschlafen, er zieht sich gerade wieder die Hose an, nüchtern und routiniert. Sie sehnt sich nach Zärtlichkeit und klammert sich an sein Hosenbein, weint ein bißchen, aber er weist sie brüsk zurück: »Schreib's auf die Rechnung, Baby.«

Als einer der jungen Männer mit dem Homosexuellen Klaus zusammenkommt, wechselt erst das Geld seinen Besitzer, und dann werden Küsse gewechselt. »Eine Liebe und so, das hat immer mit Geld was zum tun«, heißt es in einer der typischen prosaischen, sprichworthaften Sentenzen:

Als Marie sich nicht entschließen kann, Erich zu heiraten, verpaßt er ihr ein paar Ohrfeigen, während sie nackt auf dem Bett liegt. »Warum, warum?« ruft sie. »Daß dein Kopf zum Denken anfängt«, sagt er. Und in der folgenden Szene, in der Franz sich bei Rosy ein wenig Liebe gekauft hat, fragt er hinterher, ob es ihr auch ein bißchen gefallen habe. Und Rosy, die nur von einer Karriere als Schauspielerin träumt, antwortet: »Davon versteh ich nix. Ich muß leben, das is alles. Jetzt muß ich schlafen. Denn das ist wichtig für mein Gesicht.«

Aus diesen geräuschlosen, qualvollen Sequenzen wachsen nach und nach Frustrationen, die sich in Aggressionen verwandeln und schließlich in Gewalt enden. Zwischen den Personen herrscht ständig eine eisige Isolation, die dem vorgreift, was Petra von Kant zehn Filme später sagen wird: »Ich glaub, der Mensch ist so gemacht, daß er den andern Menschen braucht, doch ... hat er nicht gelernt, wie man zusammen ist.« Festgefahrene Beziehungen werden aber nicht nur in sexuellen Situationen vorgeführt. Als Beispiele dafür seien folgende Szenen erwähnt: Drei Mitglieder der Gruppe sitzen auf dem Geländer. Paul kommt mit Klaus, der neu zugereist ist, und stellt ihn vor. Sie begrüßen sich mit Handschlag, setzen sich dazu und versuchen, so zu tun, als sei es die normalste Sache der Welt, hier auf dem Geländer zu sitzen. Nach einiger Zeit, in der keiner den Mund aufgemacht hat, sagt er: »Ja, dann geh ich jetzt wieder.« Dann gibt er ihnen zum Abschied die Hand und tritt aus dem Bild.

In einer anderen Szene sitzt eine Gruppe in der Kneipe an einem Tisch. Keiner sagt etwas. Dann steht Paul auf und geht. Anschließend findet folgender Gedankenaustausch statt:

Gunda: Die sind gar nicht glücklich miteinander.
Rosy: Wer?
Gunda: Der Paul und die Helga.
Marie: So?
Gunda: Nein.

Damit ist die Szene vorbei. In ihrer schmerzenden Knappheit handelt sie natürlich nicht nur von Paul und Helga, sondern auch von den Sprechenden selbst, obwohl diese ihre eigene Situation als normal und annehmbar auffassen.

Eine Szene beschreibt das qualvolle Schweigen und den Mangel an Kommunikation zwischen einem Paar am Mittagstisch. Sie essen in tiefem Schweigen, die Sequenz wird lange gehalten und endet damit, daß er der Frau plötzlich eine runterhaut: Wortlosigkeit führt zu Gewalt.

Eine andere Person bezahlt ein Mädchen für ein wenig Liebe, aber als sie sich lieben wollen, reißt er ihr brutal die Kleider vom Leibe.

Als ein drittes Paar ebenfalls nackt auf dem Bett liegt und miteinander schlafen will, klagt sie: »Au, das tut doch weh«, und er antwortet: »Zu einer Liebe, da gehört schon ein Schmerz.«

In einem solchen Dialog versteckt sich die ganze Dialektik von Aggressivität und Selbstzerstörung. Sie mündet oft im Haß auf Menschen, die sich auf die eine oder andere Art zu Außenseitern machen lassen. Das erste, nächstliegende Opfer ist Rosy, weil sie für alle erkennbar ihre sexuellen Dienste für Geld verkauft.

Gunda: So was ist schon ein schmutziges Mensch, was sich Geld geben läßt.
Helga: Aber ich hab das immer schon gewußt von der. Weil die nicht grad schaut, immer so vorbei an einem.
Gunda: Man muß das melden. So was darf nicht frei sein und unter uns.
Helga: Das ist nicht nötig. So ein Mensch bestraft sich selber im Leben.

Die Aggressionen gegen Rosy sind allerdings erst auf der Klatschebene angelangt, als ein neues ideales Opfer auftaucht: der Grieche Jorgos, gespielt von Fassbinder selbst. Er mietet bei Elisabeth ein Zimmer, und jetzt haben die Leute endlich etwas anderes, woran sie denken können. Paul, der ihn zufälligerweise nackt sieht, weiß zu erzählen, Jorgos habe einen größeren Schwanz als die anderen. Marie, die bisher Erichs Freundin war, hat plötzlich etwas merkwürdig Abwesendes, wenn Erich sie küssen will, und hat Kopfschmerzen, fragt aber gleich mit kaum verhohlenem Interesse, ob Elisabeth mit dem Gastarbeiter etwas vorhabe. Eines Tages trifft Gunda Jorgos allein und fragt ihn, ob er in Deutschland ein Mädchen gefunden habe, ob er etwas Liebe bekäme. Er versteht zunächst nicht ganz, was sie meint, aber dann leuchten seine Augen auf, und er fragt in seinem gebrochenen Deutsch, ob sie »Ficke-Fick« meine. Ja, genau. Nein, das hätte er leider nicht, konstatiert er wehmütig. In der nächsten Sequenz erzählt Gunda aufgeregt, wie der Gastarbeiter sie hart angefaßt, auf die Erde geworfen und »Ficke-Fick« geschrien hätte, daß sie zu Tode erschrocken gewesen und in Ohnmacht gefallen sei. In den nächsten Tagen wird die Geschichte vertieft, und es wird schließlich als Tatsache dargestellt, daß Jorgos Gunda auf einem Spielplatz vergewaltigt hat. Auch der Titel des Films, *Katzelmacher,* ist ein Wort für »Gastarbeiter«, das auf sexuelle Vorurteile anspielt: ein Katzelmacher gilt als so potent, daß er genauso viele Kinder machen kann wie die Katzen Junge.

Der Gastarbeiter wird allerdings nicht nur sexuell, sondern auch politisch dämonisiert und zu einem großen Ungeheuer gemacht, gegen das sie sich alle zusammentun können. Der Widerstand gegen ihn vereint die Menschen dieses trostlosen Milieus, die sonst durch keinerlei Gemeinsamkeiten miteinander verbunden sind. Die Aggressionen gegen Jorgos haben nicht das geringste mit irgendeiner seiner persönlichen Eigenschaften zu tun, sondern sind Ausdruck frustrierter Sehnsucht nach Gemeinschaft. Nur Marie weigert sich, zu glauben, der Grieche sei ein kommunistisches Sex-Monster, »weil der schaut immer so grad«. Und bald beginnt Marie, mit Jorgos zu gehen, denn er kann in seinem merkwürdigen Deutsch Wörter sagen, die die anderen nie sagen, z. B. »Augen wie Sterne«. Ihr gefällt der Klang dieser Worte. Inzwischen hekken die anderen Pläne aus.

Franz: Da wo der herkommt, da gibts Kommunisten.
Rosy: In Griechenland?
Franz: In der Zeitung hab ichs gelesen. Viele Kommunisten.
Rosy: So?
Franz: Genau. Ganz Griechenland is voll mit Kommunisten.

Und das Gerede macht schnell die Runde. Der friedliche Gastarbeiter wird zum Objekt der Aggressionen, die sonst kein Ziel haben.

Erich: Ein Kommunist is des und gehört verboten.
Paul: Weil das paßt zu allem, was schon is.
Erich: Und gehört verboten.
Paul: Traut sich da her und ist dann so einer.
Erich: Verboten gehörts, und da wird gearbeitet dafür.

Zum Ausbruch kommen die Aggressionen an einem friedlichen Nachmittag, als Jorgos nichtsahnend an den Männern am Geländer vorbeikommt. Erich tritt ihm entgegen und nennt ihn Kommunistenschwein. Anschließend schlagen sie ihn zu Boden und lassen ihn bewußtlos liegen.

Gunda: Das hat mal sein müssen, weil der hier rumläuft, als wenn er hergehört.
Helga: Und anschaun tut der einen wie am Markt.
Gunda: Der muß weg.
Helga: Genau. Eine Ordnung muß wieder her.

Nur Marie bleibt Jorgos treu, auch nach dem Überfall.

Als er wieder zu sich kommt, spielt sich folgendes Gespräch zwischen ihnen ab:

Jorgos: Jorgos nix verstehn.
Marie: Ich hab dich lieb. Ich werd dich nie verlassen.
Jorgos: Nix verstehn bumbum.
Marie: Is ja vorbei. Sei halt lieb.
Jorgos: Alles, alles bumbum.
Marie: Faß mich an, komm.
Jorgos: (reagiert nicht) Alle ich bumbum.
Marie: Gib mir einen Kuß, weil es schön ist.
Jorgos: (reagiert nicht) Griechenland schön. Deutschland viele kalt.
Marie: Küß mich, wenn ich das will.

Nach dem Überfall hoffen zunächst alle, daß Jorgos nach Griechenland zurückkehrt, aber als er bleibt, sehen schließlich alle ein, daß es auch seine guten Seiten hat. Elisabeth möchte ihn gern als Mieter behalten, was den anderen einleuchtet:

Peter: Sie sagt, daß das besser ist, wenn der dableibt. Weil da kann man mehr Miete verlangen wie von jedem andern. Weil das geht, wenn das ein Ausländer ist. Weil die sind dumm und wissens nicht besser.

Helga: Was verlangt sie fürs Zimmer?

Peter: Hundertfuffzig Mark. Weil das so is.

Erich: Respekt.

Peter: So muß mans machen mit denen. Weil es wird mehr produziert, wenn die da sind unds Geld bleibt im Land.

Erich: So ist das.

Peter: Genau. Und das ist für Deutschland.

Helga: Vom Geschäft verstehts was, die Elisabeth. Immer schon hab ichs gesagt.

Gunda: Hundertfünfzig Mark für ein Zimmer, ein solches.

Paul: Einen Verstand muß man haben. Da dran liegts.

Und Elisabeth mit dem gesunden Geschäftssinn beschließt sogar, noch ein Zimmer für einen neuen Gastarbeiter einzurichten. Rosy, die bisher Liebe für Geld verkauft hat, macht sich Hoffnungen auf eine Karriere als Fotomodell, und Erich will zum Militär gehen.

Erich: Und dann geh ich zur Bundeswehr, weil das is besser wie arbeiten und immer Gedanken im Kopf, wo nix draus wird, und ändert sich nix.

Paul: Ich werd schon auch müssen.

Erich: Ich möcht ein U-Boot. Weil das is was andres, wie aufm Land.

Paul: Da mußt hin, wos dich hintun.

Erich: Is auch egal eigentlich, wo man hinkommt.

Und in der letzten Sequenz des Films erzählt Marie von ihren Plänen für ihren Sommerurlaub, den sie zusammen mit Jorgos in Griechenland verbringen will. Ihre Freundin hat Bedenken, weil Jorgos schon eine Frau in Griechenland hat, aber Marie sagt zuversichtlich: »Das macht nix. Weil in Griechenland is alles anders.«

Dieser schrecklich klaustrophobische und statische Film endet damit, daß zwei Hauptpersonen ihre jeweiligen Gedanken über einen Ausweg aus dem kleinbürgerlichen Milieu formulieren, an dem sie zu ersticken drohen. Will man diese nur in Ansätzen formulierten Träume politisch definieren, so geht der eine in faschistische, der andere in anarchistische Richtung. Erich sieht das Militär als Ausweg und Mittel zur Veränderung, Marie träumt von einem Land ohne Eigentumsbegriff, wo die Liebe rein und schön ist. Einfach und ohne zu moralisieren, deutet Fassbinder am Ende dieses Films an, zwischen welchen beiden Wegen wir wählen können, und in anderen Filmen hat er immer wieder versucht, die Notwendigkeit und Möglichkeit des letzten Weges zu zeigen.

Warum läuft Herr R. Amok?

Thematisch gehört dieser Film zu Fassbinders klaustrophobisch geschlossenen »bürgerlichen« Filmen, aber stilistisch unterscheidet er sich von allen anderen, die er gemacht hat, und folgt einer Spur, die er später nicht wieder aufnahm und von der er sich grundsätzlich distanzierte: der Film hat eine fast dokumentarische Haltung zu den Schauspielern, die unter ihren eigenen Namen auftreten und ihre Dialoge ohne schriftliche Vorlage, wenngleich innerhalb eines festgelegten Handlungsrahmens improvisieren. Auch die Kamera arbeitet quasi-dokumentarisch. Der gesamte Film ist mit einer handgehaltenen 16-mm-Kamera in nur einem knappen Dutzend Sequenzen gedreht. Nur ausnahmsweise wird geschnitten. Ansonsten ist jede einzelne Sequenz in einer ungeschnittenen Einstellung aufgenommen.

Die außerordentlich wortreichen Dialoge und die entsprechend unruhige Kameraarbeit sind neu bei Fassbinder, dessen Filme bisher äußerst wortkarge Personen schilderten. In *Warum läuft Herr R. Amok?* wird unablässig geredet, aber es wird nicht viel gesagt. Dieser Mangel an Kommunikation wirkt genauso enervierend wie in den früheren, fast stummen Filmen. Mit ihrem Wortstrom wollen die Personen die Leere vertreiben, werden aber nur um so stärker in ihre Isolation zurückgeworfen.

Herr R. (Kurt Raab) ist technischer Zeichner und führt ein normales bürgerliches Familienleben. In der ersten Szene sprechen er und seine Frau mit einer Schulfreundin (Hanna Schygulla), einer Aussteigerin, die nur das tut, wozu sie Lust hat, wenn sie Lust dazu hat. Danach beschreibt der Film mit teuflischer Konsequenz, daß dieser Freiheitstraum in R.s bürgerlicher Welt keinen Platz hat. In einer Reihe von Situationen wird R.s Alltag vorgeführt: eine wort- und trostlose Sequenz zeigt ihn an seinem Arbeitsplatz, einem Büro, wo keiner mit dem anderen spricht. Auf dem Weg nach Hause will er seiner Frau eine Schallplatte kaufen, blamiert sich aber vor zwei Verkäuferinnen, weil er sich nicht mehr an den Titel erinnern kann, und versucht, die Melodie nach der Hitparade vom letzten Abend zu summen. Beim Zubettgehen mit seiner Frau finden zwar körperliche Annäherungsversuche statt, aber es wird nichts Richtiges daraus. Beim Nachmittagskaffee mit R.s Eltern wird unentwegt über nichts geschwätzt, während R. sich immer mehr isoliert. Bei einem anschließenden Spaziergang in der Natur findet der einzige »Ausbruchsversuch« des Films statt: R.s kleiner Junge entwischt der langweiligen Gesellschaft der Erwachsenen und versteckt sich im Wald, wird aber schnell wieder eingefangen. Dieses Fluchtthema wiederholt sich in der Schule des Jungen: R. und seine Frau werden zu einem Gespräch mit der Lehrerin gebeten. Sie wundert sich darüber, daß er trotz seiner deutlichen Intelligenz im Unterricht völlig unkonzentriert ist und ein Problem noch gar nicht begriffen hat, wenn seine Mitschüler es schon gelöst haben. Auch die mangelnde Konzentration ist ein Fluchtversuch: Wer nicht physisch flüchten kann, dem bleibt immer noch die Möglichkeit, sich innerlich zurückzuziehen.

In den folgenden Sequenzen wird R.s Isoliertheit in seinem Milieu vertieft. Ein Treffen mit den Nachbarinnen verläuft unsäglich formell, und ein Firmenfest endet mit einem qualvollen Fiasko, als R. stockbesoffen eine Rede darüber halten möchte, wie vorzüglich Zusammenhalt und Kameradschaft an ihrem Arbeitsplatz gedeihen, während der Film schon längst die Realität hinter den Phrasen der Festrede aufgedeckt hat. Zentral für den Film ist außerdem eine Szene, in der R. einen alten Schulfreund (Peer Raben) zu sich nach Hause eingeladen hat. In Erinnerungen an die Schulzeit versunken, beginnt R. zur Mundharmonika des Freundes das alte Kirchenlied »Wohin soll ich mich wenden?« zu singen, das mit der tröstlichen Gewißheit endet: »Du heilest jeden Schmerz«. Diese Liedsequenz fungiert in gewisser Weise als eine friedliche Oase im Film, ist aber, im Zusammenhang gesehen, bitter ironisch: das Kirchenlied ist eine leere Geste, die in R.s Welt sinnlos bleibt, Relikt einer verschwundenen Kulturform, und hat dieselbe Funktion wie die vielen Zitate aus den Hollywoodfilmen unserer Kindheit in Fassbinders Gangsterfilmen.

Es ist die nostalgische Erinnerung an eine Welt, in der die Dinge Sinn und Zusammenhang hatten. Manchmal taucht sie noch bruchstückhaft im Bewußtsein der Personen auf, obwohl diese Kulturfragmente nicht mehr ihrer Situation entsprechen. In ihrer Unfähigkeit, sich mitzuteilen, greifen die Personen auf Rituale zurück, die inzwischen völlig inhaltsleer geworden sind.

Die Kirchenlied-Szene ist im übrigen auf eine besonders ergreifende Weise mit der Fluchtszene des Kindes verwandt. In diesem sentimentalen Augenblick sind die beiden erwachsenen Männer wieder in eine

Kindheit zurückgeworfen, in der viele Möglichkeiten immer noch offenzustehen schienen, aber jetzt, da alle Wege verschlossen sind, hat die Szene etwas Verkrüppeltes, Unreifes.

Einige Abende später erhält R.s Frau Besuch von einer Nachbarin (Irm Hermann), die plötzlich völlig inhaltsleer daherplappert in dieser enervierenden Art, die Irm Hermann so aufreizend perfekt beherrscht. R. versucht fernzusehen, aber das Gerede der Nachbarin und das Fernsehgeräusch vermengen sich zu einem so unerträglichen akustischen Trommelfeuer, daß R. einen Kerzenhalter aus Eisen packt und damit erst die Nachbarin, dann seine eigene Frau und schließlich sein Kind erschlägt. Am nächsten Tag erscheint die Polizei an seinem Arbeitsplatz, um ihn abzuholen, aber als sie ihn finden, hat er sich schon auf der Toilette erhängt.

In Fassbinders Gangsterfilmen ist es möglich, einen gewissen Abstand zur Gewalt zu wahren, gerade weil sie in einen Gangsterfilm hineingehört. Aber in *Warum läuft Herr R. Amok?* ist die Gewalt zum Greifen nahe, weil sie einem Alltagsmilieu entspringt, das wir alle bis zur Bewußtlosigkeit kennen, und weil so präzise demonstriert wird, daß genau diese Bewußtlosigkeit die Ursache der Gewalt ist. Das Furchtbare an diesem Film ist, daß wir R.s gewalttätige Handlung genau wie R. selbst fast als Befreiung erleben und der Film uns gleichzeitig durch seinen extremen Realismus das Aussichtslose und Pervertierte dieser Form von Befreiung vor Augen führt.

Wenn sich die Lebensmöglichkeiten des Menschen immer mehr in leerer Routine erschöpfen und Kontaktversuche in Worten und mechanischen Berührungen erstickt werden, wenn die Arbeitsfähigkeit in der ewig mahlenden Maschinerie eines Büros zu leerer Routine wird, dann bedeutet die plötzliche Gewaltaktion einen letzten verzweifelten Versuch, Bedürfnisse auszudrücken, die sich vielleicht zurückstellen, aber nie ganz unterdrücken lassen. Diese Form der Gewalt ist bei Fassbinder immer die letzte Lebensäußerung, die einem unterdrückten Menschen noch offensteht. Gleichgültig, ob es sich um Gangster, Kleinbürger oder Linksradikale handelt, Gewalt ist immer ein verzweifelter, sinnloser und – politisch gesehen – faschistischer Versuch der Problemlösung, an dem die Beteiligten selbst zugrunde gehen.

Rio das Mortes

Auch *Rio das Mortes* spielt in einem kleinbürgerlichen Milieu, aber während in den früheren Filmen die Trostlosigkeit des Milieus betont wurde, ist es hier vom Glanz des Filmtraums erfüllt, der wiederum zu den Stimulanzien eben dieses Milieus gehört.

Hanna (Hanna Schygulla) möchte gern Michael (Michael König) heiraten, aber Michael und sein Freund Günther sehnen sich weit weg und träumen davon, das Jungenabenteuer aller Zeiten zu erleben. Sie haben eine Karte von Peru gefunden, die zeigt, wo ein riesiger Schatz begraben liegt, und nehmen sich vor, ihn zu finden. In dieser Satire über das frustrierende Leben des Kleinbürgertums greift Fassbinder noch einmal auf einen vorpubertären Zustand zurück, in dem der Phantasie noch alle Möglichkeiten offenstehen.

Michael und Günther werden in einer Sequenz vorgestellt, in der sie sich – wie in einem Howard-Hawks-Film – eine gewaltige Schlägerei liefern, die sich bald als versteckte Liebeserklärung erweist, als Ausdruck der physischen Anziehung zwischen ihnen. Hanna besucht das Kindergärtnerinnenseminar und wird vorgestellt, als sie gerade den Satz paukt, das Ziel aller Erziehung sei Anpassung. Die beiden Freunde haben sich allerdings nie anpassen können, obwohl sie es versuchen. Um ihre Expedition nach Peru zu finanzieren, nehmen sie Kontakt mit verschiedenen Geldleuten auf, scheitern aber jämmerlich, als sie die Sprache des Kapitals sprechen wollen. Ihre Welt ist eine andere. In beiden steckt ein Künstler!

Zu guter Letzt lernen sie eine ältere Dame kennen, die Verständnis hat für ihr wahnsinniges Vorhaben und ihnen schenkt, was sie brauchen. Sie wird von Hanna Axmann-Rezzori gespielt, die im Jahr zuvor einem anderen Träumer, Rainer Werner Fassbinder, 20 000 DM geschenkt hatte, damit er seinen ersten Film realisieren konnte.

Hanna ist entsetzt, denn die Reise scheint jetzt doch bevorzustehen. Sie sehnt sich nach einer normalen Ehe mit Michael und versucht, die Reise mit dem Mittel zu vereiteln, zu dem die frustrierte Liebe bei Fassbinder so oft greift: einer Pistole. Als die beiden Freunde unterwegs zum Flugzeug sind, legt sie wie in einem Gangsterfilm die Pistole auf sie an, dann fällt ihr (oder Fassbinder) aber offenbar ein, daß es sich hier um eine andere Art Film handelt, sie läßt den Revolver sinken und greift statt dessen nach einem Lippenstift. Der Film endet mit einer leicht morbiden Nahaufnahme, in der Hanna dick Lippenstift aufträgt, um sich für neue Möglichkeiten vorzubereiten.

Rio das Mortes ist kein gelungener Film und wohl der einzige uninteressante von Fassbinders frühen Avantgardefilmen. Seine leicht komödiantische Form lag Fassbinder nicht, aber der Film enthält doch ein Detail, das in eine Sammlung seiner denkwürdigen Szenen gehört:

Fassbinder als dummer, fetter Ledertyp tanzt mit Hanna Schygulla, die sich zu Elvis Presleys »Jailhouse Rock« aus der Juke-Box als Provinz-Marilyn-Monroe aufspielt. Sie bewegt sich immer überschwenglicher, während er nicht für zehn Pfennig Rhythmus im Leib hat, sondern versucht, ihre anmutigen Bewegungen mit ein paar unbeholfenen, brutalen Gesten nachzuahmen. Die Schöne und das Tier finden reichlich Gefallen aneinander. Als die Platte abgelaufen ist, setzt sich der Ledertyp wieder zu seinem Mädchen an die Bar.

»Mit mir tanzt du nie so«, sagt sie vorwurfsvoll.

»Du kannst auch nicht so tanzen«, sagt er und knallt ihr zur Sicherheit noch eine.

In einer wunderbaren Verkürzung enthält diese kleine Szene den Hauptgegensatz des Films: Kinotraum kontra kleinbürgerlicher Alltag. Dieser Gegensatz sollte Fassbinders Schaffen weitgehend prägen, und *Rio das Mortes* greift der Verschmelzung von Kinofilmen und bürgerlichen Filmen vor, mit denen Fassbinder einem größeren Publikum bekannt wurde.

In *Rio das Mortes* hat diese Verschmelzung noch den Charakter einer Demonstration, aber sie deutet den weiteren Weg an.

5. Selbstkritik

Die Niklashauser Fart

Der erste Teil von Fassbinders Produktion schließt mit zwei Filmen, in denen er in einem selbstkritischen Rückblick über das Verhältnis zwischen Zielen und Mitteln reflektiert und über die Möglichkeiten der (Film)kunst, für gesellschaftliche Veränderung zu kämpfen.

Der erste dieser Filme, *Die Niklashauser Fart*, ist immer noch ein Kinofilm, wenngleich seine unmittelbaren Vorbilder nicht in erster Linie die Hollywoodfilme der Kindheit sind, sondern aktuelle revolutionäre Filme von Glauber Rocha *(Antonio das Mortes)* und Jean-Luc Godard *(One plus one)*. Fassbinders Ausgangspunkt ist ein Bauernaufstand, der 1476 in Niklashausen stattfand, als der Schafhirte Hans Böhm behauptete, die Jungfrau Maria sei ihm erschienen und habe ihn aufgefordert, einen Aufstand gegen die kirchliche und weltliche Obrigkeit anzuführen. Es gelang ihm, 30 000 Anhänger in Niklashausen um sich zu versammeln, die ihm als neuen Messias huldigten, doch wenige Monate später wurde er auf dem Scheiterhaufen verbrannt.

In seiner Nacherzählung des Aufstands hat Fassbinder den zeitlichen Rahmen gesprengt, und er assoziiert frei zu anderen revolutionären Versuchen in der Geschichte. Der Film erscheint so als eine Reihe von Tableaus, die in der Regel nicht geschnitten sind.

In der ersten Sequenz werden die drei Personen vorgestellt, die neben Hans Böhm die wichtigsten sind. Es sind dies Hanna Schygulla, die das Bauernmädchen Johanna spielt, ein junger Mann in Lederjacke, der von Fassbinder selbst gespielt wird und der im Drehbuch Der schwarze Mönch genannt wird, obwohl dies aus dem Film nicht hervorgeht, sowie schließlich ein meist schweigender Antonio, der offenbar Glauber Rochas berühmter Filmfigur nachgebildet ist. Diese drei bilden den revolutionären Brain-Trust, und ihr erstes wortkarges Gespräch handelt davon, daß die Revolution vom Volk und für das Volk gemacht wird, aber daß drei oder vier Leute »durch Agitation, durch Schulung und durch ihr kämpferisches Beispiel« mit der Arbeit eigentlich schon anfangen könnten. Sie können auch, so schließt man, Bühneneffekte verwenden, um die Revolution wirksamer zu machen.

Das nächste Tableau ist ein Bild von der Kirche. Hans Böhm hält eine flammende Rede ans Volk, die Heilige Jungfrau habe ihm ein Zeichen gegeben, und schlägt vor, zum Aufstand gegen die Priester und Lehnsherren zu schreiten. Hinter ihm stehen Johanna, Antonio und der Schwarze Mönch. Als Hans Böhm mit seinen drei Freunden zurück zu seiner Schafherde zieht, sucht ihn Margarethe (Margit Carstensen), eine reiche Frau, auf und bietet ihm ihr Haus an. Er will die Jungfrau Maria erst fragen, ob er recht darin tut, in das Haus einer reichen Frau einzuziehen, aber der Mönch beruhigt ihn mit seiner primitiv nüchternen Argumentation: »Wenn man gut wohnen kann, dann soll man gut wohnen. Und wenn man Ferien machen kann, dann soll man Ferien machen. Und wenn man was haben will, dann ... dann soll mans haben. Das ist nicht gut, wenn Leute irgendwas entbehren, das ist Scheiße. Nur wer im Wohlstand lebt, lebt angenehm.«

Die Gruppe zieht bei der reichen Frau ein. Ein Tableau zeigt sie zusammen mit ihrem kranken, bettlägerigen alten Mann, den sie in seiner Wehrlosigkeit verhöhnt und ausnutzt. Später erdolcht sie ihn mit ungefähr genauso vielen Dolchstichen wie die Frau in einer entsprechenden Szene in *Antonio das Mortes*. Aus der Beschreibung von Margarethes Beziehung zu dem jungen Schafhirten und ihrem eigenen alten Mann geht klar hervor, daß ihre Verliebtheit in den Hirten weniger religiös ist als sexuell, was ihr aber nicht bewußt ist. Es ist das erste einer langen Reihe Porträts von hysterisch exaltierten, sexuell frustrierten, selbstgefälligen und überdrehten Frauen, die Margit Carstensen in Fassbinders Filmen dargestellt hat.

Der Bischof wird in einem Tableau als ausgeflippter und dekadenter Päderast präsentiert. Er vergnügt sich gerade mit einem halbnackten Knabenchor, als ein treuer Bauer aus Niklashausen kommt und ihm erzählt, daß Hans Böhm die Leute auffordert, ihn, den Bischof zu ermorden. In einer Reihe anschließender Sequenzen setzen Hans Böhm und seine drei Freunde ihre Propagandaarbeit fort; ein schwarzer Panther hat sich jetzt der kleinen Schar angeschlossen. Sie sprechen in Versatzstükken aus neueren sozialistischen Manifesten: Zitate von Karl Marx, von Revolutionären der Dritten Welt, der Panther-Bewegung und aus Studentenmanifesten. Die dazwischengeschobenen Musikzitate reichen von mittelalterlicher Kirchenmusik bis zu modernen revolutionären Liedern. Der Film bildet somit eine farbenprächtige Revolutionsanthologie mit dem Hauptgewicht auf dem rituellen und theatralischen Element der revolutionären Botschaft.

Viele lassen sich von dieser Botschaft mitreißen. Ganze Familien brechen auf, um nach Niklashausen zu ziehen und sich um Hans Böhm zu scharen, der nicht nur ein neuer Messias ist sondern eigentlich auch ein ganz vernünftiges und bodenständiges Gemüt, dessen Forderung nach gleichem Land für alle von der armen Landbevölkerung verstanden wird. Trotzdem fühlt die kleine revolutionäre Zelle allmählich, daß sie mit ihrer Agitation nicht viele erreicht und daß viele lieber zu den Tönen des deutschen Beton-Rocks ausflippen, anstatt sich an die revolutionäre Arbeit zu machen. Sie sind nahe daran aufzugeben, als Der schwarze Mönch, den Vorschlag macht, Johanna als Mutter Gottes vorzustellen und zum Volk sprechen zu lassen. In einer kleinen Sequenz, die in ihrer Mischung aus Vertrautheit und Aggressivität ganz dokumentarisch wirkt, leitet Fassbinder nun Hanna Schygulla in der Rolle der Jungfrau Maria an, die anschließend unter seiner straffen, theatralischen Regie zum Volk spricht. Für Hans Böhm verwischen sich allmählich die Grenzen zwischen Wirklichkeit und Theater, für ihn ist die Mutter Gottes eine lebendige Realität, Johanna ist darum die Jungfrau Maria in leibhaftiger Person, was Probleme schafft, wenn sie in den Pausen zwischen der revolutionären Arbeit wie immer seine Geliebte sein möchte.

Zum Schluß wird die revolutionäre Zelle gesprengt, und die Agitation findet ein jähes Ende, als Hans Böhm bei einer Rast auf dem Campingplatz mitten in einem fröhlichen Frühlingslied von zwei deutschen Polizisten und zwei amerikanischen Militärpolizisten auf Befehl des Bischofs verhaftet wird. Nackt, Hände und Füße an eine Stange gebunden, wird er abgeführt, während seine Anhänger mit Maschinengewehren auf dem Campingplatz niedergemäht werden. Zum Schluß wird er gekreuzigt und auf einem riesigen Autofriedhof verbrannt, während der Bischof eine lateinische Messe liest und sein Knabenchor im Hintergrund singt. Nach Hans Böhms Tod führen seine Anhänger eine Aktion durch. Das 68er Schlagwort »Macht kaputt, was Euch kaputt macht!« ist eine ihrer Parolen. Sie scheitern, und im letzten Bild gehen die drei Freunde des hingerichteten Hans Böhm, Johanna, Antonio und Der schwarze Mönch, in die Wälder, während Fassbinder im Off erzählt:

»Er und seine Genossen hatten aus ihren Fehlern gelernt. Sie gingen in die Berge. Zwei Jahre später siegte die Revolution.«

Der Sieg wird nur beiläufig erwähnt, als Reverenz vor der Konvention des Happy Ends und weniger, weil der Sieg der Revolution ein Happy End wäre.

Der Film ist eine Apotheose aller revolutionären Strömungen der Geschichte, ein warmes, lebendiges und originelles Bekenntnis zur Schönheit der Utopie. Aber er warnt auch vor dem Glauben, die Revolution ließe sich als gut getimtes Theaterstück inszenieren.

Dieser Konflikt zwischen der Sehnsucht nach der Utopie und dem Wissen von den nüchternen Realitäten des Alltags durchzieht Fassbinders gesamtes Filmschaffen.

Solidarisch kritisiert der Film die revolutionäre Ungeduld einer Baader-Meinhof-Gruppe oder entsprechender Aktionsgruppen. Im ursprünglichen Filmmanuskript sagt der Schwarze Mönch über das Volk: »Sie sind sonst nicht fähig und bereit, eine Sache zu der ihren zu machen, die die ihre ist. Wir helfen nur.« Dann beschließen er und Antonio, Johanna als Muttergottes auftreten zu lassen. Dieser Satz kam zwar nicht mit in die endgültige Fassung des Films, aber es ist genau das, was die Revolutionäre tun, als sie mit nicht ganz richtigen Mitteln versuchen, ein richtiges Ziel zu verwirklichen. Neben diesen Satz schrieb Fassbinder als Regiebemerkung:

»Beide, vor allem aber der Mönch, sind von einer seltsamen Art Fanatismus. Eine ganz ruhige, ganz bewußte Art, die die beiden als »sympathisch« erscheinen läßt. Das scheint mir sehr wichtig, der Zuschauer muß eine Sympathie für die Grundidee der beiden haben, um sich ein kritisches Verhältnis zu den Methoden erarbeiten zu können, die hier praktiziert werden sollen und werden.«

Diese Ambivalenz, die in dem Verhältnis Fassbinders zu den westdeutschen Terroristen liegt, ließ ihn lange zögern, einen Film über den Terrorismus zu machen. 1974 sagte er über seine Haltung zur Baader-Meinhof-Gruppe:[1]

»Die haben eine intellektuelle Potenz und eine übersensible Verzweiflung, von der ich halt nicht weiß, wie man sie überhaupt konstruktiv anwenden könnte. Und weil sie das selbst nicht wissen, haben sie zu diesen wahnsinnigen Methoden gegriffen, da sie trotz ihrer Stärke und Sensibilität nicht weitergekommen sind. Sie waren furchtbar ungeduldig. Die dachten, daß die Revolution schon morgen kommt, aber weil es ihnen mit der Revolution zu lange gedauert hat, hat es bei ihnen ausgehakt. Man muß da mit Jahrhunderten rechnen, aber die haben mit Jahrzehnten gerechnet. Die haben geglaubt, weil so viele Leute auf den Straßen demonstrierten, daß es da eine wirkliche Massenbewegung gab, und dann wurde ihnen klar, daß es diese Bewegung doch nicht gab, als es drauf ankam, und deshalb endeten sie in einer verzweifelten Isolation, in der sie nur noch zum Äußersten gehen konnten. Aber mal ganz ehrlich, ich weiß nicht, was die sonst hätten tun sollen. Ich weiß nicht, wie die ihre Desperation in etwas Positives umsetzen können, und deshalb kann ich heute keinen Film über sie machen.«

Warnung vor einer heiligen Nutte

Die Selbstkritik wird in *Warnung vor einer heiligen Nutte,* dem »bürgerlichen« Gegenstück zur *Niklashauser Fart,* weitergeführt. Der Film, der den ersten Teil von Fassbinders Produktion beschließt, stellt eine dermaßen bittere und radikale Selbstkritik dar, daß die Filme danach ganz anders werden mußten als die bisherigen. Während *Die Niklashauser Fart* die revolutionäre Agitation als eine Theaterinszenierung beschrieb, wird hier eine Gruppe von Leuten geschildert, die einen Film machen wollen und glauben – oder glauben, daß sie glauben –, sie könnten die Welt mit ihrer Arbeit verändern. Dieser unverblümt autobiographische Film Fassbinders handelt von den Interaktionen in einer Gruppe, von den Spannungen und Konflikten, die sie ständig an den Rand des Chaos führen:

»Während der Dreharbeiten zu *Whity* brach das Ganze zusammen. Alle begriffen plötzlich, daß das, was wir zusammen machen wollten, tatsächlich nie verwirklicht worden war. *Warnung* handelt davon, aufzuwachen und einzusehen, daß man von etwas geträumt hat, was es gar nicht gibt, und daß sich Träume nicht immer realisieren lassen.«[2]

Warnung beginnt mit einer Reihe kurzer, tableauhafter Szenen, die stilistisch und inhaltlich mit den Einleitungsszenen von *Katzelmacher* verwandt sind: Eine Gruppe – hier: ein Filmteam – vertreibt sich die Wartezeit, bis der Regisseur kommt und die angestauten Frustrationen zum Ausbruch bringt. Die Funktion des Regisseurs ist psychologisch dieselbe wie die des Gastarbeiters in *Katzelmacher,* und die Gruppe schlägt wie in *Katzelmacher* die Zeit mit leerem Gerede, Klatsch, Trinken und Spiel tot. Es ist nicht das einzige Selbstzitat Fassbinders in diesem Film. *Warnung* enthält einen ganzen Katalog von Zitaten aus früheren Produktionen: Hier werden die Erfahrungen zusammengefaßt und bearbeitet, die er in den acht Spielfilmen zuvor gemacht hat. Als Beispiele seien hier genannt: das Paar Karl Scheydt / R. W. Fassbinder läuft im selben Kostüm herum wie im *Amerikanischen Soldaten,* der Regisseur Jeff träumt wie so viele von Fassbinders ehemaligen Hauptpersonen davon, nach Peru oder in ein anderes exotisches Land abzuhauen. Irgendwann stellt er fest, daß »Liebe kälter als der Tod« ist, Kurt Raab singt das Kirchenlied, das er auch in *Warum läuft Herr R. Amok?* sang, hier unterstützt von einem andächtigen Besoffenenchor, einer Gruppe auf Grund geratener Menschen, die gleichsam einen hilflosen Notschrei aufs Geratewohl in den Weltraum senden, wohl wissend, daß niemand sie hört.

Das einzige Interesse, das sie aneinander haben, ist sexueller Art. Mit leerem Sex und hohlen Phrasen vertreiben sie sich die Zeit, während sie auf die eigentliche Lebenserfüllung warten: die Filmaufnahme, die Begegnung mit der heiligen Nutte Filmkunst. Ein Mitglied des Filmteams spricht mit einem spanischen Arbeiter darüber, wie wichtig es sei, mit den Leuten an ihren Arbeitsplätzen in Kontakt zu kommen, doch das geschieht in einem unechten, herablassenden Ton, der verrät, daß die Phrasen nur als Vorwand dienen, um mit dem Arbeiter ins Bett zu kommen. Fabrikarbeiter sind Kerle, mit denen man ins Bett geht, und Cuba libre ist ein Drink, den man in sich hineinkippt. Wie eine rituelle Formel ist den ganzen Film hindurch »Cuba libre« zu hören – nicht als politisches Schlagwort, sondern als Bestellung an der Bar. Die soziale und politische Wirklichkeit wird in diesem fast hermetisch geschlossenen Raum in Sex und Suff transformiert und in heuchlerische Träume über die Filme, die man machen möchte.

Als der Regisseur des Films endlich im Helikopter ankommt, wird er in der ersten Einstellung ganz konkret als Sendbote des Himmels gezeigt, der den ersehnten Plan für das Leben der Wartenden mitbringt: das Filmprojekt. Der Regisseur hat den Traum, daß alle demokratisch an dem schöpferischen Prozeß des Films teilnehmen sollen, aber dieser Traum ist genauso halbherzig und phrasenhaft wie das Gerede der anderen und in Wirklichkeit nur ein Vorwand für sein vor Selbstmitleid triefendes Klagelied, er müsse alles selber machen. Die anderen bekommen nämlich nie eine Chance, an den Entscheidungsprozessen teilzunehmen.

Alle sitzen also im selben Boot. Die Träume des Filmteams, die ursprünglich einmal richtig und sympathisch gewesen sein mögen, sind zu einem egoistischen Selbstbetrug verkommen. Man redet von Arbeitersolidarität und schlägt gleichzeitig den Kellner zu Boden, als er sich weigert, ihnen mehr zu servieren. Und wie in den amerikanischen Western, mit denen sie aufgewachsen sind, werfen sie nonchalant das Glas über die Schulter, wenn es geleert ist. Aber wenn sie auf ihre Zimmer torkeln, fallen sie betrunken in die Glasscherben und schneiden sich die Hände blutig.

Der Filmregisseur Jeff (Lou Castel) versucht, mit Hilfe seines treuen

Produktionsleiters Sascha (R. W. Fassbinder) den Film zu drehen, stößt aber auf Schwierigkeiten. Die Filmaufnahmen sind zwar das einzige, was man im Kopf hat, die Erfüllung aller Erwartungen, doch als es endlich soweit ist, breitet sich Frustration aus. Während des Vögelns wird nur ans Filmen gedacht – und beim Filmen denkt man nur ans Vögeln. Die Frustrationen des Filmteams richten sich gegen den Regisseur, zu dem die meisten eine von Haßliebe geprägte Beziehung haben. Sie genießen es, sich ihm zu unterwerfen – und hassen ihn wegen dieses Genusses, während er sie wiederum wegen ihres Unterwerfungsdrangs verachtet. Nach einem unkonzentrierten und mißlungenen Beischlaf zwischen Jeff und Ricky sagt Ricky demütig: »Ich will, daß du Spaß hast. Ich bin dabei doch ganz unwichtig.« Dasselbe sagt Korbinian zu Jeff in einer anderen Situation: »Ehrlich, du kannst mich behandeln, wie du willst. Weil das, was du machst – künstlerisch meine ich –, das hat Qualität.« Jeff entringt sich als Antwort ein »Ach, leck mich doch am Arsch«.

Die fast schon masochistische Unterwerfung seiner Umgebung führt dazu, daß Jeffs Verhalten in ein unbeherrschtes despotisches Auftreten umkippt. Er kommandiert wie ein Wahnsinniger, ist sadistisch in seiner Machtausübung und masochistisch in seinen Niederlagen. Wenn er die Hand nach einem Mann oder einer Frau ausstreckt, bekommt er denoder diejenige meist ohne weiteres – und läßt sein Sexobjekt nach Gebrauch links liegen.

Jeff ist die erste Hauptperson Fassbinders, die intellektuell begreift, was das Publikum der anderen Filme schon längst weiß: daß Liebe kälter ist als der Tod, wenn sie ein Produkt gegenseitiger Abhängigkeit ist und nicht eine Spannung zwischen freien und unabhängigen Individuen. Aus diesem Grund kann Jeff, ohne daß Eddie Constantine auch nur irgend etwas versteht, erklären, er solle eine Szene spielen, in der ein Mann während des Orgasmus stirbt! Wilhelm Reich hätte viele Filme Fassbinders als Visualisierung seiner Theorie betrachtet, daß der Todestrieb eine Pervertierung der Sexualenergie ist. Zwischen Individuen, die einander nicht ebenbürtig sind, nehmen Liebesäußerungen gewalttätige Formen an wie in diesem Dialog:

Jeff: Du bist wirklich die brutalste und gemeinste Drecksau, die mir je untergekommen ist. Du kleines mieses Spießerschwein.
Ricky: What did he say?
Hanna: Er hat gesagt, daß er dich lieb hat.

Es ist ein Rätsel, daß in dieser verkorksten Atmosphäre überhaupt gefilmt werden kann. Eddie »Lemmy« Constantine ist eingeladen worden, die Hauptrolle in diesem Film zu spielen – und immer skeptischer beobachtet er den Zirkus, der sich vor seinen Augen abspielt. Der alte Profi Lemmy ist ein pathetischer Anblick unter den jungen Freaks. Er verkörpert, was die amerikanischen Genre-Filme bisher für Fassbinder repräsentierten: eine Insel professioneller Sicherheit und Ordnung in einer Welt, die immer mehr als gespalten und chaotisch erlebt wird.

Irgendwann einmal ist Lemmy mit Hanna (Hanna Schygulla) im Bett gelandet, und es spielt sich folgendes Gespräch über Jeff ab:

Eddy: Ich finde ihn ganz, ganz dilettantisch. So kann man nicht arbeiten.

Hanna: Du mußt ihn kennenlernen. Er kann dir so was wie nen Freiheitsraum geben als Schauspieler. Das ist ganz selten.

Diese Bemerkung Hannas ist im Grunde der einzig positive Satz des Films: Die Freiheit, die es in den erotischen Beziehungen der Personen nicht gibt, vermag Jeff den Schauspielern zu geben. Hannas Worte bleiben allerdings ein Postulat, auch wenn sie aufrichtig gemeint sind. Beispielhaft erkennbar wird diese Freiheit nicht. Statt dessen verhält Jeff sich den Schauspielern gegenüber meist unerträglich despotisch und herablassend. Nur ganz flüchtig taucht die Möglichkeit auf, diese Freiheit durch die Arbeit zu erreichen, und in solchen Momenten wird auch die Hoffnung erweckt, die Desillusioniertheit und Ausweglosigkeit des Films ließe sich überwinden. Die Hauptpersonen Fassbinders in den vorherigen Filmen gingen ja unter anderem daran zugrunde, daß sie zu ihrer Arbeit und zu ihren schöpferischen Kräften keine Beziehung finden konnten. Sie isolierten sich von einer Gesellschaft, in der die Arbeit nicht frei war, landeten aber nur in einem Niemandsland mit noch größerer Unfreiheit. Fassbinder hat selbst einmal gesagt, er beschäftige sich mit Film und Theater, weil dort eine größere persönliche Freiheit möglich sei.[3]

Aber zunächst ist das Milieu, in dem Fassbinders zweites Ich Jeff während der Filmaufnahmen schöpferisch sein kann, nicht gerade ein freies Milieu. Das Problem wird in einem kurzen Gespräch zwischen Hanna und Jeff auf die Spitze getrieben.

Hanna: Was heißt hier Spaß. Wir sind doch alle abhängig von dir – oder nicht?

Jeff: Dann versuchs doch mal woanders.

Hanna: Das ist eben nicht die Alternative. Hier müßte es funktionieren.

Jeff: Aber hier hast du doch viel mehr Möglichkeiten, Spaß bei der Arbeit zu haben, als woanders.

Hanna: Kapier doch: Das ist schon richtig, was du sagst, aber andererseits sind wir auch alle abhängig. Und mit der Abhängigkeit stellt sich genau die Angst wieder ein, die wir vorher abgestellt hatten.

Jeff: Wieso seid ihr denn abhängig?

Hanna: Weil man nicht mehr kapiert, was passiert. Und Angst hat, ich schwörs dir.

Die Arbeitsprobleme entstehen in diesem Filmmilieu durch die schlichte Tatsache, daß man in einer kranken Ausbeutergesellschaft kein gesundes und gleichberechtigtes Dasein auf der berühmten einsamen Insel schaffen kann. Die wirtschaftlichen Regeln, die in dieser Gesellschaft herrschen, färben auf die Arbeitsmöglichkeiten des Filmteams ab und damit auch auf die privaten Beziehungen. Das Verhältnis zwischen Filmarbeit und Geld ist natürlich genauso wichtig wie das zwischen Erotik und Geld, und Jeff ist in dieser Beziehung abhängig von anderen, die seine Bewegungsfreiheit einschränken, beispielsweise einem Koproduzenten, der aus dem Projekt aussteigt mit dem Resultat, daß Jeff und der Rest des Filmteams kein Geld für ihre Arbeit bekommen. Und als die Leute dann trotzdem Gagen von Jeff fordern, spitzt sich die Situation weiter zu. Er sieht die Unterdrückten als Ausbeuter, und während eines hysterischen Zusammenbruchs kreischt er:

»Ihr könnt verschwinden, alle. Ich will euch nicht mehr sehn! Ihr seid alle Schweine, Ausbeuterschweine! Ich hasse euch, ich hasse euch alle! Ihr beutet mich alle nur aus, und wenns drauf ankommt, laßt ihr mich hängen! Ihr terrorisiert mich. Ihr wollt mich fertigmachen, ihr miesen Schweine! Ich hasse euch! Korbinian! Ich will zehn Cuba libre! Zehn Cuba libre, hörst du?«

Dieser Ausbruch stimmt fast wörtlich mit dem überein, was Petra von Kant zu Verwandten und Freunden während ihres großen Zusammenbruchs sagt, der durch einen ähnlichen Druck ausgelöst wird. Jeff und Petra sind Selbstporträts Fassbinders, beide Figuren träumen den großen Traum von einer Lebensform, die sie nicht verwirklichen können.

Warnung vor einer heiligen Nutte ist deswegen ein wichtiger Film, weil er über seinen privaten Inhalt hinaus ein groteskes Bild von den Beziehungen innerhalb einer Gruppe zeichnet, die sich idealistisch mit einer

Gesellschaft auseinandersetzt und gleichzeitig von dieser die Funktionsbedingungen diktiert bekommt. Der Film ist durchweg so stringent und objektiv in seiner Aussage, daß er das Private überschreitet und zu einem allgemeinen Abbild menschlicher Beziehungen wird.

Es ließe sich einwenden, daß Fassbinder, wenn der Film so offensichtlich die private Mythologie der Fassbinder-Gruppe als Ausgangspunkt wählt, selbst den Regisseur hätte spielen sollen und nicht den Produktionsleiter Sascha. Fassbinder behauptete, er sei damals nur in der Lage gewesen, unsympathisch zu spielen. Hätte er auch noch die Hauptrolle gespielt, wäre es dem Publikum zuviel geworden! Darum entschloß er sich zu einem »sympathischen« Schauspieler wie Lou Castel.

Zweifellos war diese Wahl falsch, und der Film wäre viel besser geworden, wenn Fassbinder – wie François Truffaut in *La nuit américaine (Die Amerikanische Nacht)* – selbst den Filmregisseur gespielt hätte. Die Rolle des Produktionsleiters spielt Fassbinder mit weit größerer Autorität und Hysterie als Lou Castel den Regisseur. Dazu kommt, daß Lou Castels Rolle mit der Stimme eines anderen Schauspielers nachsynchronisiert werden mußte, weil er nicht deutsch sprach. Das bewirkte eine größere Distanz zu seiner Rolle und ließ sein Spiel schwächer erscheinen. Lou Castel hatte ursprünglich auch nicht die Rolle spielen sollen, sondern der stärkere und vieldeutigere Mario Adorf. Dieser sagte jedoch zu einem Zeitpunkt ab, als die Aufnahmen schon begonnen hatten. Plötzlich fehlte also der Hauptdarsteller des Films, und blitzschnell entschied Fassbinder sich für Lou Castel. Es war sicher nicht ohne Bedeutung, daß Castel die eine Hälfte des Lino & Cuncho-Paars war, dem Fassbinder seinen Debütfilm gewidmet hatte. Mit Mario Adorf sollte er erst viel später in *Lola* zusammenarbeiten.

In übrigen ist erstaunlich, welche Nähe zwischen *Warnung vor einer heiligen Nutte* und *La nuit américaine* besteht, die Truffaut einige Jahre später drehte, ohne Fassbinders Film zu kennen. In beiden Werken wird die Filmkunst als »heilige Nutte« aufgefaßt, die zwischen den involvierten Personen und der Realität jenseits des Filmteams steht. Fassbinder zitiert im Nachspann seines Films eine Passage aus Thomas Manns *Tonio Kröger*: »Ich sage Ihnen, daß ich es oft sterbensmüde bin, das Menschliche darzustellen, ohne am Menschlichen teilzuhaben.«

Pioniere in Ingolstadt

Fassbinder beendet seine Avantgardephase mit *Pioniere in Ingolstadt*, einem Film, den er selbst als »enttäuschend« bezeichnete. Darin hat er wohl nur recht, insofern der Film nicht seinen Vorstellungen von einer breiteren Publikumswirkung entsprach. Aber als Avantgardefilm ist *Pioniere in Ingolstadt* gelungen, und er bedeutet einen Höhepunkt innerhalb seiner »bürgerlichen« Filme, so wie *Der amerikanische Soldat* der Höhepunkt seiner »Kinofilme« war.

Außerdem führt Fassbinder mit diesem und einer Reihe weiterer Filme die Tendenz aus seiner Theaterarbeit fort, an die Zeit vor und um 1930 anzuknüpfen, als der fortschrittliche Teil der Kultur Deutschlands zerschlagen wurde und weite Teile der Bevölkerung der nationalsozialistischen Versuchung erlagen.

Wie kein anderer hat er mit seiner Kamera die deutsche Mentalität von den 20er bis zu den 70er Jahren beschrieben. Seine Filme stellen somit eine intensive Analyse der normal erscheinenden Züge des Nationalsozialismus dar sowie jener Normalität, die den Keim des Faschismus in sich trägt. Nur scheinbar besteht ein Gegensatz zwischen dem Geschichtsschreiber Fassbinder und seiner Behauptung, alles, was er gemacht habe, sei autobiographisch. Gerade diese Doppeltheit ermöglichte Fassbinder eine Geschichtsschreibung, die – mit den Worten des Kritikers Hans Günther Pflaum – »von der offiziellen Historie abweicht und festhält, was die Annalen ignorieren, nämlich die Geschichte der privaten Glücksvorstellungen und ihrer Deformationen«.

Pioniere in Ingolstadt beruht auf einem kontroversen Theaterstück von Marieluise Fleißer (1901–74). Im Gegensatz zu so vielen anderen Künstlern ging sie in den 30er Jahren nicht ins äußere, sondern in eine Art inneres Exil.

Marieluise Fleißer war in der zweiten Hälfte der 20er Jahre eng mit Brecht befreundet, den sie als 22jährige kennengelernt hatte. Brecht selbst hatte sie dazu angeregt, *Pioniere in Ingolstadt* zu schreiben, weil er beeindruckt war von ihrer Fähigkeit, ein kleinbürgerliches Provinzmilieu mit Dialogen zu charakterisieren, die hinter scheinbarer Naivität eine scharfe Kritik enthielten. Fleißer war Dialektikerin: ihre Solidarität war nicht falsch und ihre Kritik nicht lieblos.

Das faszinierte auch Fassbinder. Wie Marieluise Fleißer ihren Durchbruch kaum ohne Brecht erreicht hätte, so hätte der junge Fassbinder kaum angefangen zu schreiben ohne die Fleißer.[4]

Die politische Geschichte Deutschlands in diesem Jahrhundert hatte auf tragische Weise die Biographie der Fleißer geprägt: sie stammte aus Ingolstadt und war streng katholisch erzogen worden. Um so größer war der Skandal, als sie ein Theaterstück über das frivole Spiel eines Soldatenregiments mit sexuell frustrierten jungen Mädchen in ihrer Geburtsstadt spielen ließ. Als *Pioniere in Ingolstadt* im Jahre 1929 auf Brechts Initiative hin im Berliner Theater am Schiffbauerdamm uraufgeführt wurde, wetterte nicht nur die nationalsozialistische Presse gegen das Stück: der Berliner Polizeipräsident wollte es verbieten und ließ sich nur erweichen, als gewisse Passagen gestrichen wurden. Auch der Bürgermeister von Ingolstadt erhob lautstark Einspruch gegen Fleißers »Nestbeschmutzung«, und ihr Vater verstieß sie aus dem Elternhaus.

Brecht war hocherfreut über den Skandal. Er fand ihn politisch bedeutend und hatte ihn wahrscheinlich sogar selbst provoziert. Jakob Geis war der offizielle Regisseur des Stücks, doch Brecht war anonym an der Inszenierung beteiligt und straffte das Manuskript während der Proben: eine Szene, wo ein junges Mädchen im Hintergrund seine Unschuld verliert, hatte Brecht in den Vordergrund geschoben; er scheint auch einen Dialog hinzugefügt zu haben, in dem eines der Mädchen einem Soldaten vorwirft, er habe sie mit einer Geschlechtskrankheit angesteckt, und eine andere Szene, in der drei Gymnasiasten detailliert über die weibliche Physiognomie diskutieren. Das waren ganz ohne Frage Szenen, die man in dem Stück eines jungen katholischen Mädchens vom Lande nicht erwartete.

Marieluise Fleißer dagegen war überrascht von dem Skandal und brach mit Brecht. Kurz darauf verlobte sie sich mit einem Lyriker des gegnerischen politischen Flügels, aber auch diese Beziehung dauerte nicht lange. Nach einem mißlungenen Selbstmordversuch heiratete sie 1935 einen Jugendverehrer, der ein Tabakgeschäft in Ingolstadt hatte. Mit Rücksicht auf die öffentliche Moral untersagten die Nazis, daß ihre Stücke aufgeführt wurden, während ihr Mann ihr mit Rücksicht auf sein Tabakgeschäft nicht erlaubte, daß sie weiter schrieb. 1938 hatte sie einen Nervenzusammenbruch, und unmittelbar nach dem Krieg wurde sie wieder eingesperrt, weil sie fälschlich wegen Schwarzmarkthandels mit Tabakwaren angeklagt worden war. Erst einige Jahre später veröffentlichte sie neue literarische Arbeiten. In all den Jahren wohnte sie zusammen mit ihrem Mann, der 1958 starb, in Ingolstadt.

1968 führte Fassbinder mit seiner Theatergruppe die Fleißer-Collage *Zum Beispiel Ingolstadt* auf, um ihr so seine Reverenz zu erweisen. Marieluise Fleißer war eine wichtige Inspirationsquelle nicht nur für Fassbinder, sondern für eine ganze Generation junger westdeutscher Dramatiker, die in den späten 60er Jahren debütierten: Franz Xaver Kroetz, Martin Sperr und Herbert Achternbusch, sie alle betrachteten die Fleißer als ihre geistige Ziehmutter.

In einem Interview zu ihrem 70. Geburtstag kam Marieluise Fleißer auf ihr traumatisches Verhältnis zu Brecht zu sprechen, das sie nie überwunden hat: »Brecht hat etwas in mir zerstört«, sagte sie. Auf ihre alten Tage überlegte sie, sich in Ost-Berlin niederzulassen, um wieder in Brechts Nähe zu sein, doch er hatte sie gewarnt: »Bei uns gibt's Sachen, Sachen gibt's bei uns, hat er gesagt. Damit werden Sie nicht fertig.«[5] Statt dessen schloß sie sich wieder dem katholischen Glauben an, den sie in ihrer Jugend so entschieden herausgefordert hatte. In einem Brief an einen Jugendfreund begründete sie ihren Schritt: »Mein Leben war so, daß ich es nicht mehr ausgehalten habe ohne einen Herrgott, und das paßt schlecht zu vielem, was früher war.«[6]

Diese letzte Bemerkung weist vermutlich darauf hin, daß man dies zuallerletzt von einer Dramatikerin erwartet hätte, die als 26jährige eine so couragierte Kritik an der kleinbürgerlichen Doppelmoral und Frauenunterdrückung im katholischen Bayern geübt hatte.

Pioniere in Ingolstadt hat eine offene und eigentlich undramatische Struktur. Es ist weniger ein dramatischer Ablauf als eine Reihe einzelner Situationen, vorzugsweise zwischen den zugereisten Pionieren und den ansässigen Mädchen. Diese Struktur hat Fassbinder beibehalten:

Alma und Berta (Irm Hermann und Hanna Schygulla) sind Freundinnen und so verschieden wie Tag und Nacht. Alma ist gerade entlassen worden, sieht aber keinen Grund zu verzweifeln, denn »der Pionier ist im Land«. Sie sind in die Stadt gekommen, um eine Brücke zu bauen, aber für Alma sind sie da, um ihre sexuellen und finanziellen Bedürfnisse zu befriedigen. Sie will keine Not leiden, und Fassbinder hat viel Sympathie für ihre Fähigkeit, das Angenehme mit dem Nützlichen zu verbinden. Als sie von weniger unternehmungslustigen Freundinnen wegen ihres freimütigen Lebens kritisiert wird, verteidigt Fassbinder sie mit der hinzugedichteten resoluten Antwort:

»Was essen müssen, ist ja noch keine Schande.«

Mit Berta steht es anders. Sie ist zu Beginn des Films eine schamhafte Jungfrau mit hehren Idealvorstellungen von der Liebe, liegt aber im Schlußbild mit gespreizten Beinen im Gras, schändlich von ihrem Pionier verlassen und allmählich bereit, bei jedem beliebigen Mann Trost zu suchen.

Karl wurde ihr Schicksal. Marieluise Fleißer soll ihn in gewissem Maße nach dem Vorbild des jungen Frauenhelden Brecht gestaltet haben, der in *Baal* ein ebenso schonungsloses Porträt seiner selbst als Frauenheld zeichnete, wie Fassbinder es in *Warnung vor einer heiligen Nutte* tat. Für Fassbinder ist Karl, von Harry Baer weltschmerz-poetisch vorgeführt, eine Weiterführung der müden Filmpersonen, die er früher gespielt hatte, nicht zuletzt der entsprechenden Figur in *Götter der Pest.*

Von allen bisherigen Filmen Fassbinders erinnerte *Pioniere in Ingolstadt* am stärksten an den Gastarbeiterfilm *Katzelmacher,* der Marieluise Fleißer gewidmet und in den Dialogen stark von ihr beeinflußt ist. Den Pionieren kommt eine ähnliche Rolle zu wie dem Gastarbeiter in *Katzelmacher*: sie regen die sexuellen Phantasien der jungen Mädchen an und personifizieren Möglichkeiten, für die es in der Enge ihres Milieus keinen Platz gibt.

Pioniere in Ingolstadt besteht wie *Katzelmacher* aus überwiegend statischen Tableaus, wenngleich die Situationen hin und wieder in Nahaufnahmen und Gegeneinstellungen geschnitten werden. In einem einzelnen Gegenschnitt zwischen einem Pionier und einem verschämten Mädchen, das sich unerwartet anbietet, wird der Schnitt sogar symbolisch zugespitzt: statt einer regulären Nahaufnahme wird vom Gesicht des Pioniers zum tiefroten Mund des Mädchens geschnitten, der das Bild wie eine willige Möse füllt. Wie in *Katzelmacher* wird die kleine Provinzstadt auch hier kulissenhaft stilisiert, wobei das Kulissenhafte von einer stark künstlichen Beleuchtung unterstrichen wird. Dazu kommt, daß Fassbinder den ursprünglichen Zeitrahmen des Stücks sprengt, nicht so demonstrativ wie in der *Niklashauser Fart,* aber doch unmißverständlich. Das Stück der Fleißer spielt nach dem Ersten Weltkrieg, und diese Zeitatmosphäre wird bei Fassbinder beibehalten, gleichzeitig tragen die Pioniere aber Naziembleme an den Uniformen, und einer der Pioniere ist Neger, als wäre er das Kind eines amerikanischen Besatzungssoldaten. Ein Bürgersohn fährt einen BMW, und die Mädchen tragen die Miniröcke der sechziger Jahre. Außerdem hatte Fassbinder auch Uniformen der Bundeswehr verwenden wollen, was die Behörden aber nicht erlaubten – denn heute ist alles anders, was immer Fassbinder dazu meinen mochte.

Die Fleißer besaß eine ausgeprägte Musikalität, mit der sie mürrische und spießige kleinbürgerliche Redensarten in eine kristallklare sprichworthafte Poesie umsetzte, und diese Fähigkeit führte Fassbinder souverän weiter. Was er ihrem Theaterstück hinzufügte, erwächst völlig organisch aus ihren eigenen Intentionen. Erstaunlicherweise findet sich bei der Fleißer der Keim zu dem Sadomasochismus, der später eine so bedeutende Rolle in Fassbinders Werken spielen sollte:

Karl: Tu dich nicht in mir verlieben, sonst mußt du leiden.

Berta: Ich will leiden.

Karl: Du kennst mich nicht. Da kann ich bös sein, das ist eine moralische Depression, Berta, auf mir liegt ein Fluch, daß ich die Frau quäle, die in mich verliebt ist. Verstehst? Die Frau wird von mir gequält.

Berta: Warum ein Fluch?

Karl: Du willst wissen, was ein Fluch ist. Ein Fluch ist, wenn man nicht anders kann.

Berta: Warum nicht anders kann.

Karl: Ein Fluch sag ich. Da kenn ich keinen Bahnhof.

Berta: Dir tut es auch gut, wenn der Mensch bei einem Menschen ist.

Während Brecht die erotische Dimension des Fleißerschen Stücks verdeutlichte, brachte Fassbinder die aggressive zum Vorschein. Ein Grundthema seiner Filme war immer schon das Verhältnis zwischen sexuellen Frustrationen und Gewalt, und er erhält reichlich Möglichkeit, es hier zu zelebrieren. Wenn die Pioniere in gewissem Sinne ihre Sexualität auch ausleben können, so sind ihre Frustrationen doch nicht geringer: in den Augen der Umwelt sind sie darauf reduziert, ausschließlich Träger eben dieser Sexualität und Aggression zu sein und nichts weiter. Daß sie diese Reduktion selber als problematisch erleben, wird in einem Dialog verdeutlicht, den Fassbinder hinzufügte:

Pionier: Die Uniform reizt, die Erfahrung, da denkt eine gleich, Gott weiß, was der Mann taugt bei der Frau.

Karl: Was schnell geht, geht schnell und ist besser wie langsam.

Pionier: Das ist das einzige beim Soldatsein, die Weiber. Sonst wäre man der Dumme und der Bürger der schlaue im Geist. So sind wir die Dummen, aber bei der Frau, da gleichen wir es aus.

Diese Frustrationen führen dazu, daß die Pioniere eine Art Identität in der Gewalt finden, was Fassbinder in einer ebenfalls von ihm hinzugefügten Schlafsaalszene erklärt:

Pionier A: Wenn ein richtiger Krieg wär, das wär schon schöner wie jetzt.

Pionier B: Da weiß man, daß man wer war, wenn man stirbt.

Pionier A: Immer den Bürgern den armen Mann spielen, das ist kein Lebensinhalt für einen Soldaten.

»Wo kein Krieg ist, muß man sich einen schaffen«, sagt ein dritter Pionier nüchtern nach einem Kneipenbesuch – und dann tritt seine Gruppe in Aktion, und sie überfallen brutal einen zufällig vorbeikommenden Passanten. Bei Fleißer begnügen sie sich mit einem übermütigen Soldatenstreich und stecken den Passanten in einen Sack. Bei Fassbinder wird er niedergeschlagen und in einer ungewöhnlich abstoßenden Szene ausgiebig mißhandelt. Der Überfall ist streng stilisiert, insofern er in einer langen ungeschnittenen Totalen gezeigt wird. Der Zuschauer bleibt daher distanzierter Beobachter der Gewalt. Das lange Festhalten an derselben Einstellung erzeugt beim Zuschauer gleichwohl ein großes physisches Unbehagen.

Es ist natürlich kein Zufall, daß Fassbinder beschloß, *Pioniere in Ingolstadt* zu drehen, als die neue Frauenbewegung entstand. Das Stück der Fleißer ist getragen von einer stillen Verzweiflung darüber, wie unmöglich die Stellung der Frau war und wie weit entfernt die Möglichkeit einer Befreiung lag. Auch in dieser Beziehung verdeutlicht Fassbinder eine Ambivalenz, die das Stück schon enthalten hatte:

Die Mädchen in Ingolstadt haben allen Grund, sich gegen ihr kleinbürgerliches Rollenmuster und den sexuellen Zwang zu wehren. Das Problem ist, daß sich die Mädchen in ihrem »Aufstand« gegen das Kleinbürgertum an die Pioniere als Befreier klammern, obwohl die Pioniere in ihrem hemmungslosen Frauenkonsum und ihrer ebenso ungehemmten Aggressivität keineswegs eine Alternative zur kleinbürgerlichen Existenz der Mädchen, sondern vielmehr ihr Zerrbild repräsentieren. Daß die Mädchen aber auch andere Möglichkeiten haben, deutet Fassbinder in einer hinzugefügten symbolischen Szene an, in der die »emanzipierteste«, Alma, einem Feldwebel ein Bein stellt, so daß er hinfällt. Aber gleich danach ist sie bereit, die Beine für ihn breit zu machen, anstatt seinen Fall auf konstruktivere Weise auszunutzen.

Am Ende beschließt Alma, einen langweiligen Bürgerssohn zu heiraten, nach dem Motto:

»Wo eine Sicherheit ist, muß man auf die Liebe verzichten.«

Berta macht, allerdings unfreiwillig, eine Erfahrung, die mit der Almas verwandt ist. Als sie sich endlich Karl hingegeben hat, wundert sie sich darüber, daß das wirklich alles gewesen sein soll, und begreift schließlich:

»Ich glaube, wir haben was Wichtiges ausgelassen. Die Liebe haben wir ausgelassen.«

Als Karl daraufhin Berta verlassen will, läuft sie hinter ihm her, fällt aber und wird am Boden liegend mißbraucht. Sie ist verzweifelt. Ein neuer Pionier kommt vorbei und fragt, ob sie noch frei ist für den Abend. Und die bisher so tugendhafte Berta ist jetzt so verzweifelt, daß sie fast schon reflexartig die Beine breit macht, um bei dem ersten besten Trost zu suchen. Doch er geht verächtlich weiter, als er ihre allzu willige Haltung sieht. Und das Bild Bertas mit den gespreizten Beinen beendet das bittere Rollenspiel. Es ist die Rolle der Mädchen, zu lieben, und die der Soldaten, Krieg zu führen, und das hat sich nicht geändert. Vereinzelte Anläufe, gegen diese Rollen zu protestieren, haben eigentlich nur zu ihrer Bestätigung geführt.

Bei der Fleißer endet das Stück damit, daß die Pioniere weiterziehen in die nächste Stadt und dem nächsten Trupp Mädchen entgegen, während ihr Feldwebel sie warnt, daß er keine Statistik mehr tolerieren wird, aus der hervorgeht, daß 300 Pioniere in einer Stadt zu 33 unehelichen Kindern führen.

Bei Fassbinder kann der Feldwebel diese Warnung nicht aussprechen, denn er liegt schon ertrunken im See. Dafür hat eine Gruppe Pioniere gesorgt – aber auch das ist eigentlich bloß ein halbherziger Aufstand, der den Bedingungen des Systems und der Rollenstruktur folgt. Der Feldwebel wird von einem neuen ersetzt werden, und alles wird beim alten bleiben.

6. Bayern und Hollywood

Nachdem die Dreharbeiten von *Pioniere in Ingolstadt* beendet waren, legte Fassbinder acht Monate Pause ein. Für jeden anderen Filmregisseur wäre das etwas ganz Natürliches gewesen, aber für Fassbinder war es unerhört: er war es gewöhnt, ohne Unterbrechung von Film zu Film zu gehen. Die unbarmherzige Selbstkritik, die er in *Warnung vor einer heiligen Nutte* geübt hatte, zwang ihn zu einer Atempause, um seine Arbeit neu zu überdenken.

Die Warnung des Films vor den hohlen Phrasen wurde ernst genommen, und nach der Gedankenpause konnte Fassbinder ein größeres Publikum ansprechen, ohne Kompromisse mit seiner künstlerischen Integrität machen zu müssen. Er fand eine Ausdrucksweise, die, gereinigt von den formellen Provokationen seiner frühen Filme, einem breiteren Publikum entgegenkam, aber auch seinen eigenen Intentionen entsprach.

Es wäre sinnlos, Fassbinders frühe Filme dafür zu kritisieren, daß sie nur von wenigen gesehen wurden. Die Forderung, jeder Film müsse ein Millionenpublikum erreichen, gehört zu den Vorurteilen der kommerziellen Filmindustrie und des linken Populismus. Die ersten zehn Filme Fassbinders sind keine Schülerarbeiten oder Etüden, sondern voll entwickelte und reife Arbeiten innerhalb des Rahmens, den Fassbinder sich gesetzt hatte. Daß sie fast kein Publikum hatten, ist ein natürliches Ergebnis der Tatsache, daß sich die Filme ökonomisch auf einem Filmmarkt behaupten mußten, den sie ästhetisch und politisch radikal kritisierten.

Mit diesen ersten zehn Filmen kämpfte Fassbinder den Kampf, an dem Godard sich aufgerieben hat und den die meisten anderen nur theoretisch geführt haben, nämlich den Kampf *gegen* den kommerziellen Kinofilm mit seiner verlogenen Ideologie und seiner Klischeesprache und *für* eine volkstümliche, politische und unterhaltende Filmkunst in einer neuen und zugänglichen Sprache.

Die Filme, die Fassbinder anschließend machte, lassen sich weiterhin in »bürgerliche Filme« und »Kinofilme« einteilen. Aber die bürgerlichen Milieus werden nun von einer Filmsprache durchleuchtet, die sich nicht mehr cineastenhaft-spitzfindig zum Hollywoodfilm verhält, sondern den Publikumsappeal Hollywoods für Themen nutzt, die den Hollywood-Produzenten für ein breites Publikum als zumeist ungeeignet erschienen. Und die Haltungen, mit denen Fassbinders Filme nun eine existentielle und politische Wirklichkeit in den Blick nehmen, waren denen der Hollywood-Industrie diametral entgegengesetzt.

Fassbinders Filmsprache hatte sich von einer Avantgardeposition zu einer volkstümlichen, aber weiterhin kompromißlosen Erzählform entwickelt, eine Leistung, die nur wenigen bedeutenden Filmschöpfern wie Luis Buñuel und Ingmar Bergman gelang und sie fast ein ganzes Menschenleben gekostet hat. Fassbinder vollzog diese Entwicklung mit einem Sprung – und zwar als Sechsundzwanzigjähriger.

Von entscheidendem Einfluß war dabei die Begegnung mit Douglas Sirks Filmen, die buchstäblich sein Leben veränderten. Das Beste an Hollywood hatte er geliebt, ohne Sirks Filme zu kennen. Nachdem er im Winter 1970/71 sechs von ihnen gesehen hatte, reiste er mit seinem Filmteam in die Schweiz, um Sirk, der in Lugano seinen Lebensabend verbrachte, persönlich aufzusuchen.

Das erste Resultat dieser Begegnung war *Händler der vier Jahreszeiten* (1971).

Händler der vier Jahreszeiten

Hans Epp (Hans Hirschmüller) wird von den Frauen in seinem Leben mißhandelt: seine Mutter (Gusti Kreissl) nimmt ihn nicht für voll, seine große Liebe (Ingrid Caven) heiratete einen anderen aus sozialen Gründen, seine Frau (Irm Hermann) ist ihm untreu, nur seine Schwester (Hanna Schygulla) zeigt Verständnis für ihn, aber auch sie ist nicht da, als er sie braucht. Er hat sich angewöhnt, in der Kneipe Zuflucht zu suchen, und zum Schluß säuft er sich zu Tode.

Händler der vier Jahreszeiten beruht auf einer authentischen Geschichte aus Fassbinders eigener Familie, aber die Familie wird gezeigt, als spielte sie die Hauptrolle in einem Melodram von Douglas Sirk.

Der Film bildet den Auftakt zu der Auseinandersetzung mit den Geschlechterrollen, die in späteren Frauenfilmen Fassbinders stattfindet und in denen er indirekt gegen vereinfachende und bequeme Standpunkte in dieser Emanzipationsdebatte polemisiert. Für Fassbinder ist es eine Vereinfachung, ohne weiteres zu behaupten, der Mann in unserer Gesellschaft würde die Frau unterdrücken, und im *Händler der vier Jahreszeiten* zeigt er daher, welche Macht die Frau innerhalb des familiären Rahmens hat. In der bürgerlichen Familie, die er beschreibt, steht die Frau nach innen als Garantin des gesellschaftlichen Systems, das der Mann nach außen repräsentiert, und das System wiederum zielt darauf ab, die neu heranwachsende Generation in festgelegte Rahmen und Rollen zu zwängen. In diesem Film wird vor allem gezeigt, wie Hans darunter leidet und zugrunde geht, aber er ist unfähig, sich aus seiner Rolle zu befreien und sich überhaupt eine Alternative zu dem Milieu vorzustellen, in dem er nicht leben kann.

Der Film beginnt mit einer Rückblende: Hans kommt nach Hause zu seiner Mutter, nachdem er einige Jahre in der Fremdenlegion verbracht hat. Er hat verwirklicht, wovon so viele Fassbinder-Personen vor ihm nur geträumt haben: er ist aus der Bürgerlichkeit in ein exotisches Milieu geflohen. Aber die Flucht war keine Lösung, und er kehrt zurück. Die Mutter ist nicht gerade begeistert, ihren Sohn wiederzusehen – zumal, als er ihr erzählt, daß sein Freund umgekommen ist. »Immer das gleiche. Die Besten bleiben draußen, und so einer wie du kommt zurück«, ist ihre Reaktion. Hans antwortet, er habe sich verändert, womit er sagen will, er sei der Bürgerlichkeit gegenüber, der er einst den Rücken zugekehrt hatte, freundlicher gesinnt. Aber die Mutter bleibt skeptisch.

Nach diesem Rückblenden-Prolog wird in die Gegenwart gewechselt; Hans ist Obsthändler geworden und bietet in den Hinterhöfen seine Waren feil. Seine Frau Irmgard hilft ihm, wacht aber gleichzeitig mit krankhafter Eifersucht darüber, daß er nicht zu lange bei den Frauen bleibt, denen er etwas verkauft. Als ihn eine junge Frau von einem Fenster aus bittet, Birnen heraufzubringen – eine anschließende Rückblende zeigt, daß sie seine große Jugendliebe war –, wirft Irmgard ihm hinterher ungerechterweise vor, länger als nötig bei ihr gewesen zu sein. Verbittert über diese ungerechte Anklage, geht Hans in die Kneipe und betrinkt sich. Hier erinnert er sich sentimental an seine goldene Zeit als Polizist, und in einer weiteren Rückblende erfahren wir, warum er Obsthändler geworden ist:

Eines Tages bringt er eine Prostituierte auf die Wache, um ein Protokoll aufzunehmen. Sie fängt an, sich die Bluse aufzuknöpfen und ihn anzumachen. Er geht darauf ein, und während sie ihm einen bläst, taucht ein Kollege in der Tür auf und erklärt, daß er darüber Bericht erstatten werde. Als der Kollege gegangen ist, haut Hans der Prostituierten erregt eine runter. Wie immer bei Fassbinder, ist Gewalt Ausdruck frustrierter Sexualität.

In der Kneipe kommentiert der Obsthändler betrunken seinen Abschied von der Polizei:

»Natürlich war es gerecht. Was hätten sie denn machen sollen sonst? Was denn? Is doch ganz klar, daß... daß so ein Verhalten untragbar is bei der Polizei. Ich beschwer mich ja gar nicht. Wenn ich das nicht selber wüßte, daß... dann wär ich ein schlechter Polizist gewesen, oder? Und ich bin ein guter Polizist gewesen. Ein guter Polizist.«

Je mehr der Obsthändler die soziale Unterdrückung akzeptiert, deren Opfer er ist, desto mehr muß er seiner Frau gegenüber auftrumpfen, um einen Rest von Selbstachtung zu bewahren. Als sie in der Kneipe erscheint, um ihn nach Hause zu holen, erfährt sie, wonach sie sich zu richten habe:

»Ich hab gesagt, ich komm nach Hause, wann ich will, oder hörst du schlecht?! Genau dann, wann ich will, komm ich nach Hause. Und keine Sekunde früher. Klar?! Keine Sekunde. Und jetzt hau ab, sonst krachts.«

Und als sie nicht schnell genug aus der Tür verschwindet, fliegt ihr ein Stuhl hinterher!

Die Mechanismen sind deutlich, aber nicht übertrieben dargestellt. Je mehr man auf dem einen Gebiet gezwungen wird, sich zu unterwerfen, desto mehr muß man zeigen, daß man auf anderen Gebieten dominieren kann. Seine Frau braucht auch einen Menschen, an dem sie ihre Frustrationen auslassen kann, und keiner eignet sich mehr für diesen Zweck als ihre Tochter. Als sie darauf warten, daß der Vater zum Mittagessen nach Hause kommt, und die Tochter die Zeit damit ausfüllt, sich am Tisch in der Nase zu bohren, haut ihr die Mutter eine runter. Der Kreis der Gewalt schließt sich, als der Obsthändler betrunken nach Hause kommt und anfängt, seine Frau zu verprügeln, weil sie ihn ein Schwein nennt. Die Szene erreicht ihren Höhepunkt in einer dieser einfachen und genial stilisierten Situationen, an denen dieser Film so reich ist: der Obsthändler liegt auf seiner Frau und drischt auf sie ein, die Tochter steht über ihn gebeugt und haut auf ihn ein, und in der Ecke über ihnen allen hängt ein Kruzifix an der Wand. Die Szene ist etwas länger und etwas deutlicher, als sie in Wirklichkeit wäre. So wird pointiert gezeigt, welch unheimlicher Teufelskreis die Kinder in den Fehlern ihrer Eltern und die Eltern in den Klauen der Gesellschaft gefangenhält.

Am nächsten Morgen ist Irmgard verschwunden, und Hans ist verzweifelt. Dann kommt eine weitere Rückblende, eine Szene zwischen

Hans und seiner Mutter, in der Hans sagt, er wolle Mechaniker werden, während die Mutter verlangt, daß er weiterstudiert und keinen Job nimmt, bei dem man sich die Finger schmutzig macht. Die Szene endet damit, daß Hans ruft: »Ich hasse dich, Mutter«, worauf er mit pathetisch stilisierter Geste am Tisch zusammensinkt, voller Ohnmacht der Ordnung gegenüber, die seine Mutter repräsentiert. Anschließend wird zu Irmgard geschnitten, die bei seiner Mutter sitzt und sich darüber beschwert, daß Hans sie in der vergangenen Nacht überfallen habe. Schwester und Schwager des Obsthändlers sind ebenfalls da und bestärken die Mutter darin, daß Hans schon immer ein schlechter Kerl gewesen ist. Nur seine zweite Schwester nimmt ihn in Schutz und sagt, sie hätten ihn ja immer nur verachtet und ihm nie eine richtige Chance gegeben.

In der anschließenden Szene, einem stilistischen Höhepunkt des Films, will der Obsthändler seine Frau nach Hause holen. Der Obsthändler ist ganz und gar ungefährlich, als er ankommt und seine Frau anbettelt, ihn wieder mitzunehmen. Nichtsdestoweniger flüchtet Irmgard schreiend in eine Ecke des Wohnzimmers, und der tugendhafte Schwager stellt sich vor sie mit männlicher Brust, die neben dem mickrigen, kleinen Obsthändler extra breit zu sein scheint. Die hysterisch zugespitzte Situation treibt den Obsthändler dazu, auf den Schwager loszugehen. Während die beiden Männer miteinander ringen, greift Irmgard mit herrisch sadistischer Miene nach dem Telefon und ruft ihren Rechtsanwalt an und sagt, sie wolle sich scheiden lassen. Sie führt sich auf wie ein Opfer, während ihr Mienenspiel erkennen läßt, daß sie die Situation sehr wohl im Griff hat. Als sie den Hörer auflegt, singt der Obsthändler starr ein Lied vor sich hin: »Buone, buone notte, alles was man will, das kann man nicht haben.« Dann greift er sich ans Herz und sinkt bewußtlos auf dem Boden zusammmen, während die Familie sich wie die Aasgeier um ihn herumschart. Die Szene ist ein perfektes Beispiel für Fassbinders Ausspruch, Frauen verstünden es, ihre Unterdrükkung als effektives Terrormittel auszunützen. Die Szene prägt sich ein durch ihre ikonenhafte Einfachheit, die den Naturalismus, an dessen Grenze der Film sich bewegt, klar überschreitet. Wenn der Schwager die erschrockenen Frauen beschützt wie der Hahn seine Hühner oder wenn der Obsthändler in einen Gesang ausbricht, bevor er in Ohnmacht fällt, haben wir es mit einer opernhaften Stilisierung zu tun, ohne daß die Situationen als Fremdkörper wirken. In seinen dramatischen Höhepunkten steigert sich der Film immer wieder in dementsprechend völlig unnaturalistische Bilder.

Während der Obsthändler im Krankenhaus liegt, läßt sich seine Frau von einem Mann auf der Straße aufgabeln und nimmt ihn mit nach Hause zu sich ins Bett. Während des Beischlafs steht plötzlich ihre kleine Tochter in der Tür und sagt mit großen blauen Augen nur das eine Wort: »Mama!« Die Situation ist eine Parallele zu der Szene auf der Polizeiwache, wo der Polizeibeamte seinen Kollegen mit der Nutte beobachtet, und sie demonstriert noch einmal, wie die Kinder die ganze Zeit von dem Ring umschlossen werden, den das Lebensmuster der Eltern um ihre Existenz gelegt hat. Jeder andere Regisseur hätte gezögert und vermutlich darauf verzichtet, eine solch himmelschreiend pathetische Szene zu zeigen, aber Fassbinder liefert sie, ohne mit der Hand zu zittern und ohne die geringste Ironie, und deshalb trifft sie ins Schwarze. Die Szene endet damit, daß sich die Mutter von dem Liebhaber losreißt und herzzerreißend unter dem Kruzifix im Schlafzimmer weint – diesem merkwürdig ambivalenten visuellen Zeichen, das im Film jenes System repräsentiert, das die Personen verkrüppelt hat, aber auch ein Zeichen des Mitleidens mit den verkrüppelten Menschen darunter ist.

Bei einer früheren Gelegenheit wurde die Mutter übrigens auch von einem Mann auf der Straße angesprochen. Da stand sie »zufälligerweise« vor einem erleuchteten Schaufenster mit Puppen in Brautkleidern, die visuell unterstrichen, daß sie in dieser Situation wie eine Puppe behandelt wurde. Dieses Puppensymbol sollte später eine herausragende Rolle in Fassbinders Bildsprache spielen.

Am Krankenhausbett wird der Obsthändler mit seiner Frau vereint. Sie verspricht, bei ihm zu bleiben, aber die stummen, zweideutigen Blicke, die sie in der Stunde der Versöhnung austauschen, verraten, was beide wissen: sie bleibt nur, weil sie jetzt die stärkere ist. Als er wieder zu Hause ist, wird in einer einzelnen grausamen Szene gezeigt, wie definitiv die Rollen nunmehr vertauscht sind. Als sie miteinander schlafen wollen, erklärt Irmgard, daß sie ihn manchmal komisch findet, weil er viel kleiner ist als sie, und daß sie sich überhaupt bloß für ihn interessiert habe, weil er so komisch gewesen sei. Die Mechanik der Szene ist teuflisch: nachdem sie ihm eine Demütigung zugefügt hat, die auf seinen Körperbau anspielt in einer Situation, in der sie sich anschickt seinen Körper zu lieben, erzählt sie ihm, daß er trotzdem in Ordnung ist, aber auf eine Art, die ihn weiterhin tief demütigt. Ihre Taktik entspricht derjenigen, die der Ehemann in *Martha* bis zur Perfektion anwendet, doch indem Fassbinder hier eine Frau diese Taktik benützen läßt, demonstriert er, daß eine Macho-Haltung genauso gut als Waffe einer Frau gegen einen Mann eingesetzt werden kann.

Nach seinem Schlaganfall kann der Obsthändler weder arbeiten noch trinken, und so stellt er einen Mitarbeiter ein, der in den Höfen herumgeht und Waren auf Provision verkauft. Dieser Angestellte ist zufälligerweise der Kunde, den Irmgard an jenem Abend mit nach Hause nahm, und sie ist alles andere als begeistert, als sie ihn wiedersieht und durch ihn an den peinlichen Seitensprung erinnert wird, an den Riß in der kleinbürgerlichen Fassade. Sie heckt einen raffinierten Plan aus, um ihn loszuwerden: Als er sich wieder an sie heranmacht, erklärt sie, sie werde mit ihm ins Bett gehen, wenn er mehr für die Waren nähme, als er mit ihrem Mann abrechnet, und hinterher den kleinen Nebenverdienst mit ihr teilte. Er willigt ein, aber sie weiß genau, daß er entlarvt werden wird, weil ihr Mann ihm hinterherspioniert, wenn er durch die Höfe geht.

Anschließend stellt der Obsthändler seinen alten Freund Harry ein, mit dem er zusammen in der Fremdenlegion war. Das Wiedersehen der beiden Freunde ist herzlich und wird durch eine Umarmung bekräftigt, die, wie so oft zwischen Männern in Fassbinders Filmen, um einiges leidenschaftlicher ist als die Umarmung zwischen Mann und Frau.

Eines Abends schlägt der Obsthändler seiner Frau vor, daß Harry bei ihnen einzieht. Sie protestiert und greift zu den üblichen kleinbürgerlichen Phrasen:

»Ich hab nichts gegen ihn, Hans. Aber so eine Wohnung, weißt du, wir sind doch eine Familie, und da braucht man doch einen Platz, wo keiner sonst hingehört. Oder?«

Der ganze Film ist ein einziges Dementi ihres angeblichen Familienglücks. Trotzdem besteht Irmgard auf dem äußerlichen Rahmen dieser allmählich völlig inhaltsleeren Beziehung. Fassbinders visueller Kommentar zu dieser Doppeltheit ist ein äußerst morbides Spiegelbild – das einzige des Films. Im Spiegel sieht man, wie Irmgard sich eine häßliche weiße Schönheitsmaske auf das Gesicht legt, während sie Familiensolidarität heuchelt. Es ist die einzige Szene des Films, in der der Obsthändler andeutet, daß es auch andere Formen des Zusammenlebens gibt und daß sich das Gefängnis der Kernfamilie möglicherweise doch sprengen oder zumindest erweitern läßt.

Harry zieht ein, denn der Obsthändler hat seinen Willen durchgesetzt – aber es geht immer weiter bergab mit ihm. Jetzt, da er nicht mehr arbeiten kann und nichts anderes zu tun hat, ist sein Dasein sinnlos geworden. Ohnmächtig sieht er zu, wie Harry nicht nur die Arbeit übernommen hat, die einmal die seine war, sondern auch schrittweise die Familienfunktionen des Obsthändlers übernimmt, beispielsweise der Tochter bei den Schulaufgaben hilft. Mit treffender Ironie zeigt Fassbinder, wie der Obsthändler als »Arbeitgeber« vor die Hunde geht, während seine Mutter zum erstenmal stolz auf ihren Sohn ist, weil er nicht mehr selbst mit einem Wagen durch schmutzige Hinterhöfe zieht, sondern seine »eigene« Firma hat.

In seiner Depression sucht der Obsthändler seine große Jugendliebe auf. In einer früheren Rückblende sahen wir ihn – eine pathetische Szene – wie er mit einem Arm voller roter Rosen um sie wirbt, sie aber nein sagt mit der Begründung, ihre Eltern wollten nicht, daß sie jemanden heiratet, der nur Obsthändler ist. Jetzt ist sie mit einem anderen verheiratet und zieht sich mit der Bemerkung »Wir müssen uns beeilen, mein Mann kommt bald« bereitwillig aus. Doch der Obsthändler, der nicht wegen eines schnellen Ficks gekommen ist, geht wieder.

Als er seine Lieblingsschwester aufsucht, hat auch sie keine Zeit, da sie anderntags eine Seminararbeit abliefern muß. Sie ahnt, daß etwas mit ihm nicht stimmt, als er sagt, er grüble zu viel herum, antwortet ihm aber nur kurz, man könne gar nicht zu viel denken, eher zu wenig, und vertieft sich wieder in ihr Buch. Sie finden nie heraus, was der andere eigentlich gemeint hat. Der Obsthändler ist völlig gefangen in seiner psychischen und sozialen Situation, was sich vielleicht erkennen, aber nicht durch Nachdenken ändern läßt. Seine Schwester hingegen lebt sozusagen vom Denken und weist deshalb mit Recht darauf hin, daß man nie zu viel denken kann. In dieser kurzen Sequenz liegt eine Kritik der sozialen Rollen, die Arbeit und Denken voneinander trennen, und die Szene wird in *Angst essen Seele auf* wieder aufgegriffen und vertieft, als der Gastarbeiter sagt: »Viel denken – viel weinen«. Dagegen protestiert die Putzfrau. Sie sieht ein, daß das auf seine Situation zutrifft, findet aber trotzdem falsch, daß es so sein soll. Wenn Menschen in einer Situation sind, in der es weh tut zu denken, dann stimmt etwas nicht, schließt sie, denn was soll man mit seiner ganzen Zeit anfangen, wenn man nicht auch denken darf?

In der Situation des Obsthändlers wird das Denken schließlich völlig destruktiv. Am Ende beschließt er (der Arzt hatte ihm seinerzeit gesagt, Alkohol in größeren Mengen sei wegen seines schlechten Herzens tödlich für ihn), zielbewußt in die Kneipe zu gehen, und zwischen den Schnäpsen, die er in sich hineinkippt, folgt die letzte Rückblende des Films, eine Situation aus der Fremdenlegion in Marokko: ein Marokkaner hat ihn gefangengenommen und droht, ihn zu erschießen. Im letzten Augenblick wird er gerettet, obwohl er eigentlich sterben wollte. »Warum habt ihr mich nicht sterben lassen?« sagt er vorwurfsvoll, und dann kommt der Schnitt in die Gegenwart, wo er tot am Kneipentisch umsinkt. Beim Begräbnis erscheint im Hintergrund die große Liebe des Obsthändlers und trägt einen Strauß Rosen, ähnlich dem, den er mitbrachte, als er vergebens um ihre Hand anhielt. Auch ihre Liebe war kälter als der Tod, und erst nach seinem Tod hat sie seine Rosen in den Arm genommen.

Inspiriert wurde dieser Film, abgesehen von der Geschichte von Fassbinders Onkel, sicher auch durch Theodor Fontanes Roman *Effi Briest*, den zu verfilmen er schon damals plante. Weder Effi noch der Obsthändler lernen aus ihrem Schicksal, sondern erleiden es. Darum enden beide tragisch. Irgendwann, als der Obsthändler längst schon den Lebenswillen verloren hat, ist er zum Nachmittagskaffee bei seiner Mutter eingeladen, wo sich die ganze Familie zum Sahnetortenritual versammelt hat. Seine studierende Schwester fängt an, die andern Familienmitglieder anzugreifen, weil sie den Obsthändler immer wegen seines Berufs verachtet haben. Aber er bittet sie, mit ihrer Kritik aufzuhören, denn in Wirklichkeit sei die Verachtung der anderen berechtigt. Er akzeptiert völlig die kleinbürgerlichen Normen, die ihn gefangenhalten und kaputtmachen. Als er zum Schluß allein am Küchenfenster sitzt und nachdenkt, ahnt er vielleicht, daß es eine bessere Existenzform gibt, aber da ist er schon so fertig, daß er anstatt zu kämpfen lieber wie Effi Briest sein eigenes Scheitern zugibt und daraus die Konsequenzen zieht.

Händler der vier Jahreszeiten erzählt eine Geschichte, die eine sozialrealistische Darstellung vermuten läßt, aber nichts liegt Fassbinder ferner. Der Film ist konsequent stilisiert, oft in einem solchen Maße, daß die einzelnen Szenen sich erweitern und zu einem archetypischen Ausdruck kleinbürgerlicher Lebensform werden, die der Film kritisch beleuchtet. Ohne auch nur einen Augenblick in billigen Karikaturen zu landen, gerät jeder einzelne Satz, jedes Bild und jede Dekoration eine Spur überdeutlich. Wenn Irmgard beispielsweise in der Küche steht und Hackfleisch knetet, trägt sie ein Kleid, dessen rot-weißes Muster bis aufs Tüpfelchen zu dem Fleisch in ihren Händen paßt. Das Kleid ihrer Tochter ist ein bißchen zu weiß und zu hübsch und das Haar etwas besser frisiert, und für die sonntagnachmittägliche Kaffeetafel sind die Kleider eine Spur festlicher, als man erwarten würde. Und als Irmgard am Schluß über den Tod ihres Mannes weint, hat sie etwas größere Glycerintränen in den Augen als normal wäre.

Auch die Figuren haben die ganze Zeit etwas Überdeutliches, was schon in der Gestaltung der Dialoge liegt und noch unterstrichen wird von den Schauspielern, die nicht den geringsten Versuch machen, ihre Worte »natürlich« klingen zu lassen. Und obwohl der Film in seiner Bildfolge ganz traditionell aussehen mag, sind auch die Schnitte etwas langsamer als in einem normalen Film, ohne deswegen an die provozierende Langsamkeit der ersten Filme anzuknüpfen. Das ist besonders auffällig in den beiden Lachszenen: In der einen lachen die Obsthändler und seine Frau wie Verschwörer darüber, daß er auf die Idee gekommen ist, seinen Angestellten hinterherzuspionieren; in der anderen wird herzlich und befreiend gelacht, als der Obsthändler seinen alten Freund Harry wiedertrifft. Anstatt sich die Hand zu geben, sehen sie sich aus ein paar Meter Entfernung in die Augen und lachen zusammen. Das Lachen wird in die Länge gezogen wie ein prickelndes Vorspiel, bevor sie sich in die Arme fallen.

So fatal es wäre, Fassbinders Gangsterfilme als Karikaturen des Hollywoodfilms aufzufassen, so mißverständlich wäre es, den *Händler der vier Jahreszeiten* als Karikatur des Kleinbürgertums zu betrachten. In dem gewählten Stil liegt Fassbinders präzise und nuancierte Haltung zu dem, was er zeigt. Niemand kann bezweifeln, daß er die vorgeführten Menschen liebt, aber indem er ihr Milieu mit einem unnatürlichen Akzent auf den Sätzen durch Kostüme und Dekorationen verdeutlicht, die konkreter Ausdruck der Kleinbürgerlichkeit sind, zeigt er eine Distanz zwischen den Personen und ihrem Milieu und demonstriert gleichzeitig, wie ihre Gedanken und Handlungen durch dieses Milieu geprägt sind. Obwohl der Film in schmerzlicher und bitterer Ausweglosigkeit verharrt, während Schritt für Schritt der Untergang des Obsthändlers geschildert wird, ist es kein pessimistischer Film. Indem Fassbinder die etwas asynchrone und unbeholfene Beziehung der Personen zu ihren Worten und ihrem Milieu in den Brennpunkt rückt, zeigt er einen Mangel an Harmonie, der konstruktiv sein kann. Diese konstruktive Disharmonie, diese Chance zur Veränderung steckt auch in einem wichtigen Dialog zwischen der Tochter des Obsthändlers und dessen Lieblingsschwester, während er selbst im Krankenhaus liegt. Die Tochter hat Angst, daß ihr Vater stirbt, aber die Schwester tröstet sie: »Er wird leben, wenn er will.« Später wird dieser Satz in einem Tonschnitt wiederholt, und seine zentrale Stellung trägt dazu bei, den Film über den Fatalismus herauszuheben, den eine oberflächliche Kritik ihm anheften könnte.

Das Schicksal des Obsthändlers ist nicht das einzig mögliche. Es war auch wichtig, die Möglichkeiten des persönlichen Willens zu unterstreichen, besonders in den 70er Jahren als die politisch-kulturelle Debatte, die den Menschen in erster Linie als Produkt unmenschlicher Verhältnisse sah, leicht zu politischer Enthaltsamkeit und Handlungsunfähigkeit führte.

Trotz Fassbinders scharfer Kritik an der bürgerlichen Gesellschaft verhielten sich die tonangebenden Kreise der neuen Linken reserviert. War seine Gesellschaftskritik auch »korrekt« genug? War sie nicht zu individualistisch begründet?

Fassbinder, dem so oft Defätismus vorgeworfen worden war, hätte zu Recht einwenden können, daß gerade der Defätismus ein naheliegendes Risiko ist, wenn man nicht auch daran festhält, daß der Wille des Einzelnen, zu handeln und zu verändern, eine treibende Kraft der Geschichte ist.

Indem Fassbinder zeigt, zu welchem Resultat die Zerstörung des Lebenswillens beim Obsthändler führt, zeigt er auch die Notwendigkeit lebensbejahenden Handelns seitens der Zuschauer. Aber er ist kein Schullehrer, der den Zuschauern mit erhobenem Zeigefinger sagen will, *was* sie zu tun haben, wenn sie die Welt verändern wollen. Er ist der sokratische Künstler, der aufdeckt, wo die vorhandenen Lebensmöglichkeiten gescheitert sind, und darauf hinweist, daß Veränderung nötig ist.

Die Notwendigkeit von Veränderung ist in Fassbinders Werk selten so herzergreifend geschildert worden wie in der Geschichte des kleinen Obsthändlers.

Die bitteren Tränen der Petra von Kant

Petra von Kant (Margit Carstensen) hat sich vor einiger Zeit scheiden lassen, weil sie sich von ihrem Mann unterdrückt fühlte. Sie verliebt sich in Karin (Hanna Schygulla), aber kaum sind sie zusammengezogen, fängt sie selbst an, Karin zu unterdrücken. Als Karin sich von ihr getrennt hat, stellt Petra sich vor, sie könne ein gleichwertigeres Verhältnis zu ihrem stummen Dienstmädchen Marlene (Irm Hermann) haben – aber Marlene interessiert sich nicht für Gleichstellung.

Dieser Film ist das erste volkstümliche Meisterwerk unter Fassbinders »Kinofilmen«, das Gegenstück zum »bürgerlichen« *Händler der vier Jahreszeiten.* Hier wird das Hollywood-Genre des »Frauenfilms« aufgenommen, aber mit einer weiblichen Hauptfigur, deren Vorstellungen stark von der Frauenbewegung der 70er Jahre geprägt sind.

Die erste Szene enthält eine Hommage an Hollywood: Petra von Kant diktiert einen Brief an jemanden, dem sie Geld schuldet, und bittet um

Zahlungsaufschub. Er heißt Joseph Mankiewicz, genau wie der Regisseur des Hollywood-Melodrams *All about Eve* (Alles über Eva, 1950). Dieser Film, in der Personenkonstellation dem Film Fassbinders gleichend, handelt von einem scheuen jungen Mädchen, das einer großen Theaterdiva vorgestellt wird und mit einer merkwürdigen Mischung aus Unschuld und Ellenbogen allmählich die Position der Diva übernimmt. Fassbinder kann direkt schildern, was Mankiewicz in einem Hollywoodfilm von 1950 nicht möglich war: den lesbischen Unterton des Dramas.

Natürlich ging es Fassbinder nicht darum, die Thematik des Mankiewicz-Films zu kopieren, sondern vielmehr weiterzuführen. Im *Händler der vier Jahreszeiten* hatte er sich von der Geschichte seines Onkels inspirieren lassen: hier war es ein Liebesdrama aus dem eigenen Leben. Er gab offen zu, daß er selbst Petra war und Karin Günther Kaufmann, während Peer Raben in dem treuen Dienstmädchen Marlene porträtiert war.[1]

Die selbständige Modeschöpferin Petra von Kant lebt in tiefem Konflikt mit sich selbst. Sie stellt sich nämlich eine Neugestaltung des Geschlechterrollenmusters vor und letztlich der gesellschaftlichen Verhältnisse, die sich in den Geschlechterrollen spiegeln. Da aber Petras Bewußtsein in nicht geringem Maße von den Verhältnissen geprägt ist, die sie geändert sehen möchte, entsteht ein fundamentaler Zwiespalt in ihr.

Von Anfang an hat Petra die Zuschauer auf ihrer Seite. In dem einleitenden Gespräch zwischen ihr und ihrer großbürgerlichen Freundin Sidonie von Grasenabb (nach der gewandtesten Figur in *Effi Briest*), vertritt Petra die »richtigen« Meinungen. Sie erzählt, sie habe ihren Mann aus Protest gegen das traditionelle Geschlechterrollenmuster verlassen und stellt sich eine Beziehung zwischen freien und selbständigen Menschen vor. Sidonie dagegen sieht keinen Grund, die Dinge zu verändern. Sie hatte zwar Probleme mit ihrem Mann, hat sie aber nach traditioneller Frauenart gelöst.

Sidonie: Schau Petra, Lester und ich, wir hatten doch auch so eine Zeit, da hat es ausgesehen, als wäre jetzt Schluß. Da war etwas wie Überdruß, auch Ekel. Und ... Man muß sehr klug sein, weißt du, sehr verständnisvoll und voller Demut. Als Frau, da hat man Möglichkeiten, die muß man zu benutzen wissen.

Petra: Ich wollte keine Möglichkeiten nutzen, Sidonie, schon gar nicht Möglichkeiten, wie sie »Frauen« haben. Ich hab auf Taschenspielertricks verzichten wollen.

Sidonie: Tricks, Petra? Ich ...

Petra: Ja, das sind Tricks. Schmuh, meinetwegen. Was da herankommt, das ist Unfreiheit und Zwang. Wenn ich ein Wort wie Demut höre, dann ...

Sidonie: Nicht spotten, Petra. Nicht spotten, bitte. Lester und ich, wir sind jetzt glücklich, wirklich! Die Demut hat sich ausgezahlt. Er glaubt, er würde mich beherrschen, ich laß ihm diesen Glauben, und letztlich, wirklich, setz ich meinen Willen durch.

Petra: Schau, Liebste, ich versteh ja, was du sagst. Das mag ja auch ganz richtig sein, für dich und Lester. Vielleicht ist dieser Zwang im Kopf genau das, was ihr braucht. Doch ... weißt du, Fred und ich, wir sollten eine schöne Liebe lieben. Und schön, das hat für uns bedeutet, immer ganz genau zu wissen, was geschieht, bei einem selbst und auch beim andern. Wir wollten keine dumpfe Ehe führen, die Verfahrensweisen hat, die sich ergeben. Wir wollten immer neu entscheiden, immer wach sein, immer ... frei.

Sidonie: Ich weiß nicht, Petra, daß man sich so schwermacht, was auch einfach sein kann. Verfahrensweisen beispielsweise sind doch dazu da, bewußt zu werden. Wer muß immer Neues finden, wo das Vorhandene doch bewährt ist, also gut.

Petras verständliche und wohl begründete Reaktion gegen das bestehende Geschlechterrollenmuster schlägt allerdings gegen Ende des Gesprächs in einen fast pathologischen Männerhaß um. Sie erzählt in dem folgenden Dialog, wie Frank ihre gemeinsamen Ideale verraten habe:

Petra: Und dann fing Zug um Zug die Ehrlichkeit zu sterben an. Ich glaube, ich hätte mich getäuscht, in ihm, in mir, da hab ich Schluß gemacht. Schluß damit, ihn zu lieben. Das letzte halbe Jahr war schrecklich, glaub mir, schrecklich! Natürlich hat er es gemerkt, daß es vorbei ist, gespürt zumindest. Er hats nicht hingenommen, nein. Er war auch da nicht wirklich klug. Er hat versucht, die Frau, wenn auch nicht ganz, so doch im Bett zu halten. Da kam der Ekel. Er hats versucht mit Technik, mit Gewalt. Ich hab ihn über mich gelassen. Habs ertragen. Doch ... mir kam der Mann so dreckig vor.

Sidonie: Petra!

Petra: Er stank! Er stank nach Mann. Wie Männer eben stinken. Was vorher reizvoll für mich war ... jetzt hatte ich nur Brechreiz, Tränen in den Augen. Und wie er mich bestieg ...

Sidonie: Nicht, Petra! Bitte.

Petra: Jetzt hör dir die Geschichte gefälligst auch zu Ende an. Er nahm mich wie ein Bulle seine Kuh. Kein Fünkchen Achtung mehr und kein Gedanke an den Spaß der Frau. Die Schmerzen, Sidonie, die Schmerzen kannst du dir nicht träumen lassen. Und wenn ich manchmal doch... die Scham! Die Scham. Ich hab mich so geschämt. Er hat geglaubt, ich heul aus Liebe, aus Dankbarkeit. Er war so dumm, so dumm. So dumm sind Männer.

Obwohl Petra am Anfang viel Sympathie erregt, deutet Fassbinder an, daß sie ihre schönen Theorien vielleicht nicht so ehrlich meint, wie es den Anschein hat, ganz zu schweigen von ihren Möglichkeiten, sie zu verwirklichen. Er stellt gleichsam visuelle Warnschilder auf. Zu Beginn ihres Gesprächs mit Sidonie zeigt er die beiden Frauen mit zwei Schaufensterpuppen und stellt so eine deutliche Assoziation her. Petra und Sidonie erscheinen als Puppen, in ihren Gedanken und Gefühlen als Produkte einer Gesellschaft, die in dem Film durch die Symbole der Modewelt beschrieben wird. Das Bild widerlegt Petras kritische Äußerungen über die Geschlechterrollen. Der Widerspruch zwischen ihren Meinungen und ihren realen Möglichkeiten wird in der Kameraeinstellung festgehalten. Sie beginnt im Gesicht der sich schminkenden Petra und entfernt sich anschließend in einem Zoom, der sowohl das Spiegelbild als auch die »wirkliche« Petra festhält. Die Spiegelwirkung ist konkreter Ausdruck von Petras Doppeltheit, für ihren Konflikt zwischen einer bürgerlichen Lebensweise, die sie geprägt hat, und einem neuen Lebensmuster, das sie selbst zu formen versucht. Der ausführliche Schminkvorgang wird zu einem symbolischen Ausdruck von Petras Spaltung: während sie von der Freiheit spricht, verschanzt sie sich hinter einer Maske. Während sie von der Notwendigkeit spricht, mit den gesellschaftlichen Rollenmustern zu brechen, verwandelt sie sich in eine geschminkte Schaufensterpuppe. In dieser Szene wird in einem visuellen Symbol die fundamentale Spannung des Films zwischen dem, was Petra sagt, und dem, was sie tut, ausgedrückt.

Die Glaubwürdigkeit Petras wird von Anfang an auch durch das merkwürdige Verhältnis zum Dienstmädchen Marlene in Frage gestellt, dessen ständige räumliche Anwesenheit als die stumme, unterdrückte Dienstbotin Petras emanzipatorischen Ideen stark widerspricht. Die erste Begegnung zwischen Petra und Sidonie ist aus Marlenes Blickwinkel durch eine Glaswand gefilmt. Sie lehnt sich mit der Hand gegen die Glaswand, und der Film nimmt in dieser Einstellung Partei für sie. Man erwartet fast, daß sie in ihrem Protest die Glaswand zwischen sich und der Bourgeoisie auf der anderen Seite zertrümmert. Aber sie tut es nicht. Sie gehorcht Befehlen, daran hat sie sich gewöhnt, und das hat sie lieben gelernt. In der Beziehung zu Marlene hat Petra längst die Rolle übernommen, die sie Sidonie gegenüber kritisiert und die in der geschlechtspolitischen Phraseologie »Männerrolle« genannt wird. Die Rollenverteilung spiegelt sich in einer vielsagenden Bildkomposition in der Szene, in der Petra einen Brief an Marlene diktiert. Petra sitzt auf dem Bett, im Verhältnis zu einem großen Gemälde an der Wand in charakteristischer Position. Sie sitzt direkt unter dem nackten Mann, dessen Penis kompositorisch Petras Rolle gegenüber Marlene charakterisiert. Marlene befindet sich außerhalb des Bildes, aber in ihrer Richtung ist auf dem Gemälde eine nackte liegende Frau zu sehen, die sich dem Mann, d. h. Petra, unterworfen hat.

Das stumme Dienstmädchen Marlene scheint seine totale Unterdrükkung geradezu *gewählt* zu haben – genau wie der Neger Whity in dem gleichnamigen Film. Sie ist Petras Instrument und Arbeitstier, das ihrer Herrin auf einen Wink gehorcht. Sie ist so unterdrückt, daß ihre einzige Überlebensmöglichkeit darin besteht, ihre eigene Unterdrückung zu wählen, um so aus ihrer aufgezwungenen eine freiwillige Lebensbedingung zu machen. Deshalb empfindet sie schließlich, genau wie Whity, nachgerade einen gewissen Stolz auf ihren Status als Dienerin. Marlenes Liebe zu Petra ist, kombiniert mit ihrer sozialen Unterdrückung, zu purem Masochismus degeneriert: Sie genießt es, herumkommandiert zu werden.

Als Petra kurz nach diesem Ausbruch Karin begegnet und sich in sie verliebt, kommt es zu einem ernsten Konflikt zwischen Petras Idealen und ihrer Fähigkeit, sie zu verwirklichen. Sie fällt in die Muster zurück, von denen sie sich ursprünglich befreien wollte. Sidonies Ausspruch, Frauen hätten sich zu unterwerfen, hatte sie zwar heftig widersprochen, aber Karin gegenüber nimmt sie die dominierende Rolle ein und belehrt sie, »man muß demütig sein, um das, was man begreift, besser ertragen zu können«. Sie hatte zwar Sidonie gegenüber das Scheitern ihrer Ehe damit erklärt, daß es unerträglich sei, mit einem Menschen vierundzwanzig Stunden am Tag zusammenzusein, sagt aber zu Karin: »Ich könnte ewig umarmt sein von dir«, und versteht nicht, daß Karin sagt: »Wir können doch nicht vierundzwanzig Stunden am Tag rummachen an uns.« Und als Karin eine ganze Nacht wegbleibt, um sich »mit einem großen schwarzen Mann mit einem großen schwarzen Schwanz« zu amüsieren, bricht Petras Welt völlig zusammen, und es kommt zu einem Bruch zwischen ihnen. Petra, die theoretisch dafür eintritt, daß man sich nicht gegenseitig besitzen darf und daß beide Partner in einer Beziehung ihre volle Freiheit haben müssen, erleidet jämmerlich Schiffbruch, als ihre Ideen in der Praxis bestehen sollen.

Für Karin gibt es keinen Unterschied zwischen ihrem Bewußtsein und ihrer Praxis. Sie entstammt dem Proletariat und weiß, daß es in der Welt nicht besonders lustig zugeht. Als ihr Vater aus Altersgründen auf die Straße gesetzt wurde, erstach er ihre Mutter mit einem Messer und erhängte sich. Obwohl Karin aber ganz konkret weiß, daß Chancen und Güter dieser Welt ungerecht verteilt sind, hat sie kein proletarisches Bewußtsein im engeren politischen Sinne. Sie denkt nicht an eine generelle Veränderung der gesellschaftlichen Verhältnisse.

Dafür ist sie mit ausreichend Chuzpe ausgestattet, um für sich selbst die Verhältnisse zu ändern und an der niedrigsten Stelle über den Zaun zu springen, hinüber zu den Privilegierten. Zu diesem Zweck kann sie Petra gebrauchen. Karin ist käuflich. Petra braucht Liebe. Karin will vorwärtskommen in der Welt, und auf dieser Grundlage kann man mit Gefühlen und sozialem Rang handeln. Karin wird bei Petra Modell und verbringt dafür ihre Zeit in Petras großem Doppelbett. Ihr Verhältnis erreicht seinen Höhepunkt, als Karins erstes Foto in die Zeitung gekommen ist. »Ich liebe dich«, ruft Karin spontan und entzückt und will Petra mit einem Kuß belohnen. Petra, die etwas früher in derselben Sequenz Karin vergeblich um einen Kuß und eine Liebeserklärung angebettelt hatte, weicht nun zurück, weil ihr plötzlich die böse Ironie des Tauschhandels aufgeht. Für Karin hingegen ist dieses Geschäft kein Problem. So sind eben die Bedingungen in unserer Gesellschaft. Das Leben mit Petra ist leichter und angenehmer, als auf den Strich oder in die Fabrik zu gehen, aber das Prinzip ist dasselbe. In diesem Wissen liegt Karins unmittelbare Qualität. Sie besitzt eine gewisse unverdorbene Robustheit, einen ehrlichen Pragmatismus, der bewirkt, daß sie jedesmal Petras Heuchelei entlarvt. So will Karin durchaus Petra beim Wort nehmen, als diese davon redet, daß beide Seiten ihre volle Freiheit haben sollen. Aber als Karin in die Tat umsetzt, wovon Petra nur träumt, und hinterher von ihrem nächtlichen Abenteuer erzählt, ist Petra außerstande, den Tatsachen ins Auge zu sehen. »Das ist nicht wahr, lüg mich an«, bettelt sie verzweifelt.

Petras zermürbender Konflikt führt, nachdem Karin sie verlassen hat, zum großen Zusammenbruch. An ihrem Geburtstag wartet sie vergebens auf einen Telefonanruf von Karin. Sie liegt allein auf dem Fußboden, pathetisch aus einer Ginflasche trinkend, vor Verzweiflung völlig aufgelöst. In dieser Stimmung bekommt Petra Besuch, erst von ihrer

Tochter, dann von ihrer Freundin Sidonie und schließlich von ihrer Mutter, also Repräsentantinnen von drei Generationen des Bürgertums, in dessen Netz Petra hilflos zappelt.

Die Tochter Gabi lebt in dem unsicheren Niemandsland, in dem sie nicht mehr Kind und noch nicht Erwachsene ist und in dem sie versuchen muß, innerhalb der Voraussetzungen, die sie mitbekommen hat, das Leben zu wählen, das sie leben möchte. Empört distanziert sie sich von der herrischen Art, mit der die Mutter Marlene behandelt, aber diese Kritik an der Mutter hat etwas Komisch-Selbstbeweihräucherndes an sich, als zielte der vorsichtige Protest weniger darauf ab, die Verhältnisse für Marlene zu verändern, als der Mutter gegenüber zu betonen, daß ihre Tochter erwachsen wird und zu ihren eigenen Ansichten findet. Mit einer Sprache, die sie von dem Milieu übernommen hat, das sie kritisiert, verkündet sie: »Ich will an deinem Geburtstag nicht streiten mit dir, Mutter, aber du sollst doch wissen: ich bin in diesen Sachen ganz und gar nicht deiner Ansicht.« Ihr keimender Aufruhr besteht genau wie bei der Mutter aus Ideen, aber es fehlt ihr die Tatkraft, sie zu verwirklichen.

Als Sidonie erscheint, um ihr zum Geburtstag zu gratulieren, wird uns noch einmal die klatschhaft-intrigante Bourgeoisie präsentiert. Sidonie liefert ein boshaftes Geburtstagsgeschenk ab, eine Puppe, die wie Karin angezogen ist, und bringt ständig kleine Sticheleien über Karin vor. Und als Petras Mutter daraufhin wie die Inkarnation von Banausentum auftritt, läuft Petra Amok, zerschmettert ihr Ginglas und fängt an, alles kurz und klein zu schlagen, während sie den Geburtstagsgästen die gröbsten Wahrheiten ins Gesicht schleudert. Zum Schluß liegt sie völlig aufgelöst heulend vor ihnen auf dem Fußboden und möchte nur noch sterben.

Petras hemmungslose Aggressionsabfuhr hat etwas von einem Läuterungsprozeß, und nach dieser heftigen Explosion ist Luft für einen kurzen, intimen Augenblick zwischen Petra und ihrer Mutter Valerie, in dem die beiden Frauen plötzlich für einen Moment offen füreinander sind. Nach ihrer Todessehnsucht und Selbstzerstörung wird Petra neu geboren, und dieselbe Bewegung von Tod zu Geburt liegt auch im Bewußtsein der Mutter. Sie erzählt friedlich, daß sie immer öfter das Grab des Vaters besucht, und erinnert sich an die Geburt Petras vor 35 Jahren. Sie hat wieder angefangen, in die Kirche zu gehen, um Trost zu finden. Dann gibt es folgenden Wortwechsel:

Valerie: Man muß den Mut haben zu glauben. Jeder braucht irgendeinen Trost. Jeder, Petra. Und ... Jeder ist einsam ohne Gott.

Petra: Nein, Mutter. Das ist kein Trost. Man muß lernen zu lieben, ohne zu fordern.
Valerie: Das ist dasselbe, Petra, glaub mir.

Dieser einfache Dialog ist einer der überraschendsten und tröstlichsten in der gesamten Produktion Fassbinders. In diesem ungemein enervierenden, zermürbenden Film, in dem die Menschen sprechen und sprechen, ohne sich je nahezukommen, und in dem Petra die Mutter kurz zuvor Schmarotzer und Nutte genannt hat, verstehen sich die beiden plötzlich. In ihrem Alltag sind sie weit voneinander entfernt, und sie haben kaum je ein sinnvolles Gespräch miteinander geführt, aber plötzlich erleben sie, daß sie, obwohl jede vom eigenen Standpunkt aus und in ihrer eigenen Sprache spricht, trotzdem dieselbe Sache meinen. Möglich, daß ihr Alltag sie schnell wieder voneinander entfernen wird und daß keine von ihnen die Erkenntnis, die sie plötzlich miteinander verbindet, realisieren kann. Aber sie haben erlebt, daß die Menschen, wenn sie alle äußerlichen Fassaden abstreifen, alle ideologischen Schutzmaßnahmen fallenlassen und wirklich versuchen, miteinander zu sprechen, eine Gemeinsamkeit erleben, die weiterträgt. In dieser kurzen Sequenz hat sich eines der grundlegenden Spannungsverhältnisse in der Welt Fassbinders, das zwischen Mutter und Sohn/Tochter, plötzlich aufgelöst und in tiefe Harmonie verwandelt.

Die katholische Vorstellungswelt spielte bis dahin eine negative Rolle in Fassbinders Filmen. In seinen bürgerlichen Wohnzimmermilieus hat er oft Kruzifixe oder andere religiöse Symbole an die Wand gehängt, um anzudeuten, von welchem Milieu seine Personen geformt sind. In seinen extremeren Filmen und Theaterstücken hat er auf katholische Rituale angespielt und sie als wahnwitzig orgiastische oder vampirische Konsequenz dargestellt. Aber in den *Bitteren Tränen der Petra von Kant* zeigt er zum erstenmal die positive Seite des christlichen Glaubens. Das Evangelium selbstloser Liebe ist hier bloß eine andere Art, Petras mühsam erworbene Erfahrungen zu formulieren.

»Ich glaub, der Mensch ist so gemacht, daß er den anderen Menschen braucht, doch ... hat er nicht gelernt, wie man zusammen ist«, seufzt Petra am Anfang des Films. Zum Schluß hat sie gelernt, daß das Ganze davon handelt, »zu lieben, ohne zu fordern«. Was für Petra als Theorie beginnt, wird zum Schluß eine Erfahrung. Sie ist die erste »positive« Fassbinder-Figur in dem Sinne, daß sie nicht zugrunde geht, sondern am Filmende klüger geworden ist.

Aber was soll Petra mit ihrem veränderten Bewußtsein anfangen, wenn ihre Umwelt sich nicht geändert hat? Der Erkenntnis folgt eine kränkende Niederlage. Petra bietet Marlene an: »Wir wollen in Zukunft wirklich zusammenarbeiten, du sollst den Spaß haben, der dir zusteht. Du sollst glücklich sein können.« Aber als Antwort verläßt Marlene nun Petra, wortlos. Als Marlene die Möglichkeit erhält, ein gleichgestelltes Leben zu führen, in dem sie nicht mehr Petras Sklavin ist, sondern ihre Partnerin, muß sie entsprechend ihrer gesellschaftlich programmierten psychischen Struktur Petra verlassen. Mit einem solchen Leben käme sie nicht zurecht.

Die bitteren Tränen der Petra von Kant sind ursprünglich für das Theater geschrieben, und im Bühnentext endet das Stück anders als im Film: Als Petra Marlene freigegeben hat, sagt sie zu ihr: »Erzähl mir aus deinem Leben.« Dann fällt der Vorhang.

Dieser Schlußsatz ist ein Echo von Petras erster Aufforderung an Karin. Bedeutet dies, daß der Teufelskreis jetzt von vorn beginnt, oder ist der Kreis durchbrochen, und etwas Neues kann beginnen? In der Bühnenversion läßt Fassbinder die letzte Möglichkeit offen, nicht aber im Film.

Als im Film Marlene Petra verläßt, nimmt sie außer ihrem persönlichen Besitz auch einen Revolver mit. Er taucht an dieser Stelle zum erstenmal auf, was zweifellos verwirrend ist. In Fassbinders ersten Gangsterfilmen war der Revolver eindeutig Macht- und Phallussymbol, und so läßt er sich auch hier deuten. Er kann ein Symbol der Unterdrükkung sein, die Petra gegenüber Marlene in den Bereichen Erotik und Arbeit ausübt und die sie jetzt aufgeben, Marlene aber weitergeführt sehen möchte. Darum nimmt Marlene das Symbol der Unterdrückung mit – nicht um den Revolver wegzuwerfen oder um damit neue Unterdrücker zu bekämpfen, sondern um ihn ihrem nächsten Unterdrükker zu schenken, damit wieder Ordnung und Disziplin in ihr Leben kommt.

Fassbinder selbst hat über den Schluß gesagt,[2] der Revolver sei ein Bild dafür, daß Marlene die ganze Zeit die Möglichkeit hatte, sich gegen ihre Unterdrückung zu wehren, aber beschloß, diese Möglichkeit nicht wahrzunehmen. Er ist ein Bild ihrer unausgenutzten Kräfte. Ihr Bewußtsein ist stets und überall von denen geformt, denen sie dient. Damit ist sie zufrieden, und sie wünscht keine Veränderungen. Petras fromme Vorsätze interessieren sie nicht. Petra ist durch ihren Traum von einer neuen Gemeinschaft noch einsamer geworden, als sie zu Beginn war.

Das Revolversymbol ist nicht besonders gelungen und stellt eine interessante Frage nach dem Gebrauch von Symbolen überhaupt. Wenn der

Revolver in Fassbinders frühen Gangsterfilmen als Symbol fungiert, so deswegen, weil er vor allem auf der realistischen Ebene fungiert: er gehört zu den vorgeführten Situationen, und danach kann man ihn noch symbolisch deuten oder es sein lassen, ganz nach Belieben. Doch das Problem mit Marlenes Revolver ist, daß es, realistisch gesehen, ziemlich unwahrscheinlich ist, daß sie – oder Petra – einen Revolver versteckt hat. Wo kommt er her, und welche Funktion soll er auf der realistischen Ebene des Films haben? Er ist *in erster Linie* ein Symbol, und darum überzeugt er nicht.

Ebensowenig überzeugt, daß Petra in dem Moment, als Marlene geht, »The great Pretender« von The Platters auflegt. Gerade dieses Lied ist eine recht deutliche Charakterisierung Petras – und eigentlich auch eine unangebracht demonstrative Negation der Möglichkeit, daß sie überhaupt imstande ist, sich zu ändern. Mit dem Revolver und dem Lied ist Fassbinder nahe daran, seine Hauptperson zu verraten und sein »doppeltes« Menschenbild zu einer automatischen Geste zu reduzieren, während es sonst ganz organisch aus seinen Filmen hervorgeht.

Die Doppeltheit ist beispielsweise analytisch konsequent und emotional bewegend in der grundsätzlichen Kritik des Films an dem in unserer Kultur üblichen Bild der Liebe. Der Film beschäftigt sich mit einem Thema, das in Fassbinders Welt von fundamentaler Bedeutung ist: Ist die Liebe eine Alternative zur herrschenden Unfreiheit, oder ist sie vielmehr eine Reproduktion dieser Unfreiheit?

Petras Liebe zu Karin entsteht dadurch, daß Karin *anders* ist als Petra: sie spricht eine natürlichere Sprache, reagiert spontan und ohne Hintergedanken, besitzt eine Ehrlichkeit, die in Petras heuchlerischem Modemilieu schlecht gedeiht. Aber sobald Petra Karin zu sich nach Hause ins Doppelbett gelotst hat, fängt sie im Namen der Liebe an, Karin zu »erziehen«, ihr »Kultur« und gute Manieren beizubringen, kurzum, gerade die Unterschiede zu beseitigen, die die Liebe ausgelöst haben.

Fassbinders Kritik an den Geschlechterrollen und Zweierbeziehungen ist radikal, aber indem er die Person, die diese Kritik formuliert, als falsch und verlogen darstellt, vermeidet er, daß der Film wie eine Heilsbotschaft wirkt. Seine Kritik wird um so fundamentaler, als Fassbinders Sprachrohr im Film selbst dem kritisierten Rollenmuster unterliegt. Bei der neuen Frauenbewegung hat diese Dialektik den Film jedoch nicht populär gemacht – doch Fassbinder hat in seinem ganzen Schaffen an dieser Dialektik festgehalten.

Die bitteren Tränen der Petra von Kant hat auch auf der ästhetischen Ebene eine Doppeltheit, nämlich in der Fähigkeit des Films, Film zu sein, nicht obwohl, sondern weil er von Anfang bis Ende ein gefilmter Dialog ist! Waren Fassbinders bisherige Filme äußerst lakonisch in ihrem sprachlichen Ausdruck, so zeigt er hier, daß zwischen Sprache und Film kein Gegensatz zu bestehen braucht und daß auch Sprache gefilmt werden kann. Diese Tendenz wird in *Fontane Effi Briest* weiter entwickelt, so daß die Sprache schließlich vielleicht die eigentliche Hauptrolle spielt.

Der problematische Schluß der *Bitteren Tränen der Petra von Kant* kann nichts daran ändern, daß der Film, ebenso wie der *Händler der vier Jahreszeiten,* ein frühes Hauptwerk in Fassbinders Œuvre ist. Er ist ein Produkt der merkwürdigen Fähigkeit seines Schöpfers, sich mitten in seine Zeit zu stellen und zugleich außerhalb von ihr zu stehen.

Wildwechsel

Die 14jährige Hanni (Eva Mattes) beginnt ein Verhältnis mit dem 19jährigen Arbeiter Franz (Harry Baer). Er wird wegen Verführung einer Minderjährigen zu 9 Monaten Gefängnis verurteilt. Als er auf Bewährung entlassen wird, setzen sie ihre Beziehung fort, und Hanni wird schwanger. Sie fürchtet sich vor dem Zorn ihres Vaters und bringt Franz dazu, den Vater zu töten. Im Gefängnis bringt sie ihr Kind zur Welt, das so verkrüppelt ist, daß es nicht überlebt.

Wildwechsel beruht auf einem Theaterstück von Franz Xaver Kroetz, mit dem Fassbinder früher zusammengearbeitet hatte. Kroetz war in der antiteater-Produktion *Zum Beispiel Ingolstadt* aufgetreten, und Marieluise Fleißers Dialogform sollte eine entscheidende Rolle für das dramatische Werk Kroetz' spielen. Obwohl die Dialoge in *Wildwechsel* mit wenigen Hinzufügungen und einigen Streichungen dem Bühnenmanuskript Kroetz' entnommen sind, wirkten sie so »fassbinderisch«, weil beide Autoren von Fleißer beeinflußt sind.

Wildwechsel gehört zu Fassbinders Analysen des kleinbürgerlichen Lebens, und während im *Händler der vier Jahreszeiten* Douglas Sirk auf die bayrische Provinz übertragen wurde, ist *Wildwechsel* eine Art bayrischer James-Dean-Film über Generationskonflikte – und Fassbinders einziger »Jugendfilm«.

Fassbinder zelebriert bis ins Detail die Ikonographie der 50er Jahre, von der zerknitterten Unterwäsche der Darsteller und dem Bildnis der Jungfrau Maria mit dem Kind über dem Doppelbett bis zu Franz' Moped und Nylonjacke mit einer bunten Landkarte von Korea. Ursprünglich hatte Fassbinder den Film übrigens »Koreanischer Frühling« nennen wollen, womit Franz Xaver Kroetz aber nicht einverstanden war. Aus der Jukebox ist ständig Paul Anka mit »Diana« zu hören und »You are my Destiny«, diesen Schlagern der 50er Jahre, die förmlich riechen nach Pickeln, Achselschweiß und Onanie. Das Leben findet auf Sparflamme statt, und zu der sparsamen Lebensform gehören auch wortkarge Dialoge, in denen alle Komplikationen auf Redensarten und Sentenzen reduziert sind, die aber unfreiwillig verraten, daß auch die mühseligen Alltagserfahrungen gewissermaßen in Poesie gemeißelt werden, beispielsweise wenn der Vater lakonisch seine Lebenserfahrung zusammenfaßt:

»Ohne ein Geld gibt's keine Liebe, und ohne ein Beruf keine Frau.«

Schon in der ersten Szene wird deutlich, daß alles, was passiert, auf erotische Frustrationen zurückgeht: Hannis Eltern sind an einem Samstagmorgen zusammen im Badezimmer, der Vater schlägt vor, daß sie sich wieder ins Bett legen, aber die Mutter findet, daß sich das nicht gehört. Dann sprechen sie über den wöchentlichen Tippschein. Der Vater weiß, daß es idiotisch ist, ihn auszufüllen, da man ohnehin nie gewinnt, aber genauso idiotisch ist es, vor dem Fernseher zu sitzen und sich das Resultat anzusehen und zu wissen, daß man nicht mitgespielt hat: die Gesellschaft durchschauen zu können bedeutet noch lange nicht, sich darüber hinwegsetzen zu können. Als der Vater sich dann wieder allein ins Bett gelegt hat, kommt die 14jährige Hanni und wirft sich über ihn in einer Mischung aus kindlicher Unschuld und aufflakkernder erotischer Glut. Die Mutter ist ausgeschlossen, und was dem Verhältnis der Eltern untereinander fehlt, ist in der Beziehung zwischen Vater und Tochter vorhanden.

Nachdem Hanni sich schließlich mit Franz eingelassen hat, gilt die stille Verbitterung des Vaters auch dem Umstand, daß seine Tochter jetzt das Leben erleben wird, das ihm aus den Händen geglitten ist. Er möchte, daß Franz zum Tode verurteilt wird – und wenn die Behörden das nicht wollen, ist er Manns genug, die Angelegenheit selbst zu regeln. Unter Hitler hätte man so etwas nicht durchgehen lassen. Da wäre so ein Typ ins KZ gekommen. Aber heute ist ja alles anders:

»Da spürst es ebn doch, daß mir kein Regime mehr habn sondern eine Regierung.«

Obwohl der Vater so furchtbare Ansichten vertritt, wird über ihn nicht der Stab gebrochen, sondern er wird als Mensch gezeigt, der anders ist als seine Ansichten. Eine wesentliche Entschuldigung dafür, daß er solche Meinungen hat, liegt in einer dieser resignativen »Fleißerschen« Sentenzen, die eine tiefere Einsicht enthalten, als er selbst weiß:

»Mir warn keine Jugend, sondern Soldaten.«

Und doch sehnt sich der Vater nach den Verhältnissen, die ihm seine Jugend geraubt hatten. Er gibt zu, daß das mit den Juden nicht richtig war, aber ansonsten hätten die Nazis in vielem recht gehabt. Fassbinder hat selten so deutlich wie in diesem Film gezeigt, wie sehr das Kleinbürgertum noch immer von Wertvorstellungen des Nationalsozialismus geprägt ist.

Und diese werden an die Kinder weitervererbt. Wenn Hanni keinen anderen Ausweg sieht, als den Vater umzubringen, übernimmt sie die Werte ihres Vaters, so wie dieser die Werte des Nationalsozialismus übernommen hatte. Es ist zwar Franz, der notgedrungen den Revolver betätigt, aber Hanni wiederum wirft sich in orgiastischer Freude über die Leiche des Vaters und badet ihre Hände in seinem Blut. Sie stammt in direkter Linie von den Vampiren in Fassbinders antiteater ab, aber auch von Hitchcocks *Psycho,* diesem Meisterwerk über den Mord als einem Produkt sexueller Frustrationen: Als die Polizei zum erstenmal kommt und Franz festnimmt, hängen im Vorzimmer seines Chefs einige ausgestopfte Vögel, ähnlich denen, die in *Psycho* im Hinterzimmer des Wächters Norman Bates hockten und seine Tugend bedrohten.

Fassbinders Porträt von Hanni ist doppelbödig. Darum muß er, wenn sie ihrer Mutter versichert, daß sie Franz liebt, nicht nur ein, sondern zwei Spiegelbilder einsetzen, um ihre Aussage zu dementieren. Und wenn Hanni bei Kroetz im Bett mit Puppen spielte, so muß Fassbinder der Deutlichkeit halber auch zeigen, daß sie weiterhin Franz wie eine Puppe behandelt, die man gebrauchen und wegwerfen kann. Er dichtet eine makabre Szene dazu, in der sie mit Franz in ihrem Bett liegt, vom Schlafzimmer der Eltern nur durch eine dünne Wand getrennt, und ihn damit aufzieht, welche Konsequenzen die Kastrationsdrohungen des Vaters haben:

»Dich müßtert man kastrieren, einfach wegschneiden und fertig, hat er gesagt.«

Hannis Kindlichkeit hat nichts Versöhnliches, weil sie nur die Abgestumpftheit der Erwachsenen widerspiegelt. Das wird in der Gefängnisszene am Schluß deutlich, als Hanni resigniert zu Franz sagt, was die Erwachsenenwelt sie gelehrt hat:

»Das war keine richtige Liebe. Das war nur körperlich mit uns. Ich hab es dem Gericht gesagt.«

Und Franz, der sie genug geliebt hat, daß er ihretwegen einen Menschen tötete, liebt sie immer noch so sehr, daß er ihren Gedankengang nicht stören will und ihr darum zustimmt:

»Eine richtige Liebe hat uns nie verbundn, das sag ich auch. – Hättst einen Namen gehabt für den Bubn?«

Aber aus seinem Blick und seiner wehmütigen Stimme geht hervor, daß es für ihn ganz anders war. Und während er in den Gerichtssaal geführt wird, hüpft Hanni in den Kästchen zwischen den Schatten, die das spärliche Sonnenlicht auf den Fußboden des Gefängniskorridors zeichnet: das Bild eines verkrüppelten Kindes, das in seinem Wachstum gehindert wurde.

Franz Xaver Kroetz war sehr unzufrieden mit Fassbinders Deutung seines Manuskripts und meinte – zu Unrecht –, Fassbinder habe die Personen »verraten«[3]. Kroetz gewann einen Prozeß, in dem er verlangte, daß zwei Szenen entfernt wurden, die Fassbinder hinzugefügt hatte. In der einen versucht der Vater, seine Tochter zu verführen, und in der anderen versucht sie, einen Gastarbeiter zu verführen, während ihr Freund im Gefängnis sitzt. Fassbinder rechtfertigte beide Szenen damit, daß sie eigentlich nichts anderes zeigten, als was ohnehin im Manuskript stand. Darin hat er recht, und deshalb schadet es dem Film eigentlich nicht, daß die Szenen gestrichen werden mußten.

Vielleicht liegt es an den Schwierigkeiten mit Kroetz, daß Fassbinder sich von *Wildwechsel* distanzierte und ihn sogar auf die Liste der zehn »ekelhaftesten« neuen deutschen Filme setzte. Dazu besteht kein Grund. Der Film ist ein beeindruckendes Beispiel dafür, wie Fassbinder in seiner Personenschilderung an der doppelten Perspektive festhalten kann, daß er kritisiert, wofür die Personen eintreten, diese aber trotzdem versteht und sie bis ins letzte verteidigt.

7. Fernsehserien

Ein Film kann volkstümlich sein, selbst wenn das große Publikum es zunächst gar nicht merkt. Dieses Schicksal erlebten in gewissem Maße der *Händler der vier Jahreszeiten* und die *Bitteren Tränen der Petra von Kant*. Beide Filme sind unmittelbar zugänglich und unterhaltsam, und ganz zu Unrecht ließ der Publikumserfolg erst einmal auf sich warten, was wohl an Fassbinders Ruf als schroffem und unzugänglichem Avantgardisten lag.

Um diese Vorurteile zu überwinden, beschloß Fassbinder, seinem Publikum entgegenzukommen, und machte zwei Fernsehserien: die fünfteilige Familienserie *Acht Stunden sind kein Tag* und die zweiteilige Science-fiction-Serie *Welt am Draht*. Und mit beiden hatte er das Publikum in der Hand!

Acht Stunden sind kein Tag

In *Acht Stunden sind kein Tag* ging Fassbinder zunächst von den Klischees der Familienserie aus, stellte aber zugleich seine Figuren in eine Reihe von Dramen und Entscheidungssituationen, die sich direkt auf erkennbare alltägliche Familien- und Arbeitssituationen bezogen. Ohne auf unmittelbare Unterhaltung zu verzichten, gelang es Fassbinder, Vorurteile und Denkgewohnheiten auf den Kopf zu stellen und einfache, überraschende, leicht verständliche Lösungen für politische Probleme anzubieten, die im Kielwasser der Studentenbewegung seinerzeit eher in Form von Schlagworten und theoretisierender Phrasendrescherei behandelt wurden.

Fassbinder macht sich nicht klüger oder besser als sein Publikum. Er zeigt, daß man mit Hilfe kleinbürgerlicher Lebensklugheit und einfachem Nachdenken revolutionärer handeln kann als diejenigen, die all die »revolutionären« Phrasen gelernt haben, sie aber eher zur Selbstbestätigung brauchen als in Handlung umsetzen. Und er zeigt, daß es trotz allem möglich ist, sinnvolle Unterhaltung zu machen und auf unterhaltsame Weise Sinnvolles zu sagen.

Fassbinder machte die Serie natürlich nicht nur für das große Publikum, sondern auch zu seinem eigenen Vergnügen und um mehr über die Probleme zu lernen, mit denen er sich beschäftigte. Daraus entstand seine Solidarität mit dem Publikum. *Zusammen* mit dem Publikum macht er ein Experiment: *Wenn* wir nun dies und jenes täten und nicht mehr das, woran wir gewöhnt sind, dann *könnten* wir vielleicht dies und jenes erreichen.

Der elegische Weltschmerz der früheren Filme hat einem übermütigen Optimismus Platz gemacht, der nie gekünstelt wirkt, weil er sich ständig in der Praxis auf die Probe stellt. Und genau in diesem Punkt unterscheidet er sich von der üblichen Fernsehunterhaltung.

1. Jochen und Marion

Der erste Teil der Serie beginnt mit einer Szene, die sich als Signatur für die ganze Serie auffassen läßt. Wir befinden uns auf Omas Geburtstagsfeier, Oma wohnt bei ihrer Tochter Käthe und deren Mann Wolf. Deren erwachsener Sohn, der Metallarbeiter Jochen, wohnt auch zu Hause. Er holt eine Flasche Sekt und trägt sie unwillkürlich wie ein Potenzsymbol vor sich her, und dann spritzt er den Inhalt obendrein noch unfreiwillig der säuerlichen Tante Klara in den Schoß, die sich wiederum mit einer Ohrfeige revanchiert. Die Liebe ist in dieser Serie nicht kälter als der Tod, sondern spritzig wie Sekt. Und ungefähr wie diese Einleitungssignatur wirkt die ganze Serie. An diesem Abend werden auch noch andere Ohrfeigen ausgeteilt: Harald, der Schwiegersohn, haut seiner kleinen Tochter eine runter, weil sie nicht ordentlich am Tisch sitzt. Schließlich ruft die Königin des Abends, die Oma, verärgert, ob es sich hier um eine Schlägerei oder einen Geburtstag handele, und dann tanzen Jochen und die Oma zusammen. Sie sind die beiden Hauptpersonen der Serie. Sie verstehen sich besser als alle anderen und geben sich die ganze Zeit gegenseitig Schützenhilfe bei ihren mehr oder weniger verrückten Aktionen, treiben die Leute zur Verzweiflung und schaffen sinnvolle Handlung und Unterhaltung für alle.

Spät am Abend geht Jochen auf die Straße und besorgt am Automaten noch eine Flasche Sekt. Hier trifft er Marion. Gottfried John und Hanna

Schygulla spielen die beiden Rollen auf eine Art, die direkt auf Humphrey Bogart/Lauren Bacall oder Cary Grant/Katherine Hepburn in den von Fassbinder heiß geliebten Hollywoodkomödien zurückgeht. Ein Dialogzitat vermag allerdings keinen Eindruck von dem sehr präzise getimten Schnitt und der großen Musikalität der Dialoge geben, die dieser und vielen anderen Szenen eine slapstickhafte Komik verleiht. Marion steht vor einem Automaten mit Gurken. Sie hämmert mit der Faust darauf herum. Nichts passiert. Dann drückt sie auf den Knopf, um ihr Geld zurückzubekommen. Immer noch tut sich nichts. Dann hämmert sie hysterisch los.

Jochen: He!

Marion: Wie bitte?

Jochen: Ich hab he gesagt, ja? Sie schlagen ja den ganzen Kasten zusammen.

Marion: Oh, ich hab gehört, daß sie »he« gesagt haben.

Jochen: Sie haben aber »wie bitte« gefragt. Verzeihung.

Marion: Was!? Habe ich »wie bitte« gefragt. Wieso sollte ich denn »wie bitte« gefragt haben?

Jochen: Na, weil ich »he« gesagt habe. He! Klar!

Marion: Stimmt, Sie haben he gesagt. Wieso haben Sie denn he gesagt?

Jochen: Na, weil Sie den ganzen Kasten zusammenschlagen.

Marion: O nein, ich schlage nicht den ganzen Kasten zusammen, sondern ich will nur das raushaben, was ich reingesteckt habe, nämlich für zwei Mark Essiggurken.

Jochen: Na ja, auch wenn man schwanger ist, muß man nicht alles kaputttreten, was einem in die Quere kommt.

Marion: Schwanger? Habe ich richtig gehört? Sie haben schwanger gesagt?

Jochen: Ja, schwanger.

Marion: Also doch!

Jochen: Na, welche Frau klopft nachts um ... 9 Uhr 30 total hysterisch gegen einen Essiggurkenautomaten, wenn sie nicht schwanger ist!

Marion: Ich bin nicht schwanger und nicht hysterisch. Ich bin nicht einmal verheiratet.

Jochen: Nein?

Marion: Nein! Und ich habe auch nicht vor ... Und überhaupt, geht Sie das gar nichts an.

Jochen: Wenn Sie nicht schwanger und nicht hysterisch und nicht verheiratet sind, dann könnten Sie ja mit mir zum Geburtstag meiner Oma kommen.

Marion: Ich weiß überhaupt nicht, warum ich mich so lange mit Ihnen abgebe. Schwanger. Typisch Mann. Einfach nachts ne Frau beschimpfen. Schwanger! sowas ist mir überhaupt ... Was haben Sie gesagt? Zu Ihrer Oma!?

Jochen: Ja, zum Geburtstag.

Marion: Der meint es wirklich ernst, verflucht. Sie meinen es wirklich ernst.

Jochen: (nickt)

Marion: Okay. Gut, ich komm mit.

Jochen: Schön. Dann wollen wir mal sehen, warum die Essiggurken nicht rauskommen. (Er drückt auf den richtigen Knopf, ein Gurkenglas kommt heraus. Er nimmt das Glas und geht aus dem Bild.)

Jochen: Man muß eben ein Mann sein, vernünftig und mit klarem Kopf. (Marion schlägt gegen den Automaten. Ein zweites Gurkenglas kommt heraus. Sie nimmt es und folgt ihm triumphierend.)

Zu Hause stellt Jochen, jetzt auf diszipliniertere Weise, Marion die ganze Versammlung vor – und damit den Zuschauern die Hauptpersonen der Serie. Im Laufe des Abends gewinnen Jochen und Marion natürlich Sympathie füreinander, und die Ereignisse können ihren Lauf nehmen.

In Jochens Fabrik bekommen er und die Kollegen eine Aufgabe, zu deren Ausführung die Betriebsleitung reichlich wenig Zeit eingeplant hat. Falls es ihnen gelingt, innerhalb der vorgesehenen Zeit fertig zu werden, sollen sie einen Leistungszuschlag bekommen. Jochen erfindet einen Mechanismus, mit dessen Hilfe die Arbeit schneller ausgeführt werden kann als vorgesehen; die Werksleitung ist zufrieden, streicht aber die Prämie, mit der die Arbeiter schon längst gerechnet haben. Die Leitung erklärt das damit, daß sie ja jetzt auch nicht soviel arbeiten müssen, um die Aufgabe zu lösen. Dann passieren plötzlich die merkwürdigsten Unfälle in der Fabrik: das Material geht während der Arbeit kaputt, und alles deutet darauf hin, daß die Arbeiter doch nicht rechtzeitig fertig werden, es sei denn ...! Fassbinder zeigt, daß die Arbeiter, wenn sie nur zusammenhalten und ihre Möglichkeiten ausnutzen, z. B. die Produktion so sabotieren, daß die Sabotage als Mißgeschick erscheint, ihr primäres Ziel erreichen können: daß die Leitung sich an alle Absprachen hält, die sie mit ihnen getroffen hat.

Die Arbeitsplatzproblematik ist einfach, überschaubar und unterhaltsam dargelegt. Charakteristisch und schön ist z. B. die Szene, in der Jochen Marions sechsjährigem Bruder die Probleme in der Fabrik erklärt. Die Szene dient zwei Zwecken: die Problemstellung wird ganz natürlich erklärt, so daß nicht nur ein Sechsjähriger, sondern auch Außenstehende verstehen können, worum es geht, und das tut Fassbinder souverän, ohne sich dem Zuschauer gegenüber lehrbuchhaft-theoretisierend oder pädagogisch herablassend zu verhalten. Außerdem zeigt die Szene, daß man ein ordentliches und vernünftiges Gespräch mit Kindern führen und sie genauso in den Alltag miteinbeziehen kann, wie man selbst in den Alltag der Kinder einbezogen wird. Die gesamte Serie hindurch wird großen Wert darauf gelegt, zu zeigen, daß man Kinder als Gleichberechtigte behandeln kann und nicht mit ihnen umgehen muß wie die Erwachsenen in den bisherigen Spielfilmen Fassbinders. Als Jochen bei Marion und ihrem kleinen Bruder eingezogen ist und eines Abends nackt mit Marion im Bett liegt, klopft der Bruder an die Schlafzimmertür und fragt mit der selbstverständlichsten Miene der Welt: »Seid ihr fertig?«, bevor er sich zu ihnen aufs Bett setzt. Solch eine Situation kommt durchaus nicht in jeder Familienserie – oder Familie – vor.

Marion arbeitet in einem Büro, zusammen mit ihrer Freundin Irmgard (Irm Hermann), einem kleinbürgerlichen, prüden Mädchen, das folgendermaßen vorgestellt wird:

Irmgard: Du kennst ihn doch erst seit gestern, Marion.
Marion: Ich bin meiner Sache ganz sicher, Irmgard. Ganz sicher. Das ist der Richtige. Der und sonst keiner.
Irmgard: Was macht er denn?
Marion: Wie – was macht er denn?
Irmgard: Was er macht?
Marion: Was er macht. Was er macht?
Irmgard: Was er arbeitet. Mein Gott.
Marion: Ach, du willst wissen, was er arbeitet?
Irmgard: Ja. Ich will wissen, was er arbeitet.
Marion: Er ... er ... Ich weiß es nicht.
Irmgard: So! Du liebst jemanden, von dem du noch nicht mal weißt, was er arbeitet. Das kann ja heiter werden.
Marion: Das stimmt: S wird bestimmt sehr heiter.
Irmgard: Und was machst du mit Peter?
Marion: Ja. Mit Peter.
Irmgard: Ja. Mit Peter.

Marion: Ich werds ihm sagen.

Irmgard: Du kannst es ihm doch nicht einfach sagen, Marion. Sagen! sowas ... sowas bringt man jemandem bei: Bei sowas ist man ganz vorsichtig. Bei sowas, da läßt man sich auch ein Hintertürchen offen, bei sowas, da ...

Marion: Hör auf, hör auf. Irmgard. Ich werde es ihm sagen. Einfach sagen. Ich mag nicht solche ... solche schmutzigen Tricks.

Irmgard: Schmutzige Tricks! Wie gemein! Wie gemein du bist.

Marion: Ich mag keine schmutzigen Tricks. Auch nicht bei Männern.

Irmgard: Schau, Peter hat später sein sicheres Einkommen. Peter hat einen Beruf, bei dem er sich die Hände nicht schmutzig macht. Peter geht Freitag nicht sein Geld versaufen und schlägt dich, Peter ist ...

Marion: Peter ist Peter und Jochen ist Jochen.

Irmgard: Jochen! Schon der Name.

Der Dialog enthält versteckte Zitate aus den beiden gleichzeitig entstandenen Kinofilmen Fassbinders. Aus dem *Händler der vier Jahreszeiten* ist die Redensart der Mutter zitiert, es sei wichtig, eine Arbeit zu haben, mit der man sich die Hände nicht schmutzig macht, und aus den *Bitteren Tränen der Petra von Kant* stammt ein Meinungsaustausch über schmutzige Tricks im Kampf um und gegen die Männer, ein Zitat, das später in einer entsprechenden Sequenz in *Martha* auftaucht. Daß Fassbinder sich immer wieder selbst zitiert, ist weder als Insider-Joke gemeint noch Zeichen von Einfallslosigkeit. Die Zitate drücken die Kontinuität eines Werks aus, dessen einzelne Filme sich grundlegend voneinander unterscheiden, und sie machen zugleich deutlich, daß alle Figuren bei Fassbinder Produkte desselben kleinbürgerlichen Milieus sind. Die Denkgewohnheiten, Vorurteile und Klischees der Personen gleichen sich, aber trotz ähnlicher Bildungsgrundlage unterscheiden sich die Personen in ihrer Art, mit ihren Problemen umzugehen. Während Petra der bürgerliche Alltagsmensch ist, der Niederlagen erleidet, aber nicht aufgibt, ist Marion das Abenteuer-Mädchen, das sich immer adäquat verhält, während Martha sich zu einem pathologischen Fall entwickelt und zugrunde geht.

Als Jochen im ersten Teil der Serie Marion trifft, lernt Oma ihren Gregor kennen. Sie begegnet ihm in einem Park, wo er allein auf einer Bank sitzt und »Lady Chatterley« liest, eine genaue Vorstellung eines lieben, einsamen alten Menschen, der sich die Dinge erliest, im Gegensatz zur Oma, die sie stets verwirklichen will. Ihre Begegnung findet bei einer der kleinen »Aktionen« Omas statt. Sie sieht zu, wie ein Parkwächter die Kinder vom Rasen verjagt, weil es verboten ist, dort zu spielen, obwohl sie nirgendwo sonst spielen können und obwohl der Rasen zu nichts anderem zu gebrauchen ist. Empört schreitet Oma ein. Sie schleppt den friedlich lesenden Gregor zum Parkwächter, stellt sich als Abgesandte der Stadtverwaltung vor und Gregor als Inspektor und dokumentiert ihre falsche Identität ungeniert mit ihrem Rentnerausweis, den der Parkwächter aus lauter Verwirrung nicht ordentlich liest. Oma beschwert sich darüber, daß er das neue Rundschreiben der Stadtverwaltung, nämlich daß die Kinder ab sofort auf den öffentlichen Rasenflächen spielen dürfen, offenbar nicht gelesen habe. Dies sei Bestandteil des neuen nationalen Langzeitprojekts, gute, gesunde Sportler für die künftigen olympischen Spiele heranzuziehen. Der Mann erhält einen Rüffel für seine Unwissenheit, den er mit militärischem Gehorsam entgegennimmt, und ab sofort dürfen die Kinder auf den Grünflächen spielen.

Wenn eine Person der Fernsehserie das Sprachrohr Fassbinders ist, dann Oma. Diese kleine Szene demonstriert, daß ihre und Fassbinders Handlungsprinzipien sich weitgehend gleichen. Oma nutzt die Autoritätsgläubigkeit des Durchschnittsdeutschen, um sich mit einem harmlosen Rentnerausweis als »Vertreterin« der Stadtverwaltung zu präsentieren, und setzt auf diese Weise ihre anarchistischen Ideen durch; Fassbinder nutzt die Begeisterung des Durchschnittsdeutschen für Familienserien, um seine radikalen Familien- und Gesellschaftsideen zu präsentieren. Beide arbeiten pragmatisch innerhalb des bestehenden Systems und nutzen die Schwächen des Systems aus, um es zu zersetzen. Die dogmatischeren Linken schüttelten mitleidig den Kopf über Omas und Fassbinders naiven »Reformismus« und zogen es vor – wie Gregor, ehe er Oma kennenlernte – zu studieren, wie die Dinge sein könnten, anstatt sie zu verwirklichen. Ihnen hält Fassbinder entgegen, was Oma zu Gregor sagt: »Lernen hat noch nie geschadet, aber Denken ist besser.« Und mit »denken« meinen Oma/Fassbinder keine unfruchtbare theoretische Hirnarbeit, sondern eine Tätigkeit, die sich immer wieder neu in der Praxis beweist. Damit geht zwar immer das Risiko einher, sich zu irren und in peinliche Situationen zu geraten, wofür es auch Beispiele in der Serie gibt. Oma hat oft Pech, aber ihre Irrtümer sind der Preis, den man für die außerordentlich gelungenen Aktionen bezahlen muß. Oma ändert die Dinge. Und wo gehandelt wird, geschehen Irrtümer. Wo ausschließlich theoretisiert wird, kann man immer glauben, man sei im Recht, weil man nie durch die Praxis widerlegt wird.

Wenn die meisten bisherigen Arbeiten Fassbinders sich damit beschäftigten, wie die Leute ganz konkret leben, und sich mit einer Kritik an den eingeschränkten Möglichkeiten begnügten, so liefert die Fernsehserie immer wieder alternative Lebensentwürfe. Das bedeutet, daß sich die Serie auch stilistisch von allen bisherigen Filmen Fassbinders unterscheidet. Der langsame, zögernde Rhythmus, in dem er bisher geschnitten hatte, und die unglaublich langen Kameraeinstellungen, die einen weltschmerzartigen Zustand ausdrückten, sind durch einen schnellen und belebteren Schnittrhythmus und eine Flut pointierter Zoom-Bewegungen ersetzt worden, ohne daß der Stil deswegen ins allzu Weitläufige umschlüge. Die Serie hat viele komödienhafte Elemente, beispielsweise den abgedroschenen Witz von dem Pärchen (Jochen und Marion), das sich mitten auf der Straße küßt, ohne zu merken, daß sie eine ungeduldig hupende Autoschlange verursachen, und erst aus dem Rausch erwachen, als ihnen ein Polizist freundlich auf die Schulter tippt. Oder der ewige Familienstreit, wer morgens zuerst das ständig besetzte Badezimmer benutzen darf. Und stilistisch erinnert die Serie vielleicht am meisten an Howard Hawks Komödien wie *Bringing Up Baby* (Leoparden küßt man nicht). Der Unterschied ist allerdings, daß Hawks und Fassbinders übrige klassische Vorbilder menschliche Gefühle und Konflikte in einem sozial absolut leeren Raum beschreiben, während Fassbinder seine Personen immer in Beziehung zum Klassenkampf setzt – nicht dem Kampf als einem theoretischen Phänomen in einem marxistischen Lehrbuch, sondern dem Kampf als unzähligen kleinen, praktischen Alltagsdingen.

Das bedeutet z. B., daß Jochen und Marion, als sie sich zum erstenmal nach Omas Geburtstagsfeier wiedersehen, nicht in erster Linie über Gefühle und dergleichen sprechen, sondern über ihre alltägliche Arbeit, und wenn Jochen und seine Freunde abends in die Stadt gehen, um etwas zu trinken, erzählen sie sich keine weit hergeholten Witze, sondern sprechen – selbst im allerseligsten Schwips – von ihren täglichen Problemen am Arbeitsplatz. Aber nicht einen Augenblick spürt man in diesem Dialog einen erhobenen Zeigefinger. Fassbinders Regie ist so souverän und sein Dialoggespür so sicher, daß er die Dialoge sich organisch aus der gegebenen Situation entwickeln läßt, als realistisches Beispiel dafür, daß ein alltägliches Gespräch unter Menschen nicht aus witzigen Hollywood-Zitaten besteht, sondern immer damit zu tun hat, woraus das eigene Leben primär besteht, nämlich der Arbeit.

Wenn Fassbinder für das Fernsehen arbeitet, kann das einzelne Bild natürlich nicht so ausgearbeitet sein wie bei seinen Filmen für die große Kinoleinwand. Anstatt Einzelbilder zu komponieren, komponiert Fassbinder jetzt öfter rasch zusammengeschnittene Sequenzen, was aber nicht ausschließt, daß er sich bisweilen in sorgfältig komponierten Einzelbildern ausdrücken kann. Auf den Einsatz von Spiegelwirkungen kann er nicht ganz verzichten. Ein Beispiel dafür ist die Szene, in der Marion ihrem bisherigen Freund erzählen soll, daß sie sich in Jochen verliebt hat. Da ist sie – natürlich – doppelt mittels eines Spiegels zu sehen, der zeigt, daß sie zwischen zwei Männern steht, von denen sie den einen als guten Freund behalten möchte und den anderen gern zum Mann hätte. Und in den vielen Situationen mit Jochen und Marion als verliebtem Paar sind die Nahaufnahmen oft von farbenprächtigen Blumen eingerahmt. In der Szene im vierten Teil, als sie endgültig beschließen zu heiraten, zoomt die Kamera auf das Bild eines idyllischen Dorfes an der Wand hinter ihnen, als wollte Fassbinder sagen, daß sich diese Situation in Wirklichkeit in einem fernen italienischen Traumdorf abspielt und nicht in der deutschen Provinz. Auch seine Neigung zu makabrem Realismus kann Fassbinder nicht immer zugeben, selbst wenn er es versucht: In einer anderen Szene, in der sich Jochen und Marion küssen, zoomt er auf eine Kellnerin im Hintergrund, die sich, während sie neidisch die Liebenden betrachtet, mit fieberhaften, onanieartigen Bewegungen mit einem Lippenstift den Mund rot malt. Sie ähnelt einem dieser Provinzmädchen aus Ingolstadt, das sich in diese Traum-Serie verirrt hat.

2. Oma und Gregor

Der zweite Teil der Serie handelt hauptsächlich von Omas verrücktester und konstruktivster Idee: einer regulären Hausbesetzung. Sie und Gregor beschließen, zusammenzuziehen und eine Wohnung zu suchen, doch das ist leichter gesagt als getan, denn mit ihrer kleinen Rente können sie nicht jede Miete bezahlen. Oma beschließt deshalb vernünftigerweise, nur eine Durchschnittsmiete zu bezahlen, nämlich 20% des Nettoeinkommens, also 217 Mark und keinen Pfennig mehr. Sie sehen sich eine Wohnung nach der anderen an, finden für diesen Preis aber nichts Geeignetes.

»Die Sachen sind eben, wie sie sind«, seufzt Gregor resigniert. »Sind sie eben nicht. Überhaupt nicht sind sie das!« erwidert Oma und setzt sich in den Kopf, ihm das zu beweisen. Einem der Vermieter, denen sie und Gregor bei der Wohnungssuche begegnen, schleudert sie in einem hysterischen Anfall die Wahrheit ins Gesicht: »Wissen Sie, was Sie sind? Ein Schwein sind Sie, ein Ausbeuter. Ein Blutsauger sind Sie, ein Blutegel, eine Ratte, ein ... mir fehlen die Worte.«

Dergleichen bekommen die Zuschauer manchmal in Fernsehreportagen über junge Hausbesetzer zu hören. Fassbinder holt die Worte aus ihrem gewohnten und daher im Grunde ungefährlichen Zusammenhang, legt sie der sympathischen Oma in den Mund und zeigt, daß sie allen Grund hat, so zu reden. Es kommt noch schlimmer: In der nächsten Szene wird sie sogar selbst zur Hausbesetzerin. Bei ihrer Wohnungssuche treffen sie und Gregor ständig spielende Kinder auf der Straße. Sie haben keinen Kindergartenplatz und laufen ständig Gefahr, von Autos überfahren zu werden. Sie kommen auch an einer Bibliothek vorbei, die geschlossen werden soll. Die altjüngferliche Bibliothekarin meint verbittert, die Leute in diesem Arbeiterviertel hätten eben keine Lust zu lesen. Lauter ungebildetes Pack! sagt sie. Nana, meint Oma, das ist vielleicht bloß so, weil sie soviel arbeiten. Dann hat man ja keine Zeit zum Lesen.

Die leere Bibliothek bringt Oma auf eine gute Idee: Hier können sie und Gregor nicht nur einen Kindergarten aufmachen, sondern selbst auch wohnen. Und bei Oma ist es vom Gedanken zur Tat nie weit.

Die Hausfrauen des Viertels sind nicht wenig überrascht, als ihre Kinder sich plötzlich in den neuen Kindergarten drängen, der von zwei unbekannten alten Leuten geleitet wird. Ob das auch alles mit rechten Dingen zugeht? Man hat ja schon von mysteriösen Fremden gehört, die die Kinder herbeilocken, um sie heimlich zu schlachten und zu Konserven zu machen (Fassbinder hat darüber sogar einmal, mit Ulli Lommer als Regisseur und Kurt Raab als Drehbuchautor, einen Film produziert, *Zärtlichkeit der Wölfe*, 1973). Also kommen die Hausfrauen, zu den Tonbandklängen eines Militärmarschs, in geschlossenem Trupp anmarschiert, um den Kindergarten zu inspizieren. Für ihr leicht komisches Mißtrauen hätte es keine bessere filmische Metapher geben können als diese Kompanie marschierender Hausfrauen, aber der Trupp löst sich schnell wieder auf, als die Frauen Oma und Gregor näher kennenlernen und Omas nüchtern-vernünftige Argumente hören: »Wenn die Stadt nichts tut, dann muß man sich eben selbst helfen.« Selbstverständlich, sagen die Frauen, und sogar Wolf, der eigensinnige Schwiegersohn, stimmt in den Fassbinder/Oma-Satz ein: »Wer was tut, hat immer recht.« Wenn sich das eigene Handeln als falsch erweist, und das passiert Oma ja hin und wieder, da sie ständig etwas tut – dann muß man den Kurs natürlich rasch korrigieren und aus den Fehlern lernen.

Das Richtige ist, immer etwas zu tun, immer seine Ideen in die Praxis umzusetzen, damit sich erweisen kann, ob sie tragfähig sind oder nicht. Und die Hausbesetzung stellt sich als gute Idee heraus. Als die Polizei erscheint, die Kinder nach Hause schickt und Oma und Gregor verhaftet, schreiten die Hausfrauen der Straße schließlich zur Tat. Sie haben nämlich eingesehen, was Jochen und seine Kumpel schon im ersten Teil der Serie eingesehen haben: »Zusammen sind wir stark!« Also besetzen alle Mütter und ihre Kinder das Rathaus und verlassen es erst wieder, als sie ihren neuen Kindergarten mit Oma und Gregor als Leiter behalten dürfen.

Und sogar der etwas weltfremde Bücherwurm Gregor, der sich am liebsten alles erliest anstatt etwas zu tun, findet jetzt einen Platz, wo er seinen Interessen nachgehen und etwas Nützliches für andere tun kann. Er ist der ideale Vorleser für die Straßenkinder, die sich um den alten Sonderling scharen und ihm zuhören.

Wir sehen in diesem Abschnitt auch, daß Omas Kindergarten für eine einfache Familie Konsequenzen hat, nämlich bei Harald und Monika. Harald wünscht, daß Monika zu Hause bleiben und auf das Kind aufpassen soll, und Monika hat sich gefügt, auch wenn sie lieber einen Job hätte. Jetzt bekommt sie ihre Chance, als sie das Kind in dem neuen Kindergarten anmeldet. Daß das aber nicht ohne Probleme geschieht, geht aus dem folgenden Dialog zwischen Monika und dem Kind auf dem Weg zum Kindergarten hervor:

Monika: Aber ... du darfst dem Papa nichts sagen davon, weil ... der hat was dagegen.
Sylvia: Warum denn?
Monika: Weil dein Vater vieles nicht versteht.
Sylvia: Aber der ist doch erwachsen.
Monika: Ach, weißt du, die Erwachsenen sind auch nicht immer viel klüger als Kinder. Manchmal sind sie sogar richtig dümmer. Verstehst du.
Sylvia: Mhm.
Monika: Also – wirst du ihm nichts sagen, daß du bei Oma warst und so, nein?
Sylvia: Nein, Mama. Ich werd ihm nichts sagen. Bestimmt.

Aber natürlich kann Harald nicht verborgen bleiben, daß seine Tochter in den Kindergarten geht. Zu Hause am Mittagstisch ergibt sich folgendes Gespräch, das beispielhaft zeigt, daß Fassbinder in seinen Dialogen,

Menschen sehr genau charakterisieren kann, obwohl der Dialogstil alles andere als realistisch ist und mit unerhörter Präzision und Musikalität das Gesagte, während es gesagt wird, bereits analysiert.

Harald: Deine Tochter ißt nicht.
Monika: Wenn sie was falsch macht, ist sie immer meine Tochter.
Harald: Du kannst reden, was du willst, auf alle Fälle ißt sie nicht.
Monika: Iß Sylvia, bitte!
Sylvia: Ich mag keinen Spinat.
Harald: Man ißt, was auf den Tisch kommt.
Sylvia: Leck mich am Arsch. (Sie schaut unschuldig von der Mutter zu ihrem Vater. Pause.)
Harald: Verlaß sofort das Zimmer.
Monika: Tu, was dein Vater sagt. (Sylvia geht aus dem Bild)
Harald: Wo hat sie das her?
Monika: Keine Ahnung. Sowas hört man.
Harald: Nein, sowas hört ein Kind nicht, das nicht in schlechte Umgebung kommt.
Monika: Hör auf zu schreien. Sie war bei Oma.
Harald: Was heißt das?
Monika: Na schön. Oma hat einen Kindergarten aufgemacht. Und dort war Sylvia heute. Ich finde, es hat ihr gutgetan.
Harald: Ach! Gut hat es ihr getan. Gut, wenn sie solche ... Ausdrücke lernt.
Monika: Daran geht doch die Welt nicht zugrunde, das ...
Harald: Aber meine Tochter. Meine Tochter geht an sowas zugrunde.
Monika: Mach dich nicht lächerlich. Früher oder später kriegen Kinder sowas doch mit.
Harald: Ja. Früher oder später. Ich will, daß meine Tochter sowas erst später mitkriegt. Viel später.
Monika: Außerdem hab ich mir einen Hut gekauft. Fünfundneunzig Mark fünfzig.
Harald: Du hast dir einen Hut gekauft?! Für fünfundneunzig Mark fünfzig?! Ja warum denn, warum denn. Warum kaufst du dir Hüte.
Monika: Ich kaufe keine Hüte, Harald. Ich habe einen Hut gekauft. Und ich hab ihn gekauft, weil ich Lust drauf hatte. Lust, verstehst du?
Harald: Nein. Nein, ich versteh das nicht. Ich schufte den ganzen lieben langen Tag, damit du dir Hüte kaufst, was?
Monika: Ich will ja arbeiten gehn. Du mußt mich nur lassen, dann kann ich mir meine Sachen selber kaufen. Das ist die einfachste Lösung.

Harald: Ich kaufe dir, was du brauchst. Das heißt, daß ich auch bestimme, was du brauchst. So ist das hier. Und so wird das auch bleiben.

So geht es im zweiten Teil der Serie zu. Aber Monikas zaghafter Emanzipationsversuch, angeregt von Omas Kindergarteninitiative, wird später wieder aufgenommen. Und auch hier ist Oma diejenige, die dafür sorgt, daß alles ins Lot kommt.

3. Franz und Ernst

Der dritte Teil der Serie handelt von den Konflikten in der Fabrik. Nach dem Tod des alten Meisters wollen die Arbeiter, daß Franz diese Stelle bekommt, aber aus psychologischen Gründen wünscht sich die Leitung einen Mann von außen. Der Werkhallenleiter betont, ein Arbeiter sei nun einmal ein Arbeiter, kann aber – rein theoretisch – Franz nicht ausschließen, falls er die entsprechenden technisch-mathematischen Qualifikationen aufweist. Als er kurz darauf einen Winkel falsch berechnet und deshalb ein Arbeitsteil unbrauchbar wird, ist die Sache – zu seinen Ungunsten – entschieden.

Statt dessen wird ein fremder Bewerber, Ernst, eingestellt, und Jochen, Marion und Franz ertränken ihren Kummer in einer der vielen erlösenden Sauftouren, die sich durch die ganze Serie ziehen. Die meisten Figuren sind irgendwann einmal richtig blau, sogar Oma schreckt nicht vor einem kleinen Schnäpschen zurück. Bei der puritanischen Großmutter der herkömmlichen Familienserie würde es heißen: »Ich habe meinem Mann verboten zu trinken.« Bei Oma heißt es sozialer: »Ich hab Gregor verboten, ohne mich zu trinken.«

Als der neue Meister ankommt, gehen die Arbeiter noch einmal in Aktion. Sie tun konsequent, als gäbe es ihn nicht, und wenn sie seine Anweisungen nicht überhören können, mißverstehen sie ihn so gut wie möglich, so daß die Produktion ständig darunter leidet – und natürlich auch der junge und eigentlich ganz sympathische Meister, der mit dem besten Willen antritt, ein gutes und ebenbürtiges Verhältnis zu den Arbeitern herzustellen. Ernst ist in Ordnung. Er ist unverschuldet in den Konflikt zwischen den Arbeitern und der Betriebsführung geraten. Aber es gelingt ihm, das Vertrauen der Arbeiter zu gewinnen, als er unerwartet für einen italienischen Gastarbeiter eintritt, der wegen eines teuren Streichs, den man dem neuen Meister gespielt hat, gefeuert werden soll.

Danach zeigt sich – wie es sich für jedes gute Volksstück gehört –, daß Ernst in Wirklichkeit gar nicht Meister sein will, sondern lieber einen anderen Job hätte. Und während er auf den neuen Job wartet, unterrichtet er Franz in Mathematik. Franz besteht die Prüfung, woraufhin die Werksleitung ihn wie versprochen als Meister einstellen muß. Mit einer ordentlichen Sauftour wird noch einmal besiegelt, daß man etwas erreichen kann, wenn man zusammenhält.

Oma und Jochen ziehen bei Jochens Eltern aus und mit ihren neuen Lebensgefährten zusammen, was besonders für Jochens Vater ein harter Schlag ist.

»Immer das ganze Haus voll und plötzlich niemand mehr, mit dem er streiten kann. Da ist er jetzt ganz auf seine eigene Phantasie angewiesen. Und das hat er halt nicht gelernt«, erklärt Oma, der es an blühender anarchistischer Phantasie nie mangelt. Aber diesmal geht die Phantasie mit ihr durch... und zu einem unfreiwillig makabren Scherz: Um Jochens Vater zu trösten, setzt sie einfach eine Anzeige in die Zeitung, um eine neue Oma zu suchen, die ihren Platz bei Jochens Eltern einnehmen soll. Eine unschuldige ältere Dame reagiert auf die Anzeige und steht plötzlich vor Jochens entsetzten Eltern, die von Omas »Initiative« keine Ahnung hatten. Oma sieht ein, daß es nichts schadet, seine Einfälle hin und wieder kritisch zu überdenken.

4. Harald und Monika

Zu Beginn des vierten Teils macht Jochen seine Runde in der Verwandtschaft, um von seinen Heiratsplänen zu berichten, und er entdeckt, daß sich alle mit ihren Ehepartnern streiten. Gleichzeitig erzählen seine verheirateten Kollegen, welch schreckliche Einrichtung die Ehe sei und wie hysterisch die Frau wird, wenn man nur eine halbe Stunde zu spät nach Hause kommt. Nach langen Überlegungen beschließt er, Marion trotzdem zu heiraten, die ihrerseits Streit für eine ausgezeichnete Sache hält und versichert, er würde die Eheleute frisch und munter halten.

Anläßlich der Hochzeit versammeln sich Verwandte und Freunde noch einmal zu einem Riesenfest, das sich über das letzte Drittel des Films hinzieht. Während dieses Festes gelingt es auch, die Scheidung von Harald und Monika unter Dach und Fach zu bringen. Harald hat schon längst zugestimmt unter der Bedingung, daß er Sylvia behalten darf, die aber lieber zu ihrer Mutter möchte. Dank Omas Intervention gibt Harald auch in diesem Punkt nach.

Während der Hochzeit kommen außerdem ein paar andere Verbindungen zustande: Monika und Jochens Kollege Manfred fassen Zuneigung füreinander, und dasselbe tun Marions bisher so unerträgliche Kollegin Irmgard und Rolf, einer von Jochens Kumpeln. Irmgard in ihrem langweiligen Büro hat bisher eine tiefe Verachtung für Frauen empfunden, die sich mit Arbeitern einlassen, aber jetzt scheint sie endlich bereit zu sein, Marions strengen Rat zu befolgen und sich nicht so sehr in das Sexualleben anderer einzumischen, sondern sich lieber um das eigene zu kümmern.

»Harald und Monika« reicht nicht ganz an die vorhergegangenen Teile heran, was wohl daran liegt, daß hier nicht streng an dem Prinzip der Familienserie festgehalten wird, Privatleben und Arbeitswelt nicht getrennt voneinander zu behandeln. Dazu kommt, daß die Pointe dieses Teils, Omas Intervention in der Scheidungssache, etwas schwach ausfällt. Omas Lösung erfüllt nicht ganz die Erwartungen, die wir mittlerweile an Omas üppige und unstete Phantasie stellen.

5. Irmgard und Rolf

Der Titel des fünften Teils »Irmgard und Rolf« dient mehr der Herstellung einer Titelsymmetrie als der Beschreibung des Inhalts. Es geht nämlich weniger um private als um arbeitspolitische Probleme, und darum kann der fünfte Teil auch nicht so optimistisch sein wie die vier ersten Teile.

Mit Phantasie und bürgerlichem Common sense, so lautete in den vorherigen Abschnitten die Botschaft, läßt sich vieles ändern und das Leben in der Familie und am Arbeitsplatz lebenswerter gestalten. Aus einer dogmatischeren oder puritanischeren Sicht könnte man Fassbinder sicher linken Populismus oder gar Jubeloptimismus vorwerfen. Der fünfte Teil hingegen beschreibt die Grenzen, die das Eigentum an den Produktionsmitteln der Phantasie und dem Common sense setzt. Hier muß in klaren ökonomisch-politischen Begriffen gedacht werden, und das sind Jochen und seine Kollegen nicht gewohnt. Darum ziehen sie hier den kürzeren.

Die Ereignisse kommen ins Rollen, als der italienische Gastarbeiter von zu Hause einen Brief bekommt, italienische Arbeiter hätten bei einem Streik ihre Arbeit selbst in die Hand genommen und auf diese Weise besser und angenehmer gearbeitet. Jochen greift die Idee auf und schlägt, gemeinsam mit seinen Kollegen der Fabrikleitung vor, daß sie von nun an ihre Arbeit selbst organisieren. Wenn sie dann mehr produzieren, sollen sie die Hälfte der Mehreinnahmen bekommen. Keiner glaubt, daß die Fabrikleitung dazu bereit ist, aber sie wollen für ihre neue Idee kämpfen. Zum Erstaunen aller akzeptiert der Direktor jedoch ihren Vorschlag.

Die Arbeiter bekommen ihren Willen, weil die Betriebsleitung einen klaren Vorteil darin sieht. Sie glauben, sie haben einen neuen Sieg errungen und machen sich mit erneuter Begeisterung ans Werk. Die Arbeit geht besser von der Hand, wenn man glaubt, man sei sein eigener Herr. Der Maschinenlärm verwandelt sich in süße Musik, und es gelingt den Arbeitern tatsächlich, ihre Aufgabe schneller als gedacht auszuführen. Der Jubel ist groß, aber als das Geld verteilt werden soll, entstehen Probleme bislang unbekannter Art. Jetzt sind sie – jedenfalls was den Lohn angeht – selbst Herr darüber, wieviel jeder bekommen soll. Das führt zu Streit untereinander, der sich jedoch lösen läßt: bei einer Abstimmung treten, alle, mit einer Ausnahme, für gleichen Lohn ein. Die Arbeiter wissen aus Erfahrung, daß unterschiedliche Lohngruppen ungerecht sind und daß eine ordentliche Arbeit nach gleichem Maßstab entlohnt werden muß.

Plötzlich fällt dem italienischen Gastarbeiter ein anderes Problem ein: Eigentlich war die Firma ja zufrieden, wenn die Arbeit in 2600 Stunden erledigt werden konnte. Jetzt wird sie in wesentlich kürzerer Zeit erledigt, was nicht an der Firma liegt, sondern an den Arbeitern. Warum soll die Firma also überhaupt Anteil am zusätzlichen Gewinn haben? Und als Jochen und Rolf zu Marion und Irmgard nach Hause kommen – sie sind alle zusammen in eine Wohngemeinschaft gezogen –, hat Marion dieselbe Idee. Die Frau und der Gastarbeiter durchschauen, daß sich die anderen haben hereinlegen lassen.

Marion: Weißt du, was mir während der Schlepperei eingefallen ist?
Jochen: Ne, aber was Vernünftiges kanns nicht sein.
Marion: Doch. Mir ist nämlich eingefallen, daß ihr im Grunde doch die Betrogenen seid.
Jochen: Wieso?
Marion: Ist doch ganz einfach. Schau doch mal, ihr seid schneller, als der

Betrieb es eigentlich von euch verlangt, aber davon, was ihr einspart, kriegt ihr nur die Hälfte.

Rolf: Das hat der Giuseppe auch schon gesagt. Aber die kriegen das eben, weil da ein Unternehmerrisiko drinliegt.

Marion: Aber s'ist doch eigentlich so, daß der Unternehmer schon genug verdient, also zufrieden ist, wenn ihr normal schnell seid. Warum kriegt der über das hinaus, womit er eigentlich zufrieden ist, noch mehr, nur, weil ihr schneller seid.

Jochen: Na, weil doch da das Risiko ist. Denn wir hätten ja auch langsamer sein können.

Marion: Schon, aber der verdient doch so und so an euch.

Jochen: Wieso?

Marion: Überleg doch mal – mit irgendwas müssen die doch ihre neue Werkshalle baun. Zum Beispiel. Das kostet doch Geld, oder seh ich das falsch.

Rolf: Na klar verdient der, was solln das heißen?

Marion: Also bitte – womit hat der die neue Halle gekauft?

Rolf: Mit Geld wahrscheinlich.

Marion: Mit was für Geld?

Jochen: Mit seinem Geld.

Marion: O. k. – aber du kannst dir keine neue Halle kaufen?

Jochen: Der hat eben mehr.

Marion: Und woher?

Jochen: Weil ... blöde Frage. Weil er die Sachen verkauft hat, daher hat er das.

Marion: Ja, aber woher hat er denn die Sachen, die er verkauft. Die hat er nämlich von euch, weil ihr sie gemacht habt.

Jochen: Natürlich haben wir die Sachen gemacht. Aber für meine Arbeit werde ich bezahlt.

Marion: Aber du kannst dir keine neue Halle kaufen.

Rolf: Da hast du schon recht – warum kann der sich eine neue Halle kaufen und wir nicht.

Jochen: Na, weil denen eben alles gehört.

Marion: Siehst du, das wollte ich hören, das ist es nämlich. Ich habe ja nichts dagegen, daß ihnen das gehört. Ich kanns ja auch gar nicht ändern. Und ne neue Halle ... die ist vielleicht auch nötig. Aber daß er sie von dem kauft, was ihr ihm gebracht habt, und daß die ihm dann auch wieder gehört und daß er damit machn kann, was er will, und daß ihr nichts davon habt und daß es immer wieder so weitergeht, das finde ich nicht richtig.

Jochen: Das ist doch in deiner Zeitung nicht anders.
Marion: Sag ich ja gar nicht. Ich sag bloß, ich hab was begriffen. Ich hab begriffen, daß man, wenn man arbeitet, arbeitet man nur zum Teil für sich. Das hab ich begriffen. Nicht mehr und nicht weniger.

Mit dieser keimenden Erkenntnis, daß die Wurzel allen Übels im Eigentum an den Produktionsmitteln zu suchen ist, endet diese Familienserie über Arbeitsmarktprobleme. Jochen und seine Freunde sind ein gutes Stück weitergekommen, haben aber an den Grenzen der Gesellschaftsordnung Halt machen müssen. Mit ihren Mitbestimmungsgedanken sind sie letzten Endes vom Kapitalismus reingelegt worden, sind durch ihre Fehler aber auch klüger geworden. Und die Sympathie Fassbinders gilt eher denjenigen, die in der Praxis Fehler machen, als denen, die theoretisch recht haben. Jochen und seine Kollegen haben sich zwar geirrt, sind aber nicht mehr blind. Sie haben durch ihre Aktion gewisse Mechanismen der Gesellschaft, deren ausschließliche Opfer sie bisher waren, begriffen. Der nächste Schritt wird schwieriger sein, aber wenn man die Schwierigkeiten kennt, kann man sie vielleicht auch überwinden.

Im Theater am Turm, dessen Leitung Fassbinder im August 1974 übernahm, hing ein provozierendes Plakat mit der Aufschrift: »Ist Mitbestimmung eine teuflische Erfindung des Kapitalismus?« Fassbinders Familienserie zeigt, daß die Mitbestimmung natürlich vom Kapitalismus ausgenutzt werden kann, aber sie zeigt auch, daß das Problem zwei Seiten hat, und direkt befragt, bestätigte Fassbinder dies auch:[1]

»Man kann dies auf zwei verschiedene Arten sehen. Einerseits ist es augenblicklich so, daß die Arbeitskraft durch Mitbestimmung subtiler ausgenutzt wird, andererseits wird der Ausgebeutete durch ein solches Mitbestimmungsmodell bewußter und will sich nicht mehr ohne weiteres mit den normalen Unterdrückungsmechanismen abfinden. Darum glaube ich, daß Mitbestimmung letzten Endes sehr wichtig ist und eigentlich der einzig mögliche Weg nach vorn. An eine bewaffnete Revolution glaube ich nicht mehr in unserem Teil der Welt.«

Die Drehbücher der älteren Spielfilme Fassbinders waren das Resultat eines isolierten schöpferischen Prozesses, aber mit der Fernsehserie über die Möglichkeiten der Gesellschaft ist Fassbinder charakteristischerweise während der Arbeit am Drehbuch aus der Einsamkeit ausgebrochen. Fassbinder und seine Mitarbeiter betrieben fast ein Jahr lang Studien, führten Gespräche mit Gewerkschaftern und Arbeitern und besuchten Fabriken. Es war wichtig, daß die Serie mit den Wünschen der Arbeiter übereinstimmte, wie ihre Situation beschrieben werden sollte.

Ausgehend von dem, was er an konkreten Wünschen und Vorstellungen erfahren hatte, schrieb Fassbinder die Drehbücher und legte sie anschließend einer Arbeitergruppe vor. Nach den kritischen Anmerkungen der Gruppe wurde einiges gestrichen, anderes hinzugefügt. Anschließend wurden die Drehbücher zwei-, dreimal umgearbeitet.

Fassbinder hatte ursprünglich noch weitere drei Teile geplant, aber plötzlich wurde die Serie von Dr. Günther Rohrbach, dem Chef der Abteilung Fernsehspiel beim WDR, gestoppt. Fassbinder wurde diese Intervention nie erklärt, die um so merkwürdiger war, als das Honorar für die drei folgenden Drehbücher schon bezahlt war und Schauspieler und Techniker schon einen Vertrag hatten, um die Drehbücher zu realisieren. Fassbinder war überzeugt, daß dieser Stopp durch »den einsamen Beschluß eines mächtigen Mannes« politisch begründet war. Zum Inhalt der drei geplanten und nicht ausgeführten Teile sagte Fassbinder:[2]

»Sie handelten von Gewerkschaftsarbeit und forderten zu konkreterer politischer Arbeit auf. Mehr als in den vorherigen Abschnitten. In den drei letzten Teilen versuchen die Personen nicht mehr, isoliert in einer kleinen Gruppe zu kämpfen, sondern sich zu organisieren und mit den vorhandenen Organisationsformen, d. h. mit den Gewerkschaften zu arbeiten und sie zur Basis zurückzuführen. Und in Deutschland ist das eine revolutionäre Idee. Außerdem geht es schief mit Jochen und Marion in ihrer Ehe. Sie wurden als Traumpaar introduziert, und anschließend wollte ich zeigen, daß sie auch Probleme miteinander haben, sogar ernsthafte. Aber das paßte dem Dr. Rohrbach im WDR nicht. Er sagte, ein Traumpaar müsse ein Traumpaar bleiben. Außerdem wollte ich, daß Monika Selbstmord begeht. Das Ganze sollte sich also etwas pessimistischer entwickeln, aber auch konkreter als in den ersten fünf Teilen. Die privaten Verhältnisse werden immer pessimistischer, und die politischen Sachen immer konkreter und verlassen also diesen Traum- oder Märchencharakter, den die ersten fünf Teile hatten. Schon mit dem fünften Teil der Serie deutete ich an, daß sich nicht alle Probleme wie im Märchen lösen lassen, aber das war das äußerste, was im westdeutschen Fernsehen erlaubt war.«[3]

Daß der WDR die Serie zur Unzeit absetzte, ist natürlich ein symptomatisches Schicksal für eine Familienserie, die gerade versucht, den Rahmen dessen zu sprengen, was bisher innerhalb einer Familienserie möglich war – und die deshalb künstlerisch glaubwürdig ist und beim Publikum ankommt, weil sie allgemeine Probleme unterhaltsam behandelt, ohne daß Problembehandlung oder Unterhaltung beeinträchtigt werden. Fassbinder beschäftigte sich mit den Möglichkeiten der Gesellschaft, und in seinem hartnäckigen Bestehen auf diesen Möglichkeiten wird *Acht Stunden sind kein Tag* zu einem grenzüberschreitenden Werk, so daß ein Verbot von höchster Instanz nötig wird, um die Grenzen wiederherzustellen.

Welt am Draht

Unmittelbar nach seiner Arbeiterserie drehte Fassbinder *Welt am Draht*, einen zweiteiligen Science-fiction-Film nach einem Roman von Daniel F. Galouye, aber zugleich mit einer Identitätsproblematik, die sich unverkennbar an Fassbinders persönlichste Filme anschließt: Haben wir überhaupt die Möglichkeit, »wir selbst« zu sein in einer Kultur, in der wir wie Puppen manipuliert werden?

In einem Science-fiction-Universum läßt sich diese Problematik ganz konkret vorführen. Ein Forscherteam unter der Leitung von Professor Vollmer hat ein Simulationsmodell hergestellt, wie sich das Leben in der Zukunft entwickeln wird – nicht mit Hilfe statistischer Kurven und Tabellen, sondern einer künstlich geschaffenen Zivilisation, deren Entwicklung die Forscher auf einem Fernsehschirm verfolgen können.

Die Zukunftszivilisation besteht aus lebendigen Puppen, die zum Verwechseln den Menschen gleichen, die sie geschaffen haben. Sie sind nämlich nach richtigen Menschen modelliert. Eines Tages begeht Professor Vollmer offenbar Selbstmord. Seine letzten Worte an einen Kollegen sind:

»Ich weiß etwas, was du nicht weißt, und was niemand wissen darf, weil es das Ende dieser Welt wäre.«

Fred Stiller, der engste Mitarbeiter des Professors, untersucht den Selbstmord und wird in eine Reihe unerklärlicher Ereignisse hineingezogen: der Kollege, der als letzter Professor Vollmer am Leben gesehen hat, verschwindet buchstäblich vor Stillers Augen, und hinterher kann sich niemand erinnern, daß es ihn überhaupt gegeben hat. Ein Polizist weiß nicht mehr, daß er eine Erklärung für Professor Vollmers Tod bekommen hat, und eine Zeitungsnotiz über das Ereignis ist einige Wochen später verschwunden. Stiller empfindet immer mehr Angst, Verzweiflung und Schuld, weil er dazu beigetragen hat, eine künstliche Zivilisation zu schaffen, deren Modelle sich als lebendige Menschen auffassen. Eines der Modelle heißt nicht zufällig Einstein: er ist darauf programmiert, zu wissen, daß er nur ein Modell ist, und zum Schluß gelingt es ihm, in die wirkliche Welt zu schlüpfen. Der erste Teil des Films endet damit, daß er Stiller erzählt, auch diese »wirkliche« Welt mit ihren Einwohnern sei ein künstliches Modell, das von einer höheren Zivilisation geschaffen wurde. Dieses verborgene Wissen habe zu Professor Vollmers »Selbstmord« geführt.

Im zweiten Teil ist Fred Stiller auf der Flucht. Seine Erkenntnisse machen ihn gefährlich. Er wird nicht nur von der Polizei verfolgt, die ihn verhaften will, und von Ärzten, die ihn in eine Zwangsjacke stecken wollen, sondern auch von Bäumen, die plötzlich umstürzen, und von unvorhergesehenen Gasexplosionen, die von höheren Mächten gesteuert zu sein scheinen. Mit der unabweisbaren Logik, die die Repräsentanten der Normalität immer denen gegenüber an den Tag legen, die die Normalität in Frage stellen, wirft seine Umgebung ihm vor, an akuter Paranoia zu leiden.

Auf seiner Flucht erhält Dr. Stiller Hilfe von Professor Vollmers Tochter Eva, deren Unergründlichkeit verbergen soll, daß sie der höheren Zivilisation angehört, von der Stiller geschaffen wurde. Sie verlieben sich ineinander trotz ihres schwindelerregenden Wissens, daß der eine ein Mensch ist, der andere hingegen eine Puppe mit menschlichen Gefühlen, eine künstlich erzeugte Form, Produkt eines Zynismus, der über jeden Verstand geht.

Zum Schluß läßt sich der verzweifelte Stiller erschießen, um die Augen seiner Mitmodelle für den Betrug zu öffnen, dem sie ausgesetzt sind. In dem Augenblick, als er stirbt, gelingt es seiner geliebten Eva, einzugreifen und sein Bewußtsein mit dem des wirklichen Fred Stiller zu vertauschen. Während er sterbend in der Unwirklichkeit liegt, steigt die Kamera langsam in die Vogelperspektive hoch, und mitten hinein wird die ekstatische Liebesbegegnung zwischen Eva und dem nun wirklichen Fred Stiller geblendet, der jubelnd ausruft: »Ich bin, ich bin.«

Wenn die Liebe in Fassbinders Universum bisher kälter war als der Tod, so wird jetzt mit der merkwürdigen Vorstellung operiert, Liebe und Tod könnten zusammen Identität schaffen. Nur in der Science-fiction-Form gelang es dem Atheisten Fassbinder, den Gedanken der Wiederauferstehung auszudrücken und – durch die Science-fiction-Form selbst – wieder aufzuheben. Diese Vorstellung, deren Endpunkte zur Religiosität bzw. zur Nekrophilie führen, schien Fassbinder nicht wieder loszulassen und tauchte in verschiedener allegorischer Gestaltung auf, u. a. in *Despair* (1977), *Berlin Alexanderplatz* (1980) und *Querelle* (1982).

Zehn Jahre nach *Welt am Draht* hatte Ridley Scott großen Erfolg mit seinem Kultfilm *Blade Runner*, der auf genau derselben Idee beruht, daß nämlich künstliche Menschen verzweifelt versuchen, ins »echte« Leben zu gelangen.

Welt am Draht ist ein Fernsehfilm, der problemlos einen Samstagabend in jedem Unterhaltungskanal ausfüllen kann. Er ist glänzend und effektiv erzählt, ohne Andeutung der schroffen und eher idiosynchratischen Erzählform, die Fassbinder oft in seinen Kinofilmen pflegt. Aber das Erstaunliche an diesem Fernsehfilm ist, daß er Fassbinders ganz persönlichem Universum treu bleibt.

Sein eigentümlicher Schauspielerstil hat beispielsweise nie so »natürlich« gewirkt wie in dieser Serie, in der die Darsteller gerade mit jener »Künstlichkeit« auftreten sollen, die dem normalen Kinopublikum bei anderen Fassbinderfilmen oft so mißfiel. In einem Science-fiction-Zusammenhang, in dem sich die Menschen als Puppen erweisen, wirken Fassbinders Schauspieler fast sozialrealistisch mit ihren leicht roboterhaften Bewegungen, den starren Blicken und ihrer Sprechweise, die der eines Fernsehansagers gleicht, der Überstunden macht. Auch die Verwendung von High-Tech-Dekor, in dem die Personen ständig von Spiegeln und anderen reflektierenden Flächen »verdoppelt« werden, ist ein fast thrillerhafter Ausdruck dafür, daß es eine Welt hinter dieser gibt, ja, daß das Spiegelbild ausnahmsweise vielleicht wirklicher ist als man selbst!

Das einzig Problematische in diesem zweiteiligen Fernsehfilm über die Wirklichkeit der Unwirklichkeit ist vielleicht der Schluß, in dem die wirkliche Wirklichkeit hergestellt wird. Er erscheint fast unglaublich. Als Fred Stillers marionettenhafte Existenz in einer abschließenden Umarmung aufgehoben wird, wirkt das so pathetisch-naiv, daß man die Personen eigentlich weiterhin als Marionetten erlebt, nicht mehr in einem Science-fiction-Film, sondern in einem Hollywood-Melodram.

Die Ambivalenz des Happy Ends ist von Fassbinder natürlich beabsichtigt – aber wohl nicht die etwas verpfuschte Wirkung.

8. Frauenfilme

»Die meisten Männer können nur nicht so perfekt unterdrücken, wie die Frauen es gerne hätten.«

Diese brutale Feststellung traf Fassbinder in einer Diskussion mit Margit Carstensen während der Aufnahmen zu *Martha*.[1] Seit den frühen Theaterarbeiten wurde das Thema des Masochismus regelmäßig in Fassbinders Produktion behandelt: Irgendwann wird die Unterdrückung zu einem so »normalen« Zustand, daß sie nicht mehr als Unterdrückung erlebt wird, sondern als Anpassung, das heißt als etwas Natürliches und Notwendiges. Hier beginnt der Masochismus, und selbst in der Frauenbewegung, so Fassbinder, bricht Masochismus durch, beispielsweise wenn Petra von Kant lustvoll ihr eigenes Martyrium zelebriert.

Die Fähigkeit der Frauen, sich anzupassen, kritisiert Fassbinder in *Fontane Effi Briest*, und das Umschlagen der Anpassung in Masochismus wird zu einem zentralen Thema in *Martha*. Er zeigt aber auch, daß hinter Effis und Marthas allzu großem Anpassungsbedürfnis ein wachsendes Unbehagen an der Rolle schwelt, die sie nicht nur aufgezwungen bekommen, sondern auch bereitwillig auf sich nehmen. Und in *Angst essen Seele auf* zeichnet Fassbinder eines seiner ganz seltenen Porträts einer Frau, die imstande ist, aus dem traditionellen Rollenmuster auszubrechen, und dadurch mit authentischeren Seiten der eigenen Person in Berührung kommt.

Nicht zufällig sind es gerade die älteren Frauen wie Emmi in *Angst essen Seele auf* und Oma in *Acht Stunden sind kein Tag*, die sich konkret gegen einengende Erwartungen von Familie und Gesellschaft auflehnen können: Sie haben ein Alter erreicht, in dem sie nicht mehr modegemäß handeln, sondern existentiell, und in Fassbinders privater Mythologie verkörpern sie außerdem die ideale Mutter, in starkem Kontrast zur realen Mutter, die er in *Fontane Effi Briest* und *Deutschland im Herbst* durch seine eigene Mutter darstellen läßt.

Angst essen Seele auf

Die alte Putzfrau Emmi (Brigitte Mira) wird von dem marokkanischen Gastarbeiter Ali (El Hedi Ben Salem) nach Hause gebracht. Zwei einsame Menschen haben sich gefunden und heiraten. Aber Emmis erwachsene Kinder und ihre Kolleginnen reagieren ablehnend auf Ali. Sie ändern ihre Haltung erst, als sie einen Vorteil darin sehen, und da ist es vielleicht schon zu spät: Ali kommt mit einem Magengeschwür ins Krankenhaus, Emmi wacht neben seinem Bett.

In *Angst essen Seele auf* greift Fassbinder die Geschichte wieder auf, die er das Zimmermädchen in einer langen Nahaufnahme im *Amerikanischen Soldaten* erzählen ließ. Die Geschichte, der eine Zeitungsnotiz zugrunde lag, machte er jetzt zu einem Spielfilm.

Während Emmi in der wirklichen Geschichte am Ende ermordet wird, darf sie in der Filmversion zusammen mit Ali überleben. Zwischen der Geschichte im *Amerikanischen Soldaten* und ihrer Realisierung in *Angst essen Seele auf* liegen drei Jahre, in denen Fassbinder über die Problematik des politischen Films nachdachte und seine Überlegungen der Serie *Acht Stunden sind kein Tag* zugrunde legte. Durch die Arbeit mit dem Medium Fernsehen änderte sich Fassbinders Auffassung von den Möglichkeiten des Kinofilms. Über *Angst essen Seele auf* sagte er:[2]

»Früher hätte ich die Geschichte sicher so erzählt, wie sie eigentlich ist, nämlich, daß die alte Frau stirbt, weil die Gesellschaft nicht zuläßt, daß eine alte Frau und ein junger Gastarbeiter zusammenleben. Aber jetzt geht's mir darum, zu zeigen, wie man sich wehren kann und es trotzdem irgendwie schafft. Heute glaub ich eher, daß man, wenn man diese deprimierenden Verhältnisse nur reproduziert, sie damit verstärkt. Deshalb sollte man eher die herrschenden Verhältnisse so durchschaubar darstellen, daß sie bewußt werden, und zeigen, daß sie überwunden werden können.«

In seinem Versuch, zu zeigen, wie sich die Verhältnisse überwinden lassen, und zwar auf eine Art, daß alle es verstehen, nähert sich Fassbinder in diesem Film so sehr dem Volksstück, wie es wohl überhaupt nur möglich ist, ohne dessen Klischees und verlogenem Weltbild zu erliegen. Außer von der Wirklichkeit wurde Fassbinder auch von seinem geliebten Hollywood-Vorbild, Douglas Sirks *All That Heaven Allows* (Was der Himmel erlaubt), inspiriert, der eine ähnliche Geschichte über die ältere, reiche Witwe (Jane Wyman) und den jungen, armen Gärtner (Rock Hudson) erzählt, deren Liebesbeziehung die Frau bei ihren kleinbürgerlichen Freundinnen in Mißkredit bringt.

Dennoch erzählt Fassbinder einen ganz anderen Film als Douglas Sirk. Fassbinder hat die Schülerrolle längst abgeschüttelt und ist seinem Lehrmeister ebenbürtig geworden: die Unterschiede zwischen Fassbinder und Sirk kommen um so klarer zum Vorschein, je enger ihre Geschichten miteinander verwandt sind. Das wird am Ende der beiden Filme deutlich. Bei Sirk findet ein Unfall statt: Rock Hudson fällt einen verschneiten Hang hinunter, als seine Geliebte ihn besucht. Er ist schwer verletzt, aber wir wissen, er wird wieder gesund werden, als sie am Krankenhausbett neben ihm sitzt – und sie werden hinterher glücklich zusammenleben. Bei Fassbinder hat die Krankheit gesellschaftliche Ursachen: Ali hat ein Magengeschwür bekommen, und obwohl Emmi treu an seinem Bett wacht, wissen wir, daß das Magengeschwür solange zurückkommen wird, bis sich die Gesellschaft geändert hat. Schematisch gesagt stellt Douglas Sirk sich also vor, das Glück liege innerhalb der Grenzen der Gesellschaft, während Fassbinder zeigt, daß es außerhalb dieser Grenzen liegt.

Fassbinder will eine Geschichte mit positivem Ausgang erzählen, verhehlt aber nicht, daß dies sehr schwer ist in einer Welt, die so aussieht wie unsere heutige. *Angst essen Seele auf* steht in der Spannung zwischen seinen Intentionen, optimistisch zu sein, und den Realitäten, die man nicht einfach ignorieren kann. Fassbinder scheint mit diesem Film sagen zu wollen, daß wir stets so handeln müssen, als ließen sich die Verhältnisse ändern, auch wenn der einzelne nur geringen Einfluß darauf hat. Fassbinders Meinung deckt sich mit der der alten Putzfrau, als sie in ihrem Treppenhaus den zögernden Gastarbeiter zu sich in die Wohnung bittet: »Ach was. Immer sagt man ›aber‹ im Leben. ›Aber‹ – und alles bleibt beim alten. Quatsch. Sie kommen jetzt mit rauf. Ich hab auch noch ne Flasche Cognac oben.« Mit diesem plötzlichen Entschluß, sich über das hinwegzusetzen, was alten Putzfrauen gegenüber jungen Gastarbeitern um zehn Uhr abends noch zugestanden wird, kommt die Handlung ins Rollen.

Schnell entwickelt sich eine Liebesbeziehung zwischen diesen beiden einsamen Menschen, und die Umwelt wendet sich genauso schnell gegen ihre Liebe. Als Emmi am nächsten Tag versucht, die Einstellung ihrer Kolleginnen zu einer solchen Beziehung auszuloten, kommt es zu folgendem Dialog, der in seiner genauen Pointierung der Situation typisch ist für Fassbinders präzise und ganz unnaturalistische Dialogbehandlung.

Emmi: Heute hat mich einer angesprochen, stellt euch vor, mich alte Frau. In der U-Bahn. Ein Gastarbeiter. Wollte mich zum Kaffee einladen.

Paula: Die schrecken vor nichts zurück.

Frieda: Lauter dreckige Schweine. Wie die schon leben. Ganze Familien in einem Zimmer. Die sind bloß scharf aufs Geld.

Emmi: Vielleicht finden sie ja keine anständige Wohnung.

Paula: Ach was. Die sind geizig, das ist alles. Geizige ungewaschene Schweine. Außerdem haben die nichts als Weiber im Kopf, den ganzen lieben langen Tag lang.

Emmi: Aber die arbeiten doch. Deswegen sind sie doch hier, weil sie arbeiten.

Hedwig: Ach Unsinn, Emmi. Geh doch mal zum Bahnhof und schau sie dir an. Lauter Gesindel. Da arbeitet keiner von denen.

Paula: Genau. Die leben hier auf unsre Kosten. Schau doch mal in die Zeitung. Jeden Tag steht was drin von Vergewaltigen und so.

Emmi: Aber es gibt doch sogar deutsche Frauen, die sind mit Gastarbeitern verheiratet. Gibt es doch, oder?

Frieda: Klar. Gibt doch immer wieder Weiber, denen vor nichts graust.

Paula: Ich würd mich schämen. Schämen würd ich mich. Na – die Vorstellung allein.

Frieda: Aber ich hab immer gesagt, das sind Huren, die sich mit so was einlassen. Dreckige Huren!

Hedwig: Bei uns im Viertel wohnt eine, fünfzig – mindestens. Die geht mit einem, Türke oder so. Der ist viel jünger als sie. Aber mit der spricht kein Mensch mehr im Viertel, kein Mensch. Das hat sie jetzt davon.

Emmi: Vielleicht spricht der ja mit ihr, und sie braucht die andern gar nicht.

Paula: Das kann keiner – ohne die andern leben. Keiner, Emmi.

Frieda: Außerdem ... was kann man schon sprechen mit so einem. Die verstehn doch kein Deutsch, die meisten. Kein Wort.

Paula: Eben. Und außerdem wollen die bloß ins Bett mit der Frau. Ein Gespräch liegt denen bestimmt nicht im Sinn.

Hedwig: Aber manche Weiber wollens ja so haben. Die haben eben keine Kultur. Die haben nichts wie Sexualität im Hirn. Ich tät mich schämen, wenn ich so eine wäre.

Der Kernpunkt in diesem Dialog ist natürlich die Feststellung der einen Putzfrau, daß keiner ohne die anderen leben kann, ein realistischer

Widerspruch zu Emmis romantischem Traum, man könne, wenn man das eine habe, ohne das andere auskommen. Der Film demonstriert, daß Emmi unrecht hat: man kann nicht ohne die anderen leben, aber das Problem ist, daß man offenbar auch nicht *mit* ihnen leben kann. Emmis Kolleginnen gehen auf Distanz, als sie von ihrem Gastarbeiter hören, ihre Kinder weigern sich, sie zu sehen, ihre Nachbarn zeigen ihr die kalte Schulter, und der Lebensmittelhändler will ihren Mann nicht bedienen, solange er nicht richtig deutsch spricht. Es ist, kurzum, kein Zufall, daß Emmi und Ali allein an der Hochzeitstafel sitzen, und ausgerechnet in dem Münchner Restaurant, in dem Hitler zu essen pflegte. Seine Ideen leben im deutschen Kleinbürgertum fort. Eine besondere Pointe ist, daß Emmi seinerzeit Mitglied der nationalsozialistischen Partei war, »denn das waren ja fast alle«, während der Nationalsozialismus heute bei den anderen überlebt und Bestandteil kleinbürgerlichen Denkens geworden ist.

Interessant ist, daß sich Fassbinders Darstellung der Diskriminierung von Emmi und Ali *nicht* gegen die Personen richtet, die sonst dankbare und den Linken genehme Zielscheiben der Kritik wären: die Polizei und die Kapitalisten. Die Polizisten sind nette Kerle mit halblangen Haaren, denen es geradezu leid tut, Emmi und Ali zu stören, weil die Nachbarn sich beschwert haben, und der Sohn des Hausbesitzers ist, obwohl Kapitalist, eigentlich auch in Ordnung. Als eine Nachbarin sich über Emmis und Alis Verhältnis beschwert und fragt, ob man denn nichts dagegen tun könne, antwortet er: »Aber warum denn. Die sind doch ganz offensichtlich sehr glücklich zusammen«, worauf die Nachbarin antwortet: »Aber Glück, Herr Gruber, was ist das schon? Es gibt doch immerhin noch so was wie Anstand.« (Nicht zufällig wird sie von Lilo Pempeit gespielt, die auch Effi Briests Mutter spielt!)

In seinen früheren Filmen hatte Fassbinder nicht eben Zurückhaltung geübt in seiner Kritik an den offiziellen Repräsentanten des »Systems«, doch hier geht es ihm um die Verantwortung des Einzelnen für das, was er denkt und tut. Und daß das Kleinbürgertum vom Kapital unterdrückt wird, ist keine Entschuldigung für kleinbürgerliches Denken, in dem sich der Nationalsozialismus eingenistet hat.

Als Emmi und Ali aus dem Urlaub zurückkommen, tritt ihnen die Umgebung urplötzlich ganz anders entgegen. Es zeigt sich jedoch, daß der überraschende Sinneswandel auf die Überlegung zurückgeht: Was lohnt sich? Wie in den *Bitteren Tränen der Petra von Kant* wird der Zusammenhang zwischen Gefühlen und Geld deutlich herausgearbeitet: Der Kaufmann möchte trotzdem die beiden als Kundschaft haben, denn

»beim Geschäft, da muß der Abscheu zurückstehen«. Seine Kunden gehen nämlich immer öfter in den Supermarkt, und man muß die halten, die man noch hat. Emmis Kinder wollen sie eigentlich auch gerne sehen, denn sie ist ein guter Babysitter, wenn man gerade einen braucht. Und die Nachbarinnen finden sie sehr nett, als sich zeigt, daß sie einen großen Keller hat, den sie benützen dürfen. Auch die anderen Putzfrauen schließen sich ihr wieder an, weil sie jetzt eine andere Außenseiterin haben, eine Jugoslawin, die nicht soviel verdient wie sie.

Eine der ironischen Pointen ist, daß Emmi sich in dem Maße von Ali entfernt, wie ihre kleinbürgerlichen Freundinnen sie wieder in ihre Gemeinschaft aufnehmen, und sie sich ihnen angleicht und ihre Haltungen übernimmt. Charakteristisch ist die Szene, in der die Putzfrauen Emmi zu Hause besuchen und eine von ihnen darauf hinweist, daß Ali nicht schlecht aussieht und eigentlich ganz sauber wirkt. Danach wollen sie ihn alle bewundern und ausprobieren, wie sich seine starken Muskeln anfühlen. Froh über die unerwartete Begeisterung für Ali, führt Emmi ihn stolz vor, fast wie ein Mannequin. Während Fassbinder in den *Bitteren Tränen der Petra von Kant* und anderen Filmen Puppen ins Bild stellt, um visuell etwas darüber zu sagen, wie Menschen miteinander umgehen, demonstriert er hier, wie die Frauen Ali als lebendige Puppe behandeln. Und Ali läßt sich schweigend vorzeigen, betrachten und anfassen – und geht anschließend zu dem Barmädchen, seiner früheren Freundin, die außerdem sein Lieblingsessen, Couscous, kochen kann. Als er in einer früheren Szene Emmi um dasselbe bat, sagte sie – in einem Anfall bürgerlicher Rechthaberei –, jetzt müsse er sich wirklich bald an die Verhältnisse in Deutschland gewöhnen.

Als Ali Emmi wieder verlassen hat und zu seinem Barmädchen zurückgekehrt ist, wird Emmi noch einmal klar, was ihr im Leben wichtig ist, und noch einmal bricht sie mit den Normen kleinbürgerlichen Verhaltens, die zu befolgen sie ein Leben lang angehalten wurde. Sie trifft eine letzte, endgültige Entscheidung, unterdrückt jegliches Schamgefühl und geht in Alis Stammkneipe, hoffend, daß er wieder Kontakt mit ihr aufnimmt. Und als er sie zum Tanz auffordert, entspinnt sich folgender Dialog zwischen ihnen:

Salem: Ich schläft mit andere Frau. Aber ...
Emmi: Das ist doch nicht wichtig, Ali. Das ist überhaupt nicht wichtig.
Salem: Ich nicht will, aber immer ich bin so nervös.
Emmi: Du bist doch ein freier Mensch. Du kannst doch machen, was du willst. Ich weiß doch, wie alt ich bin. Ich seh mich ja jeden Tag im

Spiegel. Ich kann dir doch nichts verbieten. Nein, weißt du, wenn wir zusammen sind, dann ... müssen wir gut sein zueinander. Sonst ... sonst ist das ganze Leben nichts wert.

Salem: Ich nicht will andere Frau. Ich liebe dich. Nur dich.

Emmi: Ich liebe dich auch. Zusammen sind wir stark.

Im Laufe dieses Films lernt die alte, einfältige Putzfrau, zu praktizieren, was Petra von Kant so schwerfiel, nämlich zu lieben, ohne zu fordern. Hier hätte der Film enden können, aber trotz Fassbinders Absichten, einen positiven Film zu machen, und trotz Emmis Erkenntnis, daß Menschen einander nicht besitzen sollen, kann sich weder Fassbinder noch Emmi der Tatsache verschließen, daß wir in einer Besitzgesellschaft leben, in der die Menschen ihre Arbeitskraft, d. h. sich selbst, verkaufen und auf die Verkaufsbedingungen wenig Einfluß haben, besonders, wenn man Gastarbeiter ist. Emmis beschwichtigende Bemerkung »Zusammen sind wir stark« (ein Echo aus *Acht Stunden sind kein Tag*) wird sofort dadurch dementiert, daß Ali schreiend vor Schmerz zu Boden sinkt. Mit aufgebrochenem Magengeschwür kommt er ins Krankenhaus, und obwohl der Arzt verspricht, er werde sich bald erholen, geht aus seiner letzten Bemerkung hervor, daß Ali sicher bald wieder im Krankenhaus auftauchen wird:

»Das haben wir jetzt ziemlich oft bei ausländischen Arbeitern. Der ganz besondere Streß, den die haben. Das ist ziemlich hoffnungslos. In Kur läßt man uns sie nicht schicken – immer nur operieren –, und ein halbes Jahr später haben sie ein neues Geschwür.«

Aber davon will Emmi nichts hören. Sie versichert dem Arzt, sie werde Ali gesundpflegen und versorgen. »Tja. Viel Glück auf alle Fälle«, sagt der Arzt. Und damit bleibt der Film in dem Widerspruch zwischen den Bedürfnissen des Einzelnen und den gesellschaftlichen Bedingungen stehen. Fassbinder zeigt, daß und wie wir in einer Gesellschaft leben, die uns in moralische Normen und Arbeitsbedingungen zwängt und unsere Entfaltungsmöglichkeiten einschränkt. Aber die gesellschaftlichen Zwänge dienen Fassbinder nie als Vorwand, sich handlungsunfähig und defätistisch hinter politischen Theorien zu verschanzen. Er will die Möglichkeiten des Menschen in einer unmöglichen Gesellschaft zeigen.

Der Film ist daher ohne jede stilistische Finesse, einfach, unmittelbar und leicht zugänglich, endet aber nie im bildlich Anonymen, in falschen Vereinfachungen oder erzählerischen Banalitäten. Seine Rhythmen sind von einer Langsamkeit, die ein großes Publikum weder provoziert noch ermüdet, sondern die Probleme akzentuiert, von denen der Film handelt. Die Bilder sind einfach, statuarisch und von allem Überflüssigen befreit. Sie sind nicht naturalistisch, aber ihre Stilisierung entfernt nicht das unmittelbar Wiedererkennbare. Stilisierung und Identifikation halten sich die Waage – vielleicht am genauesten in der bewegendsten Szene des Films, als Emmi und Ali in einem Gartenrestaurant sitzen und Emmi weinend zusammenbricht angesichts der Verständnislosigkeit und Grausamkeit ihrer Umwelt. Brigitte Mira spielt ihren Zusammenbruch und ihre Empörung fast naturalistisch, wodurch das Publikum die Möglichkeit erhält, sich mit ihr zu identifizieren. Gleichzeitig aber hat Fassbinder in der Szene eine ganz unnaturalistische Bildkomposition konstruiert, die die Identifikation einschränkt: er läßt eine steife Gruppe von 10-15 fremden Menschen Emmis Zusammenbruch beobachten und die verständnislose »Umwelt« repräsentieren. Die gewollte Steifheit des Arrangements bildet einen wirkungsvollen Kontrast zu Emmis Weinen, so daß Fassbinder einen genialen Augenblick zusammenfaßt, wonach er immer gestrebt hat: emotionale Dichte und intellektuelle Klarheit, Identifikation und Abstand, Miterleben und Betrachtung.

Wenn in diesem Film mit kompositorischen Symbolen gearbeitet wird, ist die Symbolik völlig in die Handlung integriert und tritt nie herausfordernd als »zweiter« Sinn, dessen Bedeutung geknackt werden muß, zum Vorschein. Als Fassbinder-Spezialität sei hier auf zwei zentrale Spiegelszenen verwiesen, die »zufällig« am Anfang und Ende der Liebeserzählung des Films stehen: Als Emmi nach der ersten Nacht mit Ali aufwacht und den dunklen Gastarbeiter in ihrem Bett entdeckt, reagiert sie mit einem Schock, stürzt ins Badezimmer und muß sich einen Augenblick im Spiegel betrachten, was Fassbinder die Gelegenheit gibt, visuell die Spaltung dieses Menschen in eine alte kleinbürgerliche Emmi zu zeigen, die nie davon träumen würde, mit einem Marokkaner ins Bett zu gehen, und einer neuen Emmi, die ergriffen realisiert, wovon die alte zu träumen nicht gewagt hätte. Eine entsprechende Spiegelszene findet sich am Ende, als Ali, gespalten in seinen Ärger über Emmis Kleinbürgerlichkeit und seine Liebe zu der Emmi, die er als keineswegs kleinbürgerlich kennengelernt hat, vor dem Spiegel steht und sich selbst für seine Spaltung bestraft, indem er sich immer wieder ohrfeigt. Es gelingt den Personen vorübergehend, das gespaltene Spiegelbild zu einem ganzen Bild zu vereinen, indem sie eine persönliche und verpflichtende Wahl treffen, die die Spaltungen im Spiegel überwindet.

Aber wird sich diese persönliche Entscheidung in einem gesellschaftlichen Zusammenhang verwirklichen lassen? Das ist die letzte, unbeantwortete Frage des Films, und darum kann er nur mit einer Spiegelszene enden, während Emmi am Krankenbett sitzt. Man kann zwar etwas dafür tun, um auf der persönlichen Ebene seine Existenz zu wählen, aber äußere, gesellschaftliche Faktoren bringen diese Wahl ständig in Gefahr. Emmi entscheidet sich für Ali, das ist schon größtmöglicher Optimismus. Aber daß Emmi diese Wahl vor einem Spiegel trifft, deutet an, daß die Entscheidung allein nicht das Problem lösen kann, dafür ist es viel zu unüberschaubar für Emmi und Ali – und für die Zuschauer, die aber immerhin etwas begriffen haben.

Im Verhältnis des Films zur weiblichen Hauptperson gleichen sich *Angst essen Seele auf* und *Acht Stunden sind kein Tag*. Auch Emmi ist ein Mensch, der Schritt für Schritt lernt, die richtigen Entscheidungen zu treffen, und in gewissem Maße auch imstande ist, dadurch das eigene Leben zu verändern. Sie ist eine positive Heldin, die trotz der eingebauten Verfremdungselemente als Identifikationsfigur dienen kann und als ein gutes Beispiel für ein großes Kinopublikum.

Das unterscheidet *Angst essen Seele auf* von den meisten anderen Filmen Fassbinders, in denen er uns keine positiven Helden vorführt, sondern Menschen, die das Falsche tun und entweder daran sterben oder ihr Leben ruinieren. Dieses Prinzip folgt nicht aus einer erklärtermaßen pessimistischen Lebensauffassung, sondern, im Gegenteil, aus der nüchtern-demokratischen Haltung, daß es nicht seine Aufgabe ist, den Zuschauern vorzuführen, wie sie zu leben haben. Er kann aber zeigen, wie man lieber nicht leben sollte, und durch das negative Beispiel das Publikum ermuntern, aus dem Kino zu gehen und anders zu handeln.

Durch diese Haltung geriet Fassbinder sowohl mit dem konservativen Bürgertum als auch mit dessen neostalinistischen Sprößlingen in der Studentenbewegung aneinander. Beide Seiten meinten, die Kunst müsse den Menschen den rechten Weg zeigen, denn ihnen fehlte das Vertrauen in die Menschen, das aus Fassbinders Arbeiten spricht.

Fontane Effi Briest

Die 18jährige Effi (Hanna Schygulla) fühlt sich einsam in ihrer Ehe mit Baron Innstetten (Wolfgang Schenck), die sie in einem viel zu jungen Alter eingegangen ist, und hat ein heimliches Verhältnis mit Major Crampas (Ulli Lommel). Sechs Jahre später findet Innstetten kompromittierende Briefe. Er tötet Crampas in einem Duell, verstößt Effi aus ihrem gemeinsamen Heim und erzieht ihr Kind gegen sie. Effi stirbt krank und gebrochen; auf dem Sterbebett gibt sie gegenüber ihrer Mutter (Lilo Pempeit) Innstetten in seinem Handeln recht.

Fontane Effi Briest war Fassbinders Traumfilm und derjenige, in den er die meiste Arbeit investierte. Während er normalerweise einen Film in 9 bis 20 Tagen machte, erforderte dieser Film 58 Drehtage, die sich über zwei Jahre hinzogen. Er hatte diesen Film schon von Anfang an machen wollen, aber 1969 konnte er für ein so enormes Projekt aus guten Gründen kein Kapital beschaffen. Statt dessen wurde es sein 23. Film. Die 22 zuvor entstandenen Filme, waren natürlich beeinflußt von seinen Gedanken über diesen 23. Film, und sie prägten gleichzeitig seine Erfahrungen, die sich in *Fontane Effi Briest* niederschlugen.

Der Film nach dem gleichnamigen Roman Theodor Fontanes von 1895 hält sich genau an seine Vorlage, ist aber zugleich thematisch und stilistisch eine Zusammenfassung der zentralen Fassbinder-Themen. Der lange Untertitel »oder Viele, die eine Ahnung haben von ihren Möglichkeiten und Bedürfnissen und dennoch das herrschende System in ihrem Kopf akzeptieren durch ihre Taten und es somit festigen und durchaus bestätigen«, trifft nicht nur auf die Personen in *Fontane Effi Briest* zu, sondern auch auf viele von Fassbinders vorherigen Filmpersonen.

Es ist typisch für Fassbinder, daß er Fontane als einen Menschen charakterisierte, der sich in gewissem Sinne »noch einmal selbst hatte«:[3]

»Er lebte in einer Gesellschaft, deren Fehler er ganz genau erkannte und präzise beschreiben konnte, aber es war gleichzeitig die Gesellschaft, die er brauchte und zu der er dringend gehören wollte. Er wies alles ab und fand alles abstoßend, und trotzdem kämpfte er sein ganzes Leben darum, ein anerkanntes Mitglied dieser Gesellschaft zu werden. Das Milieu, in dem er verkehrte, fand er gräßlich, und trotzdem kämpfte er mit Händen und Füßen, um akzeptiert zu werden – und das ist so ziemlich genau auch meine Haltung zu meiner Gesellschaft.«

In einem Punkt unterscheidet sich *Fontane Effi Briest* von allem, was Fassbinder früher gemacht hat: es ist ein Film, der unbedingt literarisch sein will. Fassbinders Respekt vor Fontane ist so groß, daß er nicht versucht, den Roman zu einem Filmstoff zu verarbeiten, wie die meisten anderen Regisseure es versucht hätten. Statt dessen versucht er, aus seinem Film buchstäblich einen Roman zu machen! Er will nicht die Story des Romans verfilmen, sondern den Roman selbst – weshalb der Film auch »Fontane Effi Briest« heißt und nicht einfach »Effi Briest«, um zu betonen, daß es eben kein Film über Effis Schicksal ist, sondern über Fontanes Geschichte.

Fassbinders Haltung zu Literaturverfilmungen ist beeinflußt von seinem früheren Lehrmeister Jean-Marie Straub, der seine Prinzipien in dem Heinrich-Böll-Film *Nicht versöhnt* (1965) entwickelte. Straub wiederum hat vieles von Robert Bresson übernommen, dessen Georges-Bernanos-Film *Tagebuch eines Landpfarrers* (1950) ein – heute leider fast vergessener – Meilenstein der Literaturverfilmung ist.[4] Während Bresson und Straub sich durch ihre strengen Anforderungen an das Filmmedium aber immer mehr isolierten, konnte Fassbinder mit großer Kompromißlosigkeit ihre Prinzipien weiterentwickeln und gleichzeitig ein breites Publikum ansprechen: *Fontane Effi Briest* sollte sein größter Kinoerfolg in Deutschland werden.

In *Fontane Effi Briest* wird die Sprache wie ein Musikstück inszeniert, werden die einzelnen Stimmen mit einer solchen Sorgfalt behandelt, daß Fassbinder sich sogar zu einer Nachsynchronisation entschloß, obwohl die Schauspieler durchaus gute Stimmen haben – Irm Hermann wird von Margit Carstensen synchronisiert, Lilo Pempeit von Rosemarie Fendel und Hark Bohm von Kurt Raab.

Obwohl diese Nachsynchronisation so fein ausgeführt ist, daß man sie nicht bewußt wahrnimmt, ist nicht auszuschließen, daß man unbewußt trotzdem den Eindruck gewinnt, als sprächen die Mitwirkenden nicht mit ihrer eigenen Stimme, sondern etwas anderes spräche durch sie hindurch: ein Familiensystem, ein Paket gesellschaftlicher Konventionen.

Fassbinder lieh natürlich Theodor Fontane seine eigene Stimme: er liest immer wieder lange Passagen aus dem Buch, und die Schauspieler wurden angehalten, ihre Sätze mehr zu zitieren als zu spielen. Außerdem sind die Sätze oft so geformt, daß sie sich nur als literarische Zitate sprechen lassen.

Ein gutes Beispiel für Fassbinders Methode ist die zentrale Duellszene zwischen Baron Innstetten und Major Crampas. Die meisten anderen Regisseure hätten die Szene dramatisch aufgebaut, während Fassbinder sie konsequent unterspielt. Er zeigt zwar den Schußwechsel, aber sonst nichts, vielmehr legt er das Gewicht auf die Grundsatzdiskussion zwischen Innstetten und seinem guten Freund Wüllersdorf, ob das Duell notwendig ist. Der Text ist, wie alle anderen Dialoge, wörtlich dem Roman entnommen und hat eine literarische Form, die für eine Verfilmung im traditionellen Sinne wenig geeignet erscheint.

Die Diskussion beginnt damit, daß Innstetten das Corpus delicti, die kompromittierenden Liebesbriefe, Wüllersdorf reicht:

W: Die sind an Ihre Frau gerichtet?

I: Ich fand sie heut in ihrem Nähtisch.

W: Und wer hat sie geschrieben?

I: Major Crampas.

W: Also Dinge, die sich ereigneten, als Sie noch in Kessin waren. Liegt also sechs Jahre zurück oder noch ein halb Jahr länger.

I: Ja. Es sieht fast so aus, als ob die sechs oder sieben Jahre einen Eindruck auf Sie machten. Es gibt eine Verjährungstheorie, natürlich, aber ich weiß doch nicht, ob wir hier einen Fall haben, diese Theorie gelten zu lassen.

W: Ich weiß es auch nicht. Und ich bekenne Ihnen offen, um diese Frage scheint sich hier alles zu drehen.

I: Sie sagen das in vollem Ernst?

W: In vollem Ernst. Es ist keine Sache, sich in jeu d'esprit oder in dialektischen Spitzfindigkeiten zu versuchen.

I: Ich bin neugierig, wie Sie das meinen. Sagen Sie mir offen, wie stehen Sie dazu.

W: Innstetten, Ihre Lage ist furchtbar, und Ihr Lebensglück ist hin. Aber wenn Sie den Liebhaber totschießen, ist Ihr Lebensglück sozusagen doppelt hin, und zu dem Schmerz über empfangenes Leid kommt noch der Schmerz über getanes Leid. Alles dreht sich um die Frage, müssen Sies durchaus tun? Fühlen Sie sich so sehr verletzt, beleidigt, empört, daß einer weg muß, er oder Sie? Steht es so?

I: Ich weiß es nicht.

W: Sie müssen es wissen.

I: Nein, so steht es nicht.

W: Wie steht es denn?

I: Es steht so, daß ich unendlich unglücklich bin; ich bin gekränkt, schändlich hintergangen, aber trotzdem, ich bin ohne jedes Gefühl von Haß oder gar von Durst nach Rache. Und wenn ich mich frage, warum nicht? so kann ich zunächst nichts anderes finden als die Jahre. Man spricht immer von einer unsühnbaren Schuld; vor Gott ist das gewiß falsch, aber vor den Menschen auch. Ich hätte nie geglaubt, daß die Zeit, rein als Zeit, so wirken könne. Und dann als zweites: Ich liebe meine Frau, ja, seltsam zu sagen, ich liebe sie noch, und so furchtbar ich alles finde, was geschehen – ich bin so sehr im Bann ihrer Liebenswürdigkeit, eines ihr eignen heiteren Charmes, daß ich mich, mir selbst zum Trotz, in meinem letzten Herzenswinkel zum Verzeihen geneigt fühle.

W: Kann ganz folgen, Innstetten, würde mir vielleicht ebenso gehn.

Aber wenn Sie so zu den Sachen stehen und mir sagen: Ich liebe die Frau so sehr, daß ich ihr alles verzeihen kann, und wenn wir dann das andere hinzunehmen, daß alles weit, weit zurückliegt, wie ein Geschehnis auf einem anderen Stern, wenn die Dinge so liegen, Innstetten, so frage ich, muß es denn sein? Wozu die ganze Geschichte?

I: Weil es trotzdem so sein muß. Ich habs mir hin und her überlegt. Man ist nicht bloß ein einzelner Mensch, man gehört einem Ganzen an, und auf das Ganze haben wir beständig Rücksicht zu nehmen, man ist durchaus abhängig von ihm. Ging es, in Einsamkeit zu leben, so könnt ich es gehen lassen; ich trüge dann die mir aufgepackte Last, das »rechte Glück« wär hin, aber es müssen so viele leben ohne dies »rechte Glück«, und ich würde es auch müssen und auch können. Man braucht nicht glücklich zu sein, und am allerwenigsten hat man einen Anspruch darauf, und den, der einem das Glück genommen hat, den braucht man nicht notwendig aus der Welt zu schaffen. Man kann ihn, wenn man weltabgewandt weiterexistieren will, auch laufenlassen. Aber im Zusammenleben der Menschen hat sich ein Etwas ausgebildet, das nun mal da ist und nach dessen Paragraphen wir uns gewöhnt haben, alles zu beurteilen, die andern und uns selbst. Dagegen zu verstoßen geht nicht: die Gesellschaft verachtet uns, zuletzt tun wir es selbst und können es nicht aushalten, jagen uns die Kugel in den Kopf. Verzeihen Sie, Wüllersdorf, daß ich Ihnen solche Vorlesung halte, die schließlich doch nichts anderes sagt, was sich jeder selbst hundertmal gesagt hat. Aber freilich, wer kann schon etwas Neues sagen. Also noch einmal, nichts von Haß oder dergleichen, um eines Glückes willen. Jenes, wenn Sie wollen, uns tyrannisierende Gesellschafts-Etwas, das fragt nicht nach Charme und nicht nach Liebe und nicht nach Verjährung. Ich habe keine andere Wahl. Ich muß.

W: Ich weiß doch nicht, Innstetten.

I: Sie sollen selbst entscheiden, Wüllersdorf. Es ist jetzt zehn Uhr. Vor sechs Stunden, diese Konzession will ich Ihnen vorweg machen, hatt ich das Spiel noch in der Hand, konnt ich noch das eine und noch das andere, da war noch ein Ausweg. Jetzt nicht mehr, jetzt stecke ich in der Sackgasse. Wenn Sie wollen, so bin ich selbst schuld daran; ich hätte mich besser beherrschen und bewachen, alles in mir bewahren, alles im eigenen Herzen auskämpfen sollen. Aber es kam mir zu plötzlich und zu stark, so kann ich mir kaum einen Vorwurf machen, meine Nerven nicht geschickter in Ordnung gehalten zu haben. Und ich ging zu Ihnen, schrieb Ihnen einen Zettel, und damit war das Spiel aus meiner Hand. Von dem Augenblick an hatte mein Unglück und, was schwerer wiegt, der Fleck auf meiner Ehre einen halben Mitwisser und nach den ersten Worten, die wir hier gewechselt, einen ganzen. Und weil dieser Mitwisser da ist, kann ich nicht mehr zurück.

W: Ich weiß doch nicht. Ich mag ungern zu der alten abgestandenen Phrase greifen, und doch läßt sichs nicht besser sagen, Innstetten. Es ruht in mir wie in einem Grab.

I: Ja, Wüllersdorf, so heißt es immer. Aber es gibt keine Verschwiegenheit. Selbst wenn Sies wahrmachen, die Verschwiegenheit selber sind, so wissen Sie es, und es rettet mich nicht vor Ihnen, daß Sie mir eben noch Ihre Zustimmung ausgedrückt und mir sogar gesagt haben: ich kann Ihnen in allem folgen. Ich bin, und dabei bleibt es, von diesem Augenblick an ein Gegenstand Ihrer Teilnahme, und jedes Wort, das sie mich mit meiner Frau wechseln hören, unterliegt Ihrer Kontrolle, Sie mögen wollen oder nicht. Und wenn meine Frau von Treue spricht oder, wie Frauen tun, über andere zu Gericht sitzt, so weiß ich nicht, wo ich mit meinen Blicken hin soll. Und ereignet sichs gar, daß ich in irgendeiner ganz alltäglichen Beleidigungssache zum Guten rede, weil ja der dolus fehle oder ähnliches, so geht ein Lächeln über Ihr Gesicht, oder es zuckt wenigstens darin, und in Ihrer Seele klingt es: »Der gute Innstetten, der hat doch eine wahre Passion, alle Beleidigungen auf ihren Beleidigungsgehalt chemisch zu untersuchen, und das richtige Quantum Stickstoff findet er nie. Er ist noch nie an einer Sache erstickt ...« Habe ich recht, Wüllersdorf, oder nicht?

W: Ich finde es furchtbar, daß Sie recht haben, aber Sie haben recht. Ich quäle Sie nicht länger mit meinem »Muß es sein«. Die Welt ist einmal, wie sie ist, und die Dinge verlaufen nicht, wie wir wollen, sondern wie die andern wollen. Das mit dem Gottesgericht, wie manche hochtrabend versichern, ist freilich ein Unsinn, nichts davon, umgekehrt, unser Ehrenkultus ist ein Götzendienst, aber wir müssen uns ihm unterwerfen, solange der Götze gilt.

Mit Hilfe zweier einfacher Bildeffekte gestaltet Fassbinder diesen höchst literarischen Dialog so, daß er gerade nicht eine reine Wortverfilmung ist: Er bringt zu dem Dialog einen filmischen Kommentar. Zum einen läßt er – naturalistisch gesehen völlig unmotiviert – Wüllersdorf fast das ganze Gespräch über nonchalant Klavier spielen. Diese Klavier-Begleitung soll unterstreichen, in welch hohem Maße die beiden Personen an einen kulturellen Hintergrund gebunden sind, über den sie sich nicht hinwegsetzen können und dem sie in entscheidenden Situationen ihre Gedanken und moralischen Normen entnehmen. Gleichzeitig läßt Fassbinder an zentralen Stellen das Bild der beiden Sprechenden in einen Zug und anschließend in eine Pferdekutsche überblenden, die unaufhaltsam durch die Landschaft rollen und, so schließt man, die beiden Diskutierenden an den Ort des Duells bringen werden. Der Zug wird u. a. an der Stelle eingeblendet, als Innstetten Wüllersdorf recht darin gibt, daß er sich nicht so beleidigt fühlt, als daß er sich duellieren müsse, und als er erzählt, wie sehr er seine Frau liebt. Bei Innstettens Worten entsteht in den Zuschauern die Hoffnung, er möge den Gedanken an ein Duell aufgeben, aber im selben Augenblick dementiert der unaufhaltsam vorwärtsrollende Zug diese Hoffnung und demonstriert, wie die Gesellschaft die Weichen gestellt hat für Gedanken und Haltungen der Menschen und daß diesen Schienen folgen muß, wer in der Gesellschaft funktionieren will. Genau in dieser Spannung zwischen Wort und Bild findet die zentrale Dialektik des Films ihren Ausdruck. Die Diskussion über das Duell endet mit einer visuellen Pointe, die diese Spannung in einem einzelnen Bild zusammenfaßt. Als Wüllersdorf Innstetten beipflichtet, daß das Duell stattfinden muß, werden die beiden Personen von einem Spiegel eingefangen, der so konstruiert ist, daß Wüllersdorf aus zwei verschiedenen Blickwinkeln zu sehen ist. So wird die Ambivalenz der Handelnden sichtbar gemacht, der Konflikt zwischen der menschlichen Vernunft, die sie in ihrem Inneren besitzen, und der unerbittlichen gesellschaftlichen Logik, der sie sich gleichwohl unterordnen müssen. Die Spannung zwischen den »Möglichkeiten der Personen und ihren Bedürfnissen« und »dem herrschenden System« – um den Untertitel des Films zu zitieren – wird im gesamten Film durch das visuelle Zeichen ausgedrückt, das zu Fassbinders Symbol par excellence geworden ist: das Spiegelbild. In keinem anderen Film hat er so konsequent mit Spiegeleffekten gearbeitet wie hier, und in *Fontane Effi Briest* stellt er auch deutlicher und schärfer als sonst die Spannung zwischen den Bedürfnissen des Individuums und den Forderungen der Gesellschaft dar.

In der ersten Spiegel-Szene des Films sprechen Effi und ihre Mutter über Effis Zukunft, unmittelbar nachdem die Ehe mit Innstetten vereinbart wurde. Effi träumt davon, wie spannend und exotisch sie ihr Schlafzimmer einrichten wird – diesen intimen Schauplatz ihrer zukünftigen Ehe. Die Mutter meint resigniert:

»Es kommt dir vor wie im Märchen, und du möchtest eine Prinzessin sein. Aber meine liebe Effi, wir müssen vorsichtig sein im Leben, zumal wir Frauen.«

Visuell wird das Gespräch gespalten, so daß wir im selben Bild Effi und ihre Mutter sowie ihr Spiegelbild sehen – eine Vorahnung, daß Effis kindlicher Traum vom ehelichen Glück tiefen Zwiespalt in ihr Leben bringen wird.

Auch in dem ersten Gespräch zwischen Effis Eltern wirft ein Spiegeleffekt Licht auf die geheimen Gedanken und Wünsche der Personen. Sie sprechen von Effi, und der alte Briest äußert Besorgnis, ob Innstetten Effi nicht zu sehr gängelt und durch seinen Kunstsnobismus das »Naturkind« in ihr zerstört (eine Situation, die Fassbinder in Petra von Kants Verhältnis zu Karin schon vorgestellt hat). Das Gespräch ist zweideutig, denn unausgesprochen geht es auch um Briests Unzufriedenheit mit der eigenen Ehe. Er bricht den heraufziehenden ehelichen Streit ab mit seinem resignierten Lieblingsausdruck »Das ist ein zu weites Feld«. Und indem er mit seiner Bemerkung den schönen Schein einer innerlich erkalteten Beziehung bewahrt und seine Unzufriedenheit mit der Situation nicht ausdrückt, verdoppelt sich sein Bild durch einen Spiegel, Symbol für die Spannung zwischen »Bedürfnis« und »System«, deren Auflösung »ein zu weites Feld wäre«.

Das Dienstmädchen, das Effi in ihrem neuen Heim dienen soll, wird ebenfalls in einem bedrohlich wirkenden Spiegelbild vorgestellt, das ahnen läßt, daß sie eine höchst zweideutige Person ist. Als es anschließend zu ersten ehelichen Spannungen kommt, zeigt sich, daß sie voll und ganz auf der Seite Innstettens steht und für Effi nur Verachtung und Überheblichkeit hat.

Das Spiegelbild deutet stets darauf hin, daß eine gegebene Situation nicht so ist, wie sie aussieht. Als der Apotheker Gieshübler sich Effi vorstellt und ihr ein freundliches Kompliment macht, »wie Ihr Gemahl ist, das weiß ich, und wie Sie sind, meine gnädigste Frau, das sehe ich«, hält die Kamera Gieshübler in einer langen Nahaufnahme fest, während er Effi betrachtet, aber hinter ihm an der Wand hängt ein Spiegel, in dem die Zuschauer gleichzeitig Effi sehen. Das Spiegelbild dementiert seine überzeugt vorgebrachte Äußerung, daß er sieht, wie Effi ist. Ihre Spaltung sieht er nämlich nicht, das tun dafür die Zuschauer hinter seinem Rücken!

In einigen Szenen, in denen Effi direkt lügt, ist die Spiegelspaltung eine Selbstverständlichkeit. Das gilt für die Szene, in der Innstetten ihr ein Abschiedstelegramm von Crampas vorliest, der plötzlich verreisen mußte, und Effi kommentiert: »Es ist recht gut so.« Dasselbe gilt für die Szene in Berlin, wo sie dem Arzt eine Krankheit vorheuchelt, um nicht zu Innstetten zurückfahren zu müssen. Als der Arzt mitspielt, ist auch er in ein Spiegelbild gespalten.

Schließlich ist das Spiegelbild ein Unglücksbote in der Szene, in der Effis kleine Tochter die Treppe hinunterfällt und sich das Knie aufschlägt. »Es ist nichts Besonderes passiert«, sagt das Kindermädchen zu Innstetten, aber das Spiegelbild deutet das Doppelbödige der Situation an, und im nächsten Augenblick wird der kleine Unfall zur direkten Ursache dafür, daß Innstetten die sechs Jahre alten, vergilbten Liebesbriefe von Major Crampas an Effi findet.

Es soll hier keine allzu einseitige Deutung der vielen Spiegelbilder vorgenommen werden, denn ihre Funktion ist oft sehr nuanciert. Sie dienen nicht nur dazu, die Doppelbödigkeit einer Situation, Heucheleien, kleine Lügen und inneren Zwiespalt zu entlarven, sondern auch die Personen nach Art steifer Familienporträts einzurahmen und zu demonstrieren, daß die Personen an eine Familientradition gebunden sind, von der sie sich nicht lösen können. In mehreren Situationen fragt man sich für einen Augenblick, ob man ein lebendiges Spiegelbild sieht oder eine leblose Fotografie an der Wand. Und wie leblose Porträts stehen diese Personen oft in ihrem Leben: an ein Geschlechtsmuster gebunden, das die Lebensentfaltung der Individuen in einer traditionellen Geste erstarren läßt. Das gilt zum Beispiel für die Szene, in der Innstetten Effi von seiner Beförderung erzählt und sagt, sie würde jetzt Ministerialrätin werden. Da sieht man sie in einem Spiegel an die Wand genagelt wie ein Familienbild.

Das zu steifen Formen erstarrte Leben ist ein durchgängiges Thema in *Fontane Effi Briest*, es findet auch in einem anderen Lieblingssymbol Fassbinders seinen Ausdruck: den Puppen. Am stärksten ist dieses Symbol in einigen Szenen festgehalten, in denen Innstetten eine bittere Selbsterkenntnis ausdrückt, beispielsweise als Effi über ein kleines Gedicht jubelt, das der Apotheker ihr geschickt hat:

Effi: Die Huldigungen eines guten Menschen sind etwas Besonderes, Wohltuendes. Meinst du nicht auch, Geert?

Innstetten: Gewiß meine ich das. Es ist eigentlich das einzige, was einem Freude macht oder wenigstens machen sollte. Aber jeder ist noch so nebenher in allerhand dummem Zeug drin. Ich auch. Aber freilich, man ist, wie man ist.

Und bei dieser letzten selbstkritischen Bemerkung hat Innstetten sich erhoben und steht zwischen zwei weißen Gipspuppen. Effi steht auf und fällt vor ihm auf die Knie, und für einen Augenblick verharrt die Kamera unbeweglich vor den beiden zwischen den versteinerten Statuen.

Ein anderes Mal verwendet Effi das Puppensymbol, um Innstetten ungewöhnlich scharf zu kritisieren. In dieser Szene zeigt Innstetten eine sonderbare Hilflosigkeit, die einem nahegeht. Er verspürt das Bedürfnis nach ein wenig spontaner Lebensentfaltung, ist aber so gehemmt, daß er seinen Wunsch nur mit Worten ausdrücken, nicht aber in die einfachste Handlung umsetzen kann. Das Gespräch findet an dem Tag statt, an dem sie ihren letzten Höflichkeitsbesuch auf den benachbarten Gütern überstanden haben.

Innstetten: Ja, diesen Tag müßten wir nun eigentlich feiern, ich weiß nur noch nicht womit. Soll ich dir einen Siegesmarsch vorspielen oder dich im Triumph über den Flur tragen? Etwas muß doch geschehen, denn du mußt wissen, das war heute die letzte Visite.

Effi: Gott sei Dank war sies. Aber das Gefühl, daß wir nun Ruhe haben, ist, denk ich, gerade Feier genug. Nur einen Kuß könntest du mir geben. Aber daran denkst du nicht. Den ganzen langen Weg nicht gerührt, frostig wie ein Schneemann.

Innstetten: Laß, ich werd mich schon bessern.

Wenn Effi in diesem Gespräch ihren Mann einen »frostigen Schneemann« nennt, drückt sie dasselbe in Worten aus, was der Film im Bild zeigt: Innstetten steht, während sie spricht, zwischen zwei schneeweißen Puppen.

Ein weiteres wichtiges Stilelement ist das ständige Herunterspielen der Handlung und die Distanz zu den geschilderten Situationen. Sie wird durch die literarische Form – das Vorlesen des Textes im Film – und den Einsatz des Spiegels hergestellt. Die Verdoppelung einer Situation durch einen Spiegel erschwert den Identifikationsprozeß für das Publikum noch mehr. Fassbinder verwendet hier zum erstenmal seit dem *Amerikanischen Soldaten* keine Farben, und zwar nicht nur, weil »schwarzweiß die schönsten Farben sind, die ich kenne«, sondern auch, weil die schwarz-weißen Bilder dem Film eine gewisse literarische Ferne verleihen. Und wenn es zu Momenten kommt, die die Emotionen des Zuschauers stark ansprechen, wird für zusätzliche Distanz gesorgt. In der Duell-Szene am Strand, in der Major Crampas stirbt, stellt sich diese unsentimentale Ferne durch eine Kamerafahrt entlang einem Fischernetz her, das sich so zwischen den Zuschauer und die Ereignisse schiebt. Eine vergleichbare Kamerabewegung findet statt, als der kühle Brief vorgelesen wird, in dem Effis Mutter mitteilt, daß Effi nach dem Bruch mit Innstetten in ihrem Elternhaus nicht mehr willkommen ist. Effi liegt erschöpft auf dem Bett, und die abweisende Reaktion der Mutter könnte leicht zu Mitleid mit Effi verführen. Aber es wird Distanz hergestellt, indem die Kamera während des Vorlesens hinter einem durchsichtigen Bettvorhang fährt, der die Zuschauer von Effi trennt.

Ferne entsteht schließlich durch den Spielstil, der bei allen Personen gleichbleibend zurückgenommen und gedämpft, ja fast gefühl- und temperamentlos ist. Diese Spielweise deutet an, daß jede Person, auch Effi, eine Gesellschaft akzeptiert, in der unbefangene Lebensentfaltung unterdrückt wird und in der die Menschen zu gefühlskalten Puppen oder eingerahmten Familienporträts werden. In einer kleinen wichtigen Szene am Strand zwischen Effi, Innstetten und Major Crampas – Effi und der Major haben ihr Verhältnis noch nicht begonnen – drückt der Major ein gewisses Mißtrauen gegenüber Gesetz und Ordnung aus und schlägt vor, auf die Hafenpolizei zu pfeifen und auf Robbenjagd hinauszufahren. Effi klatscht kokett in die Hände, aber Innstetten wehrt ab, als der Major ruft, »muß denn alles so furchtbar gesetzlich sein? Alle Gesetzlichkeiten sind langweilig.«

Innstetten: Ja, Crampas, Sie kleidet das, und Effi, wie Sie sehen, klatscht Ihnen Beifall. Natürlich, die Weiber schreien gleich nach einem Schutzmann, aber vom Gesetz wollen sie nichts wissen.

Crampas: Das ist so Frauenrecht von alter Zeit her, und wir werdens nicht ändern, Innstetten.

Innstetten: Nein. Und ich will es auch nicht. Auf Mohrenwäsche lasse ich mich nicht ein. Aber einer wie Sie, Crampas, der unter der Fahne der Disziplin großgeworden ist und recht gut weiß, daß es ohne Zucht und Ordnung nicht geht, ein Mann wie Sie, der sollte doch eigentlich so was nicht reden, auch nicht einmal zum Spaß. Indessen, ich weiß schon, Sie haben einen himmlischen Kehrmichnichtdran und denken, der Himmel wird nicht gleich einstürzen. Nein, gleich nicht. Aber einmal kommt es.

Der Vorschlag, auf Robbenjagd zu gehen, war für den Major nur ein Gedankenspiel, und auch das Recht der Frauen, Gesetze nicht immer ernst zu nehmen, hat seine Grenzen. Alle Personen, auch der Major und

Effi, finden die Moralauffassung ihrer Gesellschaft richtig. Keiner erhebt je die Stimme zu einem Protest oder auch nur einer Äußerung von Unzufriedenheit, einzig Effi verliert in einer Szene die Beherrschung:

Sie hat, nachdem ihr Mann sie verstoßen hat, die Erlaubnis erhalten, von ihrem Kind Besuch zu bekommen. Die Szene beginnt mit der verrücktesten Spiegelsituation des Films: Effi sitzt vor dem Toilettentisch und wird von dem dreigeteilten Spiegel in drei verschiedene Figuren gespalten – visueller Ausdruck für Effis inneren Aufruhr, während sie auf das Kind wartet, das man ihr mit ihrem eigenen Einverständnis abgenommen hat. Als das Kind kommt, stellt sich heraus, daß Innstetten es zu einer gehorsamen Marionette erzogen hat, die förmlich und höflich wie eine Schülerin die Fragen der Mutter beantwortet. Empört und verzweifelt schickt Effi ihr Kind wieder weg, fällt mit gefalteten Händen auf die Knie und ruft Gott an, warum das geschehen mußte. Ihre eigene Schuld und Strafe hat Effi ertragen können, aber nicht, daß er ihr eigenes Kind »wie einen Papagei abrichtet«. In ihrer Verzweiflung ruft sie:

»Mich ekelt, was ich getan; aber mehr noch ekelt mich eure Tugend! Weg mit euch. Ich muß leben!«

Und in ihrem letzten Ausbruch erhebt sie die Stimme zu einem halb erstickten Schrei, was in einem Film, in dem es sonst keinen Platz für Gefühlsausbrüche gibt, von enormer Wirkung ist. Wenn den ganzen Film hindurch gedämpft, fast schon monoton gesprochen wurde, wirkt noch das geringste Anheben der Stimme wie ein verzweifelter Schrei. Demselben Effekt begegnen wir in *Liebe ist kälter als der Tod*, einem Film mit lauter statischen Bildern, in dem der letzte Kameraschwenk wie ein visueller Schock wirkt. Aber der Schrei ist nicht stark genug, um in einen klar formulierten Protest überzugehen, sondern bleibt selbstzerstörerisch: Am Ende der Szene hängt Effis Kopf schlaff herunter, und sie legt die Hand an den Hals, als wolle sie sich selbst erwürgen.

Trotzdem ist der leise Schrei dieser Szene eines der wenigen Beispiele des Films, daß die Personen nur äußerlich den sozialen Druck akzeptiert haben, unter dem sie leben. In ihrem Herzen sind sie anders, obwohl sie sich dessen kaum bewußt sind. Effi erlebt ihre Situation meist als natürlich und richtig.

Was andere Unterdrückung nennen, nennt Fassbinder Erziehung, und er zeigt Effi als gelehrige Schülerin. So wie Petra Karin erziehen wollte, so versucht Innstetten, Effi zu erziehen. Die Grundsituation der beiden Filme ist verblüffend ähnlich: ein erstarrter Mensch der Oberschicht verliebt sich in ein junges Mädchen, dessen Lebenskraft und Natürlichkeit mit seinem eigenen Milieu kontrastieren und von daher die Grundlage für ihre Liebe bilden. Aber gleichzeitig führen die Besitzansprüche, mit denen die Liebe verbunden ist, in beiden Filmen zur Unterdrückung jener Qualität, die die Liebe verursacht hatte, nämlich der inneren Freiheit und Unmittelbarkeit eines anderen Menschen.

Der Erziehungsprozeß gelingt Baron Innstetten viel besser als Petra, was natürlich damit zusammenhängt, daß Effi als Angehörige der Oberschicht ein dankbareres Opfer ist als die Proletarierin Karin, die sich noch bestimmte Vorstellungen von Freiheit bewahrt hat. Effi ist ohnehin Wachs in Innstettens Händen, und ihre Wohlerzogenheit bringt sie in die furchtbarste Gewissensnot, als die Natur über die Erziehung siegt und sie ein Verhältnis mit Crampas anfängt. Diesen Fehltritt würde sie am liebsten verdrängen – und dasselbe tut der Film in einer merkwürdigen Solidarität mit Effi. Fassbinder zeigt nicht das Verhältnis, sondern deutet es an, und die stärkste physische Annäherung, die wir zwischen Effi und dem Major erleben, ist ein heftiger Handkuß. Welche Probleme Effi mit der heimlichen Beziehung zu dem Major hat, geht indirekt aus der Szene hervor, in der sie in Affekt gerät, weil ihr treues Dienstmädchen Roswitha im Begriff ist, sich mit einem verheirateten Mann einzulassen. Sie ermahnt das Dienstmädchen, daß man so etwas nicht tut, und Effis Schuldgefühle angesichts der Tatsache, daß sie ja selbst so etwas tut, werden immer stärker. In ihrem Abschiedsbrief an den Major vor ihrer Abreise nach Berlin schreibt sie: »Alle Schuld ist bei mir. Ihr Tun mag entschuldbar sein, nicht das meine.« Ihr Schuldkomplex wird in dem inneren Monolog vertieft, den Fassbinder vorliest, während Effi in der Landschaft spazieren geht.

»Und morgen um die Stunde bin ich in Berlin. Und wir sprechen davon, daß unser Hochzeitstag sei, und er sagt mir Liebes und Freundliches und vielleicht Zärtliches. Und ich sitze dabei und höre es und habe die Schuld auf meiner Seele. Ja, da hab ich sie. Aber lastet sie auch auf meiner Seele? Nein. Und das ist es, warum ich vor mir selber erschrecke. Was da lastet, das ist etwas ganz anderes – Angst, Todesangst und die ewige Furcht: es kommt doch am Ende noch an den Tag. Und dann außer der Angst . . . ich schäme mich. Aber wie ich nicht die rechte Reue habe, so hab ich auch nicht die rechte Scham. Angst quält mich und dazu Scham nur über mein Lügenspiel. Aber Scham über meine Schuld, die hab ich nicht oder doch nicht so recht oder doch nicht genug, und das bringt mich um, daß ich sie nicht habe. Wenn alle Weiber so sind, dann ist es schrecklich, und wenn sie nicht so sind, wie ich hoffe, dann steht es schlecht um mich, dann ist etwas nicht in Ordnung in meiner Seele, dann fehlt mir das richtige Gefühl. Und das hat mir der alte Niemeyer in seinen guten Tagen noch, als ich noch ein halbes Kind war, gesagt: auf ein richtiges Gefühl, darauf käme es an, und wenn man es habe, dann könne einem das Schlimmste nicht passieren, und wenn man es nicht habe, dann sei man in einer ewigen Gefahr, und das, was man den Teufel nenne, das habe dann eine sichere Macht über uns. Um Gottes Barmherzigkeit willen, steht es so mit mir?«

Fontane Effi Briest ist alles andere als ein Beitrag zur öffentlichen Kulturdebatte – und doch war dieser Film, als er 1974 in die Kinos kam, eine Provokation für die neue Frauenbewegung, was Fassbinder nicht störte, wenn er es auch nicht beabsichtigt hatte. Was die Vorkämpferinnen der Frauenemanzipation in den 70er Jahren nicht akzeptieren konnten, war wohl in erste Linie, daß nicht die Männer im Film die gesellschaftliche Unterdrückung verkörpern, sondern Effis Mutter, und daß Effi selbst letzten Endes alles akzeptiert, was mit ihr geschieht, anstatt sich aufzulehnen.

Der vereinfachenden und mechanischen Auffassung von der Frau als Opfer männlicher Unterdrückung hält der Film ruhig und eigentlich ganz unpolemisch entgegen, daß es auch umgekehrt sein kann. Zwar ist Baron von Innstetten Herr und Unterdrücker, aber er ist zugleich auch Gesetzen unterworfen, die stärker sind als er und seinen ganz persönlichen Haltungen widersprechen. Er ist, genau wie Effi, zwischen seinen »Möglichkeiten und Bedürfnissen« und »dem herrschenden System« gespalten.

Die innere Verkrüppelung, die Innstetten erlebt, geht auf gesellschaftliche und private Verhältnisse zurück. Der Film deutet an, daß Innstetten nicht immer ein frostiger Schneemann gewesen ist. Als junger Husar war er in Effis Mutter verliebt, aber als der Besitzer von Hohen-Cremmen auftauchte, entschied sie sich für ihn. Wie die Mädchen in Ingolstadt ließ sie die Liebe aus dem Spiel und heiratete in eine sichere soziale Position. Daraufhin verschanzte sich auch Innstetten hinter seiner Karrierejagd – und was Effis Mutter einmal Innstetten antat, tut er jetzt selbst Effi an: auch er beschließt, soziale Position und Ansehen über seine Gefühle zu stellen.

Daran stirbt Effi, aber da ist Innstetten seelisch schon tot, und er weiß es. Seine letzten Worte im Film, eine wehmütige Bemerkung zu seinem Freund Wüllersdorf, drücken seine Einsicht aus, daß es sinnlos war, sich hinter der Karriere zu verschanzen:

»Ich möchte aus dieser ganzen Geschichte heraus; nichts gefällt mir mehr. Je mehr man mich auszeichnet, je mehr fühle ich, daß dies alles nichts ist. Mein Leben ist verpfuscht.«

Und wie einst Frau Briest dem jungen Innstetten das Herz gebrochen hatte, so ist sie jetzt daran beteiligt, daß ihrer eigenen Tochter das Herz bricht. Nachdem Innstetten Effi verstoßen hat, weigert sich auch Frau Briest, sie ins Haus aufzunehmen. Nicht ihr Mann, sondern Frau Briest stellt die Forderungen der Gesellschaft höher als das Verständnis für die eigene Tochter.

Mutter: Ich liebe sie so wie du, vielleicht noch mehr, jeder hat seine Art. Aber man lebt doch nicht bloß in der Welt, um schwach und zärtlich zu sein und alles mit Nachsicht zu behandeln, was gegen Gesetz und Gebot ist und was die Menschen verurteilen und, vorläufig wenigstens, auch noch mit Recht verurteilen.
Briest: Ach was. Eins geht vor.
Mutter: Natürlich, eins geht vor, aber was ist das eine?
Briest: Liebe der Eltern zu ihren Kindern. Und wenn man gar bloß eines hat ...
Mutter: Dann ist es vorbei mit Katechismus und Moral und mit dem Anspruch der Gesellschaft? Es ist sehr schwer, sich ohne Gesellschaft zu behelfen.
Briest: Ohne Kind auch.

Dieser Widerspruch zwischen der Liebe zu dem Kind und der Rücksicht auf die Gesellschaft – also auch für das Ehepaar Briest zwischen »Bedürfnis« und »System« – wird weiterhin visuell dadurch ausgedrückt, daß das Ehepaar in einem Spiegel gefilmt wird. Doch dieses eine Mal dementiert der alte Briest die Spiegelspaltung und erlaubt seiner Tochter, nach Hause zu kommen – durchaus gegen den Willen ihrer Mutter, die das sogenannte patriarchalische Familiensystem repräsentiert. Aber als Effi schließlich nach Hause zurückkehrt, ist es zu spät: sie hat den Lebensmut verloren und stirbt.

Effis furchtbare und aufreibende Spaltung zwischen dem, was sie tut, und dem, was sie richtig findet, wird auf ihrem Sterbebett erlöst. Der Mutter gegenüber gibt sie zu, daß Innstetten »richtig in allem gehandelt hat«, sowohl in der Geschichte mit Crampas als auch in dem, was Effi am härtesten traf: daß er ihr eigenes Kind gegen sie erzog. Auf ihrem Sterbebett schließt sich der Kreis. Der Konflikt zwischen dem, was Effi spontan als richtig empfunden hat, und dem Filter, den die Erziehung über ihre Gefühle und Instinkte gelegt hat, endet mit dem Sieg der Erziehung. Effi stirbt, glücklich mit ihrer Mutter versöhnt, d. h. mit dem System, das sie das Leben gekostet hat.

Während Effi Innstetten in seiner Unterdrückung recht gibt, findet Innstetten zu der Erkenntnis, daß Effi in ihrem Aufruhr recht hatte, ein doppelt grausamer Schluß: Beide tragen ihren eigenen Widerspruch in sich, aber erlauben sich nicht, ›sich noch einmal zu haben‹, und zwingen sich zu einer Eindeutigkeit, die sie die Kraft und den Willen kostet, sich gegen Familiensystem und Gesellschaftsordnung aufzulehnen. Daran gehen beide zugrunde.

Die Ausschließlichkeit, mit der Effi die Schuld für das Scheitern ihrer Ehe auf sich nimmt, entspricht der Bereitschaft des Obsthändlers, seine Entlassung aus dem Polizeidienst für gerecht zu halten. Sowohl der Obsthändler als auch Effi begehen eine sexuelle Handlung, die sie in einen nicht wieder gutzumachenden Konflikt mit der Gesellschaft bringt, der sie angehören wollen. Aber anstatt das System in Frage zu stellen, das ihre Lebensfreude und ihre Sexualität verkrüppelt, sind sie selbst so von dem System gezeichnet, daß sie ohne Widerspruch alle Schuld auf sich nehmen. In ihren eigenen Augen haben sie versagt, aber Fassbinder zeigt in der klaren Art, wie er ihre Tragödie darstellt, daß das System versagt hat.

Die Frauenbewegung kritisierte Fassbinder, weil er keine Heldin für moderne Frauen auf die Leinwand gestellt hatte, mit der sie sich identifizieren konnte und die den Kampf anführte, statt zu resignieren. Aber das lag nicht in Fassbinders Absicht. Diesem Prinzip war er in *Acht Stunden sind kein Tag* und *Angst essen Seele auf* gefolgt. Von nun an gab er sich nicht mehr damit ab, dem Publikum Vorbilder zu präsentieren, sondern eher Schreckensvisionen – aus zweierlei Gründen: Zum einen hielt er den Begriff Vorbild für autoritär und insofern unbrauchbar für einen Emanzipationsprozeß, dessen Qualität darin liegt, daß das Individuum zu sich selbst findet, anstatt sich mit Vorbildern zu identifizieren, und zum anderen maß er der in der Kindheit stattfindenden Unterdrückung der Lebenslust eine so entscheidende Bedeutung bei, daß er glaubte, unsere Kultur sei überhaupt außerstande, Vorbilder zu produzieren.

Martha

Martha (Margit Carstensen) ist eine unverheiratete und unberührte Dreißigjährige, die während eines Urlaubs in Rom ihre große Liebe Helmut (Karlheinz Böhm) kennenlernt. Sie heiraten, aber die Ehe entwickelt sich zu einem Alptraum, Marthas Erwartungen werden von Helmuts Auffassungen von einer ordentlichen Ehe erstickt, und sie gibt nach, wie es sich nun mal gehört – bis sie eines Tages nicht mehr kann. Aber da hat sie sich schon mit soviel Dingen abgefunden, daß ihr Aufstand ebenso pathologisch ist wie ihre Ehe. Auch physisch gerät sie zum Krüppel und muß, von Helmut »liebevoll« gepflegt, den Rest ihres Lebens im Rollstuhl verbringen.

Martha entstand während der Dreharbeiten zu *Fontane Effi Briest*, die sich über fast zwei Jahre hinzogen, und ist in gewissem Sinne eine moderne Version von *Fontane Effi Briest*. Trotzdem ist der eine Film keine Wiederholung des anderen, sondern beide sind autonome Werke. Im Gegensatz zu der bewußt kühlen Distanz, die *Fontane Effi Briest* zu einem fernen Literaturfilm macht, ist *Martha* von einer ergreifenden Intensität. Dieser vielleicht stärkste Film Fassbinders überhaupt, der seine Geschichte mit Buñuelscher Disziplin und Grausamkeit erzählt, ist mit großen Werken wie *Viridiana* und *Tristana* verwandt.

Martha handelt von der systematischen Unterdrückung einer Frau durch ihren Mann, und in seinem Porträt der Unterdrückten präsentiert Fassbinder seine bislang differenzierteste Darstellung der Situation des Opfers. Marthas zunächst positiver Wille, ihrer Umwelt zu gefallen, treibt sie so in die Enge, daß sie sogar bereit ist, ihre eigene Unterdrükkung zu genießen. Sie unterliegt einer zerstörerischen Spaltung, und wenn sie gelegentlich den instinktiven und unüberlegten Versuch unternimmt, der Unterdrückung zu entkommen, so akzeptiert sie andererseits die Unterdrückung als natürliche und angemessene Lebensbedingung – und findet obendrein noch Gefallen daran.

Dieser Film zählt zu Fassbinders überzeugendsten Versuchen, zu einem tieferen Realismus vorzudringen, in dem emotionale Komplexitäten und psychologische Zustände sich in den einzelnen Situationen zu einer Bildsprache verdichten, die mit unseren Träumen oder Alpträumen verwandt ist. Auf den ersten Blick wirken die Bilder realistisch. Es sind freundliche, helle Sommerbilder, aber in entscheidenden Situationen produzieren die Kompositionen oft bedrohliche Untertöne beispielsweise durch die Verwendung von Treppen und Spiegeln oder durch ganz unnaturalistische Assoziationsmöglichkeiten, die das einzelne Bild sozusagen zufällig sprengen – wie etwa ein Tierkopf an der Wand hinter einer Person. Auch der Spielstil mit seiner leichten Künstlichkeit trägt dazu bei, die Situationen aus einem naturalistischen Zusammenhang zu entfernen und zu Sinnbildern einer Gemeinschafts- und Gesellschaftsform zu machen, die so radikal entlarvt wird, wie es selten auf der Leinwand geschehen ist.

Fassbinders Prinzip, innere Vorgänge durch äußere Handlungsabläufe auszudrücken, so wie sich unser Unbewußtes in Träumen ausdrückt, hat selten einen stärkeren Ausdruck gefunden als in *Martha*. Eine genauere Analyse der ersten Sequenz des Films macht das deutlich:

Martha wird in ihrem römischen Hotelzimmer von einem Araber aufgesucht, der sich ihr für erotische Dienstleistungen anbietet, von ihr aber sofort hinausgeworfen wird. Es zeigt sich, daß der Pförtner ihn geschickt hat, der meinte, Martha habe mit ihrem Blick eine erotische Dienstleistung »bestellt« – was sie empört von sich weist.

Danach geht Martha mit ihrem Vater spazieren. Während sie die Spanische Treppe hinaufsteigen, folgt ihnen der Araber im Hintergrund. Plötzlich fällt der Vater vor Erschöpfung um, Martha will ihm helfen, aber er weist sie mit den vorwurfsvollen Worten zurück: »Immer willst du mich berühren!« Darauf sinkt er zusammen und stirbt. In diesem Augenblick sehen wir eine ausgestreckte Hand, die Marthas Tasche stiehlt. In der nächsten Szene trifft Martha auf der Straße einen blonden, arisch aussehenden Mann. Als sie aneinander vorbeigehen, macht die Kamera um beide herum eine Kreisbewegung, die mit ihren kreisenden Bewegungen um die eigene Achse zusammenfällt. Der Mann ist Helmut, und die Art, wie ihre erste wortlose Begegnung gefilmt wird, läßt die Zuschauer ahnen, wie Marthas Schicksal aussehen wird. Sie kreisen umeinander, als stiegen sie über Zeit und Ort hinweg in eine Märchensphäre. Fassbinder hat hier einen kongenialen visuellen Ausdruck gefunden für die Redensart »Liebe auf den ersten Blick«.

In der Einleitungssequenz werden auf verschiedenen Ebenen die wichtigsten Themen des Films angesprochen: Auf der Symbolebene fallen besonders zwei Dinge auf, die Marthas erotische Bindung an den Vater unterstreichen: die Treppe und die Tasche. Die Treppe ist in der Freudschen Traumdeutung ein Symbol für den Beischlaf. Wenn Martha mit ihrem Vater die Treppe hochsteigt, drücken sich in dieser Szene ihre verdrängten erotischen Wünsche an den Vater aus, der sie schon abgewiesen hat, als sie noch ganz klein war. Damals war ihr Bedürfnis legitim und natürlich, aber durch die strenge Abweisung hat es sich in verdrängter Form in ihrem Erwachsenenleben gehalten. Die Tasche ist ein Vaginasymbol, und daß sie in dem Moment gestohlen wird, als der Vater stirbt, signalisiert, daß Marthas Sexualität jetzt für immer »gestohlen« oder beschlagnahmt wird. Und die unbewußte Bindung an den Vater, so zeigt sich im Laufe des Films, produziert einen Masochismus, der auch sie auf den Tod zuführen muß.

Das Interessante an Fassbinders Umgang mit der Traumsymbolik ist, daß man sie nicht unbedingt verstehen muß, um die Einleitungssequenz zu verstehen. Marthas frustrierte erotische Bindung an den Vater ist unmittelbar einleuchtend, auch ohne Kenntnis der Freudschen Symbollehre. Obwohl Martha unbewußt erotische Signale an ihre Umwelt aussendet, erschrickt sie, wenn diese Signale ernst genommen werden: Sie ist nie über die kindliche Verliebtheit in den ersten Mann ihres Lebens hinausgekommen.

Auf der unmittelbar visuellen Ebene stellt der Neger, der Vater und Tochter die Treppe hinauffolgt, eine unübersehbar aufragende Figur dar, die gewisse phallische Vibrationen aussendet, welche der Vater-Tochter-Beziehung eine erotische Dimension verleihen. Diese Dimension liegt auch im Dialog, wenn beispielsweise der Vater im Hotelfoyer seufzt, daß man »immer auf dich warten muß«, wie ein ungeduldiger Mann zu seiner Frau sagen würde, und wenn er Marthas Liebkosung, selbst im Todesmoment, abweist, weil er eine unpassende erotische Absicht dahinter vermutet.

Diese drei Ebenen: die Traumsymbolik, das visuell Bedeutungsschwangere und die Sprache verschmelzen zu einer organischen Einheit, die davon zeugt, mit welcher Meisterschaft Fassbinder seine Arbeitsmittel einzusetzen verstand. *Martha* ist überhaupt so stringent aufgebaut, daß die erzählte Geschichte mit ihrer formellen Gestaltung zusammenfällt, weshalb eine Inhaltsangabe fast automatisch schon eine Interpretation ist.

Aber auch weil *Martha* auf dem Markt nicht erhältlich ist, soll der Inhalt des Films hier etwas ausführlicher referiert werden. Der Film, eine Fernsehproduktion, wurde 1976 an einem warmen Sommerabend im dänischen Fernsehen gesendet. Auch eine für die Geschichte des Genres so wichtige Serie wie *Acht Stunden sind kein Tag* und sämtliche Videoproduktionen Fassbinders sind so gut wie unzugänglich.

Als Martha zurückkehrt und wieder an ihrem Arbeitsplatz erscheint, bittet der Chef sie in sein Büro. Er macht ihr einen Heiratsantrag, aber Martha lehnt ab mit der Begründung, ihre Mutter brauche sie. Der Chef bedauert das sehr, akzeptiert aber ihr Nein. Danach bittet er Marthas

Kollegin zu sich hinein, und einen Augenblick später kommt sie zurück und erzählt Martha freudestrahlend, der Chef habe um ihre Hand angehalten und sie habe ja gesagt. Bei einer Hochzeit, an der Martha teilnimmt, entspinnt sich folgender Dialog, als der Bräutigam, Dr. Salomon, die Frage stellt, ob Kinder streng oder liberal erzogen werden sollten.

Marthas Mutter: Entschuldigung – Strenge hat noch keinem Kind geschadet. Im Gegenteil.

Edgar: Das meine ich auch. Das Leben ist hart, was sollte da eine weiche Erziehung aus den Kindern machen.

Chef: Lebenstüchtige Wesen. Das liegt doch ganz klar auf der Hand.

Arzt: Ganz recht. All dieses Gerede von Freiheit und ... Das Leben kann eben nun mal nicht frei sein.

Dr. Salomon: Das stimmt natürlich alles. Und – wir sind ja auch alle streng erzogen worden und es hat uns nicht geschadet und trotzdem ...

Vater: Da gibt es kein trotzdem, mein Junge. Strenge hat sich bei Kindern über Jahrhunderte bewährt, und wird auch noch die nächsten Jahrhunderte überdauern.

Chef: Sie schütteln den Kopf, meine Liebe. Sind Sie vielleicht anderer Ansicht?

Martha: Ich? Oh nein, im Gegenteil. Ich unterstütze diese Ansicht voll und ganz.

Nach dem Essen unterhält sich Martha im Garten mit Helmut, dem Mann, dem sie in Rom begegnet war. Ihr erstes Gespräch ist eine einzige lange Demütigung Marthas, aber die Pointe ist, daß Helmuts souveränüberlegene und herablassende Art Martha anzieht. Er behandelt sie wie einen Hund, dem man durch strenge Dressur beibringt, für die geringste Aufmerksamkeit dankbar zu sein. Über ihre erste Begegnung in Rom entspinnt sich folgendes Gespräch:

Helmut: Sie haben sehr aufregend gewirkt auf mich damals.

Martha: Ich hab Sie auch nicht vergessen seither.

Helmut: Das habe ich nicht gesagt, daß ich Sie nicht vergessen hätte seither.

Martha: Sie ...

Helmut: Aber vielleicht ist es ja wirklich so. Vielleicht hab ich Sie nicht vergessen seither.

Nach dieser fein dosierten Demütigung zielt Helmuts Taktik darauf ab, Martha aufs gröbste einzuschüchtern. Er sagt, er fände sie nicht besonders schön und bestimmt nicht attraktiv, weil sie so dürr sei. Die Szene endet damit, daß sie sich küssen, während Marthas Mutter, konfrontiert mit der Aussicht, daß ihre Tochter sie jetzt wegen Helmut verlassen wird, eine Überdosis Tabletten zu schlucken versucht.

Als Martha kurz darauf der Mutter erzählt, sie und Helmut wollten heiraten, nimmt die Mutter wieder Pillen vor lauter Verzweiflung, und die folgende Szene demonstriert, wie Helmut systematisch Marthas Realitätssinn zersetzt und sie zu einer demütigen und schuldbewußten Marionette macht:

Als die Mutter in Lebensgefahr auf dem Fußboden liegt, springt Martha ans Telefon, um einen Arzt zu rufen. Aber Helmut hält sie zurück, zieht die Zeit in die Länge und gibt Martha das Gefühl, er wolle die Mutter sterben lassen. In einer heftigen Umarmung küßt er Martha trotz ihres Widerstands. Die Liebe ist immer noch kälter als der Tod und kommt am besten zu ihrem Recht, wenn sie noch vom Todeskampf eines Menschen stimuliert wird. Dann geht Helmut langsam ans Telefon und ruft den Arzt an, woraufhin er vorwurfsvoll zu Martha sagt: »Nun Martha, glaubst du wirklich, ich hätte deine Mutter sterben lassen? Nein, das ist ganz allein dein Einfall gewesen, Martha, und gewiß dein Wunsch.« Und Martha beugt schuldbewußt den Kopf.

Helmut hat sich, mit großer Bosheit, vorgenommen, um Marthas Hand während einer Fahrt mit der Achterbahn anzuhalten. Ruhig und lächelnd genießt er die Fahrt wie ein richtiger Mann, Martha klammert sich an ihn und schreit vor Angst. Als der Wagen endlich anhält, stürzt sie benommen hinaus und erbricht sich. Helmut folgt ihr und sagt, sie solle seine Frau werden.

Sie hört sofort auf, sich zu erbrechen. Mit Tränen in den Augen und Erbrochenem um den Mund dankt sie ihm wie eine Ertrinkende, die im letzten Augenblick einen Rettungsring hingeworfen bekommt. Helmut wendet sich verächtlich von ihr ab, und die Kamera steigt langsam hoch zu einer Totale des farbenprächtigen Kirmesplatzes, ein Bild der künstlichen Welt, die auf sie wartet.

Auf der Hochzeitsreise spricht Martha hingerissen von ihrem neuen Glück. Helmut sagt nichts, aber sobald sie in dem Hotel angekommen sind, beginnt seine systematische Erziehung. Martha erklärt, was sie gerne frühstücken möchte, doch da hat er schon bestellt, was er für das Gesündeste für sie hält. Am Strand bittet sie ihn, ihren bleichen Körper mit Sonnenöl einzureiben, damit sie keinen Sonnenbrand bekommt, doch er lehnt das ab, weil er will, daß sie schnell braun wird. Sie gibt nach und schläft anschließend in der Sonne ein. Helmut, hinter seiner Sonnenbrille versteckt, bemerkt das, sagt aber nichts. Zwei Stunden später liegt sie mit einem Sonnenbrand stöhnend und nackt auf dem Bett. Helmut kommt ins Schlafzimmer. Er legt eine feste Hand auf ihren feuerroten Körper, und sie stöhnt mit einer Mischung aus Schmerz und Wollust. Daraufhin wirft er sich ungestüm auf sie, und sie schreit laut.

Die Erziehung wird systematisch fortgesetzt, als sie in ihr neues Haus eingezogen sind. Helmut erklärt verärgert, wenn sie rauchen wolle, dann nicht in seinen Räumen, sondern draußen auf der Veranda. Ihre eigenen Möbel passen nicht zum Stil des Hauses und werden durch seine ersetzt. Und als sie am nächsten Tag wie üblich zur Arbeit kommt, sehen sie alle erstaunt an. Ihr Mann hat doch unlängst angerufen und für sie die Stellung gekündigt! Als Helmut nach einer einwöchigen Reise nach Hause zurückkehrt, hat sich Martha, um ihn zu überraschen, eine neue Frisur zugelegt. Bei ihrem Anblick brüllt er vor Lachen. Martha bricht weinend zusammen – und Helmut tröstet sie väterlich und sagt, sie solle nicht traurig sein, er wisse ja, daß sie es seinetwegen getan habe. Martha läßt sich dankbar von ihm trösten.

Während der folgenden Tage kritisiert Helmut auch ihren musikalischen Geschmack, und er schenkt ihr eine Platte, die sie immer wieder hören muß, bis sie gelernt hat, sie zu schätzen. Und als Martha es ihm eines Tages richtig recht machen will, serviert sie ihm sein Lieblingsgericht, Schweinenieren in Burgundersauce. In einer früheren Szene hat Helmut ihr erzählt, daß er dieses Gericht bevorzugt, was Martha freut, denn das war auch das Lieblingsgericht ihres Vaters. Jetzt wendet Helmut sich angeekelt von dem Essen ab und fragt, ob sie wirklich vergessen habe, daß er allergisch auf Schweinenieren sei. Martha bricht abermals zusammen, und er tröstet sie aufs neue damit, daß sie nicht weinen soll, sie habe es gut gemeint und das wisse er zu schätzen. Sie sei bloß etwas durcheinander, sagt er, und habe vielleicht sein Lieblingsessen mit dem ihres Vaters verwechselt. So etwas könne ja passieren. Martha atmet erleichtert auf über soviel Verständnis seinerseits: ja, so muß es gewesen sein.

Helmuts Art stürzt Martha jedesmal in Zweifel, ob ihre Wahrnehmung der Realität richtig ist, und zugleich läßt er in ihr immer mehr Schuldgefühle wegen mangelnden Wirklichkeitssinnes entstehen und eine dazugehörende Dankbarkeit, daß er sie trotz allem noch liebt.

Als Helmut das nächste Mal auf Geschäftsreise geht, gibt er Martha ein kompliziertes technisches Buch über seine Arbeit. Damit und mit seiner Schallplatte kann sie sich jetzt amüsieren, während sie die ganze Woche allein in dem großen leeren Haus herumirrt. Bei seiner Rückkehr stellt er fest, daß Martha aus Trotz weder das Buch gelesen noch die Platte gehört hat. Dagegen freut sie sich sehr, nach einer Woche Einsamkeit mit Helmut zu sprechen. Aber er, gekränkt über ihren Ungehorsam, verläßt umgehend wieder das Haus. Aus Verzweiflung über diese unerwartete Reaktion legt Martha seine Platte auf und beginnt fieberhaft, in dem Buch zu lesen und will sich eine Zigarette anzünden, um ihre Nerven zu beruhigen, doch dann fällt ihr ein, daß sie im Wohnzimmer nicht rauchen darf, weshalb sie auf die Terrasse umzieht, um dort in dem Buch zu lesen.

Nach einigen Tagen kommt ein Monteur von der Post, um in Helmuts Auftrag das Telefon abzubauen, so daß Martha die letzte Verbindung zur Umwelt genommen wird. Als Helmut eine Woche später endlich zurückkommt, kann Martha sofort eine Passage aus dem Buch auswendig zitieren, obwohl sie sie kaum verstanden hat. Zärtlich erzählt ihr Helmut, wie unendlich er sie liebt. Martha bricht dankbar weinend zusammen.

Anschließend bittet er Martha, ihm einen großen Dienst zu erweisen: Er ist wahnsinnig eifersüchtig, sagt er, und möchte ganz sicher sein, daß sie nie das Haus verläßt, damit er weiß, daß sie ihn nie betrügen kann. Martha willigt zögernd ein und bittet ihn darum, daß sie dafür wenigstens ein Kind haben darf. Helmut wischt den Gedanken vom Tisch: »Nein, Martha, leider. Denk an deine Mutter. Die ist krank, ist im Irrenhaus. Was sollte da wohl aus deinem Kind werden?« Später schafft Martha sich statt dessen eine Katze an, um in dem leeren Haus wenigstens ein bißchen Gesellschaft zu haben. Helmut wird böse, und am nächsten Tag liegt die Katze tot auf dem Steinfußboden. Martha wirft sich heulend über das Tier, und als Helmut sie auf dem Fußboden sieht, wirft er sich über sie und nimmt sie brutal. Wieder ein Beischlaf, der kälter ist als der Tod.

Eines Tages bricht Martha aus dem Haus aus. In ihrer Verzweiflung besucht sie einen ehemaligen Arbeitskollegen, und sie machen eine Spazierfahrt in seinem Auto. Plötzlich fühlt Martha, daß Helmut sie verfolgt. Erregt greift sie in das Lenkrad, das Auto verunglückt, ihr Freund kommt um, und Martha wird ins Krankenhaus eingeliefert.

Als sie erfährt, daß sie nie mehr wird gehen können, ist sie trotzdem erleichtert, weil sie zumindest mit ihren Händen etwas Nützliches tun kann. Der Arzt versichert ihr, das brauche sie bestimmt nicht, denn Helmut liebe sie ja und werde sich um sie kümmern. Bei diesem Gedanken schreit sie laut auf und muß eine Beruhigungsspritze bekommen, als Helmut aber kommt und sie abholt, akzeptiert sie wieder ihre Situation. Der Film endet mit einem kalten und klinischen Bild von Helmut, der Martha im Rollstuhl in den Krankenhausaufzug schiebt, die automatische Tür schließt sich, und das zukünftige Leben des Paars bleibt den Beobachtungen der Kamera entzogen.

Auch der Schluß des Films ist ambivalent. Helmut hat Martha nun da, wo er sie haben will, aber die schreckliche Pointe ist, daß Martha eigentlich auch da ist, wo sie – oder jedenfalls ein Teil ihrer selbst – gern wäre: für den Rest ihres Lebens an einen Rollstuhl gefesselt, hilflos Helmuts Willkür ausgeliefert und damit ohne eigene Verantwortung. Den ganzen Film hindurch hat sie sich am wohlsten in der Rolle des unselbständigen Kindes gefühlt, das abhängig gemacht wurde, erst von den Eltern, dann vom Ehemann. Gelegentlich hat sie sich zwar schwach gegen diese Abhängigkeit gewehrt, aber die Proteste haben nur Trennung und Disharmonie gebracht. Als Martha am Ende aber ihre Abhängigkeit von Helmut restlos akzeptiert und definitiv zu einer Lebensbedingung macht, die sie aus freien Stücken wählt, besteht zum erstenmal die Möglichkeit, daß ihre Lage sich verändert. Wenn Fassbinder zeigt, welche Kälte Martha ihrem Mann am Ende entgegenbringt, so deutet er an, daß hinfort vielleicht Martha das letzte Wort behält und daß sie als die Hilflose im Rollstuhl Helmut hemmungslos herumkommandieren kann, der seinerseits keine andere Wahl hat, als sie zu bedienen. Diese Deutung des Schlusses markiert zusätzlich die Nähe zu Buñuels *Tristana*, dessen Protagonistin auch erst als Invalide Macht über ihren Liebhaber erlangt.

Stärker als in seinen anderen Filmen stellt Fassbinder in *Martha* das Element der Erziehung heraus. Marthas Beziehung zu ihren Eltern wird als krankhaftes Abhängigkeitsverhältnis beschrieben, und wenn Martha einige Male versucht, sich über den Willen der Eltern hinwegzusetzen, tut sie es als ungehorsames Kind und nicht aus reifen und selbständigen Erwägungen heraus. Einige Szenen führen sie direkt als verzogenes Kind vor:

Während ihrer ersten Begegnung mit Helmut sagt Martha vorwurfsvoll zu ihm, was seine Mutter wohl von seinem Benehmen halten würde. Und als Helmut einwendet, sie sei ja eine erwachsene Frau, antwortet Martha spontan und erregt: »Das bin ich nicht!«, worauf sie sich besinnt und hinzufügt, sie sei in den Augen der Mutter nicht erwachsen.

Die andere Szene, die direkt ihre Kindlichkeit unterstreicht, ist eigentlich die einzig »ausgelassene«, nämlich als sie zum erstenmal mit dem Kollegen zusammen ist. Sie haben ihren Spaß daran, auf Marthas Vorschlag wie spielende Kinder herumzustapfen und Kinderlieder zu singen. Marthas Kindlichkeit hat im Grunde nichts Ausgelassenes oder Anarchistisches, sondern bewegt sich innerhalb straffer Disziplin und Wohlerzogenheit, die sie voll anerkennt und in der Diskussionsszene über Kindererziehung richtig findet. Es liegt etwas außerordentlich Unreifes und Frustriertes in ihrem Versuch, auf dem Weg einer Rückkehr in die Kinderwelt Erholung von einer Erwachsenenwelt zu suchen, die sie nicht bewältigen kann. Ihr Fluchtmechanismus ist mit der Kirchenliedsszene in *Warum läuft Herr R. Amok?* verwandt und mit dem Traum, das Abenteuer in Peru in *Rio das Mortes* zu verwirklichen: In allen drei Filmen versuchen Erwachsene, ihr Leben zu verändern, indem sie auf die Kindheit zurückgreifen, in der die Weichen für eben dieses Leben gestellt wurden. Aber der Versuch ist unbewußt und halbherzig und mündet deshalb in einer tragisch leeren Geste, einem Ritual, das nur zeigt, wie festgefahren die Situation ist.

Was den Film von Anfang bis Ende zu einem so schmerzhaften Erlebnis macht, ist die Widerstandslosigkeit, mit der Martha die Unterdrükkungsmechanismen akzeptiert. Die Unterdrückung kommt nicht nur von außen. Sie ist auch in ihr selbst zu einem Bedürfnis geworden. Wäre dies nicht der Fall, ließe sich die von außen kommende Unterdrückung ja auch erkennen und bekämpfen, aber wenn die Unterdrückung ein so natürliches Element von Marthas Psyche geworden ist, daß sie nicht einmal als Unterdrückung, sondern als normal erlebt wird, ist die Situation fast unüberschaubar.

Das trifft tatsächlich auf die meisten Fassbinderschen Figuren zu, einschließlich der männlichen wie Herrn R. und den Obsthändler, aber in *Martha* wird die Situation auf die Spitze getrieben. Marthas spontaner, hysterischer Ausbruchsversuch wirkt wie ein Krankheitssymptom und nicht wie ein Zeichen von Gesundheit, und so muß sie auch zwangsläufig selbst erfahren, daß Unterdrückung für sie ein natürlicher und angemessener Zustand geworden ist.

Wenn sie einige Male Zweifel an der »Normalität« ihrer Lage hegt, so werden sie immer schnell vom Tisch gefegt. In einem Gespräch mit einer Freundin spricht sie zum Beispiel angeblich davon, daß Helmut im Bett etwas gewalttätig sei, und zeigt blaue Flecken vor, die wie Vampirküsse an ihrem Hals zu erkennen sind. Aber die Freundin überzeugt Martha schnell davon, daß das, was sie als Strenge oder sogar Gewalttätigkeit erlebt, bloß ein Ausdruck von Helmuts hemmungsloser Liebe ist. Eines

Tages wird sie sich daran gewöhnen, und Martha pflichtet ihr bei, daß sie Helmut eigentlich auch ganz normal findet. In einem früheren Gespräch mit der Freundin über die Ehe hatte folgender Dialog stattgefunden – übrigens eine fast wörtliche Wiederholung dessen, was Sidonie zu Petra von Kant sagt.

Marianne: Du hast ja gar keine Ahnung, was in einer Ehe alles heimlich passiert. Schau mal, ich hab doch Edgar immer grundsätzlich widersprochen, wenn ich anderer Meinung war als er, nicht?
Martha: Gewiß, das ist ja auch richtig so.
Marianne: Ist es eben nicht. Im Gegenteil, Martha. Ich hab gelernt, meinem Mann immer recht zu geben. Immer und überall. Aber ... wenn's drauf ankommt, dann geschieht was ich will! Und Edgar merkt es nicht einmal.
Martha: Das ist aber doch ... das ist ...
Marianne: Na schön, laß es unehrlich sein. Es ist dafür auch friedlicher und ... ich brauche wesentlich weniger Valium seither.

Reagiert man spontan, wie man es richtig findet, und widerspricht wie in diesem Fall dem Mann, braucht man Valium, um sich wohl zu fühlen, verhält sich mithin so, als wäre man krank und brauchte Medizin – gemessen an der Normalität, die nicht nur die Norm der Gesellschaft ist, sondern auch die des einzelnen Individuums. Und um das Einnehmen von Medizin zu vermeiden, d. h., um zu werden, was als gesund und normal angesehen wird, widerspricht man dem Mann nicht, sondern findet Wege, um im Verborgenen dennoch seinen Willen durchzusetzen. Diese Problematik spitzt sich zu, als Helmut Martha dazu erzieht, ihre natürlichen und impulsiven Reaktionen immer mehr als unnatürlich zu betrachten. Sie steigert sich in einen immer schizophreneren Zustand, der entsteht durch den Konflikt zwischen ihrer noch nicht ganz verdorbenen Fähigkeit, natürlich zu empfinden und zu fühlen, und dem System, in das sie gezwungen wird und das sie als normal erlebt, weil es das herrschende ist und eigentlich das einzige, das sie überhaupt kennt. Dieser Konflikt führt dazu, daß ihr endgültiger Ausbruchsversuch aus dem Haus, in das sie eingesperrt ist, stark pathologisch wirkt, obwohl es ihre normalste und vernünftigste Reaktion im ganzen Film ist.

Ronald Laings These, das Normale sei pathologisch und das Pathologische normal, ist selten so beeindruckend illustriert worden wie in diesem Film, wo die pathologische Normalität die Oberhand behält und Martha für den Rest ihres Lebens in den Rollstuhl befördert. Fassbinder,

der zuallerletzt gewollt hätte, daß seine Filme als verfilmte Theorien aufgefaßt werden, hat aber alles aus dem Film entfernt, was direkt auf Laing hinweisen könnte. Typisch in dieser Hinsicht ist, daß das Drehbuch eine Szene enthält, in der Martha ihre Mutter in der Heilanstalt besucht. Der Mutter scheint es ihr besser zu gehen als zuvor, während Martha total aus dem Gleichgewicht geraten ist und die Szene mit einem Satz beendet, der von Laing stammen könnte: »Weißt du, ich werd den Gedanken nicht los, daß es dir hier viel besser geht als mir dort.« Diese programmatische Szene hat Fassbinder aus dem fertigen Film gestrichen, um zu verhindern, daß der Film nach Theorie schmeckt. Fassbinder hat einen Film geschaffen, in dem jede Situation dem Zuschauer vor Augen hält, was in den theoretischen Lehrbüchern nur für eine intellektuelle Elite einsichtig ist.

Mit *Martha* wurde Fassbinder in einen merkwürdigen urheberrechtlichen Prozeß verwickelt. Obwohl der Film unbestritten einer seiner persönlichsten ist, wurde festgestellt, daß die Handlung eine auffällige Ähnlichkeit mit Cornell Woolrichs *Für den Rest des Lebens* aufwies. Fassbinder erklärte, daß er den Text nie gelesen habe. Als er aber mit ihm konfrontiert wurde, mußte er zugeben, daß die Ähnlichkeit auffällig war. Er konnte also nicht ausschließen, daß er die Geschichte möglicherweise einmal gelesen und wieder vergessen hatte, trotzdem aber eine unbewußte Erinnerung zurückgeblieben war.

Woolrichs Erzählung handelt von einer Frau, die einen Sadisten heiratet; aber ihre Beziehung ist nur skizzenhaft beschrieben, und keine der Szenen zwischen Helmut und Martha findet sich bei Woolrich wieder, nur der Schlußkomplex mit Flucht, Autounglück und Martha »für den Rest des Lebens« im Rollstuhl ist in Film und Erzählung identisch.

Der WDR sah sich aus urheberrechtlichen Gründen verpflichtet, im Nachspann darauf hinzuweisen, daß der Film auf »Motiven einer Erzählung von Cornell Woolrich« beruhte, obwohl Fassbinder dies nicht bestätigen konnte, sondern mit größerem Recht behauptete, es sei seine ganz persönliche Ausgabe von Fontanes *Effi Briest*. Die Sache wurde so traumatisch für ihn, daß er anschließend einen ganzen Film, *Satansbraten*, auf dem merkwürdigen Zufall beruhen ließ, daß ein Dichter ein Gedicht schreibt, das wörtlich dem entspricht, das ein anderer geschrieben hat, obwohl er keine bewußte Kenntnis seiner »Vorlage« hat.

Es mag verwundern, daß Fassbinder in diesem Zusammenhang nicht erwähnte, daß *Martha* vielmehr offenkundig von George Cukors *Gaslight* (*Haus der Lady Alquist*, 1944) inspiriert war. Auch Cukors Film handelt von einem Mann, der systematisch versucht, den Realitätssinn seiner

Frau zu beeinträchtigen, indem er ihre Wirklichkeit verändert und sie ständig dem Hohn ihrer Umgebung ausliefert. Aber während es dem Mann bei Cukor um kostbare Diamanten geht und er also von kriminellen Motiven angetrieben wird, ist es bei Fassbinder ausschließlich die eigene Lust, die den Mann treibt. Und während der Masochismus der Frau kaum bei Cukor Thema ist, legt Fassbinder Wert darauf, diesen Masochismus zu beschreiben und als Element des traditionellen bürgerlichen Familienmusters zu verstehen.

Fassbinder verwendet also *Gaslight* auf dieselbe Art, wie er sich bei seinen vorhergegangenen Frauenfilmen auf Sirks *All That Heaven Allows (Was der Himmel erlaubt)* und auf Mankiewicz' *All about Eve (Alles über Eva)* berief: als Handlungsschablone, die ihm die Möglichkeit gibt, ausgehend vom Hollywoodschen Melodram deutsche Provinzgeschichten über Menschen zu erzählen, die mit diesen Melodramen auf ihrer inneren Filmleinwand aufgewachsen sind.

9. Videofilme

Während Fassbinder seine großen Frauenfilme *Die bitteren Tränen der Petra von Kant, Fontane Effi Briest* und *Martha* drehte, befaßte er sich auch mit der Geschlechterrollenproblematik in den Fernsehfilmen *Bremer Freiheit* (1972) und *Nora Helmer* (1973), die, wie schon 1970 das Theaterstück *Das Kaffeehaus*, auf Video aufgezeichnet sind.

Eines der bemerkenswerten Paradoxe des »Massenmediums« Fernsehen ist, daß man an die einzelnen TV-Produktionen oft nicht mehr herankommt, nachdem sie gesendet worden sind. Bei einem Spielfilm ist das anders: sobald er aus dem Vertrieb genommen wird, kommt er in der Regel in ein Filmarchiv und kann dort angesehen werden. Allerdings sind die Archive der Fernsehanstalten normalerweise nicht nur für die Öffentlichkeit, sondern auch für professionell Interessierte unzugänglich.

Das gilt z. B. für Fassbinders ersten Videofilm *Das Kaffeehaus*. Selbst die Autoren der einzigen deutschsprachigen Untersuchung von Fassbinders Gesamtwerk, *Rainer Werner Fassbinder* (Hanser, München 1983) stellen mit Bedauern fest, daß diese Produktion »nicht besichtigt werden konnte«. *Das Kaffeehaus* wurde 1970 einige Male im Fernsehen ausgestrahlt, also vor der Zeit der Heimvideos. Und seither ist er nicht mehr gesendet worden. Fernsehproduktionen werden in der Regel sehr selten wiederholt. Die folgende Beschreibung des Videofilms beruht jedoch auf einer Durchsicht des Films![1]

Das Kaffeehaus

Während des Karnevals in Venedig begegnen sich einige Leute in einem Kaffeehaus: Eugenio (Harry Baer) ist von seiner Frau Vittoria (Margit Carstensen) abgehauen, um in eine Spielhölle zu gehen. Sie findet ihn wieder – und willigt ein, für ihn auf den Strich zu gehen. Graf Leander (Günther Kaufmann) ist ebenfalls auf der Flucht vor seiner Frau Placida (Ingrid Caven) und hat sich mit der Hure Lisaura (Hanna Schygulla) verlobt, wird aber von ihr verlassen und muß wieder mit seiner Frau vorliebnehmen. Der Kellner Trappolo (Hans Hirschmüller) wird um sein Vermögen geprellt, und nur der Inhaber des Kaffeehauses (Peer Raben) und der der Spielhölle (Rudolf Waldemar Brehm) profitieren von dem Geschehenen.

Das Kaffeehaus (1970) ist ungeheuer interessant, da es die einzige antiteater-Produktion Fassbinders auf Film/Video ist. Im Nachspann heißt es, daß »die Spielelemente« benutzt werden, »die von Rainer Werner Fassbinder und Peer Raben zusammen mit dem Bremer Ensemble entwickelt wurden«. Kurt Hübner, der Leiter des Bremer Stadttheaters, hatte das Ensemble zu einem Gastspiel nach Bremen eingeladen. Bei dieser Gelegenheit präsentierte Fassbinder seine Bearbeitung von Carlo Goldonis *Das Kaffeehaus* von 1750.[2] Fassbinder hatte Goldonis Text nur einmal durchgelesen, bevor er sein eigenes Stück schrieb. Nach Botho Strauß[3] ist »so ein ganz neues Stück entstanden, es nützt gar nichts, es mit dem alten zu vergleichen« – was denn auch im folgenden nicht geschehen soll.

Das Kaffeehaus spielt in einer einzigen Dekoration, die auf das spartanischste eingerichtet ist: einige schwarze Stühle, eine weiße Rückwand, ein weißer Teppich – sonst nichts. Die filmische Realisierung ist entsprechend spärlich: die Kamera steht im Zuschauerraum und filmt die Ereignisse ab, als fänden sie auf einer Theaterbühne statt, und zwar in sehr langen Takes. Kein einziges Mal wird eine Sequenz in Nahaufnahme oder Gegeneinstellungen geschnitten. Die Kamera kann sich von ihrer Zuschauerposition aus frei zwischen Totale und Nahaufnahme bewegen, aber eben ohne Schnitt. Alle Mitwirkenden stehen die ganze Zeit auf der Bühne, auch wenn sie im Prinzip noch nicht angekommen sind: es wird von ihnen gesprochen, als wären sie nicht da, aber sie sitzen im Hintergrund und werden häufig in die Bildkompositionen mit einbezogen.

Der Sprachduktus ist altmodisch und gekünstelt, wird aber gleichzeitig von einer Direktheit aus Fassbinders modernem Universum durchbrochen. Dieser Zusammenstoß kann einen barock-poetischen Charakter haben, beispielsweise wenn die Personen erotische Erlebnisse in einer Theatersprache beschreiben, die für diese Dinge eigentlich nicht geeignet ist:

Don Marzio: Also, was hat sie erzählt, die Hure, die vierspännige?

Trappolo: Sie sprach zu mir, daß endlich im Leben ihr Glück widerfahren sei.

Don Marzio: In welcher Hinsicht, sprecht es aus.

Trappolo: Sie sprach, sie habe einen jetzt, der habe einen, der sei so, wie die es sind, die Berberhengste ihr eigen nennen.

Don Marzio: Und weiter, weiter nichts?

Trappolo: Des weiteren sprach sie von einer Ausdauer, die gleichen solle der des Meeres, das nicht müde würde, an den Strand zu spülen, immerfort.

Don Marzio: Mein Herz zerspringt vor Raserei.

Der Sprachgestus verhält sich zur Theatersprache des 18. Jahrhunderts etwa wie Fassbinders zeitgenössische Kinofilme zur Bildersprache Hollywoods: Klischees werden vergrößert und mit einem Pathos präsentiert, das jenseits der Parodie liegt und oft von einer merkwürdig ergreifenden, poetischen Wirkung ist.

Die Schauspieler sprechen und bewegen sich ungewöhnlich langsam, wie in Zeitlupe oder wie Schlafwandler, was plötzlichen (und im gedruckten Manuskript nicht angeführten) heftigen Ausbrüchen besonderes Relief gibt. Die Sprache wird nicht in erster Linie eingesetzt, um psychologische oder Handlungselemente zu vermitteln, sondern wirkt meist, als wisse der Sprechende eigentlich nicht, daß das Gesagte auch etwas bedeuten kann.

Zwischen dem Gesagten und der Art, wie es gesagt wird, besteht eine deutliche Diskrepanz: Unverschämtheiten werden wie ausgesuchte Höflichkeiten formuliert, Leidenschaften werden mit einer Nüchternheit dargelegt, als bestelle man eine Tasse Kaffee, und Zuneigung mit einer Aggression, als würde man sich lieber gegenseitig umbringen. Extrem ist Fassbinders Inszenierung des Schlußdialogs zwischen Graf Leander und seiner Frau Placida, nachdem sie, sehr gegen den Willen des Grafen, wieder zusammengefunden haben. Er verspricht ihr, er wolle ihr »treu wie Gold« sein, und sie vergibt ihm und sagt: »Ich kann des Nachts nicht schlafen ohne Dich, des Tags nicht atmen.«

Aber diese im Manuskripttext sehr zärtlich gemeinte Liebeserklärung wird von den Schauspielern mit einer Stimme geschrien, als riefen sie in der Wüste vergeblich nach Hilfe oder als wollten sie sich gegenseitig den Kopf einschlagen vor Haß oder als wollten sie ihre nagenden Zweifel betäuben, ob das, was sie da brüllen, richtig ist. Es können viele Formen von Aggression oder Verzweiflung in der gewählten Sprechweise liegen, aber keinesfalls die Zuneigung, die der Dialog enthält, wenn man ihn liest.

Darin kann man eine Erfüllung des Ideals sehen, das Hitchcock einmal für ein Drehbuch formulierte, daß nämlich der eigentliche Inhalt einer Szene nie in dem ausgedrückt werden darf, was die Schauspieler zueinander sagen.

Man kann auch meinen, Fassbinders Schauspieler sprächen ganz allgemein so, als wären sie Besucher von einem anderen Planeten, die zufällig ein Manuskript gefunden und sich Klang und Musik der Worte beigebracht haben, aber nicht ihre Bedeutung. Diese Beschreibung des Spielstils hat Fassbinder selbst in einer Regiebemerkung zu seinem gleichzeitig entstandenen Theaterstück *Blut am Hals der Katze* gegeben. Es ist ein Spielstil, der immer von dem ablenkt, was eigentlich gesagt wird, und zwar in einem Maße, daß man Mühe haben kann, der »Handlung« zu folgen. Inspiriert ist dieser Stil zweifellos von Jean-Marie Straub, der ein Stück am antiteater inszenierte. Während Straubs Schauspieler sich aber schnell in einem sinnlosen, völlig leidenschaftslosen Puritanismus verloren, ist Fassbinders Behandlung der Sprache von großer Sinnlichkeit. Und wo Straub seine Spieler anonymisiert, läßt Fassbinder trotz des unpsychologischen Spielstils die Persönlichkeit jedes einzelnen Schauspielers in Stimmführung und Sprachbehandlung zum Ausdruck kommen.

Ob man auf der Handlungsebene versteht, was geschieht, ist nicht so wichtig, denn die »Handlung« ist im Grunde nur ein lustiges Sammelsurium von altmodischen Theaterklischees, aus denen Fassbinder gerade die ausgesucht hat, die bestätigen, was ihn immer schon interessierte, nämlich daß die Menschen nicht die sind, für die sie sich ausgeben, sondern daß sie Rollen spielen. Eine Frau hat sich als Mann verkleidet, ein schäbiger Kellner hat ein Vermögen in seiner Truhe, ein Graf erweist sich als Fälscher, und ein Falschspieler hat die Unterstützung der Obrigkeit.

Dieser letzte Punkt ist eine Pointe, die von Goldonis Stück abweicht. Bei Goldoni wird der Besitzer der Spielhölle am Ende bestraft, weil mit gezinkten Karten gespielt wird. Bei Fassbinder dagegen können sich die Stadtväter Venedigs es nicht leisten, ihn zu bestrafen, weil er ihnen zuviel Geld schuldet: man geht die Verbindungen ein, die sich lohnen.

Das grundlegende Thema im *Kaffeehaus* ist, daß alle Beziehungen, sowohl persönliche als auch politische, durch Geld und Macht verdorben werden. Die Herrschaft des Geldes schlägt sich in Eugenios Spielleidenschaft nieder, die seine erotische Leidenschaft verdrängt hat, und zwar so sehr, daß er die Ohrringe seiner Frau versetzen muß, »das letzte, was zurückgeblieben ist von unserem Glück«. Die Beziehung zwischen Graf Leander und der Hure ist eine Machtbeziehung, was beiden Teilen so gut bekommt, daß die Hure, als Leander sich nicht als die mächtige Person erweist, für den sie ihn hielt, mit dem Grafen brechen muß, da sie jemanden braucht, dem sie sich unterwerfen kann.

So zeigt *Das Kaffeehaus* schon früh die sadomasochistischen Beziehungen, die Fassbinder in den späteren Spielfilmen vertiefen sollte, wie etwa in *Satansbraten*, wo die sich unterwerfende Frau mit ihrem Angebeteten brechen muß, als er ihren Unterwerfungsdrang nicht mehr befriedigen kann. *Das Kaffeehaus* enthält die Erziehungsproblematik, die später in den *Bitteren Tränen der Petra von Kant, Martha, Fontane Effi Briest* und *Faustrecht der Freiheit* vertieft wurde, wo der sozial Überlegene ständig erziehen, umformen und in Wirklichkeit den anderen – und damit die Liebe – vernichten will.

Dennoch wäre es falsch, *Das Kaffeehaus* lediglich als Vorstufe zu Fassbinders späteren Filmwerken zu sehen. Der Videofilm hat seine ganz spezifischen Qualitäten, die es nirgendwo sonst in Fassbinders Produktion gibt und die besonders in dem Zusammenstoß zwischen der Commedia dell'arte-Tradition und Fassbinders gesellschaftlichem Bewußtsein liegen: Fassbinder war alles andere als ein Komödienschreiber, und doch ist *Das Kaffeehaus* auf seine Art sehr lustig, nicht weil es zum Lachen reizt, sondern weil es so furchtlos seine eigene Traurigkeit zur Schau stellt, daß man unweigerlich lachen muß.

Bremer Freiheit

Bremen zu Beginn des 19. Jahrhunderts: Frau Geesche (Margit Carstensen) bringt ihren Mann (Ulli Lommel) mit vergiftetem Kaffee um, weil er sie tyrannisiert. Anschließend bringt sie auch ihre Eltern und ihre Kinder um, weil diese sie an eine Gesellschaft fesseln wollen, die sie unterdrückt. Nach einigen weiteren Morden an den Repräsentanten der Männergesellschaft lädt Geesche zum Schluß ihre gute Freundin (Hanna Schygulla) zu vergiftetem Kaffee ein, um sie von einem Leben in Unterdrückung zu befreien. Sie wird von einem Freund (R. W. Fassbinder) entlarvt – und endet wie ihre Opfer.

Auch *Bremer Freiheit* ist ein Produkt von Fassbinders Begegnung mit Bremen – und als Bühnenstück (mit Margit Carstensen in der Hauptrolle) das erste seiner vielen Werke über die Frage der Frauenemanzipation. Das Stück wurde erst 1971 am Bremer Stadttheater aufgeführt und im Jahr darauf als Video produziert. Der Videofilm ist höchst bemerkenswert, u. a. weil Fassbinder nicht seinen Filmstil einfach auf das Fernsehen überträgt, sondern tatsächlich die Ausdrucksmöglichkeiten des Mediums Video auf ebenso persönliche Art untersucht wie die des Films.

Bremer Freiheit, mit dem Untertitel »Ein bürgerliches Trauerspiel«, geht auf einen authentischen Fall in Bremen zurück. Eine anständige Bürgersfrau, Geesche Gottfried (1785-1831) vergiftete 15 Personen, darunter Vater, Mutter, Kinder und zwei Ehemänner sowie andere, die, wie sie meinte, ihrem Glück im Wege standen. Darüber hinaus versuchte sie, 15 andere umzubringen, ehe sie entlarvt und öffentlich enthauptet wurde.[4]

Eine historische Rekonstruktion des Kriminalfalls lag Fassbinder natürlich fern. Er wählte einige bedeutsame Elemente aus, die er zu einem höchst persönlichen Bericht über konkrete Unterdrückung und falschen Aufstand zusammenfügte. Wenn Fassbinder Frau Geesches Aktion einer Selbstbefreiung darstellt, verweist er auf den Aufstand des Negersklaven Whity und greift zugleich dem linksanarchistischen Terror in *Mutter Küsters' Fahrt zum Himmel* vor.

In allen drei Werken beschreibt Fassbinder Menschen, die allen Grund haben, sich aufzulehnen, weil ihre Lebensbedingungen unmenschlich sind, die aber gleichzeitig eine Form der Rebellion wählen, die zu ihrem eigenen Untergang führt statt zu einer grundlegenden Veränderung ihrer Existenzbedingungen.

Bremer Freiheit beschreibt, warum Frau Geesche mordet. Das erste Opfer ist ihr Mann, der sie hysterisch herumkommandiert. Die erste Sequenz des Stücks wird eingeleitet mit einer Reihe von Schnitten zwischen seinem kommandierenden Gesicht im Profil und Geesches trippelnden Füßen, die dienstbereit, auf den kleinsten Wink hin, Zeitung holen, Kaffee kochen, Schnaps einschenken usw. Geesche ist auf ein Paar gehorsame Füße reduziert, und als sie unmittelbar danach von ihren eigenen Bedürfnissen sprechen will und zärtlich sagt: »Ich will mit dir schlafen«, bekommt sie eine schallende Ohrfeige als Antwort. Gleichzeitig sehen wir, daß die eine Seite seines Gesichts von einer Wunde verstellt ist, deren syphilitischer Ursprung angedeutet wird, als er unmittelbar darauf Besuch von drei Freunden bekommt, die von einer Epidemie unter den Freudenmädchen der Stadt sprechen. Geesche wird während der Anwesenheit der Freunde noch mehr gedemütigt, und als sie gegangen sind, stürzt ihr Mann röchelnd zu Boden, während Geesche leise ein Kirchenlied dazu singt.

Kaum ist der Mann unter der Erde, als Geesche ein Verhältnis mit Gottfried, einem der engsten Freunde ihres Mannes, anfängt, den sie möglicherweise schon jahrelang heimlich liebt. Er führt auf ihre Bitte hin das Geschäft weiter. Dann taucht Geesches Mutter auf, die ihrer Tochter mit heftigen Worten vorwirft, sie habe ihre gute Erziehung vergessen und sei ihren Kindern eine schlechte Mutter, weil sie mit einem anderen Mann zusammenlebe. Auf Geesches Einwand, sie sei jetzt zumindest glücklich, stellt ihre Mutter fest: »Das Glück auf dieser Welt steht doch dem Glück der Ewigkeit im Weg.« Darauf schickt Geesche ihre Mutter mit einer weiteren Tasse vergifteten Kaffees in die Ewigkeit.

Der Mord an der Mutter unterstreicht, daß Geesches zunächst natürlicher und verständlicher Aufstand sich schnell in eine pathologische Richtung entwickelt. Sie wehrt sich dagegen, daß die Ehe ihrer Eltern glücklich gewesen sein soll, wie der Vater es in der Todesanzeige beschreibt:

»O nein, da war kein Glück ein Leben lang, das Mutter hatte. Das Glück, das Mutter meinte, liegt im Himmelreich, denn hier auf Erden, da war sie Vaters Haustier, da hatte sie zu tun, was ihr befohlen war. Da war die Freiheit, die sie hatte, ihr Gespräch mit Gott. Das nennt man dann eine zufriedene Ehe. Weil da ein Wesen war, das niemals einen eigenen Willen hatte, das ihm die Wünsche von der Stirn ablas, das er nach seinem Willen lieben oder schlagen konnte. Das war bequem für Vater, das nennt er jetzt Verlust. Das war kein Leben, das Mutter führte, da ist der Tod ein Glück für einen Menschen.«

In ihrer aufkeimenden Selbstüberschätzung glaubt Geesche also, sie könne nicht nur entscheiden, wie sie selbst leben will, sondern auch anderen vorschreiben, ob der Tod ihrem Leben vorzuziehen sei. Visuell verdeutlicht Fassbinder das im vielleicht bedrohlichsten Spiegelbild seiner Produktion: Geesche hält ihren Monolog vor ihrem Spiegelbild am Toilettentisch, und der Spiegel ist so konstruiert, daß er in seinem Rahmen noch ein zweites Spiegelbild hinter dem ersten erkennen läßt. In diesem zweiten Spiegel ist ein verzerrtes Fragment von Geesches Gesicht hinter ihrem »richtigen« Gesicht in dem großen Spiegel zu sehen. Das Gesicht hinter dem Gesicht läßt an ein wildes Tier denken, das drohend hinter der sicheren Fassade lauert und jeden Augenblick hervorspringen und das Bild ganz übernehmen kann.

Geesches Beziehung zu ihrem Geliebten entwickelt sich schnell zu einer Kopie ihrer Ehe. Gottfried ist ebenso herrisch und autoritär wie sein verstorbener Vorgänger, und wie dieser kann er das Weinen der Kinder nicht vertragen, zumal es nicht die eigenen sind: »Ich brauch auch eine Frau, mit der ich eigne Kinder haben kann. Ich kann es nicht ertragen, Geesche, die Kinder eines anderen Mannes im Haus zu sehen. Ich kann so vieles nicht ertragen, Geesche, ich brauch ein junges Mädchen, das noch unerfahren ist, die nicht so viel im Kopf hat, weißt du, die lieb und fleißig ist.« Und als Geesche meint, sie und er würden sich ja lieben, und das sei etwas Seltenes, stellt er nüchtern fest: »Der Lauf der Welt wird doch von Liebe nicht bestimmt«, worauf er sie verläßt. Verzweifelt erstickt Geesche nun das Weinen ihrer Kinder in der Hoffnung, daß Gottfried zurückkehrt. Das passiert auch, aber als er sie immer noch nicht heiraten will, obwohl sie jetzt schwanger ist, bekommt auch er Gift in den Kaffee – wobei er gar nicht sterben, sondern nur so krank werden soll, daß er Geesche heiratet. Er willigt ein, ein schnell herbeigerufener Geistlicher traut sie, aber als er die Worte spricht, »bis daß der Tod euch scheidet«, sinkt Gottfried tot zusammen. Geesche bleibt verzweifelt als Opfer ihrer eigenen Methoden zurück.

Nach Gottfrieds Tod stellt Geesches Vater seiner Tochter einen würdigen Ehemann vor, einen Vetter, der um ihre Hand angehalten hat. Der Vater hat ihm Geesche schon zugesagt, doch Geesche protestiert, sie könne die Firma ausgezeichnet auf eigene Faust weiterführen und sehne sich momentan nicht besonders nach einem neuen Mann. »Wenn mein Schoß nach etwas sehnt, wie einem Mann, werd ich mir einen suchen.«

Der auserkorene Ehemann hat mittlerweile schon längst die Nase voll von Geesches Beredsamkeit, aber der Vater ist hartnäckig, weshalb auch er auf eine Tasse Kaffee eingeladen wird. Während Geesche ihr rituelles Totenlied anstimmt, kommt ein Freund zu Besuch und muß sie leider um Geld bitten, das er ihr geliehen und das sie in das Geschäft investiert hat. Jetzt braucht er es selbst. Geesche erwidert, er habe doch oft gesagt, daß er sie liebt, und ob es denn keinen anderen Ausweg gebe, aber er meint: »Wo es um Geld geht, muß man die Liebe schnell vergessen.« Geesche schlägt vor, die Sache bei einer Tasse Kaffee näher zu besprechen ...

Als er ins Jenseits befördert ist, kommt Geesches Bruder aus dem Krieg nach Hause. Er ist schwer körperbehindert, besteht aber darauf, Geesche im Geschäft zu helfen. Er meint, Frauen seien nicht zum Arbeiten geschaffen, sondern zum Lieben, und tröstet sie damit, daß sie bestimmt bald wieder einen Mann finden wird. Dessen ist sich Geesche nicht mehr sicher:

»Der Mann muß akzeptieren, daß die Frau Verstand in ihrem Kopf hat und Vernunft. Kann sein, daß dieser Mann noch nicht geboren ist, so werd ich mich enthalten können. Ich werde die Geschäfte nicht aus meinen Händen geben. Nie. Ich werd mein Leben leben, wie ich will. Sein Leben leben, Johann, das soll das Streben aller Menschen sein, und eine Frau, das ist ein Mensch, auch wenn es viel zuwenig Männer oder Frauen gibt, die das schon wüßten.«

Aber Johann ist ein Mann, der sich von seiner Schwester nichts bieten läßt – außer einer Tasse Kaffee natürlich.

Schließlich bekommt Geesche Besuch von einer Freundin, einer spießbürgerlichen prüden Ziege, die ihrem Ärger über Geesches anstößigen Lebenswandel Luft macht: »Ach, wenn ich ehrlich bin, ich möchte nicht so sein wie du, ich habe meinen Mann seit fünfzehn Jahren, der denkt für sich, der Gute, der schafft. Und was er von mir will, das kann er haben. Ja.«

Als Geesche ihre Freundin fragt, ob sie denn »niemals Lust verspürt, mehr von der Welt zu wissen, als du weißt« und ob sie »nie gedacht hätte, es müßte schön sein, frei zu sein von dem, was du gelernt hast«, antwortet die Freundin entrüstet, »Geesche, wie du sprichst und was du denkst«. Und daraufhin bekommt auch die Freundin vergifteten Kaffee vorgesetzt. Im Gegensatz zu Geesches anderen Opfern erfährt die Freundin jedoch, daß sie vergiftet wird, und als sie erstaunt nach dem Grund fragt, antwortet Geesche: »Ich hab dich davor bewahren wollen, das Leben, das du führst, noch weiter führen zu müssen.«

Als die Freundin zu Boden stürzt, erscheint ein anderer Freund, der gerade von der Polizei kommt mit einigen Kügelchen, die Geesche in seinen Kaffee getan hatte. Es war Gift darin gefunden worden. Warum? fragt er traurig. Geesches letzte Worte sind: »Jetzt sterbe ich.«

Darauf wird die letzte Kameraeinstellung festgehalten, während der Nachspann auf einem für Fassbinders persönliche Künstlermythologie symbolischen Bild präsentiert wird: Margit Carstensen als Geesche steht links im Bild, den Rücken dem Zuschauer zugewandt, in der Mitte auf dem Fußboden liegt Hanna Schygulla als die ermordete Freundin, und rechts steht Fassbinder als Freund, den sanft anklagenden Blick auf Geesches Rücken. Das Bild faßt die Veränderung zusammen, die mit dieser Produktion, bedingt durch die Aufnahme Margit Carstensens in seine Gruppe, in Fassbinders Arbeit eintritt. Bisher hatte Hanna Schygulla die Frauenrollen gespielt, in der Regel die fügsame Blondine, die sich auf die Forderungen der Männer einließ, weil sie es nicht besser wußte. Mit Margit Carstensens Eintritt in das Ensemble begann die Rebellion der

Frauen, aber Carstensens Rollen sind zugleich sehr ambivalent, und die Rebellion, die in *Bremer Freiheit* stattfindet, ist eher eine pervertierte Reaktion auf pervertierte Lebensbedingungen. Fassbinder als Regisseur entlarvt die Ambivalenz in Geesches Rebellion, und diese Entlarver-Rolle personifiziert er in der letzten Szene des Stücks. Er fühlt aber auch eine betrübte Solidarität mit den Rebellinnen und wünscht sich, sie würden bessere Methoden finden.

In seiner Inszenierung der *Bremer Freiheit* am Bremer Theater verwendete Fassbinder ein Bühnenbild, dessen Boden von einem großen Kreuz bedeckt war, das in einem blutroten Meer schwamm. In der Videoproduktion ist der visuelle Eindruck überwältigend schön: Gespielt wird auf einer fast leeren Bühne, die nur die notwendigsten Requisiten vorweist: einen Schminktisch mit Spiegel, ein Büffet und ein paar Stühle. Auf die Rückwand werden Aufnahmen eines rauschenden Meers projiziert, dessen Wellen von stürmischem Blau und schaumbedeckt bis rötlich im Sonnenuntergang wechseln. Hin und wieder sieht man Schiffe im Hafen oder ruhige Landschaftsbilder, und einmal wird Geesches Gesicht in Nahaufnahme auf die Rückwand projiziert, und zwar als sie bei dem Pfarrer beichtet, unmittelbar nachdem ihre zweite Ehe geschlossen wurde. Die Beichte ist in einer Totale zu sehen, als sie vor dem Pfarrer steht, der tote Ehemann zwischen ihnen, während sie gleichzeitig in einer merkwürdig ergreifenden Nahaufnahme auf der Rückwand beichtet.

Die Funktion der Rückwandprojektion ist mehrdeutig, aber es liegt nahe, sie als Erinnerung an die Natur aufzufassen, zu der die Personen des Stücks fast jeden Kontakt verloren haben, die aber für kurze Augenblicke in Geesche zum Vorschein kommt, wenn sich ihr sexuelles Verlangen meldet und ihre Umgebung erschreckt. Während ihre unterdrückte Sexualität das fundamentale Bild ihres Lebensbedürfnisses ist, sind die Morde das Resultat der Unterdrückung von Sexualität und Liebe. Noch einmal muß sich die Liebe auf eine Art durchsetzen, die kalt ist wie der Tod, und die Morde werden, nachdem sie zunächst eine bittere Notwendigkeit für Geesches menschliches Überleben waren, immer lustbetonter. Ihr Lustgefühl ist fast orgastisch bei dem überflüssigsten der Morde, nämlich dem an ihrer Freundin, die ja bloß eine andere Meinung hatte. In der Ausführung dieses Mordes hat Geesche sich deutlich zu der verblendeten Idealistin entwickelt, die nicht mehr wie ein verwundetes Tier für die eigene Befreiung kämpft, sondern verlangt, daß alle so denken sollen wie sie. Ihre Rebellion ist in Selbstverherrlichung umgeschlagen. Es geht nicht mehr um ihr Recht, das eigene Leben zu leben, sondern darum, daß alle, die ihr Leben nicht wie Geesche einrichten wollen, jetzt ihre Feinde sind. Damit wird sie selbst genauso dominierend wie die dominierenden Männer, gegen die sie sich aus guten Gründen auflehnt. Wie schon so oft bei Fassbinder, endet das Ganze in einer Übernahme statt in einer Abschaffung der Macht.

Diese Deformation der Revolte erklärt sich natürlich aus der Bindung an das, wogegen revoltiert wird. Geesche ist an ihr kleinbürgerliches Muster gebunden, das seinen charakteristischen Ausdruck im Kaffee-Einschenken findet. Sie ist nicht in der Lage, aus ihrem Leben mehr zu machen, als diese Handlung durch Vergiften des Kaffees zu negieren: Ihre Revolte bleibt in der Revolte stecken. Es ergeht Geesche wie vielen anderen Rebellen Fassbinders: Entweder enden sie im Niemandsland oder in einer letzten tragischen Bestätigung der Verhältnisse, gegen die sie sich ursprünglich aufgelehnt haben.

Nora Helmer

Nora Helmer (Margit Carstensen) hat die Gesundheit ihres Mannes Torvald (Joachim Hansen) durch eine Italienreise gerettet, die durch ein Darlehen von Krogstad (Ulli Lommel) finanziert wurde. Das Darlehen ist durch eine gefälschte Unterschrift zustande gekommen. Torvald, inzwischen Bankdirektor geworden, will Krogstad entlassen. Dieser erpreßt Nora mit der gefälschten Unterschrift. In dem Spiel, das jetzt inszeniert wird, übernimmt Nora die Macht in ihrer Ehe.

Mit Margit Carstensen in der Hauptrolle hat Fassbinder auch eine Videoproduktion Henrik Ibsens *Ein Puppenheim* geschaffen, eine radikale Neuinterpretation dieses klassischen Emanzipationsdramas. Für Fassbinder handelte das Stück jedoch nicht in erster Linie von der Frauenbewegung:

»Alle im Stück, einschließlich Nora, haben es nötig, sich zu emanzipieren, und Nora geht bestimmt nicht zum Schluß das Licht der Offenbarung auf. Sie ist genauso bescheuert wie vorher, und den Kampf zwischen Nora und Helmer sehe ich als einen Kampf um Punkte, was ich sehr billig finde, aber auch sehr realistisch. Daß Nora eine Vorkämpferin der Frauenemanzipation sein soll, habe ich überhaupt nicht bei Ibsen lesen können.«[5]

In diesem Punkt stimmt Fassbinder verblüffend mit Ibsen überein, der anläßlich seines 70. Geburtstags in einer Rede vor dem nordischen

Frauenverband ebenfalls bestritt, Nora sei eine Repräsentantin der Frauenbewegung:

»Ich bin mir nicht einmal darüber im klaren, was die Frauenbewegung eigentlich ist. Für mich ist es immer eine Menschenbewegung gewesen ... Meine Aufgabe ist die Menschenschilderung.«[6]

Von Anfang an hat Fassbinder der Figur Noras alle Koketterie genommen, alles, was sie zu einer Puppe macht. Entsprechend hat seine Produktion nicht den Ibsenschen Titel »Ein Puppenheim«, sondern »Nora Helmer«. Verschwunden sind Helmers Einleitungssätze über und an seine Frau: »Ist es die Lerche, die draußen zwitschert? Ist es das Eichhörnchen, das rumort?«, und bei Fassbinder ist Nora nicht das naschende, leichte, kapriziöse, sorglose Wesen, kein Eichhörnchen und Singvogel, sondern eine geld- und machtgierige Gesellschaftsdame, die es zynisch versteht, jede Situation zu ihrem eigenen Vorteil auszunutzen. Was es in dieser Hinsicht schon bei Ibsen gibt, wird von Fassbinder deutlich herausgearbeitet, auch durch Textstreichungen. An einer Stelle läßt Ibsen Nora sagen: »Torvald hat soviel Macht über so viele Menschen bekommen«, und als Nora etwas später hinter seinem Rücken und gegen seinen Willen Makronen ißt, sagt sie in Gedanken an die verbotenen Makronen: »Ja, jetzt bin ich wirklich schrecklich glücklich.« Indem er die Makronen streicht, zieht Fassbinder eine kühne Parallele zwischen Torvalds neugewonnener Machtposition und Noras Glücksgefühl: Sie ist eine Frau, die in jeder Hinsicht damit zufrieden ist, daß ihr Mann Bankdirektor geworden ist. Sie genießt ihre Position und die Macht des Mannes, die auch die ihre wird, und sie leidet unter keiner auffälligen Unterdrückung.

Fassbinder hat auch die Szene gestrichen, die Noras Zuneigung zu ihren Kindern zeigt, wodurch er ausschließt, daß Nora irgend etwas anderes interessieren könnte als die eigene Person. Die Kinder kommen in seiner Version des Stücks überhaupt nicht vor. Deshalb hat er auch Krogstads Hinweis gestrichen, wegen der Zukunft seiner Kinder müsse er sein bürgerliches Ansehen wiederherstellen und deswegen Nora erpressen, damit sie ein gutes Wort für ihn beim Bankdirektor einlegt. Krogstads Motive sind völlig egoistisch: er will es zu etwas bringen, genau wie Nora. Beide sind Machtmenschen, erpicht auf sozialen Aufstieg, die keine Intentionen haben, die Welt zu verändern, sondern nur sich selbst eine vorteilhafte soziale Position erkämpfen wollen. In der letzten Szene zwischen Nora und Krogstad hat Fassbinder nur eine einzige Bemerkung gestrichen, nämlich als Krogstad sich herablassend über Noras Mann äußert und Nora zornig erwidert: »Ich fordere Respekt vor meinem Mann!« Gleichzeitig hat Fassbinder die Szene total umgedichtet, so daß sie genau diese Auslassung rechtfertigt: Es wird eine erotische Spannung, eine körperliche Anziehung zwischen Nora und Krogstad angedeutet, und der Zuschauer mag selbst entscheiden, ob Nora seinerzeit als Teil ihres kleinen Handels mit Krogstad geschlafen hat oder ob sie nur scharf aufeinander waren oder sind. Die Liebesszene zwischen Noras Freundin Frau Linde und Krogstad wird ausgelassen, weil sie Krogstad in einem Maße menschlich macht und verteidigt, an dem Fassbinder nicht interessiert war. Im Hinblick auf die richtige Auflösung der Intrige mußte Fassbinder jedoch die Zuschauer informieren über die Begegnung zwischen Krogstad und Frau Linde, weshalb er ihr den Satz »Er liebt mich – wir wollen heiraten« in den Mund legt. Aber wenn ein einzelner Satz eine ganze Szene ersetzt, wird die emotionale Wirkung zweifellos geschwächt.

In der berühmten Schlußauseinandersetzung zwischen Nora und Helmer hat Fassbinder das ganze Puppengeplauder gestrichen, das Nora bei Ibsen in dem Satz zusammenfaßt: »Ich war deine Puppenfrau, wie ich zu Hause Papas Puppenkind war. Und die Kinder waren wiederum meine Puppen.« Bei Fassbinders allgemeiner Vorliebe für die Puppensymbolik mag man sich über diese Streichung wundern. Er wollte den Eindruck, die Figuren funktionierten, gesellschaftlich gesehen, wie Puppen, keineswegs vermindern, sondern vielmehr verstärken: Es widersprach seiner Sicht, daß nur Nora als Puppe funktioniert; das ganze Stück geht deshalb von dem Grundgedanken aus, daß sich sowohl Nora als auch Helmer wie Marionetten von gesellschaftlichen Mechanismen steuern lassen, von denen sie nichts wissen. Und um den Eindruck zu verstärken, daß beide in der gleichen Lage sind, mußte Fassbinder alle Hinweise streichen, daß Nora von Helmer als Puppe behandelt wird. Sie sind beide Puppen.

In seiner Interpretation des Ibsenschen Dramas scheint Fassbinder übrigens fast mit Strindberg übereinzustimmen, der Ibsens Nora als »ein Ungeheuer« abfertigte, »ein Produkt der schönen Weltanschauung, die Idealismus genannt wird«, und im übrigen bestreitet, daß Helmer Nora wie eine Puppe behandelt! Strindberg hätte kaum Anlaß gefunden, Fassbinders Nora als Idealistin zu bezeichnen. Fassbinder hat in der Schlußauseinandersetzung überdies einen zentralen Dialogteil gestrichen, der Nora einen idealistischen Glorienschein verliehen hätte. Als Helmer konstatiert, es gäbe niemanden, »der seine Ehre für den opfert, den man liebt«, läßt Ibsen Nora antworten: »Das haben Hunderttausende von Frauen getan!« Dieser Wortwechsel widerspricht im übrigen Ibsens zitierter Äußerung, Nora vertrete nicht die Sache der Frauen. Gerade mit einer so pathetisch-programmatischen Erklärung macht Ibsen Nora zur Sprecherin der Frauen, ironischerweise und indem Fassbinder diese Sätze streicht, ist er Ibsenscher als Ibsen selbst. Fassbinder will, wie Strindberg, Nora völlig entidealisieren.

In der allerletzten Szene kommt Fassbinders entscheidende und provozierendste »Verkürzung« des Textes: Nora bleibt in der Tür stehen! Ibsen läßt Nora in ihrem Schlußsatz die Hoffnung ausdrücken, daß »unser Zusammenleben zu einer Ehe werden könne«, und läßt sie gehen. Fassbinder hat diesen Satz gestrichen und läßt sie bleiben. So, wie Nora und Helmer von nun an zusammenleben werden, ist es nämlich weniger als je zuvor eine Ehe im idealen Sinne des Wortes. Es ist ein Machtspiel, in dem Nora die Stärkere sein wird. Sie hat ihren Mann total gedemütigt, er sitzt schlaff und zerstört auf seinem Stuhl und bettelt darum, daß sie bleibt. Sie kann seinem Wunsch ruhig nachkommen, denn die Machtverteilung ist jetzt gründlich auf den Kopf gestellt.

Fassbinder hat seine Grundidee in der Signatur ausgedrückt, die das Stück einleitet, während der Vorspann läuft: Helmers Hand ruht schwer auf Noras Schultern, aber auf seine Hand hat Nora die eigene Hand gelegt, deren Fingernägel knallrot lackiert sind. Hier wird die Entwicklung des Stücks schon angedeutet: Nora akzeptiert die Hand des Ehemanns auf ihrer Schulter, aber ihre eigene Hand liegt dabei zuoberst. Indem sie ihre Rolle als Bankdirektorsgattin in der bürgerlichen Gesellschaft akzeptiert, ist sie die Stärkere! Fassbinder stellt die Beziehung zwischen Mann und Frau in dieser Ehe als krank dar, aber das Provozierende ist, daß er die Frau dafür genauso verantwortlich macht wie den Mann. Und indem er der Frau eine klare Mitverantwortung für die Situation gibt, stellt Fassbinder sie zugleich als selbständig denkendes und handelndes Wesen dar. Er läßt ihr in Wirklichkeit mehr Gerechtigkeit und Respekt widerfahren als viele Emanzipierte, die sie als unterdrückte Märtyrerin, als Opfer der »Männergesellschaft«, ohne Schuld an der eigenen Situation, darstellten. Damit sprachen sie letztendlich der Frau jede Initiative zu selbständigem Denken und Handeln ab.

Fassbinder wollte mit seiner Neudeutung von »Ein Puppenheim« ein Korrektiv zur Geschlechterrollendiskussion präsentieren, und zu diesem Zweck löste er das Stück aus dem ursprünglichen historischen Zeitrahmen: Nora selbst tritt mit langem offenem Haar auf wie Lauren Bacall in einem Hollywoodfilm der 40er Jahre, und nach dem Ball ist sie in einem durchsichtigen Negligé zu sehen wie eine kokette Salondame. Und Margit Carstensen ergänzt durch ihr eindrucksvolles Spiel die wesentlichen Streichungen im Manuskript: Sollten noch nicht *alle* verniedlichenden Sätze gestrichen worden sein, so stellt sie die noch verbliebenen gründlich auf den Kopf als zynische, berechnende Bankdirektorsgattin, die es genießt, sich in der Position ihres Mannes zu sonnen, und mit großer Selbstverständlichkeit mit ihren Dienstboten ihr Machtspiel treibt. Ihr Dienstmädchen wird nicht zufällig von Irm Hermann dargestellt, die in den *Bitteren Tränen der Petra von Kant* und in Strindbergs *Fräulein Julie* Margit Carstensen gegenüber dieselbe Rolle spielt.

Der fundamentale Gegensatz zwischen dem, was Petra sagt und was sie tut, ist insoweit fruchtbar, als sie ehrlichen, wenn auch schwachen Herzens versucht, Theorie und Praxis miteinander zu verbinden. Bei Nora ist dieser Widerspruch grotesk, weil man ihr weder die Fähigkeit noch den Willen zutraut, die Ideale zu verwirklichen, die sie in bezug auf Ebenbürtigkeit und Gleichstellung zwischen den Geschlechtern formuliert. Die Auseinandersetzung am Schluß, die bei Ibsen traditionell als programmatische Erklärung zur Gleichstellung aufgefaßt wird, ist bei Fassbinder zum reinen Machtkampf geworden; Nora meint nichts, was sie sagt. Die Worte werden zu Phrasen, die sie als Machtinstrument verwendet, um ihren Mann zu demütigen und soweit zu bekommen, daß er sie anbettelt, zu bleiben – worauf sie seinen Wunsch erfüllt und die Macht übernimmt. Nach außen hin wird ihre Ehe die bürgerliche Fassade bewahren mit Nora als züchtig-untertäniger Ehefrau, nach innen wird niemand im Zweifel sein, wer von nun an die Situation unter Kontrolle hat. In Fassbinders Stück geht es nicht um einen Versuch, den Machtbegriff abzuschaffen, sondern darum, die Macht zu verteilen, so daß der eine sie nach außen hat, der andere nach innen. In diesem Punkt ist *Nora Helmer* am provozierendsten. Der Einsatz von radikalen geschlechts- und gesellschaftspolitischen Parolen als Mittel, sich eine vorteilhafte Position innerhalb der Gesellschaft zu verschaffen, die zu bekämpfen man vorgibt, war in den 70er Jahren kein unbekanntes Phänomen.

Visuell ist Fassbinders *Nora Helmer* dreist und konsequent. So filmt er in einer Reihe entscheidender Szenen seine Personen durch Spiegel oder durch verschnörkelte Glaswände des mondänen Wohnzimmers und liefert so ständig verblüffende visuelle Kommentare zu der Situation. Wenn Nora und ihr Mann zum erstenmal einander umarmen, sehen wir sie in einem Spiegel, während die Kamera gleichzeitig die »wirkliche« Situation zeigt. Auf diese Weise drückt Fassbinder die Spaltung in der routinehaften Geste aus, die längst abgestorbene Gefühle postulieren soll. Noras zynische Doppelnatur wird auch immer wieder dadurch hervorgehoben, daß sie sich in bestimmten Situationen durch Spiegeleffekte »spaltet«. Ein charakteristisches Beispiel gibt es in der ersten Szene, als Nora und Helmer eine Auseinandersetzung um das Geld haben und Helmer sich väterlich von Noras Hang zum Verschwenderischen distanziert. Nora wird durch einen Spiegel gefilmt, der sie in Längsrichtung spaltet – ein wirkungsvoll dementierender Kommentar zu ihrem scheinbar so fügsamen Satz: »Wie du willst.« Kurz darauf wird Nora wieder ungespalten gezeigt, und zwar in dem Augenblick, als Helmer ihr dennoch Geld gibt! Solche visuellen Wirkungen benutzt Fassbinder das ganze Stück hindurch mit so großer Souveränität, daß sie mehr sind als ästhetische Effekthascherei, sondern markanter Ausdruck dessen, was er in Wirklichkeit mit seiner Ibsen-Interpretation aufdecken will: die heuchlerische Doppelnatur der Bourgeoisie. Er unterstreicht, daß sich der Befreiungskampf der Geschlechter nicht auf die Bankdirektorsgattinnen verlassen darf.

Wie ein Vogel auf dem Draht

Außer seinen drei regulären Videoproduktionen inszenierte Fassbinder auch eine Fernsehshow mit Birgitte Mira, der Schauspielerin von *Angst essen Seele auf* und *Mutter Küsters' Fahrt zum Himmel*. Brigitte Mira war früher im Kabarett aufgetreten, und in dieser Fernsehshow singt sie Lieder aus den 40er und 50er Jahren und plaudert zwischendurch. Der Titel der Show ist eine deutsche Übersetzung von Leonard Cohens Lied »Like a Bird on a Wire«, mit dem das Programm endet. Cohen gehörte zu Fassbinders Lieblingssängern, und seine melancholischen Lieder entsprechen vorzüglich der Grundstimmung in einer Reihe von Fassbinders Filmen und werden auch in *Warnung vor einer heiligen Nutte* und *Faustrecht der Freiheit* verwendet.

Die Fernsehshow beginnt in einem TV-Studio, das wie Brigitte Miras Wohnzimmer eingerichtet ist; hier erzählt sie zwischen ihren Liedern von ihren vier Ehemännern, von denen der vierte ein 16 Jahre jüngerer Amerikaner, Frankie, ist. Als sie von ihrer Liebe erzählt und von der Reaktion der Umgebung, die nicht viel anders ist als die Reaktionen in *Angst essen Seele auf*, klingelt plötzlich das Telefon im Studio. Es ist Frankie. »Oh«, sagt sie, »ich mache gerade eine Fernsehshow, aber du hast vielleicht gemerkt, daß ich von dir gesprochen habe?« Die Liebe ist immer noch jung und grenzüberschreitend – und der Einfall ziemlich kitschig!

Nach dieser Einleitung, die so vielen anderen dieser Art Shows gleicht, macht Brigitte Mira einen Liederausflug ins Fassbinder-Land. Eine prächtige Dekoration folgt auf die andere. Brigitte Mira singt für Halbstarke, auf einer Modeshow und für flotte Muskelmänner in einem Bodybuildingcenter, und während sie singt, hat Fassbinder Gelegenheit, mit den visuellen Möglichkeiten der Dekorationen zu spielen. Er zitiert sich selbst in einer Reihe von Puppensymbolen und außerdem eine Szene aus Howard Hawks' *Blondinen bevorzugt*: Brigitte Mira singt die deutsche Version von »Diamonds are a Girl's Best Friend«.

Die Fernsehshow ist eine sympathische Bagatelle, eine Huldigung an eine Künstlerin, mit der Fassbinder – über die Generationsgrenzen hinweg – fruchtbar zusammengearbeitet hat.

10. Fordern ohne zu lieben

Der Kinofilm *Faustrecht der Freiheit* und der Fernsehfilm *Angst vor der Angst* folgten auf eine lange Reihe von Meisterwerken, die Fassbinder Anfang der 70er Jahre gedreht hatte, und waren eher Nachklänge: der erste orkanartige Höhepunkt seines Lebenswerks ebbte mit ein paar Filmen ab, in denen seine Hauptthemen noch einmal formuliert wurden, ohne daß ihnen etwas wesentlich Neues hinzugefügt wurde.

Das ist verständlich, innerhalb von drei Jahren, 1971-73, hatte er Werke geschaffen wie *Händler der vier Jahreszeiten, Die bitteren Tränen der Petra von Kant, Wildwechsel, Angst essen Seele auf, Martha* und *Fontane Effi Briest* sowie die Fernsehserie *Acht Stunden sind kein Tag* und *Welt am Draht* und die Videoproduktionen *Bremer Freiheit* und *Nora Helmer*. Als *Fontane Effi Briest*, das letzte dieser Werke, Premiere hat, ist Fassbinder gerade 29 geworden. Weder qualitativ noch quantitativ hat es in der Filmgeschichte eine solche Leistung gegeben. Es ist naheliegend, daß er erst einmal verschnaufen muß.

Dafür kann er seinen 30. Geburtstag mit einem weiteren Hauptwerk feiern, nämlich *Mutter Küsters' Fahrt zum Himmel*. Dieser Film setzt einen würdigen Schlußpunkt unter die erste Hälfte seiner Produktion.

Faustrecht der Freiheit

In einem Interview auf dem Filmfestival in Cannes 1975 sagte Fassbinder über *Faustrecht der Freiheit*:[1]

»Es ist sicher der erste Film, in dem die Mitwirkenden Homosexuelle sind, ohne daß die Homosexualität zu einem Problem gemacht wird. Immer in Filmen, Theater oder Romanen, wenn Homosexuelle auftreten, war das Problem die Homosexualität, oder aber es war eine komische Nummer. Aber hier wird die Homosexualität als etwas ganz Normales gezeigt, und das Problem ist etwas ganz anderes, nämlich eine

Liebesgeschichte, wo einer die Liebe des anderen ausnutzt, und das ist eigentlich die Geschichte, die ich immer erzähle.«

Die Hauptperson in *Faustrecht der Freiheit* ist ein kleiner homosexueller Gauner und Strichjunge, Franz Biberkopf. Seinen Vornamen hat er mit den Hauptpersonen in Fassbinders ersten beiden Gangsterfilmen gemeinsam, und der ungewöhnliche Nachname geht natürlich auf Franz Biberkopf zurück, die Hauptperson von Döblins Roman *Berlin Alexanderplatz*, der einen ähnlichen Einfluß auf Fassbinders Produktion ausübte wie Fontanes *Effi Briest. Effi Briest* steht mit der ganzen Erziehungs- und Unterdrückungsproblematik in Verbindung, während *Berlin Alexanderplatz* auf eine andere Hauptspur in Fassbinders Produktion weist: die Geschichten von den kleinen Gangstern und ihren Mädchen. In Döblins ausladendem, aber zugleich packendem Roman ist Franz Biberkopf ein kleiner Gauner, der aus dem Gefängnis kommt und wie der Franz in *Liebe ist kälter als der Tod* eine problematische Beziehung zu einem Verbrechersyndikat hat. Er arbeitet am liebsten auf eigenes Risiko und bindet sich ungern, doch sein Selbständigkeitsdrang kommt ihn teuer zu stehen. Wie Fassbinders Franz ist er gespalten zwischen seiner Liebe zu einer Hure, deren Zuhälter er ist, und seiner Freundschaft mit einem unzuverlässigen Kumpel, der für das Syndikat arbeitet. Diese beiden Abhängigkeitsbeziehungen tragen zu Franz Biberkopfs Zusammenbruch bei: der Freund bringt Biberkopfs Mädchen um – was Bruno in Fassbinders Debütfilm erfolglos versuchte.

Zu *Faustrecht der Freiheit* hat sich Fassbinder von beiden Romanen inspirieren lassen. Fassbinders Franz Biberkopf stammt aus demselben Milieu wie der Protagonist bei Döblin, und sein Schicksal wird in einem Milieu und durch eine Liebesaffäre besiegelt, die ihre Entsprechung bei Fontane finden. Der Film beginnt wie ein Märchen und endet als Alptraum: Franz Biberkopf wird in der ersten Szene arbeitslos, weil der Zirkusdirektor, für den er arbeitet, von der Polizei verhaftet wird, während er vor dem Publikum auf der Bühne steht. Danach versucht Franz sein Glück im Lotto und gewinnt auch eine halbe Million, aber was sich für unseren Helden als helle und glückliche Zukunft abzeichnet, entwickelt Fassbinder statt dessen als schwarzes Lehrstück darüber, daß man sich in unserer Gesellschaft keine individuelle Freiheit erkaufen kann. Die Freiheit hat ihr eigenes »Faustrecht«, das immer das Recht des Stärkeren ist.

Franz kommt in einen Kreis etablierter Homosexueller und verliebt sich in Eugen, den Sohn eines scheinbar wohlhabenden Fabrikanten. Darum glaubt Franz, er werde nicht seines Geldes wegen geliebt. Die

Realität hinter der wohlhabenden Fassade sieht jedoch ganz anders aus. Es sind Krisenzeiten, der Industrie fehlt es am Kapital, und deshalb ist es für Eugen auch finanziell opportun, sich für Franz zu interessieren, abgesehen davon, daß es auf menschlicher Ebene natürlich interessant ist, die Sammlung von Liebhabern durch solch einen Proletarier zu ergänzen. Der Proletarier soll allerdings erzogen werden, und bei einer ihrer ersten Begegnungen betont Egon väterlich: »Du mußt lernen, lernen und nochmals lernen. Kultur mußt du lernen. Das ist schwer, gewiß! Aber wir werdens schon schaffen, aus dir einen Menschen zu machen.« Franz hatte bisher nicht bemerkt, daß er kein richtiger Mensch sei, aber je mehr er Eugens schäbiges Oberschichtmilieu kennenlernt, desto unterlegener und zugleich trotzig-aufsässiger fühlt er sich.

Das Verhältnis zwischen Eugen und Franz entspricht dem Verhältnis zwischen Petra und Karin. Wie Petra ist Eugen der Erzieher, der den Proletarier zähmen, ihm Kultur beibringen und ihn zivilisieren soll, und genau wie Karin fehlt Franz ein proletarisches Bewußtsein, er wird beherrscht von den herrschenden Gedanken und einem unmittelbaren Bedürfnis, aus dem trostlosen Milieu, in dem er sich bisher bewegt hat, herauszukommen. Aber die Desillusionierung in *Faustrecht der Freiheit* ist um einiges größer als in den *Bitteren Tränen der Petra von Kant*. Während Petra trotz allem aus ihrer Beziehung zu Karin etwas lernt, ist Eugen am Ende des Films derselbe wie am Anfang. Er hat keine Ideale, nach denen er lebt, sondern nützt Franz rücksichtslos aus und läßt ihn fallen, als der Lottogewinn aufgebraucht ist. Und während Karin das Verhältnis mit Petra überlebt, erliegt Franz, wie so viele andere Fassbinder-Figuren, am Ende einer psychosomatischen Krankheit, deren Ursprung als milieubedingt vorgeführt wird.

Weite Teile des Films sind komödienhaft, besonders am Anfang, aber je mehr sich das Netz um Franz zuzieht, desto mehr entwickelt sich der Film zu einem herzzerreißenden, pathetischen Melodram. Er ist von der Form her sehr populär angelegt, ohne daß dem kommerziellen Geschmack Reverenz erwiesen würde und ohne daß Fassbinder seinem wichtigsten Thema, dem Verhältnis zwischen Gefühlen und Geld, untreu würde. Liebe, so zeigt er immer wieder, wird zu einer Ware, die für Geld zu kaufen ist. Es lohnt sich, in sie zu investieren, und sie hält genauso lange, wie es sich lohnt.

Faustrecht der Freiheit ist »Armin und allen anderen« gewidmet. Eine ähnliche Widmung hatten schon *Die bitteren Tränen der Petra von Kant*: »Gewidmet dem, der hier Marlene wurde«. Die Widmungen deuten an, wie persönlich die Themen dieser beiden Filme sind. Fassbinder ließ sich auf das Risiko ein, die Rolle des Erziehers zu spielen, nicht nur als Filmemacher, sondern auch in seinen persönlichen Beziehungen. In Anbetracht der Autorität, die er als Filmemacher an den Tag legte, war das nur schwer zu vermeiden. Andererseits haben diese Filme auch etwas Selbstkritisches, und als weitere Konsequenz, in einer Art Solidarität mit »den Erzogenen«, hat Fassbinder selbst die Rolle des Franz Biberkopf übernommen.

Viele Homosexuelle distanzierten sich in ähnlicher Weise von *Faustrecht der Freiheit* wie viele Frauen von den *Bitteren Tränen der Petra von Kant*. Sie lehnten den Film als defaitistisch und abwertend in bezug auf die Schwulenszene ab. Hinter diesen Vorwürfen lag die Auffassung, schwules Leben sei revolutionär und »alternativ«. Aber Fassbinder sah das anders. Für ihn war das Schwulenmilieu ein Zauberspiegel, durch den man die Mechanismen in der etablierten Gesellschaft deutlicher und grotesker erkennen kann.

Allerdings kann man *Faustrecht der Freiheit* wegen einer gewissen Tendenz kritisieren, sich selbst zu wiederholen. Dem Film hätten straffere Schnitte gut getan, seine Pointen wirken teilweise reichlich überspitzt – was als Paradox erscheinen mag, da viele Kritiker ja behaupteten, er sei nicht deutlich genug.

Die Kritik der Schwulen an Fassbinder beruhte wohl eher darauf, daß auch sie sich lieber Vorbilder als Schreckbilder wünschten. Für Fassbinder bot aber eine andere Form von Sexualität nicht schon an sich die Garantie für menschlichere und weniger ausbeuterische Haltungen. Die Ausbeutung von Gefühlen ist immer als abschreckendes Bild in seiner Produktion vorhanden, weil Ausbeutung mit der sozialen Orientierung der Personen zu tun hat und nicht mit ihrer sexuellen.

Angst vor der Angst

Angst vor der Angst ist ein weiterer Frauenfilm mit Margit Carstensen in der Hauptrolle. Er beruht auf einem Text der 35jährigen Hausfrau Asta Scheib. Ohne jede äußere Handlung stellt der Film in stillen, unpolemischen Szenen Betrachtungen über eine ganz gewöhnliche bürgerliche Ehe an. Margot lebt in sehr geborgenen und geordneten Verhältnissen, ihr Mann ist aufmerksam und verständnisvoll, wenn auch sehr in seine Prüfungsvorbereitungen vertieft, aber während ihrer Schwangerschaft wird sie von Angst befallen, und nach der Geburt kommt dieses unerklärliche Angstgefühl ständig zurück. Margot wird für ihre nächste Umgebung zur Fremden, kann weder sich selbst noch anderen erklären, was passiert. Als sie ärztliche Hilfe sucht, bekommt sie dasselbe zu hören wie vorher schon Herr R. und Franz Biberkopf in entsprechenden Situationen: »Organisch ist alles in Ordnung.« Der Arzt verordnet statt dessen Valium, zwecks Beruhigung der Nerven, und als das nicht länger hilft, versucht sie es auf eigene Faust mit Cognac und anderen betäubenden Substanzen und mit einer kurzen sexuellen Beziehung zu dem Apotheker, der ihr Medizin gibt. Einen Selbstmordversuch gibt sie zwar rechtzeitig auf, wird aber immer tiefer in eine undurchdringliche Isolation getrieben. Die Schraube ist ohne Ende, denn je mehr sie versuchen muß, ihre scheinbare Anomalie vor ihrer Familie zu verstecken, desto unnormaler fühlt sie sich und desto stärker ihre Angst, entdeckt zu werden.

Hin und wieder hatte Margot bei ihren Spaziergängen mit ihrem kleinen Kind einen ungepflegten, etwas verzweifelt aussehenden Nachbarn auf der Straße getroffen, vor dem sowohl Margot als auch das Kind Angst haben. Er sieht aus wie ein Sittenstrolch und ist ein paarmal hinter ihnen hergegangen, um Kontakt mit ihr aufzunehmen. Fassbinder verwendet parallele Schnitte oder sogar Schwenks zwischen dem Fremden und dem freundlich aussehenden Apotheker. Während einer der kurzen Begegnungen Margots mit dem Apotheker zieht dieser einen etwas schäbigen Mantel über seinen weißen Apothekerkittel, so daß er dem Fremden ähnlich sieht. Dann küßt er Margot, und sie bedankt sich, als hätte sie Medizin von dem Apotheker bekommen.

In der letzten Szene erfährt Margot unerwartet, daß der Nachbar Selbstmord begangen hat, und während des Nachspanns sieht sie von ihrem Fenster aus, wie die Leiche aus dem Haus getragen wird, zuvor hat Margot erklärt, daß es ihr jetzt gut geht. Der Schluß des Films ist aber ganz offen. Wir müssen selbst entscheiden, ob der Selbstmord des Nachbarn Margot wieder in näheren Kontakt mit dem Alltag bringen wird oder ob sie in ihrer Verzweiflung riskiert, eines Tages wie er zu handeln.

Insgesamt ein Film, der dem Publikum viele Deutungen ermöglicht. Wahrscheinlich fürchtete Fassbinder zu eindeutige Erklärungen für das schwierige Grenzgebiet zwischen Normalität und Wahnsinn, das er hier schildert. Margit Carstensen, die sich in ihren übrigen Fassbinder-Produktionen mit einzigartiger Virtuosität in immer exzentrischeren und hysterischeren Frauenrollen überbot, spielt hier ungewöhnlich kühl und gedämpft. Mit seiner ruhigen und beherrschten Kamera, die einen psychischen Konfliktzustand aufdeckt, ist der Film frei von visuellen Effekten. Die Musik unterstreicht besonders die Verwandtschaft des Films mit dem Hollywood-Melodram bzw. dem Hitchcock-Thriller. Im Gegensatz zum Thriller kommt es bei Fassbinder aber zu keiner Auflösung der aufgestauten Spannung, da diese Angst sich nicht auf die gleiche Art auflösen läßt wie die Angst, die eine konkrete äußere Ursache hat. In einer Reihe scharf wahrgenommener Situationen zeigt Fassbinder, daß die viel zu große Ordnung um Margot herum Unordnung in ihrem Inneren erzeugen muß. Margot ist einer dieser schweigsamen, unzufriedenen Menschen, die so wenig von ihrer Situation wissen, daß die Unzufriedenheit zwangsläufig in sie selbst hineinwächst und zu Selbstanklagen und Selbstzerstörung führt, anstatt sich nach außen gegen eine Ordnung zu richten, die unter ihrer glatten Oberfläche immer unmenschlicher wirkt.

Margot erlebt offenbar jedes Gefühl von Unzufriedenheit als eigene Unzulänglichkeit, weil die Normalität um sie herum so perfekt und geordnet funktioniert, daß sie keine Möglichkeit hat, sich zu fragen, wie normal diese Maschine eigentlich ist. Margot entwickelt eine krankhafte Angst vor der Angst, statt aus der Angst ein stärkeres Bewußtsein von der beinahe unmenschlichen Normalität abzuleiten, die sie in ein Gefängnis einsperrt, dessen Mauern sich immer enger um sie ziehen, je weniger sie sich wehren kann.

Margot ist das weibliche Gegenstück zu Herrn R. und die »Normalausgabe« von Martha. Als weitere Hervorhebung der Verwandtschaft mit Herrn R. hat Fassbinder die Rolle des mysteriösen Nachbarn, der Selbstmord begeht, von Kurt Raab spielen lassen. Und wie in *Martha* weist Fassbinder auch hier auf die Kindheit hin als den Ort, wo die Angst vor der Angst zu einer Anpassungsbereitschaft führt, die das eigentlich Erschreckende ist.

Es ist kein Zufall, daß Margots Welt sich aufzulösen beginnt, als sie schwanger wird, denn die Ankunft eines Kindes ist geeignet, die Unruhe über das gelebte Leben zu verstärken. Wie Martha lernt auch Margot, daß ihre spontanen Reaktionen unnormal sind. Als ihr neugeborenes Kind im Nebenzimmer aufwacht und weint und Margot aufsteht, ruft ihr Mann den Arzt, weil es »unnormal« ist, daß sie um Mitternacht das Kind unbedingt hochnehmen muß. Und als sie ihre vierjährige Tochter vom Kindergarten abholt und erfährt, daß alle Kinder zur Strafe dafür, daß sie böse waren, *ganz* still sitzen mußten, fragt sie sich: »Wie können Vierjährige böse sein?«

Weil diese äußere Welt aber trotz allem so perfekt funktioniert, fängt

Margots Blick an, daran zu zerbrechen. Ihre Unruhe läßt sich nicht in eine klare Infragestellung ihrer Umwelt umsetzen, sondern wendet sich so sehr nach innen, daß Margot sich mit dem bekümmerten Blick der Umwelt auf sie identifiziert.

Angst vor der Angst läßt sich fast als sozialrealistische Version von *Martha* auffassen, was umgekehrt heißt, daß *Martha* sich auch als Margots nächtlicher Alptraum deuten läßt. Und Fassbinder interessiert sich entschieden mehr für den Alptraum als für den Sozialrealismus.

Mutter Küsters' Fahrt zum Himmel

Hermann Küsters läuft Amok in der Fabrik, in der er arbeitet, tötet den Personalchef und begeht Selbstmord. Mutter Küsters (Brigitte Mira) wird von Presseleuten bestürmt, und ein Illustriertenreporter (Gottfried John), zu dem sie das größte Vertrauen hat, nutzt ihre Tragödie schamlos aus. Anschließend setzen sich kommunistische Journalisten (Margit Carstensen und Karlheinz Böhm) mit ihr in Verbindung und werben sie für ihre Partei. Sohn und Schwiegertochter (Armin Meier und Irm Hermann) verlassen sie, ihre Tochter, eine Sängerin (Ingrid Caven), macht Karriere als »Tochter des Fabrikmörders«. Schließlich wird sie von Linksextremisten aufgesucht, die sie zur Teilnahme an einer gewalttätigen Aktion überreden. Bei einem Schußwechsel mit der Polizei findet Mutter Küsters den Tod.

Mutter Küsters' Fahrt zum Himmel war ein Wende- und neuer Höhepunkt in Fassbinders Karriere – und der Beginn einer ernsten Krise. Es ist sein bis dahin umstrittenster Film, ein bitterböses, sarkastisches Pamphlet auf »Deutschland 1975 und die Frage, was sich lohnt«, wie es im Pressematerial des Films hieß. Fassbinder wußte nur zu gut, daß es sich nicht »lohnte«, diesen Film zu machen, denn damit würde er sich mit der Bourgeoisie, den Kommunisten und den Linksextremisten anlegen. Es ist ein aggressiver Film über rechte und linke Ausbeutung mit der Moral: In einer Ausbeutergesellschaft läuft auch der Aufstand Gefahr, ausbeuterisch zu werden.

Mutter Küsters' Fahrt zum Himmel ist ein politischer Nullpunktfilm, er repräsentiert die letzte Konsequenz jener desillusionierenden Haltung, die Fassbinder schon in seinem Jugendstück *Anarchie in Bayern* hinsichtlich der Beziehung zwischen den politischen Gesellschaftsverbesserern und einer verbesserungswürdigen Gesellschaft zum Ausdruck gebracht hatte.

Mutter Küsters ist gewissermaßen eine ältere Schwester der Protagonistin in Heinrich Bölls Roman *Die verlorene Ehre der Katharina Blum*. Sowohl Mutter Küsters als auch Katharina Blum werden von der bürgerlichen Sensationspresse zu verzweifelten Handlungen getrieben, die ihnen unter normalen Umständen nie einfallen würden. Mutter Küsters ist eine liebenswerte alte Arbeiterfrau, deren Mann eines Tages Amok läuft, eine Parallele zum Herrn R. des Büromilieus und verwandt mit Karins Vater in den *Bitteren Tränen der Petra von Kant*, der ja auch zum Mörder wurde und sich selbst das Leben nahm, weil er entlassen wurde.

Mutter Küsters' Fahrt zum Himmel ist nach einem ganz einfachen, geradezu lehrstückartigen Modell aufgebaut: jedesmal, wenn jemand Mutter Küsters helfen will, verläßt sie sich (und der Zuschauer mit ihr) auf die Helfer, weil sie recht haben mit ihren Bemerkungen – um anschließend festzustellen, daß sie kein Recht darauf haben, recht zu haben. Tatsächlich verhalten sich die Helfer nämlich gegen ihre eigene Einsicht.

Schon bei dem Begräbnis wird Mutter Küsters von den bürgerlichen Pressehaien aufgesucht, die aus ihrer Tragödie nur ein Geschäft machen wollen. Einer der Journalisten wirkt jedoch glaubwürdiger als die übrigen, und ihm vertraut sich Mutter Küsters an – in der Hoffnung, daß er die Wahrheit über ihren Mann schreiben wird, nämlich, daß er ein guter, fleißiger und liebevoller Familienvater war. Aber alles, was sie sagt, wird in der Zeitung bis zur Unkenntlichkeit verdreht, so daß ihr Mann als Monster, als Arbeiterungeheuer erscheint.

Anschließend wird sie von einem Ehepaar angesprochen, das die kommunistische Presse repräsentiert und das Schicksal ihres Mannes völlig anders darstellt: Im Grunde war er ja eine Art Revolutionär, der gegen die unmenschlichen Verhältnisse aufbegehrte, nur eben die falschen Methoden verwendete, weil er keinen Kontakt zu den Menschen hatte, die politisch für dieselbe Sache kämpfen wie er. Nachdem die Kommunisten Mutter Küsters überzeugt haben, daß ein Revolutionär nicht mit einem Krawallmacher identisch ist, wie sie glaubt, sondern etwas für andere tut, pflichtet sie dieser Darstellung bei. Ja, genau so war ihr Hermann, ein herzensguter Mensch, immer bereit, anderen zu helfen, und keiner Fliege konnte er etwas zuleide tun.

Mutter Küsters und die Zuschauer stimmen der kommunistischen Kritik zu, die bürgerliche Presse schlage Profit aus der Tragödie, denn wir haben ja gesehen, daß der Reporter die Theorien der Kommunisten bestätigt hat. Bald aber entsteht der Verdacht, daß bei den Kommunisten nicht alles so ist, wie es sein sollte. Die Kluft zwischen den richtigen Dingen, die sie sagen, und den falschen Klischees, die sie benutzen, wird immer größer. Wenn das Kommunistenpaar von Solidarität mit der Arbeiterklasse spricht, während in einem gepflegten Wohnzimmer aus einer Silberkanne Kaffee serviert wird (mit einer entschuldigenden Bemerkung, es handele sich um ein Erbstück), wirken sie genauso selbstgefällig und pharisäerhaft wie Petra von Kant, als sie vor dem Spiegel Sidonie über Frauensolidarität belehren will. Und natürlich verwendet Fassbinder auch in der Szene einen Spiegel, als die Kommunisten Mutter Küsters den ehrenden Nachruf auf ihren Mann in der Parteizeitung lesen lassen.

Die Doppeltheit der Kommunisten sieht Mutter Küsters nicht, sie hört nur, was wichtig für sie ist, nämlich, daß jemand freundlich und verständnisvoll mit ihr redet und verspricht, das Andenken ihres Mannes bei den anderen Arbeitern zu reinigen – und bald ist sie Mitglied der Partei.

Allerdings stehen Wahlen vor der Tür, und in dieser Situation wagen es nicht einmal die Kommunisten, mit einem »Fabrikmörder« in einen Topf geworfen zu werden. Deshalb halten sie Mutter Küsters mit Gerede hin, anstatt ihr Versprechen einzulösen. Und genau in dem Moment, als ihr das aufgeht, wird sie von einem jungen Mann besucht, der ihr erzählt, daß die Kommunisten gut reden könnten, aber jetzt brauche sie jemanden, der das ganze Gerede in Handlung umsetze, kurz gesagt: eine Aktion.

Auch er hat recht in dem, was er sagt, wenngleich nicht in dem, was er tut. Er fordert Mutter Küsters nämlich auf, an einem Sit-in gegen die Zeitung teilzunehmen, die Hermanns Andenken geschmäht hat, erzählt ihr aber nicht, daß er und seine Genossen Schußwaffen dabeihaben: Sie nehmen Geiseln und drohen, jede Stunde einen Journalisten umzubringen, wenn nicht innerhalb von 24 Stunden alle politischen Gefangenen der Bundesrepublik freigelassen werden.

Während dieser Aktion wird Mutter Küsters bei einem Schußwechsel mit der Polizei erschossen: Sie will zu ihrem Sohn laufen, der auf der anderen Seite der Polizeikette steht, und wird dabei von einer Kugel getroffen. Ob es ein Polizist oder ein Terrorist ist, der sie trifft, ist gleichgültig für Fassbinders klare und konsequente Pointe, daß nämlich die Gesellschaft und ihre Rebellen gleichermaßen schuldig sind an dem Tod der alten Arbeiterfrau.

Als Mutter Küsters tot daliegt, stürzt ihre Tochter, die Sängerin Corinna Corinne, herbei und nimmt sie in die Arme, um sich für die Zeitungen fotografieren zu lassen: nichts ist so schlimm, als daß man es nicht noch als Reklamemittel für die eigene Karriere verwenden könnte.

Corinna Corinne ist eine interessante Gestalt. Sie entspricht in ihrer Grundhaltung der Charakteristik, die Fassbinder von Theodor Fontane (und sich selbst) gegeben hat: sie durchschaut vieles in der Gesellschaft als Heuchelei und Lüge und möchte doch ein angesehenes Mitglied dieser Gesellschaft sein. Sie ist eine billige Nachtklubsängerin, die sofort begriffen hat, daß sich die Tragödie des Vaters zu Publicityzwecken ausnutzen läßt. Während die anderen politisch von seinem Schicksal profitieren, baut sie ihre künstlerische Karriere darauf auf, daß sie die »Tochter des Fabrikmörders« sei. Mit dem Reporter, der das Andenken ihres Vaters auf das gröbste geschmäht hat, hurt sie herum, weil er ihr Beziehungen und Aufmerksamkeit verschaffen kann.

Fassbinder hat viel Sympathie für ihren pragmatischen Überlebenswillen und ihre Art, die Dinge zynisch zu durchschauen. Auch sie hegt keinerlei Illusionen über die existierende Gesellschaft und durchschaut dabei auch routiniert die politischen Phrasen von Kommunisten und Extremisten. Sie ist irgendwie ein Selbstporträt von Fassbinder und doch wieder nicht: man kann nämlich nicht sagen, daß er als Filmregisseur Mutter Küsters' Tragödie ausnützt, wie seine Figuren es tun. Vielleicht wäre es so gewesen, wenn er seinen Stoff nach Art seiner Hollywood-Lieblingsregisseure verfilmt hätte, nämlich mit dem Hauptgewicht auf den Action-Szenen.

Aber der Regisseur von *Fontane Effi Briest* verschmäht konsequent die filmischen Möglichkeiten, die sich in Form von Mord, Selbstmord und Schußwechsel zwischen Terroristen und Polizei bieten. Hermann Küsters' einleitende Gewalttat wird nicht gezeigt, man hört nur eine Radiomeldung darüber, und auch die Schießerei, die mit Mutter Küsters' Tod endet, bleibt unsichtbar: Mutter Küsters' Gesichtsausdruck wird festgehalten, das Bild bleibt stehen, und anschließend laufen über das festgehaltene Gesicht die letzten Einstellungen des Drehbuchs, so daß wir in Dialogform und mit Regieanweisungen von dem abschließenden Schußdrama lesen können.

Fassbinder beschränkt sich darauf, die Gewalttaten zu Beginn und am Ende des Films zu referieren, weil er die Ereignisse nicht emotional ausschlachten, sondern über sie reflektieren will: selten hat er sich Brecht so sehr angenähert wie in diesem Film, der sogar im Titel auf Phil Jutzis

Mutter Krausens Fahrt ins Glück (1929) anspielt, das Werk eines Brecht nahestehenden Filmregisseurs. Im Unterschied zu Brecht sucht Fassbinder jedoch keine politischen Lösungen: *Mutter Küsters' Fahrt zum Himmel* ist eher ein antipolitischer Film, der das menschenverachtende Element aller Ideologien anklagt.

Die Salonkommunisten und Linksextremisten sind in diesem Film, ebenso wie die Repräsentanten der bürgerlichen Gesellschaft, in Klischees und Haltungen erstarrt, die die bestehenden Verhältnisse bekräftigen. Die völlig illusionslose Pointe des Films ist, daß sich die sogenannten Rebellen genauso abgestumpft verhalten wie die Gesellschaft, gegen die sie rebellieren wollen. Die bürgerliche Presse und die Linksextremisten sind von derselben Menschenverachtung erfüllt, die Mutter Küsters am Ende das Leben kostet. Die Gesellschaft und ihre Rebellen bestärken einander in einem Abhängigkeitsverhältnis, das an das Verhältnis zwischen dem Gangster und der Polizei erinnert, wie es in einigen der frühen Filme Fassbinders vorgeführt wird.

Hier wird diese Abhängigkeit in grotesker politischer Konsequenz gezeigt: Als die Rebellen am Ende ihr obligatorisches »Es lebe die Revolution!« rufen, wissen wir, daß diese berühmte Revolution weiter weg ist als je zuvor. Der Film vom Ende der Mutter Küsters ist eine schmerzliche Karikatur von der Revolution, die verraten und zu gesellschaftserhaltenden Klischees umgemodelt wurde. Von allen Seiten wird die alte Arbeiterfrau mit einer Liebe umklammert, die kälter ist als der Tod. Sie ist die Verliererin, weil sie der einzige Mensch ist, der sich nicht hinter Sicherheiten versteckt. Sie ist der einzige Mensch, der lebt, der sucht und staunt. Und das ist ihr Tod.

Mutter Küsters' Fahrt zum Himmel ist ein politischer Nullpunktfilm. Auf den ersten Blick scheint es, als lägen Welten zwischen dem Optimismus, den Fassbinder in *Acht Stunden sind kein Tag* schilderte, und der totalen politischen Desillusion, die hier zum Ausdruck kommt. Und doch ging die Fernsehserie als Schnellreprise im selben Jahr über den Bildschirm, als *Mutter Küsters' Fahrt zum Himmel* Premiere hatte.

In der Fernsehserie nahmen die Arbeiter konsequent ihre Sache in die eigene Hand, sie erreichten etwas, indem sie konkret und pragmatisch handelten, und es gelang ihnen, Abstand zu den Herrschenden und den Wertnormen der Gesellschaft zu halten, ohne sich deswegen gleich den linken Ideologen in die Arme zu werfen. Das Problem von Mutter Küsters ist, daß sie diese Ideologien nicht von sich fernhalten kann und in keine anderen kollektiven Zusammenhänge findet als die politischen. Aber die politische Gemeinschaft erweist sich als leere Konstruktion, wenn sie in keinem konkreten Arbeitszusammenhang steht – und als Mutter Küsters das endlich einsieht, ist es zu spät.

Mutter Küsters' Fahrt zum Himmel ist kein Korrektiv zu *Acht Stunden sind kein Tag*, sondern mit seinem negativen Beispiel eher eine Bestätigung der immer wiederkehrenden Moral der Fernsehserie: »Zusammen sind wir stark!« Mutter Küsters hat niemanden, an den sie sich halten kann, und deshalb fällt sie den diversen Schmarotzerideologien leicht zum Opfer. Die Gesellschaft hat viel mit der künstlichen Zivilisation gemeinsam, die Fassbinder in seiner anderen Fernsehserie *Welt am Draht* schildert: ihre Bewohner wissen nicht, daß sie künstlich sind, sondern glauben, sie sprächen ihre eigene Sprache und seien in ihrem eigenen Körper vorhanden. Aber Fassbinders Schauspielerführung verrät etwas anderes. Seine Darsteller bewegen sich immer mit dieser etwas marionettenhaften und mechanischen Unbeholfenheit, als seien ihre Körper Fremdkörper. Sie sprechen, als zitierten sie die Sätze anderer, und glauben doch, es wären die eigenen.

Mutter Küsters ahnt als einzige, daß ihr Leben etwas Künstliches hat, und das macht sie zu einem echteren Menschen. Sie ist ebenso in ihrem Körper und in ihrer Sprache zu Hause wie Emmi in *Angst essen Seele auf*. Mit Brigitte Mira in diesen beiden Hauptrollen ist Fassbinder so dicht an eine positive Kinoheldin herangekommen, wie es einem Filmemacher möglich ist, der aus Prinzip lieber Schreckensbilder als Vorbilder zeigt.

Zwischen Fassbinder und Mutter Küsters herrscht ein Verständnis wie zwischen Petra von Kant und ihrer Mutter. Als Mutter Küsters erlebt, daß auch ihre eigenen Kinder sie im Stich lassen, stöhnt sie wie ein wildes verletztes Tier:

»Seid ihr denn alle von Gott verlassen!«

Dieser Zornesausbruch ist zugleich eine präzise Metapher für Fassbinders Schauspielerführung. Seine Schauspieler scheinen von sich selbst verlassen, und Fassbinder hätte wohl nicht protestiert, wenn man dies, ausgehend von einer christlichen Lebenseinstellung, als »von Gott verlassen« interpretieren würde. Er ließ ja Petra von Kant und ihre Mutter zu der Erkenntnis kommen (Petra aus Liebe zu Karin, die Mutter aus Gottesfurcht), daß es gilt »zu lieben ohne zu fordern«. Im Gegensatz hierzu haben die meisten Personen in *Mutter Küsters' Fahrt zum Himmel* nur einen Gedanken: *zu fordern ohne zu lieben.*

11. Theaterträume

Trotz seiner umfassenden Film- und Fernsehproduktion träumte Fassbinder davon, für sich und seine Schauspieler eine feste Bühnenbasis zu bekommen. Warum sollte man abends auf der faulen Haut liegen? Schon nach den Dreharbeiten zu *Acht Stunden sind kein Tag* war er im Dezember 1972 mit seinen festen Schauspielern ans Bochumer Schauspielhaus gereist. Er plante, sich hier niederzulassen und als erstes Kleists *Käthchen von Heilbronn* zu inszenieren. Sieben Stunden sollte die Vorstellung dauern, darunter ging es nicht. Als Fassbinder sieben Jahre später eine Liste mit seinen zehn Lieblingstheaterstücken aufstellte, stand Kleists Stück auf dem ersten Platz.

Aufgrund von Konflikten mit Peter Zadek, dem Chef des Theaters, wurde aus den Bochumer Plänen nur ein Gastspiel von zwei Monaten, in denen Fassbinder Ferenc Molnars *Liliom* und Heinrich Manns *Bibi* inszenierte. Keine dieser Bearbeitungen ist in Buchform erschienen, was ohnehin keinen Eindruck von diesen Aufführungen vermittelt hätte. Nach den Kritiken zu urteilen, müssen sie unbeschreiblich gewesen sein.

Über *Liliom* schrieb Volker Canaris in »Theater Heute« im Januar 1973:

»Fassbinder hat Molnars ›Liliom‹ inszeniert, und natürlich wurde ein Stück von Fassbinder daraus. Dabei hat er den Verlauf der Handlung nicht verändert, den Dialog kaum. Aber der Abend zeigt einmal mehr, daß Fassbinders theatralisches Temperament so gierig ist, daß er sich alles einverleibt, was ihm in die Finger kommt: Stücke, Schauspieler, Räume, Sprache etc. Nun ist es um ›Liliom‹ nicht sehr schade, ein gutes Stück ist das nicht, rührselig, ein bißchen kitschig, eine »Vorstadtlegende«, in der die Lokalisierung Vorstadt nur Kolorit meint, nicht aber realistische Fixierung der Figuren in ihrer Welt. Konsequenterweise hat Fassbinder die ganze Geschichte in seine Welt verschlungen: In die Welt seiner Kino- und Theaterbilder, seines Gesten- und Sprachenmaterials, seines Figuren- und Schauspielerarsenals. Die ganze Aufführung wirkt wie montiert aus Dingen, die man bei Fassbinder schon gesehen hat.

Das liegt natürlich vor allem an den Schauspielern: der Ingrid Caven, die aus der Zigarettenspitze raucht, der Irm Hermann, die lieb guckt und dümmlich daherredet, der Margit Carstensen, die ihre Hysterien zelebriert, der Hanna Schygulla, die ihren Lockenkopf hinhält und ein wunderschönes weißes Marilyn-Monroe-Kleid anhat. Kurt Raab ist natürlich auch da und ist leise und fies, Peter Kern macht sein Bernhardinergesicht, Wolfgang Schenck guckt verbiestert unter seinem weißen Hut hervor, Ulli Lommel trägt einen langen Mantel, in dessen Taschen seine Arme versinken. (Es gibt auch Überraschungen: einen nackten Araber zum Beispiel, der die Exotenrolle von Günther Kaufmann übernommen hat und einen Engel spielt.)«

Einen Monat später fand die Premiere von Heinrichs Manns *Bibi* statt, mit der sich die Fassbinder-Gruppe von Bochum verabschiedet, obwohl im Abschiedslied auf der Bühne gesungen wird: »Bochum, wir werden niemals auseinandergehn«. In »Theater Heute« (März 1973) schrieb Gerd Jäger:

»Nicht eine Fassbinder-Inszenierung von Heinrich Manns ›Bibi‹, die angekündigt gewesen war, ging da zu Ende, nein, eine knallbunte Show – gespickt mit Tanz, Schlager und Parodie, versetzt mit allen Rotlicht- und Zerhackermethoden, mit künstlichem Qualm und Verkleidungseffekten, mit Illusionsdurchbrechern und Zitatverlesungen – feierte (hinterhältige) Versöhnung mit ihren Zuschauern ... und dann schaukelte und überschlug sich zweieinhalb Stunden lang der Reigen von einer Publikumsnummer zur andern: die Schygulla als Monroe, Rudolf Waldemar Brem als Presley, die Carstensen und Peter Kern als Callas und di Stefano in ›La Traviata‹, Brigitte Mira als Brigitte Mira. Als störend empfunden wurden nur einige wenige Szenen: die von Heinrich Mann. Fassbinder hatte sie achtlos zwischen seine Nummernfolge geklemmt.«

Nach dem Bochumer Gastspiel inszenierte Fassbinder im Dezember 1973 mit Margit Carstensen Henrik Ibsens *Hedda Gabler* in der Freien Volksbühne in Berlin. Im Mai 1974 war im Frankfurter Schauspielhaus Premiere seiner Inszenierung von Peter Handkes *Die Unvernünftigen sterben aus* – und im Herbst 1974 ging sein Traum von einer neuen festen Theaterbasis endlich in Erfüllung: er wurde künstlerischer Leiter des Theaters am Turm in Frankfurt.

Einige seiner engsten Mitarbeiter folgten Fassbinder nach Frankfurt, nicht nur die Veteranen des Action-Theaters wie Kurt Raab, Ursula Strätz, Irm Hermann, Ingrid Caven und Peer Raben, sondern auch Neuhinzugekommene wie Margit Carstensen, Brigitte Mira, Gottfried John,

Peter Chatel und Karlheinz Böhm. Zum erstenmal seit antiteater-Zeiten hatte man jetzt eine feste Bühne – und plötzlich eine bedeutend größere finanzielle Basis als je zuvor. Jetzt konnte wirklich gearbeitet werden.

Ich hatte die Möglichkeit, zwei von Fassbinders Vorstellungen in Frankfurt zu sehen, und zwar *Germinal* nach Emile Zola (das Manuskript war von Yaak Karsunke, einem der ersten Kritiker, die Fassbinders Talent für das Theater erkannt hatten) sowie Strindbergs *Fräulein Julie* in einer kollektiven Inszenierung, aber mit Fassbinder als der treibenden Kraft. Fassbinder inszenierte in Frankfurt auch Tschechows *Onkel Wanja* – und dann platzte dieser Theatertraum so plötzlich, wie er begonnen hatte.

Germinal

Germinal war der erste überaus erfolgreiche Versuch des neuen Ensembles, breiten Kontakt zum Publikum herzustellen. Das Stück beschreibt den Verlauf eines Streiks, der, obwohl er im vorigen Jahrhundert stattfand, erstaunlich aktuell war. Eine Gruppe von Bergarbeitern beschließt zu streiken, weil ihre ohnehin spartanischen Lebensbedingungen durch magere Löhne noch weiter verschlechtert werden. Gleichzeitig steht auch das Kapital vor einer Krise: Viele Arbeitsplätze sind bedroht, und der Grubendirektor Hennebeau benutzt dies als Argument gegenüber den Streikenden: »Wenn ihr jetzt mit unsinnigen Forderungen die Gesellschaft ruiniert, ruiniert ihr euch selbst: ist das so schwer zu begreifen?« Trotzdem wird der Streik fortgesetzt, eine lange und für beide Parteien harte Sache, die Bergwerksbesitzer müssen Gruben und Maschinen vom Militär beschützen lassen und ziehen schließlich ausländische Arbeitskräfte hinzu, um den Betrieb wieder aufzunehmen. Es kommt zu einer Konfrontation zwischen Militär und Streikenden, bei der mehrere Arbeiter erschossen werden. Schließlich nehmen die Überlebenden die Arbeit wieder auf, ohne daß ihre Forderungen erfüllt worden sind.

Der fundamentale Gegensatz zwischen den Arbeitern und den Grubenbesitzern ist zwar die Grundlage des Stücks, aber in seinen Details konzentriert es sich hauptsächlich auf persönliche und politische Gegensätze zwischen den Arbeitern selbst. Sie kommen nämlich mit ihrem Streik nicht weiter, weil sie sich über Ziel und Mittel nicht einigen können.

Der beredteste unter den Arbeitern ist Lantier, in Frankfurt gespielt von Gottfried John, der auch die Hauptrolle in *Acht Stunden sind kein Tag* hatte. Wie die übrigen Arbeiter ist Lantier es nicht gewöhnt, politisch zu denken. Sein politisches Bewußtsein erwirbt er sich praktisch, während die Ereignisse ihren Lauf nehmen. Ihm gegenüber steht der Maschinist Souvarine, ein aus wohlhabendem bürgerlichen Milieu stammender Student, der sich mit der Arbeiterklasse solidarisieren will. Alle seine politischen Theorien sind korrekt, aber enttäuscht muß er feststellen, daß sich die Arbeiter nicht auf seinem Bewußtseinsniveau befinden.

Souvarine: Hingehauen hab ich ihnen den akademischen Krempel, ein Handwerk gelernt statt dessen. Ins Volk wollte ich gehen, den Armen helfen. Damals hab ich noch nicht gewußt, daß die selber nichts anders sein wollen als reich.
Lantier: Du warst es immerhin mal. Ich kanns ihnen nicht verdenken.

Souvarines Verachtung den Arbeitern gegenüber wird immer größer: ihre politische Perspektive stimmt nicht, sie interessieren sich nur für das, was sie gerade erleben. Er wirft ihnen vor, sie würden als »strebsame, sparsame Spießer« enden. Ihren Streik findet er sinnlos, weil sie kein klares politisches Ziel haben, sondern nur Lohnforderungen stellen.

Souvarine: Seit zwei Monaten wachsen die Kohlevorräte. Mit den Kosten müssen sie runter – also wird mehr gefördert. Verkauft wird weniger. Wenn ihr streikt, sparen sie die Löhne und bauen die Vorräte ab. Eure Gelder gehn nebenbei drauf.

Souvarine fügt verächtlich hinzu, daß man vielleicht tausend Jahre benötige, um die Welt auf diese Weise zu verändern, er selbst ziehe es vor, die ganze Grube sofort in die Luft zu sprengen.

In vielem mag Souvarine natürlich in seiner politischen Analyse recht haben – aber seine Verachtung der unwissenden Arbeiter ist von so studentischer Art, daß er kein Recht hat, recht zu haben. Er ist denn auch eine isolierte Figur, die im Gasthaus sitzt und Zeitung liest.

Je weiter sich der Streik entwickelt, desto stärker macht Lantier die Erfahrung (die Souvarine aus Büchern gewonnen hat), daß man ein politisches Ziel haben muß. Lohnforderungen genügen auf lange Sicht nicht. Das ganze System muß geändert werden.

Und wenn diese Erfahrungen gemeinsam mit anderen kämpferisch erworben werden und nicht nur theoretisch angelesen sind, riskiert man auch weniger leicht, in politischer Misanthropie zu enden. In einer Rede an seine Kollegen sagt Lantier:

»Ist es gerecht, daß an unserer Arbeit Leute verdienen, die nie einen Fuß in die Grube gesetzt haben? Sollte die Grube nicht vielmehr denen gehören, die sie seit über hundert Jahren mit Schweiß und Blut und Hunger bezahlt haben?«

Diese politische Erkenntnis bleibt jedoch eine Utopie, die zu verwirklichen keiner der Arbeiter die Mittel kennt. Und während die Wochen verstreichen, wird die Lage der Streikenden immer verzweifelter. Die Hilfskasse ist längst leer, der Kaufmann gibt keinen Kredit mehr, und die Grubenbesitzer haben ausländische Arbeiter unter Polizeischutz eingesetzt. Den Streikenden droht der Hungertod, doch Souvarine verschanzt sich im Wirtshaus immer noch hinter seiner Zeitung.

Souvarine: Der Sache ist mehr geholfen, wenn man nicht für sie stirbt, sondern genügend Mut hat, für sie zu töten. Bringt eure Unterdrükker doch um – das rüttelt das Volk mehr auf als alle eure Propaganda.

Lantier: Wir sind keine Banditen.

Souvarine: Feiglinge seid ihr. Der Bandit ist der einzige Beschützer, der einzige Retter des Volkes. Ihr werdet alle weggemäht und zerschmettert werden.

Als der Streik schließlich zerschlagen wird und alle wieder an die Arbeit gehen, wird Souvarine zu einer wahnsinnigen Konsequenz seiner rechthaberischen und dogmatischen Haltungen gezwungen. Er verkündet: »Ich will Gerechtigkeit, verstehst du. Wenn das unter Menschen nicht geht, müssen die Menschen überhaupt verschwinden, ausgerottet werden. Und das wird kommen.« Souvarine verübt Sabotage. In dem Augenblick, als die Arbeit wieder aufgenommen wird, ist eine Explosion zu hören, die Grube stürzt ein, und alle kommen um, während Fassbinder selbst über Lautsprecher den Schlußkommentar liest:

»Als die Katastrophe begann, verließ Souvarine den Voreux. Ruhig ging er weiterer Vernichtung entgegen – überall dahin, wo es genug Dynamit gibt, die Städte und die Menschen zu vernichten.«

In der Schlußszene hat Fassbinder einen Kommentar eingebaut, der nicht in Karsunkes Manuskript steht, sondern die Haltung des Manuskripts zu der Studentenrevolte zuspitzt und verdeutlicht. Während die Arbeiter in der Grube ihrer Vernichtung entgegengehen, begibt sich Souvarine in die Villa des Direktors, als gehöre er hierhin. Gutgelaunt trinkt er ein Glas Wein, das auf dem Tisch steht, und verläßt anschließend die Bühne. Mit dieser Szene zieht Fassbinder eine Parallele zwischen den Studentenrevolutionären und dem Direktor, eine Parallele, die auch schon bei Karsunke angelegt war: Als die streikenden, hungrigen Arbeiter in einer Protestdemonstration vor dem Haus des Direktors »Brot, Brot!« rufen, zuckt der Direktor großmütig mit den Schultern und kommentiert: »Als wäre Brot das einzige auf der Welt.« Die Haltung des Direktors entspricht hier genau derjenigen Souvarines, als er herablassend die Arbeiter kritisiert, sie wollten bloß reich sein. Wer seine Schäfchen ins Trockene gebracht hat, kann anderen immer versichern, daß es in Wirklichkeit um etwas anderes geht.

Auf die Frage, was Souvarine heute repräsentiert, weist Fassbinder direkt auf Baader-Meinhof hin. Souvarines Sabotage im Bergwerk entspricht Ulrike Meinhofs Bemerkung, es sei anständiger, ein Kaufhaus in Brand zu setzen, als dort zu arbeiten. Die Kritik an Souvarine hat aber auch eine weitere Perspektive. Seine Sätze könnten fast wörtlich aus revolutionär-romantischen Studentenmanifesten der 68er stammen. Souvarine repräsentiert einen politischen Rigorismus, eine Alles-oder-nichts-Haltung, die im Grunde ein Verrat an der Arbeiterklasse ist, mit der man angeblich solidarisch ist. Fassbinder-Karsunke haben nicht viel übrig für den dogmatischen Studentenmarxismus, deren Repräsentant zu einem Revolutionstouristen verkommen ist. Er kann immer weiterreisen und von einer sicheren, satten Position aus den Arbeitern erzählen, was sie tun sollen. Seine revolutionäre Unbeirrbarkeit enthält in Wahrheit dieselbe Verachtung für den einfachen Arbeiter, die der Bergwerksdirektor an den Tag legt.

In Fassbinders *Germinal* war das Bühnenbild völlig unnaturalistisch: den Zuschauern wurde ein durch Treppen unterteilter Querschnitt durch die Milieus präsentiert, in denen das Stück spielt. Ganz oben rechts das Wohnzimmer des Bergwerkdirektors Hennebeau, darunter das Wohnzimmer einer Bergarbeiterfamilie. Ganz oben links das Dorfwirtshaus, darunter ein Krämerladen und ganz unten der Umkleideraum der Bergarbeiter. In der Mitte befand sich der Eingang zur Grube.

In dieser streng stilisierten Dekoration inszenierte Fassbinder das Stück fast konsequent naturalistisch. Das Bühnenbild war selbst Verfremdung genug, und eine stilisiertere Spielweise hätte die Zuschauer abgestoßen. Und darin sah er keinen Zweck. Das Stück sollte ja nach der Aufführung am TAT auf Tournee durchs Ruhrgebiet gehen.

Der naturalistische Spielstil wird immer wieder kurz unterbrochen: wie in Fassbinders ersten antiteater-Stücken treten die Schauspieler aus ihren Rollen heraus und wenden sich in kurzen Monologen an das Publikum.

Die Monologe haben zunächst etwas Untertäniges. Der alte Arbeiter Maheu beispielsweise stellt sich folgendermaßen vor:

»Ich heiße Toussaint Maheu. Mein Urgroßvater Guillaume hat als fünfzehnjähriger die erste Steinkohle hier in der Gegend entdeckt – in einer aufgegebenen Grube beim Requillart, die noch heute ›Guillaume‹ heißt. Das war vor 106 Jahren, als die Gesellschaft von Montsou gegründet wurde. Seither haben wir hier alle gearbeitet. Mein Großvater Nicolas, genannt ›der Rote‹, ist mit vierzig Jahren bei einem Unglück unter Tage geblieben. Zwei von seinen Brüdern und drei seiner Söhne sind genauso draufgegangen. Mein Vater Vincent, genannt ›Bonnemort‹, war zweimal verschüttet, es hat ihm aber nur die Beine ruiniert. Jetzt sind wir dran: ich und mein Sohn Zacharie. In der Zeit, in der meine Familie hier arbeitet, hat sich der Wert der Grubenaktien verhundertfacht. 100 Jahre nach Gründung der Gesellschaft betrug die jährliche Dividende 500 Prozent. Unsere Löhne sind in den letzten Jahren um die Hälfte gesunken. Ich habe immer meine Arbeit gemacht. Von Aufruhr halte ich nichts. Aber irgendwo ist eine Grenze.«

Dieses resignierte, geduldige Sichabfinden mit den Dingen, bis eine gewisse, noch nicht definierte Grenze erreicht ist, findet sich auch bei Maheus sechzehnjähriger Tochter Catherine, deren Monolog von ihrem Verhältnis zu zwei Männern handelt:

»Ich heiße Catherine Maheu. Ich werde bald 16, und jetzt habe ich meine Eltern verlassen. Seit Etienne bei uns wohnt, hat Chaval mir Szenen gemacht. Da hätt auch was sein können. Ich hatte schon Lust, und Etienne auch, sowas merkt man. Aber ich will nicht von Hand zu Hand gehen wie die Mouquette. Erst den, dann den – das ist nichts für mich. Vielleicht wäre Etienne nicht so grob. Chaval schlägt mich, das stimmt, aber wenn er müde ist, hört er auch wieder auf. Außerdem bin ich Schläge gewöhnt von kleinauf, und acht von zehn Mädchen geht es nicht besser. Ich hab noch Glück gehabt. Aber jetzt sagt er, daß er mich heiraten wird, sobald ich ein Kind krieg. Das ist lieb von ihm.«

Während sich der Streik ausbreitet, verschärfen sich die Anforderungen, die in diesen Monologen auf ein Minimum heruntergeschraubt sind. Und parallel dazu werden die isolierten Monologe durch eine letzte gemeinsame Ansprache der Arbeiter an das Publikum ergänzt, in der von dem Blutbad der Gendarmen an den Streikenden berichtet wird. Und wenngleich das Drama mit einer Katastrophe endet, lebt die Utopie fort. Frau Maheus letzter Satz lautet:

»Eines Tages rächt sich alles, das sage ich dir. Die werden auch nicht glücklich damit, daß sie die Armen erschießen lassen. Eines Tages drehn die Soldaten die Gewehre um und schießen auf die Reichen!«

Fräulein Julie

Fassbinder hatte ursprünglich die Filmregisseurin Ula Stöckl gebeten, Strindbergs *Fräulein Julie* am Theater am Turm zu inszenieren, mit Margit Carstensen, Irm Hermann und Fassbinder in den drei Rollen. Ula Stöckl konnte mit den drei Schauspielern jedoch nicht zusammenarbeiten und verließ das Theater vor der Premiere. Darauf inszenierten die Schauspieler das Stück selbst mit Fassbinder als der treibenden Kraft.

Man kann sich unschwer vorstellen, was Fassbinder an *Fräulein Julie* interessieren mußte. Das tragisch gescheiterte Verhältnis zwischen der zur Oberschicht gehörenden Julie und ihrem Diener Jean wirkte in Fassbinders Version als Fortsetzung der Liebesbeziehung in den *Bitteren Tränen der Petra von Kant* und *Faustrecht der Freiheit*, und Strindbergs Schauspiel hat außerdem eine sadomasochistische und fast vampirhafte Konsequenz, die zurückgreift auf Fassbinders antiteater-Produktionen *Werwolf* und *Blut am Hals der Katze*.

Die kühnste Szene in Fassbinders *Fräulein Julie* war vor allem die Schlüsselszene, in der die vampirartige Degeneration der Liebe beschrieben wird, jene Szene, in der Fräulein Julie sich gegenüber dem Diener traditionell sehr abweisend und aggressiv zeigt:

»Ich will dein Blut sehen, dein Hirn auf einem Hauklotz – ich will dein ganzes Geschlecht in einem See wie diesem herumschwimmen sehen ... ich glaube, ich könnte aus deinem Schädel trinken, ich würde meine Füße in deinem Brustkasten baden, ich würde dein Herz braten und verzehren!«

Fassbinder/Carstensen spielten hier eine zärtliche und intime Liebesszene, in der sie einander umarmten und die gewaltigen Aggressionen

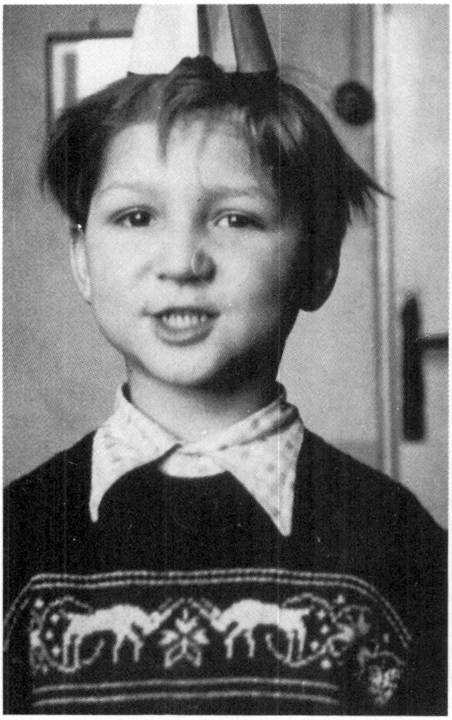

Rainer als etwa Fünfjähriger, schon damals trotzig und triumphierend

Rainer Werner Fassbinder in der Pubertät

R. W. Fassbinder in seinem Kurzfilm »Das kleine Chaos« (1967), hier mit Marite Greiselis

Szene aus Fassbinders erster Regiearbeit für das Action-Theater, Georg Büchners »Leonce und Lena« (1967) – mit Kirstin Petersen als Lena, Peer Raben als Leonce, Ursula Straetz als Gouvernante und Fassbinder als Valerio (Foto: Wilfried Beege)

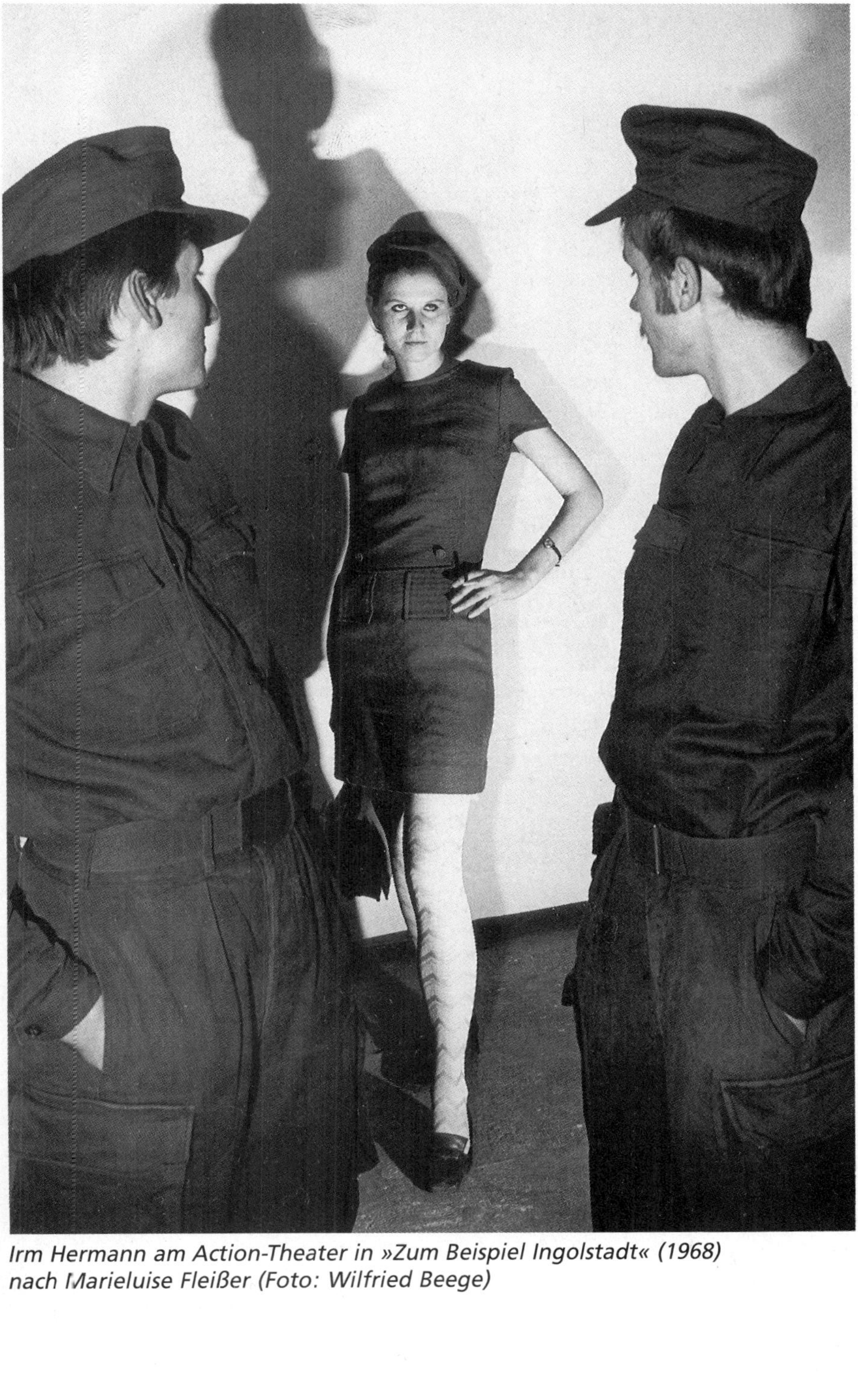

Irm Hermann am Action-Theater in »Zum Beispiel Ingolstadt« (1968) nach Marieluise Fleißer (Foto: Wilfried Beege)

»Die Bettleroper« (1968) am Action-Theater – Fassbinder als Mecki, hier mit Irm Hermann und Ursula Straetz

R. W. Fassbinder mit Marieluise Fleißer, einem seiner frühesten Vorbilder (1969)

»Liebe ist kälter als der Tod« (1969) – Fassbinder mit Ulli Lommel in den Hauptrollen

»Katzelmacher« (1969) – R. W. Fassbinder als griechischer Gastarbeiter mit Peter Moland und Irm Hermann

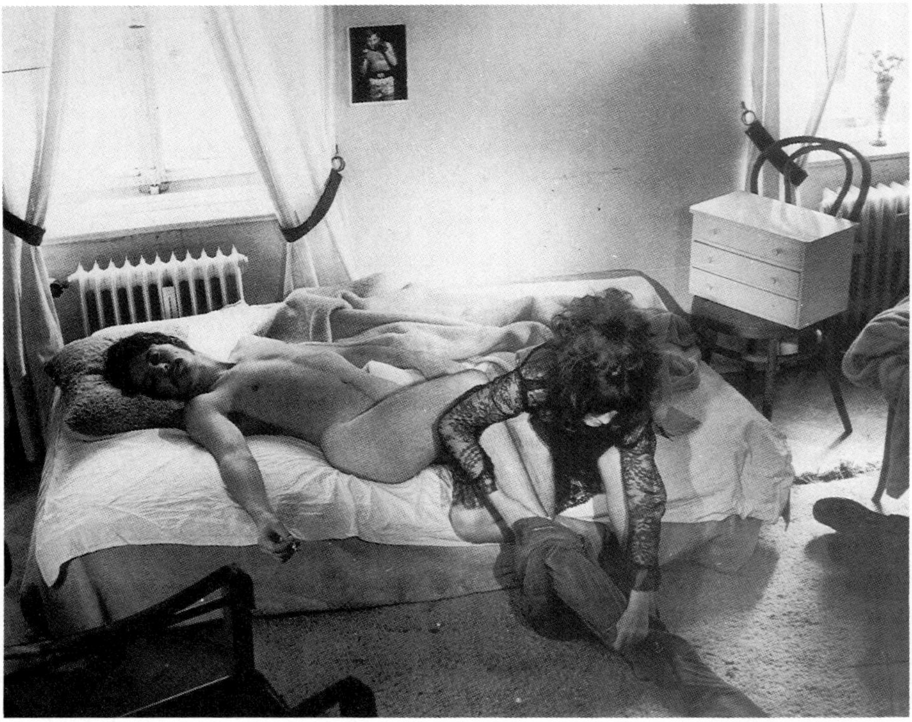

»Götter der Pest« (1969) – Harry Baer und Ingrid Caven in der schlaffsten Entkleidungsszene der Filmgeschichte

»Warum läuft Herr R. Amok?« (1969) – Kurt Raab als kleiner Angestellter, der Frau und Kinder schlägt und sich auf der Toilette erhängt

Fassbinder mit Hanna Schygulla in der Titelrolle in Volker Schlöndorffs Fernsehfilm »Baal« (1969) nach Brecht

Fassbinders erste Videoproduktion, »Das Kaffeehaus« (1970) – Günther Kaufmann, Peer Raben, Hanna Schygulla, Kurt Raab, Margit Carstensen und Hans Hirschmüller

»Rio das Mortes« (1970) – Michael König

»Whity« (1970) – Günther Kaufmann in der Titelrolle, hier mit Ulli Lommel

»Die Niklashauser Fart« (1970) – R. W. Fassbinder und Hanna Schygulla als der schwarze Mönch und die heilige Jungfrau bei der Vorbereitung der Revolution

»Der amerikanische Soldat« (1970) – Karl Scheydt als Berufskiller Ricky und R. W. Fassbinder als dessen Freund Franz Walsch

»Warnung vor einer heiligen Nutte« (1970) – Lou Castel als Filmregisseur studiert mit Eddie Constantine und Hanna Schygulla eine Szene ein

»Pioniere in Ingolstadt« (1970) – Günther Kaufmann als Pionier und Hanna Schygulla als unschuldiges Provinzmädchen

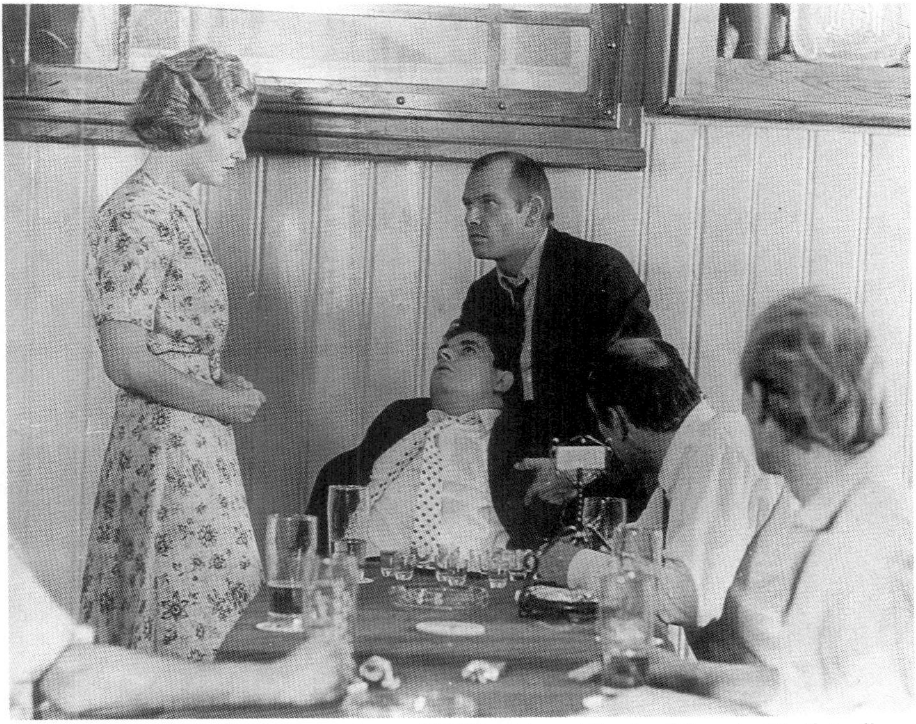

»Der Händler der vier Jahreszeiten« (1971) – Hans Hirschmüller als Obsthändler betrinkt sich vor den Augen seiner Frau (Irm Hermann) und seines besten Freundes (Klaus Löwitsch)

»Die bitteren Tränen der Petra von Kant« (1972) – Margit Carstensen als Petra und Hanna Schygulla als deren Geliebte Karin

»Wildwechsel« (1972) – Eva Mattes und Harry Baer als junges Liebespaar

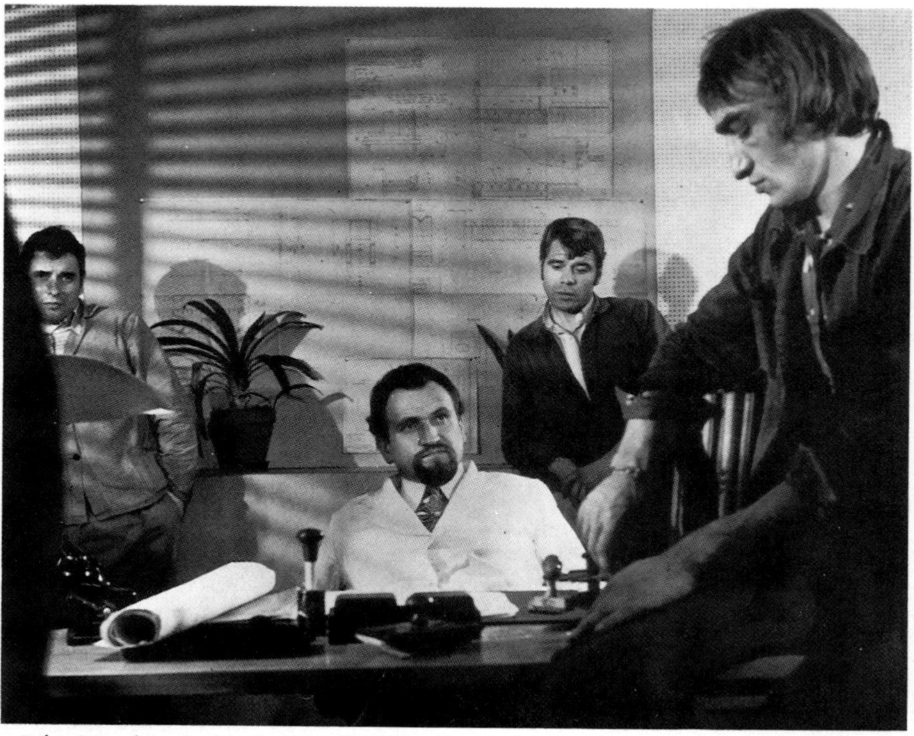

»Acht Stunden sind kein Tag« (1972) – Fernsehserie in fünf Teilen, hier mit Hans Hirschmüller, Rainer Haue, Karl Scheydt und Gottfried John

Bei einem kurzen Gastaufenthalt am Bochumer Theater inszenierte Fassbinder u. a. Franz Molnars »Liliom« – mit Hanna Schygulla, Irm Hermann und Peter Kern

»Welt am Draht« (1973), ein Science-Fiction-Film in zwei Teilen, mit Klaus Löwitsch in der Hauptrolle, hier mit seiner Geliebten, Mascha Rabben

»Bremer Freiheit« (1973) – Margit Carstensen als Geesche mit ihrem syphilitischen Mann, Ulli Lommel

»Nora Helmer« (1974), nach Ibsens Schauspiel »Ein Puppenheim« – hier mit Margit Carstensen in der Titelrolle und Irm Hermann als Dienstmädchen

Fassbinder mit Margit Carstensen in einer Pause während der Dreharbeiten zu »Martha« (1973)

»Martha« (1973) – Karlheinz Böhm und Margit Carstensen

»Angst essen Seele auf« (1973) – Brigitte Mira als die alte Putzfrau und El Hedi Ben Salem als der marrokanische Gastarbeiter

Hanna Schygulla und Fassbinders Mutter Lilo Pempeit als Mutter und Tochter in »Fontane Effi Briest« (1974)

Mit Brigitte Mira während der Bundesfilmpreisverleihung für »Angst essen Seele auf« (1974) (Foto: Erika Rabau)

»Faustrecht der Freiheit« (1974) – R. W. Fassbinder mit Christiane Maybach

Am Frankfurter Schauspielhaus inszenierte Fassbinder Peter Handkes »Die Unvernünftigen sterben aus« (1974), u. a. mit Irm Hermann

»Fräulein Julie«, am Frankfurter Theater am Turm (1974), mit Margit Carstensen in der Titelrolle und Fassbinder als Jean (Foto: Manjit Jari)

Ursula Straetz in »Germinal« nach Emile Zola, am Frankfurter Theater am Turm (1974) (Foto: Manjit Jari)

»Wie ein Vogel auf dem Draht« (1974) – TV-Musical mit Brigitte Mira

»Angst vor der Angst« (1975) – Fernsehfilm mit Margit Carstensen als frustrierte Hausfrau, die bei ihrem Apotheker (Adrian Hoven) medizinische und erotische Hilfe sucht

»Mutter Küsters' Himmelfahrt« (1975) – Brigitte Mira in der Titelrolle, hier mit ihrem Sohn Ernst (Armin Meier)

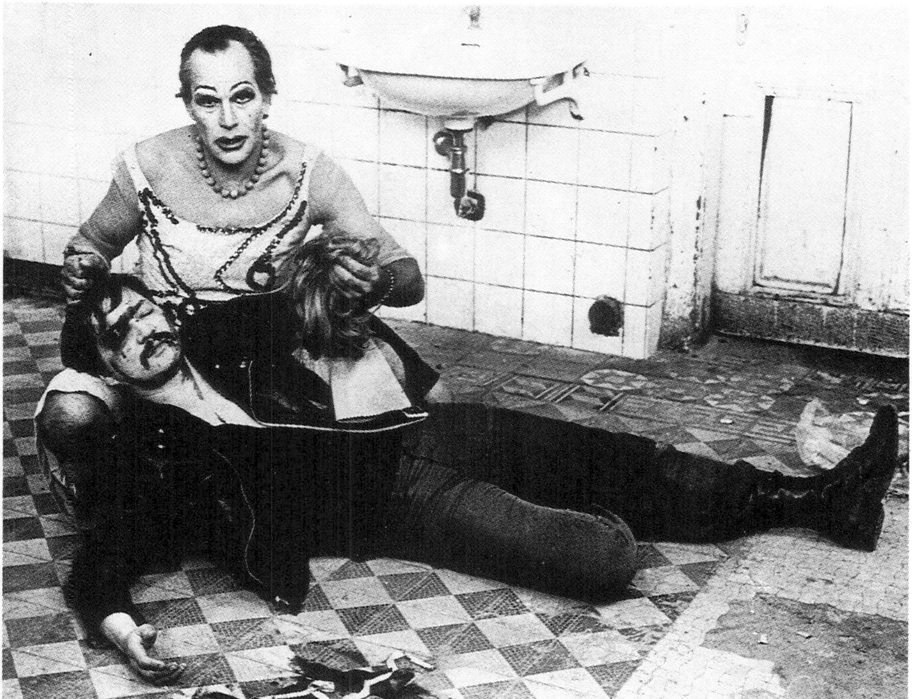

»Schatten der Engel« (Regie: Daniel Schmid, nach Fassbinders Stück »Der Müll, die Stadt und der Tod) mit Fassbinder in der Hauptrolle, hier mit Adrian Hoven als Nazi in Frauenkleidern

Schlußszene aus »Ich will doch nur, daß ihr mich liebt« (1976), mit Vitus Zeplichal und Alexander Allerson

»Satansbraten« (1976) – Kurt Raab als Dichter, Volker Spengler als sein debiler Bruder und Y Sa Lo als Prostituierte

»Chinesisches Roulette« (1976) – Anna Karina und Margit Carstensen

»Bolwieser« (1977) – Kurt Raab und Elisabeth Trissenaar

»Frauen in New York« (1977) – Irm Hermann und Angela Schmid

»Despair – eine Reise ins Licht« (1977) – Dirk Bogarde, Andrea Ferreol und Volker Spengler

R. W. Fassbinder mit seiner letzten Lebensgefährtin, der Cutterin Juliane Lorenz (Foto: Maximilian Johannsmann)

Fassbinder mit Dirk Bogarde und Andrea Ferreol bei der Uraufführung »Despair – eine Reise ins Licht« beim Festival von Cannes 1978 (Foto: Gregers Nielsen)

»Deutschland im Herbst« (1978) – R. W. Fassbinder mit seiner Mutter, Lilo Pempeit, in der »Fassbinder-Episode«

»Die Ehe der Maria Braun« (1978) – Hanna Schygulla und Elisabeth Trissenaar

»In einem Jahr mit 13 Monden« (1978) – Volker Spengler und Karl Scheydt

»Die dritte Generation« (1978) – Margit Carstensen und Günther Kaufmann

»Berlin Alexanderplatz« (1980), ein 14-teiliger Fernsehfilm – Günter Lamprecht und Barbara Sukowa

»Lili Marleen« (1980) – Hanna Schygulla mit Karl-Heinz von Hassel

»Lola« (1981) – Barbara Sukowa und Armin Mueller-Stahl

»Theater in Trance« (1981)

»Die Sehnsucht der Veronika Voss« (1982) – Rosel Zech und Hilmar Thate

»Kamikaze« (1982, Regie: Wolf Gremm) – Fassbinder in seiner letzten Schauspielerrolle als Polizeileutnant Jansen

Drei Monate vor seinem Tod wurde R. W. Fassbinder mit dem Goldenen Bären für »Die Sehnsucht der Veronika Voss« (1982) ausgezeichnet – hier mit Rosel Zech bei der Preisverleihung

Fassbinder und Jeanne Moreau (Foto: Erika Rabau)

»Querelle« (1982) – Jeanne Moreau und Brad Davis

Die Einsamkeit des Filmregisseurs – Fassbinder während der Aufnahmen zu »Querelle« (1982)

sich in Liebe verwandelten. Unter den Zuschauern kam meist eine gewisse Unruhe bei dieser Szene auf, die aber trotzdem eine klare Funktion hat: Abermals die Variante eines großen Fassbinder-Themas: daß nämlich in einer Klassengesellschaft die Liebe kälter ist als der Tod und in Gewalttaten oder Todesphantasien zum Ausdruck kommt.

Die unerwartete Intimität in dieser Szene war übrigens typisch für die ganze Vorstellung, der nichts Theatralisches anhaftete. Die weiße Reinheit der Bühnenbilder wurde nur von einer Treppe mitten im Raum und von einem großen Blumenstrauß auf der linken Seite gebrochen. Die Treppe diente als Metapher für die soziale Gliederung des Stücks und ähnlich wie in *Martha* als sexuelles Symbol. Fassbinder verwendete die Treppe auch, um den Beischlaf zwischen Jean und Julie zu markieren, der normalerweise außerhalb der Bühne stattfindet. Er ließ Julie die Treppe hinauflaufen, zurückkommen und in der Mitte mit Jean zusammentreffen, wo sie ihn umarmt und vor ihm auf die Knie fällt. Und in einer pathetisch stilisierten Geste küßt sie sein Geschlecht, während er es unbeweglich geschehen läßt.

In der Rolle des Jean spielte Fassbinder schöner als vielleicht in irgendeinem Film. Sein Spiel war klar und stilisiert, mit deutlich markierten Gesten, aber sein Kunststück war, daß er dabei nicht eine intellektuelle Pose einnahm, sondern in der Rolle blieb und sie emotional ausfüllte. Er spielte voller Wärme und zugleich analytisch. Sein persönlicher Schauspielstil zeichnete sich hier durch dieselbe Doppeltheit aus, die seine besten Regiearbeiten prägt: Kopf und Herz werden gleichzeitig angesprochen, er sucht gleichzeitig Abstand und Nähe, Verfremdung und Identifikation, intellektuelle Klarheit und emotionale Tiefe.

12. Identitätsverlust

Rainer Werner Fassbinder geriet nach *Mutter Küsters' Fahrt zum Himmel* in eine Krise, die noch viel tiefer ging als seine erste große schöpferische Krise nach den Avantgardefilmen, die ihm trotz unbestrittener künstlerischer Qualitäten nur wenig Publikumskontakt eingebracht hatten. Seinerzeit drehte er den selbstkritischen Film *Warnung vor einer heiligen Nutte*, und nach dieser veritablen Teufelsaustreibung war er endlich bereit, Filme für ein größeres Publikum zu machen.

Die neuerliche Krise hatte mit der Nullpunkt-Position zu tun, in die Fassbinder mit *Mutter Küsters' Fahrt zum Himmel* gelangt war, aber auch mit den infamen Antisemitismus-Vorwürfen gegen sein Theaterstück *Der Müll, die Stadt und der Tod* (1975).

Fassbinder hat sich immer wieder mit den politischen Problemen auseinandergesetzt, die nach 1968 in der westlichen Welt entstanden. Er beschrieb die Entfremdung und Ausbeutung auf dem Arbeitsmarkt und machte Filme über die Notwendigkeit der Frauenemanzipation, kritisierte aber deren Pharisäertum, er schilderte die Unterdrückungsmechanismen in der bürgerlichen Familie und prangerte die Vorurteile gegen Menschen an, die »anders« sind.

Er hat aber auch immer wieder beschrieben, wie das, was sich als politische Bewußtwerdung und Mobilisierung ausgab, oft in erschrekkend hohem Maße ein Modephänomen war und wie alle anderen Moden von der Gesellschaft assimiliert wurde.

Nachdem er das existierende Elend sowie die Notwendigkeit des Protestes beschrieben hatte, machte er mit *Mutter Küsters' Fahrt zum Himmel* seinen bisher radikalsten Film über die Unfähigkeit der Linken, mit der Frustration über gesellschaftliche Ungerechtigkeiten produktiv umzugehen. Es ist ein Film über die politischen Irrwege des Aufruhrs, aber obwohl der Film selbst alles andere als ein Irrweg ist, konnte man ihn auch nicht gerade als wegweisend begreifen.

Der Müll, die Stadt und der Tod

Während Fassbinder den herben, stringenten und politisch scharfsichtigen Film *Mutter Küsters' Fahrt zum Himmel* machte, schrieb er sein brisantestes und originellstes Theaterstück *Der Müll, die Stadt und der Tod*, einen brodelnden Hexenkessel von Fragmenten, überraschenden Einfällen und gequälten Monologen. Seine Dialogkunst ist hier bis ins Extrem getrieben. Marieluise Fleißers bürgerlicher Common sense und Antonin Artauds surrealistischer Wahnsinn vereinigen sich in einem Sprachteppich von eigentümlich apokalyptischer Schönheit. In holprig-poetischen Wortstellungen werden Sentenzen von leuchtend chaotischer Klarheit gemeißelt, die das siedende Chaos in ein reinigendes Säurebad verwandeln. Das Stück wurde von der zeitgenössischen Kritik verteufelt und wie eine terroristische Zeitzünderbombe behandelt, deren Explosion man verzweifelt zu verhindern sucht. Von Fassbinders Hand ist das Stück etwas ganz anderes: eine Untergangs- und Wiedergeburtsvision mit Gegensätzen, die einander bedingen und sich so wenig voneinander trennen lassen wie Tag und Nacht, Leben und Tod, Liebe und Haß.

Eine eigentliche Handlung hat das Stück nicht. In einer offenen Collageform wird von einer Handvoll geplagter Existenzen in Frankfurt berichtet. Im Zentrum steht der Zuhälter Franz B., abermals eine von Alfred Döblin inspirierte Figur. Franz' Freundin ist die Hure Roma Bahn, benannt nach der berühmten Frankfurter Prostituierten Rosemarie, die ermordet wurde und später Stoff und Titel für Rolf Thieles Kitschfilm lieferte. Eine weitere Figur ist ein Bauspekulant, der von den anderen Der reiche Jude genannt wird. Er hat zwei exzentrische Handlanger, Den Zwergen und Den kleinen Prinzen. Und Romas Vater, Herr Müller, ist ein Nazi und Kunde bei seiner Tochter, während seine Frau krank im Rollstuhl sitzt.

Deutlicher als in allen anderen Filmen Fassbinders sind die Personen des Stücks »Rollen« und weniger »Individuen«. Sie werden auf ihre eigenen Klischees reduziert, wie sie von der sozialen Wirklichkeit geformt und den Blicken der Umwelt gespiegelt werden: der Zuhälter wird durch seine Nutte definiert und die Nutte durch ihren Zuhälter, der Nazi durch seinen Juden und der Jude durch seinen Nazi.

Früher hätte Fassbinder wohl gezeigt, daß die Nutte von dem Zuhälter »unterdrückt« wird wie der Jude von dem Nazi. Aber in diesem wilden Identitätsspiel liegt keine Rolle fest. Wer ist hier der Unterdrückte: der einsam masturbierende Zuhälter, dessen sexuelle Befriedigung völlig davon abhängt, ob die Hure von ein paar saftigen Erlebnissen berichten kann, wenn sie nach Hause kommt und abrechnet, oder die tuberkulös hustende Hure, die von ihrem Zuhälter an einem naßkalten Wintertag zur Arbeit geschickt wird? Und in der Beziehung zwischen dem Nazi und dem Juden sind die Rollen beinahe vertauscht: der Nazi hat zwar die Familie des Juden in Auschwitz ausgerottet, er wünscht sich jedenfalls, daß es der Fall wäre; aber heute ist der Jude einer der mächtigsten Bauspekulanten Frankfurts und der Nazi ein jämmerlicher identitätsloser Transvestit, der in Frauenkleidern billige Nachtklubs besucht und von den Almosen des Juden lebt.

Der Nazi in Frauenkleidern ist ein Bild der Identitätslosigkeit, unter der alle Hauptpersonen des Stücks leiden. Keiner ist das, was er scheint. Was Franz B. mit dem bekannten Rimbaud-Zitat[1], »Je est un autre« ausdrückt (bei Fassbinder: »Ich ist ein anderer«), trifft für alle zu. Wie die Verbform in diesem Satz zeigt, fallen Handlung und Subjekt hoffnungslos auseinander.

Diese Trennung zwischen dem, was man ist, und dem, was man sagt oder tut, ist natürlich ein altbekanntes Fassbinder-Thema, aber nirgends wird es wohl so radikal behandelt wie hier. Als eine Person des Stücks ihre antisemitischen Phantasien beschreiben soll, benutzt sie die etwas erstaunte Wendung: »Es denkt in mir ...« Ähnlich wie in der altmodischen Redewendung »mir träumt«, die ausdrückt, daß etwas in uns die Träume träumt, unser bewußtes Ich aber dafür nicht verantwortlich sein kann, so denkt irgend etwas in ihm, merkwürdige Vorstellungen beherrschen ihn und bahnen sich hin und wieder ihren Weg in seinen Traum oder in einen dunklen und nur mühsam formulierten Gedanken.

Entsprechend dem fast programmatischen Satz »Es denkt in mir ...« protestiert der Jude in einem seiner ersten Sätze dagegen, überhaupt Der reiche Jude genannt zu werden, denn man ist nicht, was man scheint.

Der Kleine Prinz: Wenn du nicht aufhörst zu lachen, schmeißt er dich raus, Gnom.

Der Zwerg: Es kann der reiche Jud den Christen, wenn er lacht, zur Hölle jagen.

Der reiche Jude: Ich bin kein Jud wie Juden Juden sind.

Damit markiert der »Jude«, daß seine Identität nicht die ist, für die man sie hält, und daß auch er, so wie er erscheint, das Bild der anderen vom »reichen Juden« verkörpert. Der Abstand zwischen den Vorurteilen der anderen über einen selbst und der Person, die man tatsächlich ist, spiegelt sich im Falle des Juden in einem interessanten Detail: alle, auch die engsten Mitarbeiter, vermuten bei ihm eine phänomenale sexuelle Potenz. Er hat die gleiche Funktion, die ethnische Minderheiten früher bei Fassbinder in *Katzelmacher* und *Angst essen Seele auf* hatten, nämlich Projektionsfigur für die erotischen Frustrationen der anderen. Man kann in seiner Phantasie den Minderheiten sowohl bedrohliche als auch beneidenswerte sexuelle Fähigkeiten zuschreiben, was außerdem den Vorteil bietet, daß man auch die Aggressionen, die den eigenen sexuellen Frustrationen entspringen, gegen die Minderheiten richten kann.

Nur die Hure Roma weiß, daß die Potenz des Juden keineswegs diesem Ruf entspricht. Er ist nämlich Kunde bei Roma, aber mit einem selbst für ihren Kundenkreis ungewöhnlichen Bedürfnis: er kauft ihre Zeit nicht aus sexuellen Motiven, sondern weil sie gut zuhören kann und er das Bedürfnis hat zu sprechen. Fassbinder stellt hier den psychoanalytischen Prozeß auf den Kopf: normalerweise geht man zum Psychoanalytiker, um zu sprechen, obwohl dahinter oft sexuelle Not steckt; und normalerweise geht man zu einer Hure, um seine sexuellen Bedürfnisse zu befriedigen, auch wenn hinter dem anonymen Orgasmus oft ein verzweifelter Wunsch nach persönlichem Kontakt liegt.

Bei einer geschlossenen Presseaufführung 1985 in Frankfurt – das einzige Mal, daß das Stück überhaupt in Deutschland aufgeführt wurde – hatte der Regisseur Dietrich Hilsdorf die glänzende Idee, alle Personen in einer bestimmten Szene mit Masken auftreten zu lassen, und zwar einer Maske, die ihr eigenes Gesicht reproduziert. Auf diese Weise wurde angedeutet, daß sie ihre eigene Person als Rolle spielen, also ihr »wahres« Gesicht eine Rolle ist.

Gleichzeitig versuchen die Darsteller, diese Rolle mit mehr oder weniger verzweifelten Mitteln zu sprengen und das zu finden, was sie als ihr eigentliches oder »anderes« Ich erleben. Aber mit ihren gesellschaftlich produzierten Rollen sprengen sie auch sich selbst, weil sie so sehr mit ihrer Rolle verwachsen sind, daß eine Trennung dieselbe Konsequenz hätte, als wolle man siamesische Zwillinge mit einem gemeinsamen Herz und gemeinsamen Geschlechtsteilen voneinander trennen.

Der erste, der aufbricht, ist Franz, und Roma weiß: »Man soll keine Fragen stellen, die Antworten könnten schrecklich sein.«

Aber die Antwort auf die Frage, warum Franz sie verläßt, ist, daß er seine sexuellen Bedürfnisse befriedigen will, zu denen sich zu bekennen er bisher nicht gewagt hatte. Er gibt seinem Hang zum Sadomasochismus nach und wird offenbar während einer Orgie kastriert. Das Ganze hat derart suizidale Untertöne, daß das, was eine neue Zukunft sein sollte, eher sein Ende wird.

Franz B.: Ich liebe euch! Rammt mir die Faust in den Arsch, reißt mich auf, laßt mich die Engel singen hören.

Jim: Und jetzt ins Wasser mit der Sau!

Franz B.: Tut gut an mir. Laßt mich verrecken!

Achfeld: Reißt ihm die Eier aus dem Sack.

Franz B.: Verbrennt mich, stoßt mir Nägel durch die Warzen auf der Brust, ich möchte bluten!

Müller II: Du wirst nie wieder, was du vorher warst.

Franz B.: Ich ist ein anderer. Die Fäuste, Freunde! Faßt mich zärtlich an. So ist es gut. Die Fäuste in den Arsch, daß ich verrecke.

Hellfritz, Tenor: Paßt auf, er darf nicht sterben.

Franz B.: Danke! Ich danke euch. Erniedrigt mich noch mehr. Laßt mich die Demut spüren.

Franz überlebt die selbstgewählte Mißhandlung, obschon er sich gewiß den Tod gewünscht hat in dieser erotisierten Opferhandlung, die in ihren äußerst profanen sadomasochistischen Formen doch ein Echo der erhabensten Opferszene unserer christlichen Kultur ist, nämlich von Christi Tod am Kreuz. Auch das selbstgewählte Leiden und der Tod Christi haben ja für viele Gläubige unbewußte erotische Untertöne, auf die Fassbinder anspielt, wenn er Franz' Leidensgeschichte in eine Pietà-Szene münden läßt.

Das klassische Pietà-Modell stellt bekanntlich die trauernde Maria mit dem toten Jesus im Schoß dar. In Fassbinders Version liegt Franz B. blutend und bewußtlos im Schoß des Nazis Müller, der in Frauenkleidern im extravaganteren Teil des Frankfurter Nachtlebens Erlösung gesucht hat.

Auch Roma bricht auf: Ihre Beziehung zu dem Juden hat sie gelehrt, den Mann nicht mehr zu verachten, und damit hat sie die Spielregeln gebrochen und wird von den anderen Huren ausgestoßen.

Frl. Emma von Waldenstein: Das ist es. Sie verachtet den Mann nicht mehr. Haben Sie vergessen, es ist eine der Spielregeln, den Mann zu verachten, der für die Liebe bezahlt?

Roma B.: Es ist keine Liebe, wo Verachtung ist.

Frl. Emma von Waldenstein: Das ist eben falsch. Nur wo Verachtung ist, hat die Liebe ein Recht.

Roma B.: Dann wär die Welt ja voller Liebe, warum ist sie es nicht?

Aschbach-Lilly: Weil immer wieder einer das Gleichgewicht stört, mehr an sich denkt, statt an das Ganze.

Roma B.: Was ist denn das Ganze? Die Kraft, die in mir ist, die ist mein Ganzes. Das Ganze ist trügerisch.

Frl. Emma von Waldenstein: Wir verlieren uns in Diskussionen, wo wir schon längst eine Meinung haben.

Roma hat eine Einsicht gewonnen, die ihr nicht mehr erlaubt, in ihrer Rolle zu leben, ihr aber auch nicht zeigt, wie sie ohne diese Rolle leben kann. Sie fällt deshalb in der Kirche auf die Knie und klagt ihre Not:

Roma B.: Und das alles hast du so gewollt, Gott. Den Menschen Erkenntnisse geben, die er nicht in der Lage ist zu erfüllen. Wir verbrennen, und du wärmst deine gichtigen Finger an uns. Was laß ich alles über mich ergehen, die Schmerzen, die unstillbaren Sehnsüchte vieler? Was bin ich. Deine Stellvertreterin auf Erden? Ein Ding, das die Stadt lebenswert macht? Aber ein Ding eben, kein Mensch. Etwas, auf das man ablädt, fruchtlosen Samen und Schmerzen und Leid ... Ich will dieses Leben nicht mehr leben, Gott. Ich wills verschenken, mich zum Opfer machen, der Stadt zuliebe, die Opfer braucht, um sich lebendig zu erscheinen, und nicht zuletzt, um mich zu retten. Zu retten vor dem Tod im Leben, der mich denen gleichmacht, die vergessen haben, was das ist, ihr Leben.«

Wie Franz in seiner sadomasochistischen Orgie mit christusähnlichen Elementen versehen wird, so ist auch Roma vielleicht die Stellvertreterin Gottes auf Erden. Und wie Franz wählt sie den Opfertod, weil sie zuviel liebt: »Ich hab keine Meinung, ich liebe.«

In Fassbinders Spiel mit dem Christusmythos werden die Elemente konstant ausgetauscht: Jesus sagte bekanntlich zu einigen seiner Jünger, sie würden ihn verraten und damit an seinem Tod schuldig werden, was sie empört abstritten. Roma ihrerseits bittet einige ihrer auserwählten Kunden, ihr dabei zu helfen, sich vom Leben zu befreien, was diese erschrocken ablehnen – mit Ausnahme des reichen Juden. Aber wenn die reichen Juden, also die Pharisäer und Schriftgelehrten, einst durch Feigheit und Haß mitschuldig waren am Tode Christi, so verhält es sich mit Fassbinders »reichem Juden« umgekehrt: er ermordet Roma, weil er ihr so am besten seine Liebe beweisen kann. Für Roma wird der Tod zur Erlösung, und der Jude schenkt ihn ihr als Liebesgabe.

Der Jude ist alles andere als ein antisemitisches Schreckbild. Er wird in diesem freudlosen Universum, in dem der Tod der einzige Trost ist, zur positivsten Figur des Stücks: nur er hat die Kraft, seine Liebe in Handlung umzusetzen. Aber die Liebe kann nicht das Universum sprengen, dessen Bedingungen sie unterliegt. Die Liebe ist wie immer bei Fassbinder kälter als der Tod – oder wie Roma dem Juden sagt, als er eingewilligt hat, ihr den Tod zu schenken:

»Danke. Ich bin müde und gehe jetzt zur Ruhe. Wir beide wissen, das ist wenig, aber es ist das einzige. Es ist die praktische Sehnsucht. Aber wem wird schon die Sehnsucht gestillt? Lassen Sie mich nicht länger warten.«

Sonderbarerweise ist weder der Mord des Reichen Juden an Roma noch die Pietà-Pose von Franz B. im Schoß des Nazi-Transvestiten überhaupt blasphemisch oder ein Hohn auf das christliche Weltbild, auch wenn sich diese Szenen weit davon entfernt haben. Fassbinder vermied jede billige blasphemische Polemik und schuf statt dessen eine besonders makabre, blutgetränkte surrealistische Poesie, die an Buñuels paraphrasierte Abendmahlsszene in *Viridiana* erinnert.

Auch der Reiche Jude findet keine Freude an seinem bisherigen Dasein. Auch er muß, auf dem Gipfel des Reichtums, erkennen, daß es etwas anderes geben muß als die Werte, die er beherrscht und denen er zugleich unterworfen ist. Er verabschiedet sich aus dem Geschäftsleben und verliert sich im Nachtleben der Stadt, wo er dem Nazi Müller begegnet, dessen Transvestismus ein weiteres Bild dafür ist, daß auch der Nazi nicht mit den Werten leben kann, für die er eigentlich eintritt. Auch er muß seine ritualisierten Männlichkeitsideale verraten und sich von einem fundamentalen Mangel an geschlechtlicher Identität verschlingen lassen. Was dabei herauskommt, entspricht wohl kaum den »gesunden« Vorstellungen des Nationalsozialismus von dem, was sich auf sexuellem Gebiet »gehört«. Die Transvestitenkleider verleihen seinen Parolen einen etwas ungewöhnlichen, wenn auch nicht gerade beabsichtigten Effekt, wenn er ausruft:

»Wir sterben nicht aus, und jeder Schmerz, der uns zugefügt wird, macht uns freier und stark. Der Faschismus wird siegen.«

Als der Jude Romas Bitte erfüllt und sie von ihrem Leben befreit, konstatiert der Kleine Prinz, daß sein Herr sich endgültig disqualifiziert hat – nicht weil er gemordet, sondern weil er geliebt hat. Der Prinz sieht klar, daß der Mord eine Liebeshandlung ist, und geht mit der Begründung zur Polizei:

»Wer liebt, der hat seine Rechte verspielt.«

Da der Reiche Jude aber mit dem Polizeipräsidenten befreundet ist, sagt dieser phlegmatisch, als der Kleine Prinz Anzeige wegen Mordes erstatten will:

»Es ist so traurig. Warum antwortet einer, den keiner gefragt hat? Aber des Menschen Wille ist sein Himmelreich.«

Und der Kleine Prinz wird aus dem Fenster des Polizeipräsidenten im vierten Stock geworfen. Aber statt in den Himmel fällt er um ein Haar dem Reichen Juden auf den Kopf, der gerade unterwegs zu seinem Freund ist, um sich sein Alibi bestätigen zu lassen:

»Wir waren im Westen, zu der Zeit. Zu jeder Zeit, die nötig ist, waren wir im Westen bei Geschäften.«

Und anschließend wird Franz B. dem Polizeipräsidenten in den Rachen geworfen und des Mordes an Roma angeklagt. Das System hat seinen Sündenbock gefunden, und Franz B.s Sehnsucht, Opferlamm zu sein, hat sich im Rahmen des Systems erfüllt.

Die Antisemitismus-Kampagne

Fassbinder schrieb *Der Müll, die Stadt und der Tod*, als er künstlerischer Leiter des Theaters am Turm in Frankfurt war. 1975 verließ er das Theater aus Protest dagegen, daß die Verwaltung die Aufführung des Stückes verhinderte.

In den folgenden Jahren versuchte das Frankfurter Schauspiel dreimal vergeblich, das Stück ins Programm zu nehmen, und nach Fassbinders Tod schloß die Alte Oper in Frankfurt einen Vertrag mit dem Fassbinder-Schauspieler Volker Spengler, das Stück gemeinsam mit Heiner Müller als beratenden Dramaturgen zu inszenieren. Diese Pläne führten dazu, daß der mutige Theaterleiter Ulrich Schwab vom Frankfurter Magistrat entlassen wurde, der der umfassenden Hetze gegen das Stück nachgegeben hatte. Im Jahr darauf beschloß der neue Leiter des Frankfurter Schauspiels, Günther Rühle, das Stück aufzuführen, obwohl der Magistrat entschieden abriet. Es fand eine geschlossene Presseaufführung statt, aber bei der öffentlichen Premiere besetzten Mitglieder der Jüdischen Gemeinde die Bühne und hinderten die Schauspieler an ihrem Auftritt. Heute, 16 Jahre nach seiner Entstehung, ist das Stück in Deutschland noch immer nicht öffentlich aufgeführt worden.

Die Kampagne gegen *Der Müll, die Stadt und der Tod* wurde am 19. März 1976 von der *Frankfurter Allgemeinen Zeitung* mit einem Artikel von Joachim Fest eingeleitet,[2] der das Fassbinder-Stück in einen linksfaschistischen und antisemitischen Zusammenhang stellte und dem Suhrkamp-Verlag vorwarf, das Stück in Buchform herausgegeben zu haben: der Verlag wolle doch nicht etwa behaupten, den Inhalt des Stücks nicht zu kennen.

»Es wäre eine allzu deutsche Antwort«, schloß Joachim Fest mit einem geschmacklosen Hinweis darauf, was viele Deutsche sagten, als bei Kriegsende die Konzentrationslager geöffnet wurden.

Der Verlag reagierte prompt und zog das Buch zurück, um gewisse Änderungen vorzunehmen. Fassbinder war aber nur zu einer einzigen Änderung bereit: Der Bauspekulant sollte in der neuen Fassung nur von den anderen Personen des Stücks Der Reiche Jude genannt werden – nicht aber in den Regieanweisungen, da diese als Fassbinders persönliche Kommentare erschienen. So würde das Stück auf der Bühne erscheinen, und so wollte Fassbinder auch, daß es im Druck erschiene. Diese Verdeutlichung entsprach natürlich der Haltung, die Fassbinder nicht erst jetzt, sondern schon seit *Katzelmacher* gegenüber verfolgten Minderheiten vertrat: Wenn dieser Film über die Verfolgung der Gastarbeiter einen diskriminierenden Titel hat, würde niemand daran denken, Fassbinder persönlich eine diskriminierende Haltung zu Gastarbeitern zu unterstellen. Es handelt sich um einen Ausdruck, den eine der Hauptpersonen im Stück verwendet.

Fassbinder war bereit, die Bezeichnung Der Reiche Jude aus den Regieanweisungen zu streichen, weil sie als generalisierendes Urteil über Juden mißverstanden werden konnte, ließ die Figuren des Stückes aber weiterhin diese Bezeichnung verwenden. Das reichte dem Suhrkamp-Verlag aber nicht. Er verlangte weitere Änderungen, und Fassbinder gab deshalb das Stück ohne Änderungen im Verlag der Autoren heraus.

Joachim Fest begründete seine Kritik an *Der Müll, die Stadt und der Tod* vor allem damit, daß die Hauptperson als Der Reiche Jude bezeichnet wird. Außerdem führte er eine Reihe von Dialogzitaten an, die beweisen sollten, daß das Stück antisemitisch sei, beispielsweise sagt Herr Müller:

»Es ist keine Last, der Mörder von Juden zu sein, wenn man die Überzeugung hat, die ich habe.«

Zitiert wurde auch Hans von Gluck:

»Er saugt uns aus, der Jud. Trinkt unser Blut und setzt uns ins Unrecht, weil er Jud ist und wir die Schuld tragen ... Und Schuld hat der Jud, weil er uns schuldig macht, denn er ist da. Wär er geblieben, wo er herkam, oder hätten sie ihn vergast, ich könnt heute besser schlafen.«

Fest hat natürlich recht, daß Personen des Stücks die genannten, wenig schmeichelhaften Äußerungen über Den Juden machen. Aber Fest »vergißt«, darauf hinzuweisen, daß die Personen, die sich hier äußern,

Nazis sind, und stellt es so hin, als sympathisiere Fassbinder mit ihren Ansichten!

Es dürfte wohl kaum möglich sein, eine akzeptable szenische Darstellung des Nationalsozialismus zu geben, wenn man den Nazis auf der Bühne keine antisemitischen Äußerungen in den Mund legen darf. Und wenn man einen Künstler umstandslos mit dem identifizieren würde, was er seine Bühnenfiguren tun und sagen läßt, dann könnte man Shakespeare und Dostojewski alles mögliche vorwerfen. Berühmte Filmregisseure wie Howard Hawks und Martin Scorsese müßten Gangster sein, Fritz Lang und Ingmar Bergman Sexualverbrecher, und Alfred Hitchcock würde jede nur denkbare Perversität praktizieren. Sogar Joachim Fest selbst wäre betroffen, wo er doch eine Hitler-Biographie geschrieben hat,[3] in der er sorgfältig Hitlers Ansichten und Handlungen referiert.

Fassbinder eine diskriminierende Sicht der Figur der Reiche Jude vorzuwerfen ist schon deswegen absurd, weil Fassbinder deutlich zeigt, daß die Identität sämtlicher Personen – auch die des Juden – hinter den Vorurteilen versteckt ist, die andere von ihnen haben, und hinter den Klischees, die die Personen von sich selbst haben. Der Jude ist ein Klischee wie alle anderen im Stück, und er hat wie alle anderen Personen unüberwindbare Probleme, seine Rolle zu sprengen und eine individuelle Existenz zu beginnen.

Die Proteste gegen die »Darstellung« des Reichen Juden sind deswegen genauso sinnvoll, wie wenn die Behindertenverbände gegen die Darstellung des Zwerges, die Gewerkschaft der Polizei gegen die Darstellung der Polizei und der dänische Prinzgemahl im Namen seines Standes gegen die Darstellung des Kleinen Prinzen protestiert hätten.

Obwohl Fest kein Theaterkritiker vom Fach ist, weiß er genau, daß ein Autor natürlich nicht dieselben Ansichten haben muß wie die Figuren seiner Stücke.

Die Neonazis sind eigentlich die einzigen, denen Fests kritische Einwände gefallen dürften, da sie die Verbrechen des Nationalsozialismus zu bagatellisieren oder ganz abzustreiten pflegen: Sie würden sich Fests Kritik an den Sätzen, die Fassbinder den Nazis in den Mund legt, nur anschließen.

Der Herausgeber einer der angesehensten deutschen Zeitungen dürfte aber kaum ein Neonazi sein. Es muß also etwas anderes hinter seiner Fassbinder-Hetze stecken. Da Fassbinder mit seiner künstlerischen Arbeit und seinem persönlichen Auftreten schon lange eine Provokation des bürgerlichen Deutschlands war, liegt es nahe, die von

Joachim Fest eingeleitete Hetze als primitiven Versuch zu betrachten, Fassbinder endlich fertigzumachen. Darum erhob er die infamste Beschuldigung gegen ihn, die man nach Auschwitz in Deutschland vorbringen kann: den Vorwurf des Antisemitismus.

Daß die Jüdische Gemeinde in Frankfurt Joachim Fest so schnell folgte und die Aufführung des Stücks verhinderte, zuerst mit beleidigenden Protestschreiben, dann mit Straßendemonstrationen und zehn Jahre später schließlich mit einer dramatischen Theaterbesetzung, hat pikantere Ursachen.

Der Vorsitzende der Jüdischen Gemeinde in Frankfurt, der Immobilienspekulant Ignatz Bubis, war gleichzeitig das Modell für den Juden Abraham in Gerhard Zwerenz' Roman *Die Erde ist unbewohnbar wie der Mond* (1973) – und dieser Roman war wiederum eine der Inspirationsquellen für Fassbinders Theaterstück.

Es ist kein Zufall, daß Zwerenz' Häuserspekulant Jude ist. Der Roman beginnt damit, daß der Protagonist mit seiner Mutter aus Israel nach Deutschland zurückkommt. Als sie ihr Geburtsland wiedersehen, sagt die Mutter mit großer Bitterkeit zu ihrem Sohn:

»Wir werden keine Rücksicht nehmen und uns vor niemandem fürchten. Du wirst in diesem Land Geld verdienen, Abraham. Es ist das Land der Mörder deines Vaters. Du wirst keinem etwas nachsehen, mit niemandem Mitleid haben und jedem seine Markstücke abknöpfen. Versprichst du das, Abraham?«

Zwar hat Abraham dazu keine Lust, aber er ist gewohnt, seiner Mutter zu gehorchen, und tut es auch in diesem Fall.

Diese interessante Erklärung für die Rücksichtslosigkeit des Juden hat Fassbinder in diesem konkreten Fall von Zwerenz übernommen, weil sie natürlich Fassbinders eigenem Denken nicht fernsteht: Überall in Fassbinders Werk sehen wir, wie die Unterdrückten die Normen der Unterdrücker übernehmen, sei es aus einem bewußten Rachebedürfnis, sei es, weil sie mehr oder weniger unbewußt die herrschenden Normen verinnerlicht haben. Fassbinder arbeitet nie mit »reinen« Helden. Er demonstriert vielmehr eine der infamsten Konsequenzen von Unterdrükkung, nämlich die seelische Verkrüppelung der Opfer, die sie daran hindert, nach alternativen Normen zu suchen, so daß ihnen nur noch die Möglichkeit bleibt, die Normen zu wiederholen, die zu ihrer eigenen Unterdrückung geführt haben.

Abgesehen davon, daß der Reiche Jude in Fassbinders Stück natürlich nicht identisch ist mit dem realen Ignatz Bubis, hat Bubis auch sonst keinen Grund, sich durch diese Figur angegriffen zu fühlen. In einem

Kommentar zu der Kontroverse, die das Stück auslöste, schrieb Fassbinder:[4]

»Dieser Jude ist Häusermakler; er trägt dazu bei, die Stadt zuungunsten der Lebensbedingungen der Menschen zu verändern; er macht Geschäfte. Die Verhältnisse, unter denen diese Geschäfte gemacht werden können, hat nicht er geschaffen, hat nicht er zu verantworten; er benutzt diese Verhältnisse. Der Ort, an dem solche Verhältnisse entdeckt werden können, heißt Frankfurt am Main.«

Aus dem Stück geht hervor, daß auch der Jude an diesen Verhältnissen verzweifelt und daß auch er eine Sehnsucht nach einem völlig anderen Leben in sich trägt. Er ist kein antisemitisches Klischee, sondern ein Mensch, der sich immer mehr von seiner gesellschaftlichen Rolle verunsichern läßt, ohne daß er imstande wäre, aus ihr auszubrechen. Dieses Problem hat er mit vielen anderen Fassbinder-Figuren gemeinsam.

Gegen Fassbinders Darstellung des Juden ist auch eingewendet worden, er werde nicht nur als Häuserspekulant, sondern auch als Mörder gezeigt, weil er die Hure Roma umbringt, obwohl er sie liebt. Nun wird man nicht zum Antisemiten, wenn man zeigt, daß auch Juden Mörder sein können. Aber man darf nicht übersehen, daß die Ermordung Romas durch den Juden eine Liebeshandlung ist. Roma geht von einem ihrer Kunden zum nächsten und bettelt sie an, sie von ihrem Leben zu befreien, das für sie jeden Wert verloren hat. Aber alle kehren ihr den Rücken zu – nur der Reiche Jude nicht, der sie liebt und deshalb tut, worum sie ihn bittet. Fassbinder hat selbst darauf hingewiesen: »Der Jude ist der einzige in diesem Stück, der in der Lage ist zu lieben, der einzige, der imstande ist, die Sprache, die er spricht, als ein Abkommen zwischen Leuten zu erkennen. Es ist absolut eine Figur mit positiven Einzelheiten.«[5]

Liebe und Tod sind bekanntlich eng miteinander verknüpft in Fassbinders Filmuniversum, über dessen Beginn *Liebe ist kälter als der Tod* geschrieben steht und das in *Querelle* mit den von Jeanne Moreau gesungenen Oscar-Wilde-Zeilen »Each man kills the thing he loves« endet. Wer aus Bequemlichkeit übersieht, daß der Mord in *Der Müll, die Stadt und der Tod* eine Liebeshandlung ist, übersieht auch eines der wichtigsten und am schwersten zu bewältigenden Themen in Fassbinders gesamtem Werk und versteckt sich hinter dem handfesten Vorwurf des Antisemitismus, der keine reale Grundlage hat.

In einem anderen Zusammenhang[6] hat Fassbinder auf einen besonders infamen Teufelskreis in Frankfurt hingewiesen: Weil Juden im heutigen Deutschland aus verständlichen Gründen über jede Kritik erhaben sind, übertrug der Frankfurter SPD-Magistrat die schmutzige Arbeit, die bei besonders unpopulären Sanierungsmaßnahmen anfällt, vor allem an jüdische Bauherren und Spekulanten. Auf diese Weise hofften die Politiker, allzu starke Kritik an ihren Entscheidungen zu vermeiden. Man hätte ja riskiert, in der öffentlichen Debatte als Antisemiten dazustehen!

Einer der heftigsten Kritiker Fassbinders war der christlich-demokratische Oberbürgermeister Walter Wallmann, der sich auf der Stadtverordnetenversammlung vom 12. 9. 1985 als Kunstkritiker versuchte:

»Ich sage es schlicht und einfach, ich halte dieses Stück für schlecht. Für mich hat es keinen künstlerischen Rang. Es ist antisemitisch. Ich behaupte, meine Damen und meine Herren, hieße der Autor nicht Fassbinder, keiner käme auf die Idee, dieses Stück aufzuführen. Meine Damen und Herren, das Stück ist antisemitisch . . .!«

Auch der sozialdemokratische Kulturdezernent Hilmar Hoffmann vertrat in derselben Debatte die Ansicht, daß das Stück nicht aufgeführt werden sollte. Er selbst hatte bei der Entlassung des ersten Theaterdirektors mitgewirkt, der das Stück aufs Programm gesetzt hatte, was ihn aber nicht davon abhielt, seine Rede mit den Worten zu beenden: »Eine Zensur findet nicht statt.«

Wieder waren es in Wahrheit die Juden, die für die Frankfurter Politiker die Drecksarbeit erledigten, so daß diese sich damit brüsten konnten, keine Zensur ausgeübt zu haben. Sie lieferten mit ihrer infamen Verleumdungskampagne der Jüdischen Gemeinde ein Alibi, um auf die Straße zu gehen, während die Gemeinde mit ihren Aktionen den Politikern Schutz vor eventuellen Zensurvorwürfen lieferte.

Dennoch müssen die Dinge beim Namen genannt werden: Der Straße die Entscheidung darüber zu überlassen, was an den Frankfurter Bühnen aufgeführt wird, ist eine Rückkehr zu den Zuständen der 30er Jahre, als der Nazipöbel durch öffentliche Bücherverbrennungen auf den Straßen deutscher Großstädte bestimmte, welche Bücher unerwünscht waren. Und es ist grotesk, daß derlei Aktionen mit der Furcht vor einem neuen Nazismus verteidigt werden, denn die inzwischen 17 Jahre dauernde Verhinderung einer Theateraufführung entspricht in ihrer Grundhaltung nationalsozialistischer Praxis.

Es ist im übrigen interessant, daß in all den Jahren, seit dem die Aufführung von *Der Müll, die Stadt und der Tod* auf den Bühnen Frankfurts verhindert wird, das Stück im Buchhandel frei erhältlich ist. Vielleicht wäre die Parallele zu der nazistischen Praxis der 30er Jahre *zu* deutlich geworden, wenn man auch noch die Bücher verbrannt hätte.

Ein groteskes Beispiel für eine konkrete Ausnutzung des Nationalsozialismus durch einen Juden sei in diesem Zusammenhang erwähnt:

Als die Theaterschule in Amsterdam 1988 Fassbinders Stück einstudierte, inszenierte der bekannte jüdische Schauspieler Jules Croiset seine eigene »Entführung«.[7] Er blieb einem Engagement fern und meldete sich einige Tage später bei der Polizei, um zu berichten, er sei von vier neonazistischen Terroristen entführt worden, weil er gegen die Aufführung des Stücks protestiert habe. Schließlich sei es ihm gelungen, sich von einem Abflußrohr loszureißen, an das sie ihn gefesselt hatten.

Mit anderen Worten: Um zu »dokumentieren«, daß Neonazis und Fassbinder eng miteinander verbunden sind, bedient sich ein jüdischer Schauspieler altbekannter Nazimethoden.[8]

Solche Methoden werden in Fassbinders Film *Die dritte Generation* (1979) dargestellt. Dieser Film handelt gerade von der äußerst ambivalenten Beziehung zwischen »Unterdrückern« und »Unterdrückten«, indem er auf grotesk zugespitzte Weise davon erzählt, daß der Terrorismus von denen finanziert wird, die ihn scheinbar bekämpfen, weil sie daraus Nutzen ziehen können.

Der genannte Schauspieler begab sich, nachdem sein Schwindel aufgeflogen war, in psychiatrische Behandlung, und die anderen Gegner des Stückes taten ihn eiligst als pathologischen Fall ab.

Man kommt aber um die Einsicht nicht herum, daß die gesamte jüdische Kampagne gegen Fassbinders Stück pathologisch ist.

Die Hetze läßt sich in keiner Weise mit dem Inhalt des Stücks oder mit Fassbinders Haltung begründen. Es liegt näher, daß sie den Verletzungen und Traumata entspringt, welche die Juden während des Hitler-Regimes erlitten haben. Daß Auschwitz eine traumatische Erfahrung ist, leuchtet ein, und daß Opfer durch ihre traumatischen Erfahrungen so belastet sein können, daß sie sich mit ihren Unterdrückern identifizieren und deren Normen übernehmen, kennen wir nicht nur von vielen konkreten Episoden während des Nationalsozialismus,[9] sondern auch aus der psychoanalytischen Theorie – und aus Fassbinders Filmschaffen: Petra von Kant wiederholt den sexuellen Chauvinismus, dessen Opfer sie ursprünglich war, Mutter Küsters wird von den linken Anarchisten ausgebeutet, die sich am radikalsten gegen die Ausbeutergesellschaft wenden, und sogar die liebenswürdige alte Putzfrau Emmi war zeitweilig nicht dagegen gefeit, die diskriminierende Sichtweise ihrer gutbürgerlichen Freundinnen gegenüber marokkanischen Gastarbeitern zu übernehmen.

Es wäre ein Mißverständnis, diesen Zug an Fassbinders Produktion als defätistisch aufzufassen. Angebrachter wäre es, ihn als notwendige Analyse des Wesens von Unterdrückung zu betrachten:[10]

»Am besten läßt sich doch die Unterdrückung einer Minderheit beschreiben, indem man zeigt, zu welchen Fehlern und Untaten die Mitglieder einer Minderheit als Konsequenz der Unterdrückung gezwungen werden.«

Die Grundproblematik, die Fassbinder hier beschreibt, findet auf erschreckend präzise Weise ihre Bestätigung, wenn Frankfurter Juden, in Anlehnung an NS-Methoden, auf die Straße gehen, um gegen eine Kunst zu protestieren, die die Nazis »entartet« genannt hätten. Der Grund dafür, daß sowohl christlich-demokratische als auch sozialdemokratische Politiker diese Methoden unterstützen, ja geradezu fördern, anstatt ihre demokratische Pflicht zu tun und undemokratische Methoden zu verhindern, ist anderswo zu suchen.

Hier scheint keine andere Erklärung möglich zu sein als die, daß das etablierte politische System die Chance nutzte, einen seiner schärfsten Kritiker zu diffamieren – und geschickt die Juden diese schmutzige Arbeit tun ließ, während die Politiker selbst zusahen und mit scheinbar sauberen Händen applaudierten.

Es sei denn, Fassbinder hätte posthum das ganze Straßentheater inszeniert, um ein letztes Mal eines seiner Grundthemen in ein monumentales Aktionstheater zu projizieren, in ein Stück über das ambivalente Verhältnis zwischen Unterdrückern und Unterdrückten, in ein Stück über Rebellen, die die Normen der Machthaber übernehmen, über den Masochisten, der so von dem Sadisten abhängt, daß er, wenn es ihn nicht gäbe, erfunden werden müßte – und in erster Linie über das moralische Wertesystem der Nazis, das die militärische Niederlage überlebte und sich wie ein Virus ausbreitete, am ehesten unter einigen von denen, die den Nazismus aus nächster Nähe erlebten, nämlich den Juden.

Man sollte meinen, daß ein so grausames Stück Theater wohl nur ein Theatermann erfinden kann, der sich als Schüler Antonin Artauds und seines Theaters der Grausamkeit auffaßte. Aber in Frankfurt wurde die Phantasie von der Wirklichkeit noch übertroffen. Die Jüdische Gemeinde hat ihren Beitrag dazu geleistet, daß der Nazi Herr Müller recht bekommt, wenn er in Fassbinders Stück triumphierend ausruft:

»Der Faschismus wird siegen!«

Nachdem die geplante Aufführung von *Der Müll, die Stadt und der Tod* wegen einer Bühnenbesetzung durch Mitglieder der Jüdischen Gemeinde geplatzt war, sandte eine Reihe führender Theaterleute an Oberbürgermeister Wallmann ein Telegramm, in dem man ihn aufforderte, sich »zur uneingeschränkten Freiheit des Frankfurter Theaters zu bekennen und für die ungestörte Aufführung des Fassbinderstückes einzutreten«. Der Brief war unterschrieben u. a. von Hans Günther Heyme, Dieter Dorn, Kurt Hübner, Horst Laube, Hans Neuenfels, Claus Peymann, Peter Stein und George Tabori.

Zu den Unterzeichnern gehörte interessanterweise nicht Peter Zadek. Er veröffentlichte statt dessen seine eigene Stellungnahme, in der er zwar für die Aufführung des Stücks plädierte, aber mit der Begründung, »daß heute in Deutschland ein Theaterpublikum objektiv genug denken kann, um zu sehen, daß ihm ein Stück stürmerartiger Antisemitismus vorgeführt wird«. Zadek gibt sich nicht die Mühe, seinen ungewöhnlichen Standpunkt zu begründen, den er allerdings im gleichen Atemzug ad absurdum führt mit der Behauptung, auch Fassbinders Film *Die Ehe der Maria Braun* sei »ein unterschwelliger antisemitischer (und dabei fabelhafter) Film«. (Übrigens widmete Fassbinder diesen Film Peter Zadek.)

Fassbinder war selbst nicht daran interessiert, aus seinem Theaterstück einen Film zu machen, sondern schrieb statt dessen ein Drehbuch nach Gerhard Zwerenz' Roman *Die Erde ist unbewohnbar wie der Mond*. Es gelang Fassbinders Freund, dem Regisseur Daniel Schmid, das Stück noch rechtzeitig zu verfilmen, sogar mit Fassbinder in der Hauptrolle als Franz B.

In seiner Hetze gegen *Der Müll, die Stadt und der Tod* hob der Kulturdezernent Hilmar Hoffmann hervor, daß Daniel Schmids Verfilmung des Stücks *Schatten der Engel* nicht antisemitisch und bei seiner Premiere auch nicht in diesem Sinne kritisiert worden sei.

Die erste Bemerkung stimmt natürlich, aber nicht die letztere: Bei der Premiere in Cannes protestierte die israelische Delegation gegen die Vorführung im öffentlichen Wettbewerb und reiste ab, als dem Protest nicht Folge geleistet wurde. In Deutschland verlangte die Zensurbehörde mit dem hinreißenden Namen *Freiwillige Selbstkontrolle*, daß der Film beschnitten werde, da man befürchtete, er würde den Beziehungen zu anderen Ländern schaden. Er passierte jedoch unbeschnitten.

Wenn selbst Hilmar Hoffmann einräumte, daß der Film nicht antisemitisch ist, so stellt das seine Hetze gegen das Theaterstück zweifellos in ein zweifelhaftes Licht. Denn der Film beruht durchweg auf dem Stück. Alle im Stück kritisierten Passagen sind im Film enthalten, und die wenigen Details, die Daniel Schmid weggelassen hat, sind unerheblich für die Diskussion, ob das Stück antisemitisch ist oder nicht.

Wenn es Daniel Schmid überhaupt gelang, öffentliche Fördermittel für seinen Film zu bekommen, so lag das daran, daß er sich um Förderung bewarb, bevor Joachim Fest und die Jüdische Gemeinde ihre Hetze begannen. Seinerzeit dachte niemand daran, dem Stück Antisemitismus vorzuwerfen, aber bald darauf hatte sich das Bild gewandelt, und Fassbinders Gesuch um Fördermittel für einen Film nach Zwerenz' Roman wurde von der deutschen Filmförderungsanstalt mit dieser wenig geschmackvollen Begründung abgelehnt:

»Das Projekt entgeht auch in seiner – allerdings nur oberflächlich korrigierten – Fassung nicht der Gefahr, antisemitische Vorurteile zu bestätigen oder neue Vorurteile dieser Art zu provozieren. Die Hauptfigur des Films, der Jude Abraham, entspricht in all seinen Charaktereigenschaften jenem Feindklischee, wie es Adolf Hitler im 11. Kapitel (Volk und Rasse) von MEIN KAMPF beschrieben hat.«

Fassbinder bekam außerdem vom Fernsehen eine Ablehnung, als er eine Fernsehserie nach Gustav Freytags[11] *Soll und Haben* (1855) machen wollte, einen Roman, zu dem Fassbinder ein sehr ambivalentes Verhältnis hatte: In seiner Projektbeschreibung distanzierte er sich entschieden von Freytags voreingenommener Haltung gegenüber den Juden, meinte aber andererseits, daß Freytag in seiner Darstellung des Lebens in einem jüdischen Ghetto journalistisch so präzise sei, daß er sein Material verwenden konnte. Außerdem fand er es interessant, in einer Verfilmung des Romans die Vorurteile in Freytags Roman als eben diese Vorurteile darzustellen. Er wollte den Roman also mit der Absicht verfilmen, dessen Ansichten zu kritisieren, was ungewöhnlich, aber gewiß machbar ist. Gleichzeitig wollte er die Figuren des Romans bis in unsere Zeit fortführen und den Zusammenhang zeigen zwischen der im vorigen Jahrhundert üblichen Haltung gegenüber den Juden und dem Judenbild der Nazis – sowie den latent faschistoiden Charakter der modernen Gesellschaft.

Aber auch vom Fernsehen bekam Fassbinder eine Abfuhr. Der Judenkomplex der Deutschen war noch immer so stark, daß man dem bedeutendsten Film- und Fernsehkünstler des Landes nicht erlauben konnte, sich mit dem Problem zu beschäftigen.

Satansbraten

Der Dichter Walter Kranz (Kurt Raab) kann nicht mehr schreiben und hat keine Beziehung mehr zu seiner Frau (Helen Vita), statt dessen aber oft sadomasochistische und lebensbedrohliche Beziehungen zu anderen Frauen. Eine alte Ver-

ehrerin (Margit Carstensen) ist unsterblich in seine Poesie verliebt, aber weniger in ihn, als sie herausfindet, daß er genauso schwach ist wie sie selbst. Kranz' Frau stirbt, während die Frau, von der er glaubt, er habe sie ermordet, sich als lebendig erweist. So kann alles von vorn anfangen, auch die Mißhandlungen seines schwachsinnigen jüngeren Bruders (Volker Spengler) und dessen Ersatzmorde an Fliegen.

Auch in seiner neuen Krisensituation beschließt Fassbinder, einen Film über einen Künstler in der Krise zu machen. Obwohl *Satansbraten* klar autobiographische Züge aufweist, ist der Film als Ganzes jedoch nicht autobiographisch wie *Warnung vor einer heiligen Nutte*, der sehr konkret von der Entstehung eines früheren Films von Fassbinder handelte.

Trotzdem legt der Vorspann von *Satansbraten* eine Parallele zwischen Fassbinder und der Hauptfigur, dem Schriftsteller Walter Kranz, nahe. Als Kranz nämlich bei seiner ehemaligen Geliebten (gespielt von Fassbinders Exfrau Ingrid Caven) klingelt und sie die Tür öffnet, erscheint auf Kranz' Rücken der Text »Ein Film von Rainer Werner Fassbinder«, während sie resigniert »Ach du!« seufzt, als gälte ihre Bemerkung nicht nur der Filmfigur, sondern auch Fassbinder selbst.

Walter Kranz kommt, um sich Geld zu borgen. Alle seine menschlichen Beziehungen sind auf Geld reduziert – nicht nur die Beziehung zu seinem Verleger, sondern auch zu seiner Frau, seinen Eltern und Geliebten. Bei der ersten Geliebten holt er sich eine Abfuhr, bei der zweiten einen Scheck – und das in einer sonderbar erhitzten Szene, in der die Frau, nackt auf dem Fußboden liegend, einen Orgasmus bekommt, bloß weil sie den Scheck unterschreibt. Die Szene enthält in Reinkultur das andere Element, das Walter Kranz' Beziehung zu anderen Menschen dominiert, nämlich den Sadomasochismus. Bevor die Frau den Scheck unterschreibt, bespuckt er sie, während sie sich vor Entzückung windet und sich für jede Spucksalve bedankt, und er steckt ihr einen Revolver in den Mund, den sie wie einen Penis ablutscht. Als der Scheck unterschrieben ist und sie ihren Orgasmus bekommen hat, während er weiter mit seinem Revolver auf sie zeigt, ruft sie erregt: »Spritz ab!« – woraufhin er den Revolver auf sie abfeuert. Sie sinkt erschöpft zusammen.

Die ganze Sequenz ist so extrem, daß man kaum weiß, was echt ist und was Rollenspiel – ob z. B. der Orgasmus nur eine Selbstdarstellung ist und der Mord simuliert wird und ob Walter Kranz sich über die Inszenierung im klaren ist oder ob er die ganze Zeit glaubt, er habe die Frau ermordet.

Und es zeigt sich, daß jede Filmsequenz auf einer ähnlichen Ambivalenz beruht: Das hohe Tempo, der hektisch-forcierte Spielstil, die schiefen Reaktionen liefern dem Zuschauer nicht den geringsten Anhalt, was er eigentlich da sieht – ob der Film Menschen beschreibt, die ein Schicksalsdrama auf Leben und Tod durchstehen und von dem zermürbenden Druck dieses Dramas auf ihre Gefühle zu einem Verhalten gezwungen werden, das sich als extreme Karikatur ausnimmt, oder ob der Film von Menschen handelt, die unentwegt Theater spielen und zu ihrem eigenen Vergnügen ein Rollenspiel inszenieren, das ihnen die Freiheit gibt, nach Belieben in ihre Körper und Gefühle zu gehen und sie zu verlassen und Situationen zu konstruieren, die spielerisch ihre Identität erweitern. Oder ob das Filmdrama letztlich aus dem Gegensatz zwischen den Gefühlen und Problemen entsteht, die echt sind, und dem Rollenspiel, das anfangs ein Versuch ist, mit schmerzlichen Gefühlen zu leben, allmählich aber den Personen aus der Hand gleitet, so daß sie genauso wenig wie die Zuschauer wissen, was echt ist und was falsch. Wie auch immer, Zuschauer eines solchen Films zu sein ist nicht leicht. Jedesmal, wenn man glaubt, etwas gefunden zu haben, an das man sich halten kann, wird man wieder abgeworfen wie von einem wilden Pferd.

Obwohl man auf keinerlei Art zu den Personen Stellung nehmen kann, so hat der Film doch ein gewisses Grundmuster: alle menschlichen Beziehungen sind sadomasochistisch. Nichts wird erklärt, vorgeführt werden nur Symptome: der Austausch von Gefühlen wird ersetzt durch den Austausch von Geld als Metapher dafür, daß die Beziehungen zwischen Menschen Machtbeziehungen sind. Und die einzige Form des Genusses, die es in der Welt des Films gibt, ist der Genuß, der mit Machtausübung oder Unterwerfung verbunden ist.

So etwa Kranz' Beziehung zu der Verehrerin, die ihn aufsucht, weil sie seine Gedichte bewundert. Sie ist eine exzentrische alte Jungfer, die es rauschhaft genießt, sich völlig dem Geist zu unterwerfen, den sie in Kranz sieht. Er kann sie behandeln, wie er will, und sie ist bereit, alles zu genießen. Ihr Genuß erreicht erst seine Grenze, als er auf der Straße von einigen angeheuerten Schlägern zusammengehauen wird und sie feststellen muß, daß auch er an Demütigungen Gefallen findet. Damit hat sich das Rollenspiel so sehr geändert, daß sie aussteigt. Wenn er, der starke Mann in ihrem Leben, genau wie sie das Getretenwerden und Mißhandeltwerden genießt, dann gleichen sie einander, dann ist das Spannungsverhältnis zwischen ihnen aufgehoben – und dann muß sie einen anderen Herrscher finden. In der Welt dieses Films haben sich zwei Gleichgestellte nämlich nichts zu sagen. Also spuckt sie ihn an, während er vernichtet zu ihren Füßen liegt – und wie die Hure, die er selbst am Anfang des Films bespuckte, bedankt er sich noch und stöhnt »Ich bin glücklich!«, während sie ihm verächtlich den Rücken zukehrt.

Über die Hauptperson des Films hat Fassbinder gesagt:[12]

»Walter Kranz ist ein Mensch, der aus dem Kleinbürgertum kommt, der über literarische Wege Erfolg gehabt hat, der sich im Zuge der Zeit politisch engagiert hatte – mag er da einen wirklichen Leidensdruck gesehen haben oder mag er aus Modegründen mitgemacht haben –, er hat sicher gesehen, daß sich etwas ändern muß. Und jetzt macht er einen Schritt: Er geht zurück zu diesen kleinbürgerlichen Verhaltensweisen, auch wenn sie ganz faschistisch werden. Das kommt mir ganz logisch vor: Wie sollte ein Mensch wie der Kranz, ein Künstler, etwas anderes leben als das, was die Gesellschaft ihm vorschreibt, solange er innerhalb dieser Gesellschaft lebt. Und was er lebt, ist nichts als das Normale, zum Extrem gelebt.«

Satansbraten ist, so gesehen, ein Film über einen Dichter, der tut, was er will, und der entlarvt, daß das, was er will, nichts anderes ist als das, was er von der Gesellschaft gelernt hat, deren Produkt er weitgehend ist. Er steckt in einer schöpferischen Krise, und anstatt seine Triebe in seinen Kunstwerken auszuleben, lebt er sie jetzt in einer wahnsinnigen, sadomasochistischen Existenz aus. Früher sah Kranz im künstlerischen Ausdruck und im politischen Kampf Möglichkeiten, seine Träume auszudrücken, und 1968 wurde er als »Dichter der Revolution« gefeiert – aber jetzt ist er als Dichter festgefahren, und die Revolution ist höchstens noch ein Konversationsthema für die Damen der besseren Gesellschaft, wenn sie sich zum Tee treffen. In dieser Situation muß Kranz einen absoluten Identitäts- und Rollenverlust erleben: nicht der zu sein, für den man sich hält, und erst recht nicht der, für den man sich ausgibt. Und die Rollen, die man sich vermeintlich selbst gewählt hat, sind in Wahrheit von den gesellschaftlichen Verhältnissen bedingt, in denen man lebt. Statt des Buchs, das Kranz nicht mehr schreiben kann, wendet er die Rollen ins Groteske, Karikaturhafte. Er macht aus seinem Leben ein Buch, lebt seine Triebe und Träume bis zur extremen Rücksichtslosigkeit aus. Er ist ein Dichter, der nicht mehr schreibt, sondern seine eigene Person zu Feder und Tinte macht, mit der die Gesellschaft Gedichte schreiben kann. Oder wie Fassbinder es ausdrückt:[13]

»Es war von mir so gedacht, daß der Kranz zentrale Mittelpunktfigur ist, und alle um ihn herum sind quasi erfunden. Er erfindet sich alle Leute, er behandelt die Menschen seiner Umwelt, als wären sie seine Figuren für seine Geschichten, die er gerade erzählt. Weil er dieses Leben als Künstler lebt, sind alle Situationen für ihn Spielmomente. Auch der Tod seiner Frau ist für ihn so ein Spielmoment – für ihn ist das eine Figur gewesen, die er ausgeschaltet hat, weil es für ihn eine war, die er erfunden hatte.«

Das eigentlich Satanische in *Satansbraten* liegt aber darin, daß nicht nur Kranz seine Mitmenschen als künstliche, von ihm selbst geschaffene Puppen behandelt, sondern auch er selbst sich wie eine Puppe aufführt, die sich so verhält, wie andere es ihr eingeimpft haben.

In diesem Sinne ist der Film eine unheimliche Umdichtung der Science-fiction-Serie *Welt am Draht* über eine Zivilisation, die auf einem Fernsehschirm Puppen mit einem eigenen künstlichen Leben herstellen kann, die lebendigen Menschen zum Verwechseln gleichen.

Der Walter Kranz, der seine Mitmenschen behandelt, als seien sie Romanfiguren, weiß vielleicht nicht, daß er, manipuliert, zerstört und unmenschlich gemacht, auf eine Rolle in einem Werk zusammengeschrumpft ist, das andere geschrieben haben – zumindest die Zuschauer können aus dem Film diesen Schluß ziehen.

Wer wie ein Führer vergöttert wird, verliert im gleichen Maße seine Identität wie derjenige, der darauf angewiesen ist, Führer zu vergöttern. Und als Kranz allmählich lernt, seine Identitätslähmung zu überwinden, und wieder schreiben kann, zeigt sich, daß das Gedicht, das er endlich aufs Papier stammelt, wortwörtlich schon einmal geschrieben wurde – von Stefan George[14]. Diese Entdeckung führt zu einem neuerlichen Identitätszusammenbruch, woraufhin Kranz sich so sehr mit George identifiziert, daß er sich auch als Homosexueller inszeniert, rituelle Dichterlesungen für junge Männer hält – ohne daß die neu angenommene Identität zu etwas anderem führt als einer Wiederholung des Rollenmusters, dem auszuweichen er vielleicht gehofft hatte.

Satansbraten scheint jenseits aller Kategorien von gelungen oder mißlungen zu stehen. Der Film ist, was er ist: ein Kapitel in einem rasanten, immer schnelleren Schaffen, unverständlich für denjenigen, der die letzten vorangegangenen und die sich anschließenden Filme nicht kennt, problematisch in seiner Verachtung der Personen, die so extrem weit von uns wegrücken, daß wir sie kaum mit eigenen Erfahrungen verbinden können. Und nachdem er diesen totalen Abstand zu seinen Figuren hergestellt hat, läßt Fassbinder den Film mit einem provozierenden Zitat von Antonin Artaud enden:[15]

»Was die Heiden von uns unterscheidet, ist jene, am Ursprung all ihrer Glaubensformen unternommene Anstrengung, nicht vom Menschen aus zu denken, um die Verbindung mit der ganzen Schöpfung, das heißt der Gottheit, zu erhalten.«

Die entscheidende Frage ist, ob der Film die Zuschauer auf den Film und die Hauptperson wütend macht oder ob er deutlich wird als Produkt der Zivilisation, die die eigentliche Wut der Zuschauer verdient. Hinter dem Film steht nämlich dasselbe Prinzip wie hinter Jean-Luc Godards *Weekend* und einer Reihe von Andy Warhols Filmen. Auch wenn Godard/Warhol/Fassbinder dem fertigen Kunstwerk ihren unverkennbaren persönlichen Stempel aufdrücken, so erscheint das Werk paradoxerweise doch nicht als das ihre. Godard erklärte in *Weekend*, der Film sei »auf dem Müllplatz gefunden« worden, und dasselbe könnte auf dem Vorspann von einer Reihe Warhol-Filmen und diesem Fassbinder-Film stehen.

Satansbraten ist ein Film, der auf den Müllplatz unserer Zivilisation gehört, auf dem sich die entlarvendsten Dinge über unsere Gesellschaft finden lassen. Daher ist es trotzdem sinnvoll, ihn in einem Kino zu spielen, denn die Kinos gehören allmählich zu den Müllplätzen, für die man sogar Eintrittsgeld zu zahlen hat.

Es ist nichts Erbauliches an *Satansbraten*. Der Film ist in jeder Hinsicht abstoßend, unangenehm, ohne eine einzige versöhnliche Szene. So muß es wohl sein, wenn er ein Produkt der Gesellschaft ist, die nach Fassbinders Erfahrungen so eingerichtet ist, daß sogar die Alternativen, die in Träumen, Kunst und politischem Handeln liegen könnten, blitzschnell von der Gesellschaft vereinnahmt werden. Deshalb liegt Fassbinder, der sonst oft mit Brecht verglichen wird, denkbar weit von Brechts Grundprinzip entfernt, daß sich die moderne Welt auf dem Theater wiedergeben läßt, aber nur, wenn sie als veränderbar aufgefaßt wird.

Im Gegensatz zu rechten und linken Klippschulideologen hat Fassbinder keine Illusionen von der Veränderbarkeit der Welt – und er macht sich auch nicht besser als die Menschen und Lebensformen, die er kritisiert. Seine Filme haben nie auch nur einen Anflug von selbstgefälliger Besserwisserei, und in *Satansbraten* identifiziert er die schlechtesten Eigenschaften der eigenen Person mit den schlimmsten Seiten einer Gesellschaft, von der er und wir alle ein Teil sind. Man könnte den Verdacht haben, der Film sei ein Produkt seines eigenen Sadomasochismus: »Seht nur mal, was für einen total unerträglichen Film ich machen kann – schlagt nur auf mich los.« In diesem Sinne darf man den Film als gelungen bezeichnen, und in diesem Sinne liegt der Film Lichtjahre von der Zeit entfernt, als auch Fassbinder meinte, man müsse versuchen, positiv und konstruktiv zu sein und Alternativen zum herrschenden Elend vorstellen – obwohl *Angst essen Seele auf* und *Acht Stunden sind kein Tag* erst zwei Jahre zuvor entstanden waren.

Satansbraten ist ein Krisenfilm, der überall und nirgends hinweist. Er ist wie ein erregter Tintenfisch, dessen Arme in alle Himmelsrichtungen zappeln, aber doch in einem Knoten zusammenfinden, der nach innen weist, und nicht in einer Faust, die den Weg in die Freiheit bahnt.

Ich will ja nur, daß ihr mich liebt

Der junge Maurer Peter (Vitus Zeplichal) ist nach liebloser Kindheit in einer kontaktarmen, kleinbürgerlichen Ehe gelandet. Seine einzige Befriedigung findet er in der Arbeit. Er hat ein Haus für seine Eltern (Alexander Allerson und Ernie Mangold) gebaut, und auf diese Weise bettelt er um ihre Liebe. Ständig versucht er, die Kontaktlosigkeit, die ihn umgibt, durch Arbeit, kostbare Geschenke, Umgänglichkeit und Anpassung zu durchbrechen. Als er das Wichtigste, was er hat, seine Arbeit, verliert, läuft er Amok und bringt eines Abends einen Mann um, der ihn an seinen Vater erinnert.

Die Krise bei *Satansbraten* war so konkret, daß Fassbinder nach zwei Wochen Dreharbeiten – das einzige Mal in seiner Karriere – die Aufnahmen unterbrach, um sein Projekt zu überdenken. Um seine Ideen neu zu ordnen, las er Henry de Montherlants Roman *Die jungen Mädchen* (1936), der ebenfalls von masochistischer Künstlerverehrung handelt.[16]

Gleichzeitig machte Fassbinder einen Film des Typs, den er im Schlaf machen konnte oder während er an etwas anderes dachte, wie in diesem Fall, nämlich einen dieser einfach erzählten, volkstümlichen Filme über den Einzug kleinbürgerlicher Ideale in ein proletarisches Milieu – diesmal aber mit stärkerer Betonung der psychoanalytischen Dimension. *Ich will ja nur, daß ihr mich liebt* handelt nicht nur von äußeren sozialpsychologischen Mechanismen, sondern auch vom Einfluß dieser Mechanismen auf das Unbewußte und umgekehrt: vom Unbewußten als Ursprung sozialen und politischen Verhaltens.

Die Geschichte selbst ist authentisch. Fassbinder fand sie in einem Interviewband über Lebenslängliche[17], aber zugleich identifizierte sich Fassbinder so weitgehend mit der männlichen Hauptperson, daß Vitus Zeplichal in Gestus und Sprache oft als getreue Kopie Fassbinders vorgeführt wird.

Was Fassbinder an dieser Geschichte so sehr anspricht, ist in erster Linie die Tatsache, daß sie von der Arbeitswut eines Menschen handelt, von der Suche nach Identität in der Arbeit und von der Arbeit als Kompensation für normale Gefühlsbeziehungen.

Wenn Fassbinder in Interviews gefragt wurde, warum er so unmenschlich hart arbeite, räumte er ein, daß er das nicht erklären könne, fügte aber offen hinzu, daß er seine Produktivität für ein Krankheitssymptom halte, eine Neurose, die etwas mit seiner Kindheit zu tun habe.

In diesem Film bietet er – am Beispiel der Hauptperson Peter – einen Teil der Erklärung: die Arbeitswut ist ein Versuch, die elterliche Liebe zu erringen, die einem als Kind verweigert wurde.

Eine Rückblende führt diesen alltäglichen, furchtbaren Zustand vor: Peter kommt als Vier-, Fünfjähriger mit einem großen Blumenstrauß im Arm nach Hause, den er freudestrahlend seinen Eltern überreicht, um ihnen auf diese Weise zu zeigen, daß er sie liebt. Als sie aber herausfinden, daß der Junge die Blumen in einem Nachbarsgarten gestohlen hat, erstarren ihre Gesichter. Der Vater sagt nicht, was er selbst für richtig hält. Seine spontanen Reaktionen sind schwer beschädigt, er hat sich von seinem eigenen Ich entfernt, fragt, was man tun *soll*. Während er zögert, rückt die Mutter die Dinge zurecht. Sie hat nämlich keine Zweifel. Sie befiehlt dem Jungen, die Hose herunterzuziehen und sich über einen Stuhl zu legen, und prügelt ihn mit einem Kleiderbügel. Während dieser Szene verläßt der Vater das Wohnzimmer, weil er offenbar das Gefühl hat, die Bestrafung sei falsch – was die Mutter um so wütender macht: sie schlägt, bis sie in ihrer Wut den Bügel verliert. Der mangelnde emotionale Kontakt zwischen ihr und dem Vater reizt sie noch mehr. Wie schon so oft in Fassbinders Werken wird eine Liebesgeste mit brutaler Gewalt beantwortet, und wie so oft wird der unterdrückende Elternteil von der Mutter personifiziert, während der Vater zögert oder abwesend ist. Dieser Bruch der gängigen Rollenverteilung hat zweifellos seine Wurzeln in Fassbinders eigenen Kindheitserfahrungen.

Als Erwachsener versucht Peter noch immer, seine Sehnsucht nach Liebe und Kontakt in der einzigen Sprache auszudrücken, die er von zu Hause her kennt, der materiellen. Er baut seinen Eltern ein schönes Haus, woraufhin der Zuschauer in einem Zwischentext erfährt: »Schon zwei Wochen nach Fertigstellung des Hauses, so schien es Peter, hatten die Eltern vergessen, daß er es war, der es gebaut hatte.«

Und als Peter eine nette Frau findet, ist seine Kontaktfähigkeit schon längst so beeinträchtigt, daß er auch keinen emotionalen Zugang zu ihr findet, sondern seine Gefühle ständig durch Geschenke wie Blumen und Schmuck ausdrücken muß.

Die Blumen sind im Film ein durchgängiges Symbol für den verzweifelten Wunsch nach Liebe. Sie verweisen auf die furchtbare Bestrafungsszene der Kindheit. Sie sind ein armseliger Ersatz für Gefühle, weisen darauf hin, daß jede Spontaneität verlorengegangen ist. Charakteristisch ist die Szene, in der Peter um die Hand seiner Freundin anhält. Sie verliert in entzückter Verwirrung die Blumen, die sie im Arm trägt, und fällt ihm spontan um den Hals – ist aber sofort wieder in ihrer Rolle und bedankt sich höflich, als hätte er ihr bloß einen Blumenstrauß geschenkt. Wenn die Gefühle verdinglicht werden, muß man sich natürlich dafür bedanken.

Peters Hochzeit ist ebenfalls durch extrem unterkühlte Gefühlsbeziehungen geprägt. Die Atmosphäre ist steif, formell und unbeholfen – und als der Vater Peter zu sich winkt in einem Versuch, vielleicht einige Gefühle aufzuwecken, steckt er ihm ein paar Geldscheine als Hochzeitsgeschenk zu.

Die Sprache des Geldes ist die einzige Sprache, die im Film existiert. Geld ist konkret, man kann es berühren, in die Hand nehmen, und daher wird es zum Ersatz für das Nicht-Konkrete, das Schwierige, für alles, was mit Gefühlen zu tun hat. Zwischen den Menschen herrscht immer eine erschreckende Gefühlskälte und Einsamkeit. Das kommt besonders in der Szene zum Ausdruck, als Peter die Großmutter seiner Frau besuchen und mit einem Blumenstrauß überraschen will. Sie traut sich nicht, ihm zu öffnen. Sie hat ihn so lange nicht mehr gesehen, daß sie ihn nicht mehr wiedererkennt – erst als sie in der Schublade sein Hochzeitsphoto gefunden hat, läßt sie sich überzeugen, daß es sich um ihren Verwandten handelt und nicht um einen gefährlichen Fremden, der eine einsame alte Frau überfallen will.

In dieser Szene wird Peters Blumenstrauß in einem Spiegel gefilmt als visuelle Andeutung dessen, daß die Blumen nicht sind, was sie sind, sondern Ausdruck einer Sehnsucht nach einer anderen Wirklichkeit.

Diese Spaltung zwischen den wirklichen Gefühlen der Personen und den armseligen Ersatzmitteln, zu denen man greifen muß, um doch noch etwas von den verschütteten Gefühlen auszudrücken, resultiert in einem schweren Identitätsverlust, der am stärksten dort zum Ausdruck kommt, wo er am wenigsten hingehört, nämlich in der Szene, als das junge Paar zum erstenmal miteinander schläft. Die beiden ziehen sich aus, furchtbar ungeschickt und geniert, aber Peter ist nicht direkt anwesend im Bild. Wir sehen ihn nämlich nur durch den Spiegel, auch hier wieder Symbol für seine Gespaltenheit, sein Getrenntsein von seinem wahren Ich und seinen innersten Bedürfnissen.

Peter kann, bis zu einem gewissen Punkt, in seiner Wortlosigkeit rührend unbeholfen wirken, doch das Unbeholfene nimmt allmählich dämonische Formen an, gerade weil es ihn von dem Leben trennt, von dem er vage, unausgesprochene Vorstellungen hat. Visuell wird diese Trennung dadurch angedeutet, daß er oft wie durch ein Gefängnisgitter gefilmt wird. Das Licht ist auf eine Art arrangiert, daß beispielsweise die Fensterjalousien und andere alltägliche Dinge gitterähnliche Schatten auf sein Gesicht werfen, was nicht nur eine Vorahnung ist, wie der Film ausgeht, sondern auch eine präzise Beschreibung, wie sich Peter durchgängig fühlt: auf Lebenszeit eingesperrt. Aber während Peter sein Gefängnis als nicht zu greifende Schatten erlebt, mit denen er nichts anfangen kann, gibt Fassbinder seinen Zuschauern die Möglichkeit, einige grundlegende Mechanismen zu erkennen.

Daß sich elementare Gefühle einen materiellen Ausdruck in einer Gesellschaft suchen müssen, die weitgehend auf dem Besitz von Dingen beruht, ist logisch. Daß diese unterdrückten Gefühle, diese frustrierte Sehnsucht nach Liebe sich allmählich durch ihren pervertierten Gegensatz – Gewalt – durchsetzen muß, ist auch logisch, nicht zuletzt deswegen, weil wir ja gesehen haben, daß dieser Mechanismus schon von Kindheit an in Peters System wirksam war.

Peters kühle, formelle Beziehung zu seinen Eltern, die sich im Verhältnis zu seiner Frau wiederholt, muß unbewußt in einer starken Vatersehnsucht resultieren. Peter ertappt sich oft dabei, daß er seinen Vater in völlig fremden Männern auf der Straße wiedererkennt, und entwickelt ein freundschaftliches Verhältnis zu einem Gastwirt, der seinem Vater äußerlich ähnelt. An einem späten Abend will er bei dem Gastwirt seinen richtigen Vater anrufen, um sich Geld von ihm zu leihen, stellt aber verzweifelt fest, daß er die Nummer vergessen hat. In diesem Augenblick kommt ein junger arbeitsloser Mann ohne Geld herein und verlangt ein Bier. Der Gastwirt wirft ihn brutal hinaus, und plötzlich brennt bei Peter die Sicherung durch. Er packt das Telefon und haut es dem Wirt über den Kopf. Anschließend erwürgt er ihn.

Die Symbolik dieser Schlußsequenz ist eindeutig freudianisch, wird aber gleichzeitig so elementar dramatisch von Fassbinder formuliert, daß sie auch derjenige versteht, der nichts von Freud gelesen hat. Was sich symbolisch deuten läßt, ist vor allem eine ganz konkrete Verwendung der realistischen Elemente der Szene: daß Peter die Telefonnummer vergessen hat, ist natürlich Ausdruck der fehlenden emotionalen Beziehung zum Vater, und als Peter anschließend sieht, wie sich der Mann, der seinem Vater *gleicht*, dem jungen Mann gegenüber brutal benimmt, dreht er durch. Es kommt zu einem regelrechten Identitätszusammenbruch, und mit dem Telefon, das ihn an die gestörte Verbindung zum Vater erinnert, schlägt er den Mann tot, der ihn an seinen Vater erinnert.

Diese Schlußsequenz enthält Fassbinders Deutung des Mordes. In seinem eigenen Bericht in *Lebenslänglich* erwähnt der Maurer nicht, daß der Mord eine Ersatzhandlung sein könnte, Ausdruck eines unbewußten Wunsches, seinen Vater totzuschlagen. In der authentischen Erzählung möchte er den Vater anrufen, schiebt es aber die ganze Zeit hinaus, bis es zu spät ist. Und er schlägt den Wirt nicht mit dem Telefon tot, sondern mit einem Stahlrohr, das er aus mysteriösen Gründen mit sich in der Tasche herumträgt, und hinterher tötet er auch die Frau des Wirts.

Eine andere wichtige Ersatzhandlung, die Materialisierung des Liebesbedürfnisses durch Blumen und andere Geschenke, ist in dem Bericht des Maurers aber deutlich vorhanden:

»Da mich meine Mutter nie gestreichelt hat, kam sie gar nicht auf die Idee, daß ich den Wunsch haben könnte, gestreichelt zu werden oder jemanden zu streicheln. Liebe – das war bei uns ein Blumenstrauß, den wir Mutter zum Wochenende schenkten – meine Sträuße wurden immer größer und teurer. Ich glaube heute, das war ein letzter Versuch, ihr Herz aufzuschließen. Es ist mir nicht gelungen.«

Ich will ja nur, daß ihr mich liebt ist direkt für das Fernsehen, also für ein Millionenpublikum, gemacht worden. Fassbinder hat sich deshalb in diesem Film mit einer Einfachheit ausgedrückt, die nie als Besserwisserei daherkommt. Er ist nicht bloß der verfeinerte intellektuelle Ästhet, der Werke wie *Fontane Effi Briest* geschaffen hat; ebenso stark in ihm ausgeprägt ist der diametrale Gegensatz, nämlich eine primitive, kindliche Eigenschaft, alles so unkompliziert wie möglich auszudrücken. In einer Sprache, die jedem Kind zugänglich ist, kann er sich mit Problemen beschäftigen, die den Gesellschaftsanalysen Marx' und Freuds Analysen der menschlichen Seele entspringen. Und was in diesen theoretischen Werken weiterhin nur einer intellektuellen Minderheit vorbehalten ist, vermochte Fassbinder mit seiner Filmkunst dem Massenpublikum des Fernsehens zugänglich zu machen. Darin lag eine seiner größten Qualitäten als Filmemacher.

Chinesisches Roulette

Ein wohlhabendes Ehepaar (Alexander Allerson und Margit Carstensen) verabschiedet sich fürs Wochenende, das beide auf Geschäftsreise im Ausland verbringen wollen. Aber auf ihrem gemeinsamen Landsitz treffen sie sich unerwartet wieder, in Begleitung ihrer jeweiligen Liebschaften (Ulli Lommel und Anna Karina). Ihre zwölfjährige körperbehinderte Tochter (Andrea Schober) hat aus Haß über das Doppelspiel ihrer Eltern diese Begegnung arrangiert. Außerdem sind noch die Haushälterin Frau Kast (Brigitte Mira), deren Sohn Gabriel (Volker Spengler) sowie das Kindermädchen Fräulein Traunitz (Macha Méril) anwesend. Man unterhält sich u. a. damit, »Chinesisches Roulette« zu spielen, ein Wahrheitsspiel mit psychischen Revolverkugeln, die schließlich durch richtige Kugeln ersetzt werden.

Man darf annehmen, daß Fassbinders Perspektive in *Chinesisches Roulette* die des Kindes ist, also der verkrüppelten Tochter im Pubertätsalter. Sie ist auf verschiedene Weise eine Identifikationsfigur für ihn, nicht zuletzt weil sie wie ein Regisseur die Intrige arrangiert: die Begegnung der Eltern mit ihren jeweiligen Sexpartnern auf dem Landsitz. Auch der Vorschlag, das Gesellschaftsspiel zu spielen, das dem Film den Titel gegeben hat, kommt von der Tochter. Schließlich ist sie es auch, die als Spielverderberin der wachsenden Abscheu der anderen ausgesetzt ist, die schließlich in dem Revolverschuß kulminiert, den ihre eigene Mutter auf sie abfeuern will, im letzten Augenblick aber auf ein Ersatzopfer richtet: das Kindermädchen.

Die Tochter wird von Andrea Schober gespielt, die früher schon eine ähnliche Rolle in *Händler der vier Jahreszeiten* spielte, als stumme Zeugin des ehelichen und emotionalen Fiaskos ihrer Eltern. Man erinnert sich besonders an ihren Blick in der Szene, als sie eines Nachts die Tür zum Schlafzimmer ihrer Mutter öffnet, weil sie nicht schlafen kann, und die Mutter ekstatisch auf einem aufgelesenen Liebhaber reiten sieht, während der Vater aufgrund der ehelichen Tyrannei mit Herzbeschwerden im Krankenhaus liegt.

In *Chinesisches Roulette* gibt es eine ähnliche Szene: das Kind geht von Schlafzimmer zu Schlafzimmer, um den Eltern guten Morgen zu sagen. Und in jedem Zimmer liegen die Eltern mit ihrem jeweiligen Partner im Bett – diesmal nicht in ekstatischem Ritt, sondern in völlig erstarrter Pose, die nichts anderes ist als eine eiskalte Verlängerung des ehelichen Rituals, in dem sie festgefahren sind.

Das Kind behauptet, seine Invalidität habe mit dem ehelichen Fiasko der Eltern zu tun. Dem Kind zufolge begannen die Lähmungen, als der Vater sich vor elf Jahren eine Geliebte nahm; und als die Mutter sich vor sieben Jahren einen Geliebten nahm, erklärte der Arzt die Lähmungen für unheilbar. Wie so oft bei Fassbinder ist die Krankheit psychosomatisch.

Aber stimmt das? Die alte Frau Kast, die die Familie am längsten kennt, weist die Erklärung des Kindes ihrem Sohn gegenüber als unsinnig zurück, wodurch Fassbinder den Zuschauern die Möglichkeit gibt, die Erklärung in Frage zu stellen. Vielleicht ist sie bloß Ausdruck der sentimental-masochistischen Versuche des Kindes, sich selbst als Opfer zu sehen.

Das Kind ist genauso doppeldeutig wie der künftige Dichter Gabriel. Aber in dieser Doppeltheit liegt zumindest eine Spannung, die im Leben der übrigen Hauptpersonen längst verebbt ist. Gabriel darf abends der feinen Gesellschaft aus seinen Werken vorlesen und hofft, daß die Wirtsleute die Drucklegung seines ersten Buchs finanzieren werden. Der Ausschnitt, der verlesen wird, ist eine Verherrlichung des Anarchismus und des Menschen als Erbe Gottes, aber es klingt auch leicht exaltiert, wenn es da heißt: Der Anarchismus »verwüstet meinen Organismus und stürzt meinen Geist in eine Art frühreifen Wahnsinn, den die heutige medizinische Terminologie mit einem bestimmten Namen bedacht hat. Ich bin Mann und Frau« – ganz zu schweigen von dem an Platons *Symposion* erinnernden Abschnitt vom Mann und der Frau, die am Anfang der Welt gespalten wurden und im androgynen Individuum wieder vereint werden sollen.

Während das Kind das Doppelspiel seiner Eltern entlarvt, entlarvt der Künstler das Doppelspiel des Kindes, dessen Rolle nicht nur als Henker, sondern auch als Opferlamm. Gabriel fragt das Kind ironisch, ob es das Chinesische Roulettespiel etwa inszeniere, um selbst durch den Revolverschuß der Mutter umzukommen. Aber das Kind antwortet verächtlich mit der Feststellung, es wisse schon seit zwei Jahren, daß Gabriel jeden Satz, den er als seinen eigenen ausgibt, gestohlen hat! Der eigentliche Urheber seiner Texte ist Artaud. So, wie die Bourgeoisie gestohlene Liebesbegegnungen arrangiert, so versucht Gabriel, sich ein wenig Literatur zu erstehlen.

Es ist einleuchtend, daß zwischen dem Kind und dem Künstler eine gewisse Anziehung besteht, und auch, daß Fassbinder für beide Sympathie hat, weil sie Randfiguren in der Kultur sind, die er kritisieren will und zu der das Kind und der Künstler ein kritisches Verhältnis haben. Als Filmemacher setzt Fassbinder die Arbeit fort, die sie begonnen haben, ohne sich jedoch mit ihnen zu identifizieren. Er hat sich völlig aus der Welt des Films zurückgezogen und ist präsent nur in der Kameraführung, deren Bilder von unübertroffener kühler Präzision sind.

Auf den ersten Blick könnte *Chinesisches Roulette* an eine der modernen Ehetragödien Claude Chabrols erinnern, aber Chabrol wirkt geradezu amateurhaft im Vergleich zu der phantastisch genauen, virtuos kalkulierten Kameraführung, die Fassbinder und Michael Ballhaus hier gelingt.

Die zentralen Szenen spielen in dem großen Wohnraum des Landhauses, mitten auf dem Fußboden steht ein gläserner Barschrank. Fassbinder erzielt durch die Ausnutzung der Linien, Spiegeleffekte und Reflexe dieses Barschranks mühelos extreme Wirkungen: Gesichter, die in besonderen Winkeln und Verzerrungen verdoppelt oder verdreifacht oder vom Glas durchgeschnitten werden wie vom Messer eines Chirurgen. Die Situationen werden in Spiegel- oder Zerrbilder gespalten, die Kamera fährt um Personen herum, und wenn sie stillsteht, wird oft der Fokus innerhalb derselben Kameraeinstellung von der Nahaufnahme im Vordergrund zu einem Gesicht im Hintergrund verlegt. In dem Maße, wie die Personen erstarrt, beinahe tot sind, wird alle Energie, Phantasie und Vitalität in die Kameraarbeit gesteckt.

Hinter diesen schmerzhaften Erstarrungen, Verzerrungen, Zerrissenheiten und Verdoppelungen deutet sich eine andere Dimension an oder zumindest die Sehnsucht nach einer solchen Dimension. Die Sehnsucht wird konkret von dem Kind formuliert, als es – wie schon Franz in *Der Müll, die Stadt und der Tod* – Rimbauds »*Ich* ist ein anderer« zitiert:

Chinesisches Roulette läßt sich in gewissem Sinne als Weiterentwicklung von *Welt am Draht* auffassen und auch als Parallele zu *Satansbraten*. So verschieden diese beiden Filme stilistisch auch sein mögen, beide beruhen auf demselben fundamentalen Abstand zu den Figuren, und beide demonstrieren, daß sie in einer Scheinwelt leben, obwohl diese Scheinwelt für sie zugleich so undurchdringlich realistisch ist, daß sie längst ihre Träume von einer anderen Welt vergessen haben. Ihre Sehnsucht ist so verdrängt, daß Fassbinder sich gezwungen sieht, sie in derselben Filmsprache zu formulieren. Nur das Kind und der Künstler träumen noch von einer anderen Dimension im Leben.

Auch in *Chinesisches Roulette* bleibt Fassbinder seinem Hauptmotiv treu: Das Kind verfügt über ein ganzes Arsenal von Puppen, mit denen es im Bett spielt und deren Funktion doppelt ist: sie sind nicht nur Ersatz für die Menschen, die vergessen haben, wie man spielt, sondern auch ein erstarrtes Bild dessen, worauf sie reduziert worden sind. Sie werden wie Marionetten von einer Gesellschaft gelenkt, die sie nicht mehr verstehen, obwohl sie sie selbst geschaffen haben, und von einer Kindheit, derer sie sich nicht mehr erinnern, obwohl sie sie selbst durchlebt haben.

Das Problem ist, daß Fassbinder dieses Mal Mühe hat, sich für seine Personen zu interessieren. Auch für ihn sind sie Puppen, die er benutzen und wegwerfen kann. Während er früher mit viel Mitgefühl Menschen geschildert hatte, denen die Individualität weitgehend abhanden gekommen war, macht *Chinesisches Roulette* eher den Eindruck, er selbst habe seinen Figuren den letzten Rest von Individualität geraubt und sie gleichsam auf bürgerliche Stereotypen reduziert.

Bis zu einem gewissen Grade kann man seine Methode vielleicht damit verteidigen, daß *Chinesisches Roulette* ein Versuch ist, einen Film zu machen, in dem die Kamera die eigentliche Hauptperson ist und in dem die Lebensform, die sich vor der Kamera abspielt, im Grunde ausgestorben ist. Aber wenn sich Menschen nun einmal vor der Kamera bewegen, dann muß uns auch ihr Schicksal bewegen. Es fällt dem Zuschauer schwer, Anteil zu nehmen an dem »Chinesischen« Roulettespiel, das eine Art Höhepunkt des Films bilden soll, wenn die Personen für uns noch nicht wirklich existieren. Und es ist eine Mystifikation, die an erzählerische Faulheit grenzt, daß wir nichts über die Kriminalität erfahren, in die einige Filmpersonen verwickelt sind, oder über den Revolverschuß, den wir in der letzten Totale von dem Schloß hören, in dem sich das Drama ereignet. Es fällt auf, daß so viel visuelle Sorgfalt in den Film investiert wurde und so wenig Interesse für die übrigen Elemente aufgebracht wird: die Menschen und ihre Geschichte.

Eine Episode von den Dreharbeiten zeugt von der sehr zufälligen Art, wie die Geschichte erzählt wird: Eines Abends kam eine Prozession an den Fenstern des Schlosses vorbei. Das Filmteam stürzte sofort hinaus, um die Prozession zu filmen, und Fassbinder verwendete diese Aufnahmen dann für die Schlußszene. Es ist natürlich schon vorher in der Filmgeschichte vorgekommen, und zwar mit ausgezeichnetem Resultat, daß ein Ereignis, das sich zufällig während der Dreharbeiten abspielt, in den Film eingearbeitet wird. Aber hier wird nichts eingearbeitet: auf der Filmebene ist es schlicht irritierend, einen Menschenauflauf vor dem Schloß vorgesetzt zu bekommen, ohne daß er eine erzählerische Funktion hat. Um doch eine Art Bedeutung vorzugeben, legte Fassbinder einen Revolverschuß in den Ton und spielte anschließend das Kyrie eleison, während gleichzeitig über dem Schlußbild das traditionelle Trauungsritual als Schrifttitel erscheint:

»seid ihr gewillt, die ehe einzugehen, euch die treue zu halten, und euch zu lieben, bis daß der tod euch scheidet.«

Daß Fassbinder den Film schließlich in dieses Trauungsritual münden läßt, wirkt wie eine satirische Geste, die nicht weniger leer ist als das Ritual selbst.

Satansbraten, Ich will doch nur, daß ihr mich liebt und *Chinesisches Roulette* sind stilistisch so unterschiedlich, daß kaum vorstellbar erscheint, daß sie von demselben Regisseur gemacht wurden – und zwar innerhalb einer Zeitspanne von insgesamt neun Monaten. Aber bei näherer Sicht erweisen sie sich doch als so verwandt, daß sich nicht nur Motive, sondern auch Einzelszenen von Film zu Film wiederholen, wenn auch in unterschiedlicher Form.

Das Hauptthema aller drei Filme dürfte die seelische Verstümmelung des Menschen durch die Erziehung sein. Diese grundlegende Problematik wird in *Satansbraten* in einem verächtlich-verzerrenden Vulgärjargon formuliert und in einem pseudoemanzipierten Künstlermilieu angesiedelt. In *Ich will doch nur, daß ihr mich liebt* wird eine Form des Sozialrealismus angestrebt, die dem Arbeitermilieu des Films entspricht, während *Chinesisches Roulette* versucht, ein cineastisch perfektes Portrait der höheren Bourgeoisie zu liefern. Trotz ideologischen und klassenspezifischen Unterschieden der jeweiligen Milieus und den entsprechenden stilistischen Unterschieden der Erzählform gleichen sich alle drei Filme verblüffend: sie beschreiben dieselbe Gesellschaft aus verschiedenen Blickwinkeln.

Das Verbindende in dieser Gesellschaft ist, daß die Identität der Menschen – gleichgültig zu welchem Milieu und welcher Klasse sie gehören – in der bürgerlichen Erziehung zerstört wird. Die Unterdrückung der Liebesbedürfnisse des Kindes oder des infantilen Erwachsenen werden in *Satansbraten* und in *Ich will doch nur, daß ihr mich liebt* in einer parallelen Szene zusammengefaßt: der Unterdrückte muß sich die Hose herunterziehen und sich auf einen Stuhl legen, um Hiebe auf den nackten Hintern zu bekommen. In *Ich will doch nur, daß ihr mich liebt* ist die Szene grausam, direkt und erschütternd, in *Satansbraten* wird eine groteske Dimension hinzugefügt, insofern das Opfer während der Bestrafung eine Erektion bekommt: so konkret kann man dazu gebracht werden, die Unterdrückung zu genießen, wenn man keine andere Wahl hat.

Beide Bestrafungsszenen sind zentrale Punkte in der persönlichen Erziehungs- und Unterdrückungsgeschichte. Die Blumen, die Peter seiner Mutter in *Ich will doch nur, daß ihr mich liebt* schenkt, sind natürlich eine Bitte um Liebe, die es zwischen ihnen nicht gibt, und die brutale Strafaktion der Eltern steht in so einem grotesken Verhältnis zu dem unschuldigen Vergehen, daß andere und unbewußte Motive hinter der Bestrafung liegen müssen: sie ahnen, daß die Blumen ein Freierstrauß sind und auf der symbolischen Ebene daher den unschuldigen und verdrängten Wunsch des Kindes ausdrücken, das ödipale Inzesttabu zu überschreiten – bzw. ganz konkret: den Wunsch nach näherem physischen Kontakt mit der Mutter.

Was in dem kleinbürgerlichen Milieu in *Ich will doch nur, daß ihr mich liebt* ins Unbewußte verdrängt wird, darf sich in dem weniger repressiven Künstlermilieu in *Satansbraten* ungehemmt und frei entfalten. Hier sieht man buchstäblich, daß der infantile kleine Bruder seinen Schwanz von hinten in die Geliebte des großen Bruders, also des Vaterersatzes, stecken will, während sie im Badezimmer steht. Und diese eindeutige Verletzung des Inzesttabus wird also in einer Szene bestraft, die genau der Bestrafung Peters entspricht: die Unterdrückung wird im Inzesttabu zementiert.

Der Ödipuskomplex ist gleichzeitig der Grund, warum das Kind keine andere Wahl hat, als seine eigene Verstümmelung durch Identifikation mit seinen Unterdrückern, d. h. mit den Eltern oder den Elternersatzfiguren, zu akzeptieren. Und wenn die Menschen, gegen die man rebellieren müßte, sich als so stark erweisen, daß man, um überhaupt überleben zu können, sich mit ihnen identifizieren muß, dann folgt daraus, daß der Aufruhr, der sich folglich sein nächstliegendes und konkretestes Ziel nicht suchen kann, in Aggressionen gegen falsche und oft eher zufällig gewählte Ersatzopfer umschlägt.

Das Abreagieren an einem Stellvertreter ist ebenfalls allen drei Filmen gemeinsam. In *Satansbraten* gibt der infantile jüngere Bruder den Fliegen Namen der Familienmitglieder, die er gerne umbringen würde, und er findet eine Art Befriedigung darin, die Fliegen zu töten. In *Ich will doch nur, daß ihr mich liebt* tötet die Hauptperson einen Mann, der ihm wie ein Vater ist, während sich in *Chinesisches Roulette* die Stellvertreterproblematik komplizierter darstellt: die Tochter hat heftige Aggressionen auf ihre Mutter, mit der sie sich irgendwann in ihrem Leben einmal identifiziert hatte. Statt die Mutter zu töten, wendet sie darum ihre Aggressionen nach innen, gegen sich selbst, und versucht die Mutter dazu zu bekommen, sie zu töten, weil sie ja ein Teil der Mutter ist. Aber im letzten Augenblick richtet die Mutter ihren Revolver auf das Kindermädchen, womit sich auch die Mutter ein Ersatzopfer aussucht.

Die Konsequenz der normierten Erziehung ist in allen drei Filmen der Masochismus. In *Ich will doch nur, daß ihr mich liebt* wird dieser Masochismus als das sozial Akzeptierte und zu Erwartende beschrieben. Man hat kaum eine Ahnung von seinen innersten Bedürfnissen, sondern ordnet sich gehorsam den Eltern, dem Arbeitsplatz, der Ehe unter. In *Satansbraten* wird der Masochismus in seiner sexuellen Dimension beschrieben: die Beischlafszenen spielen sich in klarer Verbindung mit Demütigungen, Mißhandlungen und sogar Todeswünschen ab. In *Chinesisches Roulette* wird die äußerste Konsequenz des Masochismus schließlich klar gezeigt als Manifestation des Todestriebs. Die drei Filme zeigen also eine soziale, eine sexuelle und eine psychische Dimension des Masochismus, und diese drei Aspekte wurden in den folgenden Produktionen Fassbinders noch weiter vertieft und zusammengefaßt.

13.
Der Faschismus wird siegen

Wie die Künstler in *Satansbraten* und *Chinesisches Roulette,* die ihre zerstörte Identität zu heilen versuchen, indem sie sich in Stefan George und Antonin Artaud spiegeln, so versucht Fassbinder mit seinen nächsten Filmen, seine Identität in bereits vorliegenden literarischen Werken zu spiegeln. Und es ist natürlich kein Zufall, daß er sich gerade Exilschriftsteller aussucht: Oskar Maria Graf war 1933 vor den Nazis aus Deutschland, Vladimir Nabokov 1919 mit seinen Eltern vor den Kommunisten aus Rußland geflohen. Beide landeten in den USA, die eine Zeitlang auch Gegenstand von Fassbinders Emigrationsträumen waren, und beide schrieben Romane über Menschen, die ins innere und äußere Exil gehen: *Die Ehe des Herrn Bolwieser* und *Despair*. Sie waren die Vorlage für Fassbinders zwei folgende Spielfilme. Außerdem schrieb er, während er an ihnen arbeitete, das Drehbuch zu dem größten Projekt seines Lebens, einer 14teiligen Fernsehserie über seinen Lieblingsroman *Berlin Alexanderplatz,* der ebenfalls von einem Exilautor stammt: Alfred Döblin.

Alle drei Romane spielen in Deutschland unmittelbar vor der Machtübernahme durch die Nationalsozialisten, zu einer Zeit also, in der das deutsche Volk schrittweise seine vermeintliche Identität, seine Werte und Ideale verliert, unter der Einwirkung politischer Strömungen, die Fassbinder bloß für die bittere Konsequenz bürgerlicher Ideen und Lebensformen hielt, die aber zugleich die definitive Auslöschung dieser Werte waren. Anders gesagt: seine persönliche Identitätskrise, die auch etwas mit der politischen Krisenstimmung Ende der 70er Jahre zu tun hatte, versucht Fassbinder hier zu spiegeln und zu erklären, indem er das menschliche Klima jener Jahre untersucht, die die schwersten Folgen für die Kultur hatten, der er angehörte. Für Fassbinder bestand eine offenkundige Verbindung zwischen damals und jetzt: der Wohlstandswelle der 20er und der 60er Jahre, den rebellischen künstlerischen Experimenten und provozierenden Vorstellungen von neuen Lebensformen folgten Arbeitslosigkeit, Krise, Reaktion – und in den 30er Jahren als deren Resultat der Nationalsozialismus. Wohin würde die jetzige Krise führen?

In *Der Müll, die Stadt und der Tod* und *Satansbraten* ließ Fassbinder einige seiner Hauptpersonen ein verzweifelt-triumphierendes »Der Faschismus wird siegen« ausrufen. Jetzt strebt er zurück in die Zeit, in der der Nationalsozialismus den Sieg errungen hatte.

Bolwieser

Der Bahnhofsvorsteher Xaver Bolwieser (Kurt Raab) lebt in einer scheinbar glücklichen und ebenbürtigen Ehe mit Hanni (Elisabeth Trissenaar), aber eines Tages fängt Hanni ein Verhältnis mit dem Metzger Frank Merkl (Bernhard Helfrich) an, was von Bolwieser akzeptiert wird, nicht aber von den Klatschbasen der Kleinstadt. Um Hannis Ehre zu retten, muß Bolwieser vor Gericht einen Meineid leisten, und als Hanni sich gleichzeitig einen neuen Liebhaber nimmt (Udo Kier) und das Geld zurückverlangt, das sie dem Metzger geliehen hat, rächt sich dieser, indem er Bolwiesers Meineid entlarvt. Bolwieser bekommt vier Jahre Gefängnis. Hanni verläßt ihn mit ihrem neuen Geliebten. Nach seiner Freilassung hat Bolwieser keine Lust mehr, den Kontakt mit der Welt wieder aufzunehmen, in der die gesellschaftlichen Normen, deren Opfer er geworden ist, durch den Nationalsozialismus bestärkt werden.

Bolwieser wurde zuerst als zweiteilige Fernsehserie gemacht, aber gleich danach schnitt Fassbinder sein Material zu einem Spielfilm von normaler Länge zusammen, d. h. der Film ist 88 Minuten kürzer als die Fernsehserie. Gegenstand der folgenden Analyse ist die Fernsehserie.

Oskar Maria Graf (geb. 1894), der Verfasser von *Die Ehe des Herrn Bolwieser,* stammte aus einem kleinen bayrischen Dorf und war politisch und literarisch eine Art *enfant terrible,* ein ungebärdiger Anarchist und gleichzeitig bayrischer Heimatdichter. Nach der nationalsozialistischen Machtübernahme floh er zuerst nach Österreich, wo er feststellte, daß seine Bücher bei den Bücherverbrennungen der Nazis nicht verbrannt wurden. Das kränkte ihn tief, und er protestierte unter dem Titel »Verbrennt mich« in der Wiener Arbeiterzeitung:[1]

»Diese Ursache habe ich nicht verdient! Nach meinem ganzen Leben und nach meinem ganzen Schreiben habe ich das Recht, zu verlangen, daß meine Bücher der reinen Flamme des Scheiterhaufens überantwortet werden und nicht in die blutigen Hände und die verdorbenen Hirne der braunen Mordbanden gelangen! Verbrennt die Werke des deutschen Geistes! Er selber wird unauslöschlich sein, wie eure Schmach!«

Dieser Wunsch wurde ihm bald erfüllt, und er selbst emigrierte in die USA. Er starb 1967 und liegt begraben auf dem Bogenhausener Friedhof in München, nicht weit von Fassbinders Grab.

Man kann unschwer sehen, was Fassbinder an Oskar Maria Grafs Roman fasziniert hat. Der Stoff enthält eine langsam voranschreitende, unerbittliche Entlarvung der Ehe als hohler Fassade, hinter der sich Triebe und Gelüste verstecken, die, weil unterdrückt, sich auf besonders destruktive und morbide Art durchsetzen. Und nachdem Fassbinder in den Frauenfilmen *Die bitteren Tränen der Petra von Kant, Fontane Effi Briest* und *Martha* die Frau als Opfer der Männergesellschaft dargestellt hatte, wollte er jetzt in *Bolwieser* in den Vordergrund stellen, was auch unter der Oberfläche seiner Frauenfilme lauert: daß die Wirklichkeit nicht so simpel ist, wie sie in der Geschlechterrollendebatte der 70er Jahre dargestellt wurde, und daß in der sogenannten Männergesellschaft auch Männer die Opfer und Frauen die Henker sein können. Das hatte Fassbinder schon im *Händler der vier Jahreszeiten* beschrieben. Mit *Bolwieser* tut er das so bitter und sarkastisch und so präzise analytisch, daß der Film perfekt veranschaulicht, was Fassbinder gemeint hatte, als er einige Jahre zuvor sagte, Frauen verstünden es, ihre Unterdrückung als Terrormittel zu benutzen.

Der Bahnhofsvorsteher Bolwieser ist ein guter Mensch, wohl erzogen und korrekt und sehr verliebt in seine Frau. Am liebsten würde er jeden Abend zu Hause bei Hanni bleiben, und wenn er gelegentlich ins Wirtshaus geht und betrunken nach Hause kommt, dann nur ihretwegen: er will nicht, daß die Leute glauben, sie würde alles bestimmen. Es wäre demütigend für sie, wenn er nicht, nach außen hin, der Mann im Haus wäre. Der Konflikt zwischen Gefühlen und Rollen ist also von Anfang an grotesk zugespitzt. Zu Hause ist es Hanni, die bestimmt und – kraft väterlichen Vermögens – auf dem Geld sitzt.

Bolwieser hat einige starke Erlebnisse – für die Zuschauer Vorahnungen seines Schicksals, für ihn selbst eine Veranschaulichung der Tatsache, daß es Männern nicht allzu gut geht in dem, was später »Männergesellschaft« genannt wurde. Er ist bei zwei Prozessen anwesend: In dem einen wird ein Bauer des Mordes verurteilt, während die Frau, die die Ursache des Mordes ist, frei ausgeht, in dem anderen wird ein Beamter entlassen wegen einer unbedeutenden Unterschlagung, die er begangen hat, um Frau und Kinder versorgen zu können, und die er im großen und ganzen schon zurückgezahlt hat. Er stirbt an seinem Urteil.

Wie der Bauer und Beamte will auch Bolwieser alles aus Liebe tun – sogar beschwören, daß er nicht weiß, daß Hanni angefangen hat, gegen 12 Uhr nachts Merkl zu besuchen. Bolwieser weiß genau, daß sie das tut, aber um ihren Ruf zu schützen, leistet er einen Meineid.

Es besteht, wie immer bei Fassbinder, eine enge Beziehung zwischen Geld und Liebe: Als Hanni sich später von Merkl löst und einem Friseur zuwendet, will sie auch die 50 000 Mark zurückhaben, die sie Merkl geliehen hat, und das Geld lieber ihrem neuen Liebhaber geben, damit er sein Geschäft erweitern kann.

Daraufhin läßt Merkl Bolwiesers Meineid auffliegen, obwohl es bitter für Bolwieser ist, daß er für die Eskapaden seiner geliebten Frau büßen soll. Bolwieser wird zu vier Jahren Haft verurteilt, denn er hat sich nicht nur nicht als Mann im eigenen Haus erwiesen, sondern durch sein Verhalten auch den Beamtenstand kompromittiert, dem er angehört, und damit die Gesellschaft in Mißkredit gebracht. Für Bolwieser ist es natürlich bitter, daß seine tiefe Liebe zu seiner Frau als geradezu gesellschaftsschädlich betrachtet wird. Aber so ist es.

Und Hanni weint aufrichtig und herzzerreißend, als ihr Mann ihretwegen ins Gefängnis kommt. So hat sie es nicht gewollt. Warum ist die Gesellschaft auch so eingerichtet, daß ihr Freiheitsdrang im buchstäblichen Sinne ihrem Mann die Freiheit rauben soll. Zugleich kann man Hanni kaum davon freisprechen, daß sie – vielleicht unbewußt – ihren Mann gern hinter Schloß und Riegel sähe, damit sie ihr Leben leben kann, genau so, wie man Helmut in *Martha* kaum davon freisprechen kann, daß er eigentlich ganz zufrieden ist, daß seine Frau für den Rest ihres Lebens im Rollstuhl sitzen muß und er weiß, wo er sie hat.

Martha in ihrem Rollstuhl ist vielleicht nicht einmal unzufrieden über ihre unfreie Lage, weil sie sie von den Forderungen der Freiheit und von schwierigen Entscheidungen entbindet. Für Bolwieser ist das Gefängnis auch eine Art Erleichterung. Als er freigelassen wird, will er jedenfalls ungern wieder hinaus.

Im Haus der Bolwiesers hat Fassbinder ein einfaches visuelles Symbol für die Beschreibung dieser Ambivalenz angebracht: einen Vogel in einem Käfig. Hanni verflucht den Vogel und droht, ihm den Hals umzudrehen, weil er sie deutlich an das Eingesperrtsein erinnert, aus dem sie selbst ausbrechen will. Bolwieser dagegen tröstet sich damit, daß zumindest der Vogel ihn liebt, während Hanni ihren Liebhaber besucht. Hannis Traum, aus dem Käfig zu entkommen, wird ausgedrückt in einer

Überblendung von dem Vogel im Käfig zu Hanni, die mit Merkl tanzt. Bolwiesers Sehnsucht, zusammen mit dem Vogel im Käfig Frieden zu finden, ist das zweite Hauptmotiv des Films, herzergreifend illustriert in der Sequenz, als Hanni ihren Mann ins Wirtshaus schickt, damit die Freunde nicht darüber reden, daß er unter dem Pantoffel steht – und er sich statt dessen auf den Straßen herumtreibt und mit Tränen in den Augen bei einem scheinbar glücklichen Ehepaar durchs Fenster guckt und sieht, wie die beiden es sich im häuslichen Käfig gemütlich gemacht haben.

Als Bolwieser zum Schluß eingesperrt wird, der Vogel ist fortgeflogen, hat sich die Situation natürlich geändert. Der vier Jahre dauernde Gefängnisaufenthalt wird in zwei starken Bildern beschrieben: eines, wo er in einem Traum Hanni verdammt, sie in Stücke schneidet und ihr die Eingeweide ausreißt, ein anderes, wo er hart und einsam die nackte Zellenwand fickt.

Mit *Bolwieser* hat Fassbinder erreicht, wonach er gesucht hat. Seine schöpferische Krise, die in der politischen Nullpunkt-Situation gründete, vollendet sich in diesem bitteren und ambivalenten Werk. Er macht aus einem Roman, mit dessen Problematik er sich identifizieren kann, einen Film, der Persönliches und Objektives zusammenfaßt. In dieser Objektivierung von persönlicher Verzweiflung kann sich Fassbinder, einfühlsam und distanziert zugleich, wieder auf seine Figuren einlassen.

Kurt Raab und Elisabeth Trissenaar in den Hauptrollen sind ein Höhepunkt des spezifisch Fassbinderschen Realismus. Selten hat er seine Schauspieler so weit bis ins marionettenhaft Stilisierte, fast schon Manierierte getrieben wie hier, während er auf dem Grund ihrer gemarterten Seelen eine schmerzvolle tiefe Liebessehnsucht festhält. Und der Kamerastil, der in *Chinesisches Roulette* drohte, zum l'art pour l'art zu werden, verschmilzt hier zu einer perfekten Synthese mit der Personenzeichnung. Die steifen, rituellen Menschengruppen in Wirtshäusern, am Arbeitsplatz oder im Gerichtssaal erzählen etwas von einem Land in Trance. Dieser Trance-Zustand ist zwar Resultat eines äußeren Drucks, wird aber vom Einzelnen verinnerlicht und mit seiner eigenen Lebensweise in Übereinstimmung gebracht. Der Einzelne, ob Richter, Bahnhofsgehilfe, Wirtshausbesucher oder Hausfrau, wird durch diesen unabgeschlossenen Prozeß zu hysterischen Ausbrüchen getrieben. Der Wunsch nach Gesetz und Ordnung wird von einer unbewußten Angst vor den Konsequenzen von Gesetz und Ordnung durchkreuzt. Aber dieser Konflikt erstarrt in einer Grimasse und führt nicht zur Einsicht.

Als Bolwieser aus dem Gefängnis kommt, ohne Arbeit, ohne Frau und ohne die Achtung seiner Mitmenschen, läßt er sich bei einem alten Fährschiffer nieder und wird in einer ruhigen und wortlosen Gemeinschaft dessen Gehilfe. Und als der Fährschiffer stirbt, übernimmt Bolwieser dessen Arbeit: In Sonne und Schnee, in Regen und Sturm bringt Bolwieser die Menschen den Fluß hinunter oder ans andere Ufer.

Als er noch bei der Bahn arbeitete, mußte er dafür den Preis zahlen, daß er einem System angehörte, das ihn zerbrechen würde. Als Fährmann ist er sein eigener Herr, und er kann weiterhin die Menschen von einem Ort zum anderen befördern, aber jetzt muß er dafür den Preis zahlen, daß er allein mit der Natur ist, isoliert von der Gemeinschaft, die einen erhalten kann.

Das System ist die ritualisierte Gemeinschaft. Die Gemeinschaft ist das vermenschlichte System. In dem System kann man nicht leben, die Gemeinschaft kann man nicht entbehren. Das war Bolwiesers Tragödie. Und weit davon entfernt, für eine Rückkehr zur Natur zu plädieren, endet die Fernsehserie doch als Tragödie. Während Bolwieser in einem winterlichen Bild den Fluß hinunterrudert, werden die letzten Seiten des Romans von einem Sprecher vorgelesen:

»Aus aller vergänglichen Lebendigkeit ist er. Wie fortgeweht aus dem Menschlichen. Nur das unablässige Auf und Ab der Elemente rührt ihn noch . . .«

Dieser Text ist inhaltlich mit dem Artaud-Text verwandt, der am Ende von *Satansbraten* stand, unterscheidet sich aber in der Färbung. Artauds Aufforderung, nicht mehr vom Menschen aus zu denken, ist die konsequente Schlußfolgerung eines Films, der misanthropisch demonstriert, daß menschliche Gemeinschaft in sadomasochistischer Karikatur endet. Die Feststellung, daß Bolwieser sich aus dem Bereich des Menschlichen entfernt hat, ist von einem schmerzlichen Gefühl getragen, daß das Menschliche auch andere Möglichkeiten als die hier gezeigten enthält.

Fassbinders eigene Haltung, auf der jede einzelne Sequenz des Films gründet, kommt explizit in der Schlußmusik zum Ausdruck, dem Altsolo aus dem 4. Satz von Mahlers 2. Symphonie: »Der Mensch liegt in größter Not, der Mensch liegt in größter Pein!«

Not und Pein des Menschen sind in Bolwieser so ambivalent, so widersprüchlich, so bitter ironisch dargestellt, wie es sein muß, um wirklich hinter die leichten politischen Schlagworte der Geschlechterrollendebatte zu dringen und zu einem tieferen Verständnis zu gelangen.

Bolwieser zeigt, daß jedes Rollendenken zu Identitätsverlust führt und daß Menschen sich eine Gesellschaft von Rollen geschaffen haben, die ihre Identität zerbrechen: zu Bolwiesers Rolle gehört, daß er in die Kneipe gehen und mit anderen Männern trinken muß, obwohl er am liebsten zu Hause bei Hanni säße. In den Augen der Gesellschaft, in Hannis und letzten Endes auch in den eigenen Augen ist er ein Schlappschwanz, weil seine Identität nicht der erwarteten Rolle entspricht.

Und zu Hannis Rolle gehört, daß sie sich mit ihrem Mann begnügen muß und keine anderweitigen Interessen hat. Wenn ihre Lust trotzdem mehr will, nützt es nichts, daß sie sich klarzumachen versucht, daß ihr Mann nichts entbehren muß, wenn sie mit einem anderen anbandelt – im Gegenteil: er hat eine zufriedene Frau zu Hause, wenn sie hin und wieder ausgehen darf. So sieht die Gesellschaft es nicht, und so kann sie es auch selbst nicht sehen. Nach einem Besuch bei einem ihrer Liebhaber bespuckt sie ihr Spiegelbild, als sie nach Hause kommt und sich wäscht.

Der erste Teil von *Bolwieser* endet mit dem furchtbaren Bild der Frau, die in ihr Spiegelbild spuckt, weil sie sich ihrer eigenen Sehnsucht schämt, und der zweite Teil hat seinen dramatischen Höhepunkt, als die Frau versucht, sich von dem einengenden Band der gesellschaftlichen Moral zu befreien, und sich von der Polizei und dem Strafsystem dieser Gesellschaft helfen lassen muß, um den Mann loszuwerden, der sie so, wie sie ist, geliebt hat und mit dem sie aus genau diesem Grunde auch gerne weiter zusammenleben würde.

Bolwieser ist von einem tiefen Schmerz getragen, daß die Opfer in dieser Gesellschaft deren Unterdrückungsmechanismen verstärken. Das Mitgefühl mit Opfer und Henker ist gleich groß, denn Fassbinder weiß, daß beide von der gleichen aufreibenden Sehnsucht getrieben werden und daß die ihnen aufgezwungenen Rollen Strafe genug sind dafür, daß sie nicht imstande sind, an ihrer Identität festzuhalten.

Wohin diese Rollen und dieser Identitätsverlust führen, wird durch die braunen Uniformen angedeutet, die diskret gegen Ende des Films auftauchen.

Despair – eine Reise ins Licht

Der Schokoladenfabrikant Hermann Hermann (Dirk Bogarde) befindet sich in einer midlife-crisis. Seine Frau (Andrea Ferreol), die er ohnehin für schwachsinnig hält, hat sich einen Liebhaber genommen (Volker Spengler), sein Unternehmen steht vor dem Bankrott, der Nationalsozialismus ist im Vormarsch. Da schmiedet er einen verzweifelten Plan; er will versuchen, die Identität eines anderen Mannes anzunehmen. Er überredet einen Landstreicher, Felix (Klaus Löwitsch), die Kleider mit ihm zu tauschen, und hofft außerdem, daß die Ähnlichkeit zwischen ihnen so groß ist, daß der Betrug nicht auffliegt. Anschließend erschießt Hermann »sich« in Gestalt des anderen, und mit der Identität eines anderen Mannes will er versuchen, von vorne anzufangen. Sein Fluchtversuch ist aber so dilettantisch, daß der Schwindel schnell entdeckt wird – und vielleicht war es das ja, was Hermann wirklich wollte.

Am nächsten kam Fassbinder der Erfüllung seines Exil-Traums, als er *Despair – eine Reise ins Licht* nach einem Manuskript des Engländers Tom Stoppard drehte, das wiederum auf einem Roman Vladimir Nabokovs beruhte. Der Film wurde auf englisch gedreht, mit Dirk Bogarde und Andrea Ferreol in den Hauptrollen, wurde aber in den Bavaria-Studios in München aufgenommen und spielt in Deutschland in den Jahren vor Ausbruch des Nationalsozialismus. Und vielleicht ist es gerade der Charakter einer internationalen Prestigeproduktion, der den Film trotz seiner einleuchtenden thematischen Relevanz in künstlerischer Hinsicht etwas problematisch macht.

Der Film scheint nicht zuletzt davon geprägt zu sein, daß Fassbinder Englisch zwar verstand, aber nicht beherrschte. Merkwürdigerweise erforderte Fassbinders »non-verbale« Kommunikation mit den Schauspielern ein außerordentlich spielerisches und entspanntes Verhältnis zur Sprache. Und selbst ein so hervorragender Schauspieler wie Dirk Bogarde erweckt den Eindruck, als habe er zwar intellektuell, aber nicht emotional verstanden, was Fassbinder von ihm wollte. Kleine »lokale« Filme ohne berühmte Stars, über einen Obsthändler oder eine Putzfrau sind eben »internationaler« als ein Film, der von vornherein international angelegt ist.

Despair – eine Reise ins Licht ist ein Film über die gespaltene Identität und führt konsequent die Problematik von *Satansbraten* weiter. Hermann Hermanns Identitätskrise ist genauso fundamental wie die von Walter Kranz, und eigentlich versucht er, sie auf dieselbe Art zu lösen wie Kranz, insofern er nämlich in die Identität eines anderen Mannes flüchtet. Während Kranz aber sich als Künstler damit begnügen kann, daß sich die Identifikation auf der Phantasieebene abspielt, versucht der Schokoladenfabrikant Hermann, in die Identität eines anderen zu schlüpfen, indem er diesen ermordet.

Hermanns gespaltenes Ich wird in der ersten Szene sichtbar gemacht: Während er versucht, mit seiner Frau zu schlafen, sitzt er gleichzeitig in einem Stuhl und beobachtet die Szene. Beider Zusammenleben ist in einem routinehaften Ritual erstarrt, die Frau hat sich längst einen Liebhaber genommen, während er selbst versucht, dem Geschlechtsakt ein gewisses voyeuristisches Interesse abzugewinnen, indem er sich aufteilt in einen Handelnden und einen Beobachter.

Diese Spaltung vertieft sich, als Hermann eines Abends mit seiner Frau im Kino sitzt und sich selbst beobachtet, wie sie einen Film sehen, der ein altes Fassbinder-Thema gestaltet: nämlich das Verhältnis zwischen Polizei und Verbrecher als Spaltung einer ursprünglichen Einheit, d. h. als zwei Gegenpole innerhalb derselben kranken Gesellschaft. Ein Polizeibeamter verfolgt einen Mann, der sich als sein Bruder herausstellt. Der Verbrecher versucht, zu entkommen, indem er seinen Bruder tötet und sich dessen Polizeiuniform anzieht, wird aber schnell von den Kollegen des Ermordeten entlarvt und selber erschossen. Dieser Film bringt Hermann auf die Idee, einen ähnlichen Identitätstausch vorzunehmen, aber durch den tragischen Ausgang wird natürlich auch vor den Konsequenzen gewarnt, und zwar so konkret, daß man nicht ausschließen kann, daß Hermanns Versuch, sich in eine andere Identität zu flüchten, in Wahrheit Ausdruck eines unbewußten Todestriebes ist: die Flucht aus der eigenen Identität führt in den Tod.

Obwohl *Despair – eine Reise ins Licht* primär ein Film über die Identitätsproblematik einer einzelnen Person ist, wird das Thema auch als gesellschaftliches gezeigt. Hermanns Schokoladenfabrik steht, bedingt durch die Weltwirtschaftskrise, kurz vor dem Bankrott. Um aus dieser Krise herauszukommen, schlägt Hermann vor, die eigene Fabrik mit der des Konkurrenten zu fusionieren.

Die braunen Schokoladenpuppen, die in Hermanns Fabrik hergestellt werden, spalten sich in eine bedrohliche gesellschaftliche Realität: Mechanische Puppen in braunen Uniformen fangen allmählich an, das Straßenbild zu beherrschen, ja, sie tauchen sogar in Hermanns Fabrik auf. Der Nationalsozialismus steht in diesem Zusammenhang als Metapher für die drohende politische Konsequenz des Identitätszusammenbruchs, dem Hermann erliegt.

Hermann ist nicht imstande, politisch zu denken, und hat eine ironisch-herablassende Beziehung zu den wechselnden politischen Verhältnissen, denen er sich, um zu überleben, mit chamäleonhaftem Tempo anpaßt. Er berichtet, wie er sich in Rußland als Schwarzhemd ausgab und mit den Weißen gegen die Roten kämpfte und flüchtete, indem er sich unter den Rotgardisten versteckte, und daß er jetzt unter den Braunhemden gelandet ist, obwohl er in Wirklichkeit nie etwas anderes war als »yellow« (feige).

Wenngleich Hermann also aus Überlebensinstinkt zu einer apolitischen Haltung gezwungen wird und nur ein ironisch-nachsichtiges Schulterzucken übrig hat für die politischen Realitäten der Gegenwart, so gibt er durch einen Versprecher doch einen Zusammenhang zwischen der äußeren gesellschaftlichen Krise und dem inneren Identitätsverlust zu erkennen. Das geschieht in einem Gespräch mit seiner Frau Lydia.

Hermann: A chocolate factory is on the verge of going bankrupt, and I am going to do a murder.
Lydia: A murder?
Hermann: A merger.

Murder und *merger* werden auf englisch fast gleich ausgesprochen, aber das erste Wort bedeutet Mord und weist auf Hermanns Plan hin, seiner persönlichen Krise zu entkommen durch den Mord an einem anderen Menschen, dessen Identität er übernehmen will, während das andere »Fusion« bedeutet und auf seinen Plan hinweist, seinen drohenden gesellschaftlichen Bankrott zu verhindern, indem seine Firma mit einer anderen fusioniert.

Die Fusion wird jedoch genau dadurch verhindert, daß der andere Fabrikant Hermann persönlich für zu ausgeflippt hält. Seine Schizophrenie wird durch ein recht zweideutiges Verhältnis zu seiner Mutter beleuchtet, die in seinem Bewußtsein eine gespaltene Person ist, einmal »schön und vornehm, eine echte Russin aus altem Fürstengeschlecht«, und dann wieder »ein fettes Bürgerweib mit zu vielen Ringen, die Schokolade in ihre fette Fresse stopfte«. Mit anderen Worten: die Krise, deren politisch-gesellschaftlicher Höhepunkt der Nationalsozialismus ist, reicht bei Hermann persönlich in die Kindheitsjahre zurück und entspringt dem gespaltenen Mutterbild, das hinter der sexuellen Spaltung in Hermanns Gegenwart liegt – und zu dem wahnsinnigen Plan führt, die Identität eines anderen zu übernehmen.

Der Roman ist in der Ich-Form geschrieben, und das heißt, daß die Leser nicht herausfinden können, ob tatsächlich eine so große Ähnlichkeit zwischen Felix und Hermann besteht, daß Hermanns Entschluß, ihn zu ermorden und seine Identität zu übernehmen, realisierbar wäre – oder ob die Gleichheit bloß in Hermanns Vorstellung existiert. Im Film dagegen sieht jeder von Anfang an, daß es zwischen den beiden nicht die geringste Ähnlichkeit gibt. In diesem Punkt kam es zu einer Differenz zwischen Fassbinder und Tom Stoppard, weil Stoppard beide Männer von demselben Schauspieler spielen lassen wollte, was Fassbinder ablehnte. Und als Hermann seinen verrückten Plan ausgeheckt hat, läßt Fassbinder ihn auch in einem klaren Augenblick den Plan als »Wahnsinn« bezeichnen – Hermann ist nicht so verrückt, daß er nicht sähe, daß jede Ähnlichkeit zwischen ihm und Felix ausgeschlossen ist: der Wahnsinn ist von ihm selbst gewählt, er ist ihm keineswegs zum Opfer gefallen. Diesen inneren Wahnsinn, in den er vor einer wahnsinnigen Außenwelt flüchtet, hält er beschwörend und wie zum eigenen Schutz der Wirklichkeit entgegen.

Hermanns Utopie ist eine künstlerische Utopie: er versucht, seine Wirklichkeit wie einen Film zu inszenieren, weil er sich vage vorstellt, er könne sich, wenn er die äußere Wirklichkeit nicht meistert, wenigstens eine innere schaffen. Wie der Künstler Fassbinder, versucht auch Hermann im Ästhetischen zu überleben – er ist aber kein Künstler, und daher ist sein Versuch zum Scheitern verurteilt.

Hermanns Sehnsucht, sich in der Identität eines anderen zu verkriechen, ist im Grunde eine Sehnsucht nach Wiedergeburt, und diese Sehnsucht taucht, gewissen Jung-orientierten Analytikern zufolge, bei jedem Künstler im Alter von 30-35 Jahren auf. Die Sequenz, in der Hermann Felix in seinen Plan einweiht, die Identität zu tauschen, ist von Fassbinder mit einer Symbolik formuliert, die Jungianer zweifellos als Ausdruck einer Wiedergeburtssehnsucht deuten würden: es tobt ein wahres Unwetter vor dem Haus, es blitzt und donnert. Und gerade Blitz und Donner sind nach Jung der konkrete Ausdruck der ersten überwältigenden Begegnung des neugeborenen Kindes mit Licht und Lauten der Welt!

Nachdem Hermann seinen Plan verwirklicht und sich als Felix verkleidet hat, während jener Hermanns Kleider und Paß übernimmt, erschießt er Felix von hinten – denn nur im Mord kann der endgültige Identitätstausch seine Bestätigung finden. Im Augenblick seines Todes ruft Felix lächelnd: »Danke!« – ein Wort, das nicht in Nabokovs Roman steht und das die Sehnsucht nach dem Tod als die einzig mögliche Befreiung ausdrückt, die immer stärker in Fassbinders Produktion hervortritt. Von dieser Todessehnsucht wird auch Hermann getrieben: In gewissem

Sinne arrangiert er ja einen Mord an sich selbst, versucht aber, durch einen Doppelgänger seinen Selbstmord zu überleben. Und obwohl Hermann nur Ironie und Verachtung für die Braunhemden übrig hat, ist der Nationalsozialismus doch ein Teil seines inneren Systems und kommt in der Art zum Ausdruck, wie er vor dem Nationalsozialismus flieht.

Hermanns Traum, aus dem äußeren Wahnsinn in das innere Exil zu verschwinden, sich von dem weißen Licht des Wahnsinns aufsaugen zu lassen und eine neue Identität zu finden, zersplittert wie der zerbrochene Spiegel, in dem wir ihn sehen, als ihn die Polizei zum Schluß findet.

Vorher hat er in der scheinbar offenen und freien Landschaft, die er erblickt, als er sein Hotelfenster öffnet, genau das Wandgemälde aus dem Restaurant wiedererkannt, wo er den Versicherungsagenten kennenlernte, den er erst für einen Psychiater hielt, und wo er seinen wahnsinnigen Fluchtplan faßte. Daß dieses Gemälde zu einer offenen Landschaft wird, drückt konkret seine Sehnsucht aus, in die Ästhetik, die Kunst zu fliehen. Aber die Landschaft stellt sich trotzdem nur als eine weitere Mauer heraus, gegen die er mit der Stirn anrennt.

Bis zuletzt hält Hermann aber an der Vorstellung fest, sein Leben als Kunstwerk zu inszenieren. Als er von einem bewaffneten Polizeikommando gestellt wird, klammert er sich an die Idee, es sei eigentlich eine Filmaufnahme und die Polizei dürfe nicht ins Bild kommen. So will er sich einen Fluchtweg schaffen, um nicht im Kugelregen der Polizei als Verbrecher zu enden, der seinen Bruder im Film tötete, um die Identität des Bruders zu übernehmen.

Diesen Film, der davor warnt, die Kunst mit dem Leben und den Wahnsinn mit der Normalität zu verwechseln, widmet Fassbinder zum Schluß solchen Künstlern, die, wie er selbst, diese Grenzen als fließend betrachteten: Vincent van Gogh, Antonin Artaud und Unica Zürn.[2]

Despair – eine Reise ins Licht ist thematisch ungeheuer interessant und spielt eine zentrale Rolle in Fassbinders Spätwerk, und er ist obendrein ästhetisch so perfekt realisiert wie kaum einer seiner bisherigen Filme. Die Kamera schlängelt sich durch labyrinthische Fahrten und demonstriert so auf der ästhetischen Ebene, daß Hermann mit seinen Versuchen, der eigenen Identität zu entrinnen immer wieder in Sackgassen endet. Die Dekorationen sind immer dramatisch verdichtend eingesetzt, so daß das übergeordnete Thema in sämtlichen Details anzutreffen ist. Das physische Bild der Personen wird oft mit Hilfe von Spiegeln und bemalten Glasscheiben gespalten, die verhindern, daß wir einen Gesamteindruck von den Personen gewinnen.

Obwohl man eigentlich keine Stelle als mißlungen bezeichnen kann, ist der Film doch auf eine merkwürdige Weise Opfer seines eigenen Themas, der Spaltung, geworden. Er bleibt sonderbar fern und abstrakt, ein Experiment, das theoretisch perfekt realisiert wurde, aber das Undefinierbare vermissen läßt, das man künstlerische Faszinationskraft, Sinnlichkeit, Erlebnisfülle nennen kann. Es ist ein Film, der mehr den analytischen Verstand anspricht als die Gefühle, während Fassbinders wichtigste Filme gerade intellektuelle Stringenz mit emotionaler Kraft vereinen.

Andererseits mag man eine gewisse Logik darin erkennen, daß ein Film über einen Mann, der seine Welt nicht mehr unmittelbar erleben kann und sich so sehr als gespalten empfindet, daß er sich verzweifelt nach einer anderen Identität sehnt, daß solch ein Film ohne direkten Erlebniswert ist, ohne Sinnlichkeit und im Grunde so abstrakt und theoretisch, daß man als Zuschauer fast die Problematik der Hauptperson übernimmt. Man verhält sich zum Film genauso kühl wie Hermann zu seinem Leben, als Zuschauer sehnt man sich ebenso heftig nach einem großen Hollywood-Melodram, wie Hermann sich nach einer neuen Identität sehnt, indem er sein Leben zu einem Hollywood-Film umdichtet.

Aber dieser Fluchtweg ist versperrt, nicht nur für Hermann Hermann, sondern auch für den Zuschauer, der akzeptieren muß, daß Fassbinder selten Filme machte, um die Sehnsucht seiner Zuschauer zu erfüllen, sondern um diese Sehnsüchte in Frage zu stellen.

Berlin Alexanderplatz

1. Die Strafe beginnt. 2. Wie soll man leben, wenn man nicht sterben will. 3. Ein Hammer auf dem Kopf kann die Seele verletzen. 4. Eine Handvoll Menschen in der Tiefe der Stille. 5. Ein Schnitter mit der Gewalt vom lieben Gott. 6. Eine Liebe, das kostet immer viel. 7. Merke – einen Schwur kann man amputieren. 8. Die Sonne wärmt die Haut, die sich manchmal verbrennt. 9. Von den Ewigkeiten zwischen den Vielen und den Wenigen. 10. Einsamkeit reißt auch in Mauern Risse des Irrsinns. 11. Wissen ist Macht, und Morgenstund hat Gold im Mund. 12. Die Schlange in der Seele der Schlange. 13. Das Äußere und das Innere und das Geheimnis der Angst vor der Angst. Epilog: Rainer Werner Fassbinder: Mein Traum vom Traum des Franz Biberkopf.

Franz Biberkopf (Günter Lamprecht) wird aus dem Gefängnis entlassen, in dem er vier Jahre wegen Totschlags an seiner Freundin Ida (Barbara Valentin) gesessen hat. Er beschließt, ein ehrliches Leben zu führen, aber in einer Gesellschaft, die selbst nicht ehrlich ist, führt das schnell dazu, daß er auf der falschen Seite des Gesetzes landet. Hier trifft er den kleinen Gangster Reinhold (Gottfried John), durch dessen Schuld Franz seine rechte Hand – und fast das Leben – verliert. Er lernt auch Mieze (Barbara Sukowa) kennen, die Frau seines Lebens, die aus Liebe zu ihm in dem ehrbarsten Gewerbe arbeitet, das in diesem Film zu sehen ist. Reinhold, der die Mädchen wechselt wie andere Leute die Hemden, erträgt es nicht, dauerhaftes Glück vor sich zu sehen. Er ermordet Mieze und vernichtet damit Franz endgültig. Im Irrenhaus kommt Franz scheinbar wieder zur Vernunft – allerdings zu einer Art von Vernunft, die es ihm erlaubt, Mitglied der Gesellschaft zu werden, die er sonst radikal abzulehnen gelernt hat. Und in Zeiten zunehmenden Wahnsinns scheint es Grund zu geben, gerade diese Art der Vernunft in Frage zu stellen, die Franz Biberkopf erwirbt.

1979-80 bekommt Fassbinder endlich die Möglichkeit, sein opus magnum zu verfilmen, Alfred Döblins Roman *Berlin Alexanderplatz* von 1929, ein Werk, das für Fassbinders persönliche und künstlerische Entwicklung die größte Bedeutung hatte. Hierüber hat er eingehend in seinem Essay *Die Städte des Menschen und seine Seele* berichtet: Er las den Roman zum erstenmal als Vierzehn-, Fünfzehnjähriger, »befallen von einer fast mörderischen Pubertät«, und zum zweitenmal, als er fünf Jahre später seine eigene künstlerische Arbeit als Regisseur begann. Schon damals beschloß er, Döblins Roman einmal zu verfilmen – und bis es dazu kam, färbte der Roman auf Fassbinders ganze Filmproduktion ab durch eine Fülle bewußter und unbewußter Zitate, thematischer Zusammenhänge, menschlicher und politischer Gemeinsamkeiten. In der Pubertät half ihm der Roman ganz einfach, menschlich zu überleben.

In seinem Debütfilm *Liebe ist kälter als der Tod* spielte Fassbinder selbst die Hauptrolle des Franz, der seinen Namen der Hauptperson in Döblins Roman verdankte, auch das Dreiecksverhältnis in diesem Film ist dem Verhältnis Franz-Reinhold-Mieze in *Berlin Alexanderplatz* nachgebildet. Auch in seinem nächsten Gangsterfilm *Götter der Pest* heißt die Hauptperson Franz und tritt in einer dem Döblin-Roman verwandten Handlung auf, und in *Faustrecht der Freiheit* spielt Fassbinder einen Strichjungen mit dem vollen Döblin-Namen Franz Biberkopf. In *Der Müll, die Stadt und der Tod* heißt der Zuhälter Franz B., der in Daniel Schmids Filmversion des Theaterstücks von Fassbinder selbst verkörpert wird.

Fassbinder hatte also reichlich Gelegenheit, den Franz Biberkopf zu spielen, gab aber mehrmals zu verstehen, daß er in *Berlin Alexanderplatz* eigentlich Biberkopfs Gegenspieler Reinhold darstellen wollte. Fassbinder enthielt nämlich beide, und zwar so sehr, daß er sich Franz kaum ohne Reinhold vorstellen konnte und umgekehrt. Er hatte sich in beiden noch einmal – oder wie Achim Haag es in seinem Buch über *Berlin Alexanderplatz* formuliert hat:

»Mit Reinhold steht dem passiven Dulder Biberkopf nicht nur der aktive Täter gegenüber, konkurriert nicht bloß die feminin-erleidende mit der maskulin-herrschenden Natur des Menschen. Gleichermaßen findet Biberkopfs Liebessehnsucht in Reinholds Liebesunfähigkeit ihren antagonistischen Widerpart.«

Einen so entscheidenden Einfluß kann ein Kunstwerk natürlich nicht auf ein Menschenleben haben, wenn das Werk nicht auf Möglichkeiten, Tendenzen und Träume trifft, die bereits existieren. Bevor wir auf die persönlichen Spannungen zwischen Fassbinder und dem Dreiergespann Biberkopf-Reinhold-Mieze zu sprechen kommen, wollen wir uns die übergeordneten politischen Themen in Roman und Film ansehen.

In *Berlin Alexanderplatz* formuliert Fassbinder nämlich zum erstenmal seine anarchistisch fundierte Kritik an den bestehenden politischen Handlungsmöglichkeiten. In dieser Hinsicht ist der Film ein politisches Credo, das klar zum Ausdruck kommt, als Franz Biberkopf eine marxistische Versammlung besucht. Der Redner lehnt sowohl die Vorschläge der nationalsozialistischen als auch der kommunistischen Partei ab, wie sich die Krise des Landes lösen ließe, er kritisiert die bürgerlichen, sozialistischen und die kommunistischen Parteien, weil sie auf das Gesetz und die Ordnung vertrauen, die durch das parlamentarische System von oben herab diktiert werden. Die Zuversicht der Sozialisten, sie könnten die staatspolitische Macht erobern, weist er zurück: die staatspolitische Macht werde die Sozialisten erobern. Damit veranschaulicht er politisch, was so viele frühere Fassbinder-Rebellen am eigenen Leib haben erfahren müssen: daß das äußere System, das sie beseitigen möchten, schon längst ihr inneres System erobert hat, so daß der vermeintliche Aufruhr nicht viel mehr ist als eine subtile Wiederholung der Mechanismen, gegen die sie sich aufzulehnen versuchen.

Franz Biberkopf weiß, wovon die Anarchisten sprechen, weil er es durch das, was ihm im Berlin der 20er Jahre widerfahren ist, bestätigen kann. Aus dem Gefängnis entlassen, wollte er ein anständiger Mensch werden und hatte sich als Schnürsenkelverkäufer versucht und am U-Bahnhof pornographische und nationalsozialistische Literatur verkauft; das Recht, dem er sich unterzuordnen suchte, wies immer in nationalsozialistische Richtung. Auch als er durch ein Unglück wieder die Grenzen des Gesetzes übertritt, ist es ein Schritt in die Destruktivität. Gleichgültig, ob Franz Biberkopf sich diesseits oder jenseits des Gesetzlichen befindet, es geht schief. Die kapitalistische Gesellschaft ist im Begriff, sich aufzulösen, die Sozialisten verschwenden die Zeit mit Gerede. Franz Biberkopf will hier und jetzt leben, denn man hat nur dieses eine Leben, und die Zeit ist knapp. Er wird deshalb selbständiger Unternehmer in dem einzigen Beruf, den er wirklich kennt – Zuhälter.

In einer Diskussion mit einem kommunistischen Arbeiter bestreitet Franz, etwas mit dessen Problemen zu tun zu haben: um streiken zu können, muß man erst einmal feste Arbeit haben, und wer feste Arbeit hat, macht bloß die Kapitalisten stärker und trägt dazu bei, die Granaten herzustellen, mit denen man selbst erschossen wird. Und was heißt hier, die Kommunisten seien gegen jedes System, jede Ordnung, wenn sie gleichzeitig Kampforganisationen mit ihrer eigenen Ordnung, ihrem eigenen System, etablieren wollen? Hier beißt sich wohl die Katze in den Schwanz.

Franz Biberkopf kann unter dem herrschenden kapitalistischen System nicht existieren, hat aber auch keine Geduld, sich am Aufbau einer sozialistischen Gesellschaft zu beteiligen. Ihm geht es nicht um eine abstrakte Gesellschaft, er will seine eigene persönliche Welt mit den Menschen schaffen, die er liebt. Er ist eingesperrt zwischen unmöglichen praktischen Alternativen, aber auch besessen von der kindlich naiven, ungeduldigen Vorstellung, daß morgen alles zu spät sein kann. In diesem Punkt fällt Franz Biberkopfs Denken mit dem Rainer Werner Fassbinders zusammen.

Daß die Organisationsformen seitens der Gesetzesbrecher eine genaue Widerspiegelung der Formen des Gesetzlichen sind, demonstriert Fassbinder in einer zentralen Szene in Teil 13, der er Dialoge hinzugefügt hat, die es in Döblins Roman nicht gibt. Es ist eine Szene bei dem Chef des Verbrechersyndikats, bei dem Franz einen Job als Gelegenheitsarbeiter hat, eher wegen persönlicher Freundschaften, als daß ihm der Job gefällt. Eine Gruppe von Angestellten protestiert und verlangt von ihrem Chef bessere Arbeitsbedingungen. Sie sind gegen die herrschenden Führungsformen und haben aus guten Gründen den Verdacht, daß der Chef von ihrer Arbeit mehr an sich rafft, als ihm eigentlich zusteht. Sie verlangen, daß der Arbeitsertrag umgelegt wird, so daß sie in höherem Maße Bargeld klauen, das gleich geteilt werden kann, anstatt Waren, deren Marktpreis der Chef weniger genau überprüfbar in seinen eigenen

Geschäften festlegen kann. Sie protestieren gegen diese Art der Abhängigkeit von einem einzelnen Anführer, die zur Organisationsform des Syndikats gehört.

Reinhold stellt fest, daß es unter diesen Umständen »wirklich vernünftiger ist, daß jeder für sich arbeitet, als daß alle für einen arbeiten«, und Meck gibt ihm darin im Prinzip recht:

»Warum sollen alle für einen arbeiten, das ist ganz klar, das ist falsch. Andererseits meine ich, eine echte Zusammenarbeit ist ganz bestimmt, und da bin ich absolut sicher, das Maximale, das Beste, was – überhaupt möglich ist.«

Der Chef verteidigt sich gegen die Kritik der Mitarbeiter mit Worten, wie sie jeder Fabrikdirektor verwenden würde, wenn die Arbeiter betriebliche Demokratie fordern. In dieser Hinsicht ist die Szene eigentlich ein Echo entsprechender Szenen in Fassbinders Fernsehserie *Acht Stunden sind kein Tag*, die zwar im Bereich des Gesetzlichen spielt, aber von einer ganz parallelen Problemstellung handelt.

Zwischen diese unmöglichen Alternativen gestellt, wird Franz Biberkopf zu einem desperaten Einzelgänger mit nur halb bewußten Vorstellungen, sein eigenes Leben zu leben, niemandem Rechenschaft ablegen zu müssen, die zu lieben, die man liebt.

Franz Biberkopfs persönliche Entwicklung wird in einem symbolischen Rahmen von Geburt–Tod–Wiedergeburt erzählt: Die merkwürdige Einleitungsszene, als er aus dem Gefängnis entlassen wird und doch nicht hinauswill, läßt sich als Geburtsszene deuten. Das Gefängnis verkörpert die Geborgenheit und Wärme des Mutterleibs: Als er durch das Gefängnistor hinausgestoßen wird, weicht er erschrocken zurück, versucht, wieder hereinzukommen, wird aber von dem Türwächter wieder hinausgeschickt. Draußen auf der Straße wird Franz von dem scharfen Licht geblendet und hält sich vor all dem Lärm, der über ihn hereinbricht, erschrocken die Ohren zu.

Eine andere Szene zu Beginn der Serie bedient sich ebenfalls einer klassischen Geburtssymbolik: Zu Hause bei seiner Freundin Lina stößt er auf die Schilderung eines homosexuellen Verhältnisses, und er liest darin mit einer Mischung aus Erstaunen und Faszination, daß so etwas möglich ist. Während er immer mehr fühlt, daß der Mensch noch andere Möglichkeiten hat als die allgemein akzeptierten, blitzt und donnert es draußen wie in *Despair*, als Hermann versucht, sich mit Felix' Hilfe eine neue Identität zu verschaffen. Blitz und Donner sind hier Ausdruck einer Wiedergeburt.

Und wie ein Kind geht Franz Biberkopf hinaus in die Welt, begegnet ihr mit der Offenheit und dem Zutrauen des Kindes – und wird unentwegt enttäuscht und belehrt, daß nichts ist, wie man es unmittelbar erwarten würde. Die Konflikte mit der Umwelt, in die Franz Biberkopf gerät, und die Gegensätze in seinem eigenen Wesen, mit denen er sich herumschlägt, haben viel damit zu tun, daß er einen ganz ungewöhnlichen Kontakt zu den tiefsten kindlichen Quellen in sich selbst bewahrt hat. Auf vielen Ebenen der Serie assoziiert Fassbinder zu diesen kindlichen Elementen in seiner Hauptperson. Ich werde mich darauf beschränken, drei Beispiele für diese Assoziationen zu nennen: ein visuelles, ein lautliches und einen direkten Dialoghinweis.

Daß die Szene, in der Franz Biberkopf seine anarchistischen Ansichten mit einem kommunistischen Arbeiter diskutiert, auf einem Kinderspielplatz stattfindet und nicht, wie in Döblins Roman, an einem für Männergespräche üblicheren Ort, nämlich in einer Kneipe, ist Fassbinders spezifisch visueller Kommentar. Franz sitzt während der ganzen Diskussion auf einer Wippe und behauptet mit kindlich simpler Logik, wenn man in dieser Gesellschaft arbeite, trüge man bloß dazu bei, den Kapitalismus zu stärken, also arbeite er nicht!

Ein anderes Mal bringt Fassbinder seinen Kommentar zu einer der sehr glücklichen Liebesszenen zwischen Franz und Mieze auf der Tonspur zum Ausdruck: Während die beiden spielen und miteinander turteln, ist ein Kinderchor zu hören, der andeutet, daß ihre Liebe in diesem Augenblick eine Erfüllung ihrer infantilen Glücksvorstellungen ist, für kurze Zeit befreit von den Hemmungen und Blockierungen, die die Erwachsenenwelt ihrer Liebe in den Weg stellt.

Und schließlich ist in die Abschlußszene in der Irrenanstalt ein Gespräch zwischen zwei Ärzten eingefügt, die davon sprechen, daß Franz Biberkopf festgefahren ist und den Kontakt mit der Wirklichkeit verloren hat durch »kindliche Triebansprüche an die Realität«. Daß dieser Arzt recht hat und Franz Biberkopf zugrunde geht, weil er einige völlig berechtigte Forderungen und Erwartungen an eine Wirklichkeit stellt, die auf der Unterdrückung dieser Art Erwartungen beruht, sobald diese sich zum erstenmal in der Kindheit melden – darin sind sich Döblin und Fassbinder einig. Der betreffende Arzt ist ihr Bundesgenosse – auch wenn er von seinem Vorgesetzten damit aufgezogen wird, er könne offenbar auf wundersame Art Franz Biberkopf kurieren und anschließend »ein Huldigungstelegramm an Dr. Freud nach Wien schicken« und sich für die Heilmethode bedanken.

Aber das unmittelbare, kindliche Temperament, die infantilen Triebwünsche, die polymorph perverse Sexualität – das ist natürlich nur die eine Seite Franz Biberkopfs, die überdies immer mehr unterdrückt wird. Er ist auch Opfer einer bitteren Einsicht in die Bedingungen des Erwachsenenlebens. Diese beiden entgegengesetzten Tendenzen führen einen so anstrengenden Kampf in seinem Bewußtsein, daß er zum Schluß unter diesem Kampf zusammenbricht und sich in die geschlossene Abteilung einweisen lassen muß. Hier durchlebt er einen regelrechten Todes-Trip. Der Erzähler (mit Fassbinders eigener Stimme) berichtet:

»Gestorben ist in dieser Abendstunde Franz Biberkopf, ehemals Transportarbeiter, Einbrecher, Ludewig, Totschläger. Ein anderer ist in dem Bett gelegen, in dem er vorher gelegen war. Der andere hat dieselben Papiere wie Franz, sieht aus wie Franz, aber in einer anderen Welt trägt er einen anderen Namen.«

Was in *Welt am Draht* den künstlich programmierten Modellen mißlang, nämlich sich eine echte menschliche Identität zu verschaffen, und was Hermann Hermann in *Despair* mißlang, nämlich seiner mühsam erworbenen Identität zu entkommen und die Gestalt eines anderen Mannes anzunehmen, das gelingt also in gewissem Sinne Franz Biberkopf: er stirbt im Irrenhaus, oder besser: die kindlich unangepaßte Seite in ihm stirbt, und ein anderer Mann überlebt in seinem Körper, ein Mann, der besser dazu geeignet ist, in der modernen Welt zu leben, so sehr geeignet, daß er etwas beginnt, worauf sich der »richtige« Franz Biberkopf nie eingelassen hätte: eine feste Arbeit als Parkwächter. Hier verlassen wir ihn auf dem Weg in das nationalsozialistische Deutschland.

Dazu kommt es natürlich nicht auf einen Schlag. Eine lange und qualvolle Entwicklung ist vorausgegangen, in der Biberkopfs kindlich-utopische Vorstellungen davon, wie sich menschliches Miteinander entfalten könnte, immer wieder von der Wirklichkeit zerstört wurden. Es ist eine Wirklichkeit, die den Franz von Anfang an hart im Griff hat, nicht nur als äußerliche, sondern auch als innere Instanz: der große, gutmütige Mann hat einst in blinder Wut seine Geliebte Ida erschlagen, weil sie ihn verlassen wollte – und diese Aggressionen stecken immer noch irgendwo in ihm und drohen in Krisensituationen auszubrechen. Wenn die Angst vor dem Verlust zu groß wird, versucht er, die Angst aggressiv nach außen zu richten und das Schicksal selbst in die Hand zu nehmen, um nicht zu ihrem Opfer zu werden. Darunter haben die Frauen, mit denen er zusammenlebt, oft zu leiden.

Opfer eines scheinbar unerklärlichen Schicksals wird Franz Biberkopf hingegen in seiner merkwürdigen Beziehung zu Reinhold, einem völlig kaputten Gangstertyp, an den Franz sich in einer unbewußten Liebesbeziehung bindet. Ihre Beziehung hat keine sexuellen Untertöne, es sei denn, man sieht eine besondere Art von erotischem Austausch in dem makabren Spiel, das sie miteinander beginnen: Jedesmal wenn Reinhold einer Frau überdrüssig ist, wird sie von Franz übernommen! Und das geschieht häufig, denn Reinhold hält keine Frau lange aus, er benutzt Menschen und wirft sie weg, wie es ihm paßt, und auch Franz muß auf folgenschwere Art darunter leiden: er verliert seinen rechten Arm, als Reinhold ihn nach einem nächtlichen Überfall aus dem Auto vor das Verfolgerauto wirft, damit sie entkommen können. Der gutmütig grinsende, ewig irritierende Franz Biberkopf bot sich gerade an.

Wenn man von einem Mann, den man liebt, vor ein Auto geworfen wird und zwar knapp mit dem Leben davonkommt, aber den rechten Arm verliert, dann würden die meisten Menschen bestimmt denken, daß es sich nicht mehr lohnt, in diese Liebe zu investieren. Aber so denkt Franz Biberkopf nicht. Seine Gefühle für Reinhold reichen weit über die trivialen Unglücksfälle des Alltags hinaus und helfen ihm sogar, zu verstehen, warum Reinhold so ein merkwürdiger Typ ist. Und Franz, der selbst einen Menschen aus Liebe getötet hat, weiß, daß Liebe immer etwas kostet, auch Leben und Gesundheit. Aber daß sie auch Leben und Wohlbefinden *schenken* kann, das erfährt er, als er Mieze trifft.

Die Liebe zwischen Franz und Mieze ist groß und grenzenlos. Mieze ist noch mehr als Franz im Besitz einer kindlichen Unschuld, jenseits aller Regeln der Erwachsenenwelt. Und wie Franz in einer symbolischen Geburtsszene, so wird Mieze in einer symbolischen Taufszene vorgestellt: eigentlich heißt sie Sonja, aber da Franz diesen Namen nicht mag, tauft er sie Mieze!

Und wie Franz früher die Mädchen mit Reinhold tauschte, so schlägt Mieze ihrer besten Freundin Eva ein anderes erotisches Tauschspiel vor: Mieze kann keine Kinder bekommen, Eva möchte gern, aber ihr Mann kann nicht. Was läge näher, als daß Eva ein Kind von Franz bekommt, denn so ist es ja fast auch Miezes Kind. Ihre Liebe ist sehr weit: keine enge Paarbeziehung, sondern eine Gemeinschaft mit mehreren. So ist es auch für Franz, wenn er mit Eva zusammen ist. Da heißt es in einem Zwischentext, der mehrere Male in der Serie wiederholt wird:

»Und am innigsten liebt er, während er mit Eva tanzt, liebt er zwei. Die eine ist Mieze, die er gerne da hätte, der andere ist Reinhold.«

Reinhold wird sogar in aller Unschuld zu Franz und Mieze nach Hause ins Bett eingeladen, was mit einer Katastrophe endet: Reinhold muß sich unter der Bettdecke verstecken, weil Franz gerne hätte, daß sein bester Freund erlebt, wie schön er es mit Mieze zusammen hat. Als Mieze aber nach Hause kommt, verläuft es ausnahmsweise alles andere als schön. Denn sie hat sich in einen anderen Mann verliebt, worin sie nichts Schlimmes sieht, solange sie weiterhin Franz liebt. Franz, der panische Angst davor hat, das bißchen zu verlieren, das er auf der Welt noch hat, geht auf Mieze los und schlägt sie halbtot – und hätte sie vielleicht sogar ganz totgeschlagen, wenn Reinhold nicht aus seinem Versteck gesprungen wäre und Mieze vor dem Schicksal bewahrt hätte, das zuvor schon Ida erlitten hat.

Auf diese Weise schwanken die Personen immer bedrohlich zwischen ihren kindlichen Wunschträumen von einer Liebe, die ohne Grenzen und alles und alle umfassend ist, und einer immer größer werdenden Angst, symbolisiert durch die Vogel- und Affenkäfige.

Dieser Balanceakt zwischen Liebe und Angst ist von vornherein zum Scheitern verurteilt. Die Personen werden zu Gefängniswärtern und sogar Henkern der anderen, obwohl Fassbinder den ganzen Film hindurch zeigt, wie sie auch die Möglichkeit haben, ihre Befreier zu sein. Aber im Grunde sind sie zu kaputt, um die Möglichkeiten zu erkennen, die stets aufs neue in ihr Bewußtsein dringen.

Franz Biberkopf ist zwar aus dem Gefängnis entlassen, erlebt aber immer wieder, daß er in ein neues Gefängnis gesperrt wird, dessen Gitter die Menschen bauen, die ihm am nächsten stehen. So wird Mieze von der grundbürgerlichen Eva überredet, Franz davon abzubringen, sich mit den Anarchisten zu treffen, die im Begriff sind, sein politisches Bewußtsein entscheidend zu erweitern. Eva findet, sie seien schlechte Gesellschaft für einen anständigen Mann, und obwohl Mieze im Prinzip meint, alle Menschen sollten selbst entscheiden, mit wem sie zusammen sein wollen, läßt sie sich überreden – wegen Franz.

Evas Mann möchte nicht, daß Franz trinkt, denn wenn man trinkt, verliert man leicht die Kontrolle über sich, und wir wissen alle, was mit Franz passierte, als er das letzte Mal die Kontrolle verlor. Da hat er Ida totgeschlagen.

Und als er einmal, mehr zum Spaß, mit ein paar Ganoven an einem Überfall teilnimmt und stolz das verdiente Geld bei Mieze abliefert, fragt sie unglücklich, ob er sie denn nicht mehr liebe, da er offenbar nicht mehr damit zufrieden ist, daß sie für ihn anschaffen geht.

Wenn Franz also weder trinken und arbeiten noch sich politisch engagieren darf, was soll er dann mit seinen ganzen Aggressionen anfangen? Sie häufen sich an, immer mehr, je weniger er tun darf. Manchmal läuft er fast Amok und wirft sich über den nächsten besten, aber dann erinnert er sich wieder daran, was für ein furchtbares Schicksal seine erste Frau Ida erlitten hat, und nimmt sich wieder zusammen, greift sich ans

Herz und fällt um, weil sich die Aggressionen nach innen richten gegen seine eigene physische und psychische Gesundheit.

Und so kommt es dann, daß man sein eigener Gefängniswärter, sein eigener Folterer wird. Als Franz bei seinem alten Freund Reinhold ohne Arm erscheint, für dessen Verlust ja Reinhold die Schuld trägt, versucht Reinhold den leeren Jackenärmel mit Zeitungspapier auszustopfen und erklärt:

Reinhold: Ich kann nämlich Krüppel nicht leiden. Ein Krüppel ist ein Mensch, der zu nichts taugt. Wenn ich einen Krüppel sehe, dann sage ich immer: »Dann lieber gleich weg damit!«

Franz: Eigentlich ist das ja auch meine Meinung. Da hast du Recht, Reinhold, da hast du eigentlich Recht. Wenn jemand ein Krüppel ist, der kann nicht mehr so, wie er will. Dann ist es vielleicht wirklich besser, gleich weg damit.

Reinhold: Sag ich doch.

Franz: Ja das hast du gesagt und hast ja auch Recht.

Reinholds Äußerungen sind dem Roman entnommen, aber während Franz sich bei Döblin damit begnügt, zustimmend zu nicken, bringt er bei Fassbinder seine Zustimmung direkt zum Ausdruck. Sowohl Reinhold als auch Franz sind das, womit sie selbst nichts zu tun haben wollen, nämlich Krüppel, Reinhold im psychischen Sinne, indem sich seine geschundene Seele in ständigem Stottern ausdrückt. Und daß sie also auf diese Art ihre eigenen Gefängniswärter, ihre eigenen schlimmsten Feinde werden, drückt Fassbinder durch zwei seiner Lieblingssymbole aus: er teilt Reinhold durch einen Spiegel in zwei Personen, und als Reinhold sich anschließend auf das Bett legt, wird er durch das Gitter wie in einem Gefängnis gefilmt.

Dieses charakteristische Fassbinder-Thema, die nach innen gerichteten Aggressionen als Ersatz für den politischen Kampf, findet in einem morbiden Zusatz Fassbinders, der nicht auf den Roman zurückgeht, seine Zuspitzung:

Als Franz Biberkopf am U-Bahnhof nationalsozialistische Literatur verkauft, trifft er einen Juden, der ihn darauf hinweist, daß er an Literatur verdient, die sich gegen die Juden richtet. Im letzten Teil, in dem Franz Biberkopf in der Irrenanstalt liegt, Opfer seiner eigenen inneren Irrsinnsvisionen, sieht er wieder denselben Juden, jetzt mit einer Hakenkreuzbinde am Arm: daß man Jude ist, »heißt doch nicht, daß man auch gleich den falschen Weg gehen muß«! Wieder wird hier das ambivalente

Verhältnis zwischen Opfer und Henker provozierend auf die Spitze getrieben: das Opfer als sein eigener Henker, der Henker als sein eigenes Opfer.

Zu den ästhetischen Höhepunkten in *Berlin Alexanderplatz* gehört Fassbinders unerhört musikalische Verwendung der gesprochenen Sprache. Die Texte, die er für seine Figuren schreibt, haben ein außerordentliches Maß an Rhythmus und Melodie. Sie haben – weit entfernt von naturalistischem Gerede und literarischem Pathos – in ihrer konzentrierten Verdichtung eines komplizierten Bedeutungsinhaltes den Charakter von Redewendungen und Refrains. Fassbinders Personen lassen sich von der Sprache tragen, singen auf deren Ton mit, in diesem Fall einem leicht patinierten Berliner Akzent. In den meisten seiner Filme gibt es, sogar wenn die Personen mürrisch und verschlossen sind, eine besondere sprachliche Entfaltung, eine offenkundige Freude an der Musik der Sprache.

Und wenn Fassbinders Figuren – was ja oft der Fall ist – so tief in Verzweiflung stürzen, daß sich ihnen die Sprache verweigert, daß sie nicht mehr die Worte finden, die ihren Gefühlen entsprechen, können sie immer noch das tun, was der junge Fassbinder in seinen ersten Gangsterfilmen tat: er griff zu den auffälligsten Genreklischees des Hollywoodfilms, vergrößerte sie und gab ihnen einen neuen, geläuterten Inhalt. So greift auch Franz Biberkopf in der fatalen Szene in Folge 12, als seine geliebte Mieze zu einem Stelldichein mit Reinhold geht und von ihm ermordet wird, zu alten Versen, um auszudrücken, wofür er selbst keine Worte findet.

Die betreffende Szene gibt es bei Döblin nicht. Fassbinder hat sie hinzugefügt, läßt hier Mieze explizit eine eigene Auffassung von dem Verhältnis zwischen Liebenden formulieren. Franz beschwert sich darüber, daß Mieze hin und wieder zwei, drei Tage mit einem Liebhaber verschwindet, doch sie findet, daß er keinen Grund hat, sich zu beschweren. Er weiß ja, daß sie immer zurückkommt, und außerdem sollte er sich darüber freuen, daß er auf diese Art auch die Möglichkeit hat, selbst mit anderen zusammenzusein. Und als Franz nicht zu verstehen scheint, sagt Mieze, was Franz im Innersten seiner anarchistischen Seele auch findet, wegen seiner panischen Verlustangst aber verdeckt wird.

Mieze: Also ich finde das ganz unnatürlich. Jeder normale Mann interessiert sich manchmal für – irgendne andre Frau. Selbst wenn er die eine sehr liebhat, mit der er zusammen is, sieht er mal eine, die hat ne andre Haarfarbe oder was weiß ich. Das is doch nich normal, wenn man sich überhaupt nich mehr für was andres intressiert, oder?

Und als Franz immer noch nicht reagieren kann, sagt Mieze, sie wolle nicht gehen, ehe er etwas Nettes zu ihr gesagt hat, und da er weiterhin völlig blockiert ist von dem Konflikt zwischen dem, was er im tiefsten Inneren empfindet, und was seine Angst ihm auszudrücken erlaubt, fängt er an zu singen. In einer traurigen und zugleich komischen Situation greift er zurück auf altbekannte Zeilen aus alten Kirchenliedern, Schlagern und anderem musikalischen Erbgut und läßt sie ausdrücken, was er selbst nicht zu formulieren vermag. Und als Mieze anschließend zu dem geht, was sich als Stelldichein mit dem Tod erweist, beendet Franz seine Liedzitate mit dem ans Herz gehenden: »Wohin soll ich mich wenden, wenn Gram und Schmerz mich drücken, wem künd ich mein Entzücken, wenn freudig lacht das Herz. Zu dir, zu dir, o Vater...«

Es ist dies ein Kirchenlied, das Fassbinder schon in früheren Filmen sowohl Herrn R. als auch ein total ausgeflipptes Filmteam als Besoffenenrefrain an der Bar singen ließ, damals wie jetzt mit besonders ergreifender Wirkung, weil die Personen, die das Lied singen, im Gegensatz zum Dichter des Liedes so gottlos und verloren sind, daß sogar dieser Vers, an den sie sich trostsuchend klammern, keinen Trost geben kann.

Trost findet Franz Biberkopf dafür bei einer Schallplatte, die er immer wieder auflegt, Richard Taubers »Liebe kleine Nachtigall« – ein Lied, das Tauber im übrigen erst 1935 einspielte und das also gar nicht existierte, als Fassbinders Biberkopf es hört! Aber entscheidend für Fassbinder war wohl, daß er, indem er seine gemarterte Hauptperson bei Tauber Ruhe finden läßt, noch einmal an einen Repräsentanten der Künstlergeneration des präfaschistischen Deutschland anknüpft: der Jude Tauber verließ 1933 Berlin und floh 1938 aus Österreich.

Anders als sein Lieblingssänger ist Biberkopf nicht imstande, vor etwas zu fliehen. Als er, nachdem er Tage und Nächte verzweifelt auf Mieze gewartet hat, schließlich sicher ist, daß sie von ihrem letzten Stelldichein nie mehr zurückkommen wird, wirkt seine erste Reaktion völlig fehl am Platz: er ist erleichtert, heiter, ja fast glücklich. Und als Eva sich über sein scheinbar irrationales Benehmen wundert, begründet er es völlig logisch: »Weil sie tot ist, die Mieze, weil sie nicht weggelaufen ist von mir, weil sie einer umgebracht hat, und weil sie mir nicht weggelaufen ist, die Mieze, verstehst du das?«

Hinter dieser psychologisch verständlichen, wenn auch makabren Erklärung, daß Franz seine Mieze lieber ermordet sieht, als sie an einen anderen zu verlieren, lauert jedoch das große, dunkle Fassbinder-Thema, daß der Tod erlöst und »jeden Schmerz heilt«. Für Franz enthält das Verhältnis zu Mieze sowohl ekstatisches Glück als auch zermürbende Angst – und das hängt mit Miezes anarchischer Liebesauffassung zusammen, die im eigentlichen Sinne grenzenlos ist. Wie die alte Putzfrau Emmi, hat die Prostituierte Mieze gelernt, was der intellektuellen Petra von Kant so schwerfiel, nämlich »zu lieben ohne zu fordern«. Mieze kennt weder Eifersucht noch Besitzansprüche. Sie ist ganz intuitiv fähig, Sexualität und Liebe auseinanderzuhalten, daß sie ein unverbindliches Verhältnis unmöglich als Bedrohung ihrer Liebe zu Franz erleben kann. In diesem Sinne ist sie, ebenso wie Franz und Reinhold, Teil des komplexen Ichs Fassbinders. Sie repräsentiert seine Liebesutopie. Aber angesichts Franz' panischer Verlustangst ist sie nicht nur das höchste Glück in seinem Leben, sondern auch die größte Bedrohung dieses Glücks. Daß sie ermordet wurde, war daher nicht nur eine Tragödie, sondern zunächst einmal eine Befreiung für Franz – denn mit Miezes Tod kann seine Liebe zu ihr ein ewiges, angstfreies Leben erhalten.

Franz' übertriebene Erleichterung über Miezes Tod läßt sich nicht von seinem Schmerz über ihren Verlust trennen. Und als er in seiner Verzweiflung den Käfig für den Vogel öffnet, mit dem er so oft das Nachtigallenlied gehört hat, und den Vogel in seine großen, zärtlichen Hände nimmt, stirbt er: auch Franz hat hinter seinem großzügigen, liebeshungrigen Äußeren einen Henker, also einen Reinhold in sich. Franz hat nicht nur im Gefängnis gesessen, weil er die Frau getötet hat, die er liebte, denn auch Mieze hätte er in besinnungsloser Wut ermordet, wenn Reinhold ihn nicht daran gehindert hätte. Wenn Franz' Psyche einen weiblich-leidenden Anteil hat, dann kann sich dieser Aspekt in Krisensituationen in sein Gegenteil verwandeln – wie früher bei Frauen wie Petra von Kant, Geesche Gottfried und Nora Helmer.

Ebenso steckt auch Franz in dem brutalen, die Liebe verachtenden Reinhold. Das kommt erst deutlich zum Vorschein, als Reinhold wegen des Mordes an Mieze im Gefängnis sitzt und seinen Mithäftlingen gegenüber endlich seiner unterdrückten Sexualität Ausdruck gibt. Erst hier findet er seine wahre Identität, deshalb hört er auch auf zu stottern. Dieser Sprachkomplex, so zeigt sich jetzt, hing damit zusammen, daß er in bezug auf seine verdrängten Triebe ein unfreies Dasein führte: Erst im Gefängnis erlebt Reinhold seine wahre Freiheit!

Wie gesagt, Franz Biberkopf findet Trost in Richard Taubers »Liebe kleine Nachtigall«, aber die Musik ist in *Berlin Alexanderplatz* nicht der Ort, an dem Franz nur Ruhe und Trost findet. Sie ist auch Trägerin der zermürbenden Spaltung in seinem Inneren, die schließlich darin resultiert, daß dieser große anarchistische Tolpatsch mit fester Arbeit und in geordneten Verhältnissen zur Ruhe kommt. Während des Nachspanns bringt Fassbinder seinen bitteren musikalischen Kommentar zu der Zukunft des Menschen, der in Franz Biberkopfs gespaltener Seele überlebt hat: die kommunistische Internationale wird schrittweise vom Horst-Wessel-Lied überlagert. Franz Biberkopf ist nach seinen schweren Prüfungen jetzt hervorragend geeignet, ein zuverlässiger und pflichttreuer Bürger des kommenden Dritten Reichs zu werden.

Den Klangeffekt mit zwei entgegengesetzt gerichteten, miteinander um die Vormacht kämpfenden Musikstücken hat Fassbinder zweifellos von Michael Curtiz geliehen, über den er zu diesem Zeitpunkt einen größeren Essay vorbereitete.[3] Curtiz bringt diesen Effekt in *Dodge City* (*Herr des Wilden Westens*, 1939), wo er ein Nordstaaten- einem Südstaatenlied gegenüberstellt, und in *Casablanca* (1943), wo er die Nazi-Soldaten »Die Wacht am Rhein« singen und die Franzosen mit der Marseillaise antworten läßt. Aber während Curtiz mit einem Gegensatz zwischen zwei verschiedenen Partnern operiert, führt Fassbinder diesen Gegensatz in ein und demselben Individuum zusammen: Auch Franz Biberkopf bekommt sich zweimal, aber er scheitert, denn der erste Franz war klüger als der zweite, obwohl der zweite überlebt.

Fassbinders lebenslange Identifikation mit Franz Biberkopf darf nicht den Blick darauf verstellen, daß sich Fassbinders gespaltene Identität in dem Dreiecksverhältnis Franz-Reinhold-Mieze spiegelt. Während Mieze den utopischen Aspekt der Liebe repräsentiert, stehen Franz und Reinhold für den Opfer- bzw. Henkeraspekt.

Im Gefängnis landet Reinhold dort, wo Franz zu Beginn des Films war, während sich Franz schließlich von seiner Außenseiterposition zur gesellschaftlichen Normalität hinbewegt hat. Reinhold kann also Franz in sich aufnehmen, wie Franz Reinhold in sich hatte. Aber Mieze kann keiner von ihnen in sich haben. Sie sind beide in gewissem Maße damit zufrieden, daß sie als Personifizierung der grenzenlosen, utopischen Liebe tot ist. Das macht das Leben erträglicher, so wird man nicht unentwegt auf seine Grenzen zugetrieben.

Es kann also von einer heilenden Wirkung des »Liebesdreiecks« in *Berlin Alexanderplatz* keine Rede sein. Fassbinder wollte nicht den Film die Arbeit verrichten lassen, sondern sie bei jedem einzelnen Zuschauer anregen.

In seinem Essay über Döblins Roman hat Fassbinder selbst darauf hingewiesen, daß das Besondere an diesem Roman natürlich nicht die Handlung als solche sei, die sich nicht von vielen »Dreigroschenromanen« unterscheide, sondern die *Art,* wie Döblin über seine Person erzählt. Bei ihm werden den Geringsten in der Gesellschaft, den sogenannten »kleinen Leuten«, diesen absolut marginalen Existenzen, die normalerweise auch eine marginale Rolle in der Kunst spielen, »Emotionen, Gefühle, Glücksmomente, Sehnsüchte, Befriedigungen, Schmerzen, Ängste, Bewußtseinsdefizite«, mit anderen Worten dieselbe Größe zugestanden, die normalerweise nur den sogenannten »Großen« in der Kunst zukommt.

Fassbinder hebt besonders hervor, daß der Hauptperson, »dem ehemaligen Transportarbeiter Franz Biberkopf, Zuhälter, später Totschläger, Dieb und wieder Zuhälter, ein derartig differenziertes Bewußtsein zugestanden wird, wie es den meisten Figuren der Weltliteratur weitgehend nicht gegönnt wird«. Er meint weiter, daß »Döblins Haltung zu seinen Figuren, diesen objektiv gewiß armseligen und unbedeutenden Kreaturen, mit ziemlicher Sicherheit, auch wenn Döblin das mehrfach bestritten hat, von Sigmund Freuds Entdeckungen beeinflußt ist«. Fassbinder meint, der Roman sei »wahrscheinlich der erste Versuch, Freudsche Erkenntnisse in Kunst umzusetzen«.[4]

Alfred Döblin war Jude, trat aber zum katholischen Glauben über. Er gab vielen Episoden seines Romans einen Hintergrund aus alttestamentarischen Zitaten. In seiner Bearbeitung hat Fassbinder einiges von diesem Stoff gestrichen, aber den zentralen Bericht über Abraham, der bereit ist, auf Geheiß des Herrn seinen Sohn zu schlachten, behielt er bei, vielleicht weil sich gerade dieser Mythos auch in einem Freudschen Kontext als Ausdruck der Kastrationsangst sehen läßt, die im Ödipuskomplex enthalten ist.

Wenn Döblin verbergen wollte, daß er von Freud beeinflußt war, so ist auch ganz logisch, daß er Franz Biberkopf als eine Figur à la Kaspar Hauser auf die Welt kommen läßt, vor allem ohne die Eltern, die gerade für das Freudsche Menschenbild mit dem zentralen Ödipuskomplex unentbehrlich sind. Aber es fällt doch auf, daß sich, wie bei Döblin, eine Hauptperson so minutiös beschreiben läßt, ohne daß der geringste Hinweis auf Eltern oder Kindheit gegeben wird.

Diesen ›Mangel‹ wollte Fassbinder beheben, indem er zwei Elternersatzfiguren für seine Hauptperson einsetzte, nämlich die Hauswirtin Frau Bast und seinen Gangsterfreund Meck.

Während Frau Bast die eindeutig gute und fürsorgliche Muttergestalt ist, erscheint die Vaterfunktion Mecks äußerst zweideutig. Meck mag Franz eigentlich ganz aufrichtig, ist aber trotzdem in die beiden Tragödien seines Lebens verwickelt:

Als Franz von Reinhold aus dem Auto gestoßen wird und seinen Arm verliert, hält er Meck für mitverantwortlich, denn Meck hatte ihm nicht erzählt, daß der scheinbar harmlose Obsttransport in Wirklichkeit einen Einbruch tarnen sollte. Und daß Franz sich wirklich von Meck als Vaterfigur verraten fühlt, geht aus einem Dialog hervor, der bei Döblin nicht existiert. Als sie sich zum erstenmal nach der Tragödie wiedersehen, fragt Franz Meck, ob er selbst einen Vater gehabt hat, und als Meck die sonderbare Frage nicht versteht, erklärt Franz:

»Ach, das hätte mich bloß interessiert, ob du mal das Gefühl gehabt hast, wie das ist, wenn man den Vater verliert.«

Daß Franz seinen Arm durch einen Unfall verliert, erscheint deutlich symbolhaft als Kastrationshandlung, wenn man bedenkt, daß Meck als Vaterfigur mitschuldig ist – zumindest aus Franz' Sicht. Da durch die symbolische Kastration die Beziehung zwischen Franz und Mieze nicht zerstört wird, ist es Meck, der das fatale Stelldichein mit Reinhold arrangiert, das zu Miezes Tod führt. Und als Gegengewicht gegen diese Übergriffe von seiten des symbolischen Vaters hatte Fassbinder beabsichtigt, seine persönliche Variante der ödipalen Urszene dazuzudichten: den Jungen, der den Vater tötet und mit seiner Mutter schläft.

Diese Szene war als Traum geplant im Anschluß an den Bericht über Abrahams Bereitschaft, Gott seinen Sohn Isaak zu opfern. Der Mythos von Abraham hält sich innerhalb des Ödipuskomplexes, ja ist überhaupt – zusammen mit dem Beschneidungsritual, das bei derselben Gelegenheit von Gott eingesetzt wird – die mythische Urform des Kastrationskomplexes, der ein Fundament unserer Familien- und Gesellschaftsform ist.

Bei Faßbinder folgt der Abraham-Mythos Döblins Erweiterung des biblischen Berichts: Abraham ist nur imstande, seinen Sohn zu schlachten, wenn dieser geradezu darum bittet. Das tut der Sohn auch. Abraham und Isaak hoffen wohl beide, daß ihre absurde Gehorsamkeit – die Abrahams gegenüber Gott und Isaaks gegenüber seinem Vater – bewirken wird, daß Gnade vor Recht geht.

Fassbinder hatte der Geschichte Abrahams ein sehr persönliches und wichtiges Element hinzufügen wollen, das vom WDR aber verhindert wurde. Die vollständige geplante Sequenz ist im Drehbuch des 10. Teils zu lesen und besteht aus einem Traum, der kühn die Legenden von Abraham und Ödipus zusammenfaßt:

Ein Junge wird von seinem Vater entführt, um Gott geopfert zu werden, der Vater besteht darauf, daß der Sohn selbst seine Opferung will, sonst kann er sie nicht ausführen, der Sohn protestiert zunächst, willigt aber schließlich ein. Auf den Ruf des Herrn hin werfen sich beide nieder, bevor der Vater die grauenhafte Handlung vollzogen hat. Da erhebt sich der Sohn, nimmt das Schwert und stößt es in den Vater. Als der Sohn mit dem blutigen Schwert nach Hause zur Mutter kommt, leckt sie dankbar das Schwert ab – und dann schlafen Mutter und Sohn miteinander.

Der WDR ließ Fassbinder verstehen, daß die Serie, wenn er diese Szene filmte, nicht zur besten und familienfreundlichen Sendezeit gezeigt würde, sondern erst so spät, daß sie nicht das Millionenpublikum bekäme, auf das Fassbinder es dieses Mal abgesehen hatte. Aus diesem Grund willigte er ein, die Szene nicht aufzunehmen – aber als die Fernsehchefs die fertige Serie sahen, erschienen sie ihnen trotzdem nicht familiengeeignet, obwohl sie bis auf Punkt und Komma dem Drehbuch folgte, das als Familienserie akzeptiert worden war. Zu Fassbinders großer Verbitterung wurde die Serie so spät abends ausgestrahlt, daß sie nicht das Publikum bekam, an das sie gerichtet war. Dies bedeutete, daß Fassbinder trotzdem die ödipale Szene hätte filmen können, doch da war es zu spät.

Die nicht gefilmte Szene ist so wichtig, daß man den Eingriff des Fernsehens als künstlerischen Vandalismus bezeichnen muß.

Gestützt auf Döblins Darstellung, gibt er dem Mythos von der Opferung Isaaks durch Abraham eine masochistische Dimension, indem er Isaak zunächst in seinen Opfertod einwilligen läßt, aber dann stellt Fassbinder eine Verbindung zwischen Isaak und Ödipus her. Er verleiht dem Ödipus-Mythos eine befreiende Dimension, indem er gerade nicht die Blendung beibehält, die Ödipus' Unterwerfung unter das väterlich-göttliche Gesetz repräsentiert und Ödipus in die gleiche Situation wie Isaak bringt. Anstatt Ödipus seine Lust bereuen und die Blendung vornehmen zu lassen, die auf der Ebene des Mythos die Kastration bedeutet, läßt Fassbinder seinen Isaak/Ödipus sich der Lust hingeben, nachdem sie zuvor den Unterdrücker der Lust beseitigt haben.

Es wäre eine sensationell befreiende Sequenz in Fassbinders Werk gewesen, die, wenn ich mich recht erinnere, überdies eine Sonderstellung eingenommen hätte als der einzig richtige Traum, den er gefilmt hat (die Schreckensvisionen im letzten Teil von *Berlin Alexanderplatz* lassen sich kaum als Traum bezeichnen).

Aber es hat natürlich auch seine eigene Logik, daß eine so zentrale Szene von der Zensur gestrichen werden mußte.

Blieb also der Aufstand gegen die Unterdrücker der Lust ein Traum, den der WDR nicht einmal als Traum zuließ, so setzte sich dieser doppelt verdrängte Aufstand wohl gleichzeitig in Fassbinders sadomasochistischer Praxis durch, wie sie künstlerisch in *Der Müll, die Stadt und der Tod* und in *Berlin Alexanderplatz* reflektiert wird.

Der französische Philosoph Gilles Deleuze meint,[5] daß das, was der Masochist bestrafen will, der internalisierte Vater ist:

> »Was er in sich schlagen läßt, ist das Bild des Vaters, die Vaterähnlichkeit, die Möglichkeit der aggressiven Wiederkehr des Vaters. Nicht das Kind, der Vater wird geschlagen. Der Masochist aber wird frei für eine neue Geburt, in welcher der Vater funktionslos ist.«

Mit anderen Worten: man kann nicht den konkreten ödipalen Vater töten, man kann die Spuren des Vaters in sich selbst töten, bestrafen oder kastrieren in der Hoffnung, auf diese Weise mit ihm quitt zu werden.

Möglicherweise erhoffte Franz B. in *Der Müll, die Stadt und der Tod* genau das, als er sich unter Einfluß von Kastrations- und Todessehnsüchten einer masochistischen Bestrafung hingab. Und genau das erhofft möglicherweise auch Franz Biberkopf in *Berlin Alexanderplatz*, wenn er weiter Reinhold liebt, nachdem dieser ihn vor ein Auto geworfen und ihn um seinen Arm gebracht, ihn also symbolisch kastriert hat. Es ist jedoch eine unmögliche Hoffnung, weil der Mord, die Strafe, die Kastration ja einen selbst treffen, wie oft Fassbinder sein verstecktes Rimbaud-Zitat: »Ich ist ein anderer« auch einfügen mag.

Nicht uninteressant in Fassbinders persönlicher Mythologie ist, daß der Nazi, in dessen Schoß Franz B. nach der masochistischen Orgie ausruht, ein als Frau gekleideter, geschminkter Transvestit ist. Die brutale, strafende väterliche Macht hat ein tröstendes weibliches Gesicht. Auch für Fassbinder selbst hatte die »Vaterautorität« ein weibliches Gesicht, denn sein richtiger Vater ging von zu Hause weg, als Rainer sechs Jahre alt war, wie Fassbinder in einem Interview sagte:

»Ich habe meine Mutter eher so behandelt, wie bei Freud die jungen Männer ihre Väter behandeln. Bei Freud bringen die ja immer die Väter um.«

Fassbinders »Muttermord« kommt unter anderem darin zum Ausdruck, daß er ihr etliche der unsympathischsten Rollen in seinen Filmen gab, oft ganz kleine, statistenhafte Auftritte. In *Fontane Effi Briest* werden diese Rollen in Effis Mutter zusammengefaßt, die das Unterdrückungssystem repräsentiert, in *Deutschland im Herbst* beschimpft und bestraft Fassbinder seine Mutter vor offener Kamera, und in *Berlin Alexanderplatz* läßt er sie die Frau und willige Gehilfin des Gangsterchefs spielen. Fassbinders Muttermord ist typischerweise von der lustvollen Ambivalenz des Sadomasochismus geprägt: Während er sie bestraft, belohnt er sie, indem er sie zum Filmstar macht!

Technisch und ästhetisch ist *Berlin Alexanderplatz* eine ganz unerhörte Leistung, ein unbestrittener Höhepunkt nicht nur in Fassbinders eigener Entwicklung, sondern auch in der Filmkunst überhaupt. Die fast 16 Stunden lange Serie ist an 165 Aufnahmetagen gedreht worden. Allein dieses Arbeitstempo ist beispiellos: für einen Spielfilm von normaler Länge (90 Min.) werden normalerweise 40-50 Drehtage berechnet.

Aber dazu kommt, daß *Berlin Alexanderplatz* nirgends mit technischer Routine gemacht ist. Es ist ein ästhetisch ungeheuer durchgearbeiteter Film. Gemeinsam mit Kameramann Xaver Schwarzenberger, mit dem Fassbinder hier zum erstenmal zusammenarbeitete, schuf er ein Licht, das noch nie auf einem Fernsehschirm zu sehen war. Wegen des kleinen Bildschirmformats meint man immer, das Fernsehen sei – im Gegensatz zum Film – am besten für Nahaufnahmen oder Halbtotale ohne größere Tiefe und mit recht unnuanciertem flachem Licht geeignet. Fassbinder und Schwarzenberger gehen in die entgegengesetzte Richtung: sie arbeiten mit Tiefenwirkungen und mit einer unerhört kühnen Lichtsetzung, die oft große Teile des Bildes ins Schwarze legt und kunstfertige Schatten auf die Gesichter malt, fast wie verhaltene Liebkosungen. Eine sonderbar surreale Wirkung wird dadurch erreicht, daß – besonders in den Szenen in Franz Biberkopfs Wohnung – eine Lichtquelle außerhalb des Bildes unablässig wie ein nervös klopfendes Herz blinkt. Die Lichtquellen im Bild werden oft durch den Einsatz von Filtern, vorzugsweise eines Nylonstrumpfs vor dem Objektiv, auf eine sonderbar funkelnde sternenhafte Weise gestreut!

Dazu kommt eine Kameraführung, die zusammen mit dem Gang der Personen eine virtuose Choreographie komplexer Muster von Bewegungen und Gegenbewegungen ergibt. Und doch bleibt der Film nie im bloß technisch Imponierenden stecken. Aus Technik wird Ästhetik, und Fassbinders ästhetische Intention ist es, seinen Figuren Raum, Licht und Schatten zu geben und Kamerabewegungen dazu beitragen zu lassen, daß um diese Nutten, Zuhälter und kleinen Ganoven eine tiefenpsychologische Dimension entsteht.

Wenn *Berlin Alexanderplatz* ein Höhepunkt von Themen und Stilelementen ist, die von Anfang an in seinen Filmen gelegen haben, weil er von Anfang an gerade dieses Projekt realisieren wollte, so enthält diese Serie doch auch problematische Abschnitte. Sie ist nämlich nicht nur eine mächtige Vollendung dessen, was Fassbinder kann, sondern auch in gewissen Details ein Versuch, immer neue Wege zu erforschen, unbekanntes Land zu betreten. Und das geschieht meines Erachtens nicht ohne Fehlgriffe.

Eine Warnung bekommen wir schon im merkwürdig stillstehenden vierten Teil, der laut Titel stillstehen *soll,* das aber auf problematische Art tut. Und das Problem wird deutlich, wenn man hier den Film mit dem Roman vergleicht.

In dem entsprechenden Abschnitt ist Franz Biberkopf in eine Art inneres Exil gegangen, nachdem er verraten und von seinen Freunden enttäuscht wurde. Er verschwindet von der Oberfläche in einer Trinkorgie und in einer Reihe innerer Visionen, die Döblin ganz surreal beschreibt. Im Roman hört er Stimmen, aber in Fassbinders Visualisierung dieser inneren Stimmen, dieser Phantome der Seele, gibt er der zentralen Stimme Fleisch und Blut in der Figur Baumanns. Es scheint mir ein fataler Fehlgriff zu sein, daß Fassbinder versucht, den beginnenden Wahnsinn zu »naturalisieren«.

Es ist ein Fehlgriff, der sich in der 14. Folge ins Groteske steigert, als Fassbinder versucht, Franz Biberkopfs inneres Drama zu verfilmen, seine Gesichte und seine Angst im Irrenhaus, wo er verloren in einem Seelenkampf liegt, in konkrete Bilder umsetzt mit Engeln und Teufeln, Kreuzigungs- und Höllenvisionen, schrecklichen Folterszenen, Leiden und Tod.

Dieser anerkennenswerte Versuch, ein inneres Drama zu visualisieren, scheint zum Scheitern verurteilt zu sein. Diese konkreten Erzengel und Folterkammern, diese Alpträume und Schreckensschreie prallen ab als reine Effekthascherei, als überdeutliche Naturalisierung eines Dramas, das man nicht so handfest, so konkret schildern kann, ohne daß es sich verflüchtigt.

Fassbinder versucht hier dasselbe wie sein Kollege Werner Schroeter, und zwar mit genauso fatalem Resultat: er will ein inneres Drama konkretisieren und tut, als ließen sich Gesichte, Träume und Angstvisionen ohne weiteres in naturalistische Bilder mit richtigen Schauspielern und Theaterkulissen umsetzen. Er will, kurzum, unvereinbare Dimensionen miteinander verschmelzen.

Dabei hat Fassbinder in *Berlin Alexanderplatz,* genauso wie in früheren Filmen, weitaus Präziseres über innere seelische Kämpfe und Spannungen gesagt, indem er die wiedererkennbare Wirklichkeit durch Verdrehen, Verzerren und Stilisieren in einen traumähnlichen Raum transportierte. Hier schlägt er den entgegengesetzten Weg ein und setzt Träume und Alpträume in konkrete Filmbilder um. Aber um ins Innere zu gelangen, muß man draußen bleiben – das scheint eine unverzichtbare Regel für den Umgang mit der Filmkamera zu sein. Um zu filmen, wie Angst Seele aufißt, muß die Kamera von außen zeigen, wie sich die Seele langsam von innen her verzehrt. Außerhalb der Seele zu bleiben heißt nicht, die Kamera zum Instrument gewöhnlicher, naturalistischer Wirklichkeitsabfilmung zu degradieren. Man kann die Wirklichkeit arrangieren, man kann mit Hilfe von Farben, Kompositionen, Personengruppierung und Licht die äußere, wiedererkennbare Welt zu einem Sinnbild machen, aber man kann nicht den entgegengesetzten Weg gehen und dem Sinnbild Fleisch und Blut geben. Jedenfalls hat Fassbinder das nicht in *Berlin Alexanderplatz* geschafft, wie intensiv und konsequent er es auch versucht hat.

Er selbst legte großen Wert auf den Versuch. Voller Stolz erzählte er von Menschen, die, nachdem sie den letzten Teil der Serie gesehen hatten, nachts nicht schlafen konnten, und er glaubte, die Schlaflosigkeit hinge damit zusammen, daß er wirklich zu unbewußten und verdrängten Mechanismen gelangt sei, deren Verdeutlichung den Schlaf für eine Zeit stören *müßte*. Vielleicht erleben andere es so. Ich sehe nichts als leere Effekte, ein in Pappmaché umgesetztes Seelendrama.

Doch das dürfte ein fast undankbarer, kleinlicher Einwand gegen eine Fernsehserie sein, die, selbst außerordentlich unpedantisch, den Fehlern und Mängeln ihrer Figuren mit überwältigendem Großmut begegnet.

14. Terrorismus und Kernfamilie

Nachdem Fassbinder 1976 seine problematische Identitätstrilogie *Satansbraten, Ich will ja nur, daß ihr mich liebt* und *Chinesisches Roulette* vorgelegt und 1977 mit *Bolwieser, Despair – eine Reise ins Licht* und dem Drehbuch von *Berlin Alexanderplatz* auf sehr persönliche Weise die nicht weniger problematische Identität seines Landes ergründet hatte, machte er zwischen 1977 und 1979 drei Filme, die äußerst gegenwärtig, innovativ in der Formensprache und von den eigenen Schwierigkeiten und denen seines Landes gezeichnet sind: den 30 Minuten langen Beitrag zum Episodenfilm *Deutschland im Herbst* sowie die Spielfilme *In einem Jahr mit 13 Monden* und *Die dritte Generation*. Zwischen diesen drei epochalen Filmen erholt er sich mit einem Film, den er quasi aus dem Handgelenk schütteln kann: *Die Ehe der Maria Braun*. Dieser Film war sein großer internationaler Durchbruch.

Fassbinders »Avantgardeperiode« war mit *Warnung vor einer heiligen Nutte* (1970) durchaus nicht überstanden. Auch nachdem er gezeigt hatte, daß seine Filme ein Millionenpublikum in die Kinos holten, machte er weiterhin kleine, billige Avantgardefilme, wohl wissend, daß sich nur wenige für sie interessieren würden, die aber für ihn selbst – und die Filmkunst – wichtig waren. Fassbinder gab sich nicht dazu her, einem breiten Publikum das vorzusetzen, womit die Fernseh- und Filmindustrie die Leute abzuspeisen pflegt. Er bestand auf seinem Recht, auch Kinofilme für einen engen Kreis von Cineasten zu machen.

Mit diesen Avantgardefilmen blieb Fassbinder in Kontakt mit seinen tiefsten Quellen, und das bewahrte ihn davor, billige Zugeständnisse an den Publikumsgeschmack zu machen. Die Avantgardefilme in der einen Herzkammer und seine Liebe zu Douglas Sirk in der anderen, erneuerte er unablässig seine Filmsprache, um nicht kommerziellen Klischees zu verfallen.

1978 ging ein Traum in Erfüllung, der so heimlich war, daß Fassbinder ihn kaum zugegeben hätte: Er spielte mit in dem letzten, 25 Minuten langen Film *Bourbon Street Blues* von Douglas Sirks der von der Münchener Filmhochschule produziert wurde. Er beruht auf Tennessee Williams Einakter *The Lady of Larkspur Lotion*, und Fassbinder spielte zusammen mit Annemarie Düringer, die vier Jahre später in seinem eigenen Film die Ärztin der Veronika Voss spielte. Bei Sirk stellen sie zwei verlorene und versoffene Existenzen in einer billigen Absteige in New Orleans dar. Sie träumt in ihrem Schnapsrausch von einer Kautschukplantage in Brasilien, er träumt, er sei Anton Tschechow und vollende gerade einen Klassiker der Weltliteratur. Als sie von der Hotelbesitzerin gedemütigt wird, weil sie ihre Rechnung nicht bezahlen kann, verteidigt er sie: wir alle haben Träume, sonst könnten wir nicht überleben, die Träume sind uns von Gott gegeben, und keiner hat das Recht, sie uns zu nehmen.

Der Film ist eine wehmütige und perfekt realisierte Huldigung an diese Träume – und eine Realisierung von Fassbinders Traum: vor Douglas Sirks Kamera spielt er wie ein Schuljunge, der bei seinem Lieblingslehrer Examen macht und einmal richtig zeigen will, was er kann. Sein Spiel ist intensiv und doch eminent sicher in seiner Stilisierungskunst.

Fassbinders Mutter berichtete,[1] er habe während der Dreharbeiten Douglas Sirk zu ihr nach Hause zum Abendessen mitgebracht. Er hatte sie ausdrücklich gebeten, Kohlrouladen zu machen, das Lieblingsgericht seiner Kindheit. Und so saß er am Tisch, still und stolz wie ein Junge, der es endlich geschafft hat, einen Vater nach Hause zu bringen, den er selbst gewählt hat, statt ihn aufgezwungen zu bekommen.

Seine kindliche Hingabe an Douglas Sirk setzte Fassbinder in *Die Ehe der Maria Braun* um – und mit seinem wütenden Angriff auf die Mutter in *Deutschland im Herbst* rächte er sich dafür, daß sie keinen Mann vom Format Douglas Sirks als Vater für ihren Sohn gewählt hatte.

Deutschland im Herbst

In seiner Wohnung in München hat Rainer Werner Fassbinder eine erregte Auseinandersetzung mit seinem Geliebten Armin Meier und seiner Mutter Lilo Eder über die neueste Entwicklung des Terrorismus. Armin will, daß alle Terroristen erschossen werden, Lilo sehnt sich nach einem guten und starken Führer, Fassbinder besteht darauf, daß die Demokratie auch für Terroristen gelten muß, und reagiert selber auf seine nächste Umgebung mit psychischem Terror.

Deutschland im Herbst beschreibt die Stimmung in der Bundesrepublik im Herbst 1977, als der Präsident des Arbeitgeberverbands, Hanns Martin Schleyer, von Terroristen entführt und ermordet wurde und andere Terroristen ein Flugzeug nach Mogadischu entführten und durch die Geiselnahme sämtlicher Passagiere die Freilassung ihrer inhaftierten Freunde erzwingen wollten – und als dann die Terroristen Andreas Baader, Gudrun Ensslin und Jan-Carl Raspe laut offizieller Darstellung »Selbstmord verübten«, ohne daß je festgestellt werden konnte, wie sich in Stammheim, einem der bestbewachten Gefängnisse der Welt, ein Revolver hatte einschmuggeln lassen.

In dieser zugespitzten Situation lieferten einige von Fassbinders Kollegen als Beitrag zu *Deutschland im Herbst* dokumentarische Schilderungen der Stimmung im Lande, fiktive Auseinandersetzungen mit Angst und Selbstzensur, Reflexionen und historische Rückblicke, nüchtern und langweilig. Fassbinders 30-Minuten-Beitrag ist dagegen eine hautnahe, brutale und extrem persönliche Reaktion: eine infernalische Auseinandersetzung mit sich selbst, seinem Geliebten Armin und seiner Mutter Lilo. Während Alexander Kluge, Volker Schlöndorff und die anderen Regisseure die eigene Person heraushalten und damit unbewußt die Kluft zwischen dem Privaten und dem Öffentlichen vertiefen, sich vom Politischen zwar intellektuell berühren lassen, ihm aber keine großen privaten Konsequenzen einräumen, zeigt Fassbinder, wie die politischen und privaten Frustrationen aufs engste miteinander zusammenhängen, wie der Terrorismus im Privaten beginnt und wie das Private wiederum von der politischen Entwicklung zerrüttet wird.

Fassbinder beginnt seinen Beitrag mit einem Interview, in dem er sich kurz und bündig gegen die Ehe ausspricht und sie als eine Form des Zusammenlebens charakterisiert, die »künstlich« ist, auch dann, wenn wir – so wie wir nun mal erzogen sind – ein Bedürfnis nach dieser Lebensform haben. Er zeigt sich zufrieden darüber, daß seine Filme die Institution Ehe in Frage stellen und sogar dazu beitragen, daß Ehen scheitern – ein Kommentar, der von dem Regisseur von *Martha*, dem morbidesten aller Ehefilme, nicht überraschen kann. Überraschend ist allerdings, daß die Szenen, die Fassbinder uns anschließend von seiner Beziehung zu Armin zeigt, sich eigentlich nur dadurch von Helmuts Beziehung zu Martha unterscheiden, daß sie weniger subtil und erheblich brutaler sind. Fassbinder behandelt seinen Freund wie ein Feudalherr seinen Diener – beim kleinsten Mucks wird er aus der gemeinsamen Wohnung herausgeworfen.

Fassbinder mit seiner kritischen Haltung zur Ehe, so sollte man meinen, wird seine eigene Ehe sicher anders führen. Aber wenn es möglich wäre, in einer ordentlichen, angemessenen und vernünftigen Ehe zu leben, gäbe es ja keinen Grund, sich so radikal von ihr zu distanzieren. Seine Kritik an der Ehe beruht auf eigenen konkreten Erfahrungen, nicht auf abstrakten Theorien, und einige dieser Erfahrungen legt er hier dar.

Was diese Erfahrungen in einem Film über den Terrorismus zu suchen haben, wird allmählich klar: Armin meint mit primitiver Konsequenz, man müsse die Terroristen im Stammheimer Gefängnis sofort erschießen und das Flugzeug in Mogadischu in die Luft sprengen, so daß endlich Friede ist. Woher diese law-and-order-Vorstellungen kommen, wird nicht genauer erläutert, sie lassen sich aber als Armins Reaktion auf Fassbinders konsequente Unterdrückung verstehen: Anstatt seine Aggressionen gegen den zu richten, den er liebt und der diese Aggressionen eigentlich verdient hat, richtet Armin sie gegen auffällige Chaoten außerhalb seiner privaten Sphäre, um endlich einmal *Frieden* zu haben! Es ist einfacher, sich ein Ersatzziel für seine Aggressionen zu suchen, als sie gegen eine Person zu richten, die einen demütigt und terrorisiert wie Fassbinder. Daß Aggressionen sich ein Ersatzobjekt suchen, hat Fassbinder oft in seinen Spielfilmen beschrieben, nicht zuletzt, weil es sich um persönliche Erfahrungen handelt.

Woher Fassbinder wiederum seine terroristischen Neigungen hatte, die sich bei ihm allerdings auf die Privatsphäre beschränkten, wird in der heftigen Auseinandersetzung mit seiner Mutter angedeutet. Sie, die während des Nationalsozialismus aufgewachsen war, schlägt – ohne sich eigentlich selbst darüber im klaren zu sein – Nazimethoden für die Lösung des Terrorismusproblems vor: Sie will die Demokratie außer Kraft setzen, sie will, daß für jede Geisel, die in Mogadischu umkommt, ein Terrorist hingerichtet wird, und in erster Linie wünscht sie sich einen autoritären Herrscher, der – wie sie mit entschuldigendem Lächeln sagt – »ganz gut ist und ganz lieb und ordentlich«.

Zwischen der primitiven Brutalität seines Geliebten und der Sehnsucht seiner Mutter nach einem Nazistaat mit menschlichem Gesicht ist Fassbinder bis zum Zerreißen gespannt vor Wut und Verzweiflung. Es fällt ihm schwer, sich auf das Drehbuch von *Berlin Alexanderplatz* zu konzentrieren, und er nimmt Kokain, um seine Erregung zu dämpfen, während er Armin den Rat gibt, bei Sigi nachzulesen, da stünde, daß so etwas hilft. Sigi ist Fassbinders Kosename für Sigmund Freud, bei dem man auch einiges über die Aggressionen lesen kann, die sich ein Ersatzobjekt suchen, und über Wiederholungsmechanismen, die auf den Ödipuskomplex zurückgehen, welcher wiederum nicht nur Produkt, sondern auch Grundlage der bürgerlichen Ehe ist.

Wie verzweifelt Fassbinder auch war, den intellektuellen Überblick hat er nie verloren. In seiner empfindlichen Kritik am Standpunkt seiner Mutter und seines Geliebten kommt er genau auf den Punkt, wenn er darauf besteht, daß sich die Demokratie gerade in Krisensituationen zu bewähren habe. Genau ist er auch in der furchtbaren Frage an die Mutter: »Ist das Schlimme bei den Terroristen nicht vielleicht, daß sie vielleicht sogar Gründe haben, die du verstehen könntest?« Er versteht sie zumindest, auch wenn er völlig anderer Meinung ist. Diese Meinung formulierte er einige Jahre später in einem Interview[2]. Über die Möglichkeiten der Anarchie befragt, antwortete er:

> »Daß das erst über eine Revolution herstellbar ist, glaube ich nicht, weil all das, was über einen Kampf entsteht, eben auch das Bekämpfte wieder in sich hat. Ich weiß nicht, wie es entstehen soll. Im Moment kann ich es mir immer nur vorstellen als Gegenmodell, und dann ist es falsch. Das ist klar. Bei einem Gegenmodell hat es eben auch das in sich, wogegen es ist. Das ist auch bei meinen Filmen so. Wenn sie negativ enden, sagen die Leute immer: Wie schrecklich, kann es nicht mal glücklich enden. Ich sag, das ist ein Schmarren. Wenn ein Film traurig, böse, oder was auch immer, aufhört, muß ihnen doch klarwerden, es muß irgend etwas anderes geben. Nur über die Sehnsucht jedes einzelnen nach etwas anderem kann etwas anderes entstehen.«

Fassbinders Beitrag zu *Deutschland im Herbst* ist ein spannendes Spiel mit der Wirklichkeit als Fiktion und der Fiktion als Wirklichkeit. Szenen zwischen Fassbinder und Armin haben eine ganz »dokumentarische« Atmosphäre, aber die sehr sorgfältige Kameraarbeit beweist, daß die Szenen konstruiert sind. Umgekehrt wird der Zuschauer nie im Zweifel darüber gelassen, daß der erregte Wortwechsel zwischen Fassbinder und seiner Mutter Lilo authentisch ist, aber Lilo Eder hat später[3] geäußert, Fassbinder habe ihre letzte Antwort herausgeschnitten und dadurch ihre Worte verdreht. Fassbinder läßt sie mit den Worten enden:

»Das Beste wär so'n autoritärer Herrscher, der ganz gut ist und ganz lieb und ordentlich.«

Danach fügte Lilo Eder in der ursprünglichen Diskussion hinzu: »wenn wir keine Demokratie hätten«, was ihre Sehnsucht nach einem »Führer« durchaus relativiert. Dieser weggeschnittene Satz macht den dokumentarischen Stoff zu Fiktion. Fassbinder verwandelte seine Mutter in eine Filmfigur.

Das kann man natürlich kritisieren, aber diese Kritik träfe auf jedes »dokumentarische« Material zu. Denn jedesmal, wenn man einen Schnitt macht oder die Kamera in einem bestimmten Winkel aufstellt und den Gegenstand auf eine bestimmte Art beleuchtet, macht man die Wirklichkeit zu Fiktion. Film ist immer Fiktion, auch wo er sich ganz dokumentarisch gibt. Man darf also einen Film nicht im Verhältnis zu irgendeiner objektiven Wahrheit messen, sondern an seiner Fähigkeit, die Subjektivität des Regisseurs so radikal wie möglich zu formulieren.

Überdies mußte Lilo Eder zugeben, daß die Fiktion, die der Sohn aus seiner Mutter gemacht hatte, der »Wahrheit« näher kam als der Dokumentarismus, mit dem er manipulierte. In dem erwähnten Interview fügt sie hinzu:

»Aber wenn ich das Ding heute ansehe: also ehrlich, da ist schon so eine Sehnsucht nach Autoritärem drinnen. Ja gucken Sie sich doch das an. Er hatte schon recht gehabt, das wegzuschneiden.«

Auf den ersten Blick könnte man meinen, Fassbinder habe am Schneidetisch seine Mutter terrorisiert und sie zur Geisel einer Ansicht gemacht, die sie gar nicht vertrat. Aber dank seiner Methode mußte sie einsehen, daß sie in Wirklichkeit Gedanken und Gefühle hat, zu denen sie sich nicht gerne bekennt. Fassbinder tat auf rein künstlerischer Ebene, was die Terroristen als das politische Ziel ihrer Terrorhandlungen ausgaben, nämlich den verdrängten, aber immer noch existierenden Faschismus im westdeutschen Staatsapparat und im Einzelnen sichtbar zu machen.

In *Deutschland im Herbst* zeigt Fassbinder konkret und nüchtern, daß die Verzweiflung der Terroristen auch die seine ist, während er an seiner Kritik der Handlungen festhält, zu denen ihre Verzweiflung sie führt. Fassbinder überlebte die Terroristen eine Zeitlang, weil er es verstand, seine Verzweiflung in Kunst umzusetzen, anstatt Baader, Ensslin und Söhnlein 1968 nach Frankfurt zu folgen und der Verzweiflung in den großen Kaufhausbränden freien Lauf zu lassen.

Das aber war auf Dauer nicht weniger aufreibend als das Leben der Terroristen: Vier Monate nach der Premiere von *Deutschland im Herbst* nahm Armin sich das Leben – und vier Jahre später starb Fassbinder: die Kunst war nur ein provisorischer Schutz vor der Verzweiflung, die Fassbinders Filme mit den Aktionen der Terroristen gemeinsam hatten.

In einem Jahr mit 13 Monden

Der transsexuelle Erwin/Elvira Weishaupt (Volker Spengler) hat sich aus Liebe zu dem Grundstücksspekulanten Anton Saitz (Gottfried John) einer Geschlechtsumwandlung unterzogen. Die letzten fünf Tage ihres Lebens spricht Elvira, auf der Suche nach ihrer Vergangenheit, mit Menschen, die nicht weniger verkrüppelt sind als sie. In dem Waisenhaus, in dem sie aufgewachsen ist, will sie aufklären, warum ihr Leben so deprimierend verlaufen ist, daß es ihr nicht mehr lebenswert erscheint.

In einem Jahr mit 13 Monden und *Die dritte Generation* sind vermutlich die umstrittensten Filme des reifen Fassbinder, aber auch seine wichtigsten. In anderen Höhepunkten seines Schaffens führt er eine schon bestehende Filmtradition, das Hollywood-Melodram, weiter und prägt es auf seine ganz persönliche Art. Aber *In einem Jahr mit 13 Monden* gleicht keinem anderen Film der Filmgeschichte. Der Film enthält zwar thematische und stilistische Elemente aus Fassbinders früherer Produktion, aber sie sind zertrümmert und dann wieder so zusammengefügt, daß etwas noch nie Gesehenes dabei herauskommt. Der Film trägt Fassbinders persönliche Handschrift, Fassbinder hat nicht nur das Drehbuch geschrieben und inszeniert, sondern auch selbst die Kamera geführt und war für Schnitt und Ausstattung zuständig. Diese Verantwortung hatte Fassbinder letzten Endes in allen seinen Filmen, aber hier hat er die konkreten Aufgaben auch selbst ausgeführt.

In einem Jahr mit 13 Monden ist Fassbinders zutiefst persönliche Reaktion auf Armin Meiers Selbstmord, aber keineswegs ein biographischer Film über seine Beziehung zu Armin, der nicht transsexuell war. Die Transsexualität ist hier symbolische Zusammenfassung einer zentralen Problematik: Erwin/Elvira versucht ja in gewissem Sinne, »sich selbst noch einmal zu haben, um vollständig zu sein«. Aber gleichzeitig ist der Film die Negativseite dieser Utopie: Will man seine Identität verdoppeln, riskiert man, sie zu verlieren! Erwin/Elvira will sowohl Mann als auch Frau sein, wird aber weder das eine noch das andere. Sein Versuch der Identitätserweiterung ist eine Kastration im Namen der Anpassung. Psychoanalytisch gesehen findet eine Regression in den ödipalen Kampf statt, der aber aufgegeben wird. An dessen Stelle tritt eine masochistische Unterwerfung, die in den Tod führt. Anstatt ein doppelter Mensch, wird Erwin ein Neutrum.

In einem Jahr mit 13 Monden handelt davon, warum Erwin/Elvira nicht mehr weiterleben kann, aber auch davon, daß ihr Tod nichts anderes ist als der letzte, verzweifelte Schrei nach einem anderen Leben. Der Film stellt das Leben in Frage, das sich nur dadurch bestätigen läßt, daß man es verläßt – durch einen Tod, der die einzig mögliche Art ist, das Leben weiterzuführen. Das Merkwürdige an diesem Film ist, daß seine Verzweiflung gerade deshalb so stark wirkt, weil sie nicht ernst genommen wird.

In praktisch jeder einzelnen Szene wird die Erzählung gesprengt, genau dort nicht ernst genommen, wo die Filmtradition, in der Fassbinder bisher gearbeitet hatte, die Szenen zu melodramatischen Höhepunkten getrieben hätte. Ich kenne nur einen Film, der auf demselben Prinzip beruht: Jean-Luc Godards *Die Karabinieri* (1963), der ebenfalls von seinen Tragödien ablenkt, anstatt sie auszumalen. Aber während Godard in *Die Karabinieri* so distanziert arbeitet, daß es dem Publikum schwerfällt, die Schrecken des Films emotional zu verarbeiten, erzeugt Fassbinder paradoxerweise – jedenfalls bei Zuschauern, die diese Art des Filmens nicht spontan ablehnen – ein hohes Maß an emotionalem Engagement, indem er gerade diesem Engagement entgegenarbeitet.

Sehen wir uns näher an, wie Fassbinder uns von dem emotionalen Gehalt des Films abzulenken versucht:

In der ersten Szene wird der Transsexuelle Erwin/Elvira in einem Park von Homosexuellen angesprochen und anschließend zusammengeschlagen, als sie entdecken, daß er weder Mann noch Frau ist. Über dieser Sequenz, die das Hauptthema, den totalen Identitätsverlust vorstellt, läßt Fassbinder den Vorspann laufen, der ständig davon ablenkt, was eigentlich im Bild stattfindet. Gleichzeitig spielt sich das Ganze in der Dämmerung oder im Morgengrauen ab, auch darum ist nur schwer zu erkennen, was passiert.

Die nächste Sequenz ist eine bittere und schonungslose Auseinandersetzung zwischen Elvira und ihrem Partner, die aber so distanziert gefilmt ist, daß das Durcheinander in der Wohnung das Bild sehr viel mehr dominiert als die Personen. Hierin drückt sich eine gewisse Ungeduld aus, daß das Gesagte ja hundertmal vorher im Kino gezeigt worden ist: Seht zu, daß ihr fertig werdet und den Umzug hinter euch bekommt, anstatt Ausdruck und Gefühle in etwas zu investieren, das wir zur Genüge kennen! Die Kamera ist an der Auseinandersetzung scheinbar so demonstrativ uninteressiert, daß sie sich mehrmals in einem ganz anderen Raum befindet als die Personen! Erwin/Elviras Identität, die hier bis an die Grenze der Selbstzerstörung gespalten ist, wird aber noch einmal durch ein Lieblingssymbol Fassbinders dargestellt, ein gnadenloses Spiegelbild: Während der Freund Erwin/Elvira vor den Spiegel zerrt und sein/ihr Aussehen, das fette, leere Gesicht, das lahme Gehirn verhöhnt, sehen wir, die Zuschauer, etwas ganz anderes im Spiegel: einen zutiefst erschrockenen Menschen, der um Liebe fleht, so hilflos und gedemütigt, daß auf dieser Grundlage keine Liebe mehr möglich ist.

Der Rest läßt sich als Kommentar zu diesem verzweifelten Spiegelbild auffassen, als Erwin/Elviras Suche nach der eigenen Identität, obwohl es dafür schon viel zu spät ist.

Anschließend wird das Thema vorgeführt, von dem der Film im Grunde handelt: der Tod. Erwin/Elvira ist gelernter Metzger, ihre Freundin, die Hure Rote Zora, wendet ein, das sei doch gegen das Leben, worauf Elvira antwortet:

»Gar nicht ist's gegen das Leben, das Leben selbst ist's. Das Blut, wie es dampft, und der Tod, der ihm erst Sinn gibt, dem Leben vom Tier. Und der Geruch, wenn sie sterben und wissen genau, daß er kommt, der Tod und schön ist und warten darauf.«

Danach laufen Bild und Ton auseinander. In einer Sequenz, in der Tiere totgestochen werden, Blut aus ihnen spritzt, die Haut abgezogen wird, Eingeweide herausquellen, sind Erwin/Elviras Erinnerungen an die übereilte Ehe mit der Metzgerstochter zu hören, an die Scheidung und das Zusammenleben mit dem gescheiterten Schauspieler Christoph, der zu Beginn ihrer Beziehung genauso kaputt war, wie es Elvira am Schluß der Beziehung ist, der wie ein Vampir alle Kraft aus Elvira saugt und auf diese Weise selbst Stärke bekommt, um Elvira zum Dank als zerstörte Hülle am Straßenrand zurückzulassen.

Die Bilder der geschlachteten Tiere sind genauso furchtbar wie Elviras Erzählung von der geschlachteten Seele, aber durch diese Zusammenstellungen von Bild und Ton erreicht Fassbinder nicht, daß sie einander ergänzen und das Grauen verstärken. Er erreicht das Gegenteil: sie lenken die Aufmerksamkeit des Zuschauers ab und vermindern ihren Effekt. Es fällt schwer, sich auf Bild und Ton gleichzeitig zu konzentrieren oder auch das eine dem anderen vorzuziehen. Unsere Aufmerksamkeit wird diffus wie der Film, und je mehr von beiden Seiten gezogen wird, desto frustrierter werden wir, und wir lehnen uns zurück quasi mit schlechtem Gewissen, weil wir weder dem Bild noch dem Ton unsere volle Aufmerksamkeit schenken können.

Aber die Doppeltheit der Sequenz ist noch komplizierter: Wenn die Bilder der geschlachteten Tiere so traurig sind, daß wir uns von ihnen abwenden wollen, indem wir uns ausschließlich auf den Ton konzentrieren, zeigt sich schnell, daß auch der Ton so traurig ist, daß man vielleicht doch lieber bei den Bildern geblieben wäre. Es ist also unmöglich, sich auf die Sequenz zu konzentrieren, und genauso unmöglich, vor ihr davonzulaufen.

Der Effekt, den Fassbinder hier durch die Formensprache des Films erreicht, ist das genaue Gegenteil des Hollywood-Melodrams: Im Melodram wären wir aufgefordert worden, Elviras Schicksal zu teilen, mit ihr zu weinen, unsere Gefühle in ein Mitleid zu investieren, das für die Dauer des Films uneingeschränkt ist und ein reinigendes Tränenbad provoziert, so daß wir mit dem erhebenden Gefühl aus dem Kino kämen, unser ganzes Mitleid verschenkt zu haben. Fassbinder läßt uns dagegen unsere Frustration, unsere Ohnmacht erleben, er gibt uns keine Chance, edle Sympathie zu verspüren, denn er weiß, daß der Alltag uns das nicht erlauben würde, wenn wir Elvira außerhalb des Kinos begegneten. Warum uns also etwas einbilden?

Und auf diesem provozierenden Prinzip ist der Film aufgebaut. Wir dürfen in diesem Film nichts ernst nehmen, weil wir es in der Realität ja auch nicht ernst nehmen würden. Wir dürfen nicht gute, solidarische, mitfühlende Zuschauer sein, denn wo bleiben diese Tugenden, wenn der Film zu Ende ist? Wir dürfen das Kino nicht voller Selbstzufriedenheit darüber verlassen, wie viele gute Gefühle wir aufbieten können, sondern voller Frustration darüber, daß wir nicht genug Gefühle aufbringen können. Das Problem ist, daß wir diese Frustration erst einmal gegen den Film, also gegen Fassbinder, richten. Wir glauben, daß die an Zynismus grenzende Zerstreutheit, mit der da erzählt wird, Fassbinders Zerstreutheit ist, vergessen aber, daß das Kameraauge unseren Alltagsblick repräsentiert, den wir normalerweise verwenden, wenn wir *nicht* im Kino sitzen.

Die mangelnde Konzentration auf die tieferen Zusammenhänge im Leben eines Menschen wird durch Elviras und Zoras Besuch in einem dieser modernen Spielsalons illustriert, der, ein lärmendes Inferno von Krach und Bildern, Leinwand und Ohren erfüllt, bis die beiden bei Seelenfrieda Hilfe suchen, einem der Seelenbefreier des Milieus, der selbst so sehr in den Seilen hängt, daß er für andere nur in begrenztem Maße etwas tun kann.

Seelenfrieda erzählt einen Traum von einem Ausflug auf einen Friedhof, wo er sich über die Grabinschriften wundert. Offenbar haben die meisten Toten nur wenige Jahre gelebt, manche sogar nur wenige Wochen oder Tage. Der alte Gärtner erklärt aber, daß die Daten nicht die Zeit angeben, die dieser Mensch gelebt hat, sondern in denen er einen wirklichen Freund hatte. Seelenfrieda selbst hat sich von jeder normalen Zeitrechnung zurückgezogen und ist seit Monaten nicht vor die Tür gegangen. Andererseits glaubt er auch nicht »an das Märchen, es gäbe ein wirkliches Leben in einer wirklichen Welt, und das wirkliche Leben wäre bedeutender als zu leben«. Er tritt für die Welt als Wille und Vorstellung ein, wodurch er dem Schopenhauer-Zitat in der *Dritten Generation* vorgreift. Seelenfrieda ist ein Geächteter, der mit seinem Schicksal zu leben gelernt hat: er konnte nicht einmal eine Therapie bei einem Psychoanalytiker machen, als er sie dringend brauchte, denn als Waisenhauszögling paßte er auch nicht in die Muster, nach denen Psychoanalytiker arbeiten.

Und das bringt uns zu Elviras biographischen Voraussetzungen. Er/sie wurde zu Nonnen in Pflege gegeben. Eine davon – Fassbinders Mutter spielt sie – erzählt die furchtbare Geschichte seiner Kindheit:

> »Irgendwann während des letzten Krieges bekam Frau Anita Weishaupt einen Sohn, den brachte sie heimlich zur Welt und gab dieses Kind kurz nach der Geburt hier im Waisenhaus ab und gab es zur Adoption frei. Das Kind wurde Erwin getauft, und alle Schwestern hatten es gern, weil es ein leises Kind war, das war ihnen angenehm, das nannten sie brav. Sie steckten dem Kind deshalb auch in den ganz schlimmen Tagen nach Kriegsende immer genug zu, daß es satt war. Lieber zu viel, als zu wenig. Dafür sollte das Kind sie lieben, die Schwestern, jede einzelne, und jede am meisten. So wurde das Kind gezwungen, das Lügen zu lernen. Denn bald schon hatte es natürlich herausgefunden, daß es ihm besser ging, je mehr er einer jeden das sagte, was diese zu hören sich wünschte. Er lernte dieses System der belohnten Lügen so perfekt beherrschen, daß niemand merkte, wie aus dem leisen Kind ein trauriges wurde. Erwin kam dann zur Schule und war – ohne sich besonders anzustrengen – ein sehr guter Schüler. Anderthalb Jahre lang. Dann hat sich vieles verändert für Erwin. Das fing so an, daß ein Ehepaar, das ein Kind adoptieren wollte, sich mit Erwin anfreundete, ihn zu sich nach Hause einlud und sich mit ihm beschäftigte, daß es der Himmel auf Erden war für ihn. Und dann – sie hatten es sich reiflich überlegt, wollten sie den Erwin adoptieren, sie hatten etwas mit ihm, das war Vertrauen vielleicht und Geduld, etwas wie Liebe also. Ganz still war das Kind in seinem Glück, aber sein Herz war wie berauscht von einer übermenschlichen Freude, die so groß war, daß Menschen keine Worte erfunden haben für dieses Gefühl, dieses Zittern der Seele am Rande einer erfüllten heiligen Sehnsucht. Der Form halber sollte Erwins Mutter noch einmal ihre damalige Ent-

scheidung, das Kind freizugeben, überprüfen dürfen, ich habe es damals übernommen, Anita Weishaupt zu besuchen, und schon in dem Moment, wo sie die Tür öffnete, war eine sehr fremde Angst in ihrem Gesicht. Und als ich von Erwin sprach, wurde ihre Angst näher und näher. Und ich wußte plötzlich, daß es dieser Frau tatsächlich gelungen war, ihr eigenes Kind zu vergessen, wie grausam das auch für sie gewesen sein mußte. Sie zog mich schnell in ein Zimmer und schloß die Tür rasch hinter sich. Die Wohnung war voll Kindergeschrei, ihr Mann sei aus der Gefangenschaft zurückgekommen, nachdem sie Jahre nichts von ihm gehört hatte, seitdem hätte sie schon wieder drei Kinder von ihm bekommen, dennoch behandele er sie schlecht und mache ihr angst. Wie Anita Weishaupt so da stand, mit kurzem Atem, bleich und zitternd, da kam mir ein schrecklicher Gedanke. War sie bereits mit diesem Mann verheiratet, als sie ihren Sohn Erwin zur Welt brachte? In Anita Weishaupts Augen wurde die Angst jetzt so groß, daß ich dachte, ihr Kopf wollte platzen. Ihr Atem wurde noch kürzer, und sie faßte sich ans Herz, als sie nickte. Das wahre Ausmaß dieses Nickens wohl eher ahnend als wissend, den grundlegenden Fehler nämlich in der gedanklichen Konstruktion ihrer Lebenslüge. Denn das Kind Erwin, wer auch immer sein Vater gewesen sein mag, ist, von einer verheirateten Frau geboren, ein eheliches Kind, dessen Freigabe zur Adoption in diesem Fall natürlich auch vom Mann seiner Mutter unterzeichnet werden muß. Als Anita Weishaupt sich wieder gefangen hatte, schloß sie die Augen, atmete tief durch, schüttelte dann langsam den Kopf und sagte mit einer Stimme, so klar, daß sie mich schmerzte, und so endgültig, daß ich den Mut verlor, dann wird dieses Kind nicht adoptiert werden. Mein Mann darf von seiner Existenz nie etwas erfahren. Anita Weishaupt hatte tatsächlich gesagt, ›dieses Kind‹ und ›mein Mann‹, ihr war nicht mehr zu helfen. Ihr Sohn Erwin bekam an den Wochenenden keinen Besuch mehr und wurde nicht mehr eingeladen. Aber er wartete, wartete Wochen, ohne zu fragen, aus Angst vor der Antwort wohl; zu groß war die Sehnsucht des Kindes, daß die Hoffnung viel länger in seinem Kopf blieb, als der Verstand es erlaubte. So lang, bis es zu brennen begann in seinem Kopf. Erwin wurde von einem unerklärlichen Fieber befallen, dem die Ärzte nicht Herr wurden, das Kind würde sterben, es sei denn, ein Wunder geschähe. Was auch immer das Wunder gewesen sein mag, es geschah. Das Fieber verschwand, wie es gekommen war, scheinbar grundlos. Aber irgendwo unter seiner Schädeldecke hatte es nicht aufgehört zu brennen, Erwin wurde ein anderer. Nichts interessierte ihn mehr. Sein Wesen veränderte sich, zum Beispiel begann er zu stehlen, aber das, was er stahl, waren ausnahmslos Dinge, die er ohnehin leicht hätte bekommen können, und er wurde unberechenbar, nicht mehr ausrechenbar für die Schwestern. Die begannen, das Kind auf die gleiche hirnlose Art, in der sie es vorher zu lieben vorgaben, zu fürchten jetzt, und am Ende zu hassen. So lebte das Kind Erwin lange Jahre in einer praktischen Hölle, zusätzlich verachtet, da er es gelernt hatte, nicht zugrunde zu gehen in dieser Hölle, eher schon ihre Schrecken konsequent zu genießen.«

Der Monolog über Erwins Kindheit wird hier ungekürzt zitiert, weil er wohl der ergreifendste Text ist, den Fassbinder je geschrieben hat. Aber es ist charakteristisch für seine Methode in diesem Film, daß auch dieser Monolog gegen seinen Wortlaut gefilmt wird: die Nonne spricht nicht zu den beiden, die sie gebeten haben, Erwins Kindheitsgeschichte zu erzählen, sondern nur zu sich selbst. Sie läuft rastlos im Kreuzgang herum, völlig desinteressiert an ihren »Zuhörern« Erwin/Elvira und Rote Zora. Sie spricht mit monoton-teilnahmsloser Stimme, als läse sie irgendeinen beliebigen Buchtext vor, und ihre Stimme wird außerdem noch von einer musikalischen Begleitung zerstückelt, die ebenfalls eher zerstreut als die Konzentration auf das Gesagte verstärkt. Und die Schnitte und Kamerabewegungen zwischen der Nonne und ihren »Zuhörern« sind überdies so apart, daß auch das Bild dem Bericht der Nonne entgegenarbeitet.

Kurz und gut, es sieht so aus, als filme Fassbinder seine ergreifendste Geschichte bewußt so zufällig und unkonzentriert wie möglich, als ob er sagen wollte, diese oder ähnliche Geschichten kennen wir ja nur zu gut, und sie noch einmal zu erzählen bringt nichts. Das abgewiesene Liebesbedürfnis ist ein selbstverständlicher Teil unserer Kultur, auch wenn wir seine Konsequenzen kennen, nämlich die Verkümmerung der Liebesfähigkeit. Noch einmal auf diesen Zusammenhang hinzuweisen ist im Grunde sinnlos. Es bringt nichts. Wir *wissen* ja, daß es Kindern schrecklich geht in der Welt, die wir uns eingerichtet haben. Und trotzdem tun wir nichts und haben kein erlösendes Tränenbad verdient, wie ein Hollywoodfilm es uns bei der Nacherzählung von Elviras Kindheitsgeschichte geschenkt hätte. Und als Elvira bei dem Bericht über den brutalen Liebesmangel in ihrer frühen Kindheit in Ohnmacht fällt, tut sie das nicht mit einer anmutigen Bewegung wie bei Douglas Sirk, sondern ganz zufällig wie ein Sack Mehl, der im Hintergrund einer großen Totale zusammenfällt, als könne sich niemand dafür interessieren. Wir wissen ja, daß es Menschen so ergeht, denn wir sind selbst verantwortlich für die Ordnung, die ihr Leben kaputtmacht.

Aus dem liebeshungrigen Kind Erwin wird die transsexuelle Elvira wegen einer nachlässig hingeworfenen Bemerkung eines gewissen Anton Saitz, ehemals Zuhälter und jetzt Grundstücksspekulant. Als Erwin ihm seine Liebe erklärte, sagte er – ohne irgendeine tiefere Bedeutung hineinzulegen –, es sei natürlich etwas anderes, wenn Erwin ein Mädchen wäre, worauf dieser sofort nach Casablanca reist und sich untenrum alles wegoperieren läßt – so daß weder Anton Saitz noch sonst jemand etwas mit ihm anfangen kann.

Anton Saitz ist eine der Fassbinder-Personen, die mechanisch die Erfahrungen wiederholen, die sie eigentlich hätten klüger machen müssen. Er war als Kind in einem Konzentrationslager – und als Erwachsener betreibt er sein Bordell in bestem KZ-Stil, das Wort Bergen-Belsen ist das Geheimwort, das jedem augenblicklich Zutritt zu ihm verschafft, selbst wenn er gerade bumst – eine Figur also, von der man erwartet, daß sie in einem seriösen Film ernst genommen wird. Aber was macht bei Fassbinder ein Mann, der in einem Konzentrationslager aufgewachsen ist und jetzt in Geld schwimmt? Er versucht, sich die Kindheit zu kaufen, die er nie bekam, und da die Kindheit, an die er sich erinnert, nicht der Erinnerung wert ist, realisiert er die Tagträume seiner Kindheit – die in einer zivilisierten Gesellschaft aus amerikanischen Filmen stammen. Also verbringt Anton Saitz seine Zeit damit, mit seinen Angestellten Gangster zu spielen und sich wie Jerry Lewis in seinen albernsten Komödien aufzuführen. Selbst wenn man die finanzielle Freiheit hat, sein Leben einzurichten, wie man will, hat man nicht die gedankliche Freiheit oder die Phantasie, wirklich etwas aus seinen Möglichkeiten zu machen.

Und währenddessen erlebt Elvira, daß sich ein Penner – ohne jede Tragik – bei Anton Saitz an der Decke erhängt, denn, wie es bei Schopenhauer heißt, »der Selbstmörder will das Leben und ist bloß mit den Bedingungen unzufrieden, unter denen es ihm geworden ist. Daher gibt er keineswegs den Willen zum Leben auf, sondern bloß das Leben, indem er die eigene Erscheinung des Lebens zerstört.«

Als Elvira schließlich stirbt – ob sie Selbstmord verübt oder versehentlich eine Überdosis genommen hat, ist unklar –, zieht der Film sich auch von diesem Geschehen emotional zurück. Die Kamera bleibt lange vor der Tür von Elviras Wohnung, ausgesperrt von Anton Saitz' Leibwächter, während Saitz mit der Roten Zora auf dem Fußboden bumst und Elvira leblos auf dem Bett liegt. Und als die Tür endlich geöffnet wird, distanziert sich der Film noch immer von der konkreten Szene, insofern auf der Tonspur ein langer Monolog präsentiert wird, den die noch lebende Elvira über frühere Selbstmordversuche hält, die als Klageruf einer Seele in höchster Not gemeint waren. Indem so wieder der Zusammenhang zwischen Bild und Ton gesprengt wird, das Bild von dem einen Selbstmord erzählt und der Ton von einem anderen, erreicht Fassbinder nicht den Effekt, den man eigentlich erwartet: der Eindruck des Todes wird nicht verstärkt, sondern geschwächt, weil sich die Zuschauer noch immer nur schwer auf die beiden Handlungsabläufe gleichzeitig konzentrieren können und daher beides nur halb miterleben.

In diesem Film über zerstörte Menschenschicksale wird auch das Erlebnis dieser Schicksale zerstört. Zurück bleibt das frustrierende Gefühl, man habe die Tragödie nicht miterleben und seine Seele nicht läutern dürfen. Die unablässige Verweigerungsgeste des Films macht das Erleben wirklich traurig auf genau die unbefriedigende Art, die Fassbinder im Gegensatz zu seinen früheren Hollywood-Vorbildern beabsichtigte. Er zielt nicht auf Befreiung und Katharsis, sondern auf Frustration, was ihm restlos gelingt. Viele haben den Film deswegen kritisiert, ohne seine innovativen Qualitäten zu sehen. *In einem Jahr mit 13 Monden* kann nicht mit den ästhetischen Kriterien beurteilt werden, gegen die er aufbegehrt.

Aber trotz all der Distanz, die Fassbinder in die Schilderung des Handlungsablaufs gelegt hat, distanziert er sich nicht von seinen Personen, und darin liegt auch ein merkwürdiger Gegensatz: Er ist in diesem Film seinen Personen so nahe, daß diese Nähe wiederum eine Art stilisierten Abstand schafft, so wie die Nahaufnahme einer Gesichtshaut einer Mondkraterlandschaft gleichen kann. Indem er so nah herangeht, dringt er zu der Kehrseite des nüchternen Realismus vor, der perfekt zelebriert wird in einem Film wie Maurice Pialats Ehedrama *Wir werden nicht zusammen alt*, den Fassbinder in einer entnervenden TV-Sequenz zitiert. Fassbinder schätzte diesen Film sehr, weil er, so weit es menschlich möglich ist, zynischen Eherealismus bietet, ohne den Realismus zu sprengen. Fassbinder geht weiter, und das schafft der Realismus nicht mehr. Er bekommt eine surreale Dimension: hinter dem Alltagsrealismus lauert der Vorhof der Hölle. Und so grausam, zynisch und herzlos das Auftreten der Personen in diesem Film auch wirkt, so entschuldigt er sie doch alle durch den Satz, den er Schwester Gudrun in den Mund legt, als sie von Elviras Kindheit erzählt:

»Das macht keiner selbst, sein Leben kaputt. Das macht die Ordnung, die die Menschen für sich geschaffen haben.«

Aber diese von Menschen geschaffene Ordnung, in der kein Mensch wirklich gedeihen kann, wirkt manchmal so fundamental und unausweichlich in Fassbinders Filmen, als stünde sie in den Sternen geschrieben. Deshalb läßt er *In einem Jahr mit 13 Monden* auch mit einer astrologischen Erklärung des Titels beginnen:

»Jedes 7. Jahr ist ein Jahr des Mondes. Besonders Menschen, deren Dasein hauptsächlich von ihren Gefühlen bestimmt ist, haben in diesen Mondjahren verstärkt unter Depressionen zu leiden, was gleichermaßen, nur etwas weniger ausgeprägt, auch für Jahre mit 13 Neumonden gilt. Und wenn ein Mondjahr gleichzeitig ein Jahr mit 13 Neumonden ist, kommt es oft zu persönlichen Katastrophen. Im 20. Jahrhundert sind es 6 Jahre, die von dieser gefährlichen Konstellation bestimmt sind – eines davon ist das Jahr 1978. Davor waren es die Jahre 1908, 1929, 1943 und 1957. Nach 1978 wird das Jahr 1992 noch einmal das Dasein vieler gefährden.«

Einer der wenigen, die dem Film Gerechtigkeit haben widerfahren lassen, ist Wolfram Schütte, der seine Kritik in der *Frankfurter Rundschau* mit Heinrich Manns früher Einsicht enden läßt: »Der Ästhetizismus ist ein Produkt hoffnungsloser Zeiten, hoffnungstötender Staaten.«[4]

Und gerade ein Film, der so ohne jede Hoffnung ist wie dieser, läßt sich nur in seiner ästhetischen Konsequenz begründen. Fassbinders früher Entschluß, Theater- und Filmkünstler zu werden, geschah mit der ausdrücklichen Begründung, daß er sich nur so ein Leben in Freiheit vorstellen konnte. Diese Begründung gilt wohl noch, aber nur, wenn man sich vor Augen hält, daß sie eigentlich Ausdruck einer verzweifelten Hoffnungslosigkeit ist. Das wird immer deutlicher in seinen Filmen, die den Tod als die einzig mögliche Befreiung des Menschen bezeichnen, aber in ihrer störrischen und trotzigen ästhetischen Dimension die einzige Möglichkeit aufweisen, wie ihr Regisseur die Schicksalsgemeinschaft mit seinen Filmfiguren überleben oder hinausschieben kann.

Die dritte Generation

Es sind Krisenzeiten für das Kapital, hier speziell für den Computerhändler P. J. Lurtz (Eddie Constantine). Da die Polizei aber Computer in der Terroristenbekämpfung einsetzt, hofft Lurtz, durch Finanzierung einer Terroristengruppe den Verkauf ankurbeln zu können. Zu diesem Zweck bedient er sich eines Doppelagenten (Volker Spengler), der eine Gruppe organisiert hat, deren Mitglieder nicht wissen, daß sie in Wahrheit vom Großkapital finanziert werden, gegen das sie kämpfen. Der Doppelagent ist schuld daran, daß ein Terrorist nach dem anderen von der Polizei erschossen wird. Als P. J. Lurtz am Ende von den wenigen überlebenden Terroristen entführt wird, glaubt er immer noch, das gehöre zum vereinbarten Plan – und lächelt siegesgewiß.

Die Überlebensmöglichkeit, die darin liegt, ästhetisch die Erkenntnis zu gestalten, daß Überleben in dieser Gesellschaft genauso unmöglich oder zumindest destruktiv ist wie der Versuch, eine andere Gesellschaft zu schaffen, ist ein Hauptthema in der *Dritten Generation*, dem vielleicht wichtigsten, radikalsten und innovativsten Film Fassbinders. Auch hier hat er selbst Kamera gemacht – und so nah mit der praktisch physischen Arbeit am Film verbunden wie möglich, realisiert Fassbinder auch durch den Arbeitsprozeß die sehr schwer zu verwirklichende Aussage des Films: daß Überleben im künstlerischen Formungswillen selbst möglich ist – obwohl oder weil die Kunst in unserer atomisierten Gesellschaft sich längst von anderen Formen menschlicher Gemeinschaft losgerissen hat.

Fassbinder hat diese Auffassung von (Film)kunst sogar einer seiner Personen in den Mund gelegt, dem Computerhändler Lurtz:

»25mal in der Sekunde steckt im Film die Lüge. Und weil . . . weil alles Lüge ist, ist es somit auch die Wahrheit.«

Diese Formulierung richtet sich polemisch gegen Jean-Luc Godards berühmten Ausspruch, die Fotografie sei die Wahrheit, und Film sei die Wahrheit 24mal in der Sekunde. Daß Lurtz von 25mal in der Sekunde spricht, liegt daran, daß Filme im Fernsehen um ein Bild pro Sekunde schneller laufen als im Kino – und daß er das Verhältnis zwischen Wahrheit und Lüge so weit relativiert, daß kein Unterschied mehr besteht, hat damit zu tun, daß in einem manipulierten Medienzeitalter wie dem unsrigen gar nicht mehr die Rede davon sein kann, daß ein Bild die Wahrheit sagt. Es geht immer nur um manipulierte Wahrheit, im besten Fall um eine künstlerisch formulierte Wirklichkeit. Diese Wirklichkeit, die scheinbar auf der Hand liegt, ist so manipuliert, so undurchschaubar, daß sie kaum noch etwas mit uns, mit unseren Wünschen und Träumen zu tun hat – weshalb wir mit dem gleichen Recht unsere Wünsche und Träume als wirklich betrachten können.

Unsere Wirklichkeit müssen wir uns nämlich ständig interpretierend schaffen, und nicht umsonst ist Schopenhauers Wort von der »Welt als Wille und Vorstellung« die Parole der Terroristen. Fassbinder hat dieselbe zerbrechliche Utopie wie der Kapitalist und dasselbe Motto wie die Terroristen, auch wenn er sich von beiden in der Art unterscheidet, wie sie praktisch ihr Leben einrichten.

Aber die Welt ist so, wie Wille und Vorstellung sie haben wollen. Wenn die bestehende Welt trotzdem nicht den Vorstellungen entspricht und der Wille nicht stark genug ist, seine Vorstellungen in der Welt durchzusetzen, so hat man trotzdem die zerbrechliche Möglichkeit, in der Kunst oder im Traum zu existieren. Es gibt nur dieses eine Leben, es will hier und jetzt gelebt werden und nicht erst, wenn das Tausendjährige Reich beginnt oder die Revolution ausbricht. Und durch die Kunst und den Traum lassen sich Utopie und Lebenswillen, trotz der realen Existenzbedingungen, immer wieder aufs neue ausdrücken.

Die dritte Generation demonstriert beispielhaft, daß der Formwille, in dem man als Künstler überleben kann, keineswegs eskapistisch ist, sondern auf dem gleichen Niveau liegt wie die Wirklichkeit, in der sich nur schwer überleben läßt. Der Film ist ästhetisch sehr überzeugend, nicht zuletzt, weil er den Wahnsinn der Gesellschaft in seine Formensprache aufnimmt und sich gleichzeitig davon distanziert, während er diesen Wahnsinn gegen die Gesellschaft verwendet, die das geistige Klima produziert, von dem auch der Film ein Teil ist.

Die im Film erzählte Geschichte hätte ein anderer Regisseur geradlinig erzählt, eben als eine Geschichte mit einer bestimmten Bedeutung, aber damit hätte sich der Film über die Welt erhoben, die er beschreibt, und so auch signalisiert, daß es möglich ist, sich über diese Welt zu erheben, beispielsweise indem man ins Kino geht. Diese Art des Überlebens ist eskapistisch, und das war Fassbinders Sache nicht. Seine Zuflucht zur Form ist kein Eskapismus, da die alptraumhafte Wirklichkeit des Films in erster Linie in seiner Form liegt.

Den Drang zum Eskapismus dagegen beschreibt und versteht er bei seinen Personen beständig als kindliche Sehnsucht nach einer utopischen Märchenwelt, in der alles ganz anders ist. Diese Sehnsucht ist schon in *Katzelmacher* vorhanden, wo das ferne Griechenland für das Paradies auf Erden steht, wo man einander unabhängig von ehelichen Bindungen lieben kann; in *Rio das Mortes* und *Der amerikanische Soldat* träumen die Hauptpersonen davon, in ferne Länder zu fliehen und ein nicht näher beschriebenes Traumdasein zu führen. In anderen Filmen übernimmt die unspezifizierte »Revolution« die Funktion des Märchens: Wenn die Revolution eintrifft, lebt man glücklich bis ans Ende seiner Tage – und in einer Welt, in der das märchenhafte Element allmählich liquidiert wird, läßt Fassbinder einen der Terroristen in der *Dritten Generation* ihr Unternehmen als »letztes großes Abenteuer dieser Menschheit« bezeichnen. Der Terrorismus hat also genauso wenig mit politischer Vernunft zu tun wie die Indianerabenteuer der kleinen Jungen. Dagegen läßt der Terrorismus sich als verständliche Reaktion auf eine Lebensform erklären, in der kein Platz mehr ist für Abenteuer – schon während des Vorspanns wird der Film mit dem folgenden Text in diesen Rahmen gestellt:

»Eine Komödie in sechs Teilen um Gesellschaftsspiele voll Spannung, Erregung und Logik, Grausamkeit und Wahnsinn ähnlich den Märchen, die man Kindern erzählt, ihr Leben zum Tod ertragen zu helfen.«

In dieser Widmung liegt eine Auffassung von Kunst als einem Aufenthaltsort bis zur großen, eigentlichen Befreiung: dem Tod. Und zu dieser Todesbesessenheit kommt Fassbinder schon in der ersten Sequenz, indem er seinen Film mit einem Video-Zitat vom Schluß von Robert Bressons *Der Teufel möglicherweise* beginnen läßt: Die Hauptperson sehnt sich nach dem Tod, schafft es aber nicht, sich das Leben zu nehmen. Darum hat er mit einem Freund vereinbart, daß er ihn von hinten erschießen soll.

»Das ist ein trauriger Film«, meint die Sekretärin von Lurtz.

»Naja, solange die Filme traurig sind, bleibt das Leben lustig«, erwidert Lurtz – und weist damit auf Fassbinders utopische Vorstellung hin, in der Kunst überleben zu können, wenn sie die Unmöglichkeit des Überlebens gestaltet.

Daß der erzkapitalistische Schurke seine eigene Utopie formuliert und auch dieselben recht ungewöhnlichen Lieblingsfilme hat wie Fassbinder selbst (außer Bressons *Der Teufel möglicherweise* noch Andrej Tarkowskijs *Solaris*), ist nur eine der Merkwürdigkeiten des Films. Eine andere ist, daß der korrupte Polizist in einer der ersten Szenen dem Computerhändler von einem merkwürdigen Traum erzählt: »Das Kapital hat den Terrorismus erfunden, um den Staat zu zwingen, es besser zu schützen.«

Und wenn sich der Traum des Polizisten als wirklicher herausstellt, als er selbst ahnt, hängt das damit zusammen, daß die Mitglieder der Terrorgruppe nicht die geringste Ahnung von Politik haben. Sie sind nicht von politischen Motiven, sondern von persönlicher Verzweiflung getrieben und werden darum zum Spielball von Kräften, die sie in ihrer Oberflächlichkeit zu bekämpfen glauben.

In kurzen fragmentarischen Augenblicken ahnen wir zu Beginn die traurige Stellung der Terroristen innerhalb des bürgerlichen Familien- und Arbeitsmusters, ihren monotonen Alltag mit seinen trivialen Schikanen zu Hause und am Arbeitsplatz, die wachsende Einsamkeit, die lautlos dahinsterbenden Träume. All das schafft ein Bedürfnis nach Abenteuer und Spannung – oder, wie der Vater des Polizisten sagt, als sein Enkel Edgar das Losungswort der Gruppe »Die Welt als Wille und Vorstellung« nennt:

»Dieser Schopenhauer sagt, die Existenz eines Menschen ist nicht wichtiger als die eines Steines, und das ist ganz dumm. Das ist was für Leute, die nichts Rechtes mit ihrem Leben anfangen können. Für die muß wieder ein Krieg her, dann werden sie bald merken, daß ihr Leben mehr wert ist als ein Stein. Überhaupt, die Menschen wissen ja wirklich nicht mehr, wofür sie heutzutage noch leben sollen, das war früher eben ganz anders. Deshalb muß in jedem Leben einmal ein Krieg sein, sonst kommen alle wirklichen Werte der Menschen auf den Hund. Und überhaupt, die Leute wissen ja gar nicht mehr, wie spannend es ist zwischen den Kriegen und im Krieg, und bekommen ganz blöde Gedanken im Hirn, ganz stumpfe und feige Gedanken.«

Idem er so den Kapitalisten die Begründung dafür formulieren läßt, einen derart depressiven Film wie *Die dritte Generation* zu machen, indem er den Polizisten das Grundprinzip der Ereignisse träumen und indem er einen senilen, alten Faschisten seine verzweifelte Sehnsucht begründen läßt, die sich auch hinter den Aktionen der Terroristen verbirgt, demonstriert Fassbinder kühn, wie fließend die Grenzen sind zwischen Freund und Feind, zwischen Räuber und Soldat, zwischen Ordnung und Terror – und zwischen Film und Wirklichkeit.

Wenn Fassbinder mit *Satansbraten* zu einer radikalen Neuorientierung als Filmemacher fand, sich von der Douglas-Sirk-Inspiration löste und sich auf die Suche nach bislang unbekannten Gefilden gemacht hat, nicht nur für sich selbst, sondern auch für die Filmkunst, so scheint mir *Die dritte Generation* das endgültige Meisterwerk innerhalb dieser Neuorientierung zu sein. Hier führte Fassbinder das weiter, was Jean-Luc Godard Ende der 60er Jahre geleistet hatte.

In den von Douglas Sirk inspirierten Filmen *Acht Stunden sind kein Tag, Händler der vier Jahreszeiten, Angst essen Seele auf* und *Martha* hatte das Publikum einen Identifikationspunkt, eine Figur, in die man seine Gefühle investieren konnte, auch wenn diese Figur nicht immer das Richtige tat und kritisch dargestellt wurde. Diesen Identifikationspunkt gibt es in den radikaleren Filmen Fassbinders nicht mehr. Hier überwand er die Hollywood-Ästhetik und hatte den Mut, eine Filmsprache, eine ästhetische Haltung zu formulieren, die so sehr seine eigene war, daß er mit diesen Filmen kein größeres Kinopublikum mehr ansprach, da dieses noch immer gewöhnt war, Hollywood mit Filmkunst gleichzusetzen.

Die Hollywood-Ästhetik, der man natürlich auch in den Filmstudios von Moskau und Peking folgte, ist das Produkt eines bestimmten Erziehungssystems, das darauf abzielt, den Menschen Vorbilder, Identifikationspunkte, Richtlinien zu liefern. Die Ästhetik hat letzten Endes ihre Wurzeln in dem Familiensystem, in dem sich die Eltern zu Autoritäten dem Kind gegenüber machen und ihm ständig vorschreiben, was es zu tun hat, anstatt es seine eigenen Erfahrungen machen zu lassen. Es ist eine Ästhetik, die das Publikum wie Kinder behandelt – obwohl man auch Kinder eigentlich nicht so behandeln sollte.

Der Ödipuskomplex, wie Freud ihn analysiert hat, beinhaltet, daß das Kind die unterdrückenden Normen seiner Eltern akzeptiert, beispielsweise seine erste, gegen den andersgeschlechtlichen Elternteil gerichtete Sexualität unterdrückt und sublimiert, indem es sich mit der Person identifiziert, die die Sexualität ausleben darf.

Wenn die Terroristin Susanne mit dem Polizisten ins Bett geht, der gleichzeitig ihr Schwiegervater ist, dann schläft sie also konkret mit der Vatermacht, mit der sie in ihrer ödipalen Phase nicht schlafen durfte. Ihre erste Grenzüberschreitung besteht in einer Verletzung des Inzesttabus, der Grundlage der Gesellschaft, gegen die sie sich instinktiv wendet.

Während Susanne als ersten terroristischen Akt die verbotene sexuelle Hinwendung zum Vater auslebt, die ihr Unbewußtes seit der Verdrängung des Ödipuskomplexes dominiert hat, führen ihre männlichen Kollegen den Vatermord aus, der deren Unbewußtes dominierte. Als die Terroraktion stattfinden soll, stichelt Rudolfs Chef:

»Haben Sie Ihren Vater endlich gefunden?«

Diese kryptische Bemerkung ist zweideutig: einerseits, daß das Ziel der Terroraktion eigentlich ein Vatermord ist, andererseits, daß die Disziplin in der Gruppe als eine Art Vaterersatz fungiert und daß die Gruppe unbewußt das Vatersystem weiterführen will, gegen das sie sich wendet. So verkörpern die Söhne in Fassbinders Filmen dasselbe wie die Söhne in dem berühmten Urmythos Freuds: Indem sie sich gegen den

Vater auflehnen und ihn vielleicht sogar töten und verzehren, verinnerlichen sie ihn und führen sein System weiter.[5]

Diese pervertierte Sehnsucht, entweder mit dem Vater zu schlafen oder ihn zu töten und letztendlich sein System weiterzuführen, wird in Fassbinders Film ästhetisch widerlegt: der Film hat keineswegs die Funktion des Vaterersatzes dem Publikum gegenüber. Wir dürfen uns mit keiner Person identifizieren, wir dürfen keine Figur zu unserem Stellvertreter machen, wir dürfen unsere Probleme nicht von einer Filmfigur durchleben und eventuell lösen lassen. Wir werden ständig aus dem Film herausgezwungen und von jeder Art Identifikation abgehalten.

Diese Ästhetik ist von Anfang an irritierend klar: Der Vorspann wird mit nervös verstärktem Herzrhythmus heruntergefahren, in seinem Drehbuch hat Fassbinder genau angegeben, daß die Länge des Vorspanns knapp *unter* der üblichen Lesegeschwindigkeit liegen soll, mit anderen Worten: wir müssen uns sehr anstrengen, um alles mitzubekommen, und stellen irritiert fest, daß es uns trotzdem nicht gelingt.

Die Irritation als ästhetisches Prinzip ist ein durchgängiges Element, besonders in dem unerhört komplizierten Ton, wo oft zwei oder drei verschiedene Lautquellen übereinanderlaufen, so daß man ständig in eine irritierende Unsicherheit gerät, auf welche Klänge man sich konzentrieren soll. Das wird am enervierendsten in der Sequenz, in der ein Mädchen ein Lied zur Gitarre singt, während Rudi Dutschke im Fernsehen zu hören ist und ein Anarchist in einer Zimmerecke laut Bakunin vorliest, und gleichzeitig wechselnde Dialoge gesprochen werden. Dem total irritierten Publikum wird jede Chance einer emotionalen Beteiligung genommen.

Dasselbe Prinzip gilt für die Personenschilderung, die auf einer perfekt realisierten Balance beruht. Jede Figur wird mit liebevollem Verständnis charakterisiert. Wir verstehen ihre Motive, werden aber unentwegt an einer Identifikation gehindert. Der Film schafft einen totalen Abstand zu den Personen und deren Handlungen, der aber für Misantropie keinen Platz läßt, weil er zugleich von einem Verständnis geprägt ist, das Identifizierung unmöglich macht.

Diese Doppeltheit oder Spaltung kennzeichnet zwar generell Fassbinders Verhältnis zu seinen Figuren, ist aber nirgendwo so souverän durchgeführt wie hier. Und durch diese Doppeltheit gewinnt Fassbinder die Möglichkeit, optimistisch zu zeigen, daß die Personen bei all ihrer Fixierung auf scheinbar vorausbestimmte moralische und politische Muster Sehnsüchte und Möglichkeiten in sich bergen, die über diese Muster hinausweisen. Er hat aber auch die Möglichkeit, deprimiert festzustellen, daß die Grenzen der Träume, welche seiner Personen sie auch träumen mag, von genau den Mustern bestimmt werden, die man in seinen Träumen sprengen will.

Der Kapitalist, der Polizist und der Faschist sagen oft ganz vernünftige Dinge, die über ihre gesellschaftliche Rolle hinausgehen, und geben ein Wissen zu erkennen, das mit ihrer Rolle kontrastiert. Umgekehrt ist die Gruppe von Terroristen, die etwas tun *will,* was das bürgerliche Rollenverständnis als Sekretärin, Plattenverkäufer, Pianist, Hausfrau und Lehrerin sprengt, zu nichts anderem imstande, als sich den neuen autoritären Strukturen der Terroristengruppe zu unterwerfen und blind einem neuen Führer zu gehorchen, der sich als Doppelagent des Kapitals herausstellt und die meisten von ihnen in den Tod führt.

Das Autoritätsprinzip innerhalb der Gruppe spiegelt genau das Prinzip der bürgerlichen Familie wider. Das geht indirekt daraus hervor, wie Petra auf das Durcheinander im Leben eines rauschgiftsüchtigen Mädchens reagiert. Voll kleinbürgerlichem Ärger seufzt sie: »Also, wie ein Mensch derartig jedwede Kontrolle über sich und seinen Lebensraum verlieren kann« – ohne daran zu denken, daß sie selbst und ihre Gruppenmitglieder in dem Versuch, ihr Leben zu *kontrollieren,* die Kontrolle über ihr Leben einer neuen Vaterfigur übertragen. Die Spritze und der Terrorismus repräsentieren zwei Suchtarten, zwei Arten, das Abenteuer zu erleben, zwei Arten, sich zu betäuben, zwei Arten, lebendigen Leibes den Tod zu erleben. Oder wie Hilde fast neidisch ausruft, als der erste ihrer Gruppe von der Polizei erschossen worden ist:

»Dann hat er's jetzt hinter sich. Fast beneide ich ihn. Ohne Schmerzen, keine große Angst mehr. Keine Verzweiflung mehr über das endlose Ende der als Zufriedenheit gelehrten praktischen Sehnsucht.«

In dieser Reaktion liegt fast eine Sehnsucht nach dem Tod als Erlösung von übermenschlicher Spannung. Diese Todessehnsucht ist auf komplizierte Weise in dem Film vorhanden als einzig mögliches Produkt der Sehnsucht nach einem anderen Leben. Fassbinders direkter Hinweis auf Robert Bressons *Der Teufel möglicherweise* und Andrej Tarkowskijs *Solaris* hängt zweifellos damit zusammen, daß diese beiden großen metaphysischen Filme dieselbe Sehnsucht enthalten, zur Kehrseite des Lebens vorzudringen, um mit Hilfe des Todes dem Leben die letzten Geheimnisse zu entreißen.

Der Tod hat für die Terroristen in der *Dritten Generation* dieselbe Funktion wie der Krieg für den alten Faschisten. Er wirft Licht auf das Leben, intensiviert es, gibt ihm Sinn.

In einer wesentlichen Szene wird aus einem Werk des Anarchisten Bakunin vorgelesen, mit dessen Kritik am Befehlsinstinkt Fassbinder sich völlig identifizieren kann. Aber auf typisch anarchistische Weise läßt Fassbinder diese richtigen Gedanken nicht von einer Person repräsentieren, denn eine Person vorzuführen, die in ihrem Wesen und ihrer Handlungsweise diese Gedanken repräsentierte, würde bedeuten, eine neue Vaterfigur in einem Film einzuführen, der sich gegen die Vatermacht, die Personifizierung des Befehlsinstinktes, wendet. Darum präsentiert Fassbinder den Bakunin-lesenden Bernhard von Stein als hoffnungslosen Neurotiker, damit man keinesfalls die Möglichkeit hat, einen Filmhelden Beschlüsse treffen und Handlungen ausführen zu lassen, anstatt selbst zu beschließen und zu handeln. Und obwohl Bernhard von Stein die Intrige des Films – das Komplott zwischen Kapitalist, Polizist und Terroristenführer – entlarvt, ist er so tolpatschig-idealistisch, daß er mit dem Leben dafür bezahlen muß.

Wäre Fassbinders Drehbuch in Hollywood verfilmt worden, hätte Bernhard von Stein sicher auch sterben müssen, aber seine Person und sein Tod hätten etwas tragisch Erhebendes gehabt, der Film hätte ihm einen Heiligenschein verliehen, und er wäre dem Volk ein gutes Beispiel gewesen.

So wenig wie Fassbinder dem Hollywood-Muster folgt, so wenig folgt er auch Godard, mit dessen Filmen der 60er Jahre *Die dritte Generation* verglichen worden ist.

In Godards Terroristenfilm *La Chinoise* (1967) werden die jugendlichen Terroristen zwar auch mit liebevoller Kritik beschrieben, aber Godard fühlt trotzdem, daß seine Personen prinzipiell auf dem rechten Weg sind, und er hat Vertrauen in ihre Versuche, sich im Marxismus-Leninismus zu schulen. Wenn sie laut aus der Mao-Bibel vorlesen, benutzt Godard diese Klischees mit pop-art-haftem Verständnis, und er traut sich, seinen Film mit einem »FIN d'un debut« zu beenden.

Fassbinder hat auch eine auf den ersten Blick recht Godardsche Szene, in der die Terroristen mit Bakunin-Zitaten spielen, aber Fassbinder intendiert das Gegenteil: Während Godard darauf setzte, daß die Klischees zu politischer Poesie würden, demonstriert Fassbinder, wie Bakunins politische Poesie zu Klischees seiner »Nachfolger« wurde. In der entsprechenden Szene haben die Terroristen in Bernhard von Steins Koffer ein Bakunin-Buch gefunden und fangen an, wie kleine Jungen damit Ball zu spielen, während sie abwechselnd Zitate daraus parodieren und Bernhard in den Wahnsinn treiben – eine barocke Hervorhebung dessen, daß sie eigentlich völlig unwissend und die Theorien ihnen gleichgültig sind.

Ihre Aktionen sind deshalb auch nur Auslöser privater Spannungen und dienen keinen übergeordneten politischen Zielen.

Bernhards schwarzer Freund Franz Walsch verkörpert in dem Film eine volkstümliche »Schlichtheit«, mit der man sich hin und wieder gerne identifizieren möchte – nicht zuletzt, weil Fassbinder ihm den Namen gegeben hat, den er selbst als Cutter benutzt. Er ist der einzige, der seinen Gefühlen freien Lauf läßt und dem die Tränen die Backen herunterlaufen, als seine rauschgiftsüchtige Freundin an einer Überdosis stirbt. Aber nicht einmal mit ihm können wir uns emotional identifizieren, denn für die Beschreibung dieses Gefühlsausbruchs hat Fassbinder die Leinwand sorgfältig in zwei Hälften geteilt; in der einen Hälfte sitzt Franz tränenüberströmt, in der anderen Hälfte amüsieren sich die Terroristen laut und rücksichtslos darüber, daß einer von ihnen während einer Aktion in die Hose gepinkelt hat. Und daß man mit den unmittelbaren und authentischen Gefühlen des Schwarzen nicht weiterkommt, geht daraus hervor, daß sie ihn das Leben kosten: Als er verzweifelt-sentimental und allen Warnungen zum Trotz das Grab seiner Freundin besucht, wird er von der Polizei erschossen.

Das übergeordnete Thema in der *Dritten Generation* ist nicht der Terrorismus selbst, sondern der Identitätsverlust, den sich der Terrorismus zunutze macht. Der Film, zerrissen zwar in seinem emotionalen Ausdruck, ist hektisch-nervös in seiner Spaltung der einzelnen Szenen und zerfahren in seinem ewigen Klangbombardement, konzentriert sich aber bisweilen in einigen deutlich hysterischen Szenen, von denen die desperatesten mit der Identitätsproblematik zu tun haben: Edgar und Susanne sind untergetaucht, nachdem eines der Gruppenmitglieder getötet wurde. In monotoner Verzweiflung klammern sie sich an ihre neuen Identitäten und versuchen sich einzutrichtern: »Ich bin David Grünbaum, geboren usw. – ich bin Sarah Grünbaum, geborene Stiefel...«, während sie sich mit neuen Perücken und Make-up tarnen, eine Szene, die in endloser Einförmigkeit in die Länge gezogen wird, ein verzweifeltes Bild von zwei Menschen, die durch diese Terrorgruppe ihre eigentliche Identität in einer sinn- und spannungserfüllten Arbeit und einer Auseinandersetzung mit den falschen Rollen ihres bisherigen Alltags zu finden hofften, aber entdecken müssen, daß dieser Ausweg zu erneutem Identitätsverlust, erneutem Rollenspiel und wachsender Verzweiflung führt.

Und während sie ihre neuen Rollen einüben, hört man ihr kleines Kind, das herzzerreißend und unbeachtet weint, eine Erinnerung daran, wie früh der Identitätsverlust im Grunde schon einsetzt. Wenn Fassbinder überhaupt einen Identifikationspunkt in der *Dritten Generation* hat, dann ist es dieses Kinderweinen, diese handgreifliche Verzweiflung über die verlorenen Möglichkeiten. Im Gegensatz zu den meisten anderen Filmemachern verzichtet Fassbinder aber darauf, sein Publikum wie Kinder zu behandeln. In diesem Film legte er vielmehr Wert darauf, das Publikum zu provozieren und zu verwirren und ihm die eindeutigen Antworten zu verweigern, die es von der Kunst zu fordern gewohnt ist, wie das Kind von seinen Eltern.

Deshalb hat der Film auch keinen eigentlichen Schluß. Er bricht unvermittelt ab, als die Terroristen Susannes Chef, ihren anonymen Finanzier, den Kapitalisten P. J. Lurtz, entführt haben. Das geschieht an einem Faschingsdienstag, die Terroristen verstecken sich hinter anderen Kostümierten auf der Straße, und im Schutz all dieser Farben, Kostüme und des Feuerwerks können sie ihr Opfer entführen, so daß es wie ein Spiel, ein Kunstwerk, ein Abenteuer aussieht.

Zu diesem Zeitpunkt sind schon etliche Terroristen getötet worden, und sie haben selbst getötet. Aber ihre entscheidende Aktion findet eigentlich in der Form des Straßentheaters statt. Auch sie versuchen, ihre Wirklichkeit als Kunstwerk zu arrangieren, ihre politische Aktion zu einem ästhetischen Ausdruck zu machen, um im Ästhetischen Wille und Vorstellung von einer Welt durchzusetzen, die sich anders nicht ändern läßt.

Der Film endet in einem dieser doppelten Bilder, die Fassbinder früher mit Hilfe von Spiegeln und Puppen schuf. Hier verdoppelt er die Situation durch einen Fernsehschirm und macht sie dadurch zweideutig: Die Terroristen nehmen gerade ein Videoband von P. J. Lurtz auf, das dazu verwendet werden soll, »die Freigabe aller politischen Gefangenen in der Bundesrepublik« zu erzwingen. Wir sehen Lurtz in der Realität und auf dem Bildschirm, während er gefilmt wird, und die Szene ist auch in ihrem Inhalt doppelt: Die Terroristen wissen nicht, daß der Mann, den sie entführt haben, ihr eigener Mäzen ist, während Lurtz immer noch glaubt, die Entführung gehöre zu dem Plan, den er selbst inszeniert hat – und siegesgewiß lächelt.

Oder hat sein Lächeln einen anderen Grund? Glaubt er, der den ganzen Film hindurch einen erstaunlichen Filmgeschmack, ein fast Fassbindersches Interesse am künstlerischen Ausdruck als »einer Reise ins Licht« an den Tag gelegt hat, daß in diesem Moment sein eigenes Leben in ein Kunstwerk verwandelt und so »verewigt« wird, obwohl ihn vielleicht in wenigen Tagen eine Terroristenkugel trifft?

Wie immer er die Situation erlebt, für den Zuschauer liegt der Vergleich mit *Welt am Draht* nahe: Lurtz glaubt wie die Wissenschaftler in dieser Serie, er könne die Terroristen manipulieren, als seien sie künstliche Puppen – und wie die Wissenschaftler wird er schließlich selbst zu einem Kunstprodukt auf einem Bildschirm, einem Kunstprodukt dem die Herrschaft über das Leben entglitten ist, das er zu beherrschen glaubte.

15. Die Mata-Hari des Wirtschaftswunders

Zu den Höhepunkten in Fassbinders Œuvre gehören zweifellos die Werke, in deren Mittelpunkt eine Frau steht. Für das Fernsehen machte er die Videoproduktionen über Geesche Gottfried und Nora Helmer, und im Film stellte er Petra von Kant, Effi Briest und Martha vor, um über die verschiedenen Bedingungen der Frauenbefreiung zu sprechen.

Fassbinders Frauenfilmen wurde merkwürdigerweise oft Misogynie und männlicher Chauvinismus vorgeworfen. Wo in der Filmgeschichte sind beispielsweise die Probleme einer älteren Frau schöner und solidarischer beschrieben worden als in den Brigitte-Mira-Filmen *Angst essen Seele auf* und *Mutter Küsters' Fahrt zum Himmel,* und wo ist beispielsweise die Männergesellschaft deutlicher denunziert worden als in *Martha* und *Fontane Effi Briest*?

Daß Fassbinders Frauenfilme für große Teile der Frauenbewegung der 70er Jahre schwer zu akzeptieren waren, liegt daran, daß Fassbinder sich auch Kritik an Frauen erlaubt. In einer Zeit, als von sogenannten Fortschrittlichen gefordert wurde, die Kunst solle Vorbilder schaffen – oder Gegenbilder, wie es in einem hilflosen Versuch hieß, zu verbergen, daß die Forderung nach Vorbildern immer schon eine reaktionäre Forderung war, ob sie im Namen des Stalinismus oder der bürgerlichen Sonntagsschule vorgebracht wurde –, in einer solchen Zeit mußte es provozieren, daß Fassbinder seine Frauen entsprechend der Überschrift schilderte, die er einem Essay über Hanna Schygulla gab: »Kein Star, nur ein schwacher Mensch wie wir alle.«

In seinen Frauenporträts zeigt Fassbinder, daß Frauen genau wie alle anderen so stark von der Gesellschaft geprägt sind, gegen die sie aufbegehren, daß auch ihre Emanzipation weitgehend die Mechanismen wiederholt, die sie abschaffen wollten. Aber indem er die Muster verdeutlicht, die man zu wiederholen sich anschickt, bejahen und unterstützen seine Filme natürlich den Aufstand der Frauen, und indem er zeigt, wie sehr die Werte der Männergesellschaft in die Seelen der Frauen vorgedrungen sind, liefert er weitere Argumente für den Kampf gegen diese Werte. Begreift man diese Dialektik nicht, wird man Fassbinders Frauenfilme immer mißverstehen und sie eben als misogyn betrachten.

Mit drei zentralen Frauenschicksalen schuf Fassbinder eine Trilogie über die Adenauerzeit und das Wirtschaftswunder. Dazwischen eingeschoben waren *In einem Jahr mit 13 Monden, Die dritte Generation* und *Berlin Alexanderplatz*. Da die drei eigenständigen Filme eine Trilogie über die Werte bilden, auf denen die neue Bundesrepublik aufbaute, sollen sie hier zusammen behandelt werden.

Für Maria Braun, Lola und Veronika Voss, die weiblichen Hauptpersonen der Trilogie, gilt, was Wolfram Schütte, vielleicht der genaueste Fassbinder-Kenner in Deutschland, gesagt hat,[1] daß sie nämlich als »Seismographen der jeweiligen gesellschaftlichen Situation« fungieren. Achim Haag[2] nennt sie dementsprechend »Schlüsselikone patriarchalischer Gesellschaftsstruktur« und sagt generell zu Fassbinders Frauenfiguren, sie seien »Träger individueller Liebes- und Glücksansprüche, die in einer von Männern dominierten Gesellschaft unrealisierbar bleiben müssen«.

Die Ehe der Maria Braun

Maria (Hanna Schygulla) heiratet während des Zweiten Weltkrieges Hermann Braun (Klaus Löwitsch) und verbringt einen halben Tag und eine ganze Nacht mit ihm, bevor er zur Front muß. Er kehrt nicht zurück, wird für tot erklärt, woraufhin Maria sich mit einem schwarzen amerikanischen Soldaten zusammentut (George Byrd). Als sie gerade ins Bett gehen wollen, steht Hermann plötzlich in der Tür. Um zu zeigen, daß sie Hermann immer noch liebt, bringt Maria ihren Liebhaber um, und um zu zeigen, daß er Maria immer noch liebt, gesteht Hermann den Mord. Während er im Gefängnis sitzt, spart Maria für ihre gemeinsame Zukunft, hat aber gleichzeitig ein Verhältnis mit Oswald, ihrem Chef (Ivan Desny). Dieser gibt, hinter Marias Rücken, Hermann Geld dafür, daß er ins Ausland geht, wenn er freigelassen wird – und erst nach Oswalds Tod zurückkehrt. Als Hermann und Maria 10 Jahre nach ihrer Hochzeit endlich vereint sind und sich anschicken, wie Mann und Frau zusammenzuleben, haben sie sich völlig voneinander entfremdet. Sie entgehen ihrem ehelichen Schicksal durch eine Gasexplosion, die sie mitsamt ihrem Haus in die Luft sprengt.

Die Ehe der Maria Braun beruht auf einer zehn Jahre alten Idee Fassbinders, und die Hauptrolle hatte eigentlich Romy Schneider spielen sollen. Fassbinder träumte schon lange davon, mit ihr zusammenzuarbeiten. Aber das Thema des Films – daß Träume ihren Glanz verlieren, wenn sie verwirklicht werden – machte sich auch im Verhältnis Fassbinder/Romy Schneider geltend, weshalb er sich für seinen ehemaligen Star Hanna Schygulla entschied, mit der er in den fünf Jahren seit *Fontane Effi Briest* nicht mehr gefilmt hatte.

Hanna Schygulla hatte Fassbinders Auffassung von Effi Briest nicht gefallen. Effi war ihr als zu schwach erschienen, den Männern gegenüber zu nachgiebig, zu statisch und passiv. Jetzt gibt Fassbinder ihr eine Rolle, die ausdrücklich das Gegenteil von Effi Briest ist. Als Maria Braun darf sie eine tatkräftige, selbstbewußte und selbständige Frau spielen – die trotzdem wie die arme Effi endet.

Die Ehe der Maria Braun wurde, wie *Fontane Effi Briest*, ein großer Publikumserfolg, aber im Gegensatz zu *Fontane Effi Briest* ist der Film eigentlich auch darauf angelegt. Fassbinder erzählt seine Geschichte diesmal viel volkstümlicher, im selben Erzählstil, den er in *Acht Stunden sind kein Tag* und *Angst essen Seele auf* praktiziert hatte. Es ist der Struktur gelegentlich anzumerken, daß Fassbinder sich mehr auf seine Routine verließ und weniger an dieser Art des Erzählens interessiert war.[3]

Es war auch der letzte gemeinsame Film mit Kameramann Michael Ballhaus, und man spürt, daß die beiden sich allmählich verbraucht hatten. Visuell bietet der Film kompetentes Handwerk, aber nichts, was nicht schon vorher bei Fassbinder zu sehen war. Seine nächsten beiden Filme, *In einem Jahr mit 13 Monden* und *Die dritte Generation,* beschloß Fassbinder selbst zu filmen, um wieder ein ganz physisches, persönliches und stofflich herausforderndes Verhältnis zur Filmarbeit zu bekommen.

Aber wenn aus der visuellen Gestaltung eine gewisse Müdigkeit zu sprechen scheint, dann liegt in dem von Peter Märthesheimer und Pea Fröhlich nach Fassbinders Vorlage geschriebenen Drehbuch eine neue Vitalität. Märthesheimer hatte sich viele Jahre für Fassbinder eingesetzt und war Produzent seiner meisten Fernsehfilme: u. a. ergriff Märthesheimer die Initiative zur Fernsehserie *Acht Stunden sind kein Tag.* Nach der *Ehe der Maria Braun* schied er bei der Bavaria aus, um als freier Autor zu arbeiten. Zusammen mit Pea Fröhlich schrieb er *Lola* und *Die Sehnsucht der Veronika Voss,* deren Vorlagen von Fassbinder stammten.

Die Ehe der Maria Braun beruht auf dem Gegensatz zwischen der konventionellen Erzählweise und der schrillen Schizophrenie des tieferen

Gehalts. Diese Schizophrenie ist aber auch die Grundlage eines normalen deutschen Alltags, und es liegt eine gewisse Logik darin, daß Fassbinder seinen Film diesmal nicht so zerstreut und publikumsfern erzählt wie *Satansbraten, In einem Jahr mit 13 Monden* und *Die dritte Generation,* sondern eben so normal, daß das Publikum vielleicht gar nicht merkt, was der Film eigentlich sagen will: daß nämlich die Werte, die für normal gehalten werden, so anachronistisch sind, daß sie eigentlich schon von ihren grotesken inneren Widersprüchen aufgelöst sind.

Auf der politischen Ebene wird einer dieser Widersprüche auf der Tonspur hervorgehoben. Man hört während zweier Szenen das Radio im Hintergrund plärren. Adenauer ist am Mikrophon. In der einen Rede verspricht er feierlich, er werde dafür einstehen, daß die Bundesrepublik nie mehr aufrüstet, in der anderen Rede wenige Jahre später betont er, daß die Bundesrepublik natürlich das Recht hat, aufzurüsten.

Dieser politische Widerspruch ist auf der privaten Ebene in Maria Braun personifiziert. Sie ist das Opfer einer immer zermürbenderen Kluft zwischen ihren idealen Gefühlen für ihren abwesenden Ehemann und ihrem praktischen Sinn für die Tatsachen des Lebens. Ihre Gefühle werden um des Überlebens willen ständig aufgeschoben. Das Schizophrene dieser Situation liegt darin, daß der Alltag seine Zugeständnisse fordert, weil Maria die materielle Basis dafür schaffen will, eines Tages die großen, idealen Gefühle zu verwirklichen, gleichzeitig aber diese Gefühle Schritt für Schritt ausgehöhlt und von den Kompromissen erstickt werden, die einen würdigen Rahmen für die Gefühle schaffen sollten.

Die Ehe der Maria Braun ist etwas so Einzigartiges im Werk Fassbinders wie ein Film über eine glückliche Ehe. Mit ihrem Traumhelden hinter Schloß und Riegel ist Maria Braun viel besser dran als ihre gleichaltrige Freundin, deren Mann aus dem Krieg heimkehrt und deren Ehe vor die unlösbare Aufgabe gestellt wird, ihre Träume von der Ehe zu erfüllen. Konfrontiert mit der Wirklichkeit, müssen die Träume immer zu kurz kommen.

Dieser Gefahr entgeht Maria Braun zum Glück für einige Jahre. Sie kann sich statt dessen auf ihre Arbeit konzentrieren und wird dank ihrer kühnen und unkonventionellen Methoden für die Textilfirma des Fabrikanten Oswald bald unentbehrlich. Sie weiß, was die deutschen Frauen sich wünschen, denn sie ist »sozusagen Spezialistin der Zukunft«, wie sie mit einem freundlichen Gedanken an die Zukunft sagt, die sie im Zuchthaus verpfändet hat. Maria blüht auf in ihrer Arbeit, genießt es, gefordert zu werden, und bekommt auch, dank Oswalds Zuneigung, was sie an praktischer Liebe im Bett braucht. Maria Braun bekennt, daß sie glücklich ist, obwohl der Mann im Gefängnis sitzt – und warum sollte sie es auch nicht sein: »Ich muß ja auch glücklich sein für Hermann, damit er was hat, worauf er sich freuen kann und worauf er stolz ist.«

Aber als Hermann schließlich herauskommt, wird die Erfüllung ihrer Ehe noch einmal auf unbestimmte Zeit verschoben. Hermann haut ab und hinterläßt einen Brief an Maria, daß er nach den vielen Jahren im Gefängnis erst wieder Mensch werden muß, bevor sie miteinander leben können. Und Maria, die geglaubt hatte, sie würden gemeinsam Menschen werden, betrachtet ihre Arbeit jetzt immer mehr als Zuflucht, als Kompensation für fehlende Liebe.

Für Fassbinder ist es normalerweise ein wesentliches künstlerisches Prinzip, den Zuschauern keine Chance zu geben, sich mit seinen Hauptpersonen zu identifizieren. Eine Identifikation würde den klaren analytischen Blick erschweren und damit die notwendige kritische Haltung. Von diesem Prinzip ist er nur in *Acht Stunden sind kein Tag* und *Angst essen Seele auf* abgewichen – und jetzt in der *Ehe der Maria Braun*. Es fällt nicht schwer, sich mit Maria Braun zu identifizieren: sie verkörpert den Traum von der großen und einzigen Liebe, und sie ist außerdem eine tatkräftige und selbständige Frau, die ihr Schicksal selbst in die Hand nimmt. Daß sie ihre Karriere eigentlich mit einem Mord begonnen hat, ist kein Hindernis für diese Identifikation, denn teils hatte der Mord ja klar romantische Gründe, und teils wurde er im Affekt, also nicht bewußt, verübt.

Fassbinder identifiziert sich auch selbst mit Maria Braun. Er ist unschwer in ihr zu erkennen: Sie ist schlagfertig wie er, sie kann blitzschnell die Dinge mit dem rechten Wort zur rechten Zeit in Ordnung bringen, sie läßt sich nicht bremsen, wenn sie sich etwas vorgenommen hat, sie akzeptiert keine Hindernisse, sie ist frech, draufgängerisch, konzentriert. Und vor allem hat sie dieselbe Arbeitswut wie Fassbinder, auch wo sie eindeutig neurotische Züge aufweist.

Wenn Fassbinder in anderen Filmen einer Identifikation mit der Hauptperson entgegenarbeitet, indem er sie als neurotischen oder pervertierten Sonderfall behandelt, riskiert er, daß das Allgemeine in der Problematik des Films als etwas Besonderes abgewiesen wird. Und wenn er in der *Ehe der Maria Braun* so eindeutig auf eine Identifikation mit der Hauptfigur hinarbeitet, dann riskiert er umgekehrt, daß das Publikum nicht begreift, wie radikal er im Grunde ihre Haltungen kritisieren will.

Denn wie nachhaltig Maria Braun jedwede Heuchelei und Verstellung auch ablehnt, ihr Leben beruht auf einer Illusion, auf der Vorstellung nämlich, das Leben ließe sich sozusagen für eine glückliche Zukunft hinausschieben, für die man sparen und auf die man sich vorbereiten kann, die groß und rein und glücklich sein wird. Ganz egal, welcher Methoden man sich bedient hat, um diese Zukunft zu verwirklichen.

Maria Braun macht die bittere Erfahrung, daß, als die Zukunft an die Tür klopft, d. h. als Hermann endlich heimgekehrt ist – nach Krieg, Gefängnis und mehreren Jahren im Ausland –, sie beide nicht mehr die gleichen sind wie bei ihrer Heirat vor zehn Jahren. Der Zynismus ihres Versuchs, ihren Träumen den rechten materiellen Rahmen zu verleihen, hat gleichzeitig den Träumen das Leben genommen und sie einander entfremdet. Mit dieser Einsicht kann Maria Braun nicht leben – aber sie kann auch nicht sofort zugeben, daß ihre ganzen Anstrengungen, ihr ganzes Leben, vergebens waren.

Genauer gesagt, in Peter Märthesheimer und Pea Fröhlichs ursprünglichem Drehbuch konnte sie das. Es endete konkret damit, daß Maria Braun ganz bewußt Hermann und sich gegen einen Baum fährt, um so einen Traum zu besiegeln, von dem sich ihr Leben längst entfernt hatte. Aber einen so eindeutigen Schluß wollte Fassbinder nicht. Während der Dreharbeiten machte er aus dem Schluß eine kompliziertere Mischung aus bewußten und unbewußten Motiven:

Maria benimmt sich in dem Haus, das sie für Hermann und sich gekauft hat, dermaßen ausgeflippt, daß sie oft nicht weiß, was sie tut. Ihre übermäßige Konzentration auf die Arbeit hat dazu geführt, daß die übrigen Tätigkeiten des Alltags, auch dessen emotionale Belange, ihr unwichtig sind. Hermann schickt ihr beispielsweise aus seinem freiwilligen Exil jeden Monat eine Rose zum Beweis seiner Liebe. Sie stehen alle in einer Vase herum und welken vor sich hin, ohne erneuert zu werden, und als sie eines Tages eine Rose, das Liebessymbol, in die Vase stellen will, steckt sie aus Versehen ihre Tasche mit dem ganzen Geld, diesem Symbol all jener Kräfte, die die Liebe kälter machen als den Tod, in die Vase. Ein andermal sehen wir, wie Maria, mangels Streichholz, ihre Zigarette am Gasherd anzündet.

Dasselbe passiert, als Hermann aus dem Ausland zurückkehrt, aber anstatt das Gas abzustellen, bläst sie es zerstreut aus, als wäre es ein Streichholz. Und als sie anschließend durch Oswalds Testament von dem merkwürdigen Geschäft erfährt, das er mit Hermann im Hinblick auf Marias Gefühlsleben abgeschlossen hatte, braucht sie wieder eine Zigarette zur Stärkung – der Rest bleibt der Phantasie des Zuschauers überlassen. Ob Maria absichtlich das Gas anzündet, das ins Haus geströmt ist, oder aus Versehen, das Ergebnis ist dasselbe: das Haus mit Hermann und Maria fliegt in die Luft. Nur die Radiostimme überdauert alles und verkündet triumphierend, daß Deutschland im selben Augenblick die Fußballweltmeisterschaft gewonnen hat.

Mit diesem Schluß hat sich Fassbinder nicht so eindeutig wie in der Drehbuchvorlage darauf festlegen wollen, daß Maria Braun den Tod der Verwirklichung ihrer ständig hinausgeschobenen Ehe vorzieht. Aber er schafft zumindest eine gewisse Verunsicherung bei den Zuschauern, die sich bis dahin so stark mit Maria Braun identifiziert haben, daß auch sie am liebsten glauben würden, der Schluß sei nur ein ärgerliches Unglück, wo sie doch endlich im Begriff war, die Früchte der energischen Mühen ihres Lebens zu ernten.

Obwohl *Die Ehe der Maria Braun* sehr schnörkellos erzählt wird, gibt es einen zentralen Handlungspunkt, über den Fassbinder erstaunlich leicht hinweggeht, nämlich die Absprache zwischen Oswald und Hermann, daß dieser bis zu Oswalds Tod im Ausland bleiben soll. Es wäre an zwei Stellen erzähltechnisch logisch gewesen, die Zuschauer in diesen Deal einzuweihen: entweder als er zwischen den beiden Männern im Gefängnis vereinbart wird, oder als Oswald ihn seinem Buchhalter diktiert. Aber bei beiden Gelegenheiten verkürzt Fassbinder den entscheidenden Inhalt der Szene. Das Publikum weiß also genauso wenig wie Maria. Und selbst als das Testament Oswalds mit der Vereinbarung laut vorgelesen wird, ist deren Inhalt nur angedeutet.

Es paßt wenig zu Fassbinder, die Handlung so weit zu verdecken, und meines Erachtens hätte der ungeschickte Zynismus der Absprache stärker gewirkt, wenn an früherer Stelle davon berichtet worden wäre.

Fassbinder wollte vermutlich die Identifikation mit Maria Braun dadurch verstärken, daß der Zuschauer genauso wenig weiß wie Maria, um uns mit dem abschließenden Knall um so unsanfter aus dieser Identifikation zu reißen und uns zu fragen, womit wir uns denn eigentlich identifiziert haben.

Wie gesagt, Maria Braun ist das aktive Gegenstück zu der passiven Effi Briest. Während Effi sich willenlos den Männern fügt und zum Schluß daran stirbt, daß sie die Männergesellschaft akzeptiert hat, setzt Maria rücksichtslos ihren Willen durch, stirbt aber auch daran, daß die Männer mit ihrem Leben handeln. Maria ist aber nicht nur das praktische Gegenstück zu Effi Briest, sondern auch zu Fassbinders Terroristen:

Die Terroristen sind von revolutionärer Ungeduld besessen. Sie wollen, daß die Gesellschaft hier und jetzt geändert wird. Sie können nicht ertragen, daß ihre Utopie in eine ferne Zukunft verschoben wird. Das wird ihnen zum Verhängnis, denn die Bomben, die sie unter die kapitalistische Gesellschaft legen, sprengen auch sie in die Luft. Maria Braun dagegen ist die pragmatische Sozialdemokratin, die damit leben kann, daß ihre Utopie ständig hinausgeschoben wird, und die nichts dagegen hat, ihr Gefühlsleben für bessere Zeiten aufzuheben. Aber dieses geduldige Aufschieben erweist sich als ebenso explosiv wie die ungeduldige Forderung, die Utopie hier und jetzt zu realisieren.

Fassbinder scheint hier einem generellen Mißtrauen gegenüber all den Utopien Ausdruck zu geben, die Menschen sich überhaupt vorstellen können. Denn die Utopien sind nicht etwa Resultat einer unschuldigen Vorstellung, sondern auf teuflisch-raffinierte Weise Ausdruck dessen, was die Gesellschaft, gegen die sich die Utopien richten, ihren Mitgliedern an utopischen Vorstellungen erlaubt.

Lola

In eine Kleinstadt der 50er Jahre kommt der neue Baudezernent von Bohm (Armin Mueller-Stahl) mit idealistischen Vorstellungen vom Wiederaufbau. Der Bauunternehmer Schuckert (Mario Adorf) regiert die Stadt mit uneingeschränkter, aber jovialer Rücksichtslosigkeit. Alle Honoratioren sind regelmäßig Gäste in seinem Bordell, dessen Sensation die Sängerin und Hure Lola (Barbara Sukowa) ist. Zwischen dem Idealisten und dem Bauunternehmer kommt es zu gewissen Problemen, die sich zuspitzen, als von Bohm entdeckt, daß Lola, in die er sich mit jungenhafter Unschuld verliebt hat, gemeinsam mit Schuckert ein alles andere als unschuldiges Unternehmen betreibt. Alle politischen Konflikte werden jedoch glattgebügelt, als von Bohm schließlich Lola heiraten kann – auch wenn sie in der Hochzeitsnacht in ihrem weißen Brautschleier bei Schuckert schläft.

Dieser zweite Film in Fassbinders 50er-Jahre-Trilogie war ursprünglich gedacht als Neuverfilmung von Josef von Sternbergs *Der blaue Engel*, dem Heinrich Manns Roman *Professor Unrat* zugrunde lag, eine Amour-fou-Geschichte zwischen einem Oberstudienrat und einem Varietéstar, die vor dem Ersten Weltkrieg spielt. Fassbinder hatte immer das Licht in den alten Sternberg-Filmen bewundert, und mit Heinrich Mann teilte er wie erwähnt die bittere Einsicht: »Der Ästhetizismus ist ein Produkt hoffnungsloser Zeiten und hoffnungstötender Staaten.«

Trotzdem siedelte er *Lola* schließlich in den 50er Jahren an, die für ihn selbst und sein Land stürmische Pubertätsjahre waren. Im Film konfrontiert er einen reinen und idealistischen Pubertätstraum mit der harten, korrupten Realität der Erwachsenenwelt – und das mit ästhetischer Brillanz und unbändiger Vitalität, was auch damit zusammenhing, daß Fassbinder mit seinem neuen Kameramann Xaver Schwarzenberger zusammenarbeitete und mit drei neuen Schauspielern in den Hauptrollen. *Lola* ist zwar ein bitterer und hoffnungstötender Film, aber seine Aussichtslosigkeit wird mit einer Frechheit, Vitalität und ästhetischen Spielfreude formuliert, die dann doch wieder jene Hoffnung enthält, die Fassbinder dem Film in seinem literarischen Inhalt nicht zugestand.

Xaver Schwarzenberger und Fassbinder tauchen die Personen und Orte in ein Zellophanpapierlicht, das vor kindlicher Farbenfreude und gekonnter Vulgarität strahlt. Besonders die Bordellszenen mit ihren schreiend roten und violetten Farben und mit Lola als verderbtem Engel mit einem kitschigen Glorienschein um das Haar sind lustig manipuliert. Aber durch dieses verrückte Licht erreicht Fassbinder mühelos, daß die Welt als ein Riesenpuff erscheint, in dem alles und alle käuflich sind – auch für den, der das Gegenteil glaubt.

Lola ist eine schwarze Komödie in strahlend synthetischen Farben über eine so korrupte Welt, daß es fast sinnlos erscheint, das Wort »Korruption« noch zu verwenden, denn alle profitieren ja von allen, und obwohl Schuckert am meisten profitiert, können die anderen ihn nicht entbehren, weder der Bürgermeister, der Polizeipräsident noch die Honoratioren der Stadt, die sein Bordell besuchen, noch der idealistische Baudezernent, der die Hure heiratet, oder der junge Rebell der Friedensbewegung, der in Schuckerts Firma landet, nachdem er aus politischen Gründen seinen Job bei der Stadtverwaltung verloren hat. Auch die Frauen können Schuckert nicht entbehren – und wenn Lola und Frau Schuckert in der letzten Sequenz des Films mit einem Schlagwort der 70er Jahre beschließen, »wir Frauen müssen zusammenhalten«, so findet dieser Zusammenhalt weiterhin innerhalb von Schuckerts System statt und unter seinem Schutz. Die Grundlage ihrer Existenz wird nie in Frage gestellt, und auf diese Weise wird *Lola* der einzige Kinofilm Fassbinders mit einem Happy End, und das so demonstrativ, daß von Bohm, als er im letzten Bild von Lolas Tochter gefragt wird, ob er jetzt glücklich sei, antwortet, das sei er bestimmt, obwohl er ahnt, daß Lola gerade in diesem Augenblick in ihrem weißen Brautschleier mit Schuckert schläft.

Innerhalb von Schuckerts Territorium gibt es keine anderen Existenzmöglichkeiten. Es gibt allerdings einen Rebellen, den bei der Stadt angestellten Esslin, der zwar gegen Schuckert kämpft und in seiner Freizeit in der Friedensbewegung mitmacht, aber abends im Bordell im Orchester mitspielt. Wie glaubwürdig dann noch sein Interesse für Bakunin und dessen Vorstellungen ist, daß die Erde allen gehören und nicht Spekulationsobjekt für einige wenige sein soll, bleibt dahingestellt. Sein Name Esslin erinnert an Gudrun Ensslin, die, Fassbinder zufolge, schließlich das System bestätigte, gegen das sie sich ursprünglich aufgelehnt hatte.

Während von Bohm Beweise gegen Schuckerts korruptes Regime sammelt, schreibt Esslin desillusioniert auf seiner Schreibmaschine die Parole aus *Satansbraten* und *Der Müll, die Stadt und der Tod*: »Der Faschismus wird siegen.« Und das ist eigentlich der denkbar kürzeste Kommentar Fassbinders zum deutschen Wirtschaftswunder: 1945 wurde nicht der Faschismus besiegt, sondern das Hitlerregime. Die faschistischen Gedanken ließen sich nicht mit militärischer Macht vertreiben. Sie fanden andere und humanere Arten, sich durchzusetzen. Sie überlebten in der Familie und am Arbeitsplatz, also überall dort, wo es hierarchische Strukturen gibt. Und sie überlebten in dem systematischen Ausbeutungsprozeß, auf dem die »neue« Gesellschaft beruhte und auf dem die menschlichen Beziehungen innerhalb dieser Gesellschaft ebenfalls beruhen.

Für Fassbinder war das Interessante am Faschismus nicht das, wovon alle – selbst die Nazis – sich früher oder später distanzieren mußten, nämlich die Konzentrationslager und die Kriegsverherrlichung. Das Interessante am Faschismus war für ihn, was die meisten Menschen als normal und natürlich zu erleben gelernt hatten, das Unterdrückungssystem, auf dem unsere Familien und Arbeitsplätze beruhen, die Ausbeutung, die scheinbar zum Besten aller ist, auch der Ausgebeuteten, die aber dazu führt, daß menschliche Beziehungen immer zynischer und geschäftsmäßiger werden, immer weniger Platz haben für authentische Gefühle.

Und im Augenblick der Wahrheit erkennt auch Lola, daß sie, obwohl sie sich ihr Leben selbst einrichtet und beruflich eine beträchtliche Freiheit genießt und gut verdient, genauso korrupt ist wie alle anderen, weil sie sich ständig anpaßt. Der Wunsch, sich anzupassen, einer Gemeinschaft anzugehören, ist das menschliche Bedürfnis, dem Fassbinder am skeptischsten gegenüberstand, weil es immer dazu führt, Dinge zu akzeptieren, die man nicht akzeptieren darf – auch den Faschismus im Alltag.

Baudezernent von Bohm hat die Machenschaften des Bauunternehmers Schuckert akzeptiert, denn nur so läßt sich das Land wiederaufbauen. Ein radikaler Umstürzler wird von Bohm erst, als ihm aufgeht, daß die kapitalistische Ausbeutung nicht nur ein abstraktes und vielleicht sogar nützliches gesellschaftliches Phänomen ist, sondern direkt in sein intimes Gefühlsleben eingreift. Und diese Erfahrung macht er, als er entdeckt, daß die Auserkorene seines naiven Herzens in Schuckerts Bordell arbeitet.

Da läuft von Bohm Amok und beschließt, Schuckert und sein ganzes korruptes System kaputtzumachen. Aber von Bohms Problem ist, daß er selbst Teil dieses Systems ist: mit seiner Arbeit hält er es in Gang, mit seinen Gefühlen unterliegt er ihm. Er ist so in das System integriert, daß die Krankheiten des Systems auch die seinen sind – und im Gegensatz zu den meisten anderen Fassbinder-Figuren läßt er sogar eine gewisse Einsicht in diese Problematik erkennen:

Esslin: Ich werde nicht zulassen, daß Sie sich ruinieren.

von Bohm: Sie werden mich nicht zurückhalten, Esslin. Wie sollen Sie einen zurückhalten, der die Wahrheit entdeckt hat? Das Ganze ist schlecht, nicht der Einzelne! Deswegen muß das Ganze bekämpft werden. Das ist es.

Esslin: Sie werden sich lächerlich machen.

von Bohm: Ich? Mich? Die Spielregeln werde ich lächerlich machen. Das ganze verlogene System. Weil es die Menschen entstellt und verzerrt und krank macht.

Esslin: Sind Sie nicht auch krank, Herr von Bohm?

von Bohm: Krank, krank, krank. Warum sollte ich davon ausgenommen sein? Und wie könnte ich meinen Frieden mit einer Welt machen, Esslin, die mich krank werden läßt.

Wie ein Terrorist hat von Bohm sich also vorgenommen, das kaputtzumachen, was ihn kaputtmacht, aber letzten Endes ist auch er käuflich wie alle anderen in dieser Gesellschaft. Emotional steht er so sehr unter Druck, daß er nur einwilligen kann, als Schuckert ihm in Aussicht stellt, er könne ja Lola heiraten. Auf diese Weise kommt von Bohm aus seiner Einsamkeit heraus, Lola kann in die bürgerliche Anständigkeit zurückkehren, und Schuckert erhält den Segen der Stadtväter, um seine Machenschaften fortzusetzen.

Näher an ein Happy End ist Fassbinder in keinem anderen Film gekommen. Statt vom Unmöglichen zu träumen, nämlich das System abzuschaffen, in dem einige von anderen profitieren, realisiert man das Mögliche, nämlich ein System, in dem alle von allen profitieren. In diesem System ist Schuckert natürlich *der Held*. Er verkörpert im Grunde die Erfüllung jener Sehnsucht, die Lilo Pempeit in *Deutschland im Herbst* formuliert: ein Diktator, der gut und freundlich und ordentlich ist, also ein faschistischer, in akzeptable westeuropäische Normalität umgesetzter Traum.

Die Figurenkonstellation in *Lola* ist eine weitere Variante des klassischen Fassbinder-Dreiecks aus *Berlin Alexanderplatz*: von Bohm entspricht dem gutgläubigen Rebellen Franz Biberkopf, Schuckert als Repräsentant des Systems entspricht Reinhold – und Lola ist die Frau zwischen ihnen, sogar in beiden Filmen gespielt von Barbara Sukowa. In den bisherigen Variationen dieser Dreiecksbeziehung hat Fassbinder sich mit der Franz Biberkopf-Figur identifiziert, aber in *Lola* muß man sich mit der Reinholdfigur identifizieren, wenn das provozierende Happy End einen Sinn haben soll.

Und mit Mario Adorf als Schuckert ist diese Identifikation nicht schwierig. Adorf hatte schon einmal Fassbinders alter ego, den Regisseur in *Warnung vor einer heiligen Nutte* spielen sollen, wurde aber durch Lou Castel ersetzt – eine der wenigen markanten Fehlbesetzungen bei Fassbinder. Erst hier kann Mario Adorf endlich in einem Fassbinder-Film debütieren, und er legt eine Vitalität, Frechheit und ein Draufgängertum an den Tag, daß man Schuckert/Reinhold einfach lieben *muß*. In diese Figur hat Fassbinder seinen ganzen Zynismus, seine Spielfreude und seine Durchsetzungsfähigkeit projiziert. Man muß auf die Orson-Welles-Figur in *Touch of Evil* (Im Zeichen des Bösen, 1957) zurückgreifen, um ein entsprechendes Beispiel für einen Schurken zu finden, der so charmant, farbig und durch und durch sympathisch geschildert wird.

Und während von Bohm und Lola Vorstellungen von einem anderen Leben haben als dem, auf das sie sich einlassen, hat Schuckert ausschließlich Träume und Vorstellungen, die er auch verwirklichen kann. Dadurch wird er in seltenem Grad ein ganzer Mensch, ein Held. Er ist ein Mannsbild in einer Männergesellschaft. Über den Unterschied zwischen sich und den anderen kann er mit vollem Recht sagen, er trinke, weil es ihm gut geht, während die anderen trinken, weil es ihnen nicht besonders gut geht – der Satz wiederholt sich in ähnlicher Form in der *Sehnsucht der Veronika Voss*, als Veronikas Mann zu ihr sagt: »Ich trinke, um abzuschalten, und du trinkst, um dich aufzubauen.«

In dem Maße also, wie wir uns mit Schuckert identifizieren können, müssen wir *Lolas* Happy End als glücklich erleben. Aber zugleich hat Fassbinder hier geschaffen, was er viele Jahre zuvor als Qualität an den besten Hollywood-Regisseuren bezeichnet hatte: daß sie zwar ein

Happy End liefern konnten, weil es von den herrschenden Produktionsbedingungen verlangt wurde, daß aber dieser Schluß wiederum so war, daß man in seinem tiefsten Herzen unzufrieden aus dem Kino ging. Etwas stimmt da einfach nicht.

Die Sehnsucht der Veronika Voss

Die ehemalige Schauspielerin Veronika Voss (Rosel Zech) lernt den Sportjournalisten Robert Krohn (Hilmar Thate) kennen. Er ist dem Ex-Star auf eine merkwürdige Art verfallen, hat aber gleichzeitig das Gefühl, daß die reiche Frauenärztin Dr. Katz (Anne-Marie Düringer) Veronika Voss mit Morphium versorgt, um testamentarisch an ihr Vermögen zu kommen. Während Krohn versucht, das Geheimnis zu lüften, wird seine Freundin Henriette (Cornelia Froboess) ermordet. Auch der Beamte des Gesundheitsamtes (Erik Schumann) ist in das Komplott verwickelt, das Veronika Voss schließlich das Leben kostet. Und obwohl Robert Krohn alle Machenschaften schließlich aufdeckt, wird er als kranker Phantast bezeichnet, wenn er den Behörden klarmachen will, was sich hinter der heilen Fassade abspielt.

Wenn sich Maria Braun ironisch als »die Mata-Hari des Wirtschaftswunders« bezeichnet, bedeutet das in dem konkreten Zusammenhang, daß sie tagsüber für den kapitalistischen Wiederaufbau arbeitet und nachts mit den Arbeitern Bier trinken geht. Aber sie arbeitet auch, allgemein gesehen, wie so viele andere Fassbinder-Figuren für ein System, von dem sie spürt, daß es ihre Menschlichkeit zerstören wird.

Solche Doppelagentinnen des Wirtschaftswunders sind auch Lola und Veronika Voss, weil sie Träume und Vorstellungen von ihrem Leben haben, die sie zerstören, weil sie glauben, ihnen bliebe keine andere Wahl, als sich einem System anzupassen, das sich in der letzten Konsequenz gegen sie richtet und das die Menschen in dem Moment fallenläßt, wenn sie nicht mehr ausbeutbar sind.

Dieses Thema wird radikal zugespitzt in Fassbinders letztem Frauenfilm, *Die Sehnsucht der Veronika Voss.* Die Sehnsucht, sich anzupassen, ist hier buchstäblich zu einer Sucht geworden, und dieses Anpassungsbedürfnis wird von den ehrbarsten Kreisen der Gesellschaft ausgenützt, Kreisen, die genau wie in *Lola* aus einer Koalition zwischen freiem Unternehmertum und öffentlicher Verwaltung bestehen.

Die Sehnsucht der Veronika Voss ist ein puristischer und schmerzhaft konsequenter Film. Es fehlen im völlig die mehr nach außen gerichteten, unterhaltenden Qualitäten. Er gründet auf einem so großen Weltschmerz, daß man sich an die frühen Avantgardefilme erinnert fühlt, ist technisch aber so souverän formuliert wie ein Hollywoodfilm – und mit einer für Fassbinder charakteristischen ästhetischen Originalität.

Wer es auffällig findet, daß Fassbinder in seinem eigenen Todesjahr einen so todesbesessenen Film wie *Die Sehnsucht der Veronika Voss* macht, übersieht, daß diese Todesbesessenheit schon immer in Fassbinders Werken zu finden war – seit dem Debütjahr 1969, als Günther Kaufmann in *Götter der Pest* tödlich verletzt vor einem Schaufenster mit einer blendend weißen Brautpuppe stehenbleibt. Was sich in diesem weißen Licht andeutet, ist die Hochzeit mit dem Tod, eine Grenzüberschreitung, die nicht nur nötig ist, weil die Grenzen in dieser Gesellschaft unerträglich eng sind, sondern auch deswegen, weil die Sehnsucht so groß ist, daß sie diese Grenzüberschreitung, diese Reise ins Licht fordert, die in der *Sehnsucht der Veronika Voss* vorgeführt wird.

Schon im Vorspann wird eine Art Doppeltheit signalisiert, wie Fassbinder sie in all seinen Werken durch Spiegeleffekte markiert hat: mit Hilfe einer bestimmten Schattenwirkung werden die Texte des Vorspanns verdoppelt, und auch die erste Szene des Films kündet eine unheilvolle Doppeltheit an. Der Film beginnt in einem Kino. Veronika Voss sieht einen ihrer alten Filme aus der Zeit, als sie ein gefeierter Star war. Sie spielt eine Rauschgiftsüchtige, die ihre Seele an den Teufel verkauft hat. Der Filmstoff ist mittlerweile zur bitteren Wirklichkeit für Veronika Voss geworden. Sie befindet sich in genau derselben Situation wie die Frau, die sie in dem Film darstellt.

Und die Szene enthält noch eine merkwürdige Dopplung: Neben Veronika Voss sitzt ein anonymer Zuschauer, den man als Fassbinder wiedererkennt. Die Film, den Fassbinder über Veronika Voss macht, deren alte Filme zur Wirklichkeit für sie selbst werden, wird ein halbes Jahr später zur tödlichen Wirklichkeit für Fassbinder. Daß er dieses Risiko gesehen hatte und es in gewissem Sinne sogar herbeisehnte, wird nicht nur in der ersten Szene angedeutet. Es ist ein Gefühl, das über jeder einzelnen Szene des Films liegt.

Die Geschichte von einem Journalisten, der auf eine Arztpraxis stößt, in der eine makabre Ausbeutung von Rauschgiftsüchtigen stattfindet, ist eigentlich eine Schablone aus einem Hollywood-B-Film. Allerdings handelt es sich hier weniger um eine Geschichte als um ein Gedicht, und selten hat Fassbinder so ästhetisch perfekt gearbeitet wie hier. Zusammen mit seinem kongenialen Kameramann Xaver Schwarzenberger hat er einen Film geschaffen, dessen Schwarz-Weiß-Bilder sich wie ein strahlender, ferner und kalter Juwel auf der Netzhaut einbrennen. Die Verwendung von kreideweißem Licht und schwarzen Schatten ist ein prägnanter visueller Ausdruck für den weißen Stoff und seine schwarzen Konsequenzen. Das Licht befördert auch ein anderes Gefühl: Wir befinden uns im Vorhof des Todes, Fassbinder und Schwarzenberger arrangieren das Licht so, daß alle totenbleich werden, Opfer wie Henker. Alle tragen den Tod in sich.

Der Film gibt sich nicht mit psychologischen Erklärungen ab. Er bezieht seine Wirkung in erster Linie aus seinen Bildern, und die schildern eine Welt, die tot ist, obwohl sie sich mit gespensterhafter Mechanik bewegt. Der Zuschauer, der psychologische Erklärungen sucht, wird vergeblich fragen, was beispielsweise den Sportreporter Robert Krohn eigentlich an dem abgehalfterten Star fasziniert: In der ersten Nacht, in der sie zusammen sind, endet sie wie ein schreiendes Kleinkind, und erst, als er sie zur Ärztin bringt, beruhigt sie sich. Sie ist für jeden vernünftigen Menschen schon so am Ende, daß sie nicht mehr zu retten ist – und am allerwenigsten könnte sie eine Partnerin für Robert sein.

Was ihn trotzdem anzieht – jenseits des »krimi-psychologischen« und ganz unglaubwürdigen Postulats des Films, daß er sich einbildet, sie retten zu können –, ist, daß sie etwas gemeinsam haben: eine Müdigkeit, die in den Tod führt. In einem der Gedichte, das Robert in halbwachem Zustand hinschreibt, spricht er davon, daß er hört, was noch nie gehört wurde: »den hundertsten Namen Allahs, den nicht mehr aufgeschriebenen Paukenton, als Mozart starb, im Mutterleib vernommene Gespräche«. Die Besessenheit, mit der er der Musik des Todes oder vorgeburtlichen Erfahrungen nachspürt, wird nicht auf eine bewußte Ebene gebracht, sie liegt aber in der unsäglichen Müdigkeit, die Hilmar Thate der Figur gibt, in dem desillusionierenden Licht, in dem er herumwandert wie Orpheus im Totenreich und das auf der unbewußten Ebene seine Faszination an Veronika Voss begründet: sie ist offenbar auf dem Weg in eine Welt, in die er sich nur in verblümten Gedichten zu sehnen wagt, die selbst seine Freundin nicht lesen darf.

Die Sehnsucht der Veronika Voss nach dem Tod, der nur von der Morphiumspritze hinausgeschoben wird, hat auf den ersten Blick eine einleuchtende soziale und psychologische Begründung: sie ist von einer Filmindustrie fallengelassen worden, in der sie früher ein gefeierter Star war. Obwohl noch jung, ist ihr Ruhm schon verblaßt. Sie ist nicht mehr geeignet, um Träume für andere zu fabrizieren, und je mehr sie aufwacht und das erkennt, desto mehr muß sie Zuflucht nehmen zu den künstlichen Träumen der Morphiumspritze. Ihr Schicksal wird durch ein älteres Ehepaar verdeutlicht, das auf der Haut eine Häftlingsnummer von Treblinka trägt und in der Seele Erinnerungen hütet, die man ebenfalls am besten mit Hilfe der Spritze von Frau Dr. Katz loswird. Wir verstehen den alten Mann, wenn er mit plötzlicher Heftigkeit ausruft: »Verstehen Sie jetzt, warum ich mit Ihrer Welt nichts zu schaffen haben will?« Als das Ehepaar sein Vermögen für das Morphium aufgebraucht hat und nur den Tod vor sich hat, verstehen wir ihren Selbstmord – und sehen darin das Schicksal der Veronika Voss gespiegelt.

Aber wie »wirklich« ist die Welt, aus der Veronika Voss verstoßen wird, verglichen mit dem Rauschgift-Traum, in dem sie Zuflucht sucht? Sie kommt aus einer Traumfabrik, die Fassbinder in einem Filmtitel viele Jahre vorher warnend als »eine heilige Nutte« bezeichnet hat. In dieser Traumfabrik war sie ein Star gewesen, ein Status, der genauso künstlich war wie die künstlich erzeugten Starträume, in denen sie sich mit Hilfe der Spritze verlieren kann. Die eine Künstlichkeit steht der anderen in nichts nach, und wenn die Rauschgiftspritze eine Art Vorhof der Hölle ist, dann gilt das auch für die Filmkulisse. Die Träume der einen Art werden vom Filmproduzenten gelenkt, die anderen von der Ärztin, aber beide verkörpern eine Gesellschaft, die darauf beruht, den Leuten Träume zu verkaufen.

Wenn Veronika Voss sich also zurücksehnt ins Filmstudio, sehnt sie sich bloß nach einer anderen Art Unwirklichkeit – und befindet sich in derselben Situation wie die künstlich erzeugten Puppen in *Welt am Draht*, die in eine Art von Wirklichkeit eintreten wollen und dann entdecken, daß das, was ihnen als wirklich erscheint, immer noch eine Art Puppentheater ist, das von Menschen in einer anderen Dimension gelenkt wird! Ob Veronika Voss in das Scheinwerferlicht des Filmstudios eintaucht oder in das blendende innere Licht, das ein Ergebnis der Morphium-Spritze ist, beide Male ist die Situation künstliches Blendwerk. Aber was ist dann »wirklich« in diesem chinesischen Schachtelsystem?

Wirklich ist jedenfalls die Ausbeutung, und die Einsicht in die Ausbeutungsmechanismen bringt eine Wirklichkeit zum Vorschein, die man lieber ändern möchte, als ihr zum Opfer zu fallen. Fassbinder beschreibt die Ausbeutung aber als ein so massives System, daß der Einzelne völlig machtlos ist. Die sozialistische Theorie lehrt, daß wir uns in Gewerkschaften oder ähnlichen Organisationen zusammenschließen müssen, um diese Ausbeutung zu bekämpfen. Aber schon Franz Biberkopf gelangte ja zu der Einsicht, daß man in einer Gewerkschaft erst zusammenstehen kann, wenn man Arbeit hat – und hat man Arbeit innerhalb dieses Systems, unterstützt man in der Praxis die ausbeutenden Kräfte, die man politisch bekämpfen will. Wer so für den Feind arbeitet, bekämpft sich also zwangsläufig selbst.

Veronika Voss hat keine politischen Einsichten. Ihr Bewußtsein ist gelähmt worden von der Bewußtseinsindustrie, für die sie gearbeitet hat. Aber während der Abschiedsparty, die ihre Henker für sie veranstalten, bevor sie sie vor den einzigen Ausweg stellen: sich das Leben zu nehmen, verrät sie zumindest ihren Traum, daß alle Künstler zusammenstehen sollten, während sie im selben Atemzug erschrocken jeden Gedanken an Gewerkschaften abweist.

»Kunst braucht Freiheit. Wie soll sie sonst die Menschen frei machen können?«

In dieser kindlich utopischen Vorstellung überspringt sie die bittere praktische Erfahrung, die so viele andere Fassbinder-Figuren vor ihr haben machen müssen, daß nämlich der Kampf gegen die Unfreiheit sich noch immer unfreier Methoden bedienen muß und deshalb schließlich die Unfreiheit reproduziert, die man bekämpfen wollte.

Diese Einsicht bleibt wohl auch Robert Krohn verschlossen, aber er erfährt zumindest, daß gegen das herrschende System der Menschenausbeutung, verkörpert in Frau Dr. Katz und dem Vertreter des Gesundheitsamts, nicht anzukommen ist. Robert Krohn erkämpft sich die Einsicht in die Allianz von privatem und staatlichem Vampirismus, steht dieser Einsicht aber machtlos gegenüber. Wir verlassen Robert Krohn mitten in dieser Machtlosigkeit, die in Fassbinders Universum normalerweise zu individueller Gewalt, also zu Terrorismus oder selbstmörderischem Fatalismus führt. Zwischen Terrorismus und Selbstmord liegt für Fassbinder persönlich die Kunst als einzige vorläufige Überlebensmöglichkeit. So sehr er sich von Veronika Voss unterscheidet, dies ist ihnen gemeinsam.

Diese lähmende Einsicht hat Veronika Voss zwar nicht intellektuell vollzogen, aber unbewußt erliegt sie dem, was sie bewußt nicht eingesehen hat. Und gerade weil ihr die Einsicht in die Kräfte fehlt, gegen die sie ihren Widerstand richten könnte, richtet sie den Widerstand gegen die eigene Seele und den eigenen Körper. Sie löscht sich selbst aus als das willige Werkzeug in der Hand von Mächten, gegen die sie nicht kämpfen kann und deren Bekämpfung sie auch gar nicht als notwendig begriffen hat. Darin liegt die Aussichtslosigkeit der Sehnsucht der Veronika Voss.

Aber in der Selbstzerstörung der Veronika Voss liegt, buchstäblich jenseits des Todes, auch eine Art Optimismus. Sie zerstört zwar das Selbst, das das willige Werkzeug destruktiver Mächte war, aber indem Fassbinder sie an einem Karfreitag sterben läßt, erhält ihr Tod dadurch einen merkwürdigen Sinn. Wenn nämlich überhaupt irgendeine Hoffnung in diesem hoffnungslosesten seiner Filme liegen sollte, dann in dieser beinahe religiösen Sicht des Todes als einer Station auf dem Wege. An diese Auffassung klammert sich Veronika Voss mit ihrer morphiumkranken Seele offenbar selbst, zumindest unbewußt oder halb bewußt, wenn sie sich zusammenreißt und sich für die letzte große Rolle ihres Lebens schminkt.

In dieser Vorstellung vom Tod als einer Rolle, die zu Ende gespielt werden muß, liegt vielleicht Fassbinders letzte Utopie, daß jenseits unserer quälenden physischen Grenzen eine andere, grenzenlose Wirklichkeit beginnt, in der wir nicht mehr auf Träume und Rollenspiele angewiesen sind. Diese Utopie ist zugleich aber äußerst tragisch, weil sie ein religiöses Bewußtsein voraussetzt, das Fassbinder nicht besaß.

Fassbinders Deutung des Todestriebs scheint sich hier weitgehend mit der Sicht des frühen Freud zu decken, der, wie Wilhelm Reich, im Todestrieb ein Produkt der verkrüppelten Libido sah. Der späte Freud stellte die provozierende und selbst seinen nächsten Mitarbeitern problematisch erscheinende Theorie von der fundamentalen, der Libido gleichgestellten Qualität des Todestriebs auf. Während Fassbinder mit der Hauptfigur seines letzten Films *Querelle* eher an den späten Freud anknüpft, beruht *Veronika Voss* auf Reichs Freud-Interpretation.

Die Sehnsucht der Veronika Voss ist daher genauso doppelt wie der Text des Vorspanns. Sie sehnt sich wieder nach Arbeit und kann sich nur schwer damit abfinden, daß die Unterhaltungsindustrie einer Gesellschaft, die sie nicht in Frage stellt, längst ihren Marktwert als Star in Frage gestellt hat. Sie hat ihre Arbeit geliebt wie der Süchtige die Morphiumspritze, weil ihr die Arbeit Träume und Traumerfüllung geschenkt hat, jenseits der rauhen Wirklichkeit. Das Verhältnis der Veronika Voss zu ihrer Arbeit illustriert Fassbinders These, daß in unserer Gesellschaft jede Form der Kreativität neurotisch ist, und da die Arbeit ihre Neurosen nicht mehr dämpfen kann, ist es nur logisch, daß sie andere Formen von Betäubung sucht. Wenn die weiße Leinwand andere Stas fordert, lassen sich Veronika Voss' Träume nur in dem weißen Stoff festhalten, und da die Hintermänner des Stoffs ihr alles genommen haben, was sie besitzt, lassen sich die Träume nur noch im Tod träumen.

Hat Fassbinder für sich selbst und seine Figuren gehofft, der Tod sei das endgültige künstlerische Erlebnis, das totale Verschmelzen von Film und Wirklichkeit?

Wie dem auch sei, er faßte den Todestrieb nicht als primären Trieb auf, sondern als Produkt unerfüllter Träume. Aber gleichzeitig beschrieb er die frustrierten Träume seiner Personen als unrealisierbar in einer Gesellschaft, die statisch und unveränderbar ist und sich hermetisch abgeschlossen in ihren eigenen vampirhaften Ausbeuterstrukturen bewegt, so daß die Vorstellungen vom Tod wie ein biologischer Trieb aussehen und nicht wie eine kulturell bedingte Sehnsucht.

Die Selbstzerstörung der Veronika Voss beginnt nämlich nicht in den letzten Szenen des Films, auch nicht, als sie zum erstenmal den weißen Stoff probiert, nicht einmal, als sie zum erstenmal bereit ist, ihre tiefen kreativen Sehnsüchte an den Grenzen auszurichten, die vom weißen Scheinwerferlicht des Films gesetzt werden. Ihre Selbstzerstörung reicht weiter zurück in ihre persönliche Geschichte, als wir mit diesem Film kommen. Fassbinder ist nur mit *In einem Jahr mit 13 Monden* so weit zurück gegangen. Dort zeigt er mit unerbittlicher Konsequenz, daß das Kind keine andere Wahl hat, als die Verkrüppelung seines Liebesbedürfnisses hinzunehmen. Fassbinder zeigt uns nichts von der Kindheit der Veronika Voss, aber symbolhaft wird trotzdem angedeutet, wie ihre unbefriedigte Sehnsucht begann. Das ist die Szene, als der Journalist in seinem Auto vor der Haustür der Morphiumärztin übernachtet und von der Sekretärin der Ärztin geweckt wird. In einer Nahaufnahme sehen wir sie durch das Autofenster mit zwei Milchflaschen vor der Brust ins Bild kommen, erst dann beugt sie sich zu Robert herab: von dem weißen Stoff und dem weißen Scheinwerferlicht wird zu der weißen Milch und der weißen Mutterbrust assoziiert, d. h. zum ersten Liebesobjekt. Da wurde die Sehnsucht geboren und abgewiesen, die sich für Veronika Voss nie mehr erfüllen ließ. Das Urerlebnis von Abhängigkeit ist die Brust.

Während über der gesamten Produktion Fassbinders der Titel seines unvollendeten Romanprojekts »Eine Reise ins Innere der Trauer« stehen könnte, so beschreibt *Die Sehnsucht der Veronika Voss* mit seiner blendend weißen Farbe »eine Reise ins Licht«. Und diese Reise ins Licht wird zum einzig möglichen Endziel in Fassbinders Utopie, die einzig *mögliche* Erlösung in einem Gesellschaftssystem, das so verkrustet ist, daß keine konkreten Veränderungen in Aussicht stehen.

Die Grenzenlosigkeit, nach der Fassbinders Personen sich sehnen, finden sie erst, wenn der Tod alle Grenzen sprengt. Das ist eine Erfahrung, die von den Hauptfiguren des ersten Gangsterfilms und von Herr R. gemacht wird, vom Obsthändler, von Frau Geesche und Effi Briest, von Franz Biberkopf und Mutter Küsters, von dem Maurer Peter und dem

Schokoladenfabrikanten Hermann Hermann, von Maria Braun und Elvira Weishaupt, von der Bourgeoisie, die Chinesisches Roulette spielt, und von den Kindern der Bourgeoisie, die Terroristen spielen – ganz zu schweigen von den Personen, die, wie Whity, Petra von Kant, Martha oder Bolwieser, zwar nicht körperlich sterben, den Tod aber als totale Isolation oder physische Lähmung erleben, die aber durchaus erlösende Züge hat.

Die Sehnsucht der Veronika Voss beruht auf dem Schicksal des Filmstars Sybille Schmitz[4]. Sie hatte seinerzeit die Rolle der Mutter in den *Bitteren Tränen der Petra von Kant* spielen sollen, aber als Fassbinder nach ihr suchte, stellte er fest, daß sie unter mysteriösen Umständen Selbstmord verübt hatte. Seitdem wurde er den Gedanken an ihr Schicksal nicht mehr los.

Als Filmemacher konnte Fassbinder 13 Jahre lang seine eigene Reise ins Licht unternehmen mit Hilfe von filmischen Stellvertretern, und er konnte diese Filme in einem so blendend schönen Licht drehen, daß sie ein Ort zum Überleben wurden und doch so transparent waren, daß die grenzenlose Dimension hinter diesem Licht sich nicht mehr beiseite schieben ließ.

Das nächste Projekt Fassbinders mit der Veronika-Voss-Darstellerin Rosel Zech sollte eine Verfilmung von George Batailles Roman *Le Bleu du Ciel* sein. Aber vielleicht ahnte er schon, daß ihm nur noch wenig Zeit blieb und daß er riskierte, sich im Blau des Himmels aufzulösen. Jedenfalls nannte er den Film im Film, in dem Veronika Voss mitwirkt, »Blauer Himmel« – vielleicht um so weit wie möglich zu kommen, solange noch Zeit war.

16. Auftragsarbeiten

Frauen in New York

Mrs. Mary Haynes (Christa Berndl) ist der Mittelpunkt eines Kreises von Freundinnen im New York der 30er Jahre. Von der intriganten Sylvia (Margit Carstensen) erfährt sie, daß ihr Mann Steven eine Geliebte hat (Barbara Sukowa). Marys Ehe zerbricht, und Chrystal, die Geliebte, heiratet Steven. Ein Jahr später kann sich Mary allerdings rächen, als entdeckt wird, daß Chrystal einen Liebhaber hat. Jetzt kann Mary wieder ihren Platz als die rechte Mrs. Haynes einnehmen.

Frauen in New York ist die einzige Theatervorstellung, die Fassbinder für die Nachwelt bewahrt hat. Er hatte zwar schon *Das Kaffeehaus* und *Bremer Freiheit* auf Video aufgenommen und *Katzelmacher* und *Pioniere in Ingolstadt* für den Film, aber nicht mit genau denselben Schauspielern, demselben Bühnenbild und demselben Text wie in den ursprünglichen Theaterstücken.

Die bitteren Tränen der Petra von Kant inszenierte nicht er für das Theater, sondern Peer Raben, der Film war auch keine Aufzeichnung einer Theatervorstellung. Auch *Der Müll, die Stadt und der Tod* existiert als Film mit dem Titel *Schatten der Engel*, aber unter der Regie von Daniel Schmid.

Der Film *Frauen in New York* wurde dagegen mit den Schauspielerinnen aufgenommen, die auch in der Theatervorstellung aufgetreten waren. Er ist ein hervorragendes Beispiel dafür, daß eine Bühnenvorstellung durchaus auf das Medium Film übertragen werden kann, ohne daß die Theater- bzw. Filmqualitäten darunter leiden. Und das hat etwas mit Fassbinders Art zu tun, Theater bzw. Filme zu machen, die er einmal folgendermaßen beschrieben hat: »Ich habe im Theater so inszeniert, als wäre es Film, und habe dann den Film so gedreht, als wär's Theater.«

Das Theaterstück *Frauen in New York* wurde 1936 von Claire Boothe

Luce geschrieben und schon 1939 von George Cukor unter seinem Originaltitel *Women* verfilmt. Ursprünglich hatte ein anderer Regisseur das Stück 1976 am Hamburger Schauspielhaus inszenieren sollen, aber Margit Carstensen setzte durch, daß Fassbinder die Regie übernahm, obwohl die beiden ihre Zusammenarbeit nach *Chinesisches Roulette* eigentlich beendet hatten. *Frauen in New York* brachte gleichzeitig die Begegnung Fassbinders mit seinem neuen Star Barbara Sukowa, die damals dem Hamburger Ensemble angehörte und anschließend für Fassbinder die Mieze in *Berlin Alexanderplatz* und die Titelrolle in *Lola* spielte.

Mit *Frauen in New York* wurde Fassbinders Bedürfnis, mit Frauen zusammenzuarbeiten, gewiß reichlich befriedigt: in dem Stück wirken 40 Frauen mit und kein einziger Mann. Trotzdem leben die Frauen natürlich innerhalb der Grenzen, die teils von Männern gesteckt sind und teils von ihrer Sehnsucht nach einem Mann. Die Frauen sind weniger Marionetten im Spiel der Männer als Marionetten in ihrem eigenen Spiel um die Männer. Schauplätze sind die hermetisch abgeschirmten Treffpunkte der Reichen: Schönheitssalon, Fitneß-Center, elegante Wohnungen. Und ein Ausflug in die Küchenregion dient nur der Funktion, das Zimmermädchen eine entscheidende Szene erzählen zu lassen, die den Spielregeln zufolge nicht gezeigt werden kann, weil in ihr ein Mann mitwirkt.

Frauen in New York ist ein streng stilisierter und gleichzeitig stark exaltierter Totentanz, ein Drama über Insekten, die in einem Spinnennetz zappeln und innerhalb dieses Spinnennetzes ihre Lage verändern können, aber keine Absicht haben, sich daraus zu befreien. Das Thema ist bekannt.

Ungewöhnlicher für einen Fassbinder-Film ist der Humor. Obwohl kein einziger Satz von Fassbinder stammt, eignet er sich Claire Boothe Luces Text (in Nora Grays Übersetzung) so an, als wäre es sein eigener, wie es ihm früher schon bei Texten von Fleißer und Kroetz gelungen war. Die Autorin hat ihren Frauen Sätze in den Mund gelegt, die hinreißend boshaft und intrigant sind, und Fassbinder hat die Sprachspiele genossen, weil sie einer Tendenz in ihm entsprechen, der er – mit Ausnahme des problematischen *Satansbraten* – nie freien Lauf gegeben hat.

Zum Beispiel die erste Auseinandersetzung zwischen Mrs. Haynes und ihrer Rivalin Chrystal. Die betrogene Ehefrau versucht, die Geliebte mundtot zu machen, indem sie ihr herablassend erklärt: »Steven spielt ja nur mit Ihnen«, worauf die Geliebte der Sprachlosen begeistert zustimmt: »Und wie!«

Fassbinders Dialoge haben ein Tempo, das Howard Hawks heitere

Hollywood-Komödien wie *Bringing Up Baby* (*Leoparden küßt man nicht*, 1938) und *Gentlemen Prefer Blondes* (*Blondinen bevorzugt*, 1953) in Erinnerung ruft – letzterer stand auf Fassbinders Liste der 10 besten Filme der Welt[1]. Die Dialoge haben oft diesen sentenzhaften Charakter, den Fassbinder an den Stücken der Fleißer so sehr schätzte. »Liebe mit Seitensprung ist besser als überhaupt keine Liebe«, folgert beispielsweise Mrs. Haynes mit fatalistischer Nüchternheit, die sie bei den Mädchen in Ingolstadt gelernt haben könnte.

In seiner Übertragung von *Frauen in New York* auf den Film hat Fassbinder das Theaterhafte des Stücks beibehalten, allerdings mit filmischen Mitteln. Jede Szene wird in einer ungeschnittenen Kameraeinstellung festgehalten, so daß der Film nur aus 12 Einstellungen besteht. Dafür bewegt sich die Kamera unbeschwert und sinnvoll innerhalb der einzelnen Einstellungen, so souverän wie Hitchcock in *The Rope* (*Cocktail für eine Leiche*, 1948), ebenfalls eine verfilmte Theatervorstellung ohne Schnitte. Fassbinder begnügt sich nicht damit, die Dialoge abzufilmen, sondern schafft Kompositionen, in denen die Dekoration oft eine dramatische Funktion erhält und das Eingesperrtsein der Frauen unterstreicht. Manchmal werden die Personen durch ein Aquarium gefilmt, so daß sie ihren Platz wie Fische unter den anderen Fischen einnehmen, ein andermal zwischen riesigen Pflanzen, so daß ihr ewig zwitscherndes oder plapperndes Spiel Assoziationen zu Papageien im Zoo weckt. Die Jalousien vor den Fenstern fungieren als symbolische Gitter des vergoldeten Käfigs der Frauen. Darüber hinaus schafft Fassbinder oft – getreu seiner Gewohnheit – Bühnendekorationen, die einen selbständigen Rahmen innerhalb des filmischen Rahmens bilden und so noch einmal die klaustrophobische Situation der Personen hervorheben.

Das Theaterhafte des Films wird dadurch verstärkt, daß Fassbinder nicht versucht, die Requisiten realistisch erscheinen zu lassen: statt eines neugeborenen Babys hält Eva Mattes achtlos eine Puppe im Arm, in einem Fitneßraum springt eine Gruppe Frauen Seil – ohne Seil –, während sie immerfort reden.

Obwohl Fassbinder diesmal seine Personen wie Insekten aufspießt und ihnen in komischen, hysterisch überdrehten Szenen freien Lauf läßt, liegt hinter den Worttiraden eine Andeutung von Verzweiflung, die bewirkt, daß der schwatzhaft-intrigante Ton nicht in eine Bloßstellung der Frauen umkippt. In einem der seltenen aufrichtigen Momente läßt er Mrs. Haynes und ihre Freundin, die Schriftstellerin, die Angst definieren, die hinter dem ganzen hektisch-neurotischen Gehabe der Frauen liegt.

Schriftstellerin: Es gibt nur eine Tragödie für die Frau.
Mrs. Haynes: Alt zu werden.
Schriftstellerin: Nein, den Mann zu verlieren.
Mrs. Haynes: Deswegen haben wir ja solche Angst, alt zu werden.

Die Sätze fallen in einem Schönheitssalon, wo die klatschsüchtige Maniküre – ohne zu wissen, daß sie Mrs. Haynes vor sich hat – sich darüber ausläßt, daß Steven Haynes eine ihrer Freundinnen zur Geliebten genommen hat. Fassbinders visueller Aufbau dieser Schlüsselszene ist einfühlsam und ohne jede Bloßstellung: Während die Maniküre Mrs. Haynes ihre Klatschgeschichte erzählt, sehen wir das Gesicht von Mrs. Haynes durch einen weißen Vorhang, hinter dem ihre Freundin Sylvia wie ein Raubvogel auf seine Beute lauert. Und als die Geschichte erzählt ist, gleitet die Kamera an dem Vorhang vorbei, der wie ein Schleier von Mrs. Haynes nacktem, verzweifelten Gesicht entfernt wird.

Wenn die ganze Identität der Frau von ihrer Beziehung zum Mann bestimmt ist, läßt sich das Altwerden nicht mehr als Reifungsprozeß, sondern nur als Identitätsbedrohung auffassen. Und als zynisch-einfühlsame Beschreibung von Frauen, die glauben, sie könnten das echte Leben finden, wenn sie sich an eine künstliche Identität klammern, nimmt auch eine Auftragsarbeit wie *Frauen in New York* einen wichtigen Platz in Fassbinders Werk ein.

Lili Marleen

Die Varietésängerin Willie (Hanna Schygulla) hat sich in den klassisch ausgebildeten Musiker Robert Mendelsohn (Giancarlo Giannini) verliebt, aber ihr Glück wird durch den Krieg verhindert. Er ist Mitglied einer jüdischen Organisation, die Juden aus Deutschland schmuggelt, sie macht eine abenteuerliche Karriere im Dritten Reich: durch Zufall wird der Schlager »Lili Marleen«, den sie auf Schallplatte gesungen hat, während des Zweiten Weltkriegs zum Ohrwurm. Der Soldatensender Belgrad sendet das Lied jeden Abend um drei Minuten vor zehn, und in diesen drei Minuten schweigen auf beiden Seiten der Front die Waffen. Als Robert versucht, sich mit seiner Geliebten zu treffen, wird er von den Nazis verhaftet – und als Willie versucht, jüdischen KZ-Gefangenen zu helfen, macht sie sich unbeliebt bei dem Regime, das sie bis dahin hofiert hat. Als der Krieg endlich vorbei ist und Willie Robert in der Schweiz besucht, hat er eine andere geheiratet und eine Karriere als Dirigent begonnen.

Noch ehe *Berlin Alexanderplatz* im Fernsehen gezeigt wurde, hatte Fassbinder die Dreharbeiten zu seinem teuersten Kinofilm, *Lili Marleen*, beendet. Seine Methode, sich nach der Fernsehserie zu erholen, bestand also darin, sich auf einen neuen anspruchsvollen Spielfilm zu stürzen, der über 10 Millionen DM kosten würde. Auch *Lili Marleen* war eine Auftragsarbeit. Der Produzent Luggi Waldleitner hatte von dem Drehbuchautor Manfred Purzer, einem der ärgsten Gegner Fassbinders, der in der Projektkommission der Filmförderungsanstalt verhindert hatte, daß eines von Fassbinders umstritteneren Projekten mit öffentlichen Mitteln gefördert wurde, ein Drehbuch ausarbeiten lassen.

Nachdem *Die Ehe der Maria Braun* sich als großer internationaler Erfolg herausgestellt hatte, schlug Luggi Waldleitner vor, Hanna Schygulla solle die Hauptrolle in *Lili Marleen* spielen, wozu sie auch bereit war, sofern Fassbinder Regie führte. Fassbinders Bedingung war, daß er das vorliegende Manuskript nach eigenem Gutdünken ändern durfte.

Das Manuskript beruhte vage auf Lale Andersens Memoiren, und die Liebesgeschichte zwischen der billigen Varietésängerin und dem ambitionierten Dirigenten beruht auf ihrer Affäre mit dem späteren Chef der Pariser Oper, Rolf Liebermann. Aber daß der Film ansonsten nichts mit der authentischen Wirklichkeit zu tun hat, zeigt schon die Tatsache, daß die Figuren andere Namen tragen. Der Film ist reine Fiktion.

Warum Fassbinder sich auf diesen Film einließ, ist unklar. Vielleicht wollte er einmal auf einem Gebiet der Filmbranche arbeiten, mit dem er sonst nicht in Berührung kam. Wenn er diesmal die Bedingungen der Branche akzeptierte und Erfolg hatte, könnte er ein anderes Mal vielleicht etwas zu seinen eigenen Bedingungen machen. Außerdem hatte er jetzt die Möglichkeit, etwas gegen die verrückten Antisemitismus-Vorwürfe zu tun, indem er selbst den Chef einer deutschen Untergrundorganisation spielte, die Juden half, aus Deutschland zu fliehen.

So mißlungen *Lili Marleen* auch ist, man erkennt unschwer eine Reihe zentraler Fassbinder-Themen. Wie in der *Ehe der Maria Braun* handelt der Film von einer Liebe, die nicht aufhört, weil sie nicht erfüllt wird. Die Liebenden müssen wegen des Krieges ständig getrennt voneinander leben.

Das Grundthema von *Lili Marleen* ist die Frage: Ist es moralisch zu verantworten, daß man, wie die naive Sängerin Willie, im Nationalsozialismus überlebt, indem man Karriere macht? Fassbinder gibt eine positive Antwort. Er kritisiert Willie nicht, läßt sie aber mit einem Lied Karriere machen, das Konflikte in der Nazi-Führung auslöst. Goebbels will das Lied verbieten lassen, während Hitler es liebt! Es wird eine Weile verboten, weil man findet, daß das Lied von dem Soldaten, der sich nach seinem Mädchen zu Hause sehnt, auf die deutschen Truppen an der Front nicht besonders mobilisierend wirken könne. Als aber ein Verbot von »Lili Marleen« eine Meuterei unter den Soldaten auszulösen droht, wird das Lied wieder erlaubt. Für den prinzipiell polygamen Fassbinder hat der Schlager sicher wegen seiner Entstehungsgeschichte auch eine besondere Bedeutung gehabt. Obwohl die Lili Marleen des Schlagers *ein* Mädchen ist, ist sie in Wirklichkeit zwei: der Autor des Liedtextes hatte unmittelbar vor seiner Einberufung zum Ersten Weltkrieg zwei Mädchen kennengelernt, zwischen denen er sich nicht entscheiden konnte, die aber in dem Lied zu einer Person verschmelzen.

Auch *Lili Marleen* entsprach also Fassbinders Vorstellung, man brauche sich selbst zweimal, und dasselbe gilt ja auch für Willie. Ihre Stellung als eine der beliebtesten Künstlerinnen des Naziregimes nutzt sie gleichzeitig gegen das Regime aus, indem sie einen illegalen Film in die freie Welt hinausschmuggelt, der entlarvt, was in den KZs passiert, übrigens eine unglaublich unbeholfene und dilettantisch gemachte Pointe.

Fassbinder hatte auch die Absicht,[1] seinem Film eine entsprechende Doppeltheit zu geben. Ein Film darüber, wie jemand mit Hilfe der Kunst unter einem nazistischen Regime überlebt, sollte in einer nazistischen Formensprache erzählt werden, d. h. er sollte so aussehen wie die Filme, die man damals machte. Auf diese raffinierte Art sollte er kritische Bloßstellung eines Publikumsgeschmacks und einer Erlebnisweise sein, die sich seit den Nazis im Grunde nicht geändert hat.

Diese Doppeltheit ist in dem fertigen Film aber kaum zu entdecken. Er ist eher halbherzig als doppelt, weil er zwar als großes, rührseliges Hollywood-Melodram angelegt ist, Fassbinder aber ein viel zu scheuer und zurückhaltender Regisseur ist und sich ständig zurücknimmt, anstatt die naheliegenden ästhetischen Effekte auszunutzen. Diese Zurückhaltung wirkt aber nicht als bewußte Kritik an diesen Mitteln, sondern als Unschlüssigkeit, was ihre Verwendung angeht.

So groß angelegt und prunkvoll der Film auch ist, so merkwürdig unengagiert ist er und im Grunde schlampig gemacht – als hätte Fassbinder noch vor dem Drehbeginn das Interesse verloren. Das wird am deutlichsten in Hanna Schygullas oft völlig hilflosem Spiel. Eine große Schauspielerin ist sie nie gewesen, aber Fassbinder hat sie in zahlreichen Filmen genau zu den Dingen herangezogen, die sie kann, und keine technischen Anforderungen gestellt, die sie nicht erfüllen konnte. In ihrer Rolle als Lili Marleen aber, die ein recht kompliziertes Gefühlsregister verlangt, versagt sie, ohne daß Fassbinder sich die geringste Mühe gibt, ein Sicherheitsnetz unter ihr auszuspannen.

Auffallend ist auch, daß das Tempo eher einschläfernd wirkt, obwohl *Lili Marleen* vermutlich der am schnellsten geschnittene von Fassbinders Filmen ist. Das hängt damit zusammen, daß keine Situation in *Lili Marleen* des Innehaltens und der Vertiefung wert ist, was sich andererseits nicht dadurch verbergen läßt, daß schnell davon weggeschnitten wird, denn es wird nie zu etwas Interessanterem geschnitten.

Die mangelnde Sorgfalt kommt auch in dem elementaren Fehler zum Ausdruck, daß der Film es an geographischer Orientierung fehlen läßt. Es ist nicht immer leicht, herauszufinden, ob man gerade in der Schweiz, in Deutschland oder in Polen ist, was damit zu tun hat, daß immer von der einen Innenaufnahme zur nächsten geschnitten wird ohne verbindende Außenaufnahmen, die die Geographie sichtbar machen würden. An Mitteln hatte es nicht gefehlt, nur an Fassbinders Lust.

Seine Kritiker beruhigte Fassbinder mit dem Hinweis, daß dies nicht der letzte Film sei, den er über Deutschland während des Zweiten Weltkriegs machen würde. Doch das Schicksal hatte etwas anderes bestimmt.

Theater in Trance

Das Thema, das in *Lili Marleen* künstlerisch oberflächlich und leichtfertig behandelt wird – die Kunst nicht bloß als Zufluchtsort, sondern auch als Lebensform und damit als aktiver Einsatz gegen die destruktiven Kräfte der Zeit –, wird auf ganz andere Art originell in Fassbinders letzter Auftragsarbeit behandelt, dem avantgardistisch unnahbaren *Theater in Trance,* einem in seiner Gestaltung ganz persönlichen Film, und das, obwohl kein einziger Satz und keine einzige Szene von Fassbinder selbst sind.

Theater in Trance ist ein Dokumentarfilm, Fassbinders einziger, der 1981 während des Theaterfestivals in Köln vom Fernsehen in Auftrag gegeben wurde. Abgesehen von der einleitenden Satire über einen Theaterempfang mit den offiziellen Kulturbonzen besteht der Film aus Ausschnitten von ungefähr 20 experimentellen Vorstellungen, die in jenem Sommer die Kölner Theater belebten. Diese Theatertableaus werden aneinandergereiht ohne Rücksicht auf den Zusammenhang, in dem die Ausschnitte ursprünglich standen. Fassbinder will gar nicht verdeutlichen, wovon die einzelnen Stücke handelten. So gesehen arbeitet er in seinem einzigen Dokumentarfilm antidokumentarisch – so konsequent, daß er den originalen Theaterton oft ausblendet und statt dessen aus Antonin Artauds Bühnentheorien vorliest, vorzugsweise Zitate aus *Das Theater und sein Double*.

In den meisten Fällen gewinnt man den Eindruck, daß eigentlich keine rechte Spannung zwischen Theorie und Praxis entsteht und daß die Theaterausschnitte von Artaud überlagert werden, ob Fassbinder damit beweisen wollte, daß nur die wenigsten Bühnenstücke Artauds exaltierten Visionen gerecht werden, oder ob er das unfreiwillige Opfer der fragwürdigen Methode wird, das Publikum mit einem Text zu konfrontieren, der das eine sagt, und zugleich mit Bildern, die etwas ganz anderes sagen. Im Grunde können nur Pina Bauschs Tanztheater und der Japaner Yoshi Oida in dieser Hinsicht Artaud gerecht werden.

In *Theater in Trance* gibt es keine Figuren, nur Ästhetik, nur theatralische Situationen, miteinander verknüpft durch Fassbinders müde, aber lebendige Stimme, die den verrückten Theatermenschen Artaud zitiert. Auch *Satansbraten* hatte als Einleitung ein Artaud-Zitat, und *Despair* ist Artaud gewidmet. In beiden Filmen läßt Fassbinder seine Hauptperson mit der Stirn gegen die Wand rennen in ihrer verzweifelten Suche nach einer neuen Identität. Und Fassbinder, der eine Art Identität fand in der Auseinandersetzung mit Exilregisseuren wie Douglas Sirk und Michael Curtiz und Exilautoren wie Alfred Döblin, Oskar Maria Graf und Nabokov, findet sich jetzt selbst in der Verschmelzung mit Artaud. Was Hermann Hermann nicht gelang, glückt Fassbinder: sich im Exil der Verrücktheit zurechtzufinden.

Fassbinder wollte keinen dokumentarischen Bericht über ein Theaterfestival liefern, sondern einen Film über die Kunst als Ritual, als Lebensform, als Überlebensmöglichkeit machen. *Theater in Trance* ist darum Fassbinders einziger optimistischer Film geworden, seine einzige konsequente Formulierung der Utopie, die allmählich die seine wurde – und optimistisch kann der Film deswegen sein, weil nicht ein Mensch die Hauptrolle spielt, sondern die Kunst.

»In jedem Verrückten ist ein unerkanntes Genie«, schrieb Artaud in seinem Buch über van Gogh[2], und über Artaud selbst hat der Schauspieler Jean-Louis Barrault gesagt:

»Unbefriedigt von den künstlichen Belohnungen des Theaters übertrug Artaud seine Begabung fürs Theater auf sein Leben. Er lebte tatsächlich seine eigene Rolle und brauchte sich auf diese Weise auf. Er wurde ein Menschen-Theater.«

Wenn Fassbinder versuchte, die Kluft zwischen Leben und Kunst dadurch einzureißen, daß er mit Freunden in Arbeitssituationen intensiv zusammenlebte und umgekehrt sein Leben als Kunstwerk inszenierte, so mußte auch er in dem Grenzgebiet zwischen Genialität und Verrücktheit landen, von dem Artaud sprach. Fassbinder identifizierte sich denn auch mühelos mit Artauds verrückten Theatertheorien. Das ist seiner Stimme anzuhören, wenn er daraus vorliest. Er bemüht sich, so zu tun, als wäre nichts, und die Texte vorzulesen, als wären sie nichts Besonderes, und erreicht damit nur, daß man wirklich die Ohren spitzt und spürt: Hier passiert etwas Wichtiges. Hier drückt er sich so direkt aus wie nie zuvor in einem Film. Hier sagt er mit Artauds Worten, was zu sagen ist, anstatt wie üblich Zustände und Begebenheiten vorzuführen mit dem einzigen Ziel, daß die Zuschauer sie kritisieren sollen!

Die Artaud-Texte, die Fassbinder wie seine eigenen vorliest, sind apokalyptische Untergangsvisionen, total abweisend gegenüber der Kultur, in der sie entstanden sind. Begonnen wird mit der ironischen Feststellung, es sei noch nie soviel über Kultur und Zivilisation gesprochen worden, während das Leben um uns herum zusammenbricht. Aber diese Kultur hat keine andere Beziehung zu dem zusammenbrechenden Leben, als es schulmeisterlich zu belehren. In dieser Situation müssen alle im voraus festgelegten Vorstellungen vom Leben zurückgenommen werden, auch die Idee von der Kunst als einem formvollendeten Anhaltspunkt außerhalb des allgemeinen Zusammenbruchs der Zivilisation. Die Künstler sollten eher »sein wie Verurteilte, die man verbrennt und die von ihrem Scheiterhaufen herab Zeichen machen«.

Die Kunst wird mit der Pest und der Schauspieler mit den Pestkranken verglichen. Wie die Kunst, so zerstört die Pest das Bestehende und weist den Weg zur Anarchie:

»Wenn die Pest in einem Gemeinwesen herrscht, gerät die Ordnung aus den Fugen, gibt es keine städtischen Dienste mehr, keine Armee, keine Polizei, keine Verwaltung. Scheiterhaufen flammen auf, die Toten zu verbrennen, wie gerade Hände da sind, die mit anpacken. Ganze Straßenzüge werden von aufgestapelten Toten blockiert. Da öffnen sich die Häuser, und Pestkranke im Delirium, den Kopf voll schauderhaften Visionen strömen heulend durch die Straßen. Der Schmerz, der in ihren Eingeweiden wühlt, der in ihrem ganzen Organismus rollt, macht sich im Geist durch Anfälle frei. Andere Pestkranke ohne Beulen, ohne Schmerz, ohne Delirium und bösartige Blutflecke, die sich stolz im Spiegel betrachten und vor Gesundheit zu strotzen scheinen, stürzen tot zu Boden, das Rasierbecken in der Hand und noch voller Verachtung für ihre Leidensgefährten.«

Und in diesem apokalyptischen Zusammenbruch der Kultur wird der Pestkranke mit dem Künstler verglichen. Ihnen ist gemeinsam, daß das Leben auf eine Hochspannung reagiert hat:

»Zwischen dem Pestkranken, der schreiend dahinjagt in der Verfolgung seiner Vorstellung, und dem Schauspieler in Verfolgung seiner Sensibilität zwischen dem Lebendigen, der sich Figuren erschafft, auf die er sonst niemals verfallen wäre, und ihnen inmitten eines Publikums von Leichen und rasenden Irren Wirklichkeit verleiht und dem Dichter, der ganz unangebracht Figuren erfindet und sie einem trägen Publikum oder rasenden Publikum überantwortet, gibt es noch andere Parallelen, die über die einzigen Wahrheiten Rechenschaft ablegen, die zählen und die Wirkung des Theaters wie die der Pest auf die Ebene einer echten Epidemie erheben.«

Zur Funktion der Pest und des Theaters heißt es außerdem:

»Es hat den Anschein, als leere sich durch die Pest auf kollektiver Basis ein gigantischer Abszeß, der sowohl geistig wie gesellschaftlich ist. Und wie die Pest ist auch das Theater zur kollektiven Entleerung von Abszessen da. Wie die Pest ist das Theater eine Krise, die mit dem Tod oder der Heilung endet. Die Pest ist ein höheres Leiden, weil sie eine vollständige Krise ist, nach der nichts übrigbleibt als der Tod oder eine Läuterung ohne Maß. So ist auch das Theater ein Leiden, denn es stellt das höchste Gleichgewicht dar, das nicht ohne Zerstörung erreichbar ist. Es lädt den Geist zu einer Raserei ein, die zu einer Steigerung seiner Energien führt, und schließlich kann man sehen, daß vom menschlichen Standpunkt aus die Wirkung des Theaters wie die der Pest wohltuend ist, indem sie den Menschen dazu bringen, sich zu sehen, wie sie sind; sie läßt die Maske fallen, deckt die Lüge, die Schwäche, die Niedrigkeit, die Heuchelei auf.«

Aber dieses Theater der Pest, von dem Artaud/Fassbinder fabeln, ist natürlich nicht das existierende Theater, denn das ist begrenzt von den Grenzen des Wortes. Und gegen den denkbaren Einwand, daß Worte nun einmal am klarsten menschliche und soziale Probleme ausdrücken, sagen Artaud/Fassbinder, »für mich sind klare Vorstellungen auf dem Theater wie anderswo tot abgeschlossene Vorstellungen«, und stellen die Frage:

»Wer sagt denn, daß das Theater dafür gemacht worden ist, um einen Charakter zu erhellen.«

Dieses moderne Theater – und diese moderne Filmkunst – »geht nie so weit, sich zu fragen, ob dieses gesellschaftliche und geistige System nicht rein zufällig auf Unrecht beruhen könnte. Ich aber sage, der jetzige gesellschaftliche Zustand ist ungerecht und wert, daß man ihn vernichtet.«

Und gegen Ende von *Theater in Trance* wiederholt Fassbinder immer wieder einen Passus, der zu einem Ritual anwächst, einem Mantra, einer apokalyptischen Vision über die einzig mögliche Position der Kunst in diesen Zeiten:

»Entweder wir führen alle Künste auf eine zentrale Haltung, eine zentrale Notwendigkeit zurück und finden eine Analogie zwischen einem Gestus in der Malerei oder auf dem Theater und einem Gestus der Lava in der Katastrophe eines Vulkans, oder wir müssen aufhören zu malen, zu kläffen, zu schreiben und sonstwas zu tun.«

Unter diesem Artaudschen Credo montiert Fassbinder Bilder von einem Theater der Grausamkeit, einzelne Höhepunkte, die von Vietnam bis Ulrike Meinhof reichen, blutige, absurde, pestkranke Ausschnitte einer Gegenwart, die in glühender Lava zu ertrinken droht. Die letzte Stimme in den Theaterausschnitten des Films gehört Ulrike Meinhof. Sie spricht zu uns von einem fernen Planeten im Andromedanebel, einer Gesellschaft »für die Zeit, den Raum, die Intensität, Zärtlichkeit, Disziplin und Freiheit«, und von dort aus ermahnt sie uns, unseren Tod bekannt zu machen, ihn auf uns zu nehmen, uns zu ihm zu bekennen, denn nur so können wir uns gegen das Sinnloseste schützen: daß auch unser Tod von denen ausgenutzt wird, die den Tod verursacht haben, und gegen den er sich richtet.

Fassbinder läßt *Theater in Trance* mit dem ultimativen Artaud-Zitat schließen:

»Nur im Schauspiel einer Versuchung, bei der das Leben alles zu verlieren und der Geist alles zu gewinnen hat, kann das Theater seine ureigene Bedeutung wiederfinden.«

Wenige Monate nachdem Artaud diese Zeilen in Druck gegeben hatte, setzte er seinen Geist aufs Spiel und wurde in eine Irrenanstalt eingeliefert, und wenige Monate nachdem Fassbinder seinen Film mit diesen Worten beendet hatte, verlor er sein Leben und endete auf demselben fernen Sternennebel, wo nicht nur Ulrike Meinhof und Andreas Baader, sondern auch Marilyn Monroe und James Dean schon warteten.

Kamikaze

Welche Rollen Fassbinder sich als Schauspieler aussuchte, war nie zufällig. Bei anderen Regisseuren hatte er drei Hauptrollen gespielt: die Titelrolle in Volker Schlöndorffs Brecht-Verfilmung *Baal* (1969), den Zuhälter in Daniel Schmids *Schatten der Engel* (1975) nach Fassbinders Theaterstück *Der Müll, die Stadt und der Tod* sowie schließlich den gescheiterten Dichter in Douglas Sirks *Bourbon Street Blues* (1978).

Fassbinders letzte große Filmrolle war der Polizeikommissar Jansen in Wolf Gremms *Kamikaze* nach Per Wahlöös Roman *Mord im 31. Stock* (1964). Die Rolle paßt zu Fassbinder, weil sie eine Reihe seiner eigenen Gegensätze zusammenfaßt, so daß der Film fast wie ein Dokumentarfilm über Rainer Werner Fassbinder wirkt.

Kamikaze wird in Xaver Schwarzenbergers klaren unheimlichen Science-fiction-Bildern sehr schnell erzählt. Sie sind an zeitgenössischen Schauplätzen aufgenommen, könnten aber auch in eine nahe Zukunft gehören, in der alles systematisiert und zentralisiert ist und die Massenkommunikation von einem einzigen Mammut-Konzern aus gesteuert wird. Dieser Konzern wird mit einer Bombe bedroht, und Polizeikommissar Jansen soll den Bombenleger überführen. Als sich zeigt, daß alle Spuren in den mysteriösen 31. Stock des Konzerns führen, stellt sich auch die Konzerndirektion gegen ihn; dennoch gelingt es Jansen, das Verbrechen aufzuklären, so wie er alle anderen in seinem Leben aufgeklärt hat.

In der 31. Etage, so stellt sich heraus, hat der Konzern die schreibende Kulturelite des Landes isoliert und unter dem Vorwand, sie sollten – wie eine Oase in einer Wüste von Comics und anderer Fließbandliteratur – eine gesellschaftskritische Literaturzeitschrift produzieren. Sie haben freie Hand, die Konzernleitung gibt sich begeistert über ihre Pläne, aber praktische Publikationsprobleme verhindern seit Jahren, daß ihr Produkt auf die Straße kommt. Schließlich verliert einer der Autoren die Geduld – und droht in einem Brief dem Konzern mit einer Bombe, die im übrigen gar nicht existiert. Als aber die zweite harmlose Bombendrohung eintrifft, sieht die Konzernleitung ihre Chance darin, auf der 31. Etage eine echte Bombe zu legen, um auf diese Weise die unbequeme Kulturelite des Landes aus dem Weg zu räumen.

Jansen entlarvt den »Bombenmann«, rettet auch drei Männer unverletzt aus der 31. Etage und erfährt anschließend – nicht sonderlich überrascht –, daß sie ihren Brandwunden erlegen sind. Die Macht des Konzerns ist unbegrenzt.

Die Handlung selbst wird so schnell entwickelt, daß man womöglich Mühe hat, dem Film zu folgen, wenn man den Roman nicht kennt. Aber trotzdem wird Fassbinders Leistung in der Hauptrolle Kamikaze eine Fußnote in der Filmgeschichte sichern. Mit halblangem Haar und Bart und fetter als je zuvor, dafür angetan mit einem extremen Disco-Dreß aus Leopardenfell, spielt er den Polizeikommissar mit einer müden und desillusionierten Selbstverständlichkeit, die die Ambivalenz der Rolle perfekt ausdrückt. Der Polizeikommissar gehört einer untergegangenen Kultur an, seine Werte sind von einer ganz anderen Art als die, die er bewachen soll, aber sie werden nie formuliert. Sie liegen unausgesprochen in der nachsichtigen Freundlichkeit, mit der er gegenüber seinen Untergebenen die Forderungen des Systems erfüllt, in seiner provozierenden Demut den Vorgesetzten gegenüber, in seinen müden Blicken, wenn er mit unangenehmen Problemen konfrontiert wird, die ihn nichts angehen – und nicht zuletzt in seiner Gesetzestreue, auch wenn sie ihn in Konflikt bringt mit der Gesellschaft der wahren Machthaber. Während er seine Arbeit tut, also Verbrechen aufklärt, strahlt sein persönliches Verhalten die tiefe, misanthropische Einsicht aus, daß die wirklichen Verbrecher an der Spitze der Gesellschaft zu finden sind, der er zu dienen hat. Und diese zermürbende Ambivalenz hat ihn schon längt zum Alkoholiker gemacht in einer Zukunftsgesellschaft, in der Alkoholismus ein Verbrechen ist. Er ist also am eigenen Leib spürbar gezeichnet von den Gegensätzen, die er intellektuell durchschaut hat.

Fassbinders Zusammenfassung der Gegensätze in der letzten Hauptrolle seines Lebens stellt ihn als Schauspieler auf dasselbe Niveau wie Humphrey Bogart in *The Big Sleep* (Tote schlafen fest) und Orson Welles in *Touch of Evil* (Im Zeichen des Bösen). Wie sie, verbindet er Zynismus, der mit seiner gesellschaftlich bedingten Rolle zu tun hat, mit Wehmut, die mit seinen eigenen Sehnsüchten und Träumen zu tun hat, und wie sie bewahrt er seine Würde und tragische Identität mitten in der Niederlage.

Aber im Gegensatz zu ihnen hatte Fassbinder leider keinen Regisseur, der imstande war, einen Film zu schaffen, der seinem schauspielerischen Niveau entsprach. Daß er die Rolle des Polizeikommissars so einfühlsam spielt, hängt damit zusammen, daß Jansens Rolle auch die Rolle Fassbinders war. Auch Jansen leidet unter der Ambivalenz, die Fassbinder seinerzeit dem *Effi-Briest*-Autor Theodor Fontane zuschrieb – und als seine eigene bezeichnete: er kämpfte dafür, als Mitglied einer Gesellschaft anerkannt zu werden, die er ansonsten abstoßend fand.

In Polizeikommissar Jansens Staat wird versucht, die Mord- und

Selbstmordstatistik zu senken, indem man statt dessen die statistische Kategorie »unerwarteter Tod« einführt. Jedesmal, wenn Jansen es mit einer Person zu tun hat, die aus völlig vorhersehbaren Gründen verstorben ist, schreibt er routinemäßig-wehmütig »unerwarteter Tod« in sein Protokoll. Und Fassbinders Identifikation mit den Opfern sollte so weit gehen, daß noch vor der Premiere des Films sein eigener Tod als »unerwartet« registriert wurde.

17. Querelle

Der Matrose Querelle (Brad Davis) geht in Brest mit einer Ladung Opium an Land, die er an Nono absetzt (Günther Kaufmann), den Wirt des Bordells »Feria«. Querelle ermordet seinen Komplizen Vic (Dieter Schidor), um den Verdienst in die eigene Tasche zu stecken. Im »Feria« teilen sich Nono und seine Frau Lysiane (Jeanne Moreau) die Kunden untereinander. Lysianes fester Liebhaber ist Querelles Bruder Robert (Hanno Pöschl). In Brest begegnet Querelle außerdem Gil (Hanno Pöschl), von dem er sich angezogen fühlt und mit dem er sich anfreundet, weil auch er einen Mord begangen hat. Querelle hilft ihm, aus Brest zu fliehen, verrät ihn aber gleichzeitig an die Polizei. Leutnant Seblon (Franco Nero) ist heimlich in Querelle verliebt, begnügt sich aber damit, seine Gefühle für ihn auf Tonband zu sprechen.

Zu Fassbinders Jugendlektüre gehörten nicht nur die weithin anerkannten Romane *Effi Briest* und *Berlin Alexanderplatz*, sondern auch ein dritter, eher obskurer Roman, Jean Genets *Querelle de Brest*. Der kontroverse Roman war eine Zeitlang direkt verboten, aber schon zu Beginn seiner Karriere erklärte Fassbinder, er wolle ihn verfilmen.

Bevor Fassbinder das Projekt in die Tat umsetzte, hatte Burkhardt Driest ein Drehbuch geschrieben, das Werner Schroeter verfilmen sollte, aber es gelang dem Produzenten nicht, die finanziellen Mittel zusammenzubringen. Bernardo Bertolucci hatte das Drehbuch ebenfalls angeboten bekommen, aber zögernd erklärt, er befürchte, daß das Kinopublikum erst in zehn Jahren reif für einen solchen Film sei. Solange konnte Fassbinder nicht warten – und er erlebte auch die Premiere nicht mehr, nicht einmal die deutsche Nachsynchronisation des Films, die sprachlich problematisch ist. Allerdings erlebte er noch, daß die englische Originalversion fertig wurde, abgesehen von den Sprecherkommentaren, die nach seinem Tod aufgenommen wurden.

Fassbinder hatte, wie schon in *Fontane Effi Briest* und *Berlin Alexanderplatz* die Kommentare selber sprechen wollen – womit ein enger Zusammenhang zwischen diesen drei Literaturfilmen angedeutet wird. Gemeinsam ist ihnen das Prinzip, daß Fassbinder nicht versuchte, die Romane in das umzusetzen, was man traditionell als filmische Form bezeichnen würde, obwohl alle drei Romane dazu einladen, mit Handlungsabläufen, die reich sind an Eifersuchtsdramen, Duellen, Gewalt, Mord und Sexualität.

Aber anstatt diese Szenen zu dramatisieren, geht Fassbinder in die entgegengesetzte Richtung: er läßt uns keinen Augenblick vergessen, daß das, was wir sehen, ein verfilmter Roman ist. Er arbeitet so stilisiert wie möglich. Die dramatischen Höhepunkte entdramatisiert er oft, indem er einen Sprecherkommentar einfügt oder das Bild in Weiß überblendet, und dann wieder läßt er einen literarischen Text das Geschehen erklären. Dadurch erreicht er zweierlei: Er stellt unsere gewohnten Vorstellungen, was filmisch ist, in Frage, und zeigt, daß es natürlich auch filmisch sein kann, erst einmal Worte und dann die Handlung zu verfilmen, und er gibt uns die Möglichkeit, in einer Kinosituation zu denken und zu reflektieren, die ansonsten das Nachdenken in immer stärkerem Maße verhindert und die Zuschauer einer reinen Gefühlspornographie aussetzt.

In *Querelle* ist er bedeutend weiter in diese Richtung gegangen als je zuvor. Der Film schafft eine totale Distanz, nicht nur durch den Sprecherkommentar und das ständige Überblenden zu Textabschnitten, sondern auch durch die konsequente Verwendung von Kulissen. Alles ist in einem Studio gefilmt, und die Kulissen sind deutlich hervorgehoben als Versatzstücke aus Pappe in einem gelblichen Bühnenlicht. Dazu kommt, daß die Schauspieler die ganze Zeit zitieren und kaum agieren. Alles andere wäre auch unmöglich mit diesen Sätzen, die oft den Charakter von philosophischen Monologen annehmen und überhaupt nie in die Nähe einer Sprache geraten, wie sie von Seeleuten oder in Bordellen gesprochen wird. Konsequenter als je zuvor realisiert Fassbinder mit diesem letzten Film seine Entfernung von jeder wiedererkennbaren äußeren Wirklichkeit, seine Reise in den Traum, seine Reise ins Licht.

Das Leben, das sich in dieser Kulissenwelt abspielt, ist genauso artifiziell wie die Kulissenwelt selbst. Der Identitätsverlust der Figuren ist fundamental, und ihre Versuche, in eine Identität einzutreten, mißlingen: wenn sie mit jemandem schlafen, denken sie an eine dritte Person, wenn sie töten, ist es ein Ersatzmord. Man läßt die Menschen, die man liebt, im Stich, und der physische Ausdruck für Liebe wird ein Ritual in einem Machtkampf, der nur Verlierer kennt.

Wenn also die Echtheit aller menschlichen Beziehungen in Frage gestellt wird, ist es schwer, zu dem Film eine Beziehung herzustellen.

Sobald man als Zuschauer einen scheinbaren Anhaltspunkt gefunden hat, wird er wieder dementiert oder aufgehoben – und zwar so konsequent, daß der Film in seiner Schlußszene *alles* zu dementieren scheint, was wir gerade gesehen haben! Die Bordellwirtin Lysiane sitzt vor ihren Karten wie in der ersten Szene des Films, und plötzlich geht ihr etwas auf:

»Ich habe mich getäuscht«, sagt sie zu Robert. »Du hast überhaupt keinen Bruder.«

Dieses Dementi hat es in sich, denn alles, was wir bisher gesehen haben, handelte von Roberts Bruder Querelle.

In der ersten Szene saß Lysiane ebenfalls hinter den Karten und sah in ihnen, daß Robert einen Bruder hat, daß die beiden Brüder sich mehr lieben, als gut ist, und daß der Bruder in großer Gefahr ist, »in Gefahr, sich selbst zu finden«. Gerade diese Selbstfindung muß die größte Gefahr sein in einem Universum, in dem alle menschlichen Beziehungen künstlich sind.

Im Originalmanuskript[1] schwebt Querelle dagegen »in der Gefahr, einen Mord zu begehen«, woraus im Film also die Gefahr wurde, sich selbst zu finden. Das ist eine provozierende Änderung, denn kann man überhaupt sagen, daß Querelle »sich selbst« findet? Findet nicht eher eine Auflösung seines »Selbst« statt, und zwar so radikal, daß der Film damit endet, daß Querelle vielleicht nur in der Phantasie der anderen gelebt hat und nicht in der Wirklichkeit?

In seinem letzten Interview[2] sagte Fassbinder über seine Intentionen: »Jemand muß sich in die tiefsten Tiefen dieser Gesellschaft begeben, um sich für eine neue zu befreien oder sich befreien zu können. Daß jemand, der das tut, wie auch immer, faszinierend ist, ist klar.«

Hinter diesen Gedanken liegen offenbar Vorstellungen, man könne sein eigenes Ich dadurch finden, daß man alle verdrängten Lustgefühle auslebt. Ähnliche Vorstellungen liegen hinter Fassbinders Worten, wenn er in demselben Interview sagt, »daß man, um vollständig zu sein, sich selbst noch einmal braucht«. Dieser Satz hat einen fast religiösen Klang. In der Tat war Jesus bei seiner Auferstehung wohl der einzige Mensch, der sich wirklich noch einmal hatte – und gleichzeitig der einzige, der es nicht brauchte! Und Querelle ist – so merkwürdig das klingen mag – auch eine Art Christusfigur, ein schwarzer Jesus.

Die Morde, die Querelle begeht – an dem Matrosen Vic, dem er die Kehle durchtrennt, und an dem Freund Gil, den er wegen Mordes bei der Polizei anzeigt –, sind Ersatzmorde. Der Mord an Vic erscheint wie ein Beischlafersatz: Vic zieht sich aus und kehrt Querelle den Rücken zu, in der Erwartung, von hinten genommen zu werden, was er auch wird – mit dem Messer. Vic, der sterbend daliegt, nimmt ein letztes Mal onanistisch sein Geschlecht in die Hand, als wäre auch der Tod eine Befriedigung.

Querelle ist durch ein frühes inzestuöses Verhältnis an seinen Bruder Robert gebunden, von dem es im Kommentar heißt:

»Sie trafen sich nur spät am Abend im gemeinsamen Bett ihres Zimmers. Sie lebten damals mit ihrer Mutter in ärmlichen Verhältnissen. Vielleicht begegneten sie sich auch in ihrer Liebe zur Mutter, aber dies geschah in solchen Tiefen, daß es ihnen nicht bewußt wurde.«

Man muß davon ausgehen, daß die Mordwünsche der beiden Brüder in dieser tiefen Schicht entstanden sind. Im Kampf um die Liebe der Mutter haben die Brüder Lust, sich gegenseitig zu ermorden.

Aber ihre Todesvorstellungen reichen noch eine Schicht tiefer, in der der Tod eine Auflösung aller Gegensätze wird, ein Ineinandergleiten in der endgültigen Vereinigung. Hierzu enthält Fassbinders Originalmanuskript einen merkwürdigen Kommentar, der in einem makaber schönen Symbol zusammengefaßt ist. Die beiden Brüder kämpfen mit Messern auf Leben und Tod. Im Sprecherkommentar heißt es zunächst, es sähe so aus, als kämpfe Querelle gegen sich selbst, dann wird der Kampf als Liebeskampf beschrieben, und zum Schluß heißt es:

»Vielleicht wollten sie sich das Fleisch zerschneiden, um sich dann zusammenzunähen, sich einander aufzupfropfen.«

Dieser Kommentar stand noch in Fassbinders erster Arbeitskopie, wurde aber bei der vom Produzenten geforderten Kürzung weggeschnitten. Das gilt auch für einen anderen Kommentar im Originalmanuskript über die Morde, die Querelle begangen hat:

»Jede Tötung ist eine Beschmutzung, von der man sich reinigen muß, so gründlich befreien muß, daß nichts von selbst zurückbleibt und man neu geboren wird. Sterben, um geboren zu werden.«

Tod und Mord haben eine merkwürdige Doppelfunktion in *Querelle*. Es geht buchstäblich darum, durch den Mord ganz zu werden, und genau in diesem Sinne sind Mord und Beischlaf austauschbar als ein Weg, sich selbst zu finden, im Beischlaf durch eine vorläufige Lösung, im Tod endgültig.

Für Querelle sind die Morde Ausdruck eines Todestriebs. Der Ermordete wird in seiner Phantasie zu einer Spaltung oder Verdoppelung seiner selbst, wie ja auch homosexuelle Liebe ein Element narzißtischer Selbstverliebtheit enthält, direkt formuliert in einem Zwischentext zu einem Arschfick zwischen Querelle und einem anderen Mann:

»Zum erstenmal küßte Querelle einen Mann auf den Mund. Es schien ihm, als stoße er sein Gesicht gegen einen Spiegel, der sein eigenes Bild zurückwarf, als wühle seine Zunge im starren Innern eines granitenen Kopfes.«

Während die Todessehnsucht der Veronika Voss der vom frühen Freud formulierten Theorie entspricht, der Todestrieb sei Ausdruck einer frustrierten Libido, stimmt Querelles Todestrieb eher mit der Auffassung des späten Freud überein, der im Todestrieb einen selbständigen Trieb sah, eine Verlängerung des auf Spannungsausgleich gerichteten Orgasmus.

Querelle hofft also, den Narziß in sich, sein Spiegelbild, sein doppeltes Ich zu töten, obwohl er damit sich selbst töten muß. Nachdem er Vic ermordet hat, anstatt mit ihm zu schlafen, spiegelt er sich im Wasser – und begegnet immer noch seinem Spiegelbild, einem gespaltenen Selbst. Durch diesen Anblick erkennt er, daß ihm noch etwas fehlt, bevor seine Aufgabe gelöst ist: seine eigene Hinrichtung! Der Mord an Vic ist nur ein unvollkommener Ersatz für den Mord an sich selbst oder eine Methode, sich den eigenen Tod zu verdienen. Der ganze Film läßt sich als Querelles Reise ins Totenreich auffassen.

Auch der Verrat an Gil, den er der Todesstrafe durch die Justiz ausliefert, ist ein Ersatzmord: Gil gleicht seinem Bruder und wird von demselben Schauspieler gespielt, aber weil Gil Querelles Bruder gleicht, gleicht er natürlich auch Querelle selbst und hat im übrigen mit ihm gemeinsam, daß beide einen Mord begangen haben. Wie Querelle, versteckt sich auch Gil vor der Polizei, Querelle bietet ihm Hilfe an, um vor der Polizei zu fliehen, dann kleidet er Gil wie seinen Bruder, küßt ihn und erklärt ihm seine aufrichtige Liebe – und übergibt ihn der Polizei. Hier blendet das Bild in Weiß über, zu folgendem Text auf der Leinwand:

»Querelle war eine Art von unausgesprochenem Pakt mit dem Teufel eingegangen. Nicht seine Seele oder seinen Leib verschrieb er ihm, sondern etwas, das ebenso kostbar ist: einen Freund. Und der Tod dieses Freundes heiligt seine Verbrechen. Unsere Aufgabe ist es, das Universelle eines besonderen Phänomens auszudrücken. Es geht nicht mehr um ein Kunstwerk – denn das Kunstwerk ist frei.«

Modell für den Kuß zwischen Querelle und Gil ist der berühmteste und hinterhältigste Kuß der Weltgeschichte: der Judaskuß. Ohne den Verrat des Judas hätte Jesus nie Unsterblichkeit erlangt. Judas ist ebenso das Werkzeug Gottes wie Jesus', Judas und Jesus sind einander so nah verbunden, daß der eine nicht ohne den anderen existiert hätte. In diesem Sinne lassen sie sich als gegenseitige Projektion deuten. Querelle enthält sowohl Jesus als auch Judas in sich. Er opfert sich selbst, als er Gil zum Abschied küßt – und durch diese Selbstopferung kann er wie Jesus in der Phantasie der anderen wieder auferstehen.

Die Selbstopferung hat nicht nur den Judaskuß zum Symbol, sondern wird im ganzen Film durch die homosexuelle Umarmung symbolisiert. Das kommt explizit zum Ausdruck, als Querelle sich zum erstenmal einem anderen Mann hingibt und sich von Lysianes Mann Nono in den Arsch ficken läßt. Da ruft er:

»Das ist die Todesstrafe.«

Die Homosexualität erscheint in diesem Zusammenhang also nicht als Befreiung, sondern als Unterwerfungsritual, das dem Tod als einer merkwürdigen Besiegelung des Brudermordes vorgreift, dessen erlösende Wirkung allein darin liegt, daß es ein Mord an der eigenen Person ist. Und während Querelle Nonos Arschfick als eine Art lustbetonter Todesstrafe erlebt, singt Nonos Frau Lysiane den ganzen Film hindurch, wie ein monotones Mantra: »Each man kills the thing he loves«, ein Gedicht Oscar Wildes[3], das genausogut vom Regisseur von *Liebe ist kälter als der Tod* stammen könnte.

Das tragische und sinnlose Opfer sind kaum diejenigen Menschen, deren Tod Querelle verursacht, weder Vic, der im Sterben lustvoll sein Geschlecht anfaßt, noch Gil, der eine doppelte Projektion von Querelle selbst ist, noch Querelle, der, indem er seine Spaltungen sterben läßt, einen Läuterungsprozeß durchzumachen und in eine Art siebten Himmel zu entkommen scheint. Das eigentliche Opfer ist Lysiane, die Frau.

Lysiane ist die Frau des Barbesitzers Nono und Roberts Routinegeliebte. Aber Nono ist damit beschäftigt, mit seinen Gästen um einen Arschfick zu würfeln, und das einzige Mal, daß wir Robert und Lysiane zusammen sehen, liegt er onanierend auf ihrem Bett, während sie ihm gekränkt vorwirft, nur an seinen Bruder Querelle zu denken. Und als Querelle später mit Lysiane ins Bett geht, tut er das nicht wegen Lysiane, sondern weil er, wie er ausdrücklich betont, Rache an seinem Bruder nehmen will. Wenn also Lysiane als Mutterprojektion der Brüder einmal ihr gemeinsames erotisches Objekt war, so hat die inzestuöse Bruderliebe und ihre Weiterführung in narzistische Homosexualität Lysiane als Frau längst überflüssig gemacht.

Deshalb kann Lysiane bei ihrem Kartenspiel erleichtert aufatmen und das ganze Bordell mit ihr. Mit Hilfe der Karten muß sie feststellen, daß sie sich geirrt hat: Robert hat überhaupt keinen Bruder, und Querelle hat nie existiert. Der Film, den wir gerade über Querelle gesehen haben, läßt sich mit dieser Bemerkung als Ausdruck einer kurzen Phantasie deuten, die Lysiane beim Patiencelegen hat – so wie Hitchcocks *Vertigo* (Aus dem Reich der Toten, 1958) sich als Scott Fergusons (James Stewart) Phantasie deuten läßt von dem Augenblick an, als er im Prolog die Dachrinne loslassen muß, bis er wenige Sekunden später auf dem Asphalt aufschlägt.

Aber während alle im Bordell erleichtert und übermütig lachen, richtet sich die Kamera auf Lysiane, und wir sehen Querelle im Spiegel hinter ihr. Das ist die letzte Einstellung: Querelle ist, was er vermutlich den ganzen Film hindurch gewesen ist, eine Spiegelfigur. Man vermerkt mit besonderer Befriedigung, daß Fassbinders letztes Werk mit einem Spiegelbild endet, aber es ist unbefriedigend, daß dieses Spiegelbild weniger als sinnvolles Schlußbild erscheint, sondern eher wie eine müde Geste wirkt. Das Spiegelbild ist auch nicht im Drehbuch vorgesehen, sondern muß ad hoc entstanden sein. Aber ist es auch durchdacht? Welche Funktion hat es? Es wirkt weniger als Zeichen dafür, daß es Querelle gelungen ist, die zermürbende Spaltung auszugleichen, denn als cleverer dramaturgischer Trick, Querelle aus dem Film in die Unwirklichkeit zu befördern. Anschließend wiederholt Fassbinder die erste Einstellung, das Schiff »Vengeur«, das bei seiner Ankunft Auslöser und bei seiner Abfahrt Endpunkt derjenigen Träume ist, die der Film vorgeführt hat.

Anders gesagt: Wir können Querelle als Lysianes Phantasieprodukt auffassen. Wenn Lysiane die Existenz Querelles verleugnet, dann können wir darin aber auch ihre einzige Möglichkeit sehen, weiterzuleben, nachdem sie ihm begegnet ist und von ihm wieder verlassen wurde. Lysianes Tragödie ist so oder so groß. Sie kann mit ihrem Leben nicht weiterkommen, weil Querelle in ihren unerfüllten Träumen lebt, oder umgekehrt: sie kann ihren Traum nicht verwirklichen, weil Querelle in ihrem Leben existiert und es wieder verlassen hat.

Es fällt auf, daß Fassbinder mit seinen beiden letzten Filmen, *Die Sehnsucht der Veronika Voss* und *Querelle*, wieder zur Stimmung seiner ersten Avantgardefilme zurückkehrt, in denen Liebe und Tod untrennbar miteinander verwoben und Beischlaf und Tod austauschbar sind. Zwischen seinem Beginn und seinem Ende hat er große kommerzielle Erfolgsfilme gemacht und ein Millionenpublikum angesprochen, und während er anfangs völlig ohne Geld filmte, besaß er gegen Ende seines Lebens soviel Geld, wie er sich nur wünschen konnte. Dennoch beendete er sein Leben mit zwei Filmen, die sich stilistisch verschließen, als kehrten sie seinem Millionenpublikum den Rücken zu.

In einem Filmschaffen, in dem Ersatzmorde und Doppelgängermotive eine zentrale Rolle einnehmen bei dem Versuch, der schweren Last einer falschen Identität zu entkommen, muß *Querelle* eine thematische Zusammenfassung der verschiedensten Fassbinder-Filme sein, gewissermaßen philosophischer Überbau all seiner übrigen Filme.

Die Querelle-Figur ist eine Zusammenfassung der beiden Pole, die sich durch Fassbinders Œuvre ziehen und die beispielsweise in *Berlin Alexanderplatz* jeweils durch Franz Biberkopf und Reinhold dargestellt werden. Fassbinder spielte in früheren Filmen den Franz, und eine Zeitlang überlegte er, auch den Reinhold zu spielen – ein Versuch, seine beschädigtste Figur, an der wohl die wenigsten etwas Positives bemerken, zu verstehen und zu verteidigen.

Fassbinder beschreibt den Läuterungseffekt, den Querelles verzweifelter Mord hat, und zeigt seine Hauptfigur schließlich als offenes, nacktes und verletzliches Wesen, das sich seinem heimlichen Verehrer, dem Leutnant Seblon, hingibt und sich danach sehnt, in seinem Schoß Frieden zu finden, eine Pietà-Assoziation, wie schon in *Der Müll, die Stadt und der Tod*: die Jungfrau Maria, den toten Jesus in ihrem Schoß wiegend. Bemerkenswert ist hier, daß Fassbinder in dieser Pietà-Assoziation die Pointe des Romans auf den Kopf stellt. Bei Genet ist es Leutnant Seblon, der davon träumt, Frieden in Querelles Schoß zu finden, bei Fassbinder ist es Querelle, der davon träumt, im Schoß des Leutnants Frieden zu finden!

Wenn man den Mord als Läuterungsprozeß beschreibt und den Mörder als potentielle Jesusgestalt, riskiert man, faschistoidem Denken Vorschub zu leisten, was Fassbinder durchaus klar war. Im letzten Interview seines Lebens kam er selbst auf diese Gefahr zu sprechen:

»Jeder, der sich an Grenzen begibt, an gesellschaftliche Grenzen, oder alles, was sie übertritt, muß zwangsläufig in dieser Gesellschaft pornografisch sein, und jede denkbare Utopie birgt natürlich in sich die Gefahr faschistoider Momente. Das ist ganz klar.«

Die Verwandlung der Utopie in Faschismus ist das Risiko, Reinholds Verwandlung in Franz ist die Möglichkeit in dieser Doppeltheit, die in Fassbinders Universum ständig zwischen Spaltung und Ganzwerdung pendelt.

Während der Mord in Fassbinders übrigen Filmen nie eine Lösung war und nur zu einer konkreten Zementierung des symbolischen Gefängnisses führte, in das seine Figuren ohnehin schon eingesperrt waren, so hat der Mord für Querelle eine befreiende, sublimierende Wirkung, weil Querelle nicht in unserem Alltag existiert, sondern ausschließlich in unseren Träumen. Auch das hat er mit Jesus gemeinsam.

Wie Jesus, kann er unsere Sünden auf sich nehmen, die wirklich begangenen und die unserer Phantasie – aber im Gegensatz zu Jesus befreit er uns nicht von unseren Sünden, indem er sie vergibt, sondern indem er sie für uns begeht und gleichzeitig einen Läuterungsprozeß durchläuft, der ihn am Ende die Reinhold-Maske abwerfen und so verletzlich und weich werden läßt wie Franz Biberkopf.

Die Querelle-Figur ist von Fassbinder nicht als Selbstporträt angelegt. Aber sie spiegelt unsere Vorstellungen von Fassbinder: so plötzlich wie Querelle tauchte Fassbinder in der verchromten Bordellwelt auf, in der die Filmkunst sich nun einmal abspielt. Mit beispielloser Faszinationskraft schlug er alle in seinen Bann oder stieß alle ab, die mit ihm in Berührung kamen, und in den gut 13 Jahren, in denen er Filme machte, veränderte er das Gesicht der Filmkunst und unsere Vorstellung von dem, was Film sein kann – bis er eines Tages so plötzlich verschwunden war, wie er gekommen war, und so abrupt wie Querelle auf der »Vengeur«.

In Fassbinders ursprünglicher Arbeitskopie des Films wurde Querelle in Wendungen beschrieben, die der vom Produzenten verlangten Kürzung zum Opfer fielen. Es sind Worte, die nicht nur präzise die charismatische Anziehungskraft Querelles beschreiben, sondern auch diejenige Fassbinders:

»Nach und nach erkannten wir, wie Querelle – schon unser Fleisch geworden – größer in uns wurde, wie er sich in unserer Seele entwickelte und vom Besten in uns zehrte, vor allem von unserer Verzweiflung darüber, daß wir nicht in ihm sein können, er aber in uns ist.«

Ich habe hier versucht, so loyal wie möglich zu analysieren, was Fassbinder mit Querelle intendierte. Ob der Film diese Intentionen auch künstlerisch einlöst, ist eine andere Sache. Normalerweise fällt es mir nicht schwer, die wenigen Filme, die Fassbinder mißlungen sind, zu benennen: *Rio das Mortes* ist eine belanglose Bagatelle, *Satansbraten*, *Chinesisches Roulette* und *Despair – eine Reise ins Licht* sind jeder auf seine Art ambitionierte Irrtümer, *Lili Marleen* ist ein kommerzielles Mißverständnis und *Theater in Trance* ein fehlgeschlagenes theoretisches Experiment.

Doch es fällt mir schwer, selbst zehn Jahre nach Entstehung des Films, ein künstlerisches Urteil über *Querelle* zu fällen. Bis zu einem gewissen Grad mag das damit zusammenhängen, daß die ursprüngliche Fassung gekürzt wurde. Und hätte er einen so kitschigen Sprecher für die englische Originalfassung gewählt, auf der diese Analyse des Films beruht?

Hätte er wirklich die Kürzungen beibehalten, zu denen er gezwungen worden war, oder hätte er darauf bestanden, daß die weggeschnittenen Szenen wieder eingefügt wurden? Und hätte er einen so pathetischen Sprecher für die englische Originalversion gewählt, auf der diese Analyse des Films beruht?

Für die unglücklichen Kürzungen sei hier bloß ein Beispiel angeführt: Zu den gestrichenen Passagen zählt eine Szene, wo Querelle in einem arabischen Garten einen Armenier tötet, der ihn wie einen Gott verehrt. Diesen Armenier sehen wir später in einer ganz kurzen Szene als Christus-Figur, begleitet von Lysiane, ein Kreuz tragen. Wird die Mordszene aber weggeschnitten, wirkt die Christus-Szene als unverständliches Fragment ohne jeden Zusammenhang. Wir kennen die Christus-Figur nicht, wir wissen nicht, daß er in einer früheren Version von Querelle getötet wurde und daß die Christus-Assoziation Querelle also in eine judashafte Perspektive stellt. In seinem Originalmanuskript brachte Fassbinder den Mord an dem Armenier vor dem Vorspann als wichtigen Prolog – aber wenn diese Szene aus dem fertigen Film entfernt wird, hätte zumindest auch die Kreuzträgerszene weggeschnitten werden müssen. Jetzt wirkt sie wie ein merkwürdig mystifizierendes, fremdes Element.

Hinzu kommt ein grundsätzliches Problem in bezug auf den Film, so wie Fassbinder ihn offenkundig konzipiert und gemacht hat. Ist der merkwürdige Stileinbruch Ausdruck dafür, daß Fassbinder schon während der Arbeit seine persönliche Reise in den Tod begonnen hatte und er den Film daher mit zunehmender innerer Distanz drehte und mit schwindender Kontrolle über seine Stilmittel? Oder soll man die Tatsache, daß nichts mehr in diesem Film zusammenhängt, vielmehr als Ausdruck seiner monumentalen Todesvision betrachten? Alles im Ich der Figuren ist einem Spaltungsprozeß unterworfen, nicht nur ihre Gedanken, Gefühle und Handlungen, sondern auch das, was sie sagen, ihre Geschlechtlichkeit und ihre physische Umgebung. Die Sätze häufen sich in ihrem Mund wie ungenießbare philosophische Schlacke, das Geschlecht erigiert zum Grabmal der Liebe, die Hafenstadt wird als labyrinthische Theaterkulisse projiziert, der Sonnenuntergang ist auf einen künstlich neongelben Schein reduziert – und hinter jedem Beischlaf liegt die Sehnsucht nach dem Tod als endgültige Befreiung von dieser erstarrten irdischen Hölle.

Querelle erinnert an Pasolinis letzten Film *Salò* (*Die 120 Tage von Sodom*, 1975), dessen Premiere sein Regisseur auch nicht mehr erlebte, da er kurz zuvor von einem Strichjungen ermordet worden war. *Salò* und

Querelle scheinen beide mit der merkwürdig visionären Ahnung geschaffen zu sein, daß nach ihnen nur noch der Tod kommen kann. Es sind Filme, die ihr Schöpfer nicht überleben kann, wie zufällig auch sein mag, daß beide Regisseure starben, ehe ihr Film Premiere hatte.

Wenn man sich mitunter wünscht, *Querelle* wäre nie gemacht worden, dann deswegen, weil der Film den Charakter eines langen Todeskampfes hat oder, genauer gesagt, eines Kampfes um Versöhnung mit dem Tod. Der Film ist offensichtlich von einem Sterbenden gemacht, ob Fassbinder nun keine Macht mehr über den Stoff hatte oder ob er, im Gegenteil, Macht hatte, seinem Stoff genau diese Form zu geben. Der Film handelt davon, daß die Seele nicht nur die Personen verläßt, sondern auch den Film selbst, seine Dekorationen, sein Licht, seine Kamerabewegungen.

Wenn ein Film buchstäblich unter Einsatz des Lebens des Regisseurs entstanden ist, sollte man sich damit begnügen, Kenntnis davon zu nehmen und zu konstatieren, daß so also der Film eines Sterbenden aussieht. *Querelle* ist mit dem Interview verwandt, das Dieter Schidor, der Produzent des Films, mit Fassbinder acht Stunden vor dessen Tod machte, wo Fassbinder sich zu seinen Worten vortastet, als befände er sich schon in einer anderen Dimension, von der aus er sich nur ungern und mit großer Mühe für irdische Kommunikationsweisen interessiert.

Kaum ein anderer Film illustriert so deutlich Jean Cocteaus Bemerkung, das Besondere an der Filmkunst sei, daß sie den Tod bei der Arbeit einfangen könne.

Anmerkungen

Vorwort

1 Interview von Christian Braad Thomsen in *I Fassbinders spejl* (Fremad, 1975).
2 Ebda.

1. Der doppelte Mensch

1 Interview von Dieter Schidor in dem Film *Der Bauer von Babylon* (1982), abgedruckt in D. Schidor: *Fassbinder dreht Querelle* (Heyne, 1982).
2 Interview von Wilfried Wiegand in *Rainer Werner Fassbinder* (Hanser, 1974).
3 *Stern* Nr. 45, 1980.
4 Interview von Wolfgang Limmer und Fritz Rumler in W. Limmer: *Rainer Werner Fassbinder, Filmemacher* (Rowohlt, 1981).
5 Dieses und die übrigen Zitate von Lilo Pempeit stammen aus einem Gespräch mit Christian Braad Thomsen, München, 1982, teilweise abgedruckt in *Rainer Werner Fassbinder – En rejse mod lyset* (Fremad, 1983).
6 Zitiert nach Rainer Werner Fassbinder: *Ingen stjerne – kun et svagt menneske som os alle,* efterladte essays udgivet af Christian Braad Thomsen (Levende Billeders forlag, 1983).
7 Privates Gespräch zwischen Margit Carstensen und Christian Braad Thomsen, Berlin, 1972.
8 Interview von Wilfried Wiegand in *Rainer Werner Fassbinder* (Hanser, 1974).
9 Interview von Carla Zacharias, *Abendzeitung,* München, 3. Jan. 1977.
10 Aus Bertolt Brechts Gedicht *An die Nachgeborenen.*
11 Interview von Wolfgang Limmer in *Rainer Werner Fassbinder, Filmemacher* (Rowohlt, 1981).
12 Interview von Ralph Tyler, *New York Times,* 27. 3. 1977.
13 Interview von Wolfgang Limmer in *Rainer Werner Fassbinder, Filmemacher* (Rowohlt, 1981).
14 Ebda.
15 Interview von Christian Braad Thomsen in *I Fassbinders spejl* (Fremad, 1975).
16 Zitiert nach Kurt Raab: *Die Sehnsucht des Rainer Werner Fassbinder* (Bertelsmann, 1982).
17 Rainer Werner Fassbinder: *Ingen stjerne – kun et svagt menneske som os alle,* efterladte essays udgivet af Christian Braad Thomsen (Levende Billeders forlag, 1983).
18 Interview von Christian Braad Thomsen in *Politisk filmkunst* (Rhodos, 1973).
19 Interview von Christian Braad Thomsen in der Tageszeitung *Information,* 30. Juli 1972.

20 Interview von Wilfried Wiegand in *Rainer Werner Fassbinder* (Hanser, 1974).
21 Zitiert nach Kurt Raab: *Die Sehnsucht des Rainer Werner Fassbinder* (Bertelsmann, 1982).
22 Interview von Dieter Schidor in dem Film *Der Bauer aus Babylon* (1982), abgedruckt in D. Schidor: *Rainer Werner Fassbinder dreht Querelle* (Heyne, 1982).
23 Interview von Wilfried Wiegand in *Rainer Werner Fassbinder* (Hanser, 1974).
24 Jacques Brunius in Roger Manwells *Experiment in Film* (1949).
25 Interview von Christian Braad Thomsen in *I Fassbinders spejl* (Fremad, 1975).
26 Ebda.
27 Ebda.
28 Die Probleme zwischen Fassbinder und Günter Lamprecht werden ausführlich erörtert in dem Gespräch zwischen Lamprecht und Harry Baer in dem Arbeitsjournal *Der Film Berlin Alexanderplatz*, hg. von Fassbinder und Baer (Zweitausendeins, 1980).
29 Dirk Bogarde: *An orderly Man* (Hogarth Press, 1983).
30 *ZEIT Magazin*, 5. Juni 1992.
31 Interview von Christian Braad Thomsen in *I Fassbinders spejl* (Fremad, 1975).
32 Interview von Wolfgang Limmer in *Rainer Werner Fassbinder, Filmemacher* (Rowohlt, 1981).
33 Fassbinder bei der Arbeit zeigt u. a. Hans-Dieter Hartls Fernsehfilm *Berlin Alexanderplatz.*
34 Die Informationen von Juliane Lorenz stammen aus einem Gespräch mit Christian Braad Thomsen, München, 1982.
35 Zitiert nach Kurt Raab: *Die Sehnsucht des Rainer Werner Fassbinder* (Bertelsmann, 1982).
36 Interview von Wolfgang Limmer in *Rainer Werner Fassbinder, Filmemacher* (Rowohlt, 1981).
37 Zitiert nach Dieter Schidor: *Rainer Werner Fassbinder dreht Querelle* (Heyne, 1982).
38 Joachim Witts *Ich bin das Glück dieser Erde* ist auf der Platte *Silberblick* (WEA 58231).
39 Interview mit *L'Express* 1977.

2. Die traurige Zeit ist vorbei!

1 Ich hatte nicht die Möglichkeit, Fassbinders Action- und antiteater-Vorstellungen zu sehen. Dieser Abschnitt beruht deshalb auf der Lektüre seiner Stücke, die vom Verlag der Autoren herausgegeben wurden. Fassbinders eigener Bericht über die frühen Theaterjahre ist in einem interessanten Interview von Corinna Brocher nachzulesen, in der Interviewsammlung *Die Anarchie der Phantasie*, herausgegeben von Michael Töteberg (Fischer, 1986). Die Geschichte des Action- und antiteaters ist außerdem von Yaak Karsunke in der Fassbinder-Monographie bei Hanser beschrieben worden sowie von Michael Töteberg, der die Theatergeschichte retrospektiv aufgerollt und u. a. die zeitgenössische Rezeption der Stücke in der Fassbinder-Nummer von *Text + Kritik* (Nr. 103, Juni 1989) beschrieben hat.
2 Zitiert nach der Fassbinder-Monographie bei Hanser.
3 Interview von Corinna Brocher in R. W. Fassbinder: *Die Anarchie der Phantasie* (Fischer, 1986).

4 Ebda.

5 In Irving Lerners *Murder by contract* (1958) spielt Vince Edwards den Mörder, der auf Bestellung eine Frau umbringen soll, die im Gericht gegen seinen Arbeitgeber aussagen wollte. Der Mörder bereut im letzten Augenblick seine Absicht, wird aber trotzdem von der Polizei erschossen.

6 Interview von Corinna Brocher in R. W. Fassbinder: *Die Anarchie der Phantasie* (Fischer, 1986).

7 Lope de Vega (1562-1635), spanischer Dichter, Begründer des spanischen Nationalschauspiels. Er schrieb außer Romanen und Gedichten an die 1800 Schauspiele, von denen 470 erhalten sind. Auf dieses Produktionstempo konnte sogar ein Fassbinder neidisch sein.

8 Interview von Helmut Färber u. a. in *Filmkritik* Nr. 8, 1969.

9 Die Beschreibung des englischen Mörderpaars ist Emlyn Williams Artikel *Psychogramm der Moormörder* entnommen, *konkret*, 7. und 21. 10. 1968.

10 Zitiert nach Christian Braad Thomsens Interviewfilm *Rainer Werner Fassbinder.*

3. Kinofilme

1 Interview von Joachim von Mengershausen in *film,* August 1969.

2 Interview von Christian Braad Thomsen in *Politisk filmkunst* (Rhodos, 1973).

5. Selbstkritik

1 Interview von Christian Braad Thomsen in *Politisk filmkunst* (Rhodos, 1973).

2 Ebda.

3 Ebda.

4 Rainer Werner Fassbinders Huldigung an Marieluise Fleißer erschien im *Donau-Kurier,* Ingolstadt, 23. November 1971, nachgedruckt in Günther Rühle: *Materialien zum Leben und Schreiben Marieluise Fleißers* (Suhrkamp, 1973).

5 Vgl. Günther Rühle: *Materialien zum Leben und Schreiben Marieluise Fleißers* (Suhrkamp, 1973).

6 Zitiert nach *Text + Kritik,* Sondernummer über Marieluise Fleißer.

6. Bayern und Hollywood

1 Interview von Christian Braad Thomsen in *Politisk filmkunst* (Rhodos, 1973).

2 Ebda.

3 Die Kritik von Franz Xaver Kroetz an Fassbinders Film erschien in *Abendzeitung,* München, 8. März 1973. Fassbinders Antwort ist nachgedruckt in R. W. Fassbinder: *Filme befreien den Kopf,* herausgegeben von Michael Töteberg (Fischer, 1984). Später hat Kroetz im übrigen seine rigoristische Haltung bedauert. (*Medium,* 1984, Heft 2).

7. Fernsehserien

1 Interview von Christian Braad Thomsen, Frankfurt, 1984.

2 Ebda.

3 Die drei verbotenen Drehbücher sind jetzt von Michael Töteberg in der Serie mit Fassbinders sämtlichen Theater- und Filmmanuskripten im Verlag der Autoren herausgegeben worden.

8. Frauenfilme

1 Die Diskussion zwischen Fassbinder und Margit Carstensen ist abgedruckt in Rainer Werner Fassbinder: *Ingen stjerne – kun et svagt menneske som os alle,* efterladte essays udgivet af Christian Braad Thomsen (Levende Billeders forlag, 1983).
2 Interview von Christian Braad Thomsen in *Politisk filmkunst* (Rhodos, 1973).
3 Interview von Christian Braad Thomsen in *Fassbinder,* redigiert von Tony Rayns (British Film Institute, 1980).
4 Auf Fassbinders Liste der zehn besten westdeutschen Filme standen die beiden ersten Spielfilme Jean-Marie Straubs, *Nicht versöhnt* (1965) und *Chronik der Anna Magdalena Bach* (1967). Straub inszenierte für das antiteater eine 10-Minuten-Version von Ferdinand Bruckners *Krankheit der Jugend,* abgefilmt in Straubs Kurzfilm *Der Bräutigam, die Komödiantin und der Zuhälter* (1968). Straubs Spielstil ist beeinflußt von Robert Bresson, und beide Regisseure sind in Christian Braad Thomsen: *De uforsonlige* (Amadeus, 1988) beschrieben. Fassbinders Bestenliste steht in R. W. Fassbinder: *Ingen stjerne . . .*

9. Videofilme

1 *Das Kaffeehaus* wurde vom Westdeutschen Rundfunk produziert. Selbst professionell Interessierte bekommen den Film nicht zu sehen, aber man kann ihn gegen die schriftliche Erklärung, den Film anderen nicht zu zeigen, käuflich erwerben. Der Preis: zur Zeit 1000 DM!
2 Carlo Goldoni (1707-93), italienischer Dramatiker, schrieb ca. 200 Stücke, von denen *Ein Diener zweier Herren* heute noch aufgeführt wird. Er erneuerte die Commedia-dell'arte-Tradition, indem er sie zur eigentlichen Charakterkomödie entwikkelte.
3 Zitiert nach Botho Strauss' Kritik in *Theater Heute,* Oktober 1969, nachgedruckt in Botho Strauss: *Versuch, ästhetische und politische Ereignisse zusammenzudenken. Texte über Theater 1969-1986* (Verlag der Autoren, 1987).
4 Mehrere Kritiker, u. a. Robert Katz in seiner Fassbinder-Biographie *Love is Colder than Death* (Random House, 1987), haben behauptet, Fassbinder habe *Bremer Freiheit* nach der Vorlage von Friedrich Hebbels Stück *Maria Magdalene* (1843) geschrieben. Das ist ein Mythos: die beiden Stücke haben nichts miteinander zu tun, Hebbels Stück handelt nicht von der Giftmörderin Geesche Gottfried. Das einzig Gemeinsame der beiden Stücke ist ihre Bezeichnung »Ein bürgerliches Trauerspiel«.
5 Interview von Christian Braad Thomsen in *Politisk filmkunst* (Rhodos, 1973).
6 Zitiert nach Lars Nielsens Nachwort zu Henrik Ibsens *Et dukkehjem* (Gyldendal, Dansklærerforeningen, 1972).

10. Fordern, ohne zu lieben

1 Interview von Finn Holten Hansen, Danmarks Radio/TV, 1975.

12. Identitätsverlust

1 Arthur Rimbaud (1854-91), französischer Lyriker, hatte sich unbestritten »ein zweites Mal«: als 19jähriger gab er *Une Saison en Enfer* (Aufenthalt in der Hölle) heraus, das als Hauptwerk der modernen Lyrik gilt. Mit 25 gab er das Schreiben auf und handelte in Afrika mit Fellen, Pelzen und Waffen – sowie Sklaven zum »Hausgebrauch«. Er starb als 37jähriger an Tropenkrankheiten und Syphilis. Fassbinder starb im selben Alter. Das Rimbaud-Zitat »Ich ist ein anderer«, das Fassbinder in *Der Müll, die Stadt und der Tod* und in *Chinesisches Roulette* verwendet, stammt aus einem Brief Rimbauds vom 13. Mai 1871, abgedruckt in Rimbaud: *Œuvres* (Garniers Frères, 1960).

2 Joachim Fests Artikel ist nachgedruckt in dem Doppelband mit Materialien, den das Schauspiel Frankfurt zur Debatte über *Der Müll, die Stadt und der Tod* herausgegeben hat: *Fassbinder ohne Ende* (1985) und *Der Fall Fassbinder* (1986). Sämtliche Zitate aus der Debatte stammen aus diesen Bänden.

3 Joachim Fest: *Hitler. Eine Biographie* (Ullstein, 1973).

4 R. W. Fassbinders Erklärung über sein Stück ist auf dänisch in Fassbinders *Ingen stjerne, kun et svagt menneske som os alle,* hg. von Christian Braad Thomsen, erschienen (Levende Billeders forlag 1983).

5 Interview von Benjamin Henrichs, *DIE ZEIT*, 9. April 1975.

6 Der Gesichtspunkt steht u. a. im ersten Entwurf von Fassbinders Erklärung. Michael Töteberg meint, diese ursprüngliche Version sei während Fassbinders Abwesenheit vom Suhrkamp Verlag gekürzt und anschließend an die Presse geschickt worden.

7 Referiert nach Paul Verschuur, Associated Press, *Information,* 11. Januar 1988.

8 Die Methode, dem Gegner etwas anzulasten, das man selbst getan hat, wurde von den Nazis beim Berliner Reichstagsbrand 1933 benutzt, als ein Kommunist für den Brand verantwortlich gemacht wurde, den die Nazis gelegt hatten, sowie 1939 beim Überfall auf Polen, als deutsche Soldaten von anderen deutschen Soldaten in polnischer Uniform beschossen wurden, um den Angriff zu rechtfertigen.

9 In Bruno Bettelheim: *Freud's Wien and other essays* (1956) wird diese Problematik erörtert am Beispiel eines Juden, der während eines Gefangenentransportes in ein Konzentrationslager einen SS-Mann darauf aufmerksam macht, daß ein anderer Jude im Begriff ist zu flüchten.

10 Interview von Christian Braad Thomsen, Berlin 1977, abgedruckt in Rainer Werner Fassbinder: *Die Anarchie der Phantasie,* herausgegeben von Michael Töteberg (Fischer, 1986) und – in einer irreführenden Übersetzung – in Tony Rayns *Fassbinder* (British Film Institute, 1980).

11 Gustav Freytag (1816-95), nationalliberaler Schriftsteller. 1867-70 Redakteur der Wochenschrift *Die Grenzboten,* die für die deutsche Einheit eintrat. Außer *Soll und Haben* (1855) schrieb er u. a. *Die Ahnen* (1873-81) und *Bilder aus der deutschen Vergangenheit* (1859-67). Sein Ziel war es, das Selbstbewußtsein des liberalen Bürgertums und der besitzenden Klasse zu festigen.

12 Interview mit R. W. Fassbinder im Presseheft *Satansbraten* (Filmverlag der Autoren).

13 Ebda.

14 Stefan George (1868-1933), deutscher Lyriker, der sich vor der Machtergreifung durch die Nazis als »Führer« eines Kreises junger Lyrikbegeisterter verehren ließ. Diese Verehrung war durchaus homosexuell gefärbt. George hatte mit seiner geistesaristokratischen und konservativen Kulturauffassung Sympathie für den Nationalsozialismus als politischer Idee, deren praktische Verwirklichung ihm aber wenig zusagte. Er emigrierte 1933 in die Schweiz.

15 Antonin Artaud (1896-1948), französischer Schauspieler, Dramatiker und Regisseur, der an Schizophrenie erkrankte und Selbstmord verübte. Artauds Bedeutung für das moderne Theater geht besonders auf seine wilden bühnentheoretischen Schriften zurück, aus denen Fassbinder in *Theater in Trance* (1981) vorliest. Fassbinder widmete *Despair* (1977) u. a. Artaud.

16 Henry de Montherlant (1896-1972), französischer Schriftsteller, schrieb den Roman *Les jeunes filles* (Die jungen Mädchen 1936), unterstützte die faschistische Bewegung während des Krieges und wurde 1960 Mitglied der Académie Française. Nahm sich das Leben, als er erblindete. Fassbinder hatte schon in seinem ersten Kurzfilm *Das kleine Chaos* aus Montherlants Roman vorgelesen.

17 Der Bericht des Mörders, der *Ich will ja nur, daß ihr mich liebt* als Vorlage dient, ist in dem Interviewbuch *Lebenslänglich* von Klaus Antes, Christiane Erhardt und Heinrich Hannover (Piper, 1972) abgedruckt.

13. Der Faschismus wird siegen

1 Zitiert nach Gerhard Sauder: *Die Bücherverbrennung 10. Mai 1933*. (Ullstein Sachbuch, 1985).

2 Unica Zürn (1916-1970), deutsche Schriftstellerin, lebte lange Zeit in Paris, wo sie sich den Surrealisten anschloß und von André Breton, Marcel Duchamps und Max Ernst bewundert wurde. Sie litt an Schizophrenie und hielt sich zeitweise in einer Anstalt auf. 1970 beging sie Selbstmord. Fassbinder plante, ihren Roman *Der Mann Jasmin* (Ullstein Taschenbuch, 1977) zu verfilmen. Der Roman hat den Untertitel »Eindrücke aus einer Geisteskrankheit« und handelt von ihrer Krankheit.

3 Fassbinders unvollendeter Essay über Michael Curtiz ist abgedruckt in R. W. Fassbinder: *Filme befreien den Kopf* (Fischer).

4 Daß Alfred Döblin sich mit Freuds Arbeiten beschäftigte, geht aus einem interessanten Nebensatz in Ernest Jones' Freud-Biographie hervor (*Sigmund Freud. Life and Work, vol. I-III*, Hogarth Press, 1980). Im 3. Band weist Jones darauf hin, daß Freud unter großem Widerstand 1930 den Goethe-Preis entgegennahm, »mit Unterstützung eines analytisch orientierten Psychiaters, Dr. Alfred Döblin, der die Poesiesektion der Preußischen Akademie der Künste repräsentierte«.

5 Gilles Deleuze: *Sacher-Masoch und der Masochismus*. In: Sacher-Masoch, *Venus im Pelz*. Mit einer Studie über den Masochismus (Insel Verlag, 1968/1980).

6 Interview von Wolfgang Limmer in *Rainer Werner Fassbinder, Filmemacher* (Rowohlt, 1981).

14. Terrorismus und Kernfamilie

1 Gespräch mit Christian Braad Thomsen, München, 1982.
2 Interview von Wolfgang Limmer in *Rainer Werner Fassbinder, Filmemacher* (Rowohlt, 1981).
3 Interview von Michael-A. Konitzer in der Zeitschrift *Wiener*.
4 Wolfram Schütte in *Informationsblatt Nr. 1, 9. Internationales Forum des Jungen Films*, Berlin 1979.
5 Freuds Ur-Mythos wurde in *Totem und Tabu* (1912) beschrieben und wird genauer im Abschnitt über das Theaterstück *Das brennende Dorf* erläutert.

15. Die Mata-Hari des Wirtschaftswunders

1 *Filmbuch 1982*, zitiert nach Achim Haag: *»Deine Sehnsucht kann keiner stillen«. Rainer Werner Fassbinders Berlin Alexanderplatz* (Trickster, 1992), S. 64.
2 Achim Haag, S. 63.
3 Daß *Die Ehe der Maria Braun* von einer gewissen Müdigkeit in seiner volkstümlichen Form geprägt sein soll, ist ein Gesichtspunkt, dem von vielen Fassbinder-Spezialisten widersprochen wird, u. a. von Hans Günther Pflaum, der in seiner Monographie *Rainer Werner Fassbinder. Bilder und Dokumente* die entgegengesetzte Auffassung vertritt: »Zum ersten Mal scheint es dem Regisseur gelungen zu sein, die Erfahrungen aller vorausgegangenen Arbeiten zu vereinen. Das Ergebnis ist reicher an Motiven und Stimmungen als die meisten anderen Filme Fassbinders, dabei weit weniger obsessiv und monomanisch inszeniert.«
4 Sybille Schmitz (1909-55) spielte u. a. die Hauptrolle in Carl Th. Dreyers *Vampyr* und war in den 30er Jahren eine sehr populäre Schauspielerin, obwohl sie keineswegs dem Geschmack der Nazi-Bonzen entsprach. Gustav Gründgens mußte darum kämpfen, daß er sie 1938 in einem Film einsetzen durfte. Nach dem Krieg hatte sie wenig Erfolg und bekam keine Rollen mehr angeboten. Daraufhin wurde sie morphiumsüchtig und beging Selbstmord.

16. Auftragsarbeiten

1 Interview von Christian Braad Thomsen in *Tusinde Øjne*, Jahrgang 1981.
2 Als Fassbinder 1979 eine Liste mit seinen 10 Lieblingsbüchern veröffentlichte, stand dieses Buch auf dem ersten Platz *(Text + Kritik* Nr. 103, Sonderheft über Fassbinder, herausgegeben von Michael Töteberg).

17. Querelle

1 Das Originalmanuskript von *Querelle* wurde zusammen mit der endgültigen Dialogliste des Films als *Querelle Filmbuch* herausgegeben (Schirmer/Mosel, 1982).
2 Interview von Dieter Schidor aus dem Film *Der Bauer von Babylon* (1982), nachgedruckt in *Rainer Fassbinder dreht Querelle* (Heyne, 1982).
3 Jeanne Moreaus Refrain »Each man kills the thing he loves« stammt aus Oscar Wildes großem Gedicht *The Ballad of Reading Gaol* (1898), das er, wegen Homosexualität verurteilt, im Gefängnis schrieb.

Filme

Die Filmographie* enthält die einschlägigen Angaben zu Filmen und Fernsehaufzeichnungen, bei denen Rainer Werner Fassbinder Regie geführt hat. Es waren dies zwei Kurzfilme, 34 lange Filme (zwei zweiteilig), eine fünfteilige und eine vierzehnteilige Fernsehserie und vier Magnetaufzeichnungen. Außerdem werden ein Kurzfilm und ein langer Film aufgeführt, für die Fassbinder das Drehbuch schrieb, sowie der Gruppenfilm *Deutschland im Herbst,* an dem Fassbinder beteiligt war.

Abkürzungen: R = Regie (wird nur notiert, wenn ein Co-Regisseur vorhanden), B = Buch, K = Kamer, Sch = Schnitt, T = Ton, M = Musik, Ba = Bauten, A = Ausstattung, Ko = Kostüme, Ma = Maske, R-Ass = Regieassistenz, D = Darsteller, P = Produktion, Pd = Produzent, Pl = Produktionsleitung, Hl = Herstellungsleitung, Al = Aufnahmeleitung, U = Uraufführung, TV = Erste Fernsehausstrahlung, F = Format, L = Länge (bei den Kinofilmen wurde die Meterlänge in Minuten umgerechnet, wobei eine Projektorenlaufgeschwindigkeit von 24 Bildern pro Sekunde zugrunde gelegt wurde. Die Sendelängen wurden bei den Fernsehanstalten erfragt, wobei dort eine Projektorenlaufgeschwindigkeit von 25 Bildern pro Sekunde die Norm ist), V = Verleih in der Bundesrepublik. – Die Fernsehsender sind in üblicher Weise abgekürzt. Die Jahreszahlen geben das Produktionsdatum an.

1966 ***This Night.*** – B: Rainer Werner Fassbinder. – K: Rainer Werner Fassbinder. – Gedreht im Juli 1966. – F: 8 mm, Farbe. – Leider ist keine Kopie dieses Kurzspielfilms erhalten.

1966 ***Der Stadtstreicher.*** – B: Rainer Werner Fassbinder. – K: Josef Jung. – D: Christoph Roser (Stadtstreicher), Susanne Schimkus (Bedienung), Michael Fengler/Thomas Fengler (die beiden Männer), Irm Hermann (Frau), Rainer Werner Fassbinder (Jugendlicher mit Lederjacke). – P: Roser-Film. – Drehzeit: November 1966. – Drehort: München. – F: 16 mm, schwarzweiß. – L: 10 min. – V: Filmverlag der Autoren.

1967 ***Das kleine Chaos.*** – B: Rainer Werner Fassbinder. – K: Michael Fengler. – T: Amin Athanassious. – D: Rainer Werner Fassbinder (Franz), Marite Greiselis (Marite), Christoph Roser (Theo), Lilo Pempeit, Greta Rehfeld, Susanne Schimkus. – P: Roser-Film. – Drehzeit: Januar 1967. – Drehort: München. – F: 35 mm, schwarzweiß. – L: 9 min. – V: Filmverlag der Autoren.

---

* *Die hier abgedruckte Filmographie, zusammengestellt von Hans Helmut Prinzler, wurde dem Band »Rainer Werner Fassbinder«, herausgegeben von Peter W. Jansen und Wolfram Schütte, erschienen im Fischer Taschenbuch Verlag (1992), entnommen. © 1974 Carl Hanser Verlag München Wien*

1969 ***Liebe ist kälter als der Tod.*** – B: Rainer Werner Fassbinder. – K: Dietrich Lohmann. – K-Ass: Herbert Paetzold. – Licht: Peter Wagner. – Sch: Franz Walsch (d. i. Rainer Werner Fassbinder). – T: Gottfried Hüngsberg. – M: Peer Raben, Holger Münzer. – A: Ulli Lommel, Rainer Werner Fassbinder. – R-Ass: Martin Müller. – Script: Katrin Lommel. – D: Ulli Lommel (Bruno), Hanna Schygulla (Joanna), Rainer Werner Fassbinder (Franz), Hans Hirschmüller (Peter), Katrin Schaake (Dame im Zug), Peter Berling (Schuster), Hannes Gromball (Kunde bei Joanna), Gisela Otto (erste Prostituierte), Ingrid Caven (zweite Prostituierte), Ursula Strätz (dritte Prostituierte), Irm Hermann (Sonnenbrillenverkäuferin), Les Olvides (Georges), Wil Rabenbauer (Jürgen), Peter Moland (Leiter des Syndikatverhörs), Anastassios Karalas (der Türke), Rudolf Waldemar Brem (Motorradpolizist), Yaak Karsunke (Kommissar), Monika Stadler (Mädchen), Kurt Raab (Kaufhaus-Detektiv), Thomas Hill, Liz Söllner, Howard Gaines, Franz Maron, Gottfried Hüngsberg. – P: antiteater-X-Film. – Pl: Christian Hohoff, Wil Rabenbauer (d. i. Peer Raben). – Kosten: ca. 95 000 DM. – Drehzeit: 24 Tage / April 1969. – Drehort: München und Umgebung. – U: 26. 6. 1969, Berlin (Filmfestspiele). – Kinostart: 16. 1. 1970. – TV: 18. 1. 1971 (ARD). – F: 35 mm, schwarzweiß. – L: 2411 m = 88 min. – V: Filmverlag der Autoren (35 mm) / AV-Film (16 mm). – Der Film hatte bei der Uraufführung in Berlin den Titel »Kälter als der Tod«. Die Originallänge betrug 2533 m. Dem Film ist die Widmung »Für Claude Chabrol, Eric Rohmer, Jean-Marie Straub, Linio und Cuncho« vorangestellt. Linio und Cuncho sind die Hauptfiguren in dem Film *Töte Amigo* (Quien Sabe, 1966, Regie: Damiano Damiani). Die Fahrt durch die Landsberger Straße wurde von Jean-Marie Straub zur Verfügung gestellt.

1969 ***Katzelmacher.*** – B: Rainer Werner Fassbinder (nach seinem Bühnenstück). – K: Dietrich Lohmann. – K-Ass: Herbert Paetzold. – Sch: Franz Walsch (d. i. Rainer Werner Fassbinder). – T: Gottfried Hüngsberg. – M: Peer Raben (nach Franz Schubert). – A: Rainer Werner Fassbinder. – R-Ass: Michael Fengler. – Beratung: Joachim von Mengershausen. – D: Hanna Schygulla (Marie), Lilith Ungerer (Helga), Elga Sorbas (Rosy), Doris Mattes (Gunda), Rainer Werner Fassbinder (Jorgos), Rudolf Waldemar Brem (Paul), Hans Hirschmüller (Erich), Harry Baer (Franz), Peter Moland (Peter), Hannes Gromball (Klaus), Irm Hermann (Elisabeth), als Gast: Katrin Schaake (Frau im Restaurant). – P: antiteater-X-Film. – Kosten: ca. 80 000 DM. – Pl: Wil Rabenbauer (d. i. Peer Raben). – Al: Christian Hohoff. – Drehzeit: 9 Tage / August 1969. – Drehort: München. – U: 8. 10. 1969, Mannheim (Filmwoche). – Kinostart: 22. 11. 1969. – TV: 17. 9. 1973 (ARD). – F: 35 mm, schwarzweiß. – L: 2416 m = 88 min. – V: Filmverlag der Autoren (35 mm). – Der Film hat die Widmung »Für Marieluise Fleißer« und das Motto »Es ist besser neue Fehler zu machen, als die alten bis zur allgemeinen Bewußtlosigkeit zu konstituieren (Yaak Karsunke)«.

1969 ***Fernes Jamaica.*** – R: Peter Moland. – B: Rainer Werner Fassbinder. – K: Herbert Paetzold. – D: Katrin Schaake, Ulli Lommel, Hannes Gromball, Ingrid Caven, William Powell. – P: antiteater. – F: 35 mm, Breitwand 1,85, schwarzweiß. – L: 14 min. – V: ohne.

1969 ***Götter der Pest.*** – B: Rainer Werner Fassbinder. – K: Dietrich Lohmann. – K-Ass: Herbert Paetzold. – Licht: Ekkehard Heinrich. – Sch: Franz Walsch (d. i. Rainer Werner Fassbinder), Thea Eymèsz. – T: Gottfried Hüngsberg. – M: Peer Raben. – A,

R-Ass: Kurt Raab. – Script: Peter Gauhe. – Mitarbeit: Michael Fengler. – D: Harry Baer (Franz), Hanna Schygulla (Joanna), Margarethe von Trotta (Margarethe), Günther Kaufmann (Günther), Carla Aulaulu (Carla), Ingrid Caven (Magdalena Fuller), Jan George (Inspektor), Marian Seidowski (Marian), Yaak Karsunke (Kommissar), Micha Cochina (Joe), Hannes Gromball (Chef des Supermarkts), Lilith Ungerer (Mädchen im ersten Café), Katrin Schaake (Besitzerin des zweiten Cafés), Lilo Pempeit (Mutter), Rainer Werner Fassbinder (Pornokäufer), David Morgan (Catcher), Thomas Schieder (Tommy); Gäste: Irm Hermann, Peter Moland, Doris Mattes. – P: antiteater. – Pd: Rainer Werner Fassbinder, Michael Fengler. – Pl: Peer Raben. – Al: Christian Hohoff. – Kosten: 180 000 DM. – Drehzeit: 5 Wochen / Oktober und November 1969. – Drehorte: München, Dingolfing. – U: 4. 4. 1970, Wien (Viennale). – Erstaufführung in der Bundesrepublik: 24. 7. 1970. – TV: 8. 8. 1972 (ZDF). – F: 35 mm, schwarzweiß. – L: 2496 m = 91 min. – V: Filmverlag der Autoren (35 mm).

1969 ***Sonja und Kirilow haben sich entschlossen Schauspieler zu werden und die Welt zu verändern.*** – R und B: Ursula Strätz. – K: Herbert Paetzold. – D: Lilith Ungerer (Sonja), Les Olvides (Kirilow). – P: Rainer Werner Fassbinder (Material- und Kopierkosten). – Kurzfilm.

1969 ***Warum läuft Herr R. Amok?*** – R: Michael Fengler, Rainer Werner Fassbinder. – B: Improvisationsvorlage von Michael Fengler, Rainer Werner Fassbinder. – K: Dietrich Lohmann. – K-Ass: Herbert Paetzold. – Licht: Ekkehard Heinrich. – Sch: Franz Walsch (d. i. Rainer Werner Fassbinder), Michael Fengler. – T: Klaus Eckelt. – T-Ass: Franz Pusl. – M: Peer Raben; Lied »Geh' nicht vorbei« von Christian Anders. – A: Kurt Raab. – R-Ass: Harry Baer. – D: Kurt Raab (Herr R.), Lilith Ungerer (seine Frau), Amadeus Fengler (ihr Sohn), Franz Maron (Chef), Harry Baer / Peter Moland / Lilo Pempeit (Kollegen im Büro), Hanna Schygulla (Schulfreundin), Herr und Frau Sterr (Vater und Mutter), Peer Raben (Schulfreund), Carla Aulaulu / Eva Pampuch (Schallplattenverkäuferinnen), Ingrid Caven / Doris Mattes / Irm Hermann / Hannes Gromball (Nachbarn der Familie R.), Peter Hamm (Kommissar), Jochen Pinkert (Kriminalbeamter), Eva Madelung (Schwester des Chefs), Johannes Fengler, Niels-Peter Rudolph, Paul Haller, Ulli Lommel, Katrin Schaake, Volker Schlöndorff, Margarethe von Trotta, Reinhard Hauff, Hanna Axmann-Rezzori, Günther Kaufmann. – P: antiteater, hergestellt von Maran-Film (im Auftrag des SDR). – Pl: Wilhelm Rabenbauer. – Al: Christian Hohoff. – Kosten: ca. 135 000 DM. – Drehzeit: 13 Tage / Dezember 1969. – Drehort: München. – U: 28. 6. 1970, Berlin (Filmfestspiele). – Kinostart: 5. 2. 1971. – TV: 28. 12. 1971 (ARD). – F: 16 mm, aufgeblasen auf 35 mm, Farbe. – L: 2403 m = 88 min. – V: Filmverlag der Autoren (35 mm).

1970 ***Rio das Mortes.*** – B: Rainer Werner Fassbinder (nach einer Idee von Volker Schlöndorff). – K: Dietrich Lohmann. – K-Ass: Herbert Paetzold. – Licht: Ekkehard Heinrich. – Sch: Thea Eymèsz. – M: Peer Raben. – A: Kurt Raab. – R-Ass: Harry Baer, Kurt Raab. – D: Hanna Schygulla (Hanna), Michael König (Michel), Günther Kaufmann (Günther), Katrin Schaake (Katrin, Hannas Freundin), Joachim von Mengershausen (Joachim, Katrins Freund), Lilo Pempeit (Günthers Mutter), Franz Maron (Hannas Onkel), Harry Baer (Kollege von Michel), Marius Aicher (Meister), Carla Aulaulu (Maggie), Walter Sedlmayr (Sekretär), Ulli Lommel (Autohändler), Monika Stadler (Angestellte im Reisebüro), Hanna Axmann-Rezzori (Mäzenin), Ingrid Caven /

Kerstin Dobbertin / Magdalena Montezuma / Elga Sorbas (Studentinnen), Kurt Raab (Tankwart), Rudolf Waldemar Brem (Kneipenbesucher), Carl Amery (Bibliothekar), Rainer Werner Fassbinder (tanzt mit Hanna in der Discothek), Eva Pampuch (seine Freundin). – P: Janus Film und Fernsehen / antiteater-X-Film. – Pl: Michael Fengler. – Kosten: ca. 125 000 DM. – Drehzeit: 20 Tage / Januar 1970. – Drehort: München: – TV: 15. 2. 1971 (ARD). – F: 16 mm, Farbe. – Sendelänge: 84 min. – V: Filmverlag der Autoren.

1970 ***Das Kaffeehaus.*** Inszenierung von Rainer Werner Fassbinder und dem antiteater München unter Verwendung der von Peer Raben und Rainer Werner Fassbinder mit dem Bremer Ensemble entwickelten Spielelemente. – B: Rainer Werner Fassbinder (nach Carlo Goldoni). – K: Dietbert Schmidt, Manfred Förster. – M: Peer Raben. – A: Wilfried Minks. – D: Margit Carstensen (Vittoria), Ingrid Caven (Placida), Hanna Schygulla (Lisaura), Kurt Raab (Don Marzio), Harry Baer (Eugenio), Hans Hirschmüller (Trappolo), Günther Kaufmann (Leander), Rudolf Waldemar Brem (Pandolfo), Wil Rabenbauer (Ridolfo). – P: WDR. – Drehzeit: 10 Tage / Februar 1970. – Drehort: Köln (Studio). – TV: 18. 5. 1970 (WDR III) / 26. 9. 1970 (HR III) / 20. 1. 1971 (BR III). – F: MAZ 2 Zoll, schwarzweiß. – L: 105 min.

1970 ***Whity.*** – B: Rainer Werner Fassbinder. – K: Michael Ballhaus. – K-Ass: Lothar Dreher. – Licht: Honorat Stangl. – Sch: Franz Walsch, Thea Eymèsz. – M: Peer Raben, Song »I kill them« von Fassbinder/Raben, gesungen von Günther Kaufmann. – A: Kurt Raab. – R-Ass: Harry Baer. – D: Günther Kaufmann (Whity), Hanna Schygulla (Hanna), Ulli Lommel (Frank), Harry Baer (Davy), Katrin Schaake (Katherine), Ron Randell (Mr. Nicholson), Thomas Blanco (falscher mexikanischer Arzt), Stefano Capriati (Richter), Elaine Baker (Whitys Mutter), Mark Salvage (Sheriff), Helga Ballhaus (Frau des Richters), Kurt Raab (Pianist), Rainer Werner Fassbinder (Gast im Saloon). – P: Atlantis Film / antiteater-X-Film. – Pd und Pl: Peter Berling. – Al: Stefan Abendroth, Martin Köberle. – Kosten: ca. 680 000 DM. – Drehzeit: 20 Tage / April 1970. – Drehort: Almeria (Spanien). – U: 2. 7. 1971, Berlin (Filmfestspiele). – F: 35 mm, Cinemascope, Farbe. – L: 2603 m = 95 min. – V: Filmverlag der Autoren (35 mm). – Der Film trägt die Widmung »Für Peter Berling«.

1970 ***Die Niklashauser Fart.*** – R: Rainer Werner Fassbinder, Michael Fengler. – B: Rainer Werner Fassbinder, Michael Fengler. – K: Dietrich Lohmann. – Licht: Honorat Stangl. – Spezialeffekte: Charly Baumgartner. – Sch: Thea Eymèsz, Franz Walsch (d. i. Rainer Werner Fassbinder). – M: Peer Raben, Amon Düül II. – A: Kurt Raab. – R-Ass: Harry Baer. – D: Michael König (Hans Böhm), Michael Gordon (Antonio), Rainer Werner Fassbinder (Schwarzer Mönch), Hanna Schygulla (Johanna), Walter Sedlmayr (Pfarrer), Margit Carstensen (Margarethe), Franz Maron (ihr Mann), Kurt Raab (Bischof), Günther Rupp (sein Berater), Karl Scheydt (Niklashauser Bürger), Günther Kaufmann (Bauernführer), Siggi Graue (1. Bauer), Michael Fengler (2. Bauer), Ingrid Caven (schreiendes Mädchen), Elga Sorbas (ohnmächtiges Mädchen), Carla Aulaulu (epileptisches Mädchen), Peer Raben (Monsignore), Peter Berling (Henker), Magdalena Montezuma (Magdalena/Penthesilea). – P: Janus Film und Fernsehen (im Auftrag des WDR). – Kosten: 550 000 DM. – Drehzeit: 20 Tage / Mai 1970. – Drehorte: München, Starnberg, Feldkirchen. – TV: 26. 10. 1970 (ARD). – F: 16 mm, Farbe. – Sendelänge: 86 min, 22 sec. – V: Filmverlag der Autoren.

1970 ***Der amerikanische Soldat.*** – B: Rainer Werner Fassbinder. – K: Dietrich Lohmann. – K-Ass: Herbert Paetzold. – Licht: Ekkehard Heinrich. – Sch: Thea Eymèsz. – M: Peer Raben; Song »So much tenderness« by Fassbinder / Raben, gesungen von Günther Kaufmann. – A: Kurt Raab, Rainer Werner Fassbinder. – Ma: Sybille Danzer. – R-Ass: Kurt Raab. – D: Karl Scheydt (Ricky), Elga Sorbas (Rosa), Jan George (Jan), Margarethe von Trotta (Zimmermädchen), Hark Bohm (Doc), Ingrid Caven (Sängerin), Eva Ingeborg Scholz (Rickys Mutter), Kurt Raab (Rickys Bruder), Marius Aicher (Polizist), Gustl Datz (Polizeipräsident), Marquard Bohm (Privatdetektiv), Rainer Werner Fassbinder (Franz), Katrin Schaake (Magdalena Fuller), Ulli Lommel (Zigeuner), Irm Hermann (Hure). – P: antiteater. – Pl: Peer Raben. – Al: Christian Hohoff. – Kosten: ca. 280 000 DM. – Drehzeit: 15 Tage / August 1970. – Drehort: München. – U: 9. 10. 1970, Mannheim (Filmwoche). – Kinostart: 27. 11. 1970. – TV: 19. 9. 1972 (ZDF). – F: 35 mm, schwarzweiß. – L: 2177 m = 80 min. – V: Filmverlag der Autoren (35 mm).

1970 ***Warnung vor einer heiligen Nutte.*** – B: Rainer Werner Fassbinder. – K: Michael Ballhaus. – Sch: Franz Walsch (d. i. Rainer Werner Fassbinder), Thea Eymèsz. – M: Peer Raben, Gaetano Donizetti, Elvis Presley, Ray Charles, Leonhard Cohen, Spooky Tooth. – A: Kurt Raab. – Ma: Sybille Danzer. – R-Ass: Harry Baer. – D: Lou Castel (Jeff, Regisseur), Eddie Constantine (er selbst), Hanna Schygulla (Hanna, Schauspielerin), Marquard Bohm (Ricky, Schauspieler), Rainer Werner Fassbinder (Sascha, Herstellungsleiter), Ulli Lommel (Korbinian, Aufnahmeleiter), Katrin Schaake (Scriptgirl), Benjamin Lev (Candy, spanischer Aufnahmeleiter), Monika Teuber (Billi, Maskenbildnerin), Margarethe von Trotta (Produktionssekretärin), Gianni di Luigi (Kameramann), Rudolf Waldemar Brem (Oberbeleuchter), Herb Andress (Coach), Thomas Schieder (Jesus, Beleuchter), Kurt Raab (Fred), Hannes Fuchs (David), Marcella Michelangeli (Margret), Ingrid Caven (Statistin), Harry Baer (ihr Mann), Magdalena Montezuma (Irm), Werner Schroeter (Deiters, Fotograf), Karl Scheydt, Tanja Constantine, Maria Novelli, Enzo Monteduro, Achmed Em Bark, Michael Fengler, Burghard Schlicht, Dick Randall, Peter Berling, Tony Bianchi, Renato dei Laudadio, Gianni Javarone, Peter Gauhe. – P: antiteater-X-Film / Nova International, Rom. – Pd und Hl: Peter Berling. – Pl: Michael Fengler. – Al: Christian Hohoff. – Kosten: ca. 1 100 000 DM. – Drehzeit: 22 Tage / September 1970. – Drehort: Sorrent (Italien). – U: 28. 8. 1971, Venedig (Biennale). – TV: 22. 1. 1972 (NDR III / S 3) / 19. 5. 1972 (HR III) / 3. 1. 1974 (WDR III). – F: 35 mm, Breitwand 1,85 m, Farbe. – L: 2826 m = 103 min. – V: Filmverlag der Autoren (35 mm). – Dem Film ist das Motto »Hochmut kommt vor dem Fall« vorangestellt und ein Zitat aus Thomas Manns Erzählung »Tonio Kröger«: »Ich sage Ihnen, daß ich es oft sterbensmüde bin, das Menschliche darzustellen, ohne am Menschlichen teilzuhaben . . .«

1970 ***Pioniere in Ingolstadt.*** – B: Rainer Werner Fassbinder (nach dem Stück von Marieluise Fleißer). – K: Dietrich Lohmann. – Sch: Thea Eymèsz. – M: Peer Raben. – A: Kurt Raab. – R-Ass: Gunther Krää. – D: Hanna Schygulla (Berta), Harry Baer (Karl), Irm Hermann (Alma), Rudolf Waldemar Brem (Fabian), Walter Sedlmayr (Fritz), Klaus Löwitsch (Feldwebel), Günther Kaufmann (Max), Carla Aulaulu (Frieda), Elga Sorbas (Marie), Burghard Schlicht (Klaus), Gunther Krää (Gottfried). – P: Janus Film und Fernsehen / antiteater (im Auftrag des ZDF). – Pl: Kurt Raab. – Kosten: ca. 550 000 DM. – Drehzeit: 25 Tage / November 1970. – Drehorte: Landsberg-Lech, München. – TV:

19. 5. 1971 (ZDF). – F: 35 mm, Farbe. – Sendelänge: 83 min, 34 sec. – V: Filmverlag der Autoren.

1971 ***Händler der vier Jahreszeiten.*** – B: Rainer Werner Fassbinder. – K: Dietrich Lohmann. – K-Ass: Herbert Paetzold, Peter Gauhe. – Licht: Ekkehard Heinrich. – Sch: Thea Eymèsz. – M: »Buona Notte« von Rocco Granata; Archiv; Melodie »Kleine Liebe« von Rainer Werner Fassbinder. – A: Kurt Raab. – R-Ass: Harry Baer. – D: Hans Hirschmüller (Hans Epp, Obsthändler), Irm Hermann (Irmgard Epp, seine Frau), Hanna Schygulla (erste Schwester), Andrea Schober (Kind), Gusti Kreissl (Mutter), Kurt Raab (Schwager), Heide Simon (zweite Schwester), Klaus Löwitsch (Harry), Karl Scheydt (Anzell), Ingrid Caven (große Liebe), Peter Chatel (Arzt), Lilo Pempeit (Kundin), Walter Sedlmayr (Verkäufer des Obstkarrens), El Hedi ben Salem (Araber), Hark Bohm (Polizist), Daniel Schmid / Harry Baer / Marian Seidowski (drei Bewerber), Michael Fengler (Playboy), Rainer Werner Fassbinder (Zucker), Elga Sorbas (Marile Kosemund). – P: Tango-Film, München. – Pl: Ingrid Fassbinder (d. i. Ingrid Caven). – Al: Christian Hohoff, Karl Scheydt. – Kosten: 178 000 DM. – Drehzeit: 11 Tage /August 1971. – Drehort: München. – U: 10. 2. 1972, Paris (Cinémathèque). – Erstaufführung in der Bundesrepublik: 10. 3. 1972. – TV: 10. 3. 1972 (ZDF). – F: 35 mm, Farbe. – L: 2429 m = 89 min. – V: Filmverlag der Autoren (35 mm).

1972 ***Die bitteren Tränen der Petra von Kant.*** – B: Rainer Werner Fassbinder (nach seinem Theaterstück). – K: Michael Ballhaus. – Sch: Thea Eymèsz. – T: Gunther Kortwich. – M: »Smoke Gets in Your Eyes« von Jerome Kern und Otto Harbach, »The Great Pretender« von Buck Ram, gesungen von The Platters, »In My Room« von Joacquin Pirieto, Lee Pockriss und Paul Vince, gesungen von The Walker Brothers; Giuseppe Verdi. – A: Kurt Raab. – Ma: Sybille Danzer. – R-Ass: Harry Baer, Kurt Raab. – D: Margit Carstensen (Petra von Kant), Hanna Schygulla (Karin Thimm), Irm Hermann (Marlene), Eva Mattes (Gabriele von Kant), Katrin Schaake (Sidonie von Grasenabb), Gisela Fackeldey (Valerie von Kant). – P: Tango-Film, München. – Kosten: ca. 325 000 DM. – Drehzeit: 10 Tage / Januar 1972. – Drehort: Worpswede. – U: 25. 6. 1972, Berlin (Filmfestspiele). – Kinostart: 5. 10. 1972. – TV: 19. 11. 1973 (ARD). – F: 35 mm, Farbe. – L: 3389 m = 124 min. – V: Filmverlag der Autoren (35 mm). – Der Film ist »Gewidmet dem, der hier Marlene wurde«.

1972 ***Wildwechsel.*** – B: Rainer Werner Fassbinder (nach dem Bühnenstück von Franz Xaver Kroetz). – K: Dietrich Lohmann. – Sch: Thea Eymèsz. – M: Ludwig van Beethoven; Song »You are my destiny« von Paul Anka. – A: Kurt Raab. – R-Ass: Irm Hermann. – Redaktion: Rolf Defrank. – D: Jörg von Liebenfels (Erwin), Ruth Drexel (Hilda, seine Frau), Eva Mattes (Hanni, deren Tochter), Harry Baer (Franz), Rudolf Waldemar Brem (Dieter), Hanna Schygulla (Ärztin), Kurt Raab (Chef), Karl Scheydt / Klaus Löwitsch (Polizisten), Irm Hermann / Marquard Bohm (Polizeibeamte), El Hedi ben Salem (Freund). – P: Intertel (im Auftrag des SFB). – Pd: Gerhard Freund. – Kosten: ca. 550 000 DM. – Drehzeit: 14 Tage / März 1972. – Drehort: Straubing und Umgebung. – U: 30. 12. 1972, München. – TV: 9. 1. 1973 (SFB). – F: 35 mm, Farbe. – Länge der Fernsehfassung: 2872 m / Länge der von der FSK freigegebenen Fassung: 2787 m = 102 min. – V: ohne.

1972 ***Acht Stunden sind kein Tag.*** Eine Familienserie. 1. Teil: JOCHEN UND MARION. 2. Teil: OMA UND GREGOR. 3. Teil: FRANZ UND ERNST. 4. Teil: HARALD UND MONIKA. 5. Teil: IRMGARD UND ROLF. – B: Rainer Werner Fassbinder. – K: Dietrich Lohmann. – Sch: Marie Anne Gerhardt. – M: Jean Gepoint (d. i. Jens Wilhelm Petersen). – A: Kurt Raab. – R-Ass: Renate Leiffer, Eberhard Schubert. – Redaktion: Peter Märthesheimer. – D: Gottfried John (Jochen), Hanna Schygulla (Marion), Luise Ullrich (Oma), Werner Finck (Gregor), Anita Bucher (Käthe), Wolfried Lier (Wolf), Christine Oesterlein (Klara), Renate Roland (Monika), Kurt Raab (Harald), Andrea Schober (Sylvia), Thorsten Massinger (Manni), Irm Hermann (Irmgard Erlkönig), Wolfgang Zerlett (Manfred), Wolfgang Schenck (Franz), Herb Andress (Rüdiger), Rudolf Waldemar Brem (Rolf), Hans Hirschmüller (Jürgen), Peter Gauhe (Ernst), Grigorios Karipidis (Giuseppe), Karl Scheydt (Peter), Victor Curland (Meister Kretzschmer), Rainer Hauer (Werkshallenleiter Gross), Margit Carstensen / Christiane Jannessen / Doris Mattes / Gusti Kreissl / Lilo Pempeit (Hausfrauen in Teil II), Katrin Schaake / Rudolf Lenz / Jörg von Liebenfels (Vermieter in Teil II), Gäste: Ulli Lommel, Ruth Drexel, Walter Sedlmayr, Helga Feddersen, Heinz Meier, Karl-Heinz Vosgerau, Peter Chatel, Valeska Gert, Eva Mattes, Marquard Bohm, Klaus Löwitsch, Hannes Gromball, Peter Märthesheimer. – P: WDR. – Kosten: ca. 1 375 000 DM. – Drehzeit: 105 Tage / April bis August 1972. – Drehorte: Fabrik bei Mönchen-Gladbach, Köln. – TV: 29. 10. 1972 (I) / 17. 12. 1972 (II) / 21. 1. 1973 (III) / 18. 2. 1973 (IV) / 18. 3. 1973 (V), ARD. – F: 16 mm, Farbe. – Sendelängen: Teil I: 101 min, 11 sec. / Teil II: 99 min, 31 sec. / Teil III: 91 min, 56 sec. / Teil IV: 88 min, 53 sec. / Teil V: 88 min, 53 sec.

1972 ***Bremer Freiheit.*** – Fernsehbearbeitung von Rainer Werner Fassbinder und Dietrich Lohmann. Unter Verwendung von Spielelementen, die von Rainer Werner Fassbinder mit dem Ensemble des Bremer Schauspielhauses entwickelt wurden. – B: Rainer Werner Fassbinder. – K: Dietrich Lohmann, Hans Schugg, Peter Weyrich. – Sch: Friedrich Niquet, Monika Solzbacher. – M: Archiv. – A: Kurt Raab. – R-Ass: Fritz Müller-Scherz. – Redaktion: Karlhans Reuss. – D: Margit Carstensen (Geesche), Ulli Lommel (Miltenberger), Wolfgang Schenck (Gottfried), Walter Sedlmayr (Pfarrer), Wolfgang Kieling (Timm), Rudolf Waldemar Brem (Vetter Bohm), Kurt Raab (Zimmermann), Fritz Schediwy (Johann), Hanna Schygulla (Luise Maurer), Rainer Werner Fassbinder (Rumpf), Lilo Pempeit (Mutter). – P: Telefilm Saar (im Auftrag des SR). – Kosten: 240 000 DM. – Drehzeit: 9 Tage / September 1972. – Drehort: Saarbrücken (Studio) – TV: 27. 12. 1972 (S 3) / 17. 2. 1973 (RB III für Nordkette) / 8. 9. 1973 (HR III) / 24. 9. 1973 (WDR III) / 6. 11. 1973 (SR). – F: MAZ 2 Zoll Farbe. – L: 87 min.

1973 ***Welt am Draht.*** – B: Fritz Müller-Scherz; Rainer Werner Fassbinder (nach dem Roman von Daniel F. Galouye). – K: Michael Ballhaus: – Sch: Marie Anne Gerhardt. – M: Gottfried Hüngsberg; Archiv. – A: Kurt Raab. – R-Ass: Renate Leiffer, Fritz Müller-Scherz. – Redaktion: Peter Märthesheimer, Alexander Wesemann. – D: Klaus Löwitsch (Fred Stiller), Mascha Rabben (Eva), Adrian Hoven (Vollmer), Ivan Desny (Lause), Barbara Valentin (Gloria), Karl-Heinz Vosgerau (Siskins), Günter Lamprecht (Wolfgang), Margit Carstensen (Schmidt-Gentner), Wolfgang Schenck (Hahn), Joachim Hansen (Edelkern), Rudolf Lenz (Hartmann), Kurt Raab (Holm), Karl Scheydt (Lehner), Rainer Hauer (Stuhlfaut), Ulli Lommel (Rupp), Heinz Meier (Weinlaub), Peter Chatel (Hirse), Gäste: Ingrid Caven, Eddie Constantine, Gottfried John, Elma Karlowa, Christine Kaufmann, Rainer Langhans, Bruce Low, Karsten Peters, Katrin

Schaake, Walter Sedlmayr, El Hedi ben Salem, Christiane Maybach, Rudolf Waldemar Brem, Peter Kern, Ernst Küsters, Peter Moland, Doris Mattes, Liselotte Eder, Solange Pradel, Maryse Dellannoy, Werner Schroeter, Magdalena Montezuma, Corinna Brocher, Peter Gauhe, Dora Karras-Frank. – P: WDR. – Kosten: ca. 950 000 DM. – Drehzeit: 44 Tage / Januar bis März 1973. – Drehorte: Köln, München, Paris. – TV: 14. 10. 1973 (I) / 16. 10. 1974 (II), ARD. – F: 16 mm, Farbe. – Sendelängen: Teil I: 99 min, 25 sec, für die Wiederholung gekürzt auf 91 min, 22 sec. / Teil II: 105 min, 44 sec.

1973 ***Nora Helmer.*** – B: Schauspiel von Henrik Ibsen / Übersetzung: Bernhard Schulze. – K: Willi Raber, Wilfried Mier, Peter Weyrich, Gisela Loew, Hans Schugg. – Sch: Anne-Marie Bornheimer, Friedrich Niquet. – M: Archiv. – A: Friedhelm Boehm. – Ko: Barbara Baum. – R-Ass: Fritz Müller-Scherz, Rainer Langhans. – D: Margit Carstensen (Nora), Joachim Hansen (Torvald), Barbara Valentin (Frau Linde), Ulli Lommel (Krogstedt), Klaus Löwitsch (Dr. Rank), Lilo Pempeit (Marie), Irm Hermann (Helene). – P: Telefilm Saar (im Auftrag des SR). – Kosten: ca. 550 000 DM. – Drehzeit: 21 Tage / Mai 1973. – Drehzeit: 21 Tage / Mai 1973. – Drehort: Saarbrücken (Studio). – TV: 3. 2. 1974 (SR), 22. 6. 1978 (S 3). – F: MAZ 2 Zoll Farbe. – L: 101 min.

1973 ***Angst essen Seele auf.*** – B: Rainer Werner Fassbinder. – K: Jürgen Jürges. – K-Ass: Thomas Schwan. – Licht: Ekkehard Heinrich. – Sch: Thea Eymèsz. – T: Fritz Müller-Scherz. – M: Archiv, Melodie »Die kleine Liebe« von Fassbinder. – A: Rainer Werner Fassbinder. – Ma: Helga Kempke. – R-Ass: Rainer Langhans. – D: Brigitte Mira (Emmi), El Hedi ben Salem (Ali), Barbara Valentin (Barbara, Wirtin), Irm Hermann (Krista), Rainer Werner Fassbinder (Eugen, ihr Mann), Karl Scheydt (Albert), Elma Karlowa (Frau Karges), Anita Bucher (Frau Ellis), Gusti Kreissl (Paula), Walter Sedlmayr (Angermayer, Lebensmittelhändler), Doris Mattes (seine Frau), Liselotte Eder (Frau Münchmeyer), Marquard Bohm (Gruber, Sohn des Hausbesitzers), Hannes Gromball (Ober in der Osteria), Katharina Herberg (Mädchen in der Kneipe), Rudolf Waldemar Brem (ein Kollege), Peter Moland (Chef in der Autowerkstatt), Kurt Raab (Vorarbeiter), Margit Symo (Hedwig), Peter Gauhe (Bruno), Helga Ballhaus (Yolanda), Elisabeth Bertram (Frieda), Hark Bohm (Arzt). – P: Tango-Film, München. – Kosten: ca. 260 000 DM. – Drehzeit: 15 Tage / September 1973. – Drehort: München. – U: 5. 3. 1974, München. – TV: 25. 7. 1977 (ZDF). – F: 35 mm, Farbe, Breitwand 1,85 m. – L: 2539 m = 93 min. – V: Filmverlag der Autoren (35 mm). – Dem Film ist das Motto »Das Glück ist nicht immer lustig« vorangestellt. Er hatte den Arbeitstitel »Alle Türken heißen Ali«.

1973 ***Martha.*** – B: Rainer Werner Fassbinder. – K: Michael Ballhaus. – Sch: Liesgret Schmitt-Klink. – M: Archiv. – A: Kurt Raab. – R-Ass: Fritz Müller-Scherz, Renate Leiffer. – D: Margit Carstensen (Martha Hyer / später: Martha Salomon), Karlheinz Böhm (Helmut Salomon), Gisela Fackeldey (Mutter), Adrian Hoven (Vater), Barbara Valentin (Marianne), Ingrid Caven (Ilse), Ortrud Beginnen (Erna), Wolfgang Schenck (Chef), Günter Lamprecht (Dr. Salomon), Peter Chatel (Kaiser), El Hedi ben Salem (Hotelgast), Kurt Raab (Sekretär in der Botschaft), Rudolf Lenz (Portier). – P: WDR. – Kosten: ca. 500 000 DM. – Drehzeit: 25 Tage / Juli bis September 1973. – Drehorte: Konstanz, Ottobeuren, Kreuzlingen, Rom, S. Felice Zirceo. – TV: 28. 5. 1974 (ARD). – F: 16 mm, Farbe. – Sendelänge: 111 min, 33 sec. – V: Filmverlag der Autoren.

1972-74 ***Fontane Effi Briest*** *oder Viele, die eine Ahnung haben von ihren Möglichkeiten und Bedürfnissen und dennoch das herrschende System in ihrem Kopf akzeptieren durch ihre Taten und es somit festigen und durchaus bestätigen.* – B: Rainer Werner Fassbinder (nach Fontane). – K: Dietrich Lohmann, Jürgen Jürges. – K-Ass: Thomas Schwan, Herbert Paetzold. – Licht: Ernst Küsters, Ekkehard Heinrich. – Sch: Thea Eymèsz. – T: Fritz Müller-Scherz. – M: Motiv von Camille Saint-Saens u. a. – A: Kurt Raab. – Ko: Barbara Baum. – Ma: Sybille Danzer. – R-Ass: Rainer Langhans, Fritz Müller-Scherz. – D: Hanna Schygulla (Effi), Wolfgang Schenck (Baron Geert von Innstetten), Karlheinz Böhm (Geheimrat Wüllersdorf), Ulli Lommel (Major Crampas), Ursula Strätz (Roswitha), Irm Hermann (Johanna), Lilo Pempeit (Luise von Briest, Effis Mutter), Herbert Steinmetz (Herr von Briest, Effis Vater), Hark Bohm (Apotheker Gieshübler), Rudolf Lenz (Geheimrat Rummschüttel), Barbara Valentin (Marietta Tripelli, Sängerin), Karl Scheydt (Kruse), Theo Tecklenburg (Pastor Niemeyer), Barbara Lass (polnische Köchin), Eva Mattes (Bertha), Andrea Schober (Annie), Anndorthe Braker (Frau Pasche), Peter Gauhe (Vetter Dagobert). Erzählerstimme: Rainer Werner Fassbinder. Synchronstimmen: Wolfgang Hess für Ulli Lommel, Kurt Raab für Hark Bohm, Renate Küster für Ursula Strätz, Fred Maire für Herbert Steinmetz, Rosemarie Fendel für Lilo Pempeit, Margit Carstensen für Irm Hermann, Eva Mattes für Andrea Schober u. a.; Hanna Schygulla, Wolfgang Schenck und Karlheinz Böhm sprechen selbst. – P: Tango-Film, München. – Pl: Christian Hohoff. – Kosten: ca. 750 000 DM. – Drehzeit: 58 Tage / September-Oktober 1972, Oktober-November 1973. – Drehorte: München, Wien, Aerøskøbing (Dänemark), Schleswig-Holstein (Schloß Bredeneek, Neustadt und Brodau) und im Schwarzwald (die Eisenbahnfahrten). – U: 28. 6. 1974, Berlin (Filmfestspiele). – Kinostart: 5. 7. 1974. – TV: 31. 10. 1979 (ZDF). – F: 35 mm, schwarzweiß. – L: 3881 m = 141 min. – V: Filmverlag der Autoren (35 mm). – Als Titel des Films wird fälschlicherweise oft – auch vom Verleih – nur EFFI BRIEST genannt.

1974 ***Faustrecht der Freiheit.*** – B: Rainer Werner Fassbinder; Mitarbeit: Christian Hohoff. – K: Michael Ballhaus. – Sch: Thea Eymèsz. – M: Peer Raben; »One Night« von Pearl King / Dave Bartholomew, gesungen von Elvis Presley, »Bird of the Whire« von Leonhard Cohen. – A: Kurt Raab. – R-Ass: Irm Hermann. – D: Rainer Werner Fassbinder (Franz Biberkopf), Peter Chatel (Eugen), Karlheinz Böhm (Max), Rudolf Lenz (Rechtsanwalt), Karl Scheydt (Klaus), Hans Zander (Springer), Kurt Raab (Wodka-Peter), Adrian Hoven (Vater), Ulla Jacobsen (Mutter), Irm Hermann (Madame Cherie), Kitty Buchhamer (Madame Isabell), Ursula Strätz (Madame Antoinette), Christiane Maybach (Schwester), Elma Karlowa, Harry Baer, Peter Kern, Barbara Valentin, Bruce Low, Walter Sedlmayr, El Hedi ben Salem, Evelyn Künneke, Ingrid Caven, Marquard Bohm, Lilo Pempeit, Hannes Gromball. – P: Tango-Film, München /City Film GmbH, Berlin. – Pl: Christian Hohoff. – Kosten: ca. 450 000 DM. – Drehzeit: 21 Tage / April und Juli 1974. – Drehorte: Marrakesch, München. – U: 30. 5. 1975. – F: 35 mm, Farbe. – L. 3373 m = 123 min. – V: Filmverlag der Autoren (35 mm). – Der Film trägt die Widmung »Für Armin und alle anderen«.

1974 ***Wie ein Vogel auf dem Draht.*** – B: Rainer Werner Fassbinder, Christian Hohoff; Liedertexte: Anja Hauptmann. – K: Erhard Spandel. – A: Kurt Raab. – Musikalische Bearbeitung: Ingfried Hoffmann. – Es spielt das Orchester Kurt Edelhagen. – Redaktion: Rolf Spinrads. – D: Brigitte Mira, Evelyn Künneke. – P: WDR. – Kosten: ca. 150 000 DM. – Drehzeit: 6 Tage / Juli 1974. – Drehort: Köln (Studio). – TV: 5. 5. 1975 (ARD). – F: MAZ 2 Zoll Farbe. – L: 44 min.

1975 ***Mutter Küsters' Fahrt zum Himmel.*** – B: Rainer Werner Fassbinder unter Mitarbeit von Kurt Raab. – K: Michael Ballhaus. – K-Ass: Thomas Schwan. – Sch: Thea Eymèsz. – T: Wolfgang Hoffmann. – M: Peer Raben. – A: Kurt Raab. – R-Ass: Renate Leiffer. – D: Brigitte Mira (Emma Küsters), Ingrid Caven (Corinna), Karlheinz Böhm (Tillmann), Margit Carstensen (Frau Tillmann), Irm Hermann (Helene), Gottfried John (Niemeyer), Armin Meier (Ernst), Helmut Petigk (Ballettänzerin) und Kurt Raab, Peter Kern, Gustav Holzapfel, Volker Spengler, Peter Chatel, Vitus Zeplichal, Y Sa Lo, Lilo Pempeit und Matthias Fuchs (Knab). – P: Tango-Film, München. – Pl: Christian Hohoff. – Kosten: ca. 750 000 DM. – Drehzeit: 20 Tage / Februar-März 1975. – Drehort: Frankfurt am Main. – U: 2. 1. 1976 (Voraufführung: 7. 7. 1975, Berlin). – TV: 14. 6. 1982 (ARD). – F: 35 mm, Farbe. – L: 3275 m = 120 min. – V: Filmverlag der Autoren (35 mm).

1975 ***Angst vor der Angst.*** – B: Rainer Werner Fassbinder (nach einer Idee von Asta Scheib). – K: Jürgen Jürges, Ulrich Prinz. – Sch: Liesgret Schmitt-Klink, Beate Fischer-Weiskirch. – M: Peer Raben. – A: Kurt Raab. – R-Ass: Renate Leiffer. – Produktion: Peter Märthesheimer. – D: Margit Carstensen (Margot), Ulrich Faulhaber (Kurt), Brigitte Mira (Mutter), Irm Hermann (Lore), Armin Meier (Karli), Adrian Hoven (Dr. Merck), Kurt Raab (Herr Bauer), Ingrid Caven (Edda), Lilo Pempeit (Frau Schall), Helga Märthesheimer (Frau Dr. von Unruh), Herbert Steinmetz (Dr. Auer), Hark Bohm (Dr. Rozenbaum) sowie Constanze Haas als Bibi. – P: WDR. – Kosten: 375 000 DM. – Drehzeit: 25 Tage / April-Mai 1975. – Drehorte: Köln, Bonn. – TV: 8. 7. 1975 (ARD). – F: 16 mm, Farbe. – Sendelänge: 88 min, 8 sec.

1975 ***Schatten der Engel.*** – R: Daniel Schmid. – B: Daniel Schmid, Rainer Werner Fassbinder (nach dem Theaterstück »Der Müll, die Stadt und der Tod«). – K: Renato Berta. – Sch: Ila von Hasperg. – T: Gunther Kortwich. – M: Peer Raben, Gottfried Hüngsberg. – A: Raoul Gimenez. – D: Ingrid Caven (Lily Brest), Rainer Werner Fassbinder (Raoul), Klaus Löwitsch (Jude), Annemarie Düringer (Frau Müller), Adrian Hoven (Müller), Boy Gobert (Müller II), Ulli Lommel (Kleine Prinz), Jean-Claude Dreyfuss (Zwerg), Irm Hermann (Emma), Debria Kalpataru (Marie-Antoinette), Hans Gratzer (Oscar), Peter Chatel (Mann, Thomas). Ila von Hasperg (Violet), Gail Curtis (Tau), Christine Jirku (Olga), Raoul Gimenez (Jim), Alexander Allerson (Hans von Gluck), Harry Baer (Hellfritz). – P: Albatros Produktion. – Pd: Michael Fengler. – Pl: Christian Hohoff. – Kosten: ca. 600 000 DM. – Drehzeit: 28 Tage / Oktober-November 1975. – Drehort: Wien. – U: 31. 1. 1976, Solothurn (Festival); Erstaufführung in der Bundesrepublik: 3. 9. 1976. – F: 35 mm, Farbe. – L: 2768 m = 101 min. – V: Filmverlag der Autoren (35 mm).

1975/76 ***Ich will doch nur, daß ihr mich liebt.*** – B: Rainer Werner Fassbinder (nach einer Geschichte aus dem Buch »Lebenslänglich« von Klaus Antes und Christiane Ehrhardt). – K: Michael Ballhaus. – Sch: Liesgret Schmitt-Klink. – T: Karsten Ullrich. – M: Peer Raben. – A: Kurt Raab. – Ma: Peter Knöpfle, Elke Müller. – R-Ass: Renate Leiffer, Christian Hohoff. – D: Vitus Zeplichal (Peter), Elke Aberle (Erika), Alexander Allerson (Vater), Ernie Mangold (Mutter), Johanna Hofer (Großmutter), Katharina Buchhammer (Ulla), Wolfgang Hess (Bauleiter), Armin Meier (Polier), Erika Runge (Interviewerin), Ulrich Radke (Erikas Vater), Annemarie Wendl (Erikas Mutter), Janos Gönczöl (Wirt), Edith Volkmann (Wirtin), Robert Naegele (Gerichtsvollzieher), Axel

Ganz (Hausmeister), Inge Schulz (Frau Emmerich), Heinz H. Bernstein (Möbelverkäufer), Helga Bender (Verkäuferin in der Boutique), Adi Gruber (Postbeamter), Sonja Neudorfer (Schmuckverkäuferin), Heide Ackermann (Nähmaschinenverkäuferin), Reinhard Brex (Bauunternehmer). – P: Bavaria Atelier GmbH (im Auftrag des WDR). – Pd: Peter Märthesheimer. – Kosten: ca. 800 000 DM. – Drehzeit: 25 Tage / November-Dezember 1975. – Drehorte: München und Umgebung. – TV: 23. 3. 1976 (ARD). – F: 16 mm, Farbe. – Sendelänge: 103 min, 54 sec.

1975/76 ***Satansbraten.*** – B: Rainer Werner Fassbinder. – K: Jürgen Jürges (1. Phase), Michael Ballhaus. – Sch: Thea Eymèsz, Gabi Eichel. – T: Paul Schöler, Rolf-Peter Notz, Roland Henschke. – M: Peer Raben. – A: Kurt Raab, Ulrike Bode. – Ma: Evelyn Döhring, Jo Braun. – R-Ass: Ila von Hasperg, Christa Reeh, Renate Leiffer. – D: Kurt Raab (Walter Kranz), Margit Carstensen (Andrée), Helen Vita (Luise Kranz), Volker Spengler (Ernst), Ingrid Caven (Lilly), Marquard Bohm (Rolf, ihr Mann), Ulli Lommel (Lauf), Y Sa Lo (Lana), Katharina Buchhammer (Irmgart von Witzleben), Armin Meier (Stricher), Vitus Zeplichal (Urs), Dieter Schidor (Willy), Peter Chatel (Eugen), Michael Octave (Jünger), Katren Gebelein (Lillys Mutter), Helmut Petigk (Schneider), Hannes Gromball (Taxifahrer), Adrian Hoven (Arzt), Monika Teuber (Dame im Fahrstuhl),Brigitte Mira/Hannes Kaetner (Eltern), Nino Korda (Bankbeamter), Lilo Pempeit (Bankkundin), Christiane Maybach (Agentin). – P: Albatros Produktion, München, hergestellt von Trio-Film, Duisburg. – Pd und Pl: Michael Fengler. – Kosten: ca. 600 000 DM. – Drehzeit: 29 Tage / Oktober 1975 (14 Tage), Januar-Februar 1976 (15 Tage). – Drehort: München. – U: 7. 10. 1976, Mannheim (Filmwoche). – Kinostart: Nov. 1976. – F: 35 mm, Farbe. – L: 3184 m = 112 min. – V: Filmverlag der Autoren (35 mm). – Dem Film ist ein Zitat von Antonin Artaud vorangestellt: »Ce qui différence / les païens de nous / c'est qu'à l'origine / de toutes leurs croyances / il y a un terrible effort / pour ne pas penser en hommes, / pour garder le contact / avec la création entière / c'est-à-dire avec la divinité.«

1976 ***Chinesisches Roulette.*** – B: Rainer Werner Fassbinder. – K: Michael Ballhaus. – Sch: Ila von Hasperg, Juliane Lorenz (Ass.). – T: Roland Henschke. – M: Peer Raben. – A: Curd Melber. – Ma: Jo Braun. – R-Ass.: Ila von Hasperg. – Organisation: Christian Hohoff, Harry Baer, Kerstin Dobertin. – D: Margit Carstensen (Ariane), Anna Karina (Irene), Alexander Allerson (Gerhard), Ulli Lommel (Kolbe), Andrea Schober (Angela), Macha Méril (Traunitz), Brigitte Mira (Kast), Volker Spengler (Gabriel), Armin Meier (Tankwart), Roland Henschke (Bettler). – P: Albatros Produktion, München / Les Films du Losange, Paris. – Pd: Michael Fengler. – Kosten: ca. 1,1 Mill. DM – Drehzeit: 36 Tage / April-Juni 1976. – Drehorte: Stöckach (Schloß) und Umgebung, München (Flughafen). – U: 16. 11. 1976, Paris (Festival). – Erstaufführung in der Bundesrepublik: 22. 4. 1977. – TV: 24. 8. 1982 (ZDF). – F: 35 mm, Farbe. – L: 2341 m = 86 min. – V: Filmverlag der Autoren (35 mm).

1976/77 ***Bolwieser.*** – B: Rainer Werner Fassbinder (nach dem Roman von Oskar Maria Graf). – K: Michael Ballhaus. – K-Ass: Horst Knechtel. – Sch: Ila von Hasperg, Juliane Lorenz; für die Kinofassung auch: Franz Walsch (d. i. Rainer Werner Fassbinder). – T: Reinhard Gloge; Mischung: Milan Bor (Kinofassung). – M: Peer Raben. – A: Kurt Raab, Nico Kehrhan. – Ba: Peter Müller. – Ko: Monika Altmann-Kriger. – R-Ass: Christian Hohoff, Ila von Hasperg, Udo Kier. – Redaktion: Willi Segler. –

D: Kurt Raab (Xaver Ferdinand Maria Bolwieser, Bahnhofsvorstand), Elisabeth Trissenaar (Hanni), Bernhard Helfrich (Frank Merkl, Metzger und Gastwirt), Udo Kier (Schafftaler, Friseur), Volker Spengler (Mangst, Sekretär), Armin Meier (Scherber, Aspirant), Karl-Heinz von Hassel (Windegger), Gustl Bayrhammer (Neidhart, Hannis Vater), Maria Singer (Frau Neidhart), Willi Harlander (Stempflinger), Hannes Kaetner (Lederer), Gusti Kreissl (Frau Lederer), Helmut Alimonta (Hartmannseder), Peter Kern (Treuberger), Gottfried John (Finkelberger, Scheidungsanwalt), Gerhard Zwerenz (Fährmann), Helmut Petigk (Wirt), Sonja Neudorfer (Wirtin), Monika Teuber (Mariele), Nino Korda (Rechtsanwalt), Hannes Gromball (Richter im Amtsgericht), Alexander Allerson (Vorsitzender), Manfred Gunther (Verteidiger), Roland Henschke (Richter in Werburg), Adolph Gruber (angeklagter Bauer), Doris Mattes (Zeugin), Ulrich Radke (Justizrat Schneider), Liselotte Pempeit (Frau Käser), Reinhard Weiser (Sallerbub), Elma Karlowa (Krankenschwester), Isolde Barth (1. Animierdame), Margot Mahler (2. Animierdame), Renate Muhri (Hure), Monica Gruber (Kellnerin), Katharina Buchhammer (Barwirtin), Karl Scheydt (Wärter). – P: Bavaria Atelier GmbH im Auftrag des ZDF. – Pd: Herbert Knopp. – Pl: Henry Sokal. – Kosten: ca. 1,8 Mill. DM. – Drehzeit: 40 Tage / Oktober-Dezember 1976. – Drehorte: Bahnhof Marxgrün (zwischen Naila und Bad Steben), Förmitzsee (bei Schwarzenbach/Saale), Schloß Thurnau, Landgericht Bayreuth, Hof/Saale, München-Solln. – TV: 31. 7. 1977 (ZDF), 20.15 Uhr (I), 22.00 Uhr (II). – F: 16 mm, Farbe. – Sendelängen: 104 min, 20 sec (I), 96 min, 23 sec (II). – Eine von Fassbinder autorisierte Kinofassung ist aus Rechtsgründen erst seit 1983 verfügbar. – Kinostart: 10. 6. 1983. – F: 35 mm, Farbe, Breitwand 1,66. – L: 3138 m = 112 min. – V: Filmverlag der Autoren (35 mm).

1977 ***Frauen in New York.*** Fernsehaufzeichnung der Inszenierung von Rainer Werner Fassbinder am Deutschen Schauspielhaus in Hamburg. – B: Claire Booth: »The Women« / Übersetzung: Nora Gray. – K: Michael Ballhaus. – Sch: Wolfgang Kerhutt. – T: Horst Faahs. – A: Rolf Glittenberg. – Ko: Frieda Parmeggiani. – Redaktion: Dieter Meichsner. – D: Christa Berndl (Mary, Mrs. Stephen Haines), Margit Carstensen (Sylvia, Mrs. Howard Fowler), Anne-Marie Kuster (Peggy, Mrs. John Day), Eva Mattes (Edith, Mrs. Phelps Potter), Angela Schmid (Nancy Blake /Prinzessin Tamara / Miss Trimmerback), Heide Grübl (Jane / Gymnastiklehrerin / verzweifeltes Mädchen), Ehmi Bessel (Mrs. Wagstaff / Ingrid, Köchin / Erste Directrice / Miss Watts, Sekretärin / Zweite Dame), Susanne Werth (Erste Friseuse / Erste Verkäuferin / Erstes Mädchen), Carola Schwarz (Zweite Friseuse / Zweite Verkäuferin / Hélène, Zofe), Irm Hermann (Olga, Maniküre / Miriam), Adelheid Müther (Euphie / Mannequin / Zigarettenmädchen), Ilse Bally (Schlamm-Maske / Zweite Directrice / Erste Dame), Andrea Grosske (Miss Fordyce, Hauslehrerin / Luca, Putzfrau / Maggie, Köchin / Witwe), Christina Prior (Klein-Mary), Gisela Uhlen (Mrs. Morehead / Comtesse de Lage), Barbara Sukowa (Crystal Allen), Henny Zschoppe (Krankenschwester / Sadie, Garderobenfrau), Sabine Wegener (Debütantin). – P: NDR. – Kosten: ca. 320 000 DM. – Drehzeit: 7 Tage / März 1977. – Drehort: Hamburg (Deutsches Schauspielhaus). – TV: 21. 6. 1977 (ARD). – F: 16 mm, Farbe. – Sendelänge: 111 min, 10 sec.

1977 ***Despair – eine Reise ins Licht.*** – B: Tom Stoppard (nach dem Roman von Vladimir Nabokov). – K: Michael Ballhaus. – K-Ass: Horst Knechtel. – Sch: Juliane Lorenz, Franz Walsch (d. i. Rainer Werner Fassbinder). – T: James Willis; Mischung: Milan Bor. – M: Peer Raben. – A: Rolf Zehetbauer. – Ko: Dagmar Schauberger. – Ma:

Peter Knöpfle, Anni Nöbauer. – R-Ass: Harry Baer. – D: Dirk Bogarde (Hermann Hermann), Andrea Ferréol (Lydia), Volker Spengler (Ardalion), Klaus Löwitsch (Felix), Alexander Allerson (Mayer), Bernhard Wicki (Orlovius), Peter Kern (Müller), Gottfried John (Perebrodov), Adrian Hoven (Inspektor Schelling), Roger Fritz (Inspektor Braun), Hark Bohm (Doktor), Y Sa Lo (Elsie), Liselotte Eder (Sekretärin), Armin Meier (Vorarbeiter), Gitty Djamal (Frau in Pension), Ingrid Caven (Hotelangestellte). – P: NF Geria II Film GmbH, München, in Zusammenarbeit mit SFP, Paris, hergestellt von der Bavaria Atelier GmbH. – Pd: Peter Märthesheimer. – Kosten: ca. 6 Mill. DM. – Drehzeit: 41 Tage / April-Juni 1977. – Drehorte: München, Interlaken, Berlin, Lübeck, Braunschweig, Hamburg, Mölln; Atelier: Bavaria. – U: 19. 5. 1978, Cannes (Festival); gleichzeitig Erstaufführung in der Bundesrepublik. – TV: 30. 8. 1981 (ARD). – L: 3265 m = 119 min. – F: 35 mm, Farbe. – V: Filmverlag der Autoren (35 mm, auch engl. O. m. U.). – Der Film trägt die Widmung »Dedicated to / Für Antonin Artaud, Vincent van Gogh, Unica Zürn«. Er wurde in englischer Sprache gedreht.

1977/78 ***Deutschland im Herbst.*** – R: Alf Brustellin, Rainer Werner Fassbinder, Alexander Kluge, Maximiliane Mainka, Edgar Reitz, Katja Rupé / Hans Peter Cloos, Volker Schlöndorff, Bernhard Sinkel. – B: Heinrich Böll, Peter Steinbach, die Regisseure. – K: Michael Ballhaus (Fassbinder-Episode), Jürgen Jürges, Bodo Kessler, Dietrich Lohmann, Colin Mounier, Jörg Schmidt-Reitwein. – Sch: Heidi Genée, Mulle Goetz-Dickopp, Juliane Lorenz (Fassbinder-Episode), Beate Mainka-Jellinghaus, Tanja Schmidbauer, Christina Warnck. – T: Roland Henschke (Fassbinder-Episode), Martin Müller, Günter Stadelmann. – A: Henning von Gierke, Winfried Hennig, Toni Lüdi. – Mitwirkende: Wolfgang Baechler, Heinz Bennent, Wolf Biermann, Joachim Bissmeyer, Caroline Chaniolleau, Hans Peter Cloos, Otto Friebel, Hildegard Friese, Michael Gahr, Vadim Glowna, Helmut Griem, Horatius Haeberle, Hannelore Hoger, Petra Kiener, Dieter Laser, Horst Mahler, Lisi Mangold, Eva Meier, Enno Patalas, Werner Possardt, Franz Priegel, Leon Rainer, Katja Rupé, Walter Schmiedinger, Gerhard Schneider, Corinna Spies, Eric Vilgertshofer, Franziska Walser, Angela Winkler, Manfred Zapatka, das Kollektiv »Rote Rübe«; in der Fassbinder-Episode: Rainer Werner Fassbinder, Liselotte Eder, Armin Meier. – P: Pro-ject Filmproduktion im Filmverlag der Autoren / Hallelujah-Film / Kairos-Film. – Pl: Heinz Badewitz, Karl Helmer, Herbert Herz. – Kosten: ca. 450 000 DM. – Drehzeit: Oktober 1977-Februar 1978; Fassbinder-Episode: 6 Tage / Oktober 1977. – Drehorte: an vielen Orten der Bundesrepublik; Fassbinder-Episode: München (Wohnung von RWF). – U der ersten (Roh-) Fassung: 3. 3. 1978, Berlin (Filmfestspiele). – Erstaufführung der endgültigen Fassung: 17. 3. 1978. – F: 35 mm, Farbe mit Schwarzweiß-Teilen, Breitwand 1,66. – L: 3378 m = 124 min; Länge der Fassbinder-Episode: 26 min, 20 sec. (Bei der Berliner Uraufführung: Gesamtlänge 3671 m = 134 min, die Fassbinder-Episode ist nicht verändert worden). – V: Filmverlag der Autoren (35 mm) / Studio 16 (16 mm).

1978 ***Die Ehe der Maria Braun.*** – B: Peter Märthesheimer, Pea Fröhlich, nach einer Idee von Rainer Werner Fassbinder. – K: Michael Ballhaus. – K-Ass: Horst Knechtel. – Sch: Franz Walsch (d. i. Rainer Werner Fassbinder), Juliane Lorenz. – T: Jim Willis; Mischung: Milan Bor. – M: Peer Raben. – A: Helga Ballhaus. – Ba: Norbert Scherer. – Ko: Barbara Baum. – Ma: Anni Nöbauer. – R-Ass: Rolf Bührmann. – Redaktion: Volker Canaris, Wolf-Dietrich Brücker. – D: Hanna Schygulla (Maria), Klaus Löwitsch (Hermann), Ivan Desny (Oswald), Gottfried John (Willi), Gisela Uhlen (Mutter), Günter

Lamprecht (Wetzel), George Byrd (Bill), Elisabeth Trissenaar (Betti), Isolde Barth (Vevi), Peter Berling (Bronski), Sonja Neudorfer (Rotkreuzschwester), Liselotte Eder (Frau Ehmke), Volker Spengler (Schaffner), Karl-Heinz von Hassel (Staatsanwalt), Michael Ballhaus (Anwalt), Christine Hopf-de Loup (Notarin), Hark Bohm (Senkenberg), Dr. Horst-Dieter Klock (Mann mit Auto), Günther Kaufmann (Ami im Zug), Bruce Low (Ami auf der Konferenz), Rainer Werner Fassbinder (Händler), Claus Holm (Arzt), Anton Schirsner (Opa Berger), Hannes Kaetner (Standesbeamter), Martin Häussler (Reporter), Norbert Scherer (Wärter I), Rolf Bührmann (Wärter II), Arthur Glogau (Wärter III). – P: Albatros Produktion, München / Trio-Film, Duisburg / WDR, Köln. – Pd und Hl: Michael Fengler. – Pl: Martin Häussler. – Kosten: 1 975 000 DM. – Drehzeit: 35 Tage / Januar-März 1978. – Drehorte: Coburg, Berlin; Atelier: Bavaria. – U: 20. 2. 1979, Berlin (Filmfestspiele); interne Voraufführung: 22. 5. 1978 in Cannes. – Kinostart: 23. 3. 1979. – TV: 13. 1. 1985 (ARD). – F: 35 mm, Farbe, Breitwand 1,85. – L: 3296 m = 120 min. – V: Filmverlag der Autoren (35 mm) / atlas film + av (16 mm). – Der Film hat die Widmung »Für Peter Zadek«.

1978 ***In einem Jahr mit 13 Monden.*** – B, K, Sch, A: Rainer Werner Fassbinder. – K-Ass: Werner Lüring. – Ton und Beleuchtung: Karl Scheydt, Wolfgang Mund. – M: Peer Raben; Songs »Frankie Teardrop« von Suicide, »A Song for Europe« von Roxy Music. – Bühne: Franz Vacek. – Weitere Mitarbeiter: Milan Bor, Walter Bockmayer, Jo Braun, Juliane Lorenz, Volker Spengler, Alexander Witt. – D: Volker Spengler (Elvira Weishaupt), Ingrid Caven (die rote Zora), Gottfried John (Anton Saitz), Elisabeth Trissenaar (Irene), Eva Mattes (Marie-Ann), Günther Kaufmann (Chauffeur), Liselotte Pempeit (Schwester Gudrun), Isolde Barth (Sybille), Karl Scheydt (Hacker), Walter Bockmayer (Seelenfrieda), Peter Kollek (Säufer), Bob Dorsay (Stadtstreicher), Günther Holzapfel (Angestellter), Ursula Lillig (Putzfrau) sowie Gerhard Zwerenz (Burghard Hauer, Schriftsteller). – P: Tango-Film, München / Pro-ject Filmproduktion im Filmverlag der Autoren. – Pl: Isolde Barth. – Kosten: ca. 700 000 DM. – Drehzeit: 25 Tage / Juli-August 1978. – Drehort: Frankfurt am Main. – U: 17. 11. 1978, Frankfurt. – TV: 21. 1. 1985 (ARD). – F: 35 mm, Farbe, Breitwand 1,66. – L: 3398 m = 124 min. – V: Filmverlag der Autoren (35 mm).

1978/79 ***Die dritte Generation.*** – B und K: Rainer Werner Fassbinder. – K-Ass: Hans-Günther Bücking, Alexander Witt. – Sch: Juliane Lorenz. – T: Hartmut Eichgrün, Jean Luc Marié; Mischung: Milan Bor. – M: Peer Raben. – A: Raoul Gimenez, Volker Spengler. – Ma: Anni Nöbauer. – R-Ass: Juliane Lorenz. – D: Volker Spengler (August Brem), Bulle Ogier (Hilde Krieger), Hanna Schygulla (Susanne Gast), Harry Baer (Rudolf Mann), Vitus Zeplichal (Bernhard von Stein), Udo Kier (Edgar Gast), Margit Carstensen (Petra Vielhaber), Günther Kaufmann (Franz Walsch), Eddie Constantine (P. J. Lurz), Raoul Gimenez (Paul), Y Sa Lo (Ilse Hoffmann), Hark Bohm (Gerhard Gast), Claus Holm (Opa Gast), Lilo Pempeit (Mutter Gast), Jürgen Draeger (Hans Vielhaber), Juliane Lorenz (Frau im Arbeitsamt). – P: Tango-Film, Berlin / Pro-ject Filmproduktion im Filmverlag der Autoren, München. – Pl: Harry Baer. – Kosten: ca. 800 000 DM. – Drehzeit: 30 Tage / Dezember 1978-Januar 1979. – Drehort: Berlin. – U: 13. 5. 1979, Cannes (Festival, Sektion »Un certain regard«). – Erstaufführung in der Bundesrepublik: 14. 9. 1979. – L: 2997 m = 110 min. – F: 35 mm, Farbe, Breitwand 1,66. – V: Filmverlag der Autoren (35 mm). – Der Film hat den Untertitel »Eine Komödie in 6 Teilen / um Gesellschaftsspiele / voll Spannung, Erregung und Logik / Grausamkeit und Wahnsinn / ähnlich den Märchen / die man Kindern erzählt / ihr Leben zum Tod ertragen zu helfen«. Der Film enthält ein Zitat aus »Le diable probablement« von Robert Bresson und Ausschnitte aus Fernsehinterviews mit Rudi Dutschke und Karsten Voigt.

1979/80 ***Berlin Alexanderplatz.*** Ein Film in 13 Teilen und einem Epilog. 1. Teil: DIE STRAFE BEGINNT. 2. Teil: WIE SOLL MAN LEBEN, WENN MAN NICHT STERBEN WILL. 3. Teil: EIN HAMMER AUF DEM KOPF KANN DIE SEELE VERLETZEN. 4. Teil: EINE HANDVOLL MENSCHEN IN DER TIEFE DER STILLE. 5. Teil: EIN SCHNITTER MIT DER GEWALT VOM LIEBEN GOTT. 6. Teil: EINE LIEBE, DAS KOSTET IMMER VIEL. 7. Teil: MERKE – EINEN SCHWUR KANN MAN AMPUTIEREN. 8. Teil: DIE SONNE WÄRMT DIE HAUT, DIE SICH MANCHMAL VERBRENNT. 9. Teil: VON DEN EWIGKEITEN ZWISCHEN DEN VIELEN UND DEN WENIGEN. 10. Teil: EINSAMKEIT REISST AUCH IN MAUERN RISSE DES IRRSINNS. 11. Teil: WISSEN IST MACHT UND MORGENSTUND HAT GOLD IM MUND. 12. Teil: DIE SCHLANGE IN DER SEELE DER SCHLANGE. 13. Teil: DAS ÄUSSERE UND DAS INNERE UND DAS GEHEIMNIS DER ANGST VOR DER ANGST. Epilog: RAINER WERNER FASSBINDER: MEIN TRAUM VOM TRAUM DES FRANZ BIBERKOPF. – B: Rainer Werner Fassbinder (nach dem Roman von Alfred Döblin). – Künstlerische Mitarbeit: Harry Baer. – K. Xaver Schwarzenberger. – K-Ass: Josef Vavra. – Sch: Juliane Lorenz, Franz Walsch (d.i. Rainer Werner Fassbinder). – T: Karsten Ulrich; Mischung: Milan Bor. – M: Peer Raben. – A: Helmut Gassner, Werner Achmann, Jürgen Henze. – Ko: Barbara Baum. – Ma: Peter Knöpfle, Anni Nöbauer. – Spezialeffekte: Theo Nischwitz. – R-Ass: Renate Leiffer. – D: Günter Lamprecht (Franz Biberkopf), Hanna Schygulla (Eva), Barbara Sukowa (Mieze), Gottfried John (Reinhold), Franz Buchrieser (Meck), Claus Holm (Wirt), Brigitte Mira (Frau Bast), Roger Fritz (Herbert), Herb Andress (2. Polizist), Werner Asam (Fritz), Karin Baal (Minna), Harry Baer (Richard), Wolfgang Bathke (Redner), Axel Bauer (Dreske), Hark Bohm (Lüders), Marquard Bohm (Otto), Karl-Heinz Braun (Rechtsanwalt Löwenhund), Margit Carstensen (Sekretärin), Ivan Desny (Pums), Jürgen Draeger (Würstchenverkäufer), Annemarie Düringer (Cilly), Liselotte Eder (Frau Pums), Almut Eggert (Wahrsagerin), Matthias Fuchs (Arzt), Dirk Galuba (Taxifahrer), Jan George (Greiner), Raoul Gimenez (Konrad), Mechthild Grossmann (Paula), Jan Grot (Tischler), Elke Haltaufderheide (Kellnerin), Karl-Heinz von Hassel (2. Kriminaler), Siegfried Hechler (Kohlenschlepper), Irm Hermann (Trude), Traute Hoess (Emmy), Klaus Höhne (Zeitungshändler), Adrian Hoven (Freier von Mieze), Elma Karlowa (Frau Greiner), Günther Kaufmann (Theo), Udo Kier (junger Mann an der Bar), Peter Kollek (Nachum), Peter Kuiper (Glatzkopf), Horst Laube (Oberarzt), Hermann Lause (Versicherungsmann), Georg Lehn (Irrer), Christine de Loup (Mädchen in der Allee), Marie-Luise Merjan (Wirtin), Christiane Maybach (Frau in der Absteige), Sonja Neudorfer (Blumenverkäuferin), Eberhard von Nordhausen (Münzer), Helmut Petigk (alter Mann in der Bar), Dieter Prochnow (1. Polizist), Peer Raben (Dirigent), Hans Michael Rehberg (Kommissar), Katrin Schaake (Frau des Kellners), Roland Schäfer (Dr. Proll), Fritz Schediwy (Willy), Karl Scheydt (Mann in der Allee), Wolfgang Schenck (Kriminaler), Angela Schmid (Witwe), Volker Spengler (Bruno), Herbert Steinmetz (Zeitungshändler in der U-Bahn), Elisabeth Trissenaar (Lina), Barbara Valentin (Ida), Helen Vita (Fränze), Y Sa Lo (Ilse), Rolf Zacher (Krause), Hans Zander (Eliser), Vitus Zeplichal (Rudi), Gerhard Zwerenz (Baumann), Margit Carstensen (Sekretärin, Terah), Helmut Griem (Sarug), Yaak Karsunke (Pförtner im Gefängnis), Erzählerstimme: R. W. Fassbinder. – P: Bavaria Atelier GmbH / RAI im Auftrag des WDR. – Pd: Peter Märthesheimer. – Pl: Dieter Minx. – Kosten: ca. 13 Mill. DM. – Drehzeit: 154 Tage / Juni 1979-April 1980. – Drehorte: Berlin und München. – Voraufführung: 28. 8.-8. 9. 1980, Venedig (Festival). – TV und Sendelängen: Teil 1: 12. 10. 1980; 81 min, 17 sec. / Teil 2: 13. 10. 1980; 58 min, 55 sec. / Teil 3: 20. 10. 1980; 58 min, 36 sec. / Teil 4: 27. 10. 1980; 58 min, 45 sec. / Teil 5: 3. 11. 1980; 58 min, 45 sec. / Teil 6: 10. 11. 1980; 58 min, 01 sec. / Teil 7: 17. 11. 1980; 57 min, 42 sec. / Teil 8: 24. 11. 1980; 58 min, 14 sec. / Teil 9: 1. 12. 1980; 58 min, 10 sec. / Teil 10: 8. 12. 1980; 58 min, 55 sec. / Teil 11: 15. 12. 1980; 58 min, 35 sec. / Teil 12: 22. 12. 1980; 58 min, 50 sec. / Teil 13: 29. 12. 1980; 58 min, 34 sec. / Epilog: 29. 12. 1980; 111 min, 22 sec. / Teil 1 wurde um 21.05 Uhr gesendet, der Epilog um 23.00 Uhr, alle anderen Teile um 21.30 Uhr. – Format: 16 mm, Farbe.

1980 ***Lili Marleen.*** – B: Manfred Purzer, Rainer Werner Fassbinder (nach der Autobiografie »Der Himmel hat viele Farben« von Lale Andersen); Mitarbeit: Joshua Sinclair. – K: Xaver Schwarzenberger. – K-Ass: Josef Vavra. – Sch: Juliane Lorenz, Franz Walsch (d. i. Rainer Werner Fassbinder). – T: Karsten Ulrich, Milan Bor. – M: Peer Raben; Lied »Lili Marleen« von Norbert Schultze, Text: Hans Leip. – Ba: Herbert Strabel. – A: Rolf Zehetbauer. – Ko: Barbara Baum. – Ma: Anni Nöbauer. – Spezialeffekte: Joachim Schulz. – Choreografie: Dieter Gackstetter. – Künstlerische Mitarbeit: Harry Baer. – R-Ass: Renate Leiffer. – D: Hanna Schygulla (Willie Bunterberg), Giancarlo Giannini (Robert Mendelsohn), Mel Ferrer (David Mendelsohn), Karl-Heinz von Hassel (Hans Henkel), Christine Kaufmann (Miriam Glaubrecht), Hark Bohm (Taschner), Karin Baal (Anna Lederer), Udo Kier (Drewitz), Erik Schumann (von Strehlow), Gottfried John (Aaron), Elisabeth Volkmann (Marika), Barbara Valentin (Eva), Helen Vita (Grethe), Adrian Hoven (Ginsberg), Willy Harlander (Prosel), Toni Netzle (Frau Prosel), Roger Fritz (Kauffmann), Franz Buchrieser (Thorne), Rainer Will (Bernd), Lilo Pempeit (Tamara), Raoul Gimenez (Blonsky), Alexander Allerson (Goedecke), Rudolf Lenz (Dr. Glaubrecht), Rainer Werner Fassbinder (Günther Weisenborn), Jürgen Draeger (Journalist), Michael McLernon (Schweizer Grenzbeamter), Brigitte Mira (Nachbarin), Traute Höss (Polin), Herb Andress (Karl-Heinz Reintgen), Daniel Schmid (Pförtner Victor), Irm Hermann (Krankenschwester), Harry Baer (Norbert Schultze), Arthur Albrecht, Werner Asam, Milan Bor, Peter Chatel, Volker Eckstein, Paul Felix, Dirk Galuba, Arno E. Hausch, Peter Kollek, Jörg von Liebenfels, Christine de Loup, Sonja Neudorfer, Helmut Petigk, Joachim Schulz, Volker Spengler, Herbert Steinmetz. – P: Roxy-Film, München / Rialto-Film, Berlin / CIP, Rom / Bayerischer Rundfunk, München. – Pd: Luggi Waldleitner. – Pl: Konstantin Thoeren. – Kosten: 10,5 Mill. DM. – Drehzeit: 47 Tage / Juli-September 1980. – Drehorte: Berlin, München und Umgebung; Atelier: Bavaria. – U: 15. 1. 1981, Berlin. – TV: 26. 1. 1985 (ARD). – F: 35 mm, Farbe, Breitwand 1,66. – L: 3295 m = 120 min. – V: Filmverlag der Autoren (35 mm).

1981 ***Lola.*** – B: Peter Märthesheimer, Pea Fröhlich. – K: Xaver Schwarzenberger. – K-Ass: Josef Vavra. – Licht: Ekkehard Heinrich. – Sch: Juliane Lorenz. – T: Vladimir Vizner. – M: Peer Raben; Lieder: »Fährt ein weißes Schiff nach Hongkong«, gesungen von Freddy Quinn, »Caprifischer«, gesungen von Rudi Schuricke. – Ba: Helmut Gassner. – A: Raoul Gimenez, Udo Kier. – Ko: Barbara Baum, Egon Strasser. – Ma: Anni Nöbauer, Gerd Nemetz. – Künstlerische Mitarbeit: Harry Baer. – R-Ass: Karin Viesel. – Redaktion: Wolf-Dietrich Brücker. – D: Barbara Sukowa (Lola), Armin Mueller-Stahl (von Bohm), Mario Adorf (Schuckert), Matthias Fuchs (Esslin), Helga Feddersen (Hettich), Karin Baal (Mutter Lola), Ivan Desny (Wittich), Karl-Heinz von Hassel (Timmerding), Sonja Neudorfer (Frau Fink), Elisabeth Volkmann (Gigi), Hark Bohm (Völker), Rosel Zech (Frau Schuckert), Isolde Barth (Frau Völker), Christine Kaufmann (Susi), Y Sa Lo (Rosa), Karsten Peters (Redakteur), Nino Korda (TV-Mann), Raoul Gimenez (1. Kellner), Udo Kier (2. Kellner), Harry Baer (1. Demonstrant), Rainer Will (2. Demonstrant), Andrea Heuer (Bibliothekarin), Ulrike Vigo (Mariechen), Herbert Steinmetz (Pförtner), Günther Kaufmann (GI), Helmut Petigk (Rausschmeißer), Juliane Lorenz (Verkäuferin), Marita Pleyer (Rahel). – P: Rialto-Film, Berlin/Trio-Film, Duisburg/WDR. – Pd: Horst Wendlandt. – Hl: Rainer Werner Fassbinder. – Pl.: Thomas Schühly. – Kosten: 3,5 Mill. DM. – Drehzeit: 30 Tage / April-Mai 1981. – Drehort: München (Bavaria-Studio). – U: 20. 8. 1981. – TV: 20. 1. 1985 (ARD). – F: 35 mm, Farbe, Breitwand 1,66. – L: 3084 m = 113 min. – V: Filmverlag der Autoren (35 mm). – Der Film enthält im Vorspann die Bezeichnung »BRD 3« und die Widmung »Für Alexander Kluge«.

1981 ***Theater in Trance.*** – B: Rainer Werner Fassbinder (mit Texten aus Antonin Artauds »Das Theater und sein Double«). – K: Werner Lüring. – Sch: Juliane Lorenz, Franz Walsch (d. i. Rainer Werner Fassbinder). – T: Vladimir Vizner. – R-Ass: Raoul Gimenez. – Mitwirkende: Het Werkteater, Amsterdam; Squat Theatre, New York; Sombrad Blancas, Mexico; Kipper Kids, Kalifornien; Magazzini Criminali, Florenz; Pina Bausch und das Wuppertaler Tanztheater; Jérôme Savary; Yoshi Oida. – P: Laura-Film, München, im Auftrag des ZDF. – Pd: Thomas Schühly. – Kosten: 220 000 DM. – Drehzeit: 14 Tage / Juni 1981. – Drehort: Köln. – U: 8. 10. 1981, Mannheim (Filmwoche). – TV: 11. 11. 1981 (ZDF). – F: 16 mm, Farbe. – L: 1047 m = 91 min. – »Dieser Film ist dem Initiator von Theater der Welt 1981 Ivan Nagel gewidmet«.

1981 ***Die Sehnsucht der Veronika Voss.*** – P: Peter Märthesheimer, Pea Fröhlich, Rainer Werner Fassbinder. – K: Xaver Schwarzenberger. – K-Ass: Josef Vavra. – Beleuchtung: Ekkehard Heinrich. – Sch: Juliane Lorenz. – T: Vladimir Vizner. – M: Peer Raben. – A: Rolf Zehetbauer. – Ko: Barbara Baum. – Ma: Anni Nöbauer, Gerd Nemetz. – R-Ass: Karin Viesel, Harry Baer, Tamara Kafka. – D: Rosel Zech (Veronika Voss), Hilmar Thate (Robert Krohn), Cornelia Froboess (Henriette), Annemarie Düringer (Dr. Katz), Doris Schade (Josefa), Armin Mueller-Stahl (Max Rehbein), Johanna Hofer/Rudolf Platte (altes Ehepaar), Eric Schumann (Dr. Edel), Peter Berling (Filmproduzent), Günther Kaufmann (GI + Dealer), Sonja Neudorfer (Verkäuferin), Lilo Pempeit (Chefin), Volker Spengler (1. Regisseur), Herbert Steinmetz (Gärtner), Elisabeth Volkmann (Grete), Hans Wyprächtiger (Chefredakteur), Peter Zadek (2. Regisseur), Tamara Kafka (Ärztin), Juliane Lorenz (Sekretärin), Dieter Schidor (Kripobeamter), Rainer Werner Fassbinder (Kinobesucher). – P: Laura-Film, München / Tango-Film, München / Rialto-Film, Berlin / Trio-Film, Duisburg / Maran-Film, München. – Pd: Thomas Schühly. – Kosten: ca. 2,6 Mill. DM. – Drehzeit: 24 Tage / November-Dezember 1981. – Drehort: München; Atelier: Bavaria. – F: 35 mm, sw, Breitwand 1,66. – L: 2849 m = 104 min. – U: 18. 2. 1982, Berlin (Filmfestspiele). – Kinostart: 19. 2. 1982. – TV: 16. 1. 1985 (ARD). – V: Filmverlag der Autoren (35 mm). – Der Film trägt die Widmung: »Für Gerhard Zwerenz« und die Bezeichnung »BRD 2 / 1955«.

1982 ***Querelle.*** – B: Rainer Werner Fassbinder (nach dem Roman »Querelle de Brest« von Jean Genet). – K: Xaver Schwarzenberger. – Sch: Juliane Lorenz, Franz Walsch (d.i. Rainer Werner Fassbinder). – T: Vladimir Vizner. – M: Peer Raben. – A: Rolf Zehetbauer. – Ko: Barbara Baum. – Künstlerische Mitarbeit: Harry Baer. – R-Ass: Karin Viesel, Michael McLernon. – Fotos: Roger Fritz. – D: Brad Davis (Querelle), Franco Nero (Leutnant Seblon), Jeanne Moreau (Lysiane), Laurent Malet (Roger), Hanno Pöschl (Robert / Gil), Günther Kaufmann (Nono), Burkhard Driest (Mario), Dieter Schidor (Vic), Roger Fritz (Marcellin), Karl Scheydt / Gilles Gavois / Michael McLernon (Matrosen), Robert Van Ackeren / Wolf Gremm / Frank Ripploh (drei Soldaten), Werner Asam / Axel Bauer / Vitus Zeplichal / Karl-Heinz von Hassel (Arbeiter), Neil Bell (Theo), Helmut Petigk (Transvestit), Harry Baer (Armenier), Y Sa Lo (Mädchen), Isolde Barth sowie Natja Brunckhorst (Paulette, auf Fotos); Erzählerstimme: Hilmar Thate. – P: Planet-Film, München / Albatros Produktion, München / Gaumont, Paris, in Zusammenarbeit mit Sam Waynberg. – Pd: Dieter Schidor. – Pl: Rüdiger Lange. – Kosten: ca. 4,4 Mill. DM. – Drehzeit: 22 Tage / März 1982. – Drehort: Berlin (CCC-Filmstudios). – U: 31. 8. 1982, Venedig (Festival). – Erstaufführung in der Bundesrepublik: 17. 9. 1982. – F: 35 mm, Farbe, Cinemascope, Dolby-Stereo. – L: 2929 m = 106 min. – V: Scotia (35 mm). – Der Film wurde in englischer Sprache gedreht. Dem Titel QUERELLE hat der Verleih nach Fassbinders Tod aus kommerziellen Gründen die Zeile »Ein Pakt mit dem Teufel« hinzugefügt. Widmung: »This film is dedicated to my friendship with El Hedi ben Salem m'Barek Mohammed Mustafa. Rainer Werner Fassbinder«.

Theaterstücke

Tropfen auf heiße Steine. B: R. W. Fassbinder (1965). R: Klaus Weiße. Münchner Theaterfestival. 1985.

Leonce und Lena. B: Georg Büchner. R: Peer Raben, R. W. Fassbinder. Action-Theater. Okt. 1967.

Die Verbrecher. B: Ferdinand Bruckner. R: R. W. Fassbinder. Action-Theater. Dez. 1967.

Zum Beispiel Ingolstadt. B: Marieluise Fleißer. (Originaltitel: *Pioniere in Ingolstadt*). R: Peer Raben, R. W. Fassbinder. Action-Theater im Büchner-Theater. Feb. 1968.

Axel Caesar Haarmann. B und R: R. W. Fassbinder + Kollektiv. Action-Theater. Apr. 1968.

Katzelmacher. B: R. W. Fassbinder. R: Peer Raben, R. W. Fassbinder. Action-Theater. Apr. 1968.

Chung. B und R: R. W. Fassbinder + Kollektiv. Action-Theater/Straßentheater. Mai 1968.

Mockinpott. B: Peter Weiss. R: R. W. Fassbinder, u. a. antiteater Juli 1968.

Orgie Ubuh. B: Alfred Jarry, R. W. Fassbinder, Peer Raben u. a. R: R. W. Fassbinder. antiteater. Aug. 1968.

Iphigenie auf Tauris von Johann Wolfgang Goethe. B: R. W. Fassbinder. R: R. W. Fassbinder. antiteater. Okt. 1968.

Ajax. B: R. W. Fassbinder nach Sophokles. R: R. W. Fassbinder. antiteater. Dez. 1968.

Der amerikanische Soldat. B: R. W. Fassbinder. R: R. W. Fassbinder, Peer Raben. antiteater. Dez. 1968.

Die Bettleroper. B: R. W. Fassbinder nach John Gay. R: R. W. Fassbinder. antiteater. Feb. 1969.

Preparadise Sorry Now. B: R. W. Fassbinder. R: Peer Raben. antiteater. März 1969.

Anarchie in Bayern. B: R. W. Fassbinder. R: R. W. Fassbinder, Peer Raben. antiteater im Werkraumtheater der Kammerspiele München. Juni 1969.

Das Kaffeehaus. B: R. W. Fassbinder nach Carlo Goldoni. R: R. W. Fassbinder, Peer Raben. Schauspielhaus Bremen. Juni 1969.

Werwolf. B: R. W. Fassbinder, Harry Baer. R: R. W. Fassbinder. antiteater im Berliner Forum-Theater. Dez. 1969.

Das brennende Dorf. B: R. W. Fassbinder nach Lope de Vega. R. Peer Raben. Schauspielhaus Bremen. Nov. 1970.

Pioniere in Ingolstadt. B: Marieluise Fleißer. R: R. W. Fassbinder. Schauspielhaus Bremen. Jan. 1971.

Blut am Hals der Katze. B: R. W. Fassbinder. R: R. W. Fassbinder, Peer Raben. Nürnberger Kammerspiele. März 1971.

Die bitteren Tränen der Petra von Kant. B: R. W. Fassbinder. R: Peer Raben. Landestheater Darmstadt. Juni 1971.

Bremer Freiheit. B und R: R. W. Fassbinder. Schauspielhaus Bremen. Dez. 1971.

Liliom. B: Ferenc Molnar. R: R. W. Fassbinder. Schauspielhaus Bochum. Dez. 1972.

Bibi. B: R. W. Fassbinder nach Heinrich Mann. Schauspielhaus Bochum. Jan. 1973.

Hedda Gabler. B: Henrik Ibsen. R: R. W. Fassbinder. Freie Volksbühne Berlin. Dez. 1973.

Die Unvernünftigen sterben aus. B: Peter Handke. R: R. W. Fassbinder. Schauspielhaus Frankfurt. Mai 1974.

Germinal. B: Yaak Karsunke nach Emile Zola. R: R. W. Fassbinder. Theater am Turm, Frankfurt. Sept. 1974.

Onkel Wanja. B: Anton Tschechow, R: R. W. Fassbinder, Ula Stöckl, u. a. Theater am Turm, Frankfurt. Nov. 1974.

Der Müll, die Stadt und der Tod. B: R. W. Fassbinder. Nicht aufgeführt in Deutschland.

Frauen in New York. B: Claire Boothe Luce. R: R. W. Fassbinder. Schauspielhaus Hamburg. Sept. 1976.

Hörspiele

Preparadise Sorry Now. SDR. B und R: R. W. Fassbinder. Sendetermin: 10. 4. 1970.

Ganz in Weiß. BR. B und R. R. W. Fassbinder. Sendetermin: 16. 10. 1970.

Iphigenie auf Tauris von Johann Wolfgang Goethe. WDR. B und R: R. W. Fassbinder. Sendetermin: 15. 5. 1971.

Keiner ist böse und keiner ist gut. BR. B und R: R. W. Fassbinder. Sendetermin: 5. 5. 1972.

Bibliographie

Arnold, Heinz Ludwig (Hrsg.): Rainer Werner Fassbinder. Text + Kritik. Zeitschrift für Literatur, Nr. 103, Juli 1989.

Baer, Harry: Schlafen kann ich, wenn ich tot bin. Das atemlose Leben des Rainer Werner Fassbinder (Kiepenheuer & Witsch, Köln 1982).

Baer, Harry und Juliane Lorenz (Hrsg.): Rainer Werner Fassbinder. Werkschau. (Argon, Berlin 1992).

Bensoussan, George und Florian Hopf: Entretien avec R. W. Fassbinder. (In: Cahiers du Cinéma, Nr. 322, Paris April 1981).

Berling, Peter: Die 13 Jahre des Rainer Werner Fassbinder. Seine Filme, seine Freunde, seine Feinde. (Lübbe, Bergisch Gladbach 1992)

Bogarde, Dirk: An Orderly Man. (Chatto & Windus, The Hogarth Press, London 1983)

Braad Thomsen, Christian: I Fassbinders Spejl (Fremad, Kopenhagen 1975).

Braad Thomsen, Christian: Quatre Entretiens avec Rainer Werner Fassbinder (in: Positiv 183-184. Editions Opta, Paris Juli-August 1976).

Braad Thomsen, Christian: Rainer Werner Fassbinder, en rejse mod lyset (Fremad, Kopenhagen 1983).

Brocher, Corinna & Barbara Bronnen: Die Filmemacher (Bertelsmann, München 1973).

Draeger, Jürgen: Querelle. Zeichnungen. (Edition Braus, Heidelberg 1982).

Eckhardt, Bernd: Rainer Werner Fassbinder. In 17 Jahren 42 Filme – Stationen eines Lebens für den deutschen Film. (Heyne Filmbibliothek, München 1982).

Elsaesser, Thomas (Hrsg.): Rainer Werner Fassbinder. A Special Issue (October, Nr. 21, Summer, Cambridge MA 1982).

Fassbinder, R. W., Harry Baer: Der Film *Berlin Alexanderplatz*. Ein Arbeitsjournal. (Zweitausendeins, Frankfurt/M. 1980).

Rainer Werner Fassbinder: Filme befreien den Kopf. Hrsg. von Michael Töteberg (Fischer Taschenbuch Verlag, Frankfurt/M. 1986).

Fassbinder, R. W.: Die Anarchie der Phantasie. Hrsg. von Michael Töteberg (Fischer Taschenbuch Verlag, Frankfurt/M. 1986).

Fassbinder, R. W.: Antiteater. *Iphigenie auf Tauris von Johann Wolfgang Goethe, Ajax, Die Bettleroper, Das Kaffeehaus, Das brennende Dorf.* Hrsg. von Michael Töteberg. (Verlag der Autoren, Frankfurt/M. 1986).

Fassbinder, R. W.: Anarchie in Bayern & andere Stücke. *Tropfen auf heiße Steine, Der amerikanische Soldat, Anarchie in Bayern, Werwolf.* Hrsg. von Michael Töteberg. (Verlag der Autoren, Frankfurt/M. 1985).

Fassbinder, R. W.: Sämtliche Stücke. Hrsg. von Michael Töteberg (Verlag der Autoren, Frankfurt/M. 1991).

Fassbinder, R. W.: Die Kinofilme 1. *Der Stadtstreicher, Das kleine Chaos, Liebe ist kälter als der Tod, Katzelmacher, Götter der Pest.* Hrsg. von Michael Töteberg (Schirmer/Mosel, München 1987).

Fassbinder, R. W.: Fassbinders Filme 2. *Warum läuft Herr R. Amok?, Rio das Mortes, Whity, Die Niklashauser Fart, Der amerikanische Soldat, Warnung vor einer heiligen Nutte.* Hrsg. von Michael Töteberg (Verlag der Autoren, Frankfurt/M. 1990).

Fassbinder, R. W.: Fassbinders Filme 3. *Händler der vier Jahreszeiten, Angst essen Seele auf, Fontane Effi Briest.* Hrsg. von Michael Töteberg. (Verlag der Autoren, Frankfurt/M. 1990).

Fassbinder, R. W.: Fassbinders Filme 4-5. *Acht Stunden sind kein Tag Folge 1-8.* Hrsg. von Michael Töteberg. (Verlag der Autoren, Frankfurt/M. 1991).

Fassbinder, R. W.: Die Ehe der Maria Braun. hrsg. von Lars Bardram. (Gjellerup og Gad, Kopenhagen 1987).

Fassbinder, R. W.: Lili Marleen. Hrsg. von Lars Bardram. (Gad, Kopenhagen 1983).

Fassbinder, R. W.: Querelle Filmbuch. Hrsg. von Dieter Schidor und Michael McLernon. (Schirmer/Mosel, München 1982).

Jansen, Peter W. und Wolfram Schütte (Hrsg.): Rainer Werner Fassbinder (Hanser Verlag, München 1983).

Haag, Achim: »Deine Sehnsucht kann keiner stillen«. Rainer Werner Fassbinders *Berlin Alexanderplatz* (Trickster, München 1992).

Hayman, Ronald: Fassbinder, Film Maker (Weidenfeld & Nicolson, London 1984).

Katz, Robert: Love is Colder than Death. The Life & Times of Rainer Werner Fassbinder (Random House, New York 1987).

Kiderlen, Edith (Hrsg.): Deutsch-jüdische Normalität. Fassbinders Sprengsätze. (Pflasterstrand, Frankfurt/M. 1985).

Limmer, Wolfgang: Rainer Werner Fassbinder, Filmemacher (Spiegel-Buch, Rowohlt, Reinbek 1981).

Märthesheimer, Peter: Das forschende Kind (in: »Jahrbuch Film«, Hanser Verlag, München 1982).

Pflaum, Hans Günther: Das bißchen Realität, das ich brauche. (Hanser Verlag, München 1976).

Pflaum, Hans Günther: Rainer Werner Fassbinder. Bilder und Dokumente. (Edition Spangenberg, München 1992).

Raab, Kurt und Karsten Peters: Die Sehnsucht des Rainer Werner Fassbinder. (Bertelsmann Verlag, München 1982).

Rayns, Tony (Hrsg.): Fassbinder (British Film Institute, London 1980).

Spaich, Herbert: Rainer Werner Fassbinder. Leben und Werk. (Beltz Quadriga, Weinheim/Bergstraße 1992).

Rühle, Günther (Hrsg.): Fassbinder ohne Ende. Eine Dokumentation anläßlich der Uraufführung von Rainer Werner Fassbinders Theaterstück *Der Müll, die Stadt und der Tod.* (Schauspiel Frankfurt, 1985).

Rühle, Günther (Hrsg.): Der Fall Fassbinder. Dokumentation des Streits um *Der Müll, die Stadt und der Tod.* (Schauspiel Frankfurt, 1987).

Schidor, Dieter: Rainer Werner Fassbinder dreht *Querelle* (Heyne, München 1982).

Schygulla, Hanna: Bilder aus Filmen von Rainer Werner Fassbinder (Schirmer/Mosel, München 1981).

Zwerenz, Gerhard: Der langsame Tod des Rainer Werner Fassbinder (Schneekluth, Münchner Edition, München 1982).

Von den Mitarbeitern Fassbinders, die Informationen beigesteuert haben, danke ich besonders den Schauspielerinnen Irm Hermann, Margit Carstensen und Brigitte Mira, dem Produzenten und Drehbuchautor Peter Märthesheimer, dem Kameramann Xaver Schwarzenberger, Fassbinders letzter Lebensgefährtin, der Cutterin Juliane Lorenz und Fassbinders Mutter, der Schauspielerin und Geschäftsführerin Lilo Pempeit-Eder.

Für das Ausleihen der Standfotos danke ich dem Filmverlag der Autoren, dem Westdeutschen Rundfunk, der Telefilm Saar, Danmarks Radio, dem Stadtarchiv Ingolstadt sowie Janus Barfoed vom Dänischen Filmmuseum und Wolfgang Theis/Oskar Törner von der Stiftung Deutsche Kinemathek.

Besonders gedankt sei Rune Kühl für die kritische Durchsicht des Manuskripts.

C. B. T.